TOOLS
OF TITANS

巨人的工具

健康、财富与智慧
自助宝典

The Tactics, Routines, and Habits of Billionaires, Icons, and
World-Class Performers

［美］
蒂姆·费里斯（Tim Ferriss） 著

杨清波 译

中信出版集团 | 北京

图书在版编目（CIP）数据

巨人的工具 /（美）蒂姆·费里斯著；杨清波译
. -- 北京：中信出版社，2018.12（2025.11重印）
书名原文：Tools of Titans：The Tactics,
Routines, and Habits of Billionaires, Icons, and
World-Class Performers
ISBN 978-7-5086-9324-8

I. ①巨 …　II. ①蒂… ②杨…　III. ①职业－应用心
理学－通俗读物　IV. ① C913.2-49

中国版本图书馆 CIP 数据核字（2018）第 177912 号

巨人的工具

著　者：[美]蒂姆·费里斯
译　者：杨清波
出版发行：中信出版集团股份有限公司
　　　　　（北京市朝阳区东三环北路 27 号嘉铭中心　邮编　100020）
承 印 者：北京盛通印刷股份有限公司

开　本：787mm×1092mm　1/16　　印　张：45　　字　数：500 千字
版　次：2018 年 12 月第 1 版　　　印　次：2025 年 11 月第 20 次印刷
京权图字：01-2018-6813
书　号：ISBN 978-7-5086-9324-8
定　价：128.00 元

目　录

1

健康

非人物简介性章节

2
财富

3
智慧

前　言

首先，我要感谢所有的"同道中人"，就像詹姆斯·法迪曼说的那样。

其次，我自本书所得的部分版税将捐献给下面这些有意义的组织：

"明日之星基金会"（AFTERSCHOOLALLSTARS.ORG）：该组织致力于提供全方位的学校课外活动项目，以保证孩子们的安全，帮助他们在学习、生活中都获得成功。

"捐赠者选择网站"（Donors Choose.org）：该网站让所有人都可以为偏远地区的学校出一份力，走进需要帮助的国家，让那里的学生得到良好教育所需要的教学工具。

约翰·霍普金斯大学医学院等科研机构：这些机构对致幻类药物展开研究，致力于将其运用到治疗严重的抑郁症、临终焦虑（多出现在晚期癌症患者身上）以及其他使人精神衰弱的疾病。

最后，祝愿所有寻求帮助的人都能够得偿所愿。或许本书就能够为你提供帮助。

推荐序
仅靠自己，我无法成功

我不是一个凭借自身力量获得成功的人。

每当我在商业会议上讲话或者面对大学生演讲，或者参加《有问必答》这样的节目时，总会有人这样问我：

"州长 / 明星州长 / 阿诺德 / 阿尔尼 / 施瓦泽 / 施尼策（他们怎么称呼我，取决于当时的场合），作为一个凭借自身力量获得成功的人，您成功的秘诀是什么？"

我首先感谢他们的恭维，但我随后说的话总会让他们感到惊讶："我不是一个凭借自身力量获得成功的人，我得到了许多帮助。"

的确，我在没有抽水马桶的奥地利长大；的确，我孤身一人来到美国，随身只带了一个健身包；的确，在影片《野蛮人柯南》中挥舞复仇之剑之前我曾做过泥瓦匠，投资过房地产，最终成为一名百万富翁。

但这并不能说明我是个仅凭借自身力量获得成功的人。同其他人一样，在通往成功的道路上，我是站在巨人的肩膀上前行的。

我的生活建基于父母、教练和老师的培养和教育，建基于把沙发或健身房的小屋借给我睡觉的善良的人，建基于给予我智慧和建议的导师，建基于杂志中激励我前进的偶像。（而随着我的个人事业发展，他们现在已成为在私下交往中激励着我的朋友和前辈。）

我当时目标远大，胸中燃烧着理想的火焰。假如没有母亲指导我完成作业（以及当我不想学习时对我严厉训斥），没有父亲教育我"要做一个有用的人"，没有老师们教会我如何推销自己，或者假如没有教练教会我举重的基本技巧，那么我根本不会成功。

假如我从没有看到杂志封面上的雷格·帕克，没有读到有关他从环球先生转型为演员，在大银幕上饰演大力神赫拉克勒斯的文章，那么我现在可能依然在奥地利境内的阿尔卑斯山里无聊地哼着小曲。当时，我知道自己想要离开奥地利，我知道美国才是我真正的归宿，而雷格为我胸中的火焰添加了燃料，让我有了对自己未来最初的规划。

乔·韦德把我带到美国，置于他的翼护之下。他推动我的健身事业持续发展，并向我传授行业之道。露西尔·鲍尔给我提供了难得的机会，让我在电影中客串一个临时角色——那是我在好莱坞的第一次重大转机。而在 2003 年，假如没有 4206284 名加利福尼亚人的支持，我就不可能当选伟大的加利福尼亚州的州长。

因此，我怎么能说自己是凭借自身力量获得成功的人呢？如果我接受这种说法，那我就是忽视了帮助我成功的每一个人和每一条建议。这会给人留下错误的印象——让你认为你可以单枪匹马获得成功。

我是做不到的，你可能也无法做到。

我们都需要"燃料"。如果没有他人的帮助、建议和鼓励，我们思想的齿轮就会慢慢停止转动，我们将寸步难行。

我有幸在自己生活的每一个阶段都能遇到导师和偶像，并且有幸能够同他们中的许多人结交。从乔·韦德到纳尔逊·曼德拉，从米哈伊尔·戈尔巴乔夫到拳王阿里，从安迪·沃霍尔到乔治·H.W. 布什，我从来不怯于从他人那里寻求智慧，为自己的理想之火添加燃料。

你或许收听过本书作者蒂姆的播客节目。（我特别想推荐其中的一期节目，这期节目的一位嘉宾是名带着奥地利口音的帅气的健美运动员。）蒂姆利用自己的平台，为你带来了商界、娱乐界和体育界各领域知名人士的智慧。我敢肯定，你能从中学到一些东西；我还敢肯定，你将不止一次地学到自己意料之外的东西。

无论你学到的东西是某种例行之事、某种思想、某项训练建议，还是激励你度过每一天的一句话，这个星球上的每一个人都能从外部帮助中有所受益。

我一直把世界看成自己的课堂，我可以从中汲取经验、聆听故事，为我的前行之路添加燃料。我希望你也能够这样做。

你所做的最糟糕的事情就是认为自己知道的已经足够多了。

永远不要停止学习——永远！

这就是你购买这本书的原因。你知道，无论你处于生活中的什么位置，你总会有需要外部激励和他人智慧的时候，你总会有你不知道答案或者缺乏动力的时候，此时，你必须寻求自身以外的帮助。

你真的可以承认自己无法单枪匹马获得成功。只靠自己，我肯定是无法成功的。没有人能够仅靠自己就成功。

现在，请你打开书，从中学点儿什么吧！

阿诺德·施瓦辛格

美国著名影星、美国加利福尼亚州前州长

站在巨人的肩膀上

我不是专家，我只是一名实验者、抄写员和向导。

如果你发现本书有什么惊艳之处，那么我得感谢那些优秀的导师、智囊、评论家、投稿人和推荐人。如果你发现本书有什么荒谬之处，那是因为我无视了他们的建议，或者犯下了某些错误。

为完成这本书，我应该感谢的人多达数百位，但我要特别在这里感谢我播客节目中的各位嘉宾，我有幸邀请他们参加了我的播客节目，他们所讲述的故事为本书增色不少。以下嘉宾名单以姓氏字母顺序排列：

- 斯科特·亚当斯
- 马克·安德森
- 彼得·阿蒂亚
- 理查德·贝茨
- 阿梅莉亚·布恩
- 布琳·布朗
- 丹·卡林
- 保罗·柯艾略
- 惠特尼·卡明斯
- 乔·德·塞纳
- 特雷西·迪农齐奥
- 乔恩·费儒
- 卡尔·福斯曼
- 赛斯·高汀
- 莱尔德·汉密尔顿
- 里德·霍夫曼

- 詹姆斯·阿尔图切尔
- 塞古·安德鲁斯
- 格伦·贝克
- 迈克·比尔比利亚
- 贾斯汀·博雷塔
- 布莱恩·考伦
- 艾德·卡特姆
- 埃德·库克
- 多米尼克·达戈斯蒂诺
- 迈克·德尔·庞特
- 杰克·多尔西
- 杰米·福克斯
- 亚当·格萨里
- 伊万·戈德伯格
- 山姆·哈里斯
- 瑞安·霍利迪

- 索菲亚·阿莫鲁索
- 帕特里克·阿诺德
- 司各特·贝尔斯基
- 亚历克斯·布隆伯格
- 塔拉·布莱克
- 夏伊·卡尔
- 玛格丽特·同
- 凯文·科斯特纳
- 阿兰·德波顿
- 彼得·戴曼迪斯
- 史蒂芬·J. 迪布内
- 克里斯·福赛尔
- 马尔科姆·格拉德威尔
- 马克·古德曼
- 维姆·霍夫
- 蔡斯·贾维斯

- 戴蒙德·约翰
- 诺亚·卡根
- 山姆·卡斯
- 蒂姆·克瑞德
- 威尔·麦卡斯基尔
- 尼古拉斯·麦卡锡
- B.J. 米勒
- 杰森·奈默
- 亚历克西斯·欧海宁
- 卡洛琳·保罗
- 罗尔夫·波茨
- 托尼·罗宾斯
- 凯文·罗斯
- 阿诺德·施瓦辛格
- 杰森·席尔瓦
- 克里斯托弗·萨默
- 尼尔·斯特劳斯
- 彼得·蒂尔
- 乔希·维茨金
- 约克·威林克
- 安德鲁·席莫

- 布莱恩·约翰逊
- 萨米·卡姆卡尔
- 凯文·凯利
- 保罗·莱维斯克
- 布莱恩·麦肯齐
- 斯坦利·麦克克里斯托
- 马特·穆伦维格
- 爱德华·诺顿
- 阿曼达·帕尔默
- 查尔斯·波利奎恩
- 纳瓦尔·拉威康特
- 罗伯特·罗德里格斯
- 里克·鲁宾
- 拉米特·赛西
- 德里克·希维尔斯
- 摩根·斯珀洛克
- 谢丽尔·斯特雷德
- 帕维尔·察塔苏林
- 埃里克·温斯坦
- 雷恩·威尔森

- 塞巴斯蒂安·荣格尔
- 卡斯卡德
- 布莱恩·科佩尔曼
- 菲尔·利宾
- 贾斯汀·马杰
- 简·麦戈尼格尔
- 凯西·尼斯塔特
- B.J. 诺瓦克
- 朗达·帕特里克
- 玛利亚·波波娃
- 加布里艾尔·瑞丝
- 塞思·罗根
- 克里斯·萨卡
- 麦克·筱田
- 乔舒亚·斯克内丝
- 凯利·斯塔雷特
- 陈一鸣
- 路易斯·冯·安
- 肖恩·怀特
- 克里斯·扬

阅读指南

"站在局外，你可以看见身在局中时不可能看到的各种事物。站在局外的人能最先看到那些宏大的、他人无法想象的事物。"

——库尔特·冯内古特

"聪明人的日常生活就是其雄心壮志的展现。"

——威斯坦·休·奥登

我是个笔记狂人。

我从 18 岁左右就开始记录几乎每一堂训练课的内容。我家的书架上堆满了一摞一摞的笔记本，排列起来足足有两米多长。请注意，这只是一门课程的笔记，而我还有许多别的课程的笔记。有人称此为强迫症，还有许多人将其视为无用功，但我的看法非常简单：这是我收藏的个人生活秘诀。

我的目标是一次学会的东西就要终生利用。

比方说，假如我偶然发现自己的一张拍摄于 2007 年 6 月 5 日的照片，然后我可能会想："真希望自己现在看起来能跟那时一样。"没问题。我要做的就是翻出 2007 年做的笔记，重温一下当年 6 月 5 日之前 8 个星期的训练记录和饮食记录，然后重复这些活动。过些日子你再看——我真的会变得跟自己当时的样子几乎一样（头发除外）。当然，事情并不总是这样简单，但通常情况下是这样的。

本书同我的其他作品一样，也是一本有关成功学的秘诀汇编，写作本书的初始目的是便于自己使用。但本书与我以往出版的书之间有一个巨大差别——我从没打算出版它。

★　★　★

在撰写这篇阅读指南时，我正坐在巴黎一家咖啡馆中，远望着卢森堡公园。此处距离圣雅克街仅一步之遥。圣雅克街可能是巴黎最古老的街道，文学渊源深厚。维克多·雨果曾居住在距离我坐的位置几个街区远的地方；格特鲁德·斯泰因和 F. 斯科特·菲茨杰拉德曾在一箭之遥的地方喝过咖啡，参加过社交活动；海明威则曾在这条道上来回踱步，脑子里思考着自己的作品，血管中流淌着酒精。

我来法国是为了彻底放松一下：远离社交媒体、电子邮件、社会责任以及其他具体计划。只有一件事情除外——我要拿出这一个月的时间，回顾我在《蒂姆·费里斯秀》(The Tim Ferriss Show) 节目中采访过的将近 200 名世界级成功人士的所有成功经验。最近，这档节目的下载量突破了 1 亿次。该节目的采访嘉宾包括国际象棋神童、影视明星、四星将军、职业运动员以及对冲基金经理等，可谓形形色色、无所不包。

他们中的许多人都身兼企业和创新项目的合伙人，从投资领域到独立电影领域都有涉足。因此，在拍摄节目之外，通过和他们一起参加健身活动和爵士演奏会，打电话或用短信交流，以及共进晚餐等方式，我吸收了他们大量的智慧。在节目外的这些互动中，我对他们的了解愈加深入，远远超出肤浅的头条新闻。

通过对这些智慧的吸收，我生活的各个方面都得到了提升，但这只是冰山一角，大部分宝藏依然留存在数千页的印刷本和手抄笔记中。我最想做的事就是把这一切编进剧本中。

于是，我拿出整整一个月的时间进行回顾（当然，坦率地说，我还是为了巧克力面包来到巴黎的），并尝试着把这些来自他人的智慧结晶整理出来。这将是一本终结所有笔记的笔记，其中的内容可以立即帮助到我，令我终身受益。

这是一个远大的目标，我不确定结果会怎样。

在刚开始整理的几周内，我的体验超过了所有预期。我发现，无论自己处于何种境地，本书中的某些内容总能帮助到我。现在，每当我感到困惑、绝望、愤怒、纠结或者仅仅是头脑不清的时候，我做的第一件事就是浏览此书，同时喝上一杯浓咖啡。到目前为止，我都是在20分钟之内就在本书中找到了对症之药的。现在，在本书中出现的人也将成为你的朋友。需要有人拍拍肩膀鼓励你？其中就有人会这样做。需要有人给你一记响亮的耳光？也有许多人会这样做。需要有人向你解释，为什么你的恐惧是杞人忧天，为什么你的借口是胡说八道？没问题，这一切都会有人做的。

本书还有许多名人名言，但它并不是名言汇编，而是可以改变你生活的工具包。

很多书都以记录对名人的采访为主要内容，但本书不同，因为我没有把自己看作采访者，而是看作一个实验者。如果本书中没有我可以在混乱的现实生活中检验的结论或复制的结果，那么我就不会感兴趣。本书中的所有内容都经过了核实、考察并以某种方式应用到了我自己的生活中。我曾经在紧张的谈判中、高风险的环境中和试图达成大额订单交易的过程中多次使用过这些策略和理念。它们给我带来了数百万美元的收益，让我事半功倍，并帮我节省了大量时间。在你最需要它们的时候，它们就会发挥作用。

有些方法看上去显而易见，而另外一些方法则比较微妙，往往会让你在几个星期之后，在淋浴时胡思乱想或者在快要睡着的时候，才突然意识到：我的天啊，我终于弄明白是怎么回事了！

本书中的许多俏皮话意义深刻，其中一些用一句话就概括了整个领域的精髓。正如国际象棋神童乔希·维茨金（影片《天生小棋王》就是根据他的故事拍摄的）所说的，这些零碎细小的经验是"从微观中学习宏观"的途径。把这些经验汇集起来的过程非常具有启发意义。如果我认为自己之前理解了这些人生导师所讲的全部经验，那我就错了，或者说，其实我只看懂了其中的10%。但即使是这10%的内容也已经改变了我的生活，帮助我得到了10倍的回报。而在重新审视了100多位名人的相似之处之后，我终于发现了他们的秘诀。对于你们当中的那些影迷读者来说，这种感觉就像观看类似影片《灵异第六感》或《非常嫌疑犯》的结尾那样："那个红色的门把手！那只该死的小林咖啡杯！我怎么会没有注意到呢?! 它一直都在我眼前！"

为了帮助大家获得同样的认识，我尽了自己最大的努力在本书中把各种榜样人物融合在一起，指出他们可以相互补充的习惯、观点和建议。

毕竟，已经完成的拼图远比一大堆拼图碎片更有意义。

是什么特质让这些人与众不同？

"评判一个人要通过他的问题，而不是他的答案。"

——皮埃尔－马克－加斯顿

这些一流的榜样并不具备超能力。

但是，他们为自己制定的规则可以在一定程度上改变现实，这让他们看起来好像是具备超能力一样，但实际上他们是后天才学会这样做的。你也可以做到。这些"规则"通常是非同一般的习惯和宏大的问题。

在相当多的案例中，伟大都来源于荒诞。问题越是荒诞，越是看似"不可能"，答案就越是意义深远。我们以亿万富翁彼得·蒂尔经常问自己和他人的一个问题为例：

如果你计划用10年时间取得成功，那么你应当问问自己：你为什么不能在6个月的时间里完成它呢？

在这里，为了阐述方便，我想把这个问题改成：

如果有人拿枪指着你的脑袋，要求你在接下来6个月的时间里完成你预计10年才能完成的目标，那么你会怎么做呢？

我们先暂停一下。我是想让你拿出10秒钟的时间思考一下这个问题，然后在接下来的几个月的时间里神奇般地完成你10年的梦想吗？当然不是。但我的确希望这个问题能够成功地打破你的思维局限，让你能像蝴蝶破茧而出一样获得新生。在回答这样的问题时，你头脑中的"正常"思维、你已内化的社会规则和标准化的框架都是没用的。你必须像蜕皮一样摆脱这些人为的束缚，明白自己有能力重新规划自己的生活。而这需要你付诸实践。

我的建议是，你可以拿出一点儿时间研究一下你在本书中发现的最荒诞的问题，记上 30 分钟意识流般的笔记，这能够改变你的生活。

除此以外，如果说世界是个金矿，那金子也只会埋藏在他人的头脑中。成功挖出金矿的关键就是你的工具和竞争优势，而本书将为你提供一整间工具库。

小规则带来大变化

在为自己组织所有这些内容时，我确定了自己并不想得到一个流程复杂的"改善模型"。

我想要的是快速效果，即时回报。我们可以把书中零散的规则看作性能增强式细节（performance-enhancing details，PEDs），你可以自由地将其添加到你的任何训练计划（可以是关于不同职业、个人偏好、社会职责等的训练计划）中去，为发展的火焰添加燃料。

令人欣慰的是，10 倍的效果不一定需要 10 倍的努力，小规则可以带来大变化。要想显著地改变你的生活，你无须参加 160 公里的超级马拉松比赛，无须获得博士学位，也无须彻底改造自己。真正重要的事情是那些你能坚持做下来的小事（例如，每个季度进行一次的"实战性红队训练"、塔拉·布拉克的引导冥想、策略性节食或者服用酮类药物减肥等）。

在本书中，"工具"一词的定义会比较宽泛，它包括惯例、书籍、常见的自我对话、营养补充剂、最喜欢的问题等许多内容。

成功人士都有什么共同之处？

对于本书，大家自然想在其中寻找这些成功人士共同的习惯和建议，你们的确应当如此。下面列出了他们的一些共同之处，不过其中有些内容可能会显得有点儿奇怪。

≫ 超过 80% 的嘉宾进行了某种形式的内观禅修或冥想练习。

≫ 大量 45 岁以上的男性（而非女性）从不吃早饭，或者只吃少量食物（如莱尔德·汉密尔顿、马尔科姆·格拉德威尔、斯坦利·麦克克里斯托将军）。

≫ 很多人会在睡觉时使用 ChiliPad 空调床垫降温。

≫ 很多人高度评价《人类简史》《穷查理宝典》《影响力》《活出生命的意义》等著作。

≫ 很多人有为集中精神而单曲循环某首歌的习惯。

≫ 几乎每个人都做过某种形式的"私活儿"（自己私下里花时间和金钱完成某个项目，然后将成果卖给潜在的购买者）。

≫ 他们都认同"失败不会长久"（参见罗伯特·罗德里格斯）或者类似的想法。

≫ 几乎每一位受访者都具有将明显的"缺点"转变成超强竞争优势的能力（参见阿诺德·施瓦辛格）。

当然，我将帮助大家把这些成功人士的共同点联系起来，但这远不及本书一半的价值。一些最具启发性的办法往往出现在那些独特的特质中。我希望你能找到与自己的特质相合的榜样，关注那些非传统的途径，就像夏伊·卡尔那样，从体力劳动者成为网络明星，再到售价接近 10 亿美元的企业的合伙创始人。每个人都各有其长才是他们真正的共同点。正如一位软件工程师所说的："那不是程序漏洞，而是程序特色！"

希望大家可以巧借东风，灵活整合，制订自己专属的人生规划。

本书就是一顿自助餐

第一，你可以自由略过你不喜欢的内容。

　　我希望你略过本书中所有你不喜欢的内容。本书读起来应当是有趣的，因为它是一顿可以选择的自助餐。不要为任何内容而受煎熬。如果你不喜欢虾，那就不要吃虾。你可以把本书当作一部选择指南，这就是我的写作初衷。我的目标是让每位读者都能喜欢其中 50% 的内容，爱上 25% 的内容，永远记住 10% 的内容。原因在于，对于那些听过我的播客节目的数百万人和校对过此书的数十位老师来说，哪些是那 50%、25% 和 10% 的内容对每个人都是完全不同的。这让我很惊讶。

　　我甚至邀请了本书中的一些嘉宾——那些行业中的佼佼者——帮助我审校了本书的同一章节，并请他们回答我关于"哪 10% 的内容你肯定会保留，哪 10% 的内容你肯定会删除"的问题。在很多情况下，某个人"肯定会删除的内容"恰恰是另外一个人"肯定会保留的内容"！由此可见，本书的精华所在不是放之四海而皆准的，因此我希望你能大胆抛弃其中不喜欢的内容，阅读那些自己感兴趣的内容。

第二，你可以略读一些内容，但要做得聪明些。

　　也就是说，你可以在头脑中对你略读过的所有内容做一个简单的笔记，比如在这一页的边角处画上小圆点，或者标记一下标题。

　　或许，正是那些你大致浏览过的标题让你发现了生活中的盲点、瓶颈和尚未解决的问题之所在——对我来说的确如此。

　　如果你决定快速翻阅某些内容，那就标记一下，之后再回到那里，问一下自己："当初为什么略过这一部分？"是这部分内容让你厌恶，学不到东西，还是它看起来太难？在读到这部分内容时，你是否仔细思考过？或者，它是否反映了你从父母和他人那里继承过来的某种偏见？在很多情况下，"我们的"想法其实并不是我们自己的想法。

　　这么做是在帮助你塑造自我，而不是帮助你发现自我。当然，后者还是有价值的，但主要的价值在于回顾过去：它是一面后视镜。而到达你希望去的地方，你需要透过挡风玻璃远望前路。

两个原则

有一次，我站在塞纳河边路易·阿拉贡故居外面一处绿树成荫的幽静角落里，同来自巴黎美国艺术学院写作班的学生们野餐。一位女士把我拉到一边，问我想要在本书中表达什么样的核心内容。没过多久，我俩便被拽回到集体讨论之中。当时参加野餐的人正在轮流谈论他们来到巴黎前的曲折经历。几乎每个人都有这样一个故事：多年前（有的人甚至表示是三四十年前）他们一直想来巴黎，但他们一直认为那是不可能的。

我一边听着他们的故事，一边找出一张纸片，匆匆写下我对那位女士的问题的回答。在本书中，我想要表达的核心内容是：

1. **如果你抱有正确的、经过实践验证的信念和习惯，那么成功就是可以实现的，无论你如何定义它。**很多人已经取得了你心目中的"成功"，你可能会问："但是，怎样才能达到前所未有的成功呢？比如征服火星？"办法还是有的。我们可以看一下另类的帝国创建史，看一下罗伯特·摩西一生中所做的最重要的决定（参阅《权力掮客》一书）。或者，你只需要找到一个执意要做在当时看起来不可能之事的人就可以了（比如华特·迪士尼）。这其中一定有你可以借鉴的成功经验。

2. **你心目中的超级英雄（偶像、巨人、亿万富翁等）几乎都是凡夫俗子，只不过他们把自己的优势放大了 1~2 倍。**人是不完美的动物。一些人之所以成功并不是因为他们没有缺点，而是因为他们发现了自己独特的优势，并围绕这些优势集中培养了各种好习惯。为了清楚地阐明这一点，我特意在本书中增加了两部分内容，以鼓励你思考诸如"哇，蒂姆·费里斯原来是个邋遢鬼。那么，他到底是如何成功的呢"之类的问题。每个人都在进行着你并不了解的斗争，本书中的主人公们也不例外。每个人都在奋斗。对此你应当感到宽慰。

重要提示

本书的结构

本书包括三部分内容：健康、财富和智慧。当然，这几部分内容之间有大量重叠，因为这三个元素是相互依赖的。事实上，你可以把这三部分看作一个三脚架，你的生活正是建立在三元素相互平衡的基础上的。人们需要所有这三个方面才能够获得可持续的成功或幸福。本书中的"财富"所代表的不仅是金钱，它的意义可以延伸出去，指代时间、关系等许多方面的富足。

《每周工作 4 小时》（4HWW）、《每周健身 4 小时》（4HB）和《4 小时变身大厨》（4HC）这三部作品是我以本杰明·富兰克林的那句名言"早睡早起使人健康、富裕又聪明"为主题，创作的一套三部曲。

人们经常问我："假如你打算再写一遍《每周工作 4 小时》，你会加上什么内容？你会如何更新里面的内容呢？"对于《每周健身 4 小时》和《4 小时变身大厨》，我也遇到了类似的情况。《巨人的工具》这本书里包含了对于所有这类问题的大多数答案。

名人语录的背景

在写作本书之前，我打电话给《创作者的日常生活》一书的作者梅森·柯瑞。这本书记录了弗兰茨·卡夫卡、巴勃罗·毕加索等 161 位艺术创作者的日常生活。我问他，这本书他最得意的地方是什么，梅森说："我尽量让主人公自己讲话，我认为这是我做得最'正确'的事情之一。与其说是书里主人公的日常生活或习惯本身比较有趣，不如说是他们对自己的评价更有趣。"

这是一种非常重要的观点，也恰恰说明了为什么大多数"名人语录"之类的书没能发挥任何真正的影响力。

我们以杰米·福克斯的那句名言为例："恐惧的对立面是什么？什么也不是。"这句话值得任何人铭记在心，你可能会揣测其中隐藏的深刻含义，可我依然敢打赌，不出一个星期你就会忘记它。但是，假如我补充上杰米自己的解释，说明他是如何用这句话来培养孩子们的自信心的，那又会产生怎样的效果呢？语境和人物原话可以引领你像这些一流的榜样那样思考问题，这是我们力争获得的基础技能之一。为了达到这个目的，在本书中我为你准备了许多语录及其背后的故事。

我偶尔会使用黑体来强调部分语录。这是我自己做的强调，不是嘉宾做的。

• 如何阅读语录——从微观上来说

……＝部分引言被省略了，（括号中的词语）＝额外信息，这部分内容不是采访中的内容，而是我后来补充的信息，有助于读者理解原文正在讨论的问题，或者是与你有关的信息以及我的建议。此外，加星号"*"的部分段落表示我已实践过并着重推荐大家也尝试一下的内容。

• 如何阅读语录——从宏观上来说

我的播客节目中有一位嘉宾，他可以说是我所认识的最聪明的人之一。当我给他看他的原始访谈记录时，他大吃一惊，说道："哇，我一直觉得自己是个比较聪明的家伙，可我在说话的时候完全把过去时、现在时和将来时混为一谈了！这让我听起来简直就像个白痴！"

访谈记录是白纸黑字的，让人无可辩驳。我也看过自己的访谈记录，我深知它能有多糟。

情急之下，人们是不会去考虑语法的，而是张嘴就来，说出成分残缺不全的句子。每个人在开始讲一句话时都会使用像"还有就是"或者"所以说"之类的口头语。我跟许多人一样，更喜欢使用"我的意思是说"，而不是"然后我说"。许多人还会胡乱使用单复数。这些问题在口语中没有什么影响，但打印出来就会显得错误百出。

因此，为了表述清晰，节省空间，也为了向嘉宾和读者表示尊重，我在一些地方对引言做了美化。我尽量保持了引言的风格和句式，同时尽可能使其显得正确、可读。有时候为了展现采访时的气氛和感受，我会保留一些嘉宾油腔滑调、散漫不拘的特点。我也会对自己的发言进行打磨，包括去掉因口吃而重复的部分。

如果语录中有任何听起来很愚蠢或看不懂的地方，那一定是我的错。本书中的受访者都非常优秀，而我只是尽可能地展示了他们的优秀之处。

本书的模式

出现相应嘉宾的建议或独特观点的地方，我都会用圆括号加以标注。比方说，如果某人讲述了一个关于做提价测试的意义的故事，我可能会在后面加上"（参见马克·安德森）"，因为他对"如果你手边就有一个布告板，你会在上面写什么"这个问题的回答是"提高价格"。他对此做了深入的分析。

注入幽默！

我在书中加入了大量引人发笑的内容。首先，如果我们一直一本正经，那还没等到讲完正经的内容我们就会厌倦了。其次，如果本书全是死板的面孔，没有挤眉弄眼的玩笑，全是工作、工作、工作，没有娱乐和休息，那么你能够记住的内容就会很少。我赞同托尼·罗宾斯的观点：缺乏感情的信息人是记不住的。

大家可以查阅"冯·雷斯托夫效应"以及"首因效应和近因效应"以进一步理解本书的组织方式，本书确实有意使用了能最大化发挥你记忆力的组织方式。

灵兽的秘密

没错，灵兽！本书没有为受访者的照片留出空间，但我想用一些插图让内容变得有趣。虽然最开始我觉得这就像是白费力气，但随后——在1杯或4杯酒下肚之后，我想起嘉宾亚历克西斯·欧海宁，他总喜欢问他的潜在雇员这样一个问题："你的灵兽是什么？"终于让我找到了，就是它了！因此，你会看到那些迁就我、配合我的嘉宾告诉我的能代表他们自己的灵兽。你知道最有趣的是什么吗？很多人对待这个问题的态度相当严肃。他们会进一步解释为什么这么说，并讲述与之相关的某个情结，甚至有人还补充了维恩图解。他们的问题一个接一个："可以接受神话中的动物吗？""可以是一株植物吗？"相关的有趣内容太多了，可惜我无法一一刊登出来。因此，书中穿插了灵兽的插图。在一本充满实用技巧的书里，大家可以把这些插图视作有趣的装饰。人们喜欢这些。

非人物简介性内容

书中有许多嘉宾和鄙人撰写的非人物介绍性的内容穿插在各部分当中。这些内容主要是用来进一步解释嘉宾提到的重要原则和方法的。

相关网页链接、个人网站和社交媒体

我省略了大部分网页链接，因为过期的网页链接对每个人来说都是毫无用处的。你要相信，对于本书所提到的几乎所有内容，我所选择的用词都是你可以在谷歌或亚马逊网站上轻松找到的。

所有完整的播客内容，你都可以在 fourhourworkweek.com/podcast 上找到。只需要搜索嘉宾的名字，你就能看到音频资料、完整的节目说明、相关的链接和资源，就像寒冷早晨的一股暖流。

临别寄语

本书中的许多嘉宾都推荐了赫尔曼·黑塞所著的《流浪者之歌》一书。纳瓦尔·拉威康特在几次同我一起长距离散步、喝咖啡的过程中，都强调了那本书对于他的特殊意义。书中的主人公悉达多是一名僧侣（虽然他看起来像一个乞丐）。他来到城里，爱上了一个名叫卡玛拉的名妓，想要追求她。她问他："你有什么资本呢？"一位知名商人也问了他类似的问题："你能给她提供什么东西呢？"悉达多对这两个问题的回答是一样的（我将在下面把后面发生的故事抄录下来）。悉达多最终如愿以偿，得到了自己想要的一切。

> 商人："……如果你没有财产，那你能给予她什么呢？"
>
> 悉达多："每个人都能给予他所拥有的。士兵给予的是力量，商人给予的是商品，教师给予的是知识，农夫给予的是粮食，渔民给予的是鱼。"

商人："很好，那你能给予她什么呢？你知道自己能给予她什么吗？"

悉达多："我能够思考，能够等待，能够禁食。"

商人："就这些？"

悉达多："我想就这些。"

商人："这些东西有什么用处呢？就拿禁食来说，它有什么好处呢？"

悉达多："先生，它的用处很大。如果一个人没有东西可吃，那么禁食就是他所能做的最明智的事情。比方说，如果我没有学会禁食，那么我今天就必须找份工作，要么在你那里工作，要么在别人那里工作，因为饥饿会迫使我这样做。但事实上，我可以平静地等待，我没有焦急，也没有病倒。我可以长时间地抵挡住饥饿的侵袭，并嘲笑它。"

我经常思考悉达多的回答，并将其归纳成下面几句话：

➣ **"我能够思考"**：掌握正确的决策规则，能够向自己和他人提出正确的问题。

➣ **"我能够等待"**：能够制订长期计划，完成一项长期的任务，不会在一开始就用掉所有的资源。

➣ **"我能够禁食"**：能够承受住困难和灾难的挑战，能把自己训练得异常坚定，具有极强的痛苦承受能力。

本书将帮助大家培养这三种能力。

我之所以撰写本书，是因为它是我自己一生都想看到的一本书。我希望你也能喜欢这本书，就像我喜欢它那样。

就到这里吧！

1

健康

"夫唯不争，故无尤。"

——老子

"一个极度病态的社会是不存在与之相适应的健康标准的。"

——克里希那穆提，印度著名哲学家

"最终，获胜意味着更好的睡眠。"

——朱迪·福斯特，美国著名演员

"我不是最强壮的，也不是最快的，但我的确善于忍受痛苦。"

阿梅莉亚·布恩
AMELIA BOONE

  阿梅莉亚·布恩一直被称作"户外障碍赛（OCR）中的迈克尔·乔丹"，她被公认为世界上获得荣誉最多的障碍赛选手。从该项运动开展以来，她累积获得了 30 多次冠军，50 多次登上领奖台。2012 年，最强泥人世界障碍赛持续了 24 小时（她跑了 145 公里，通过了 300 道障碍），她是 1000 多名参赛选手中第二个完成全程比赛的。这场比赛 80% 的选手是男性，击败她的那个人只领先她 8 分钟。阿梅莉亚的主要战绩包括斯巴达勇士赛世锦赛和斯巴达勇士赛精英系列赛。她是唯一一个三次在最强泥人世界障碍赛中获奖的选手（2012 年、2014 年和 2015 年）。在做完膝盖手术 8 周之后，她赢得了 2014 年的冠军赛。阿梅莉亚还曾 3 次在死亡竞赛中获胜。她是苹果公司的全职律师，并且完全利用自己的业余时间进行了超级马拉松训练，获得了西部州际 160 公里长跑赛的参赛资格。

灵兽：鲤鱼

✳ 阿梅莉亚想在布告板上写点儿什么？

　　"没人欠你任何东西。"

✳ 你用不到 100 美元买到的最好的东西是什么？

　　麦卢卡蜂蜜绷带。阿梅莉亚的肩膀和背部全是铁丝网留下的伤疤。

✳ 阿梅莉亚推荐的书

　　马克·丹尼利斯基的《书页之屋》："这本书你一定要买，因为里面的一些内容需要你颠倒过来读，还有一些内容形成了回路，需要你翻回去看……这是一本能给你带来全新感官体验的书。"

阿梅莉亚的秘诀和策略

　　≫ 水解胶原 + 甜菜根粉： 过去我曾经单独吃过胶原蛋白，用来促进结缔组织修复，但我没有坚持多久，因为胶原蛋白同冷水混合后看起来就好像是海鸥的粪便。阿梅莉亚向我推荐了容易溶解的五大湖水解胶原蛋白（绿色标签的那种），挽救了我的口感和关节。再加上一勺可以冲淡牛蹄味的甜菜根粉，那真是全新的体验。阿梅莉亚在赛前和训练前用它来增加耐力，但我的做法更硬气：当胖子蒂姆（我自己）嘴馋想吃碳水化合物食品时，我就用它来制作酸酸的、碳水化合物成分较低的小熊软糖。

　　≫ RumbleRoller 牌泡沫轴： 大家可以想象一下泡沫轴遇到巨型卡车轮胎[①]的情景——显然，泡沫轴历来对我效果不大，但这种"刑具"对我的康复产生了立竿见影的积极效果（在上床前使用泡沫轴还有助于睡眠）。在这里我要提醒大家：不要操之过急。我曾试图模仿阿梅莉亚，第一次就用它按摩了 20 多分钟。结果第二天，我感觉自己仿佛被人装

---

　　① 暗示作者太胖，肚子太大。——译者注

进睡袋、对准大树撞了几个小时。

>>> **在地板上用脚踩着高尔夫球来回晃动以增加"腿后腱"的灵活性：**高尔夫球肯定比曲棍球更有效果。记得放一条毛巾在地板上，垫在高尔夫球下面，防止你一不小心把家里的狗打伤。

>>> **Concept2 SkiErg 健身器：**当你下肢受伤时，你可以用它来进行康复训练。阿梅莉亚做完膝盖手术之后，便利用这种低强度的健身器保持心肺耐力，备战 2014 年的最强泥人世界障碍赛。手术 8 周后，她赢得了比赛。（凯利·斯塔雷特对这种器械也情有独钟。）

>>> **干针疗法：**在认识阿梅莉亚之前我从没听说过这种疗法。"（在扎针灸的过程中）医师的目的是让你感觉不到针的存在。而下干针时，医师会把针插入你的肌腹，使其发生抽动。这种抽动能使你的肌肉放松。"这种方法用于高度紧张、过度收缩的肌肉。要小心，别把针留在里面。除非你是个受虐狂，否则不要在你的小腿上扎针。

>>> **通过桑拿浴锻炼耐力：**阿梅莉亚发现洗桑拿可以锻炼自己的耐力。这种观点已经得到另外几名运动员的证实，包括自行车运动员、7 次全美计时赛冠军得主戴维·扎布里斯基。他认为桑拿训练非常有效，可以替代高海拔模拟露营训练。在 2005 年环法自行车赛中，戴维赢得了第一阶段计时赛的冠军，成为第一位在自行车三大环赛中赢得阶段赛冠军的美国人。戴维以几秒钟的优势击败了兰斯·阿姆斯特朗，平均速度达到每小时 54.676 公里！我现在每周至少洗 4 次桑拿。为了弄清楚洗桑拿的最佳方法，我还询问了另外一名参加播客节目的嘉宾，朗达·帕特里克。他的回答将在下一章中出现。

• **当你听到"成功"这个词的时候，你想到的是谁?**

"保罗·莱维斯克（三大 H）应当是个很好的例子（代表了从运动员到商界精英的完美转型）。是的，我想到的是保罗·莱维斯克。"

其他秘诀

⋙ 阿梅莉亚习惯在比赛前的早餐吃一点儿果酱馅饼。

⋙ 她不间断单次双跳（一次起跳时绳子两次从脚底穿过的跳绳动作）的纪录是 423 个，这足以让所有健身运动员瞠目结舌。但是他们不知道的是，她在小学 3 年级时就是州跳绳冠军了。他们也不知道，她跳到 423 个停下来，是因为她被憋坏了，再不去厕所的话裤子就要尿湿了。

⋙ 阿梅莉亚喜欢在雨中和寒冷的天气里进行跑步训练，因为她知道在这样的环境中自己的竞争对手更可能会选择退出。这就是典型的"未雨绸缪"训练法，她用这种方法增强了自己的适应能力。

⋙ 她还是个极具天赋的无伴奏清唱歌手，是圣路易斯华盛顿大学绿叶合唱团中的一员。

朗达·佩尔恰瓦莱·帕特里克
RHONDA PERCIAVALLE PATRICK

朗达·佩尔恰瓦莱·帕特里克博士曾经与许多名人一起工作过，包括布鲁斯·艾姆斯博士。后者发明了艾姆斯诱变试验（用于快速初筛化学致癌物），并且排在 1973~1984 年间所有领域论文被引用次数最多的科学家的第 23 位。帕特里克博士也从事临床试验，曾在索尔克生物研究所进行衰老研究，也曾在圣裘德儿童研究医院进行癌症、线粒体代谢和细胞凋亡方面的研究。最近，帕特里克博士发表了关于某种生物机理的论文。根据这种机理，维生素 D 可以用于调节大脑中血清素的含量。这一发现对先天不足及神经精神障碍的治愈有重要意义。

灵兽：红狼

牙仙可能会挽救你和孩子的性命

帕特里克博士向我介绍了将牙齿当作干细胞库储存起来的做法。如果你拔掉自己的智齿，或者你孩子的乳牙（乳牙里的牙髓干细胞尤其密集）掉了，你就可以考虑利用像干细胞储存公司或者国家牙髓实验室这样的机构将其保存起来，以备后用。这些公司会送给你的牙医一个工具箱，然后用液态氮将需要保存的生物组织冷冻起来。费用大致是：前期准备费用约 625 美元，之后每年的储存和保养费约为 125 美元。

将来，你可以从牙齿的牙髓里面提取间充质干细胞，利用你自己的生物原料进行针对各种器官和组织（比如骨骼、软骨组织、肌肉、血管等）、非致命疾病（比如修复损伤的脊髓运动神经元）和致命疾病（比如严重的脑损伤）的治疗。

热疗是新的黑科技

"超热调节"（精心测算的热疗）可以帮助你提高生长激素（GH）水平，并极大提高你的忍耐力。现在，我至少每周有 4 次会在锻炼或拉伸之后洗 20 分钟的桑拿，温度通常定在 71~77 摄氏度。洗桑拿可以有效降低延迟性肌肉酸痛（DOMS）。

下面是帕特里克博士给出的关于耐力和生长激素的一些建议：

》》"一项研究表明，同研究基准线相比，连续三周每周两次在训练之后洗 30 分钟的桑拿可以将被试的跑步时间延长 32%。研究发现，除了可以增加 32% 的跑步耐力之外，该方法还可以增加 7.1% 的血浆量和 3.5% 的红细胞数量。"

》》"在两次 20 分钟 80 摄氏度的桑拿中间加上一次 30 分钟的冷却期可以把人体的生长素水平提高到基准线的两倍。而在两次 15 分钟 100 摄氏度的干蒸中间加上一次 30 分钟的冷却期可以将生长素水平提高 5

倍……生长素水平提升的效果通常可以在桑拿后持续几个小时。"

> **作者：** 洗热水澡同样能够较为明显地把生长素提高到基准线以上。研究表明，洗桑拿和洗热水澡都能够促进催乳素大量分泌，它有助于伤口愈合。我通常会洗 20 分钟左右的热水澡或桑拿，之后我能明显感觉到心率的提高。强啡肽分泌阶段过去之后，我会屏息收缩肌肉几分钟，这常常会使人烦躁不安，想要冲出去（但不会感到头晕目眩）。一般情况下，我会在热疗过程中听一听电子书，比如尼尔·盖曼的《坟场之书》，然后洗上 5~10 分钟的冷水澡（我会在大浴缸里放入约 40 斤的冰块儿，让水温降到 7 摄氏度左右），或者喝冰水降温。我会重复这一过程 2~4 次。

过去 1 年中帕特里克博士的 3 个学习榜样

布鲁斯·艾姆斯博士、萨特钦·潘达博士（加利福尼亚圣迭戈索尔克生物研究所教授）和珍妮弗·杜德纳博士（加利福尼亚大学伯克利分校生物化学和分子生物学教授）。

"如果世上最美妙的事情是人们为了变得强壮
而锻炼臀肌，那你为什么不这样做呢？"

克里斯托弗·萨默
CHRISTOPHER SOMMER

　　克里斯托弗·萨默是美国国家体操队前教练，也是体操健身法的开创者。在过去的 8 个月里，我尝试了这套健身方法（没有教练指导）。作为世界知名教练，萨默擅长把他的弟子们打造成世界上最强壮、最有力量的运动员。在他 40 多年的教练生涯中，萨默教练针对自己的训练技巧（包括奏效的和无效的）做了非常详细的笔记，从而将其中的精华融合成一套一流的锻炼方法，同时适用于高水平运动员和运动新手。他的体操力量训练法（GST）源于他40 年的仔细观察。

灵兽：猎鹰

背景故事

　　通过结合体操力量训练法和飞行瑜伽（AcroYoga）这两者，我在过去的一年里彻底重塑了自己的身体。现在，39 岁的我比当年 20 岁的我更加灵活协调。我会省略介绍许多内容（比如水平十字、慢起手倒立），因为这些你都可以在视频或照片中看得更清楚，我会在后面介绍最关键的一些动作。大家可以借助搜索引擎搜索其他内容。

针对缺点进行训练

"如果你想在日后成为一匹明星赛马，那你现在就必须做一匹明星幼马。"

在我抱怨我的肩部拉伸动作（包括双手紧扣放在后背，胳膊伸直，然后举起双臂，腰部挺直一系列动作）进步缓慢时，教练跟我这样说。当你犹豫不决时，你可以针对你最难做到的动作进行训练。我最大的问题是肩部拉伸动作和胸部屈体动作（相对于后仰屈体）。经过 3~4 周的训练，我在这些动作上的成功率提高了 10%——从原来的"让教练呕吐"到现在的仅仅"让教练大笑"，而许多折磨我多年的身体问题完全消失了。要想找到自己最大的身体问题，你可以先找一个离你近的功能性运动筛查（FMS）测试点。萨默曾经说过："你决定不了发到你手中的牌，但你可以用手中的牌打出尽可能高的分数。"

"柔韧性"与"灵活性"的区别

萨默对"柔韧性"与"灵活性"的区分是我听过的最具体、最清晰的区分。"柔韧性"是被动的，而"灵活性"则需要你在整个运动过程中测试自己的某种极限。大家可以参考后面有关评估灵活性的两个动作：杰氏屈体（J-Curl）和屈体跳。这两个动作也可以被视作对"积极柔韧性"的锻炼。屈体跳展现得尤其明白，因为它挑战的是人的"耐压强度"，它对大多数人来说都很困难。

保持坚毅，不要操之过急

　　教练经常说的一句话是"慢慢来，坚持住"，用以提醒学员某些动作需要数周或数月的持续刺激才能够适应。如果你操之过急，那你得到的就是伤病。在体操力量训练法中，在长时间的原地踏步之后，你会体验到令人惊讶的飞跃性进步。我做了大约6个月的腿部柔韧性训练，但收效甚微。然而，后来的某一天，我的拉伸幅度仿佛一夜之间就增加了一倍。对萨默来说，这种状况再正常不过了。

　　"我过去经常对我的队员说，世界上有愚蠢的体操运动员，也有年龄大的体操运动员。但是，世界上没有年龄又大又愚蠢的运动员，因为这样的人都死了。"

从"节食与健身"到"吃饭与训练"

　　萨默教练不喜欢当前的健身口号——"节食与健身"，他认为"吃饭与训练"效果更好。前者只是说起来好听，而后者才是实用的表达。前者并不包含清晰的目标，而后者则指向明确。

"他们连热身活动都挺不过去！"

　　教练讲述了他首次为非体操运动员举办培训班的经历，时间大约是2007年。

　　"我们把所有这些野兽（高级别举重运动员）召集在一起。他们非常强壮，我试图同他们一起进行一些入门级的增强式训练和一些地板动作。但越是强壮的运动员倒下得越快：膝关节、后背、脚踝……他们的这些部位连最简单的练习都无法承受。我们没有做任何难做的动作，就是站立、直膝、利用小腿力量在地板上跳跃，诸如此类。

"但他们表现得太糟了。他们的身体承受不了，之前他们从没有做过类似的动作。你可以看一下他们的机动性有多差：我安排了15分钟的拉伸活动。这个动作一点儿也不复杂，没有任何强度——就是简单、基本的拉伸，为的是让他们放松。结果，拉伸活动用了一个半小时才完成，而他们做完之后全都躺倒在地，仿佛正在拍一部战争影片。我转身对工作人员说：'现在我该怎么办？他们连热身活动都挺不过去！'"

为什么奥运会上的男运动员都有强健的肱二头肌？

奥运会上的男体操运动员的肱二头肌的形成主要靠直臂动作，尤其是吊环项目中的水平支撑动作。

但是，作为一名新手，你应该怎样练习水平支撑动作呢？我使用一种由两个主要部件组成的滑轮系统把体重带来的阻力减掉一半。我把这一系统同"动力杆"结合使用，并在使用时绑上金属护手，这样我就可以把滑轮绳索连接到我小臂胳膊肘和拳头之间的任何地方。如此一来，我就可以从用靠近肘部的地方做支撑开始，逐渐转向靠手部做支撑，一步步增加动作强度。目前，只有欧洲有最好的设备，但美国也有类似的"铁十字训练装备"。

每人都应当练习的三种动作

≫ **杰氏屈体**（参见后文）

≫ **肩部拉伸**：以站立姿势在身后提拉传力杆，或者坐在地板上，双手放在臀部后，坐好后仅靠手部向后移动。

≫ **胸部屈体**：用力抬高双脚，以上背部和肩部（非下背部）产生大面积拉伸感为佳。双脚离地约1米高，保证自己可以集中精力伸直双臂（如果做得到，还可以伸直双腿），保持这个姿势，调整呼吸。

成年非体操运动员的合适目标

下面这些目标把针对力量和机动性的许多不同方面的锻炼融入了单个动作：

初学者： 杰氏屈体

中等水平者： 双腿叉开手倒立（作者：我就在练习这个动作）

高水平者： 斯特尔德倒立

你只需一个震动按摩器

萨默教练给我介绍了一位俄罗斯医疗按摩专家，他推荐我使用插电式（不是无线的）震动按摩器（并调到高挡位）。我从没有体验过如此强烈的快感。谢谢你，弗拉基米尔！

上面只是句玩笑。实际上，使用震动按摩器可以放松张力亢进的肌肉（本不该紧张的肌肉出现了紧张的情况）。把震动按摩器放到肌腹上20~30秒，只要频率合适，这就足够你恢复了。如果你有紧张性头痛或者脖子发僵的症状，这种方法非常有助于放松颅骨底部的枕骨。注意，如果你家里到处都是震动按摩器，那就违背初衷了——当然，它也可能非常实用。如果你的解释是你是用它来放松"张力亢进的肌肉"的，那倒无所谓。正如一位朋友对我说的："我认为我太太也有同样的问题……"

如何成为强壮的体操运动员

不同寻常但有效的锻炼方法

按照萨默教练的方法练习了不到 8 周，我就看到了自己在之前基本上已经放弃的那些项目上取得了令人难以置信的进步。

你可以试一下我在下面列出的几种我最喜欢的锻炼方法，我相信你很快就会发现，体操运动员所用到的肌肉是你以前甚至不知道自己也有的肌肉。

腰方肌运动——一种与众不同的热身活动

萨默教练是从力量举重运动员唐尼·汤普森那里借鉴来这种锻炼方法的。唐尼称其为"臀部运动"。"超级 D"唐尼·汤普森是第一个把力量举重总重量（仰卧推举重量 + 硬举重量 + 蹲举重量）提升到 1360 公斤以上的运动员。腰方肌运动的目的是锻炼臀大肌和腰方肌。

1. 坐到垫子上（坐在碎石上也可以，如果你想把自己的屁股变成汉堡肉的话），双腿向前伸直，脚踝并拢或微分，腰部挺直。我一般是双腿并拢。这是一种屈体姿势，我在本书中会经常提到。

2. 把壶铃或哑铃举到锁骨处（想象一下蹲举的准备动作）。我的体重有 77公斤，举重重量为 15~30 公斤。我需要抓住壶铃的"犄角"把它举起来，唐尼则更喜欢从底部直接将其举起。

3. 保持双腿伸直（膝关节处不要弯曲），在地板上移动你的臀部——左、右、左、右。我一般会移动 3~5 米。

4. 改变方向，再移回 3~5 米。热身活动就结束了。

杰斐逊屈体（杰氏屈体）

把这个动作想象成一个可控的、缓慢的、双腿绷直的硬举动作。萨默说："要循序渐进，不能操之过急。对于这种类型的负重移动动作，一定注意不要使用蛮力，不要拉伤，也不要超出你能承受的活动范围，最重要的是要动作平顺、可控。"我们的目标是举起重量与体重相匹配的杠铃，但在开始时你可以从 7 公斤的杠铃做起。我现在已经可以举起 20~25 公斤的杠铃了。这种练习可以很有效地提升胸部或中背部的力量和灵活性，同时在屈体动作中还可以锻炼腿后肌。当我问萨默教练应当多长时间做一次的时候，他的回答是："我们做这些动作就像呼吸那样频繁。"换句话说，在开始任何基础训练之前，你都要做杰氏屈体动作。

1. 开始时身体站直，双腿并拢，双臂分开，与肩同宽，将杠铃提拉到腰部位置（见图 1–A）。在脑中预想一下将杠铃硬举到顶部的动作。

2. 下颌向内收拢，紧顶胸部（整节动作保持下颌收拢），然后慢慢屈体，从颈部以下开始，每次弯曲大约一节脊椎（见图 1–B）。保持双臂伸直，杠铃靠近双腿。一直屈体，直到不能再拉伸为止。经过反复练习，你将变得越来越灵活。为了进一步增加拉伸幅度，你可以站到箱子上面，把手腕伸到脚趾以下的位置。尽量保持双腿与地面垂直，尽量不要撅臀，直到头部降到腰部以下（见图 1–C）。

3. 慢慢站起来，每次抬起约一节脊椎，保证最后再抬起下颌。这就是一整套动作。重复这一动作 5~10 次。

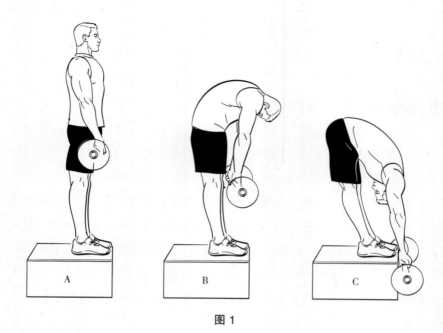

图 1

利用吊环做引体向上

听说你可以在双杠上做 10~20 个引体向上？太了不起了！挑战一下这个动作：在吊环的高位用支撑姿势（见图 2）尽量慢地做 5 个引体向上动作。在最低处时，手臂分别指向 10 点钟和 2 点钟方向。做这一动作时不要屈体（臀部不要撅起来），躯干也不要前倾。完成这一动作需要发达的上臂肱肌和极强的肩部拉伸力量——反正我做不到。一开始你可能会咒骂我，但 8 周之后你就会感激我。如果你没办法在双杠上做 15 个引体向上，那你可以考虑在一开始先利用吊环做俯卧撑。这是凯利·斯塔雷特在第一次演示时教给我的。在做俯卧撑时，一定要保证使用后面提到的靠墙手倒立中的紧缩躯干、伸展双肩的姿势。

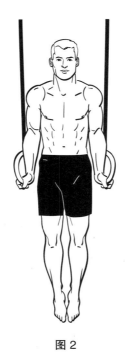

图 2

固定屈体动作

这是一组极好的低风险训练动作，可以大大改进身体机能和外部旋转肌群，后者是做手起倒立以及几乎所有的体操动作时都会用到的肌群。想象吸血鬼德拉库拉突然从棺材中起身的动作，用双二头肌发力。动作要领：双手要一直紧握吊环。当你能够完成 20 个固定屈体动作之后，搜索"平飞动作"（lat flys）的教程，作为进阶训练。

1. 在天花板上安装两根吊环，吊环高度大约是当你坐在地板上时，距离你头部约 30 厘米的地方。
2. 坐到地板上，双手抓住吊环。保持脚跟触地，身体后仰，双臂拉伸成直线，臀部离地。注意保持身体挺直（从头到脚跟）（见图 3–A）。

3. 起身（屈体），把头置于两根吊环中间位置，双二头肌用力。腰部与肘部弯曲呈大约 90°（见图 3-B）。

4. 缓慢降低身体，还原成初始动作。重复整套动作 5~15 次。

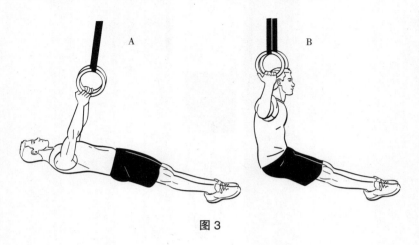

图 3

仰面后支撑行走动作

这一组训练动作十分有效，但对大多数人来说不容易做到。在练习这组动作中，99% 的人会认识到自己的肩部缺乏柔韧性或力量。

1. 找一些家具滑板。这种装置看起来像杯垫一样，是用来搬动家具的（使用它来搬动家具既省力又不会刮擦地板）。

2. 屈体坐正，将双脚脚跟放到家具滑板上（我现在在旅行期间总是随身携带它）。

3. 双手触地，放到臀部附近，双臂伸直，然后用手撑地，臀部离地。尽量保持身体挺直（从肩部到脚跟），就像固定屈体动作那样（见图 4）。

4. 很简单，是吗？现在用手向前移动，推动双脚在地上前进。你可以向前或向后行进，一次持续移动 5 分钟，但一开始可以先从 60 秒做起（你试了之后就会知道到底简不简单了）。友情提示：不要凌晨两点在宾馆走廊里做这个动作，那会把人吓掉魂儿的。

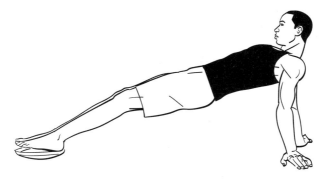

图 4

屈体跳

　　每当我的哪个愚蠢的朋友嘲笑我的体操力量训练法时，我都会让他们试一下这个动作。通常在尝试了之后，他们就会一边摇头表示不解，一边震惊于自己完不成这个看起来如此简单的动作。

1. 屈体坐在地板中央，脚趾向前，双膝并拢。
2. 双手触地，尽可能向双脚靠近（甚至越过双脚）。
3. 现在，试着抬起双脚脚跟，离开地面 2.5~10 厘米（见图 5）。这就是这个动作的全部了，抬起一次就可以称为"一跳"。对于 99% 的未经训练的人来说，完成这个动作是完全不可能的，你会感觉自己像座冰雕一样僵硬。把双手一点点收回，放到臀部和膝盖中间的位置，再看一下脚能抬高到什么程度。然后双手尽量前移，移至让自己能做到最多 15~20 个屈体跳就可以了。

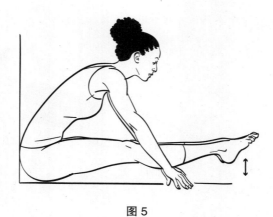

图 5

　　如果你做得相当不错，那现在试着让下背部靠墙，然后再做一下。什么感觉？是不是一个也跳不起来了？你的身体可能只能像个摇篮一样前后摇晃。靠墙做这个动作能更真实地反映你的实际水平。

靠墙手倒立

　　假如你没有体操背景，这个动作可能会让你觉得很有趣（或者很可怕）。我把靠墙手倒立这个动作作为训练的结束动作，我建议大家也这样做，因为做完这个动作之后你就不会剩下任何余力了。首先，我们确定一下动作标准。

　　紧缩躯干：坐在椅子上，后背挺直，双手放到膝盖上。现在试着把胸骨向肚脐处下压，收缩腹肌，把上身躯干"缩短"8~10厘米。记住这个状态，你需要在整个练习中保持它，下背部不能弯曲或松弛。

　　伸展双肩：在按照上述方法紧缩躯干后，假装自己抱着一根电线杆，双肩伸向胸部前方，胸骨用力向后缩。保持这一姿势，然后慢慢伸直双臂。接下来，保持上述所有动作，双臂尽量举过头顶。这些就是标准动作的要点了，现在我们可以开始真正的练习了。

　　1. 靠墙采取手倒立姿势，鼻子面对墙壁（见图6-A）。

　　2. 身体呈一条直线，用手向远离墙的方向缓慢移动，同时双脚缓慢沿墙向下移动（见图 6–B）。膝关节始终保持笔直，用脚踝移动。脚步不要太大。

图 6

3. 双脚触地，呈俯卧撑姿势（见图 6–C）。调整至标准动作，尽量紧缩躯干、伸展双肩。

4. 按照上述步骤反向移动，重回手倒立姿势。现在，你终于完成了一遍这套动作。

我们的目标是重复这套动作 10 遍，但注意要在你的肌肉无法承受之前及时停止练习。否则，由于重力的作用，你的脸蛋和脑袋可就要倒霉了。

多米尼克·达戈斯蒂诺
DOMINIC D'AGOSTINO

多米尼克·达戈斯蒂诺博士是南佛罗里达大学莫尔萨尼医学院分子药理学和生理学系副教授，人机认知研究所（IHMC）高级研究员。他能在禁食 7 天后做 10 次硬举 230 公斤的动作。

多米尼克力大如牛，他还是彼得·阿蒂亚博士的好友。我的医学博士朋友阿蒂亚穷尽毕生精力探求身体运动机能的极限。多米尼克的实验室的主要研究目标是开发、测试代谢疗法及药物，包括引发营养性酮症和治疗性酮症的生酮饮食法，酮酯和酮补充剂，以及低毒代谢类药物。他的大部分工作与代谢治疗和营养疗法有关，目的是使人体能在极端环境下依然有优异的表现和强大的适应力。他的研究得到了美国海军研究办公室、美国国防部以及各类私人机构和基金会的支持。

灵兽：海狸

一些鲜为人知的事实

- 1995 年左右，多米把托尼·罗宾斯的《激发个人潜能》（*Personal Power*）一书的音频资料作为礼物送给了他所有的大学生举重小伙伴。几年后，其中两人与他联系，感谢他改变了他们的生活。
- 在第一次邀请多米参加我的播客节目之后，全美的全食超市中，所有的 Wild Planet 牌沙丁鱼罐头销售一空。

前言

这篇文章可能是一份为数不多的，可以挽救你的性命、改变你的生活的资料。至少，它的确改变了我的生活。就其本身而言，它可以作为酮病百科大全的初级简化读本。虽然我们已经见识过了各种各样的节食法，但酮补充和节食真的不一样——它无须限制熏咸肉或全脂奶油的摄入。为了便于阅读，我为外行的读者略微简化了其中的一些概念。我将自己目前采用的养生法也写在这里了。

基本内容

≫ **生酮饮食**：一种模拟禁食机理的高脂饮食法。在生酮饮食中，人的大脑和身体会逐渐开始利用酮类食物（来自储存或新吸收的脂肪）获取能量，而不是依靠血糖（葡萄糖）获取能量——这种状态被称作酮症。这种饮食法最初是用来治疗患有癫痫病的儿童的，但现在衍生出了许多变种，包括阿特金斯饮食法。你可以通过禁食、节食、摄入酮类补充剂，或者将几种方式结合起来，从而达到酮症状态。

≫ **如何知道自己进入了酮症状态？** 最可靠的办法是利用雅培公司（Abbott）制造的一种叫 Precision Xtra 的设备。它可以测出人体的血糖水平和血液中的 β-羟基丁酸（BHB）含量。一旦测量结果在 0.5mmol

以上，你就可以认为自己进入了轻微酮症的状态。一般当数值升至1mmol 或更高时，我就会开始感觉到自己的头脑变得愈发清晰起来。

>>> **参考信息：**多米将有关生酮饮食的信息，包括常见问题回答、饮食计划以及更多信息，都分享在了 ketogeni-diet-resource.com 这个网站中。

"为了健康长寿，我愿意把酮症从轻度升至中度，让测量结果保持在1~3mmol 之间。"

作者：让身体处于酮症状态有很多好处，其中之一是有助于保护 DNA 不受损伤。

酮症状态或补充酮的优势

>>> **减脂塑体**

>>> **有说服力的抗癌效果**

>>> **提高用氧效率：**多米处在深酮状态时屏息能坚持的时间是平时的 2 倍（由 2 分钟增加到 4 分钟）。该效果在我身上也有所体现。一般来说，在酮代谢情况下，人们可以从一个氧分子中获得更多的能量。这就是为什么一些优秀的自行车运动员会服用酮类药物。此外，它还能帮助你更快地适应高海拔环境。

>>> **保持或增加力量：**在一项包含 12 个受试者的研究中，多米证明了，就连顶级举重运动员也能在适应了酮类药物两周之后保持或提升力量、成绩。服用酮类药物期间，人体会消耗 70%~80% 来自脂肪［通过中链甘油三酯（MCT）和椰子油补充］的热量，前提是将糖类物质摄入量限制在每天 22~25 克以内。酮类物质具有抗分解代谢、节约蛋白质和抗炎作用。

≫ **治疗莱姆病（由扁虱叮咬引发的具有麻疹、发烧等症状的一种传染性疾病）：**（警告：以下是个人经验，并非双盲实验的结果。）如果所有其他的治疗手段都失败了，你可以尝试通过节食进入深酮状态（对我来说标志是仪器测量结果达到 3~6mmol），然后持续服用一周的限制热量的酮类食物，如此便极有可能彻底消除莱姆病的症状。这是我首次服用抗生素之后唯一起效的方法。而且这一疗法给我带来了极佳的"副作用"：我的思维能力和思维清晰度提高了大约 10 倍。我认为这与线粒体的"修复"和酮类物质的抗炎作用有关。一年多过去了，莱姆病的症状没有复发，尽管我不得不在 90% 的时间里一直遵守不含酮类物质的低碳饮食法。

为什么要节食？

多米曾与自己的同事、波士顿大学的托马斯·塞弗里德博士讨论过有关治疗性"清洗节食"的想法。按照多米的说法："在没有患上癌症的前提下，每年进行 1~3 次治疗性节食就可以清除你体内可能存在的所有癌症前期细胞。"

对于超过 40 岁的人来说，癌症是 4 种致命性疾病之一，并且致死率达到了 80%。因此，清洗节食看起来是一种明智的选择。

还有证据表明（此处就跳过那些科学细节），节食三天或更长时间有助于刺激干细胞再生，从而有效地"重启"身体免疫系统。多米建议每年进行 2~3 次、每次 5 天的清洗节食。

多米曾尝试过为期 7 天的节食，当时他正在南佛罗里达大学讲学。第 7 天，在他走进教室时，他的身体血糖值在 35~45mg/dL，酮类值为 5mmol 左右。讲课结束后，在正式结束节食之前，他又去了一趟健身房，做了 10 次 230 公斤的硬举，又做了一次 265 公斤的硬举。多米是受到乔治·卡希尔的启发进行自己第一次为期 7 天的节食的。卡希尔是哈佛医学院的一名研究员，他曾做过一项有趣的研究，该研究结果在 1970 年发表。在这项研究中，他帮助人们完成了 40 天的节食。

节食并不必然会让人感到痛苦和虚弱。事实上，合理的节食能产生相当积极的效果，但首先让我们看一下如何做。

我的节食故事

我第一次进行长时间节食其实是无奈之举。莱姆病把我折磨得不像人样，在将近 9 个月的时间里，我大概只剩下 10% 的智力了。我的身体关节疼痛难忍，每 5~10 分钟就不得不下一次床。我的短期记忆力也每况愈下，已经恶化到了开始忘记好朋友名字的地步了。输入性治疗（包括药物、静脉注射治疗等）似乎没有效果，因此我决定撤掉所有的输入性治疗，包括食物。我为此做了功课，找到了美国评价最高的节食诊所，然后就直奔过去。

第一次尝试 7 天节食让我非常痛苦。在诊所里，我们也有自己的食宿标准，但会受到医生的严格监督。病人只允许喝蒸馏水。病人被禁止使用自来水、牙膏，甚至连洗澡都不允许。出于对病人负责的考虑，病人也不被允许锻炼或离开诊所。从第三天、第四天开始，我的下背部疼到了极点，只能像个婴儿一样蜷缩在床上。医生告诉我这是身体正在"排毒"的表现，但我实在无法忍受，便要求验血。结果显示，下背部疼痛的原因在于：超高的尿酸值正在不停地"捶打"我的肾脏。由于我不能去健身（连快步走都不行），因此进入酮症状态需要花费极长的时间。我的身体在分解肌肉组织，而肝脏会将其转化成葡萄糖，顺便产生尿酸。最主要的是，由于病人只能喝蒸馏水，因此几乎所有的节食者（大约有 40 人）都因为电解质耗竭和由此引发的胆碱能反应（比如在想睡觉时出现心跳过速的症状）而无法入睡。然而我也发现了节食带来的额外好处：几天后，我长期的皮肤问题消失了，慢性关节痛也没有了。

第 7 天早晨醒来后，我发现我的防护牙托里都是血。我一直在做梦吃草莓酥饼（这不是开玩笑），结果因为在梦里嚼得太用力，把牙龈弄裂了。真是受够了！

于是，我自主决定结束这次节食，开始吃红烧猪肉（这违背了医生的指令），并得出了两个结论：节食非常有意思，但我不会再尝试它了。

别着急下结论……你在使用什么样的节食方法？

在过去的两年时间里，我做了大量的节食实验，当然，我参照的是正经的科学指导，而不是什么封建迷信（比方说在结束节食时必须吃剁碎的卷心菜和甜菜之类的）。我现在的目标是每个月进行一次为期 3 天的节食，每个季度进行一次 5~7 天的节食。我还想每年进行一次 14~30 天的节食，但事实证明这种节食的后续恢复工作太麻烦了。

到目前为止我尝试过的最长时间的节食为期 10 天。在这次节食过程中，我每周补充 3 次维生素 C 和高压氧（2.4 个大气压 ×60 分钟），每 2~3 天使用双能 X 线骨密度扫描仪（DEXA）检测一次体脂含量，每次睡觉醒来时服用大约 1.5 克的支链氨基酸补充剂，在训练中服用大约 3 克的支链氨基酸补充剂。经过 10 天的节食之后，我的肌肉量丝毫没有减少。相对的，在之前那次为期 7 天的节食中，我减少了将近 12 磅的肌肉。

是什么导致了这种差异呢？

首先，在这次节食期间，我每天都会服用微量的支链氨基酸补充剂并摄入热量在 300~500 卡路里的纯脂肪。

其次，为了防止肌肉萎缩，我总在第一时间补充酮类物质。现在我不再每隔 3~4 天补充一次，而是每过 24 小时就补充一次。你补充酮类物质的频率越高，你就能越快地进入酮症状态。（原因似乎是生物性的"肌肉记忆力"同单羧酸转运蛋白和其他我不知道的事物存在关联。）节食很关键，这就是为什么约翰斯·霍普金斯在对患有耐药性癫痫的儿童采用酮类药物治疗方案时需要患者在开始阶段节食。

下面是我针对自身情况制订的每个月从周四晚饭开始到周日晚饭结束的为期 3 天的节食治疗方案：

>>> 在周三和周四计划好周五要打的电话。确定你准备如何利用 4 小时的

手机通话时间以保证工作效率的方案。这一点很重要。

>>> 在周四晚上 6 点左右吃一顿低碳水化合物的晚餐。

>>> 在周五、周六和周日上午，尽可能晚点儿起床。其目的是让睡眠替你打发掉一些工作。

>>> 醒来之后马上服用酮类补充剂或中链甘油三酯（MCT）补充剂，一天之中服用 3 次，时间间隔为 3~4 小时。我主要服用的补充剂是 KetoCaNa 酮类补充剂和辛酸（C8），比如脑辛烷油。酮类补充剂可以帮助你的身体"填补空白"——在头 1~3 天的时间里，你可能会出现因碳水化合物短缺引发的各种症状。一旦进入了深度酮症状态，开始消耗身体脂肪，这些酮类补充剂就可以省去了。

>>> 在星期五（如果有必要，包括星期六）摄入一些咖啡因，准备散步。醒来 30 分钟以后再出门。我一般会从冰箱里取出一公升凉水或一瓶 Smartwater 矿泉水，加入少许不含糖的纯柠檬汁来安抚我的味蕾，再加入少许食盐以预防疼痛和肌肉痉挛，然后再拿着它出门。我会一边散步一边打电话一边小口喝水（也可以一边收听播客节目）。等水喝完之后，重新装满或者再买一瓶，加入少许食盐，然后继续散步继续喝。这是轻快的漫步，不是激烈运动，关键在于持续地补水。我的一些朋友喜欢跑步或进行高强度的力量训练。这样做不会加强节食的效果，原因我就不再赘述了。我对他们说："要尝试轻快的漫步，大量补水，持续这么做 3~4 小时。我敢肯定，这样做的话，你第二天早上的酮类值就会达到 0.7mmol。"结果其中一位朋友照着我说的做了之后，在第二天早上给我发来短信说："天啊，太神奇了，0.7mmol。"

>>> 在节食的每一天，你都可以随意食用自己喜欢的酮类食物或脂肪（如加入椰子油的茶或咖啡，最多可以加入 4 勺）。我通常在节食期间的每天下午奖励一下自己，喝上一杯加入少许椰子奶油的冰咖啡。说句实话，有时候我会直接来一包海苔片——太奢侈了！

>>> 周日晚上，节食就结束了，你可以开始大快朵颐了。对于为期 14 天或更长时间的节食，你需要仔细考虑如何开斋。但对于为期 3 天的节食，

我认为节食结束后吃什么东西都影响不大。我就曾经吃过牛排、沙拉和油腻的墨西哥卷饼。从进化论的角度来说，要一个饥肠辘辘的家伙找一些细碎的卷心菜或类似的玩意儿来充饥是没有道理的，找到什么吃什么就可以了。

一旦进入酮症状态，如何在不节食的前提下保持住这种状态？

简短来说就是：每天吃大量的脂肪［食用量＝体重（公斤）×1.5~2.5 克］，尽可能不摄入任何碳水化合物，以及摄入适量的蛋白质［食用量＝体重（公斤）×1~1.5 克］。我们一会儿就来看一下多米的经典食谱，但首先你要注意下面这关键的几点：

>>> 高蛋白和低脂肪的饮食没有作用。肝脏会把多余的氨基酸转化成葡萄糖，从而终止生酮作用继续生效。你需要让摄入的卡路里总量的70%~85% 来自脂肪。

>>> 但这并不意味着你必须一直吃肋眼牛排。一块儿鸡胸肉就足以让你结束酮症状态，但把鸡胸肉切碎，同绿叶蔬菜拌在一起，加入大量橄榄油、羊奶酪，佐以某种防弹咖啡[①]（随便举个例子），这样就可以让你保持酮症状态。酮类饮食的难题之一就是如何摄入足够的保持酮症状态所需要的脂肪量。大致来说，你需要让摄入的卡路里总量的70%~85%来自脂肪。多米没有试图把"脂肪炸弹"融入所有食物（如果反复食用油腻的牛排、鸡蛋和奶酪，谁都会吃腻），而是采用了在正餐之间喝脂肪（比如用椰浆而不用水来冲咖啡）的方式。

>>> 多米发现奶制品会引发血脂代谢问题（如会增加低密度脂蛋白胆固醇），因而他开始尽量减少奶油和奶酪之类食物的摄入。我也有同样的

---

① 防弹咖啡指加入椰子油、黄油或奶油的黑咖啡。——编者注

体会，虽然吃大量的奶酪来保持酮症状态很简单。可以考虑喝椰浆。对多米而言，只要其他血液指标没有出现异常（比如 C 型反应性蛋白含量升高，高密度脂蛋白胆固醇降低），他并不担心低密度脂蛋白胆固醇升高的问题。多米是这么说的："我最关心的事情是甘油三酸酯。如果甘油三酸酯升高，那就表明身体还没有适应酮类饮食。有些人在限制卡路里摄入的情况下也会出现甘油三酸酯升高的问题。如果你发生了这种情况，这就表明酮类饮食不适合你……这不是一种放之四海而皆准的饮食方式。"

★　★　★

前面这些内容都是开场白。下面就是多米的食谱。请记住，他的体重大约是 100 公斤，因此下面的食谱是根据他的体重制订的。

早餐

- 4 个鸡蛋（用奶油和椰子油一起煮的）
- 1 罐满溢着橄榄油的沙丁鱼罐头
- 半罐牡蛎罐头（Crown Prince 牌的，其标签上注明了罐头中的碳水化合物来自不含血糖的浮游植物）
- 一些芦笋或其他蔬菜

> **作者：**我和多米在外出旅行时都带着成箱的沙丁鱼罐头、牡蛎罐头和大量夏威夷果。

午餐

代替正式的午餐，多米会在一天时间里摄入大量的中链甘油三酯（MCT）补充剂，主要是 MCT 营养液。他还会用半块黄油和 1~2 勺 MCT 营养粉制作一壶咖啡，在一天的时间里时不时喝上几口，总量大约相当于 3 杯咖啡。

晚餐

"我所学到的一招是在晚餐（这是我一天的主餐）前来上一碗汤，通常是西蓝花奶油汤或者蘑菇奶油汤。我会用高纯度的椰浆代替乳制奶油。我会（加上一些水）稀释一下，这样卡路里就不会那么高了。吃完这个之后，我想吃的食物数量就差不多减半了。"

多米的晚餐一直是某种大盘沙拉，通常包括：

• 混合在一起的绿色蔬菜和菠菜
• 特级初榨橄榄油
• 洋蓟
• 牛油果
• 中链甘油三酯油
• 少量帕玛森乳酪或者羊奶酪
• 适量的鸡肉、牛肉或鱼肉，总量大约 50 克。如果当天进行过训练，他就会挑选脂肪含量较高的食物，把沙拉中的蛋白质含量增加到 70~80 克。

除了沙拉之外，多米还会用奶油和椰浆做一些其他的蔬菜，比如球芽甘蓝、芦笋和羽衣甘蓝等。他把蔬菜看作"脂肪缓释系统"。

酮类冰激凌的配方

多米的"冰激凌"配方里大约含有 100 克脂肪，或者 900 千卡的酮类物质。如果你的饮食中脂肪含量不足，这种冰激凌可以予以弥补（记住每天摄取的卡路里总量中来自脂肪的贡献比例要达到 70%~85%！）

• 2 杯酸奶油或者不加糖的椰子油（不是椰子汁）
• 1 勺黑巧克力可可粉
• 1~2 捏少量海盐（我最喜欢的是片状的海盐）
• 1~2 捏少量肉桂

- 少许甜叶菊（多米买了大量有机甜叶菊）
- **可选配料：** 如果多米一天都没有食用碳水化合物，或者已经进行过训练，他会再加上 1/3~1/2 杯蓝莓

把上述原料全部放入浓厚的奶油冻里搅拌均匀，然后放入冰箱冷冻，直到混合物冻得像一般的冰激凌一样结实。在你将其取出准备开吃的时候，你可以直接食用或者在上面加上额外的配料：

- 用多脂奶油（最好是全脂奶油）和少许甜叶菊制成生奶油。
- 撒上一勺加热过的椰子油（特别是在你的这个"冰激凌"里有蓝莓的时候），然后搅拌。这能使冰激凌产生脆巧克力片那样的口感。

按照多米的体重 100 公斤来算，他在进行酮类饮食时大约需要每天摄入 300 克的脂肪。上面这种甜点可以帮助他解决脂肪摄入不足的问题，同时其本身也很美味可口。多米的太太并没有采用酮类饮食法，但就连她也喜欢这种甜点。

给素食主义者的建议

"MRM 功能蛋白质——这个系列产品中的巧克力摩卡非常棒。如果你取大约一勺摩卡粉，将其与椰浆混合，加入半个牛油果，再倒入一些中链甘油三酯油，比如辛酸，那么你将得到一杯理想的酮类奶昔，其 70% 的卡路里来自脂肪，20% 的卡路里来自蛋白质，10% 的卡路里来自碳水化合物。"

首选补充品

- MCT 营养粉和椰浆营养粉。
- 骨头汤（每周 2~3 次）。
- 艾地苯醌。"这是我会在坐飞机或集中训练前服用的另外一种补充剂（服

用量为 400 毫克）。我把艾地苯醌当作辅酶 Q10 的替代品。它更容易吸收，也更容易到达线粒体，就像是一种线粒体抗氧化剂。"

- 每天摄入镁元素。"柠檬酸镁、氯化镁和甘氨酸镁……过去每当我开始酮类饮食的时候，就会出现肌肉痉挛的症状。现在补充了镁之后，这个问题再没有出现过了……如果只能选一种镁元素补充品，那我会选柠檬酸镁粉。"

- 支链氨基酸（BCAAS）。其中，亮氨酸、异亮氨酸和缬氨酸按照 2∶1∶1 的比例混合，亮氨酸在这个配方中是最主要的支链氨基酸。"亮氨酸是一种可以作用于雷帕霉素靶点蛋白（mTOR，一种有益于人体的蛋白）的强大的激活剂。对于短期训练来说，激活骨骼肌中的雷帕霉素靶点蛋白非常重要。我在训练前和训练中都会使用这种产品。"

- 酮类运动食品 KetoCaNa 和 KetoForce。

- Pruvit KETO//OS，一种乳脂状的酮类补充食品，味道超棒。

- Kegenix，更像是一种味道更浓烈的碳酸饮料。

Pruvit 和 Kegenix 两种酮类补充食品都是在多米实验室研发出的专利 BHB + MCT 补充剂的基础上生产的，专利归他任职的大学所有。

更多有关节食和癌症治疗的内容

多米说："化疗前节食应当是肿瘤治疗必须包含的一个阶段。"他又补充说道："从本质上说，节食可以减缓（甚至阻止）细胞快速分化，引发'能源危机'，让癌细胞对化疗和放疗失去抵抗力。"有很多研究结果证实了这一说法。

我的一个朋友患有晚期睾丸癌，现在他已经痊愈了。同期进行化疗的其他病人在化疗后需要卧床 2~3 天，但他在化疗前节食了 3 天，在化疗后的第二天上午就跑了 16 公里。就像上面提到的那样，节食使得癌细胞对化疗变得敏感，并且帮助正常细胞抵制了化疗毒性。这种方法并非对所有病人都适用，尤其是那些病情极端恶化的癌症患者（已经出现肌肉萎缩症状的病人），但对很多患者有效。

对发生恶性病变的病人来说，某些选择性受体调节剂（SARMs）是有帮助的。服用选择性受体调节剂的目的是激发睾丸激素（以及其他合成代谢类固醇）的组织生成能力，同时避免产生雄激素（二次激素增加）。多米也在研究支链氨基酸的使用方法。通过在适用于老鼠的酮类饮食中增加支链氨基酸的含量，他把携带癌细胞老鼠的存活率提高了大约50%。而且，就像他预期的那样，这些动物能够保持它们的体重。

在一次研究中，多米、塞弗里德博士和其他科学家针对患有严重转移性脑癌的老鼠尝试了结合补充酮类物质和高压氧治疗的治疗方案，结果是，他们把老鼠的平均存活时间从原来的31.2天（普通饮食组的结果）提高到了55.5天。关于高压氧治疗方案的具体操作，多米的方式是在周一、周三和周五每天进行60分钟、2.5个大气压的治疗。把增压和减压过程计算在内，每次治疗时间持续大约90分钟。

即使在最糟糕的情况下——比如病人已经插管了，生命随时可能结束，我们仍然可以尝试补充酮类物质，同时辅以静脉注射葡萄糖的治疗方案。因为人们已经证明，外源性酮类物质具有明显的抑制肿瘤生长或缩小肿瘤的作用，即使在治疗过程中病人摄入了碳水化合物。对我来说，最后这半句话尤为重要。

如果你认为酮类饮食太过烦琐，那你也可以把酮类补充品拿出来，挖一勺融入水中，然后大口喝下去就可以了。

在癌症晚期阶段要做的5件事

如果多米被诊断出患上绝症，比如晚期恶性胶质瘤（一种恶性脑瘤），那么他会做下面这5件事。

多米的一些同事反对"标准化"的治疗方案，比如化疗。根据以往的资料，多米认为这些治疗方案在有些情况下还是有道理的，特别是对于睾丸癌、白血病、淋巴癌以及Ⅰ期和Ⅱ期的乳腺癌而言。除此之外，他认为，"采用目前已知的化疗手段来治疗癌症几乎没有什么效果"。

多米选择的5件事似乎有所重叠，也就是说当一起实践它们的时候会出现增效作用，总数会大于各个部分的和，即 $1+1+1+1+1=10$，而不是等于5。

>>> **酮类饮食**：以此作为基本疗法。这是基础。

>>> **间歇性禁食**：只在每天4小时的最佳工作时间内吃一顿饭。

>>> **每天补充2~4次酮类食物**：他的目标是通过上面提到的两个方法，把自己的BHB水平从1mmol提高到2mmol，超出基准线。换句话说，如果采取阿特金斯饮食计划，一天只吃一顿饭，那么其体内BHB的水平大概会在1.5mmol，而在此基础上，他会补充酮类食物，使其增长到2.5~3.5mmol。最简单的方法是食用MCT营养粉。将各种方法结合起来，你就能"接近士兵的酮值标准"。与营养液相比，MCT营养粉可以把你的忍耐力提高2~3倍，因此你可以多食用一些营养粉。

>>> **二甲双胍**：他会滴定每天的用量（刚开始比较低，然后慢慢增加）直到感觉胃肠道不适（腹泻或反流），然后再慢慢降低用量。这能让他得到自己的阈值上线。对大多数人来说，这个上限值在每天1500~3000克这个区间内。

>>> **二氯乙酸（DCA）**：出于一些尚未完全弄清楚的原因，在某些情况下，对正常细胞相对无害的一定剂量的二氯乙酸能够杀死癌细胞。多米一开始采用每公斤体重10毫克的剂量（他的体重是100公斤），然后逐渐增加，最终达到不超过每公斤体重50毫克的水平。在剂量到了这个水平时，你就会感受到外周神经病变[硫胺素（维生素B$_1$）可以抑制神经病变]的症状。临床试验采用的剂量大约是每公斤体重20毫克。服用二氯乙酸对所有饮食方案似乎都是适用的，包括高碳水化合物的饮食。

我曾经向另外一位我信任的医学博士提过同样的问题："如果你处于脑瘤

晚期阶段，你会怎么做？"我没有告诉他多米的回答。下面就是这位医学博士的匿名回答。

假如我患上恶性脑瘤，我会这样做：

1. 不做放射性治疗；

2. 采用限制卡路里的酮类饮食，同时食用外源性 BHB；

3. 每天服用 2~2.5 克的二甲双胍；

4. 服用二氯乙酸；

5. 采用高压氧治疗方案；

6. 定期采用适量雷帕霉素

7. 定期检查肿瘤，看一下免疫检查点抑制剂（checkpoint inhibitor, 一种免疫疗法）是否有效。

但我不确定自己能否向所有人推荐这些做法。

* 多米推荐的书

托马斯·塞弗里德的《癌症》（*Cancer*）：这是多米要求自己所有的学生必须读的一本书。

特拉维斯·克里斯托弗森的《真相大白》（*Tripping Over the Truth*）：在过去一年多的时间里，多米将此书作为礼物送给了七八个人。

弗朗西斯·柯林斯的《上帝的语言：科学家的信仰》（*The Language of God*）。

* 多米推荐的视频

阿莱西奥·法萨诺的演讲视频："人体的肠道和拉斯维加斯的运作方式不一样：肠道产生的废物不会留在肠道内。"

* 多米希望在全美推广的一个点子

酮宠圣殿（KPS）：该组织将由 Epigenix 基金会资助成立，致力于救助处于癌症晚期、难以治愈的狗狗们。他们的目标不是为快死去的狗狗提供临终关怀。当然，他们关心、关爱这些动物，但他们做的事并不是将狗狗从它们的主人身边带走，而是为狗狗们提供开创性的、和人类同等级别的、以代谢为基础的癌症治疗方法。

帕特里克·阿诺德
PATRICK ARNOLD

帕特里克·阿诺德是大家公认的"激素原之父",著名的有机化学家,是他将雄烯二酮和其他化合物引入了食用补充品领域。他还发明了被称为"检测不出的兴奋剂"的专设类固醇四氢孕三烯酮(THG)。帕特里克制造的 THG 和其他两种合成代谢的类固醇(最出名的是诺勃酮)在发布之初并没有遭到禁止,这些难以检测出来的药物是湾区实验室(BALCO)兴奋剂丑闻的主角,牵涉巴里·邦兹和其他一众运动员。目前,帕特里克主要从事合法的酮类物质补充剂的创新研究,包括其在军事领域和商业领域的突破性应用。

提高体育比赛成绩的新药物

不足为奇,我对能够提高运动表现的药物很感兴趣。这种药物在第一届奥林匹克运动会举办之前就一直在被使用了。如果只考虑合法的药物,我发现帕特里克下面这两种发明还是很有用的:

熊果酸喷剂

熊果酸有助于身体重塑。关于它的好处，帕特里克的一篇研究论文的标题就能概括了："熊果酸能够增强骨骼肌和褐色脂肪，减少饮食引起的肥胖、葡萄糖耐受不良和脂肪性肝病。"你不能以药片形式服用熊果酸，因为它会被（肝脏的）新陈代谢作用破坏；你也不能注射熊果酸，因为它不溶于油脂。这促使帕特里克发明了一种外用酒精混合液，因为熊果酸既没有亲水性也没有亲油性，但可以悬浮于酒精中。真是一流的发明！熊果酸喷剂目前正在帕特里克的个人网站上出售。

友情提醒：喷洒 50 次的剂量大约相当于 249 毫克的活性熊果酸，就人体吸收极限而言，这已经足够多了。一些嘉宾的太太对深更半夜在浴室"噗噗噗"喷喷剂的丈夫很不满，因为他们就好像停不下来似的。

训练前的"加餐"

如果你已经进入了酮症状态，那么在训练前或训练中补充一点儿酮类物质，你就可以不用摄入碳水化合物了。帕特里克做过详细阐述："效果非常神奇。有人对我说：'我正在采用酮类饮食法，但在训练之后感觉自己成了废物一个。'我对他们说：'喝一点儿这个试试。'然后他们说：'哇！我感觉不到疲惫了。我的身体又满血复活了！'

"我的朋友伊恩·丹尼的公司 Optimum EFX 生产了一种名叫氨基质（Amino Matrix）的产品，它非常昂贵。但在我们进行了合作之后，我将其改造成了免费产品。从根本上说，该产品含有所有的基本氨基酸、支链氨基酸以及其他一些物质，如硫辛酸、瓜氨酸苹果酸等。

"我将其同大约 45 毫升的 KetoForce 混合（KetoForce 是一种液态酮类补充剂，不能直接饮用），在与非常酸的氨基质混合后，KetoForce 的碱性得以被中和，这使成品最终喝起来味道非常不错。"

作者：在用来稀释 KetoForce 的水中加入一勺柠檬汁也可以起到中和

作用。如果你的胃不能接受 KetoForce，那就试一下 KetoCaNa 粉。这也是帕特里克开发的，我经常在做有氧运动之前服用。

"延年益寿"的二甲双胍

帕特里克·阿诺德和多年来的合作伙伴多米尼克·达戈斯蒂诺博士都对二甲双胍非常感兴趣，但这并不是他俩的发明。多米将其视作医学史上最有效的延缓衰老的药物。我估计本书的嘉宾中有十几个人都在使用它。

对于 2 型糖尿病病人（给他们开的处方中就有二甲双胍）来说，二甲双胍可以削减其肝脏制造及储存输送到血液中的葡萄糖的能力，也可以抑制与癌细胞生长、扩散有关的信号通路。在多米的研究中，摄入了二甲双胍的患有转移性癌症的老鼠，其存活率可以增加 40%~50%。二甲双胍能够在很多方面模拟卡路里限制和节食。一些研究人员认为，二甲双胍能够破坏线粒体。但不管怎么说，许多医学博士和技术人员都采用了二甲双胍来预防癌症。

多米曾做过一次试验。他在试验中连续 12 周每天服用 1 克二甲双胍，并一直进行血液检查。他的饮食和锻炼方式没有变化。在他试验结束之后，他的三酸甘油酯值达到有史以来的最低值，他的高密度脂蛋白胆固醇数大约是 98（由原来的 80 上升至此），而他的 C 反应蛋白甚至低于最低可测含量。他发现的唯一副作用是自己的睾丸素水平降低了。而在他停止服用二甲双胍之后，睾丸素水平马上恢复到了正常值的范围之内。

乔·德·塞纳
JOE DE SENA

乔·德·塞纳是死亡竞赛、斯巴达勇士赛（其参与选手超过100万人）和其他许多障碍赛的合伙创办人。他徒步完成了万分艰难的艾迪塔罗德狗拉雪橇比赛。他还在一周的时间里完成了恶水超级马拉松赛跑（在49℃以上的高温中跑完217公里）、佛蒙特州160公里耐力赛和普莱西德湖铁人赛。他是个狂人，也是个极具战略眼光的商人。我第一次认识他是通过巅峰系列赛，之后他不断邀请我到佛蒙特州看他。我拒绝了，因为我胆小。

> 灵兽：狼

一边在华尔街工作，一边参加疯狂赛事

"你可能在几分钟内就搞砸了一笔订单，损失了3万~4万美元，或者时不时地就听客户对你说他们不想再与你做生意了——这种工作真的压力非常大。（我希望）回归生活的本质……（一位朋友）跟我说：'可以啊，你可以

去死啊。你可以参加那个在阿拉斯加举办的艾迪塔罗德狗拉雪橇比赛,这是一个徒步比赛,在冬季期间举行,当地气温在零下30℃,但你必须……'马上给我报名,我必须参加!'我必须回到那种地方,在那里,人们只需要水、食物和一个能遮风挡雨的栖息之地。而我生活中所有疯狂的事物,也就是我在华尔街的生活,它们必须消失,必须融化掉。"

关于死亡赛跑的起源

乔:"如果我同我的一个朋友一道发起这一赛事,故意累垮这些参赛者,那会怎么样?不是我之前参加过的赛事,也不是马拉松那种比赛,而是真正能让参赛选手发疯的那种比赛。我不会告诉他们比赛何时开始,也不会告诉他们何时结束,更不会给他们提供水。我会提供一辆汽车,在他们经过时,我会告诉他们:'你可以到此停下了,上车吧。这种比赛不适合你,你弱爆了。'……这就是这项赛事的起源。"

蒂姆:"你准备怎么弄垮参赛选手?"

乔:"我认为他们不知道自己参加的是什么比赛,因为这种比赛之前没人办过。我对其中一个参赛者印象特别深刻——在比赛中途,他开始哭泣,边哭边说:'我真的非常擅长跑步,就是不知道怎么砍柴。'他垮掉了。因为没人知道比赛内容。我们也没有告诉他们。达到奥运会参赛水平的速降滑雪运动员道格·路易斯年仅15岁,在那次比赛里,他跑了18个小时,表现得非常出色,但他也几乎要垮掉了。他对我说:'我参加过奥运会,也一直在训练,我觉得自己够坚强了。'他继续说道:'但这种比赛简直太疯狂了!'此时此刻,我们知道我们有了获胜者。"

来自阿梅莉亚·布恩的一则趣事

阿梅莉亚·布恩完成了3次死亡赛跑。对于乔,她是这么说的:

飓风艾琳毁掉了属于乔的一座大桥，一根一吨重的金属工形梁被卡在河道里好几年。如果他不将其搬走，其所在州就要罚他一大笔钱。搬走金属桥梁要花费他数万美元。他没有这样做，而是让那次参加死亡竞赛的选手在寒冬腊月跳入河中，替他搬走了。这用了我们大约 8 个小时的时间，从河里出来时大部分人的脚趾都是二级冻伤。最滑稽的是什么呢？人们是付钱给他来参与体验的（参赛报名费），而他既避免了被罚款，省去了搬迁费用，还赚了一笔钱！真是个高手！

后续谈话中的一些花边趣闻

>>> 乔同后面我们要谈到的约克·威林克一样，都认为人们不需要咖啡因或酒精。他还认为："你应当大量出汗，就好像每天都在被警察追捕一样。"

>>> 每当人们告诉乔停下来闻一闻玫瑰花时，他的第一反应总是："谁负责养这些玫瑰？"

* 你有没有什么人生准则或经常想起的话？

"事情总可能变得更糟。"

维姆对"你想在布告板上写点儿什么"
这一问题的回答是:"活下去,你这个
家伙!"

"冰人" 维姆·霍夫
WIM "THE ICEMAN" HOF

维姆·霍夫是荷兰人,他是维姆·霍夫方法的发明者,同时保持着 20 多项世界纪录,绰号"冰人"。维姆是个胆大妄为的科学门外汉,因为他经常要求科学家来测验和证明他的壮举。下面只是其中几个例子:

>>> 2007 年,维姆全身只穿着短裤和鞋,攀越了珠穆朗玛峰的"死亡地带"(海拔 7500 米)。

>>> 2009 年,维姆在芬兰北极圈内完成了全程马拉松——还是只穿短裤,尽管这次的气温低至零下 20℃。

>>> 2011 年,维姆在滴水未进的情况下在纳米布沙漠跑完了全程马拉松。他也能在高原跑步,并且没有任何高原反应。

警告:永远不要在水里练习维姆·霍夫呼吸法,也不要在进行水中训练前练习这种呼吸法。在浅水昏迷也是致命的,等你感觉到不适时已为时太晚。总之，永远不要在靠近水的地方练习维姆·霍夫呼吸法。我的另外一名播客嘉宾乔希·维茨金有几十年的自由潜水经验，但他在纽约市一个公共游泳池遭遇了一次浅水昏迷，在被救生员拖出来之前在水下多待了3分钟。他在出水后的20分钟之后才恢复意识，之后住院了3天，进行了一连串的体检以评估受伤程度，包括可能的脑损伤。他很可能就在这次事故中死掉了。因此，再次重申一下：不要在水中进行这种呼吸练习，因为你可能会毫无征兆地失去意识。记住了？

令人极度兴奋的实验

在介绍维姆·霍夫呼吸法之前，我要重申一下注意事项：请不要犯傻伤到自己。保证让自己在非常柔软的平面上练习，以防你跌得鼻青脸肿。

1. 做一套俯卧撑，要咬牙坚持，记录下所做的数量。
2. 至少休息30分钟。
3. 重复做40次下面的呼吸练习：尽量吸气（挺起胸部），然后快速吐气（迅速降低胸部）。你可以把快速吐气的动作想象成一种较为短促的"哈气"。如果你做得正确，那么重复20~30次之后你就会感到放松，稍有些头晕和酸麻。酸麻经常是从双手开始的。
4. 在最后一组呼吸动作中，尽力吸气，然后尽力呼气。之后再做一套俯卧撑。在很多情况下，人们在此时所做的俯卧撑数量会增加很多，尽管他们的肺里没有空气。

低温是一种很好的净化力量

维姆、冲浪之王莱尔德·汉密尔顿和托尼·罗宾斯都把低温暴露视为一种有效的训练法。低温可以增强人体的免疫功能，促进脂肪流失（部分原因在于增加了脂联素激素水平），并能够极大地改善情绪。事实上，凡·高在割掉了自己的耳朵之后，医生给出的治疗方案就是让他每天在精神科病房里洗两次冷水浴。

在这样做（暴露在低温环境中）的时候，我感觉自己生活中所有的问题都消失了。低温……真的是一种很好的净化力量。

维姆把低温暴露法发挥到了令人恐怖的极致——有一次在结冰的湖中游泳时，他发现他的视网膜被冻住了。不过，你可以从简单的做起，先试着用一盆冷水"结束"淋浴，让你淋浴的最后 30~60 秒变成彻底的冷水浴。本书中的其他一些人，比如纳瓦尔·拉威康特、乔希·维茨金，包括我自己目前都在这样做。乔希会同自己的小儿子杰克一起做冷水浴。现在，每当温度低得难以忍受时，这个小家伙就会喊："太爽了！"

下面就是我的冷水养生法。我通常是冷热水交叉使用的，这一点我在前面提到过。我的整个"训练"过程是这样的：（1）训练前服用支链氨基酸补充剂；（2）训练；（3）训练后服用乳清蛋白；（4）马上洗热水澡（20 分钟），紧接着洗冷水澡（5~10 分钟）。我会重复这一冷热水交替洗澡的过程 2~4 次。

训练之后的冰水浴是这样进行的：

≫ 把大约 35 斤的冰块儿（冰块多少取决于浴缸的大小）放入浴缸，然后加满水。这一过程要迅速完成，并且保证水不溅出来。你可以通过超市订购冰块儿，也可以买一个冰柜放到车库里，用来储存冰袋。这比自己制冰或操作复杂的冷却装置要简便得多。

≫ 15~20 分钟之后，当水温达到 7℃左右时，你就可以开始了。我会把从卡罗来纳生物用品公司花 5 美元买来的浸入式温度计放入水中测量水温。萨默教练给他的学员设置的标准是水温达到 10℃。

≫ 我会在洗完热水澡之后再开始冰水浴。过程中保证双手露在水面之外，这可以让我在里面待更长的时间，因为手部的毛细血管密度很高。在冰水浴最后的 3~5 分钟，再把双手放到水下。

神奇食谱

我觉得像维姆这样的怪人一定有他自己的饮食秘诀，但当我询问他的日常饮食时，他的回答让我哑然失笑："我喜欢吃面条，也喜欢喝啤酒。它们棒极了！"这些食物是怎么让他发挥出这么大的能量的呢？基因可能起到了一定作用，另外他很少在晚上 6 点之前吃饭，而且常常每天只吃一顿饭。用那些酷小孩的行话来说就是：到目前为止，他已经进行了几十年的间歇性禁食。

心贴心的拥抱

当我第一次同维姆本人在加利福尼亚的马里布市一起训练时，我注意到他的拥抱方式同大多数人都不同。他会伸出左臂抱住对方的肩膀，把头伸到对方头部右侧。我猜他也许是个左撇子，于是我问了他的团队成员这个问题，但他们告诉我：

"不是，他只是想同每个人进行心贴心的拥抱。"

我喜欢这种做法。本书中我的几个朋友现在在一些特殊场合也会这样做。只是需要注意一点：这种拥抱方式容易让对方迷惑不解，就好比伸出左手与人握手一样。因此最好先提示一下（比如拍着自己心脏的位置，说一句"心贴心"就可以了），这样也可以避免两人的脑袋相撞。

超长的屏息时间

也是在那次训练期间，我把自己的屏息时间从平均水平的 45 秒延长到了 4 分 45 秒，并且没有产生明显的不良反应。几个月之后，在进行了 8 天的节食 [处于深酮阶段（酮类值高于 6mmol）] 之后，我在高压氧舱（2.4 个大气压）中进行了同样的练习。结果，我的屏息时间达到了惊人的 7 分 30 秒，最后我主动停下来，是因为我担心自己的脑子会因此融化掉。如果你没有注意到我在这篇文章开始时给出的警告，那请一定要回去看一下。如果你看到了，那请再看一次。想要了解更多有关酮症状态和节食的内容，请查阅前面有关多米尼克·达戈斯蒂诺的内容。

杰森·奈默
JASON NEMER

　　杰森·奈默是飞行瑜伽的合伙创始人。这种瑜伽把瑜伽的精神智慧、泰式按摩中的仁慈理念同杂技运动的活力结合在一起。杰森两次获得美国杂技运动初级赛全国冠军，并代表美国参加了1991年在北京举办的世界杂技体操锦标赛。在1996年的奥运会开幕式中，他作为表演嘉宾进行了杂技表演。飞行瑜伽现在在60多个国家有持证上岗的专业教练，学员数量达到数万人。

灵兽：兔子

背景故事

　　2015年，在洛杉矶一个朋友的家里，我在晚宴时坐在杰森身旁。不知怎的，我突然感到腰疼（这个症状一直困扰着我），他主动提出要现场带我"飞"一下。我当时不知道什么是"飞"，但还是同意了，然后我就被他用手举起来，在空中旋转了大约15分钟。这真是梦幻般的体验，简直违背了物理定律。而且，有两件事我要说明一下：其一，我当时体重大约 80 公斤，他大约 70 公斤（他曾经举起体重 125 公斤、身高 2 米的人做过同样的动作）；其二，经过这次倒转牵引之后，我的背部再没有疼过。

过去我一直排斥瑜伽，我认为它有一些莫名其妙的准备仪式，动作也死气沉沉，但飞行瑜伽则是另外一回事。虽然我偶尔也需要忍受吟诵梵文，但更多情况下它更像是结合了体重力量训练、舞蹈（"地面舞者"负责领舞，"空中舞者"负责跟舞）、身体对抗（有很多翻滚动作）和髋关节恢复训练（在 10 次练习之后，我感觉自己的下肢年轻了 10 岁）等多项内容的高强度健身项目。

同时，飞行瑜伽还是一种极为有效的、以运动为基础的、用于缓解忧虑情绪的方法。在我们的文化中，身体接触是较为忌讳的，而飞行瑜伽可以让你获得与他人结合的感官体验，同时它也会让你的身体变得异常强壮和灵活。最后一点，也是非常重要的一点，在所有我上过的飞行瑜伽训练课中，我至少有 50% 的时间在大笑，这对于我参加的所有"严肃的"训练课程来说是一种非常好的平衡。如果你想要看看我是怎么领舞和跟舞的，或者想看一下我讲授的一些基本技巧，你可以在我的视频平台主页上搜索"acroyoga"。

其他秘诀

鸭屎乌龙茶

在录制播客节目的过程中，杰森给我们带了这种美味可口的茶让我们尝尝看。这种茶有时候也被称为"鸭屎香茶"。据说，很久以前在中国的某个地方，因为当地人想要把这种上等茶叶留给自己，于是他们就给它起了个外人会觉得难听的名字，"鸭屎茶"。真是太聪明了！几百年来，这种茶叶一直没有引起人们的重视，直到后来人们发现它根本没有鸭屎的味道！杰森是从 Quantitea 茶品销售网站上买到这种茶的。

在过去 6 年的时间里，杰森一直在周游世界，他在一个地方停留的时间从没有超过 3 个星期。他旅行时从不携带行李，但他一直坚持带着一把尤克里里四弦琴和一大包茶叶。

双脚悬空装置（肩部倒立装置）或者其他替代品

对大多数学习倒立的人来说，限制因素一般都是手腕力量——手腕力量太弱，你就无法有效地开展倒立练习。但是，双脚悬空装置解决了这个问题。你可以想象一下，把一个加了填充物的小马桶垫放到一个中间挖空的矮椅子上，头从中间穿过去，肩部靠在垫子上，抓住两个扶手，双脚上踢，呈头倒立或手倒立姿势，用肩膀支撑体重。这个动作是一种高强度的用以锻炼协调性、紧致性和位置感（缩肩、屈体、分腿等）的训练动作。双脚悬空装置是杰森的最爱，但在美国很难买到。与此装置类似的是瑜伽头倒立身体提升装置和瑜伽练习凳，你可以搜索"yoga headstand bench"来找到它们。

杰森的导师、中国杂技大师陆一的名言

"再拉伸！"在手倒立动作中，你要尽量让肩部靠近（或越过）耳朵。如果你曾用哑铃做过向上拉肩的动作，想象一下用双臂在头顶做这个动作，同时保持背部不要弯曲。此外，食指的第一个指关节（拳关节）在手倒立练习中很容易离地。杰森称其为"调皮的指关节"。

* 有没有什么别人认为太疯狂但你认为就该是如此的事？

杰森在播客节目中对该问题的回答是我最喜欢的部分，这里我先提供一下背景信息：

"你可以信任他人，你可以信任许多人，你不必生活在对陌生人的恐惧中。陌生人不过是你还没有同他"飞"过的人而已。在我看来有一件事很疯狂，那就是在很多文化中，我们都在教育孩子要警惕陌生人，不要同陌生人讲话。我曾去过世界上的许多地方。当我第一次要前往中东地区的时候，我母亲很担心。但实际上正是在波士顿（我当时正在那里忙着筹备一次教练培训班）发生了波士顿马拉松炸弹爆炸事件。我的 15 名学员被迫接受了 24 小时一级防范禁闭。

"我给母亲打电话说：'你看，妈妈，你认为以色列很危险，可现在是波士顿出事了，所以人是无法躲避危险的。'但我不认为这是不信任他人的理

由。我曾去过世界上一些十分危险的地方，但并没有遇到任何糟糕的事情。

"我一直认为人性本善，认为我可以信任他人，除非他人的行为证明我错了。如果你经常这样像我这么做，那么信任就会变得像你可以随意伸展收缩的肌肉一样。这并不意味着我是一个莽撞的人。我具有良好的信用评估能力。"

蒂姆："请等一下，您刚才说自己没有遇到任何糟糕的事情，您是怎样做到以这么积极的方式看待问题的？在巴拿马时，您的飞刀就曾经被海关工作人员盗走过，我想这应当算是发生了糟心的事情吧！"

杰森笑了起来，然后沉默了一秒钟，回答道：

"当时有一件事十分有趣——那次我身上的所有东西都弄丢了……说实话，我当时正好也不想在饭店干了。于是我对自己说：'我是个瑜伽修行者，我就要练习瑜伽，不管多么艰难。我愿意做这个。'就这样，我住进了我的厢式货车。

"我30岁生日时，一个朋友为我举办了一次聚会。那天晚上我得到了一本关于佛教的书和一箱椰子。聚会后我同朋友们一起外出闲逛。第二天回来，我的车不见了，我的家没有了，什么都没了。于是我敲开一个椰子，开始看那本有关佛教的书，因为……除此之外我还能做什么呢？那本书的第4页讲的是有关无家可归和四处流浪的内容。我想：'这就是我之后要做的了。'于是我开启了自己的流浪之旅。假如我一直待在旧金山，想着靠当瑜伽教练谋生，那么飞行瑜伽就不可能成为风靡全球的一项运动。

"放弃那些无所谓的事情，认真评估有用的事情，评估'我感兴趣的事情'。我并不是说自己没有遇到过任何糟糕的事情，我只是不会把许多事情贴上好或坏的标签。相反，我会问：我可以从中学到什么？我现在想要什么？我现在生活的重心是什么？"

* 杰森推荐的书

卡里·纪伯伦的《先知》。杰森说："我非常喜欢里面那些凝练的、充满能量的句子。这些语句你可以用几分钟就把它们读完，也可以在一生中反复阅读它们。"

老子的《道德经》。杰森随身携带着这本书。"我经常在静坐冥想之前随手翻到任意一页，读上一段，然后坐在那里静静思考。"当我通过短信询问杰森他最喜欢哪一个版本的翻译时，他开玩笑说是《道上的朋友》那版"，不过之后他又正经回复了我，是史蒂芬·米切尔的译文。

* 你用不到 100 美元买到的最好商品是什么？

杰森喜欢飞盘高尔夫，所以他会随身携带飞盘。他尤其喜欢 Innova 公司生产的 Roc 中距离飞盘和 Teebird"回收飞盘"。他会正经地按规则玩这种游戏，但有时也会让飞盘飞到随便什么地方。

"当人们变得十分严肃的时候，我会转变场上的气氛，有些人甚至会带着球童，让他们捡飞盘。千真万确。因为这些人把飞盘高尔夫视作一项正经的比赛。但在我看来它就是一种游戏，无论你多么认真地对待它。飞盘不过是一片塑料，你做的只是在那里扔来扔去而已……

"但如果看着飞盘在空中飞上一分钟，你就会觉得，那简直太神奇了……在瑜伽训练的过程中你也会碰到这种悟道时刻（我们称之为娑婆诃）。在这种时刻，我会说：'哇，太棒了，飞啊！'……我喜欢让扔出去的飞盘飞过很高的物体。每当我身处像马丘比丘古城这种极具仪式感的地方时，我就会说：'我在释放什么呢？'因此这是一种有意义的行为。"

* 你想在布告板上写点儿什么？

"玩！尽情地玩！我感觉人们太一本正经了。人们无须付出什么就可以像儿童那样尽情玩耍，并从中收获智慧。如果必须让我开出两个处方，增进世人的健康和快乐，那我想说的就是运动和玩耍。因为没有运动就无法玩耍，这两者是相互交织在一起的。

"跑步机会逐渐消磨你的精神力。人们有理由，也有时间使用跑步机锻炼，但是如果这就是你锻炼身体的唯一方法，那你就太小看自己了。实际上，有许多更酷、更有趣的方法可以用来锻炼身体。我只是碰巧运气不错，学到了一些比较酷炫的方法。因此，我要写就写'玩'。"

不要把训练和现实区分得太过严格

关于瑜伽理论和瑜伽实践，他说："我还发现，瑜伽中存在着一种上限，那就是：你掌握了所有这些深奥的知识和令人眼花缭乱的动作，但是你如何将这些内容带入现实生活呢？如果把它带入人与人的交流中，那会发生什么呢？比如，你跟母亲的关系会变得怎样呢？你会跟她谈心吗？你会跟她实话实说吗？"

飞行瑜伽

飞行瑜伽综合了 3 个互补的科目：瑜伽、杂技和治疗学。

治疗学是由飞行瑜伽的另一位合伙创始人珍妮·索尔·克莱因引入飞行瑜伽的，主要体现在类似悬空泰式按摩的部分动作中。因此飞行瑜伽也经常被称作"泰式按摩和飞行"。

我曾见过杰森用双人叠叶的动作（见下文）点燃了高水平杂技演员（甚至包括那些来自太阳马戏团的杂技演员）的热情，而这个动作可能是飞行瑜伽中最简单的一个了。需要提前提醒大家的是，人们有时候称其为"吹叶机"，这只是一种开玩笑的说法，因为这个动作需要一个人把脸靠近另外一人的腹股沟处。如果你的搭档还没有准备好靠近你的腹股沟，那你们可以选择无伤大雅的曲臂动作。

为了带领大家进入"飞行"领域，我想介绍飞行瑜伽中我最喜欢的几个动作。这些动作比杂技动作更安全，后者通常需要教练和助手来辅助你完成。

我采用下面即将介绍的动作消除了本书中至少 6 位嘉宾的腰疼症状——在大约 5 分钟的时间里。大家的普遍反应是："这么多年以来我从没有像现在这样感到轻快和放松。"大家慢慢接受并享受其中吧！如果你感觉不舒服，那说明你的方法不对。这些动作需要在垫子上或草地上进行练习。我建议采用下面写的顺序练习这些动作。

引号里面的所有内容都是我作为地面领舞者（背部着地的那个人）所说的，我当时正在教授初次参加训练的空中跟舞者（空中倒悬着的那个人）该怎么做。对于飞行瑜伽（以及现实生活），我能给出的经验法则是：告诉你的搭档你所需要的，而不是你不想要的，并且要尽可能简洁明了。换句话说，我们应当告诉对方"用肘部用力"，而不是"不要屈臂"；要告诉对方"放松双脚"，而不是"不要用脚趾戳我的腹肌"。

当然，传授飞行瑜伽基本动作的方法有千千万万，下面只是我个人最喜欢的一种。

准备动作

空中跟舞者：在地面练习在空中要做的动作。

1. 坐在地上，双腿伸直分开（90°就可以），尽量挺直后背。这是"屈体跨坐"的姿势，必须保证躯干和大腿呈90°。这个姿势极其重要，因为这可以为地面领舞者的双脚提供搁脚的地方。将双手放到前侧的腹股沟之上、手掌能覆盖下方3~5厘米的地方。我（作为领舞者）会告诉你："这就是我要放脚的地方。"

2. 现在，收拢双腿，脚底向内，将双腿摆成"蝴蝶"展翅姿势。双腿之间的空隙看起来应当像是一个菱形。对于喜欢梵文的瑜伽人士来说，这一动作被称作"baddha–konasana"，该词的后缀asana的意思就是"姿势"。当我第一次开始练习时，我对这一切没有丝毫认识，因此我在几个月的训练时间里一直称其为"蝴蝶坐"。

3. 保持蝴蝶坐的姿势，然后双手伸到背部，抓住胳膊肘。如果做不到这个动作，那就抓住前臂。

地面领舞者：双腿负重测试。

1. 躺在地上，双腿向空中直立举起。这是"L型"姿势。

2. 让空中跟舞者交叉双臂，这样对方的前臂就位于他的胸部了。然后让他把前臂放到你的双脚上，并向你靠近，把他的重量转移到你的双脚上。感觉怎么样？

3. 不要让脚趾向你的面部方向移动，这会非常耗费体力。如果可能，让髋关节角度保持在 90°。

4. 如果你的腿后腱感觉非常不适，你可以把瑜伽垫或毛巾折叠一下垫在腰部，抬高一定高度应该会对你有所帮助。

空中扭胯

1. **地面领舞者**：躺在地上；**空中跟舞者**：脚紧靠地面领舞者的臀部站立，双脚叉开，宽度为肩宽两倍。

2. **地面领舞者**：双腿略微弯曲，将双脚放到空中跟舞者腹股沟的位置。

3. **地面领舞者**：告诉空中跟舞者，"把双手放到我的膝盖上"。（见图 7-A）

4. **地面领舞者**：告诉跟舞者，"看着我的眼睛，深呼吸。吐气时向前屈体，让我抓住你的肩膀。双手放到我的膝盖上，双臂弯曲"。如果有必要，告诉对方，"这样做是为了让你的头顶移到我的腹部之上"。

5. **地面领舞者**：双臂伸直，手指前伸，扶住空中跟舞者的双肩，用腿将其举到空中（见图 7-B）。

6. **地面领舞者**：告诉空中跟舞者，"保持双腿分开，双脚绷直，脚趾冲地"。**空中跟舞者**：保持身体前屈的角度。大多数空中跟舞者会举起双腿，这样会导致"搁脚点"消失，跟舞者跌落。另外，领舞者还可以提示跟舞者，"双脚尽可能靠近地面"。

7. **地面领舞者**：告诉空中跟舞者，"保持上身紧张，尤其要保持双腿紧张"。

8. **地面领舞者**：告诉空中跟舞者，"现在，双手放到身后，如果可能的话，在背后抓住自己的胳膊肘，或者抓住前臂或手腕也是可以的"。

9. **地面领舞者**：告诉空中跟舞者，"双脚脚跟并拢，呈蝴蝶展翅状（见图 7-C）。现在，放低双脚，让自己能够看到脚趾"。这样可以确保领舞者的"搁脚点"。

10. **地面领舞者**：双臂和双腿必须始终保持挺直状态。告诉跟舞者，"深吸气，然后呼气"。

11. **地面领舞者**：在对方呼气时，一条腿慢慢屈膝，扭动空中跟舞者的腰部。然后再次把腿伸直。在身体另一侧重复呼吸和弯曲的动作，一共做 4~6 组。

双人叠叶和双叶合并动作

先重复上述"空中扭胯"动作中 1~7 的步骤。

8. **地面领舞者**：告诉空中跟舞者，"现在，双臂完全放松，将手背放到地板上。我来协助你"。然后轻轻抓住空中跟舞者的手腕，将其双手放到自己臀部后侧的位置（见图 7–D）。**空中跟舞者**：一定不要做任何支撑动作，双腿分开、放松，双脚尽可能向地面靠近，不要紧张。（这个动作就是双人叠叶。）

9. **地面领舞者**：双手从空中跟舞者的手臂下方和腋窝处穿过，放到其上背部。

10. **地面领舞者**：双腿微屈，让空中跟舞者的胸部靠在你的小腿上（见图 7–E）。这样你就为空中跟舞者的双肩创造了一个安全的角度。

11. **地面领舞者和空中跟舞者**：同时吸气。**地面领舞者**：双腿屈膝，拉伸空中跟舞者的背部，同时双臂在空中用力，将跟舞者的上背部向相反方向牵引。（这个动作就是双叶合并。）

12. **地面领舞者**：双腿还原到伸直状态，停止牵引空中跟舞者的后背。然后重复 2~4 次整套动作。

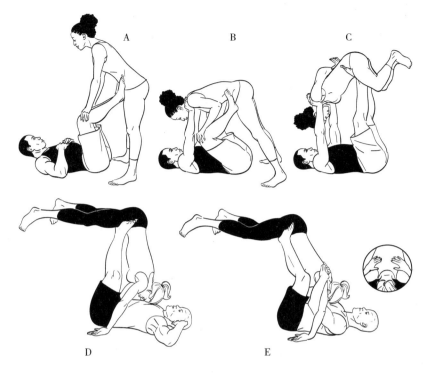

图 7

"倒吊鞋运动"

　　在一套飞行瑜伽动作完成之后，地面领舞者的双腿通常会精疲力竭。这个时候就要进行"护腿运动"——空中跟舞者帮助地面领舞者放松恢复其双腿和臀部的一套动作。相比于很多类似的放松技巧（比如"公交车司机"这个动作），"护腿运动"可以带来货真价实的奇妙效果。由于我一直不知道这种动作的名字，因此我称其为"倒吊鞋运动"，因为其效果跟穿倒吊鞋是类似的。

　　1. **地面领舞者**：背部着地平躺，双腿伸直分开。

　　2. **空中跟舞者**：站在地面领舞者双腿之间，双手抓住对方脚腕，抬起对方的双脚。让地面领舞者完全放松，不要用力。

　　3. **空中跟舞者**：双脚交叉站位，在臀部后面向内转动地面领舞者的双脚，将其双脚摆成内八字的姿势（见图 8），然后向后倾斜身体 2~5 秒钟。

这有助于放松地面领舞者的臀部和双腿。重复这一动作 3~5 次。

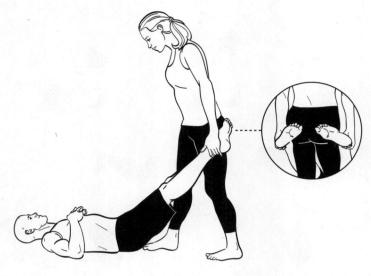

图 8

提问技巧
关于运动及其他

正如励志大师托尼·罗宾斯所言："你所提问题的质量决定了你生活的质量。"

在 2008~2010 年我专注于采访运动员和教练员的时候，为了给《每周健身 4 小时》这本书搜集各种不为人知的训练战术，我用不同的问题组合，向几十位专业人士提出了我在下面列出的这些问题。这些问题不仅适用于体育运动，而且适用于所有主题。你只需要用你想要了解的内容替换问题里面的"运动"这个词，然后向采访对象提问就可以了。你可能经常看到昔日的金银牌得主愿意通过网络电话（Skype）回答这些问题，每小时收费 50~100 美元。这是令人不可思议的剽窃行为，但它们的确可以省去你数年的工夫。

- 谁自身条件很差却擅长"运动"？谁本不应当擅长却很擅长？
- 谁是某项"运动"中最具争议性或非正统的运动员或训练员？为什么？你如何看待他们？
- 谁是创造了无数神话却鲜为人知的教练员？
- 是什么让你与众不同？是谁训练了你或影响了你？
- 你是否训练过他人这样做？他们是否重现了你的成绩？
- 你在"运动"训练中发现的最大错误和谎言是什么？哪些项目最浪费时间？
- 你最喜欢的相关参考书或辅助资料是什么？如果人们需要自学，你建议他们使用什么参考资料?

- 假如给你 12 周的培训时间训练我,之后我就会去参加某项竞赛,且这项赛事涉及 100 万美元的奖励金,那么你准备如何训练我?假如只有 8 周的时间,那又会如何呢?

针对篮球运动,我又追加了 4 个问题。下面这些问题是我通过电子邮件发给"投篮教学"创始人里克·托贝特的:

- 新手们在投篮或练习投篮时最容易犯的关键错误是什么?哪些训练时间用得最不合理?
- 运动员最常犯的错误是什么,即使是对专业运动员来说?
- 你认为精准、持续投中的关键要领是什么?投中罚球以及 3 分球的关键要领是什么?
- 训练的进展过程是什么样子的?

我收到了他回复的电子邮件。两天之后,根据这封邮件,我平生第一次在罚篮时实现了 10 投 9 中。之后,我在圣诞夜打保龄球时意识到篮球的许多要领(如利用单眼优势移动你的垂直"中心线")也可以应用到打保龄球上。结果,我打出了 124 分,这是我第一次得分超过 100 分,远远高于往常的 50~70 分。一回到家里,我马上跑到院子里,平生第一次连续投中了两个三分球。真是太有意思了!这一切的实现都是从提出好问题开始的。

彼得·阿蒂亚
PETER ATTIA

医学博士彼得·阿蒂亚曾经是一位耐力极好的运动员（他参加过 40 千米的游泳比赛）。他是一位自我实验爱好者，也是我认识的最有趣的人之一。我经常向他咨询有关提高运动成绩和保持健康的医学知识。彼得在斯坦福大学获得了医学博士学位，在安大略省的金斯顿女王大学获得了机械工程和应用数学理学学士学位。他在约翰·霍普金斯医院完成了普通外科实习，师从史蒂芬·隆森伯格医生在美国癌症研究院进行研究，致力于研究癌症中调节性 T 细胞的作用以及其他针对癌症的免疫疗法。

彼得的早餐

"我通常在一天的最开始什么也不吃，然后我会吃一顿中午饭，因为我多少有些饿了，然后再什么也不吃。通常来讲，我会以什么也不吃作为一天的结束。"

彼得很少吃早餐，并尝试了多种形式的间歇性禁食，包括一天只吃一顿饭（每天禁食 23 小时）和更典型的 16/8 和 18/6 饮食模式（禁食 16 或 18 小时，只在剩余的 8 小时或 6 小时的空窗期进食）。16 小时不吃饭通常可以带来恰好合适的细胞自体吞噬平衡及合成代谢反应。

其他秘诀

≫ 彼得用了整整 3 年的时间研究营养酮症，目前，他不但在超长距离自行车运动和游泳运动中达到并保持了高水平的表现，而且力量保持得也很好（他可以在 16 秒内把一个重达 200 公斤的轮胎翻转 6 次）。现在他仍然会每周至少禁食一次并进入酮症状态（每天只在上午 6~8 点吃一顿主餐）。他感觉自己在实行酮类饮食法时状态最好。而每一次他停止酮类饮食法的主要原因都是渴望吃更多的水果和蔬菜。

≫ 彼得对很多事情都很痴迷，包括手表（像欧米茄超霸专业限量版手表，美度的 Caliber321 手表——这款手表上市于 20 世纪 50 年代）和专业级别的赛车模拟器。彼得已有的模拟器采用的是 iRacing 软件，而硬件（包括驾驶员座舱、方向盘、液压装置等）全部是私人定制的，没有品牌名称。他最喜欢驾驶的汽车是方程式赛车雷诺 2000。

为什么我和彼得能熟悉起来？

彼得是这样介绍自己喝到第一批面市的酮类补充饮品时的快乐感受的：

"我试喝的第一批酮类补充剂是羟基丁酸酯，这是我一个非常要好的朋友（多米尼克·达戈斯蒂诺，本书前面提到过）送给我的。之前有人告诉我这东西味道很恐怖。我曾经与两个曾喝过这东西的人交流过。这两人不是 6 岁的孩子，而是意志坚定的军人。他们当时跟我说：'别提了，老兄，那简直是世上最恶心的东西了！'我就明白它的味道有多差了。但现在想来，当那一箱子的补充剂送来时，他们的差评对我造成的影响立即被我的兴奋之情冲散了。我拆开箱子，发现里面还有张字条，上面介绍说可以把该产品同美味的鸡尾酒混合饮用——以及把它同另外 10 种东西混合饮用的方法。但我根本没理会这些，直接取出了一个含量 50 毫升的瓶子。

"我迅速喝了下去。我记得当时差不多是早晨 6 点，我太太还在睡觉。我鼓足勇气喝了下去，那味道就好像跟我想象中的汽油或柴油的味道差不太多。如果你曾闻过石油类产品的味道，你就知道我在说什么了，它就是那种味道，因此我当时最先想到的是：'万一我瞎了怎么办？如果里面有甲醇怎么办？我刚才做什么了？'然后我想：'天啊，我要吐了！我的意思是，我真的要吐了。但如果我把这玩意儿吐出来，我还得把呕吐物舔干净。真是太惨了！'于是我一边恶心一边干呕，尽量避免惊醒家人，也不想把我的酮脂吐得满厨房都是。我用了大约 20 分钟左右的时间才清理干净，然后就出去骑车锻炼了。这就是这次实验的全部结果了。"

需要的工具

彼得佩戴着一款动态血糖监测仪，用以追踪自己的实时血糖值，同时监测结果还可以呈现在他的苹果手机上。他的真正目标是把自己的血糖和血糖波动保持在较低水平。为了达到这一目标，彼得需要把自己的日平均血糖值保持在 84~88 毫克 / 分升，同时让标准差保持在 15 以下。

臀中肌训练法

"现代人的身体侧面是最脆弱的，也是最不稳定的。对于髋关节和膝关节的稳定性和体能保持来说，拥有强壮的臀中肌、阔筋膜张肌和股内侧肌十分关键。"

彼得来旧金山时曾拜访过我。我们一起去了健身房。在练习各种硬举动作及进行其他力量训练的健身人士中，我瞥见彼得正在以一种性感女郎的姿势做着像是简·方达才会做的动作。在我笑完他之后，他解释说，多亏这种练习，他避免了膝关节手术的痛苦。这套动作是"速度大师"瑞安·弗莱厄蒂和人体运动学家布莱恩·多尔夫曼教给他的。（布莱恩还帮助他在肩关节唇撕裂后免受肩部手术的困扰。）

我尝试了一下他的这套"反向腿部运动"动作，并震惊于自己臀中肌的虚弱程度之高。这使我非常苦恼，感觉自己就像个白痴。对于下面这 7 个步骤中的每一步，你在最开始时都可以每个只重复 10~15 次。如果你能够把这 7 步动作连续重复 20 次，那你就可以考虑增加踝关节的负重了。

对于刚开始的几组动作，你可能会做得非常轻松，对自己非常满意。但请记住：你要一口气做完全部 7 个步骤，中间不能休息。

在整套动作中，你要始终保持让自己的大脚趾要低于脚后跟（可以想象一下内八字的姿势），以保证锻炼的肌肉部位无误。每周练习这套动作 2 次。

第一步：升降运动

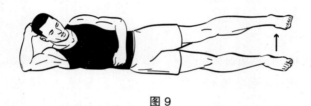

图 9

身体侧躺，胳膊撑住脑袋。双腿挺直，抬起，然后再放下上面那条腿，同时保持双脚向内转动，如图 9 所示。注意，脚不要举得过高，双腿分开的角度不要超过 30°，因为脚抬得过高会减弱拉力，达不到训练的目的。

在做第二步到第四步的过程中，两脚脚踝之间的距离要始终保持在 30 厘米左右。尽可能地拉伸臀中肌，注意只能平移位于上方的那条腿。如果有人从后面踢你的话（只是举个例子），你仍然要确保踝关节的高度不会下降。头一两次的训练，目的是确定你能承受的最高的举腿高度。通常来说，两脚脚踝间的距离是 30~45 厘米。记住：大脚趾要低于后脚跟。

第二步：前踢摆动

将位于身体上方的腿向前踢，与臀部呈 45°（见图 10）。可以想象一下"卡巴莱舞"的动作。

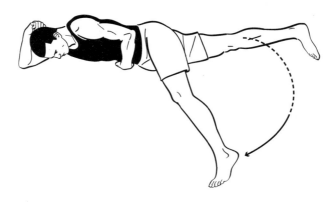

图 10

第三步：后踢摆动

尽可能向后踢腿，不要曲背。

第四步：前后踢腿

向前，然后再向后踢腿（把第二、第三步结合起来），中间不要停顿。

第五步：顺时针方向画圈

用脚后跟画一个直径大约在 45 厘米的圆圈。记住，在两脚画的圆圈最接近的位置，两脚脚踝仍要保持大约 30 厘米的距离，否则就是作弊。

第六步：逆时针方向画圈

重复上一个动作，脚后跟向另外一个方向画圈。

第七步：骑车运动

做蹬踏动作，就像骑单车那样。

这些动作对你来说小菜一碟、易如反掌，是吗？那么就翻转身体换到另一侧，重复上述动作。

利用健身球做平板支撑转圈动作

这组动作的目的是带动肩胛运动和旋转。肩胛运动是保持上半身身体机能正常运作的关键因素之一，锻炼的目标肌肉是小圆肌、冈下肌、冈上肌、肩胛下肌和菱形肌。

做法非常简单：肘部以平板支撑动作支撑在健身球上，小臂向前伸直。肩胛骨或腰部不要放松（保持"紧缩躯干"和"双肩拉伸"动作）。刚开始做这组动作时可以让双腿略微分开，以保持身体稳定，随着动作熟练程度的提升，双脚间距可以逐步缩减。让身体保持这个姿势，利用前臂移动健身球，方法如下。

1. 顺时针转圈
2. 逆时针转圈
3. 前后移动（胳膊肘向前滑动 15~30 厘米，然后再收回至肋部位置）

一套动作重复 10~15 次，中间不要休息。如果你的动作正确，你可以感觉到你的整个肩胛都在运动。

彼得每周做两次这组动作，每次完整地做 3 次。他把这组动作同另外一套"金刚狼"动作结合起来，借助拉缆机的辅助完成所有动作。如果动作标准，那么你的菱形肌能得到很好的锻炼。

彼得推荐的 5 种血液检测方法

"当然，具体选择取决于个人，因为每个人所面临的风险（心血管疾病、癌症等）都不一样，而这些与家族病史和基因有关。但是从广义上说，如果你希望通过检测预防意外死亡，下面这些检测方法十分重要。"

1. **载脂蛋白 E 基因类型（APOE 基因）检测：**"这一检测能够告知我一个人患上阿尔茨海默病（AD）的风险。这种基因绝不是致病基因，也就是说有这种基因并不意味着你一定会得 AD。但是，它的存在极大地增加了这种风险，具体而言，你患病与否取决于你体内有这种基因的什么样的变体以及有多少。对于其价值来说，APOE 基因的表现（体内循环中脂蛋白的实际数量）比基因本身更具预测性，也是一种可追踪的、区分度更大的指标。尽管目前来说还无法开发相关的商用型测试，但大家少安毋躁，我目前正在进行相关的研究。"

2. **通过核磁共振技术检测低密度脂蛋白粒子的数量：**"这种技术可以检测出人体中低密度脂蛋白粒子的数量。这种粒子是身体中运载胆固醇的主要粒子，来往于心脏和肝脏。我们知道，这种粒子的数量越多，患心血管疾病的风险就越大。"

3. **通过核磁共振技术检测溶血磷脂酸［Lp（a）］：**"溶血磷脂酸粒子可能是人体内与动脉粥样硬化相关度最高的粒子。尽管在上一种检测中，它会被包括在低密度脂蛋白粒子的总数之内，但我们有时也需要知道人体内的溶血磷脂酸粒子数量是否增多或降低了，因为就其本身来说，它独立于低密度脂蛋白粒子，具有极高的风险预测性。因此，检测并降低该粒子的数量是我们必须要做的事情。但这一工作无法直接进行，换句话说，饮食和药物似乎对其数量没有任何影响，因此我们只能从其他方面入手。将近 10% 的人生来溶血磷脂酸粒子数量就偏高，很容易患上常见的动脉粥样硬化。坏消息是大部分医生以往都不做这个检测，好消息是知道该粒子的数量有助于你及时挽救自己的性命，此外，专门用于对付由它导致的动脉硬化的药物（学名叫作"抗转录药"）大约在 3~4 年后就可以面世。"

4. **口服葡萄糖耐量检测（OGTT）：**"这种检测会要求你喝下一杯葡萄糖混合液，然后检测在服用混合液后 60 分钟和 120 分钟时体内的胰岛素和葡萄糖水平。服用后 60 分钟，如果你出现了葡萄糖值升高（或者胰岛素值超出 40~50 这个范围）的情况，这就表明你具有患上高胰岛素血症的风险，你的代谢系统出现了问题。事实上，服用葡萄糖后 60 分钟的胰岛素检测结果可能是最重要的代谢指标，它能表明你是否出现了血胰岛素过多和胰岛素阻抗的倾向，即使你的糖基化血红蛋白（HbA1C）及类似的'传统'指标显示为正常。"

5. **胰岛素样生长因子（IGF-1）:** "这是一种极强的致癌因子。饮食调整（比如进行酮类饮食、卡路里限制、间歇性禁食等）可以帮助你把胰岛素样生长因子的水平保持在一个较低值，如果你严格按照饮食标准来做的话。"

酮症警告信号

"酮对许多人都非常有用，但并非对所有人都有用。目前尚不清楚为什么有些人可以长时间保持酮类饮食的效果，而另外一些人则需要反复进行。如果在尝试了酮类饮食后，你的某些指标（如 C 反应蛋白、尿酸、同型半胱氨酸和低密度脂蛋白粒子数量）上升了，这就很可能表明这种饮食法对你来说不大有效，需要进行调整或撤换。也有些在尝试了酮类饮食之后低密度脂蛋白粒子数量明显增加的病人可以在之后扭转这种趋势，他们会把摄入的饱和脂肪的数量限制在 25 克以下，并用单一不饱和脂肪（比如澳洲胡桃油、橄榄油、牛油果油）替代酮类饮食需要的脂肪。"

在开始全面检测之前，确定自己的动机是什么

"进行了全面检测后发现所有指标都正常的可能性是很低的，因此，不要进行检测，除非你愿意接受根据不完整信息（有时候甚至是矛盾信息）做决定（或不做决定）所带来的不确定性。比方说，在检测 APOE 基因之前，你必须想清楚假如自己体内有 1 个或 2 个等位基因 '4'，你将如何应对。"

> **作者:** 要提前决定什么样的检测结果值得采取行动，什么样的检测结果不必重视，以及提前决定如何行动——不要感情用事。

"快速"血液检测中的危险

你有必要经常性地进行血液检测，在遇到不好的检测结果时，你需要再次检测，以确认结果是准确的，在此之前不要贸然采取行动。这种做法也得到了其他参加播客节目嘉宾的赞同，比如贾斯汀·马杰医学博士和查尔斯·波利奎恩。

"2005年，我从卡塔利娜岛游到洛杉矶。我让我的朋友、麻醉师马克·路易斯在卡塔利娜岛下水前的10分钟给我抽血，然后在我在洛杉矶上岸后的10分钟再次抽血。两次抽血间隔了10.5个小时。这次检测意义重大，因为我发现自己患上了一种被称作'全身炎症反应综合征'（SIRS）的疾病。我们通常会在遭遇严重感染或者严重创伤（如遭遇枪击、车祸之类的事故）的病人身上看到这种病。

"我的血小板从正常值升高到正常值的6倍，白细胞数量从正常值升高到正常值的5倍。这些巨大的变化都发生在了我的血液中，我当时就跟刚刚遭到枪击的人没什么不同……

"我对只进行了快速验血的病人的治疗一直犹豫不决，无论其验血结果有多么糟糕。比方说，我最近发现一位患者，他上午的皮质醇水平大约是正常水平的5倍。你可能会想：哇！此人一定患有肾上腺肿瘤，对不对？但是问了几个问题之后，我得知当天凌晨3点，也就是抽血前的几个小时，他家里的热水器爆炸了。上午的皮质醇正常水平是假定被检测者整晚都在睡觉，而这个人当天晚上却在家里抗洪。"

需要远离的4种致命性疾病

"如果你年过40，并且不吸烟，那么你死于下面这4种疾病的可能性大约为70%~80%：心脏病、脑血管疾病、癌症或者神经退行性疾病。"

"的确有两种方法可以让人长寿。第一种是通过延缓慢性疾病（上面提

到的'4 种大病')的发作来尽可能推迟死亡的到来,我们称其为'防御性疗法'。第二种是延长生命,我们称其为'进攻性疗法'。对于防御性疗法来说,杀死你的通常就是这 4 种疾病。换句话说,如果你年过 40,对生命非常在意,那么你可能不会死于车祸或他杀,因为你不在此类事故高危人口的统计之列。那么根据死亡率统计数据,有大约 80% 的可能,你会死于心血管疾病、脑血管疾病、癌症或者神经退行性疾病,就是这么回事。

"如果你什么也记不住,那也请记住这一点:如果你已经 40 多岁或者年龄更大了,且想要活得更长,那么你有 80% 的可能会死于这 4 种疾病(其中的一种)。因此,所有旨在延长寿命的方法都必须尽可能朝着降低这些疾病的患病风险的方向努力。

"(对那些对医学知识了解不多的人来说,)脑血管病就是中风。中风有多个致病因素,一是血管闭塞,二是脑出血,通常是血压增高及类似症状引起的。神经退行性疾病,正如其名字所显示的那样,是大脑发生退行性病变引起的,其中最常见的病症是阿尔茨海默病。阿尔茨海默病是美国 10 大致死疾病之一。

"研究结果表明,精制的碳水化合物食品和糖——蛋白质也有可能,尽管原因可能有所不同——很有可能会提高胰岛素的水平。我们知道,从广义上说,这将导致胰岛素样生长因子数量的增长,而胰岛素样生长因子不仅会加速衰老过程,而且会引发多种癌症。"

彼得没有服用的一些补充品

彼得根据自己的血液检测情况,服用了相当数量的补充品,但他没有服用以下一些常见的补充品:

> ⫸ **多种维生素剂**:"从两方面来说它们都是最糟糕的:它们含有大量你不需要的成分,却缺乏你真正需要的成分,因此从两方面来说它们都给你带来了不必要的风险。"

>>> **维生素 A 和维生素 E**：他认为自己从食物中吸收的已经足够了。

>>> **维生素 K**："如果你经常吃绿叶蔬菜，那么你获取的维生素 K 的量肯定已经足够了。对有些人来说，维生素 K_2 或许没法靠饮食来补充，这取决于他们的饮食结构。"

>>> **维生素 C**："我们大部分人都可以从饮食中获取足够的维生素 C。尽管人们可能愿意大量服用，尤其是在治疗病毒性疾病时，但口服维生素 C 的效果并不明显。"

彼得是大量补充镁的支持者。健康的肾脏对镁的缓冲能力极强。他每天服用 600~800 克镁——交叉服用硫酸镁和镁氧化物。他还每周服用两次碳酸钙。

服用低剂量锂的原因

根据同彼得的谈话，我现在也开始服用低剂量的锂，我服用的是 5 毫克的乳清酸锂。我阅读的流行病学研究越多，就越意识到锂是人体中一种必不可少的元素，或者说在某些情况下是必不可少的。直接服用 1~5 毫克的锂补充剂足以保证你的摄入量充足。作为初级读物，我建议大家阅读《纽约时报》中的一篇文章《我们是否都应当服用一点儿锂？》。文中写道：

> 尽管在地下水中发现的微量锂可能具有某种实质性的医疗效果这件事看起来没什么真实性，但是科学家对锂的医疗效果研究得越多，这一结论就越可靠。逐渐积累起来的证据表明，较小剂量的锂能够产生有益的效果：明显降低自杀率，甚至促进大脑健康，改善心情。

彼得这样说道："低剂量的锂——低于 150 毫克即可——真的非常非常安全，前提是你的肾脏功能正常。它属于这样一种药物：大剂量服用时副作用极大，因为大剂量的锂一般是用来治疗顽固的双相情感障碍。但是，这种剂量——接近 1200 毫克——与上面我们说的低剂量在适用性上没有任何共同之处。"

彼得的"增肥"经历

"坦率地说，我当时的痛苦无以言表。现在我可以用玩笑的口吻谈论这件事了，但当时我真的对妻子说：'我要去做一个缩胃手术。'而她说：'你太荒唐了。假如这就是你在体重达到 95 公斤时产生的真实想法，那我们必须讨论一下我们的婚姻了。'而且我真的前往圣迭戈市最著名的肥胖治疗专家那里咨询了。这个故事听起来有些古怪，因为尽管当时我明显过重，但我绝对是候诊室中最瘦的人。我不禁在想：'彼得，你认为自己有问题，但这里的每个人，体重都差不多有 180 公斤！'当轮到我看医生的时候，护士把我带到磅秤那里称体重。我站到上面，体重是 95 公斤。护士说道：'哇，太棒了！您是来复诊的吗？'"

关于停止跑步、体重增加的情况

"没有什么能比看到一个正在努力减肥的人认为自己必须每周跑 30 公里更让我伤心的事情了。这些人根本不想这么做，因为他们的膝关节很疼，他们讨厌跑步，并且体重也没有减少。我想对他们说：'我有好消息告诉你们：你们不需要再跑步了，因为这样做没用。'

"不过，运动是有用的。我认为最重要的运动，尤其是从性价比来说，是那些真正高强度的力量训练。力量训练的作用有很多，比如有助于葡萄糖利用率提升和代谢健康，有助于线粒体密度增加和骨骼稳定。如果你很年轻，才 30 多岁，那最后这一项意义不大。但如果你已经 70 多岁了，那你要么就因为不运动而轻易地摔裂骨盆，要么就因为经常运动所以还能在公园散步。"

彼得的冥想之道

　　丹·哈里斯的著作《多出 10% 的快乐》启发彼得进行经常性的静思冥想。经过了在刚开始的那段时间里尝试冥想的挫败，他的一位朋友向他介绍了"超觉静坐"冥想法。（这位朋友名叫丹·洛布，此人是个亿万富翁，也是三点对冲基金的创始人，这是一家市值高达 170 亿美元的资产管理公司。）

＊ 彼得推荐的书

　　理查德·费曼的《别闹了，费曼先生》。

　　卡罗尔·塔夫里斯和艾略特·阿伦森的《错不在我》。这是一本有关认知失调的著作，研究的是人类思维中的常见问题和偏见。彼得希望自己的一生不要太过自信，而这本书帮助他重新调整了自我。

＊ 彼得用不到 100 美元买到的最好商品是什么？

　　彼得每个月要跟自己 8 岁大的女儿来一次"父女约会"。下面这件事就发生在一次父女二人的短途旅行即将结束的时候：

　　"当时我们正步行赶往宾馆，这时一个车夫拉着一辆亮闪闪的人力车来到我们跟前。通常情况下我是不会想要坐这种东西的，但是我从女儿的眼里看到了她的渴望：'哇！这车上全是灯！'于是，我们就跳了上去，车夫骑车带我们回到了宾馆，我们大约花了 20 美元，因此实际上不到 100 美元。请相信我，这种交通方式的舒适程度远不如我们自己走回宾馆，但是女儿脸上的神情胜过一切。我知道这么想有些俗气和迂腐，因为老爸们通常都是这个样子的，这就是我在很长一段时间内花的最有价值的 20 美元。"

＊ 在你听到"成功"这个词的时候，你想到的是谁？

　　彼得提到了好几个人，包括他的朋友约翰·格里芬。他是纽约的一位对冲基金经理。但我想重点讲一下他最后提到的人：他的弟弟。彼得的弟弟保罗是一位联邦检察官，一位优秀的运动员，4 个不到 5 岁的孩子的父亲。他考虑得最多的是如何成为一名更优秀的联邦检察官，以及如何成为一名更优秀的父亲。彼得对此进行了详细的阐述：

"成功的判断标准就是：你的孩子是否记得你是最好的父亲。所谓最好的父亲不是能满足孩子所有物质要求的父亲，而是要看孩子们是否能够在某一天向你敞开心扉，是否能在任何他们需要你的时刻给你打电话，以及你是否是他们第一个寻求建议的人。此外，还有你能否在自己决定要从事的事业上表现得出类拔萃，无论是做律师，做医生，做股票经纪人，还是从事其他什么职业。"

贾斯汀·马杰
JUSTIN MAGER

医学博士贾斯汀·马杰曾帮助我完成了大量的自我实验，包括血液检测和下一代跟踪实验。他聪明且幽默。贾斯汀和我俩共同的朋友兼合作伙伴凯利·斯塔雷特一同参加了我的播客节目。在节目结束时，我向他提了那个常规问题："人们怎样才能够联系到你呢？"贾斯汀的回答是："我想说的是，别总想着如何联系到我，多花点儿时间对着镜子仔细看看你自己。我希望自己潜入地下，成为一个幽灵。"我爱死这个家伙了！

"人体代谢是一个过程"

"我们总想把事物分成好事或坏事……因此才有了这种想法：发炎是坏事，（因此不发炎）就是好事。胆固醇高是坏事，胆固醇低就是好事。但是，你必须明白血液检测的真正意义。首先，它只是一次快速验血的结果，只能表明你当前的状态。人体不是静止的，而是实时变动的。"

"最佳结果" 取决于最佳目标

"有些研究结果认为，如果你体内的低密度脂蛋白胆固醇水平较高，那么你实际上可以更快地组建体内的瘦肉组织。因此，如果你正在进行力量训练，那么高胆固醇或许对你更有利……你需要了解你的具体情况，而且必须要弄清楚这些检测指标的真正意义，而不是简单地判断某个检测结果是好事还是坏事。"

胆固醇有什么作用？

"我喜欢向医生提这个问题，尤其是当他们对我的训练方法说三道四的时候。我会问他们：'胆固醇有什么作用？'这非常有意思。因为他们中的许多人会因为这个问题让步，并且回答得支支吾吾，因为他们一直被灌输的思想是'我真正需要做的就是确定"胆固醇高"的检测结果，并对其进行治疗'，而不是弄清楚它在人体内的作用。"

作者：理解某件事（你想从医生那里得到的答案）和单纯知道这件事的名字或者知道它被标记为好或坏之间存在着巨大差异。这也是诺贝尔奖获得者理查德·费曼的父亲传授给费曼的经验之一。这个故事出现在《别闹了，费曼先生》一书中——本书中的好几位嘉宾都认为这本书非常棒。这个故事还出现在了另一部精彩而短小的传记作品《发现的乐趣》中。

"规则是：基础就是基础，
  你不能违背基础。"
"你放进嘴里的是压力源，
  而从你嘴里说出来的话，也是压力源。"

查尔斯·波利奎恩
CHARLES POLIQUIN

　　查尔斯·波利奎恩是世界上最著名的体能教练之一。他所训练过的顶尖运动员覆盖了将近20种不同的运动项目，他的学员包括奥运会金牌得主、美国职业橄榄球联盟运动员、北美职业冰球联盟全明星运动员、斯坦利杯冠军得主以及国际健美健身联合会的冠军。他的客户包括美国第一位奥运会女子摔跤金牌得主海伦·马劳里斯、跳远金牌得主德怀特·菲利普斯、北美职业冰球联赛最有价值球员克里斯·普罗格、美国职业棒球大联盟击球冠军埃德加·马丁内斯等许多运动员。波利奎恩撰写了600多篇有关体能训练的文章，其作品被翻译成24种不同语言。他还撰写了8部著作，包括一篇短小精悍之作——《肘围和力量：终极指南》。

灵兽：东北虎

你不能因为今天锻炼了就认为自己可以喝糖水

"关于营养方面的事情，我学到的最重要的事情就是你必须配得上你食用的碳水化合物……如果你想在运动后食用上千卡热量的碳水化合物，你必须保证自己的身体脂肪重量低于身体重量的 10%。作为男性，最快的了解自己的身体脂肪重量是否低于身体重量的 10% 的办法：看看自己是否能在腹肌处看到腹白线（垂直间隔）。换句话说，你是否能看到你所有的腹肌？一块腹肌不算数，你必须要看到全部才行。再换句话说，你的腹部皮肤必须要像你的阴茎皮肤那样薄才可以。"

> 作者：一位女性读者在社交媒体上回应说："如果我腹部的皮肤也像男人阴茎上的皮肤那样薄，这样可以吗？"或许也可以。

"我认识一些运动员，当他们的身体组成为 70% 的碳水化合物、20% 的蛋白质和 10% 的脂肪时，他们的成绩最好。他们可以食用碳水化合物，因为他们的胰腺很发达，对胰岛素非常敏感。他们身体中的肌肉占比很大。但有些运动员，他们每 6 个月只能舔 10 次干果脯，这就是他们能够得到的全部。6 个月之中，他们只能每周看一次日历牌上的蛋糕图片。"

如何识别优秀的体能教练？

"优秀的体能教练必须能让一位普通女性在 12 周内做到完成 12 次引体向上动作，无论她的体脂率有多高。"

查尔斯的经典早餐

查尔斯非常重视早餐。他的早餐包括一些野味、坚果，有时还有一些浆果或牛油果。

"我非常喜欢澳洲坚果，但我会不断更换种类，这样就不会产生过敏反应……外出时我之所以愿意住在世界各地的万豪酒店，原因之一就是这是唯一会在早餐时提供牛排和鸡蛋的酒店。"当然，旅行时的情况可能会变得更复杂："比方说，在英国曼彻斯特，我根本没有办法在早餐时吃到牛排和鸡蛋。因此我和助手会提前去购买沙丁鱼，这样我们在第二天早餐时就可以吃到沙丁鱼和巴西坚果。对于早餐，我从不敷衍。对我来说，要么吃肉和坚果，要么吃海鲜和坚果。"

> **作者：**上面有一句话我用了黑体进行强调，因为许多被检测出食物过敏的朋友打电话对我说："我对青豆过敏！也对蛋清过敏！"但我要强调的是，这些检测结果并不一定意味着你的身体完全不能接受这些食物，很有可能是：（1）同一种食物你吃得太多，引起了自身的免疫反应，这种过敏可以调节和治愈；（2）实验室在检测时出现了错误。我曾经见过某个实验室在一个星期内给每一位病人（一共数十位）的检测反馈结果都是蛋清过敏。实验室也会犯错，设备可能失灵，实验员也可能操作失误。查尔斯所讲述的要点就是：不断更换食物种类，并且要通过二次检测来核实任何坏的检测结果。

针对皮肤松弛或妊娠纹的疗法

"有一种名为'雷公根'的药草，我是从我早期的一位导师莫罗·迪·帕斯奎尔那里听说的，它可以去除我们所谓的'不必要的'疤痕组织或'多余的'结缔组织。事实上，在使用后的 6 个月内，你会发现松弛的皮肤没有得到丝毫改善。因此有人说这种药草没有效果。但我要告诉人们的是，一定要坚持使用 6 个月，然后，几乎是一夜之间……

"有些复合药剂师会给你开一种生物可吸收的雷公根药膏。这种药膏见效更快，你可以在 2~3 个月的时间里就看到同样的效果。"

作者：我曾向查尔斯询问有关口服药方面的信息。他建议每天服用一滴雷公根提取液，这可以改善我的肌腱修复能力，并提升我的认知力。

每隔 8 周进行 4 项检测

查尔斯建议每隔 8 周检测一次以下这些生物指标：

1. （禁食后的）晨间胰岛素水平

2. （禁食后的）晨间葡萄糖水平："我要强调的一点是，一定要在最后一次进食后的第 12 个小时准时进行检测。为什么？因为这么做能保证前测和后测的数据都是有效的。如果你的禁食时间多了 2 个小时，那你的晨间葡萄糖可能就已经分解到身体各处了，检测数据也就无效了。"

作者：这一点十分重要。我们要让尽可能多的变量保持恒定。比方说，我会在一周内的同一时间进行血液检测，并且尽量保持饮水量相同，通常是喝 1~2 升水，保证尿样干净。我们可以想象一下，假如你在周四进行第一次血液检测，然后在周末胡吃海塞了一顿之后（你的肝脏酶肯定会升高），到周一再进行第二次血液检测，那么两次检测数值将不具有可比性。还有一个很好的建议就是，如果有可能的话，在进行血液检测前的 24 小时内不要进行大运动量的训练，以避免出现炎症指标不实的情况。总之，一定要控制各种变量！

3. **胰岛素活性测试**："我认为胰岛素活性测试是健康领域内最被低估的测试。"［（彼得·阿蒂亚医生在其五大测试中也把这项测试列在其中，并称其为口服葡萄糖耐量检测（OGTT）］。

4. **糖化血红蛋白（HbAlc）水平检测**："人们说，从根本上讲，你的衰老程度与你体内生成胰岛素的速度有关。糖化血红蛋白可以告诉我过去 3 个月的时间里我体内胰岛素的平均值……通过多年研究，我发现，你所摄入和补充的镁的量是降低胰岛素的关键。也就是说，镁可能是最好的抗衰老矿物质之一。"

关于镁的更多内容

"如果必须要选择一种镁补充剂的话，我认为最好的是苏糖酸镁。但我喜欢服用不同的螯合物，所以我也会服用甘氨酸镁和乳清酸镁。如果去探究一下其背后的生理学依据，你很容易就能找到大量出色的研究成果，不同形式的镁通常作用于不同的机体组织。比如说，甘氨酸镁对肝脏和肌肉组织的作用更大一些；乳清酸镁对血管系统的作用更大一些；而苏糖酸镁则是伽马氨基丁酸的诱导物，后者与良好睡眠息息相关。从我个人来说，我在睡前最后一餐中会服用 2 克的苏糖酸镁。我还会服用各种不同的螯合物，比如甘油磷酸镁。"

另外一种助眠的有效配方是：在入睡前服用谷氨酰胺和医生开具的益生菌处方药。

关于好医生的标准

"你第一次看病时医生花在你身上的时间可能是（评价他们的职业素养）的最好标准。"

要想增加睾丸素就要减少皮质醇

"通常来说……增加睾丸素的最佳方法就是减少皮质醇，因为生成睾丸素和皮质醇的是同一种原料，被称作'孕烯醇酮'。处于压力状态下，你的身体最终会以生成更多的皮质醇作为应对。"

> **作者：**如果你躺在床上，筋疲力尽，却同时感到极其兴奋难以入睡，那问题可能就出在皮质醇上了。为了在入睡前减轻这种"疲惫却兴奋"的症状，同时为了降低葡萄糖水平，我会服用磷脂酰丝氨酸和乙酰巯乙胺酸（NAC）。对我来说，这对降低第二天的焦虑水平也有显著作用。

"激素取代疗法（HRT）方面最优秀的专家是来自比利时的蒂里·海尔托贺。"

---

* **"假如你要为自己的学员选择一个训练动作，那么你会选择颈后杠铃深蹲、颈前杠铃深蹲还是头上支撑深蹲？"**

"我选择颈前杠铃深蹲，有大量统计数据对此予以支持。因为颈前深蹲是不可能作弊的。我这里说的是臀部几乎着地的颈前深蹲，意思是说臀部要在垫子上留下轻微压痕。在我看来，为了达到锻炼的目的，所有的深蹲动作都应当采取这种标准……他们应当像奥运会举重运动员那样去做：双手距离略宽于肩，胳膊肘尽量上举，胳膊肘向内翻转。这样你就可以把杠铃杆紧靠在喉咙处。如果你发现这个动作你做起来很舒服，那就表明你做得不对。正确的颈前深蹲动作应当让你感觉到背部紧张才对。"

深蹲热身动作的第一步

"大量研究表明，加强脚踝的灵活性可以减少下肢受伤的概率，避免前十字韧带撕裂、跟腱拉伤、腹股沟拉伤或其他损伤。因此在做深蹲动作之前的热身活动中，我做的第一件事是利用小腿锻炼机拉伸小腿，然后蹲伏拉伸8秒，最后以自由伸缩动作结束，最后这个动作可以重置力量模式。研究结果明确表明：如果静态拉伸时没有以伸缩动作结束，那之后的训练很有可能会让身体受伤。"

> **作者：**这种热身活动，外加保罗·莱维斯克的建议，让我对哥萨克深蹲非常重视。现在我比以前更重视自己的小腿了，既是为了避免受伤，也是为了锻炼大腿的灵活性（参见前文有关克里斯托弗·萨默的内容）。

锻炼跟腱

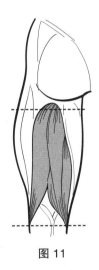

图 11

我曾经参加过查尔斯举办的肌腱力量提高班。期间他把我的双臂拉开，让我的肩部内旋转的活动范围在几分钟内增加了一倍（具体可参见《每周健身 4 小时》）。他还教给我们"肌腱锻炼技巧"，即如何锻炼包括跟腱在内的其他肌腱。比方说，要想利用一套跟腱旋转运动迅速增加你的跟腱力量，你可以躺在地板上，让人以手当刀——想象一下柔道中的"手侧刀"动作——快速来回摩擦图 11 中虚线所示的两个位置，每个位置摩擦 8~10 秒钟。在空间不够的情况下，你可以从臀褶（臀沟）处开始进行跟腱旋转动作，并从膝关节以下的位置开始你的硬举动作。

* 查尔斯推荐的书

理查德·怀斯曼的《59 秒：一分钟内改变你的生活》（有关减轻心理压力的著作）。

《每周工作 4 小时》。

加里·凯勒的《最重要的事，只有一件》。

"在读完《每周工作 4 小时》和《最重要的事，只有一件》之后，我每天在家里最多工作 2.5~4 小时。我会在 7 月到 8 月的前两周休假，从 12 月到大约 1 月底再休一次假。现在，我每个月都会休假一周。"

* 你用不到 100 美元买到的最好商品是什么?

"那是一件别人送我的礼物,因此我不确定其价格,但它不会超过 100 美元。这件礼物被称作'竹凳子',是我的德国私人教练贝恩德·施特斯莱因制作的,其形状如同半个月亮(可以同任何其他凳子连到一起),你可以把自己的脊椎完全靠在上面。在其上做推压动作时,你胳膊肘的下垂程度要比在普通凳子上做时更高,你可以更自由地进行肩胛运动,上举的活动范围也更大,做上身推压时也不会感到疼痛。"

* 在你听到"成功"这个词的时候,你想到的是谁?

温斯顿·丘吉尔。"此人十分厉害——他坚决抵抗希特勒,成功地把英国团结起来,拒绝投降。他还获得过诺贝尔文学奖,很少有人知道这一点。"

作者:趣事一件——查尔斯在我的播客节目中讲完这番话之后,温斯顿·丘吉尔故居的管理人员便同他取得联系,邀请他前去参观访问。

低碳水化合物饮食备忘单

许多人在试图减肥时都因屡次失败而放弃了。

我有一个好消息：减肥并不复杂。尽管我经常禁食，进入酮症状态，但十多年来，低碳水化合物饮食一直是我的常规饮食法，其作用超乎想象。有一位读者这样说道：

"我想向蒂姆表示衷心的感谢，感谢他花时间研究、撰写了《每周健身4小时》。我母亲在年近70岁时减去了20公斤体重，并且摆脱了从20多岁就开始服用的高血压药。而这一切都是她在3个月内做到的。这意味着我母亲一定会健康长寿的。"

这种饮食的基本规则很简单，你需要每周坚持6天：

规则1：避免"白色"淀粉类碳水化合物。这里指的是所有的面包、面食、大米、土豆和谷物（是的，也包括藜麦）。如果你一定要问得"避免"到什么程度，那我会说，不能吃。

规则2：重复吃同样的食物，尤其是早餐和午餐。好消息是，你可能已经养成这样的习惯了，现在，你只需要更换一下食物的种类。如果你想将这一步简化，那就把盘子分成3份：蛋白质、蔬菜和豆类。

规则3：不要喝高热量饮料。例外情况：每晚可以喝1~2杯的干红葡萄酒（这可能会导致一些准更年期和绝经后妇女的激素水平加速达到稳定阶段。）

规则4：不要吃水果。（转化链：果糖→磷酸甘油→更多的身体脂肪）可以吃牛油果和西红柿。

规则 5：有条件的情况下，及时测量身体脂肪比例变化情况——而不是整个体重的变化。体重秤会欺骗你，延缓你减肥成功的机会。比方说，采用低碳水化合物饮食法时，经常会发生肌肉增加同时脂肪减少的情况。这正是你想要的结果，但体重秤上的数值不会因此而改变，如此你就会感到沮丧。我不用体重秤，而是用双能 X 线骨密度扫描仪（DEXA），这是 BodyMetrix 公司生产的一种家用超声设备。或者，你也可以用健身专用测量法（我推荐的是 Jackson–Pollock–7–point 方法）。

规则 6：每周休息一天，这一天可以胡吃海塞。我选择并推荐的是星期六。这一天是"放松日"，许多读者也称其为"开斋日"。出于生理和心理等方面的考虑，在这一天不要控制自己。有些读者在一星期的其他时间每天写下自己想吃的零食，这会让他们觉得自己只需要在每周 6 天的时间里好好表现。

关于更详细的步骤，以及一些相关的疑难解答内容，你可以在《每周健身 4 小时》这本书里找到。但只要你按照上面的提纲来做，一般来说，它足以让你在一个月的时间里减去 10 公斤，衣服尺码缩小 2 号。很多读者在采用低碳水化合物饮食后甚至减去了 50~100 公斤。

我健身包中的 6 件法宝

无论走到哪里，我都随身携带着这 6 件法宝。我会多买几套放在行李箱中，存放在我最常去的那些地方的特定宾馆中，比如洛杉矶和纽约的宾馆。由于有些航班托运行李需要付费，因此我会把我的"百宝囊"留在一些城市中，以避免办理登机手续排队等候的麻烦。

1. **绷带（20~30 美元）**：它看起来有点儿像橡胶版本的布织绷带，我用它来包扎和压紧受伤的身体部位。它体积很小，完全可以装在上衣口袋里，但它作用很大，可以帮我减轻大部分的疼痛，比那些五花八门的注射药剂和每小时 200 美元的物理治疗更能加速身体恢复。在进行大运动量的训练时，我每天会用到这种绷带 1~2 次，大部分会用在我的肘部和小臂。（信息提供者：凯利·斯塔雷特）

2. **家具滑动器（5~15 美元）**：我用这些东西来吓唬世界各地的宾馆的房客。我把它们放到脚下，移动身体，这个动作被称作"仰面后支撑行走动作"（见前文"如何成为强壮的体操运动员"）。我会在宾馆走廊的地毯上用这个动作来回运动。（信息提供者：克里斯托弗·萨默）

3. **泡沫轴**：大家可以想象一下泡沫轴遇到巨型卡车轮胎（我是说我的肥肉）的情景（信息提供者：阿梅莉亚·布恩）。

4. **针垫**：我购买的是 Nayoya 公司推出的一款按摩垫。还有一款类似的产品，名叫"钉床"，这两款产品在亚马逊官网上都可以买到。这种可以展开的针垫上布满了防滑钉那样的"针状突起"，是安德里·邦达连科推荐给我的。他是太阳马戏团能表演单臂手倒立的天才之一，他之前的乌克兰马戏团教练让学员每天使用这种针垫锻炼长达 1 小时。不过我发现，早晨用它锻炼 5~10 分钟就可以取得奇效，尤其对减轻背部疼痛非常有效。对于潜伏在内的身体部位撕裂伤来说，这种设备是唯一起效的理疗设施，它能帮助我重新回到日常训练中去。

5. **特拉山羊乳清蛋白：**如果你对乳糖过敏，那这种乳清蛋白补充剂可谓天赐之物。即使是对那些能够接受奶制品的人来说，他们中的许多人（比如我）也会发现这种补充剂更容易消化。我会用常见的玻璃罐来搅拌它。如果你觉得膻味太浓（我个人感觉是非常适中的），可以考虑加入一勺甜菜根粉（信息提供者：查尔斯·波利奎恩）。

6. **迷你型活动手倒立架：**看过体操比赛的人都知道双杠，而去过健身房的人都知道被称作"活动手倒立架"的微型双杠，它通常是由 PVC 管制成。但许多人没有见过这款超轻迷你型活动手倒立架。它体积很小，完全可以放到随身携带的行李中。高度也不高，但足以让你的指关节自由活动，你完全可以利用它进行"L"型手起坐姿、水平支撑和手倒立训练。同用手掌支撑相比，借助这种器械支撑可以让你的腕关节有更大的活动空间。著名神经科专家亚当·加萨里博士向我推荐了这种适合家用的"双杠"。

帕维尔·察塔苏林
PAVEL TSATSOULINE

帕维尔·察塔苏林是国际体能教育机构 StrongFirst 的主席。他曾担任过俄罗斯雪域特战队的体能教官,现在则是美国海军陆战队、特勤处和美国海豹突击队的体能训练顾问。他被公认为是第一个把目前已经非常普及的壶铃运动带到美国的人,著有《简单而危险的壶铃运动》一书。

麦克风试音

每次在采访开始之前,我都会用同样的问题来检查设备,其目的是让嘉宾至少讲上 10 秒钟。下面就是发生在采访帕维尔时的事:

蒂姆:"帕维尔,假如您不介意的话,能否告诉我您今天早饭吃的什么?我们以此来试一下麦克风。"

帕维尔:"试音。早饭:咖啡。"

——这真是太逗了，我竟然在节目最开始的时候就苦于接不下去了！我的许多听众后来反复听这段对话，就是为了开怀大笑。

两种热身活动：旋转运动和哥萨克深蹲运动

如果你想得到简单高效的热身效果，那可以考虑下面这两种运动。

旋转运动

双手抓住一个重物，绕头部旋转，以此放松肩胛带。我使用的是 10~20 公斤的壶铃或杠铃片，从身体右侧开始，每个方向做 5 次（见图 12）。

图 12

哥萨克深蹲

如果其他手段对你都没有效果，那你可以试试利用壶铃做哥萨克深蹲（见图 13），这组动作可以让你的脚踝移动能力增加大约一倍，而且还附带一系列的积极效果。在整个过程中，你需要保持双脚脚跟着地，膝盖同脚趾呈直线，臀部在拉伸时尽量下蹲。针对身体左右两侧做 2~3 套，每套 5~6 次深蹲。通常我会结合埃里克·克雷西的"行走的蜘蛛侠"这套热身运动一起做。

图 13

体能训练的基本宗旨

>>> "体能是一切身体素质之母。"

>>> "体能是一种技巧，因此必须加以练习。"

>>> "要练习举重，但不要透支体力。"

>>> "所有重复次数超过 5 次的运动都是健美……如果你想真正变得强壮而不只是拥有漂亮的肌肉，要保证每组动作的重复次数在 5 次或 5 次以下。"

>>> "如果你正在进行体能训练，你必须尽量避免让自己的身体出现灼痛感。灼痛是你的敌人。"

>>> "你应当享受体能训练。"

最后一句话不是随便说说的，它是有实际意义的。如果你想通过训练达到体能或力量的最大化，那在训练之后你应当比开始时感觉更好，这与激素分泌等因素密切相关。

毫不费力地达到"超人"水平

帕维尔向我介绍了田径教练巴里·罗斯。罗斯曾经读过一份彼得·韦安德在哈佛大学发表的研究报告，该报告认为短跑运动员成功的关键是他们的相对力量：具体说来就是该运动员的每一磅体重对地面产生的作用力。之后罗斯又读到了帕维尔提出的关于增强肌肉力量的方法的关键词：用重物练习硬举、低重复频率、低运动量，以及减弱负面影响。巴里把这两者结合起来，开发出了一套以硬举为基础的训练项目，造就了一批世界级的短跑运动员。他早期培养的一位天才选手是埃里森·菲力克斯。他的基于硬举的训练方案只利用到了人体的一部分活动范围，并且不存在导致体力下降的副作用。我按照这一方案训练了 8 周。我在《每周健身 4 小时》一书中详细介绍了这次训练，所以在此我只简单介绍一下基本情况。

基本技术：硬举到膝盖位置，然后放开杠铃。我采用的是"相扑站姿"，但传统姿势也可以。

动作设计：每次 2~3 组，每组 2~3 次，每完成一组之后，进行一次肌肉增强训练（如全速冲刺 10~20 米跑，6~8 次跳箱运动），然后休息至少 5 分钟。我最大的收获正是来自这几分钟的休息，类似的体验对力量运动员来说很常见。

频率：每周进行两次，分别是周一和周五。每周所有的"肌肉受压时间"加起来不超过 5 分钟。

效果：在 8 周的时间里，我的最大硬举重量增加了 54 公斤，肌肉力量增加了不止 5 公斤。至于相对力量，我还没有进行过相关的检测。你是否认为自己年纪太大，已经不适合进行硬举训练了？帕维尔的老爹在 70 多岁时才开始这种举重训练，几年后他就可以在不扎腹带的情况下举起 180 多公斤的重量，并在这一过程中创造了数项美国纪录。

"阶梯式呼吸训练"

你的耐力很差？下面这个方法来自帕维尔的同事、健身教练洛布·劳伦斯。对于壶铃摆荡、短跑或所有那些让你感到气短的训练来说，你一定要提前决定好两套动作之间的休息时间，在这段休息时间，你需要调整自己的呼吸（也就是说，在这期间你可以呼吸 5 次、10 次、30 次或更多次）。这可以训练你减慢自己的呼吸，避免神经系统负担过重。这种呼吸控制还可以帮助你增强耐力，甚至在你实现生化适应之前就可以了。

阿梅莉亚·布恩就采用了阶梯式呼吸训练法，她用波比跳作为热身运动。她做的次数会逐渐增加，从 1 增加到 10。换句话说，她会做一次波比跳，呼吸一次；再做两次波比跳，呼吸两次，以此类推，直到最后做 10 次波比跳，然后呼吸 10 次。

帕维尔"简单而危险的"壶铃运动

>>> 单臂摆动

>>> 土耳其起立（TGU）

>>> 杯状深蹲

每天练习一下这 3 种动作，你肯定会得到丰厚的回报。其中土耳其起立对于治疗病理性的机能缺陷效果也非常不错。

紧缩躯干的动作不仅仅适用于体操运动

如果你想掌握引体向上的动作，那你需要先让自己掌握"紧缩躯干"的标准姿势。采用这一动作，外加向内转动脚趾（以更加充分地调动腹斜肌）的动作，可以让我完成标准军事训练中的引体向上动作（脖子达到单杠上方并停顿一下），同时双脚负重 24 公斤。要想看看实际运动中的紧缩躯干动作，你可以观看体操中的吊环比赛：运动员会全程保持臀部紧缩，身体笔直。帕维尔的建议是：让尾椎骨和肚脐尽可能地贴近。

"有疑问时，就去训练你的握力和身体核心力量吧"

"强化上腹部力量和握力可以间接增强你的举重力量。对于腹肌的锻炼来说，其效果部分来自腹内压力的加强，部分来自稳定性的改善。对于握力的锻炼来说，我们利用的则是神经病学上的'扩散'现象——来自握持肌肉的紧张可以'扩散'到其他肌肉上。

"提升握力的最直接的方法是借助握力器（其阻力可以达到 165 公斤）训练。训练上腹部力量的有效方法和工具很多，包括'力量呼吸法'、中空摇椅、扬达式仰卧起坐、悬垂举腿以及'硬派平板支撑'。做最后这个动作时，你需要保持平板支撑动作 10 秒钟（不用坚持好几分钟），同时腹部尽量收缩，就好像自己马上要被人踢到一样，并在上腹部收缩后调整气息。要想增加难度，你可以考虑把双脚放到墙上，距离地面几英寸高。"

至于动作的次数和套数，帕维尔的建议是，动态（移动）训练每组动作做 3~5 套，每套 3~5 次；静态训练则每个动作保持大约 10 秒钟。两种情况下，每套动作之间都要休息 3~5 分钟。

或者，就像帕维尔说的那样："更好的方法，是动作神经刻蚀训练法。"这也是我们要讲的下一个原则。

采用"动作神经刻蚀训练法"提高耐力和力量

"要想增加你能做的引体向上动作的数量，一开始时，做你能够做到的一半数量（比如，如果你的个人最高纪录是 8 个，那就做 4 个），然后这一整天都重复这样做。每套动作与下一套动作之间至少间隔 15 分钟，然后逐渐增加次数，调整每天的运动量，以一直感到自己能够轻松完成为标准。"

帕维尔的岳父采用动作神经刻蚀训练法练习了几个月，在 64 岁的高龄把做标准引体向上动作的最大数量从 10 个增加到 20 个——他年轻时作为海军士兵也做不到这么多。至少 15 分钟的休息时间对于大量补充磷酸肌酸来说是十分必要的。

"虽说大多数耐力训练项目通过训练人们忍耐乳酸也可以起到一定效果，但动作神经刻蚀训练法可以训练人们生成较少的乳酸，增加、增强快肌纤维中线粒体的数量和质量，使其更'需氧'。"

如果你正试着采用动作神经刻蚀训练法提升体能，那么请记住每套动作不要重复超过 5 次。因为重复过多会产生副作用（对那些痴迷术语的人来说，副作用就是：突触易化和髓鞘生成）。假如你正为完成一次完美的单臂引体向上动作而训练，那么在练习过程中，你可以双脚触地，双手扶住桌子或柜子边缘，做单臂引体向上。如果你最多能做 6 个，那么采用动作神经刻蚀训练法时，你每次不能做超过 2~3 个。

我最喜欢的伸展动作——风车动作

壶铃风车动作（或者叫"高风车动作"）对于髋关节康复和损伤预防具有神奇的作用。其站立姿势类似瑜伽中的"三角式"（trikonasana）姿势，其让身体 70%~80% 的重量都压在了一条腿上，同时你需要把壶铃举到头部上方。

我最喜欢的一句话

电影《猛龙过江》中的一句话："斯巴达、罗马、欧洲骑士、日本武士等都崇拜力量，因为正是力量使得其他所有价值成为可能。"

"镇定是具有感染力的。"

这是帕维尔喜欢的另外一句话。下面这段话是美国海军海豹特战队前指挥官波尔克·丹佛曾经说过的：

> 有一位海军军士长（这是美国海军的高级指挥官），他对我们来说就是神一样的存在。他告诉我们他要给我们一条他自己在越南战争期间从另外一位海军军士长那里学到的宝贵建议。他说："这将是你在海豹特训队学到的最有用的本领。"我们非常兴奋，都想知道这到底是什么。他告诉我们说，你作为领导者，人们会模仿你的行为，甚至传播你的行

为……这是一种保证。因此这条重要的建议就是——"镇定是具有感染力的。"

* 帕维尔推荐的书

"大多数人都生活在开和关两种生活模式之间。他们无法在开的状态下关闭电源，也无法完全关闭，享受本真。要想学会控制自己的开关按钮，我的建议是阅读贾德·比亚休托医生所著的《心理学》（*Psych*）一书。他是史上最成功的力量举重运动员，以 60 公斤的体重采用蹲举举起了超过 270 公斤的重量……并且没有服用药物，比赛时他的年龄是 44 岁，还曾做过背部手术。"

莱尔德·汉密尔顿、加布里艾尔·瑞丝和布莱恩·麦肯齐
LAIRD HAMILTON, GABBY REECE & BRAIN MᴀᴄKENZE

　　莱尔德·汉密尔顿是公认的历史上最伟大的巨浪冲浪者。他发明了拖曳冲浪.（利用水上摩托艇把冲浪者拖入波涛之中的冲浪项目），并赋予立式单桨冲浪以新生。汉密尔顿曾在多部冲浪影片中出镜，并在一部巨浪冲浪纪录片中担纲主演。

　　加布里艾尔·瑞丝（我叫她"加比"）曾被妇女运动与健身协会提名为"体育界最具影响力的 20 名女士"之一，其最著名的成就是在排球运动项目上的杰出成绩。加比连续 4 个赛季在女子沙滩排球联赛中扣球数名列第一。她后来转型成为一名成功的职业模特，并在《超级减肥王》节目中担任教练。她的成功转型也使她成为第一位与耐克公司合作设计运动鞋的女运动员。《滚石杂志》将她列入"神奇女士"名单之中。

　　布莱恩·麦肯齐是 CrossFit Endurance 健身俱乐部的创始人，著有畅销书《坚不可摧：跑者耐力训练指南》。布莱恩提出了违反常理的极简长跑训练法，因而引发争议。他不但挑战了高里程的长跑训练，而且挑战了高碳水化合物饮食法。他利用高强度的力量训练征服了从 5 公里长跑到超级马拉松中人们能遇到的所有困难。《每周健身 4 小时》一书对他有过详细描述。他在该书中介绍了如何在 8~12 周的时间里准备马拉松比赛。《跑步者杂志》《男士杂志》、娱乐与体育节目电视网（ESPN）、《户外杂志》以及《经济学人杂志》都对布莱恩有过专门报道。

> 灵兽：莱尔德＝虎鲸　加比＝鹰　布莱恩＝乌鸦

背景故事

　　莱尔德是我的电视系列节目《蒂姆·费里斯实验》中的冲浪教练之一。

　　我对莱尔德、加比和布莱恩的采访是在莱尔德和加比位于马里布的家中进行的，当时我的训练刚刚结束，我感觉十分兴奋。布莱恩让我体验了莱尔德在其私人定制的泳池中针对他设计的训练方式。这个泳池最深处达 4 米，有台阶通往水池底部。水池还安装了水下扬声器，用来播放音乐。水面上方大约半米的地方安装了一条松弛索。之前布莱恩曾邀请过我来体验这项训练，但我一直心存顾虑，担心会被淹死。那天上午，我咬紧牙关忐忑不安地和另外 6~10 个人一起重复了下面这一整套训练方案：在水下利用哑铃进行训练，进行至少 3 分钟的冷水浴，然后进行 15 分钟的 104℃的桑拿浴。整个过程持续了大约 90 分钟。这伙人每周进行两次这种训练，辅以每周两次的陆上负重训练。他们会在训练前后互相鼓励，这感觉棒极了。我的不适感很快就消失了。

硬汉的"热身活动"

　　很多顶尖的专业运动员都会时不时地来拜访莱尔德，尝试一下他闻名遐迩的泳池训练法。如果来者是个带着鄙视态度的大块头，那莱尔德就会建议他同加比一起"热身"——这是一个示威的暗号，因为加比随便做几个动作就把他们镇住了，他们很快便会瞠目结舌、惶恐不已、精疲力竭。一旦他们吃够了苦头，准备低头赔礼时，莱尔德就会问道："好了，尔等准备好开始训练了吗？"正如布莱恩曾经说过的那样："下水吧！怎么？不是挺有力量、觉得自己挺厉害的吗？好极了，这次我就让你们尝尝厉害！"

我们喝的饮料

训练前：莱尔德会为每个人准备咖啡，里面会加入他特别制作的摩卡风味的"超级食品奶油"（参见 lairdsuperfood.com）。它可以让你精神焕发。

训练后：现磨的姜黄粉末、白桦茸、辣椒提取物、原蜜、苹果醋加水混合（根据口味加以不同程度的稀释）。有时候莱尔德会在姜黄中加入红茶菌，以减少残留的苦味。

在泳池中使用的装备

双镜片潜水面具。

腰肌放松——但你不一定会感觉舒服

莱尔德通常会躺在壶铃把手或者奥运会举重用的 11 公斤杠铃片上，以此来放松腰肌（连接下背部和臀部的深层肌肉）。

男子读书俱乐部

莱尔德开办了一个俱乐部，加比称之为"男子读书俱乐部"。经常来他家参加训练的那些人——其中包括巨星大腕、创造过世界纪录的自由潜水者和名声显赫的公司总裁——可以在俱乐部里推荐一本当月的非小说类作品，所有人都可以参与阅读并进行讨论。里克·鲁宾经常为俱乐部提供此类书籍，下面这两本就是他在我们采访前刚刚提供给俱乐部的：

克里斯托弗·麦克杜格尔所著的《天生英雄》（*Natural Born Heroes*）。

劳伦斯·冈萨雷斯所著的《深度生存》（*Deep Survival*）。莱尔德对此书的评价是："这是一本无与伦比的有关恐惧和克服恐惧的著作。"

练习先打招呼

加比："我一直说自己喜欢先打招呼……也就是说，如果我在商店结账时，我会首先跟收银员打招呼；如果我遇到某人并有了目光接触，我会首先向对方微笑。我希望人们在生活中可以多少练习一下这种技巧；因为——虽然并不总是这样，但大部分时候是这样的——先打招呼对你更有利，其效果有时令人惊讶的好……有一天我跟孩子们在公园里玩，记得是在飓风港水上游乐场，我像个落汤鸡一样，而旁边两个年纪比我稍大的女士也好不到哪里去。在经过她们身边时我面带微笑地看了她们一眼，而她俩的脸上马上露出了笑容。其实她们已经准备好了，只是你必须先打招呼。在现在这个世界，我们都学会了退让——没有人愿意先打招呼。"

作者：人们比他们表面上看起来的样子要更和善，但你必须先向他们打招呼。这让我想起了电视连续剧《火线警探》中的雷兰·吉文斯的一句台词："如果你一大早就遇到了一个混球，那你就只是遇到了一个混球；但假如你一整天遇到的都是混球，那你就是个混球。"我经常在自己的晨间日记中写下"先打招呼"几个字，以此作为对自己的每日提醒。

顺便说一句：德里克·希维尔斯（见后文）也听了此次访谈节目，他最喜欢的一段就是加比谈论"先打招呼"的这部分内容。

在风筝冲浪流行之前进行的早期实验

"我们是第一批采用不能重新启动的法式风筝冲浪法的人……你把冲浪者放出去之后他就会一直飞行冲浪，直到落水，然后就结束了。有时候你就感觉好像是带着一床巨大的被子在距离岸边 3 千米的海里游泳。你是否尝试过带着被子游泳？这太难了。就像是带着一床大被……和一个午餐托盘。事实上，冲浪板看起来正像是个午餐托盘，而你只能在距离岸边 3 千米远的海水里，眼巴巴地盯着岸边说道：'今天真倒霉。'"

听众能够在哪里找到你？

我在每次采访结束时都会问上面这个问题，嘉宾一般会提及社交媒体账号、个人网站等信息。而莱尔德则毫不犹豫地脱口而出："太平洋。"

唐·维尔德曼的启发

布莱恩在谈到唐·维尔德曼以及他在 82 岁高龄所拥有的超凡体力时说道："唐·维尔德曼去年练习了 80 天的滑板滑雪。一两个月之前我刚在阿拉斯加同他一起练习了直升机滑板滑雪。我想说的是，直升机滑板运动训练非常残酷，在一周的时间内，你每天都要进行十五六次的连续训练。到了第三、第四天，你就会开始步履蹒跚，但这位老运动员一句抱怨都没有。"

加比："唐所做的另外一件非同寻常之事是他把各路人马都招致他的麾下，因为没有人能够独立完成工作。因此他身边总是簇拥着一伙人，其中大多数人都相当年轻。大家从他那里得到鼓舞之后，就都行动起来了。"（里克·鲁宾也曾谈到过唐。）

"孤单是因为缺乏动力"

莱尔德的这句话概括了我所观察到的他身边的所有事物。他周围有一个联系紧密的团体，而提前计划好的团体运动似乎是保持团体团结的黏合剂。假如你像我这样，把大量时间花在思考"怎样运动"或"做什么运动"（锻炼项目、计划等），那你可能就会问自己："如果我必须首先根据'运动队友'来选择自己所有的运动那该怎么办呢？假如只能同别人一起运动那我该怎么办？"这也是我最终开始研究飞行瑜伽的原因。

育儿建议

自1997年结婚以来，莱尔德和加比同他们三个孩子的关系一直非常亲密，满怀深情。我曾多次观察过他们一家人。他们之间有很多身体接触，在一起时非常和谐，充满温情。下面这些育儿建议来自访谈过程中的不同节点。

莱尔德："对孩子的爱可以弥补很多错误。即使你只是犯了一些具体的小错或是疏忽大意。"

加比："我们比较包容，对待我们的孩子就像对待大人一样，同他们谈话也一直像大人一样……

"作为父母，你必须学会道歉，因为你把事情搞砸了……有时候你可以说：'你知道吗，今天我太累了，脾气不好，这对你不公平，我向你道歉。'你必须明白自己并不完美，必须要敞开心扉……我总是问我的姑娘们：'你们感觉到我的爱了吗？'她们会说：'拜托啊，老妈，这还用问！'但我认为你必须问……

"我告诉自己的孩子要学会说'对不起，这不适合我'。我从我周围的男人们身上学到了很多。我尊重不同的性格特点。你可以不带感情色彩地传递信息。在很多情况下，为了能够最终维护自我，女性不得不失态、发脾气，而不是说出'对不起，这不适合我'这句话。我还教育她们在确定底线之后就不要再自我质疑了，这一点很重要。如果你有天赋和才华，无论哪方面的，你都不需要对此感到不安、糟糕或不可思议……

"我一直跟孩子们讲:'如果你成为团队中的一员,那你很幸运;如果你是团队中最棒的那一个,那你就是最幸运的。'"

加比对于成见的观点

"作为女性,我们从小接受的教育是:'喂,表现得淑女些,淑女都是这样表现的。因此,想要达到'人们不会喜欢我做的事情、说的事情和相信的事情,但我泰然接受'的境界需要很长的时间。男性可以更轻易地做到这一点,但女性则需要很长的时间。我所见到的能轻易达到这一境界的(女)运动员往往是(家中)最小的女孩,而且她通常只有哥哥。"

关于男女之间动态关系的观点

莱尔德:"在面向 10000 对婚姻幸福的夫妇展开的调查中,研究者发现,只有一点是所有这些对夫妇所共有的,无论其动态关系如何。这一点是什么呢?就是男方尊重女方。这是最重要的事情。"

加比:"我能够补充一点吗?我知道所有的动态关系都是不同的——女方是赚钱养家的,男方是赚钱养家的,女方处于主导地位,男方处于主导地位。但最终,在多数情况下,如果女方能克制住自己试图改变男方或像母亲一样照顾男方的冲动,那她就有更多的机会将自己置于受男方尊重的地位。男性需要支持。我的意思是说,我爱你们这些男人,因为你们都很强壮,但是你们也很脆弱,需要他人的支持,需要我们帮助你们去真正地实现自己的愿望,无论愿望是什么。

"莱尔德在我们刚刚结合的最初几年——遗憾的是,我们结婚第二年他母亲过世了——曾跟我说'我曾有个妈妈,但她不在了'。他曾非常明确地表明……好吧,这件事不适合在餐桌上提及。作为女性,我们生来就有照顾他人的天性,不是吗?所以有时候我也会说:'亲爱的,那种玩笑不适合在餐桌上讲，你说得有些过了啊！'这是没办法的。而因为男人也想表现得细心周到，所以他们会安抚我们，按照我们对他们的希望改变自己，但在改变了之后我们就不想要他们了。因此，我觉得这么说就正好：'如果我觉得我们的价值观类似，那我们就做彼此的伴侣。可能我们之间也会有很大的分歧，但……在一些大事上我们还是一致的。'"

对你来说简单的事，对别人来说可能并不简单

加比："如果有男人说'我真的想跟某个女人在一起'，那此人对你付出的可能是他的大部分，比如，80% 左右。而对女人来说，她给你的可能是35%，也可能是更多（我指的是在一夫一妻制的情况下）……举例来说，我十分腼腆，我出来跟你谈话，并且谈得非常开心，那从我的性格来说，我对你的付出就是200%。因此我认为，我们首先应当理解对方是什么样的人，弄清楚他们付出与所期望的回报的方式……"

关于保持健康的看法

莱尔德："所有身体灵活的人都应当去摆弄摆弄杠铃，所有举重训练者都应当去做做瑜伽……我们都想增强体能，因为我们希望身体保持鼎盛状态。"

再谦卑一些

布莱恩："要更谦卑。这也是为什么我认为来参加这个节目很重要的原因。我的意思并不是'我想对蒂姆谦卑一些'，不是这个样子的，而是'来看一下有什么自己能做的，且能应用到余生之中的事情'。"

作者：我认为布莱恩所说的"要更谦卑"指的是以初学者的开放心态看待那些可怕的训练方法。我非常兴奋于自己有机会冒着丢人的风险同莱

尔德及其队员一起训练。首先，这次经历让我掌握了一种高强度但可以忍受的训练方法，而且其中还包括一些我经常忽视的内容（比如团队凝聚力、户外训练等）。其次，它让我相信我比自己原先想象的更有能力。

给 30 岁的自己的建议

加比："不要认为任何事情都是针对自己的，但也不要退缩不前。我认为对女性来说这尤其重要。有时候我们喜欢压制自己的天赋和潜力，因为我们不想冒犯任何人，也不想被挑出来特殊对待……我曾经听过一个很棒的故事。我认识一个教练，他是美国男子排球队的助理教练。在一次比赛中，他们当时只需要拿下一分就能获胜，然后这名教练盯着卡奇·基拉伊说道：'我需要你来发球，赢下这场比赛。'而当时卡奇声如洪钟地答道：'好的！'然后他做到了。

"同样是这位教练，他在执教一支高水平女排队伍时，对一位女排运动员说了同样的话，却没有收到相应的效果，因为……女性难以应对这种被挑选出来特殊对待的局面，不熟悉这种自己被挑选出来是为了赢得更大的胜利的情景。"

莱尔德："立即停止饮酒。现在就停止饮酒，保护自己的所有想法（可以的话就去申请专利）……时刻都要保持慈悲之心。"

凯利·斯塔雷特
KELLY STARRETT

　　凯利·斯塔雷特博士是一位我非常喜欢的运动教练。他在其与妻子于2005年创办的旧金山 CrossFit 训练基地服务了11年，培训 CrossFit 训练基地的学员总时长超过15万小时。此基地是 CrossFit 健身俱乐部首批设立的50家分部之一，目前，该俱乐部在全世界已经有超过10000家分基地了。凯利的客户包括奥运会金牌运动员、环法自行车运动员、奥运会举重和力量举重世界纪录保持者、CrossFit 健身比赛奖牌获得者、专业芭蕾舞演员以及军界精英。他非常诙谐幽默，著有畅销书《变成一只柔软的豹子》（*Becoming a Supple Leopard*）。

> 灵兽：带有三支莲花的狮子

幕后故事

≫ 在一起录制第二场播客节目时，凯利给我带了一杯咖啡。我喝光之后，他让我看了一下咖啡瓶子上的说明：那是一种浓缩冷饮，应当在稀释后饮用。而我一下就喝了大约 5 杯的量，凯利说这让他感到"恐怖"。在开始录制之后，我马上开始出汗，感觉自己就像在被鬣狗追赶一样。

≫ 凯利在体重 104 公斤时成功完成过站立后空翻。在同样的体重下，他还完成了超级马拉松，而在此前的准备阶段，他进行的跑步训练距离均不超过 5 公里，其训练方案是由布莱恩·麦肯齐提供的。凯利能够干净利索地举起 165 公斤的重量，但他的一只手腕有些问题，举重时这只胳膊会弯曲在胸前，看起来就像是在敬礼一样。

≫ 他喝水非常多，在有条件的情况下他会往水里加入少量食盐。为什么？他说我们面对的更大的风险并不是脱水，而是低钠血症，即血液中钠浓度过低。《新英格兰医学杂志》2005 年刊发的一项研究指出："对马拉松选手来说，低钠血症已经成为主要的与竞赛相关的致死、致病因素了。"

≫ 凯利是个正统的幻想狂，也是一个科幻小说迷。他对弗兰克·赫伯特的《沙丘》和尼尔·斯蒂芬森的《钻石时代》了如指掌。（不知道为什么，本书中的许多嘉宾都非常喜欢这两部作品。）凯利的女儿有一次给我发短信，就谈到了《钻石时代》，这本书有一个年轻的女主人公。凯利的女儿问我："你会如何培养那些来自体制内部，却致力于粉碎旧体制、建立新的更好的体制的女孩呢？"

是否有晨勃？

"先生们，如果你们早晨醒来没有出现晨勃，那你们的身体可能就出问题了。有还是没有？有一点儿还是一点儿没有？勃起还是没有勃起？"

作者："量化生活"并不必然是十分复杂的。如果一味追求最先进的血液检测、基因检测等，那么你很容易就会错过眼前的警示信号。对男人们来说，"是否有晨勃"是一个简单而准确的指标，可以用于检测睡眠质量、激素状况（生长激素、促卵泡激素、睾丸素）和生理节律等许多生理指标。

身体深蹲测试

"如果你无法双脚、双膝并拢直接深蹲到地上，那就表明你的臀部和脚踝的活动范围受到了限制。这一现象与髋骨损伤、足底筋膜炎、跟腱撕裂、小腿拉伤等关系密切。这个问题很严重，你必须要考虑解决它。"

"对中年人来说，最危险的运动是跑跳运动（因为跑跳时，我们的身体需要在一个不熟悉的活动范围内承受高强度动作）。"

负重深蹲

"格雷格·格拉斯曼（CrossFit 的创始人）认为这是最重要的训练之一。事实上，CrossFit 开发的最早也是最好的训练方式之一就是跑上 400 米，然后做 15 次每次 45 公斤的负重深蹲。这是不是小菜一碟？那好，把这一过程重复 5 次。你很快就会发现，大部分人可能能凑合着做 3 次，但随后就会开始感觉疲惫或者体力不支。此时人们会开始打退堂鼓，会觉得自己的体力无法再自然恢复，视野变窄，浑身难受……

"在谈论'负重深蹲'时，我们所做的一切都是在说：'让我看一下你是否可以保持躯干笔直地下蹲。'这很像是一句玩笑，是不是？如果你只能在身体向前倾斜很大的角度时才能蹲下去的话，那就说明你的胯部和脚踝没有锻炼到位，而且你不知道如何让躯干保持稳定、笔直。"

> **作者：** 双脚站立略窄于肩宽，以这个姿势练习轻量级的负重深蹲，同时结合哥萨克深蹲（参见前文）进行练习。在练习了 3 个月之后，我差不多可以通过上面提到的"深蹲测试"了。

"如果你感到无法呼吸，那你就是还没掌握标准动作。"

换句话说，如果某个动作让你感到无法呼吸，那就表明你没有真正学会这个动作。

每天都要做的重要练习

你每天都应该做下面这些练习：

1. 所有人都能够从那个有些像牛拉车的动作中得到锻炼。（在瑜伽课程中，这个动作有时也被称作"cat-camel"。）这是一种低难度的静态拉伸动作，可以让你充分地拉伸身体各个部分，它和其他需要你保持弯曲坐姿的拉伸练习不一样。

2. 尽可能多地练习箭步蹲动作。（在开始真正的训练前练习这一动作的一个简单方法是做埃里克·克雷西的"行走的蜘蛛侠"运动。在身体两侧进行轮换时，我会用肘部内侧触地。这也是飞行瑜伽中用于锻炼胯部灵活性的一个重要动作。）

3. 上床前利用健身实心球碾压腹部（在腹部滚动）进行抑制调节。（这一练习非常有助于睡眠。我最喜欢的工具是凯利设计的"动感新星"健身球。阿梅莉亚·布恩在旅行时总是带着一个。）

4. 肩部内旋练习非常重要。如果你不知道你的肩部是否可以充分地内旋，那么做伯格纳热身活动将帮助你找到答案。

注意： 所有这些练习都必须要每天进行。

睡眠卫生

黑暗就意味着完全没有光。"有学者曾做过研究,当把激光投射到人的膝盖后面时,人就会产生反应,因为人体能感应到光。所以,人们在睡眠时,卧室内不能有电话、电视亮着,必须要保证漆黑一片,就像夜晚一样。"

寝具一定要柔软。"现代人需要睡在柔软的床垫上,最好是能睡在吊床上。第二天醒来时,人应当感到浑身轻松,而不需要特意放松腰肌。大多数运动员和普通人对于因为久坐和拉伸训练(比如跑步、跳跃、深蹲)引起的肢体拉伸都很敏感。在硬板床上睡觉就会让你在睡眠期间处于肢体拉伸状态,如果你对拉伸敏感,那么这绝不是你想要的结果。诚然,理想的状态是我们可以睡在地板上,并且醒来时感觉很好。但是由于普遍的久坐和缺乏运动,我们已经不再是这样的人了。"

凯利的床垫备忘录

➢ 能够找到非常柔软的床垫当然再好不过,但是不要使用那些完全由记忆海绵制成的床垫,因为这种床垫同样会使你陷入肢体拉伸状态。

➢ 在床垫商店的床上躺上5分钟。如果你不得不交叉双脚,那就说明床太硬了。

➢ 如果你需要在腿下放个枕头才可以让自己舒服地曲起来,那就说明你需要张更软的床。你还应当注意避免陷入向外的髋骨拉伸状态。

借助脉动血氧计决定训练与否

凯利会在早晨借助脉动血氧计测量运动员的血氧饱和度,以此来决定运动员是否应当开始今天的训练。这一测量技术回答了"我是训练得太刻苦还是不够刻苦"这一问题。此外,如果你的脉动血氧计读数比正常读数低了1~2点,那就表明你的肺部有炎症,即你可能要感冒了。在这种情况下,你最好推迟训练。

治疗慢性疼痛的方法

"运动和疼痛并存。比方说，如果在进行了一个月的某项运动训练之后，你感受到了疼痛，这就是慢性疼痛症状。此时，你的大脑会把疼痛路径和运动路径映射到一起，将两者结合起来。大脑将记住带来疼痛的运动（或让你受伤的运动），即使你没有再次遭受创伤，每次活动到相应身体部位的时候，你依然会感到疼痛。而帮助人们摆脱慢性疼痛的方法之一就是给他们新的运动指令（例如不要屈膝深蹲）。"

让孩子穿"零落差的"鞋子

让孩子（以及你自己）穿平底的零落差的鞋子，保证脚趾和脚跟距离地面的距离相同。我会穿万斯（VANS）帆布鞋，我最喜欢的样式是黑色的万斯经典休闲鞋（不分男女，橡胶底）。这种鞋适合徒步旅行，穿着它参加没那么正式的商务活动也是可以的。凯利是这样解释零落差的原理的："不要让质量很差的鞋子缩短你孩子的跟腱（脚后跟）。这会导致孩子脚踝的运动范围在将来受到严重的限制。让孩子穿万斯、查克泰勒（Chuck Taylors）运动鞋或类似的鞋子。尽可能让他们穿平底鞋或打赤脚。"

"在你取得成功的时候，工作会变得
　更加艰难。"

保罗·莱维斯克
PAUL LEVESQUE

保罗·莱维斯克，也就是人们熟悉的美国职业摔跤手"三大 H"，是世界摔跤娱乐（WWE）大赛 14 次世界冠军的获得者。他也是世界摔跤娱乐公司的执行副总裁，主管人才发掘、现场比赛筹办和其他创意活动。

灵兽：狮子

幕后故事

保罗有 3 个孩子，为了工作和家庭事务，他往往会忙碌到很晚。他通常在上午 10 点到下午 1 点之间同乔·德弗兰克在健身房训练。关于乔，我在《每周健身 4 小时》中"挤进北美橄榄球联赛新秀训练营"这一部分写到了他。保罗每天大约 6 点起床，数年如一日。他经常做的热身活动是在不负重的情况下进行哥萨克深蹲练习。

"孩子们不会照你说的去做，而是会照他们看到的去做。你的生活方式就是他们的榜样。"

含酮类物质的"卡布基诺"

他经常同健美大师戴夫·帕伦博一起节食，为世界摔跤娱乐一年一度最重要的活动"摔跤狂热"大赛做准备。（2016 年，该项娱乐赛事的现场观众超过了 10 万人。）戴夫让保罗按照酮类饮食法进行节食，而保罗研究出了一款适合自己的健康版"卡布基诺"：

"我会用帕伦博的蛋白质粉冲制，这是 Species Nutrition 公司生产的。每天早晨我冲下楼梯后，都会用两勺乳清蛋白、冰块、一些星巴克咖啡粉、一些澳洲胡桃油做一杯奶昔。这就是我一天的开始。"

克服时差

在保罗最忙碌的那段时期，他每年会在家乡以外的其他城市或其他国家待上 260 多天，每天晚上都在不同的城市。对于克服时差，他的做法如下：

"一下飞机，我就马上入住酒店。安顿好之后我会立即询问工作人员：'健身房开着吗？我可以去锻炼吗？'哪怕只是骑 15 分钟的自行车作为复健也是可以的。我很早就知道，无论什么时候，好像只要我这样做了，我就不会出现时差反应。"

> **作者：**这样做绝对有效果，即使是在凌晨 1 点做个 3~5 分钟的锻炼也行。我不知道其中的生理机制，但我也一直在这样做。

是梦想，还是目标？

"埃万德·霍利菲尔德曾经说过，大概是在他训练的第一天，他的教练有一次告诉他：'你可以成为下一个穆罕默德·阿里。你想成为那样的人物吗？'埃万德说自己得回去问一下妈妈。他回了一趟家后回来说：'我想成为那样的人物。'教练说道：'很好。那么，对你来说，这是梦想还是目标呢？因为这两者是有区别的。'

"我从没听人这样说过，但这种说法深深地影响了我。我现在也会跟我自己的孩子说：'那么，这是梦想还是目标呢？因为梦想是你的幻想，它可能永远也不会发生，而对于目标，你需要为之制订计划、努力奋斗，直至最终实现。'我一直是这样看待我的工作的。在我看来，那些成功的榜样都是具有明确目标、详细计划的人。我想这就是阿诺德·施瓦辛格打动我的地方，也是我的岳父文斯·麦克曼打动我的地方。"

切莫焦虑

"我同弗洛伊德·梅威瑟是朋友。有一次我同他一起前往赛场，我记得当时他的对手是马奎兹。我想观看一下正式比赛开始前的暖场比赛，因此我们去得早了一些。一会儿，他的手下找到我对我说：'弗洛伊德想在比赛前跟你打声招呼，和你聊一会儿。'于是我跟妻子斯蒂芙来到后台，进入他的更衣室。他正躺在沙发上观看一场篮球比赛。他说道：'你们好，请坐。'我们聊了一会儿，而我对他表现得十分恭敬，因为他即将进行一场恶战。

"谈话一出现停顿，我马上说：'就这样吧，伙计。我们先出去，你准备一下。等需要我们的时候我们再回来。'而他说道：'伙计，不要着急走。你先坐下，我喜欢跟你聊天。'他非常放松。

"等到谈话又出现停顿的时候，我说：'弗洛伊德，我们必须走了。我可不想妨碍你比赛。'他说：'亨特，我告诉你，我感觉很好，看比赛吧。'我说：'你一点儿也不感到紧张？'他回答说：'我为什么要紧张？我要么准备好了，要么就没有准备好。现在担忧也无济于事，对不对？该发生的总要发生。我要么已经为此做好了一切准备，要么就没有准备好。'"

> **作者：**惠特尼·卡明斯在谈到他自己的大型脱口秀节目时跟我讲了类似的话："我的工作不是那天晚上做的，而是 3 个月前就完成了。我只是需要在那天露个面。"

做到最好

"他跟我讲过许多事情，我发现自己现在也在跟年轻人讲这些内容……比如，如果你无法把某件事情做得很好，那就不要做，除非你真的想花时间来加以改善。时至今日，当我看到年轻人在拳击场搏斗时，我就会想：他那个动作做得不好，可他还是一直在做。这是不对的。"

> **作者：**这不禁让我开始反思（通常是在每季度回顾自己的压力点的时候）："我现在持续在做的事情有哪些是自己不擅长的？"对此，我要么改善，要么干脆不做，或者交给别人来做。

"我学会了一个重要的窍门：

要想培养先知先觉的能力，你需要

先锻炼后见之明。"

"玩耍的对立面不是工作，

而是抑郁。"

简·麦戈尼格尔
JANE McGONIGAL

　　简·麦戈尼格尔博士是美国未来研究所的助理研究员，著有《纽约时报》畅销书《打破现状：游戏为什么能让人们感觉更好，以及游戏是如何改变世界的》（*Why Games Make us Better and How They Can Change The World*）。她的作品被《经济学人》、《连线》和《纽约时报》转载过。她被《商业周刊》评为"十大值得关注的创新者"之一，被《快公司》杂志评为"商界最具创造性的 100 位杰出人物"之一。她关于游戏的 TED 演讲视频的点击量已超过1000 万次。

灵兽：椰子章鱼

以俄罗斯方块游戏作为治疗方法

　　入睡有困难？那你可以试着玩 10 分钟的俄罗斯方块游戏。最新研究表明，俄罗斯方块或者糖果消消乐，能够帮助人们摆脱消极想象，也可以用于治疗成瘾症（比如暴食障碍）以及预防创伤后应激障碍。对我来说，这种方法可以治疗我的失眠障碍。这些游戏具有视觉密集化和问题解决的功能性特点，对此简是这样解释的：

"在这些游戏中，你能够看到视觉闪回现象——比如方块下降或方块覆盖，它们会占据大脑中的视觉处理中心。这样你就没有余裕去想自己渴望或者沉迷的事情（这些事情极具视觉影响力）了。这种效果能够持续 3~4 小时。还有证据表明，如果你在目击了一次创伤性事件之后立即玩俄罗斯方块游戏（最好是在 6 小时之内，但事实证明 24 小时之内都可以），其能有效抑制视觉闪回，同时降低创伤后应激障碍的症状。"

鲜为人知的事实

我曾经采访过两个有同卵双胞胎兄弟姐妹的人：简·麦戈尼格尔和卡洛琳·保罗（见后文）。他们都经历过实时的"双胞胎超距作用"：感受到或察觉到他们不在身边的双胞胎姐妹或兄弟正在经历的事情。

* 简推荐的纪录片

《G4M3RS: 一部纪录片》

《游戏之王》

> **作者：** 后面这部纪录片也是凯文·凯利一直以来最喜欢的纪录片之一。

* 简推荐的书

《有限与无限的游戏》（*Finite and Infinite Games*），作者：詹姆斯·卡斯。

《痛楚难以避免》（*Suffering is Optional*），作者：谢利·休伯。

> **作者：** 谢利也有一个播客节目，名字叫"露天"。

* 你用不到 100 美元买到的最好商品是什么？

BabyBjörn 牌的婴儿背带。

* 你是否有可以作为生活指南的或经常想起的名言？

"吉姆·德特说过的一句话：'任何关于未来的论断乍看起来都不靠谱。'
还有阿尔文·托夫勒说过的一句：'说到未来，想象力远比正确性重要得多。'
这两个人都是著名的未来学家。这些话提醒我，改变世界的思想在大多数人
看来都是荒诞可笑的，我所能做的最有意义的工作就是挑战可能性的极限。
如果我现在的工作在大多数人看来是合理的，那就表明我的工作的创新性还
不够。"

* 你相信的哪些事物在别人看来是疯狂的？

"永远不要公开批评任何人或任何事情，除非事关道德或伦理。你所说的
任何消极的话都至少会毁掉某个人的一天，或者更糟糕，让某个人心碎，或
者干脆把你未来的盟友变成一个永远不会忘记你所展现出来的不友好或不公
正的形象的人。现在，人们经常在社交媒体上抱怨或批评他人的工作，或者
做出一些围攻他人的冒犯行为。我不会这样做。我的工作不是担当世界的批
评家，我不愿放弃任何一位未来的盟友。"

亚当·格萨里
ADAM GAZZALEY

　　亚当·格萨里博士是在纽约西奈山医学院获得的神经科学方面的硕士和博士学位，之后他在加州大学伯克利分校作为博士后从事认知神经学的研究工作。现在他是旧金山加州大学格萨里实验室的主任。这是一个认知神经学实验室。

　　格萨里博士是 Akili Interactive 公司的合伙创始人兼首席科学顾问，该公司主要致力于研发治疗性的电子游戏。同时，他还是 JAZZ Venture Partners 公司的合伙创始人兼首席专家，这是一家风险投资公司，主要投资领域是用于提高人类身体能力的实验性技术。此外，他还兼任十几家技术公司的科学顾问，其中包括苹果公司、通用电气公司、增强现实技术研发公司 Magic Leap 和市场调研公司尼尔森（Nielsen）。

灵兽：银狐

幕后故事

亚当同凯文·罗斯（见后文）就虚拟现实技术打了一个赌。亚当对该技术充满信心，而凯文则对此不抱希望。他们的赌注是一瓶三得利响牌 25 年威士忌，只在日本当地才能买到。届时他们两人将一起前往日本共同品尝。因此，用凯文的话说，这就是一个双赢的赌局。

人类只利用了他们大脑的 10%？那可未必……

"作为整个宇宙中最复杂的结构，大脑中并没有一个现成的空停车场，等着有人开车进去开始建设，而是一直在被充分地利用着，只不过我们还没有弄清楚其复杂的运作方式而已。"

如何招聘实验室急需的人才？

"对此我还真没有一套严格的办法。许多情况下，这都是普通的交流带来的。他们会谈到自己做过什么课题，对什么方向感兴趣。这就是我通常开启与他人的对话的一个切入点：'你认为自己到底对哪个领域感兴趣？'因为我更看重的是人们的内部动机以及那些能够让他们一大早就爬起来去做的事情，而不是传统意义上的个人简历。"

"只工作，不玩耍，聪明孩子也变傻"

自 2008 年以来，亚当在每个月的第一个星期五都会为自己的各个朋友圈（一般每个朋友圈包括 40~80 人）举办一次聚会，叫作"第一个星期五"。他为这些场合准备了他能够想到的所有种类的酒。当前，他最钟爱的是黑麦威士忌。在我俩聊天时，他向我推荐了 Whistle Pig Rye 这个牌子的黑麦威士忌。

"黑麦威士忌很有意思，在美国禁酒令颁布之前，这种酒在美国市场占主导地位，因为酿酒业主要在北方——宾夕法尼亚州、佛蒙特州、纽约州等地，那里的黑麦长得很好。之后，随着禁酒令的颁布和玉米种植向南部推广，波旁威士忌酒发展迅猛，至今依然牢牢占据主导地位。但是黑麦威士忌正在回归。我特别喜欢这种酒。"

* 亚当最喜欢的纪录片

卡尔·萨根拍摄的电视纪录片《宇宙》激励亚当成为一名科学家。我认识的和采访过的许多一流科学家也都受到了这部纪录片的激励。（尼尔·德格拉斯·泰森有一部修订版的《宇宙》纪录片，同样十分精彩。）

"现在想来，在我还是个孩子的时候就有幸以这种形式接触到如此玄妙梦幻的事物并为之深深吸引，真的十分幸运。我是同爸爸一起观看的这部纪录片，它让我俩的关系变得十分亲密。萨根的呈现方式具有强烈的感染力，使得我下定决心要成为一名科学家。"

* 亚当对 30 岁的自己的建议

"我想说，不要担心。如果我有机会从事这项非凡的事业，那么我就不要过分担心自己出现失误、犯错或表现不佳。这不是做大事的方式。我必须大胆地放手去做。"

有一次，亚当在我们谈话开始的时候说了下面这段话："如果可能的话，我希望能取得根本性的突破。假如你有这种想法，假如这是你挑战自我的方式，假如这是你希望在有生之年做到的事情——利用自己一生不多的时间改变世界，那么唯一的做法就是去做那种其他人认为太过冒险甚至是鲁莽的研究工作。这本身就是游戏的一部分。"

快速入睡、改善睡眠的 5 种方法

作为一个曾长期失眠的人，我尝试过各种方法，就是为了能快速入睡，并且睡上更长的时间。

下面是 5 种对我有效的方法。这些方法不涉及褪黑素和处方药品。我不怎么服用这些药物，除非是为了调整程度比较严重的时差。我会在上床前 60~90 分钟开始根据下面列出的方法顺序来做。大家可以忽略不喜欢的方法，尝试自己喜欢的方法。

如果有同伴在，我会练习飞行瑜伽（可选）

我会采用双人叠叶的动作，练上那么几分钟（详情参见前文"飞行瑜伽"）。在坐了一天之后，这个动作可以让你的股骨头恢复到原来的位置。后续的练习也不会破坏这个练习的效果。

减轻脊椎的压力

我是从耶日·格雷戈雷克，一位 60 多岁的波兰侨民那里学会了这种日常减压的方法的。此人是奥运会举重项目的纪录保持者。他还写过一本书，名字叫《快乐的身体》，内容包括了我和纳瓦尔·拉威康特现在几乎每天早晨都会做的一些机动性训练。耶日认为，我们在负重训练之后必须要进行身体倒挂练习。大家注意了，耶日在体重大约是 60 公斤时依然能够以标准的抓举动作将上百公斤的重量轻松举过头顶。他还能在平衡板上完成同样的抓举动作。耶日特立独行，说话干净利索。在第一次同他一起训练之前，我俩坐在一起喝茶（他只喝玛丽小馆的马可波罗红茶），讨论训练目标。期间他眯着眼上下打量我，隔着桌子伸手捏了捏我的乳头，然后一本正经地说道："你太胖了。"挺逗的一家伙。

下面我列出了 3 种做身体倒挂练习的方式，按照安全性递增的顺序排列。对任何一种选择，我的建议是每次做 5~7 秒钟、重复 2~3 次，不要超过这个限度。

1. **利用重力靴倒挂**：这是我的弱项，我经常会紧紧抓住重物（一般在 10~20 公斤）以增加牵引力。但如果使用不当，重力靴是可能致命的，因为你可能会掉下来摔到脖颈。为我们所有人着想，请千万不要摔死。如果你不能轻松地做一个标准的引体向上或者无法双腿绷直摸到脚趾，那就请你务必忽略这种方法。

2. **倒立机**：我自己没有使用过这种器械，但我的几位特种作战部队的朋友对此评价很高，他们每天都会用它来锻炼。你能在商业广告中看到这些器械，同重力靴相比，它杀死你的可能性肯定要低一些。

3. **背部伸展器**：这是一种便携式装置，大小相当于一个大型照相机三脚架。我每周用它锻炼几次，一般是在杂事太多（因而晚饭吃得太晚）或者风险太大（比如喝酒之后），不适合使用重力靴进行倒挂训练的情况下。这种器械能帮你在平躺的状态下固定住你的脚踝，通过练习上下小幅抬举双腿的动作来缓解腰部紧张。这是这 3 种方式中最便捷的一种，但它无法帮助你放松上背部（胸部和颈部）。如果你有同伴，那么前文中提到的"护腿运动"是个不错的替代性练习。

蜂蜜 + 苹果醋 / 焦糖睡前茶 / 花菱草提取液

人们的喜好可能不尽相同，但通常来说这 3 种饮品中至少有一种有效。

蜂蜜＋苹果醋： 我首选的安神饮品做法很简单——2勺苹果醋加1勺蜂蜜，用热水搅拌即可。这是已故心理学个体实验专家赛思·罗伯茨博士教给我的。他的一些读者还发现，在服用这种睡前饮品几天之后，其在训练中感觉到自己的力量得到了很大提升。

焦糖睡前茶： 如果你不想吃含糖食物（蜂蜜），那你可以选择这种饮品。这种茶的包装有点儿滑稽，其目标消费者是妇女。我还记得我一位前女友第一次给了我一些这种茶的时候，我以为它是用来治疗痛经的。几天之后，当时的毛头小伙儿蒂姆发现自己非常想喝一杯热乎乎的风味饮料，于是便抓起了一包这种睡前茶，煮了5分钟，然后一口气就喝完了。10分钟之后，我的身体开始东倒西歪。我非常狼狈地拖着沉重的屁股回到卧室，倒头就睡着了，当时大约是晚上9点左右。请注意：这种茶在助眠这方面似乎只对我大约30%的读者有作用。

花菱草提取液： 如果蜂蜜＋苹果醋和焦糖睡前茶都没有效果，你可以试一下这种饮品——在温水中加几滴花菱草提取液。焦糖睡前茶里面也有花菱草提取液，但直接用温水送服便于你自己调整浓度。

视觉覆盖

"视觉覆盖"是我入睡前会做的一个练习，目的是消除头脑中有可能阻碍睡眠的所有视觉回放画面（比如电子邮件、工作计划、与他人的争执以及"我本应该这样说……"之类的念头）。下面是我发现的两种比较有效的具体方法。

上床前玩10分钟的俄罗斯方块游戏： 这一建议来自简·麦戈尼格尔博士（见前文）。随意玩玩的效果很好。

观看令人开心的电视短片： 在此我只推荐一部短片集——《逃往河边小屋》第一季。这部电视剧我看过很多次。如果你曾经幻想过放弃一切，辞职或回到农村，那我建议你买下这部短片集，作为礼物送给自己。如果你曾经梦想过离开城市搬到蒙大拿州或者不知道在哪里的乡村世外桃源，自己耕种丰衣足食的话，那这就是你需要的。它是一档令人倍感亲切的怀旧节目，给人的感觉就好像是妈妈亲手做的温暖的被子。主角兼大厨休·费恩利·惠廷斯托尔会让你想要亲自种植西红柿（即使你讨厌西红柿）或者亲自下河捕捉鳝鱼。

进入黑暗之中

记得戴上睡眠眼罩和防噪声软枕硅胶耳塞。你选购的睡眠眼罩最好能把你的耳朵也捂住，而不是挂在耳朵上面。这个设计看起来不起眼，但确实是一次巨大的改进：它降低了环境噪声的影响，不会刺激耳朵，并且很牢固。

软枕硅胶耳塞可以用来阻断鼾声、防水（游泳时）或者阻挡任何来自外部的刺激。对侧身睡觉者来说，其佩戴起来也是很舒适的，因为它们对耳朵来说很柔软，同时还能有效阻断噪声。

"双声道声音净化器"（白噪声机）：如果耳塞让你感到不舒服——至少佩戴它们偶尔会让我感到不舒服，那你可以试试"双声道声音净化器"（白噪声机）。这是读者们向我推荐的。这种机器能屏蔽掉几乎所有的噪声，包括交通噪声（这是我购买它的原因）、左邻右舍发出的巨大噪声、水龙头漏水的声音以及邻居宠物狗狂叫的声音。如果你想像美剧《百战天龙》中的主人公那样从自己的身边找到替代性的解决方案，那比较接近的办法可能是把一台便宜的风扇放到离你远一点儿的地方。

一日之计在于晨

睡醒之后，你会做些什么？

在询问了 100 多位受访者关于晨间习惯的问题之后，我进行了多次测试，找到了适合自己的方法。

下面这 5 件事是我每天早晨都尽力要做的。说实话，如果我做到了这 5 件中的 3 件，那我就认为自己赢得了早晨的胜利；而如果我赢得了早晨的胜利，那么我就赢得了一天的胜利。我可能不是第一个讲这话的人，但我就是这样理解一天之中最开始的那 60~90 分钟的重要性的，这段时间决定了我接下来 12 个小时的工作成效。（在此我有意降低了"胜利"的标准。）

这些习惯可能看起来都是些不起眼的小事，但切记，勿以事小而不为。

1. 整理床铺（不超过 3 分钟）

2011 年，我在多伦多一场名为"智者对话"的活动中巧遇了一个人，他叫丹达帕尼，曾经是个僧人。当时我正经历着一段生活非常混乱的时期，感觉自己疲惫不堪，无法集中精力。作为基础训练，他说服我开始整理床铺。

如果僧人这个身份让你感觉难以接受的话，那我首先要说的是："醒醒吧，野蛮人！"其次，我要引用传奇海军上将威廉·麦克雷文的一段话。威廉·麦克雷文曾经指挥过特种作战部队各个层面的行动，包括担任联合特种作战司令部（JSOC）的最高指挥官，指挥对奥萨马·本·拉登的突袭行动。下面这段话来自他在位于奥斯丁的母校得克萨斯大学的毕业典礼上的演讲：

> 如果你每天早晨都整理床铺，那就意味着你每天都至少完成了一项工作。这会给你带来一丝自豪感，会鼓励你接下去做一件又一件工作。等到这一天结束时，完成一件工作就变成了完成多项工作。整理床铺这件事也凸显了这样一个事实——生活中的小事至关重要。

对我来说，怎样做可以算是"整理床铺"呢？我采用的是"猫盖屎"的方法，基本宗旨是看起来整洁就行，不必像四季酒店那样做到尽善尽美。我不会费力把床单掖得很平整。我会用一个很大的毯子或羽绒被盖住床单，简单扯平，然后把两个枕头对称地放到毯子下面或上面，这样就算弄好了，非常简单。如果你在家里工作，这样做还有双重意义，尤其是如果你在卧室中或靠近卧室的地方工作的话。如果你所视之处都是一团糟（从个人角度来说）的话，那么最终你的大脑也会变成一团糟。我和诺亚·卡根（见后文）甚至在住宾馆时都会这样整理床铺。

生活是不可预测的，许多预料之外的问题会突然出现。我发现做下面这两件事情能帮助我度过暗流涌动的每一天。这两件事都是在早晨做的：（1）读几页斯多葛学派的哲学著作，比如马可·奥里利乌斯的《沉思录》；（2）控制至少几件你能够控制的事情。对这两点我要做一下详细解释。

首先，对于第一点，下面这段马可·奥里利乌斯的话一直被我贴在家里的冰箱上，常读常新：

> 在一日之始就对自己说：我将遇见好管闲事的人、忘恩负义的人、傲慢的人、不诚实的人、嫉妒的人和孤僻的人。他们具有这些品性是因为他们不知道什么是善，什么是恶。但是，我——作为知道善和恶的性质，知道前者是美后者是丑的人；作为知道做了错事的人们的本性是与我相似的，我们不仅具有同样的血液和皮肤，而且分享同样的理智和同样一分神性的人——绝不可能被他们中的任何一个人伤害。

其次，对于第二点——控制几件你所能控制的事情，我想说的是，无论你的一天有多么悲摧，无论这一天可能变得如何多灾多难，你都能够完成整理床铺这件事。这会给你一种感受（至少会给我自己一种感受，即使是在灾难性的日子里），你用指甲抓住了悬崖边的突出部分，没有真的跌落下去，你至少控制住了一件事情，你的一只手依然控制着自己的命运之轮。在这一天结束时，你通常会在最后一刻回顾一下自己在这一天所取得的成就。我很难描述这种习惯对我来说已经变得多么重要，总之，你至少要做一件事：整理床铺。

2. 静思冥想（10~20 分钟）

我在本书后面谈到了冥想的不同做法。本书介绍的嘉宾中至少 80% 的人会每天练习某种形式的静思冥想。有时候我会用从杰西·格雷戈雷克那里学到的"快乐身体"机动性练习代替静思冥想。

做完之后，我会进入厨房，烧一壶开水，为泡茶（第 4 步）做准备。

3. 把某套身体练习重复做 5~10 次（不超过 1 分钟）

我是在和每天早晨 4 点 45 分起床的约克·威林克（见后文）多次交换意见之后开始做这个练习的。他在大多数人醒来之前就开始训练了，而我是在大多数人准备上床的时候开始训练的（就像前文中的美国职业摔跤手"三大 H"）。

这里所说的重复 5~10 次并不是正式的训练。这种练习类似"晨祷"，目的是唤醒自我。即使是 30 秒钟的练习也能对我的情绪产生巨大影响，帮助我消除内心的杂乱。我喜欢做的练习是借助吊环做俯卧撑，它可以有效地唤醒人体神经系统。做完之后，我常常会按照托尼·罗宾斯的方法（见后文）冲一个 30~60 秒的纯冷水浴。

4. 泡一杯"钛合金茶"（这个名字是开玩笑的，但很贴切）（2~3 分钟）

我喜欢用玻璃茶壶冲泡散装茶叶，当然你也可以使用法式压滤壶。下面这些配品都是有助于提高认知力以及减脂的。我通常每样使用大约 1 平勺：

- 普洱茶
- 龙井绿茶（或者其他绿茶）
- 姜黄根粉和姜片

向上述配品的混合物中加入沸水，冲泡 1~2 分钟。一些专业的茶道人士极力反对这种冲泡方法，他们会说："得了吧，费里斯，你真得好好做做功课，因为这些不同品种的茶各自适宜的冲泡温度完全不同。而且第一次冲茶的时间应当是 15 秒！"的确如此，我也会做这些"花活儿"，但我刚起床时头昏眼花，才不会在乎那么多，只希望尽量简单一点儿。如果我想，我可以在周末再仔细研究茶道的玄妙之处。另外，水温在 85℃左右就可以了。

向水杯中加入下列配品中的一种：1~2 勺椰子油，按重量计算，其中大约含有 60%~70% 的中链甘油三酯；或者 1 勺中链甘油三酯粉，它可以让茶的口感更加细腻均匀。

把茶倒入杯中，搅匀饮用即可。我一般是抓起茶杯和一杯凉水，然后坐在舒适的相思木餐桌前，为下一步做好准备。

5. 做晨间笔记或写 5 分钟的日志（5~10 分钟）

接下来是写日志。在这种场合，我们要写的不是"抒情日记"。

我会采用两种记日志的形式，交替进行：晨间笔记和 5 分钟日志（5-Minute Journal，5MJ）。前者主要用于思考如何摆脱困境或解决问题（我应当做什么），后者主要用于规划安排和表达谢意（我应当重点做什么以及怎样做）。我在后文中会详细介绍晨间笔记，因此在这里我只介绍一下 5MJ。

5MJ 本身很简单，但它能产生一石多鸟的效果。具体做法：在早上用 5 分钟的时间回答几个提示性问题，然后在晚上再用 5 分钟的时间做同样的事情。每个提示性问题后有 3 处空白可供填写，用于回答问题。

早晨要回答的问题：

> **我对 1. _____ 2. _____ 3. _____ 充满感激。**
>
> 哪些事情会让今天变得精彩？ 1. _____ 2. _____ 3. _____ 。
>
> 每天的自我肯定。我这个人 1. _____ 2. _____ 3. _____ 。

晚上要填写的内容：

> **今天发生的 3 件重要之事：** 1. _____ 2. _____ 3. _____ 。（类似于彼得·戴曼迪斯的"列出三个成功之举"，参见后文。）
>
> 今天应当改进的地方：1. _____ 2. _____ 3. _____ 。

黑体部分对我来说最重要。我现在已经成了一部列清单和完成清单的机器。作为一个 A 型性格的人，我很容易一心想着运球向前，执着于关注与未来有关的事。如果焦虑是我近期对未来的关注点，那么练习感恩，哪怕只练习 2~3 分钟，也可以对此加以平衡补偿。5MJ 迫使我思考自己所拥有的，而不是自己正在追求的。

在回答"我对……充满感激"这一问题时，我建议分四种不同的类别去思考，否则你很容易就会进入"自动驾驶模式"，日复一日地重复同样的答案（如"家人的健康""可爱的狗狗"等）。我当然也曾经这样做过，而这样做是不会帮助你达到目的的。"在下面这四种类别中，你对什么充满感激呢？"我每天早晨在填写 5MJ 的时候都会问自己这个问题，然后为当天挑选 3 个我最喜欢的答案：

➤ 真正帮助过你的一个老朋友，或者你非常珍惜的一个老朋友。

➤ 你今天得到的一个机会。可能是给父母打电话的机会，也可能是工作机会。这里的机会不一定是那种惊天动地的大机遇。

⟫ 昨天发生的一件大事，无论是你经历的还是你看到的。

⟫ 你身边或眼前发生的一件小事。这是托尼·罗宾斯给我的建议。感恩之事不一定总是那些有关个人事业的事或其他抽象的事物。尝试回顾一下那些简单而具体的事物——窗外美丽的云朵、正在喝的咖啡、一直使用的钢笔或者其他任何事物。

我使用的是精装日记本，很方便，在这里推荐给大家。当然，你也可以在自己的笔记本上做这个练习。每月至少回顾一次你在早晨写的这些问题的答案很有意思，也非常有效。

你们学会了吗？我的晨间习惯写在纸上看起来很长，但实际操作起来，很快就可以完成了。

当然，生活中的意外情况有时会打乱计划，我们有时需要在早上处理紧急事务。我每天早上都做这5件事情吗？当然不是，我10天里最多有3天能做完所有这些事。

但你总归能完成其中至少1件事。假如你完成了3件，那么赢得这一天的胜利的机会一定会非常大。

心智训练 101

"相比于达到我们期望的水平，我们更可能会跌至我们训练的水平。"

——阿尔齐洛科斯

最普及的一种练习

我采访过的世界名流中，超过 80% 的人都会进行某种形式的日常静修或心智训练。此类训练的基本目标一般是"培养对内外部环境的觉知意识，达到心静如水的境界"。这种训练适合所有人，包括从阿诺德·施瓦辛格到 Glitch Mob 乐队的贾斯汀·博雷塔，从阿梅莉亚·布恩这样的运动精英到玛利亚·波波娃这样的作家。这是所有这些世界名流最大的共同点。

这是一种"元技能"，可以用于提升其他一切技能的水平。在无紧要之事时（在沙发上坐 10 分钟）练习自己的专注度，以此开启自己的一天，这样你就可以在将来的紧要关头（谈判、与心爱的人深入沟通、做硬举锻炼等）有更高的专注度。

如果你想取得更好的结果，而且不希望因此太过焦虑，不想头脑中反复出现"我本应当那样说或那样做"之类的念头，那么静思冥想也许会对你有所帮助，它可以充当大脑的温水浴。或许你是台征服世界的机器，具有非凡的注意力，但你仍然需要在一天之中留出那么几分钟的时间来冷静一下，然后再去继续全力以赴。

静思冥想让我可以后退几步，站在"旁观者的视角"看问题，这样一来我就可以观察自己的思想，而不是被它所束缚。我可以从"滚筒洗衣机"中走出来，平静地观察里面翻滚的事物。

在醒着的时间里，我们常感到自己仿佛置身于前线的战壕之中，子弹呼啸着从耳边飞过。而经过持续 20 分钟的静思，我可以让自己变成指挥官，从山头俯瞰整个战场。我可以参考全局地图做出明智的战略决策："这些士兵不应当在那里战斗。B 兵团在那个地方做什么？命令他们撤出阵地。我们需要在那个山坡部署更多的兵力。要想取得战役的胜利，我们必须依次这样、这样、这样做。不要管其他所谓的紧急状况，先把这些问题解决掉再说。很好，现在，深呼吸，然后……行动吧。"

选择适合自己的自助餐

如果我只能选择一种锻炼身体的方法，那很可能是利用六边形的杠铃进行硬举锻炼或者是双手甩摆壶铃锻炼法；如果我只能选择一种锻炼心智的方法，那就是 10~20 分钟的静思冥想，至少每天做一次。

事实上，静思冥想有多种形式。但奇怪的是，在接受采访的读者中，更多的男士最终选择的是"超然体验"，而更多的女士最终选择的是"内观"。难以置信吧！目前我两种方法都会用到，比例大致是六四开。当然，每个人都需要找到适合自己的方法。

如何找到最适合你的方法呢？可以试试下面几种辅助工具。每一种工具都曾对我奏效，数千名我的读者和听众也认同它们的有效性。

1. 使用 Headspace 或 Calm 这样的应用软件。Headspace 公司出品的免费软件"Take10"可以在 10 天内每天指导你练习 10 分钟的静思。我的一些嘉宾也会用 Headspace 的软件帮助自己入睡。我的一些媒体行业的听众，比如"商业内幕"网站的创始人里奇·费罗尼，曾经撰写长文，专门陈述这款软件是如何改变他的生活的。阿梅莉亚·布恩除

了 Take10 以外也会用到 Calm，主要根据具体情况或需要。我更喜欢
Take10 的引导人（安迪·普迪库姆），不过 Calm 极具特色的大自然背
景音也有很好的镇静安神的效果。

2. **收听山姆·哈里斯和塔拉·布拉克的静思广播节目。**生活指南网站
BrainPickings.org 的专栏作家玛利亚·波波娃自 2010 年夏天开始每天早
晨都坚持收听同一套节目——塔拉·布拉克的《微笑静思》。

3. **学习超然体验课程（tm.org）。**TM 开办的这个课程大概要花费 1000 美
元或再多一点儿，但它采取的教练负责制让其物有所值。正是这个课
程让我开启了目前已持续两年多的静思冥想练习。不是所有 TM 组织
的活动我都喜欢，但它的训练课程确实实用而高明。里克·鲁宾和蔡
斯·贾维斯在我经历人生低谷时说服我勇敢地面对困难，花钱参加培
训。我很高兴他们给了我这样的建议。由一个教练带来的连续 4 天的
社会压力，正是我持续练习静思冥想，将其培养成习惯的原动力。里
克和蔡斯都曾经中肯地说过："你可以负担得起，它会有效果的。你还
怕失去什么吗？"我在很长一段时间内都是小事聪明、大事糊涂，担
心自己"失去锐气"，认为静思冥想会让我变得丧失进取心或动力。这
是无稽之谈。静思冥想只会帮助你引导你关注那几件最重要的事情，
而不是忙于面面俱到，随时被突然冒出来的目标和假想敌吸引注意。

4. **如果你想尝试以祷告为主的静思冥想，不想学习什么课程，那么你在
早上起来要做的第一件事就是坐下来默默地重复一个双音节单词（我
之前曾用过"na-ture"这个单词），重复 10~20 分钟。**做这种练习时
要保证自己的身体是舒适的，不要盘腿或者像做瑜伽那样弯曲身体。
基本动作就是自然地坐在椅子上，身体坐直，双脚触地，双手放在大
腿上或膝盖上，背部有东西支撑。

5. **尝试一两种陈一鸣提出的练习方法（见后文）。**这些方法简单高效。我
每周都会练习几次，通常是在桑拿房中进行的。

多久能够看到效果？

从宏观上看

至少要做满为期 7 天的一个周期。我不喜欢这么说，但的确时间再短就没有效果了。这其中似乎存在着一种相对与绝对的关系。如果医生给你开了一周的抗生素，而你只服用了 3 天，那你的炎症是不会痊愈的，它会卷土重来，而你又得从头开始服药。我认为静思冥想也是有最小有效剂量的——从时间来看，大约是 7 天。

在你有更多的想法之前先完成 7 次训练。每次 10 分钟就足够了，不要一开始就一气儿练上 30~60 分钟，否则你会半途而废的。一开始先定个小目标，掌控游戏过程，这样才能够胜出。

最近的几项研究表明，累计超过 100 分钟的"静坐"时间似乎足以使人产生明显的心理变化。

令人惊奇的是，对像阿诺德·施瓦辛格这样的一些杰出人士来说，一年时间的勤奋练习似乎就可以让他们将所练习的内容内化为终生的行为规范准则，哪怕从此之后不再进行静思冥想，效果也会一直持续。

从微观上看

在我自己每天 20 分钟的静思练习中，前 15 分钟的时间里我一般都在胡思乱想，只有最后的 5 分钟，我才会真正感受到静思的最大效果。在我看来，这很像举重训练中的失败练习——锻炼的效果往往来自最后几组动作，但你需要做完前面所有的动作才能够达到这一效果。

但是，假如你在 20 分钟的时间里有 19 分半都在想着待办事项、想着过去发生的争执，甚至想着吃喝玩乐，那该怎么办呢？这是否表明你的静思冥想失败了呢？非也。哪怕你只用了 1 秒钟的时间注意自己的思想溜号，并把注意力转回到祷告词（或者其他什么指导语），那这就是一次"成功"的练习。正如塔拉·布拉克向我指出的那样，你训练的能力实质上是把自己的注意力带回到某种事物上的能力。我在静思练习的 99% 的时间里在心猿意马，但剩下的那

1% 才是至关重要的。**如果你对练习效果感到沮丧，那说明你的标准太高或者你练习的时间太长了。**再说一次，坚持 7 天，掌控游戏过程，这样才能够胜出。静思训练的目标不是"肃清思维"——这反而会让你的大脑极度活跃甚至失控；真正的目标是观察自己的思维。如果你的头脑中不断出现某些不着边际的想法，在你意识到之后，你应当对自己说"思考，思考"，然后回归到自己需要关注的事上。

经过了一段时间的持续练习之后，我在一天内的静思冥想成功率达到了30%~50%，而我感受到的压力不到原来的一半。为什么呢？因为我进行了热身练习，让自己能快速地从干扰中解脱回来，这种练习就是晨坐。现在，如果在工作期间我受到了干扰或打扰，我能够更快、更彻底地返回到自己的主要任务中。（一个技术性的建议：谷歌浏览器的 Momentum 插件对保持注意力也非常有用。）

总结

"如果我有 8 小时的时间砍一棵树，我会花费前 6 小时磨利自己的斧子。"

——亚伯拉罕·林肯

磨刀不误砍柴工。

连续练习 7 天的静思，"磨利"自己的心智。

正如里克·鲁宾和蔡斯·贾维斯曾经问过我的："你还怕失去什么呢？"

谷歌公司资深工程师给出的 3 点建议

陈一鸣是谷歌公司的早期开拓者之一，他是一位获奖工程师，也是一位畅销书作家。他是谷歌公司的第 107 位雇员，他针对员工开创了一门以培养专注力为宗旨的情商提升课程。该课程名为"探索内在自我"，报名上课的雇员极多，通常上课时间要排到 6 个月之后。陈一鸣的工作得到了美国前总统卡特、谷歌公司的首席执行官埃里克·施密特的支持。他还是"十亿和平行动"组织的联合主席，该组织在 2015 年获得了诺贝尔和平奖提名。他的著作《当下的幸福》（*Joy on Demand*）是我见过的有关静思冥想的最实用的著作之一。

灵兽：中国龙

陈一鸣登场

如何坚持自己的静思冥想练习，使其变成一种无法抗拒的习惯，达到不用逼迫自己就能主动去做的地步呢？对此我有 3 个建议。

1. 找个同伴

这一点是我从自己的好朋友兼教练诺曼·费希尔那里学到的。我们戏称他为"谷歌公司的方丈禅师"。我们以健身房打了个比方。独自一人去健身房通常是比较困难的，但如果你有个"健身同伴"，答应同你一起去训练的话，那么你就更有可能经常前往健身房。这部分原因在于你有个同伴，部分原因在于这种安排可以帮助你们彼此鼓励、彼此监督（我戏称这种方式是"相互骚扰"）。

因此，我建议你找一个"专注力练习同伴"，承诺彼此每周进行一次 15 分钟左右的谈话，谈话至少要涉及以下两个主题：

- 对于我关于练习的承诺，我兑现得怎么样？
- 生活中发生的哪些事情与我的练习有关？

我还建议用这样一个问题结束一次谈话："这次谈话进行得怎么样？"

我在以培养专注力为宗旨的情商提升课程（"探索内在自我"）中传授了这种方法，发现它的效果非常好。

2. 量力而少行

这一点我是从咏给·明就仁波切那里学到的。他的著作《世界上最快乐的人》是我极力推荐的一本书。量力而少行的意思是说，正规训练的强度不要超出你的能力范围。比方说，如果你可以集中精力静坐 5 分钟，而时间再长的话就会感觉厌烦，那么你练习静坐的时间就不要超过 5 分钟，限制在 3~4 分钟就好，你可以一天做几次。这条原则的主要目的是避免让训练成为负担。假如专注度练习让人感到厌烦，那就很难让人坚持下去了。

我的朋友伊冯·金斯伯格喜欢说的一句话是："静思冥想是一种让人着迷的行为。"我认为她的见解完美诠释了明就仁波切思想的核心要义。不要静坐得太久，导致其成为一种负担。你可以经常坐一坐，但每一次时间短一些，这样专注度练习很快就会让你着迷。

3. 每天做一次深呼吸

我可能是这个世界上最懒惰的专注度教练了，因为我跟我的学员讲，他们只需每天做一次练习专注度的深呼吸，一次就行了。全神贯注地吸气然后呼气，一天的任务就完成了。其他的一切都算是你额外做的。

　　为什么一次深呼吸如此重要？原因有两个：第一个是出于保持动力方面的考虑。如果你承诺的是每天做一次深呼吸，那你可以轻松地完成它，并且可以坚持练习。等到后来你觉得自己可以做得更多的时候，你也能够轻松加量。你可以说自己今天没有 10 分钟的时间来静思冥想，但你不能说自己没有时间呼吸。因此，使其成为每天都做的练习才是最有效的。

　　第二个原因是，产生静思冥想的意愿本身就是一种静思冥想活动。这种呼吸练习能够鼓励你产生每天为自己做些对自己有好处的事情的意愿，并且随着时间的推移，这种面向自我的有意义的活动能够变成一种有价值的思维习惯。当这种意愿变得更强时，专注度练习也就变得更容易了。

　　请记住，朋友们，永远不要低估一次深呼吸的力量。心理健康和当下的幸福都源自于此。

两种我自己最喜欢的练习活动

1. 只关注消失的事物

　　有一种简单的练习可以极大提高你的思维能力，让你注意到消失的痛苦（无论是身体上的、心理上的还是感情上的），当然，这项练习并不仅仅与痛苦有关。

　　我们借助"只关注消失的事物"这一方法来训练思维，以注意到之前经历过的某个事物不再存在了的事实。比方说，在呼吸结束时，注意到呼吸结束了，消失了；随着某种声音逐渐消失，注意到声音结束了，消失了；在某种情感体验——快乐、愤怒、悲伤或其他任何情感——结束时，注意到这种情感体验结束了，消失了。

　　毫无疑问，这项练习是有史以来最重要的静思冥想练习之一。静思冥想大师杨增善法师（Shinzen Young）曾说过，如果只能教授一种专注力技巧，那一定就是这种技巧。下面就是练习"只关注消失的事物"的一些方法，来自杨增善的文章《消失的力量》（*The Power of Gone*）。

无论什么时候，只要是某种感官体验的全部或部分突然消失了，我希望你能立即关注到这件事。我说的"关注"意思是当你发现它从存在的状态转变为至少部分不再存在的状态时，你要明确承认这一点。

如果你希望能够利用某种心理标签来帮助你练习这种关注，那你可以试着在任何此类突然结束的事物上贴上标签，"消失"。

如果在一段时间内没有事物消失，那也没关系，你只需悠闲等待，直到有事物消失。如果你开始担心没有事物结束，那就关注每次这种想法的结束——这也是"消失"。如果你有很多心理语言，那你就有很多心理句点——句号"。"，这同样是"消失"！

关注了又怎么样呢？我们为什么要在乎是否能发现某种突如其来的心理对话，或者某种外部声音，或者某种身体感觉突然消失的时刻呢？

要回答这个问题，我们首先要从一个公认的极端例子开始。

假设你不得不经历某种恐怖的体验，同时还涉及身体疼痛、精神压力、心理混乱和感知迷失，你应当从哪里寻求安全感？向哪里需求安慰？自哪里寻求生活的意义呢？

求助自己的身体是无济于事的，因为身体只剩下疼痛感和恐惧感了；求助自己的心理也无济于事，因为心理只剩下混乱和焦虑了；求助影像和声音也无济于事，因为那里也只剩下混乱和喧嚣了。

在这种极端困境中，是否还有你可以求助的地方，可以让你找到安慰呢？答案是肯定的。

你可以聚精会神地专注于一点，忽略每一种感官上的痛苦。换句话说，你可以改变求助于新事物的出现这一常规习惯，转而求助于刚刚消失的事物，这样你就可以不断得到些许的安慰。

2. 充满爱意的善良和 7 年中最快乐的一天

我在许多公开演讲中都会指导大家做一个 10 秒钟的非常简单的练习。我让每个观众从现场选定两个人，然后让他们在心里默念："我希望这个人快乐，希望那个人也快乐。"就这样。我提醒他们不要做什么也不要说什么，就只是在心里想——这完全是一种思维练习，整个练习只需要 10 秒钟的时间。

　　做完这个练习后的每一个人都面带微笑，变得比 10 秒钟之前更快乐了。这是充满爱意的善良所带来的快乐。事实证明，爱意的给予可以为给予方自身带来爱的回报……在其他所有条件都相同的情况下，要想增加自己的幸福指数，你所需要做的一切就是随机地祝愿别人快乐。就这么简单，基本上不需要花费什么时间和精力。

　　你能够将这种充满爱意的善良推行多远呢？有一次，我在加利福尼亚州一个名叫"灵魂之石"的静修中心举办公开演讲。我像往常一样引导观众做了这个 10 秒钟的练习。当时纯粹为了增加乐趣，我还给他们布置了一项作业。我是在周一晚上进行的演讲。第二天周二是工作日，因此我告诉观众在周二再做这样一个练习：每隔 1 小时随机选定两个经过你办公室的人，私下里祝愿这两个人快乐。你不必做什么或说什么——就只是在心里默念："我祝愿他们快乐。"没人知道你的想法，因此你也就不会感到尴尬，你完全可以在暗中完成这个练习，10 秒钟之后再回到工作中去。这就是我布置的作业。在那一周的星期三上午，我收到了一个陌生人"简"发来的邮件（简大概不是她的真名）。简告诉我说："我讨厌自己的工作，讨厌每天去上班。但我在周一的时候参加了您的演讲，在周二做了您布置的作业。这个周二是这 7 年中我最快乐的一天。"

　　7 年中最快乐的一天！达到这一效果，她付出了多少努力呢？用 10 秒钟的时间默默祝愿另外两个人快乐，按 8 小时的工作时长计算，她一共重复了 8 次，总共用了 80 秒的时间。朋友们，这就是充满爱意的善良所具有的神奇力量。

非正式练习：祝愿随机挑选的人快乐

　　你可以在工作时间或学习时间，随机挑选经过你身边、站在你身边或者坐在你身边的两个人，默默祝他们快乐。你只需要默念："我希望这个人快乐，希望那个人快乐。"这就是全部的练习内容了。不用做任何事情，也不用说任何事情，只需要在心里默念。这是一种纯粹的思维练习。

如果你愿意，你可以在一天的任何时间进行任意时长的该练习。你也可以在任何其他的场合进行练习。如果你身边恰好没有人，你还可以在头脑中想着某人进行这一练习。

正式练习：专注于充满爱意的善良所带来的快乐

随便以哪种姿势坐着，让自己既专注又放松，按照你自己的理解来就可以。你可以睁着眼睛，也可以闭着眼睛。

每分钟重复一次下面的动作：让自己想到一个你很自然会对其充满爱意的善良的人，祝愿此人幸福快乐。此时，你可能就会感受到充满爱意的善良所带来的快乐。如果你感受到了，那就专注于这种快乐，直到它逐渐消失。在这一分钟剩下的时间里，让大脑休息一下。

在下一分钟开始时，重复这一过程，一共重复 3 次，时长 3 分钟。

你自己想做多久就做多久，不必非要坚持一分钟一次；在两次练习之间，你可以随意放松自己的大脑。时间并不重要，关键是你要切实地关注充满爱意的善良所带来的快乐。

> **作者**：我习惯在晚上做一次 3~5 分钟的练习，心中想着 3 个我希望他们快乐的人，通常包括两个眼前的朋友和一个多年未见的老友。我在巴黎撰写本书期间，在仅仅做了三个晚上的这个练习之后，我就发现自己整天在想："我为什么这么快乐呢？"我想它之所以这么有效，部分原因在于，静思冥想通常是一种高度以"自我"为中心的活动，你很容易就会陷入思考自我的漩涡之中。而这个"充满爱意的善良"练习则与之相反，它可以让你完全摆脱自我——对我来说，这种练习迅速解决了我至少 90% 的心理问题。

萨默教练——单一决策

我们都会产生沮丧的情绪。

当我在练习了几周新的运动项目却几乎看不到任何进步的时候，我就特别容易感到气馁。

尽管萨默教练经常提醒大家，经过几周的"劈叉拉伸"练习之后，结缔组织大约需要 200~210 天的时间才能适应，但我依然无法让自己乐观起来。在第三次练习之后，我甚至在训练日志中将这个练习改名为"笨蛙动作"，因为我在做这个练习时就像是一只被电死的青蛙。

每周我都会把自己的训练录像发给萨默教练。在有一次随录像发送过去的邮件中，我表达了自己对自己的失望，因为我没有取得任何明显的进步。下面是他回复的邮件，当时我在读过后立即将其存入我的笔记管理软件 Evernote 中，以便随时找出来复习。

这封邮件中的所有内容都很棒，我把其中自己最喜欢的部分进行了加粗处理。

你好，蒂姆：

你一定要有耐心，现在就指望自己能增加力量还为时太早。通过训练实现力量的增加至少需要 6 个星期。在这之前，任何你感觉到的力量增加都只是突触易化改善后的结果。也就是说，中枢神经系统只不过是在练习某一动作时变得效率更高了一些而已，但这不能与实际力量的增加混为一谈。

应对没有取得进步而带来的暂时性挫折是通往成功之路的必然组成部分。事实上，这也是每一个体育精英必须要学会应对的事情。如果成功唾手可得，那所有人都可以成功了。事实上，对待挫折缺乏耐心是大多数人无法实现自己目标的主要原因。时间方面的不理性期望会导致不必要的沮丧，因为这会让你产生失败的体验。而取得非凡的成功显然并非一帆风顺。

成功的秘诀在于参加训练，完成训练，然后回家。

每天坚持重复的训练内容与百折不挠的坚定意志——你需要的就是这两样。没有什么事物能够干扰你，没有什么事物能够让你偏离目标。一旦你做出决定，就要拒绝让步、拒绝妥协。

请记住，高质量的长期效果需要高质量的长期专注。在这期间你不能感情用事，不能找借口，不要因为途中的小挫折就妄自菲薄，要学会享受和欣赏这一过程——最后一点尤其重要，因为与最终短暂的成功时刻相比，你更多的时间是花在实际训练的过程中的。

取得成功时当然要庆祝，但更重要的是要在遭遇失败时从中有所收获。事实上，如果你没有经常性地遭遇失败，那就表明你的努力程度不够。一定要断然拒绝接受低于自己能达到的最佳水平的成绩。

规划一个时间表，用它帮助你实现目标。

如果你希望达成的是一个长期目标，而不是一系列中期的小目标，那么你需要做的和需要坚持下来的决定就只有一个。这个决定一定要清晰、简洁、直奔主题，能让你更容易地继续进行下去，而不是在过程中还要让你针对各种问题做出一个接一个的小决定，后者会带来很多的不确定性，可能会让你在无意中偏离选定的目标。"唯一的决定"是最有效的工具之一。

2
财富

如果你定下的目标高得离谱，然后你失败了，那么你的失败也将高于别人的成功。

——詹姆斯·卡梅隆，著名美国导演

如果你发现自己在进行一场公平的战斗，那你的目标就定得太低了。

——大卫·哈克沃斯上校

事不关己，高高挂起。

——波兰谚语

"成功可能是因为运气好，
　但它绝非偶然。"

克里斯·萨卡
CHRIS SACCA

　　克里斯·萨卡是十几家知名国际企业的早期投资人，其中包括推特、优步、照片分享平台 Instagram、众筹网站 Kickstarter 和电信服务公司 Twilio。他是《福布斯》杂志 2015 年公布的全球最佳创投人榜那一期的封面人物，原因在于他进行了可能是史上最成功的风险投资——Lowercase Capital 投资公司的一期投资。克里斯之前担任过谷歌公司特别计划的项目负责人，现在他在美国广播公司的电视节目《鲨鱼坦克》中担当客串嘉宾。

> 灵兽：动物形状的脆饼干

相关信息

　　≫ 我第一次见到克里斯是在 2008 年凯文·罗斯组织的一次烧烤聚会上。以前，我一直害怕游泳，生怕被淹死。喝酒的时候，克里斯对我说：

"我可以解决你的问题。"他向我介绍了特里·劳克林的完全沉浸式游泳训练法。在不到 10 天的单独训练中,我从原来最多游(25 米长的泳池的)两个来回进步到一次游 40 多个来回,而且能重复 2~4 次,这令我十分兴奋。现在,我游泳就是为了开心。

≫ 克里斯是在初创企业投资方面不吝于对我倾囊相授的人之一。(其他几位是纳瓦尔·拉威康特、凯文·罗斯和带我入门的迈克·麦普斯。)

≫ 克里斯在参加我的播客节目时提到了几本书,其中包括巴克敏斯特·富勒所著的《我似乎是个动词》。节目播出后 48 小时,亚马逊网站上这本旧书的销售额达到了 999 美元。

进攻还是防守?

尽管人们通常称克里斯为"硅谷投资人",但 2007 年之后,他就不再在旧金山居住了,而是在特拉基市郊区买了个小屋,搬到了这个适合滑雪和徒步旅行的乡村。这里可不是什么高新技术的温床。当时克里斯还没有在投资游戏中真正赚到钱,但他买下这个可以用来隐居的小屋自有道理:

"我希望能够专注于自己的事业,希望有时间静下心来学习自己想学的东西,积累一些自己想要积累的东西,切实发展自己希望发展的关系,而不是整天一杯接一杯地喝咖啡。"

作者:他不再觉得自己必须去参加一些自己不想参加的会议,也不再去那些他没有兴趣却不得不一大早就要赶赴的咖啡店合作洽谈和持续到深更半夜的社交晚宴。相反,克里斯现在会邀请一些特定的公司创始人来他的"茅舍"和"澡盆"(室外的热水浴缸)度周末。

他认为这间小屋是自己最成功的投资:

"每个人都喜欢来到山里。几年以来,这幢山间小屋帮助我建立了持久稳定的人际关系,其中一些人促使我完成了对优步、推特等公司的投资,还有一位精通健身和烧烤的畅销书作家到我这里来拜访过几次。我借钱建了这所带三个卧室的房子，结果是结交了一批令我受益终身的朋友，我的生意因此也做得相当成功。这是我做过的最合算的一笔买卖。"

克里斯继续说道："通常来说，这一切都取决于你是想进攻还是想防守。我想，当你审视生活中的挑战时，你需要想的应该是：哪些是你为你自己打算的，哪些是你为了取悦他人才做的？你的收件箱就是一个待办事项清单，而世界上的任何一个人都能够向其中添加某个待办事项。我需要摆脱这个收件箱，回归到专属于我的待办事项中去。"

尽可能多地参加高水平会议

蒂姆："在竞争激烈的科技创业公司之中，你是如何尽可能地提升自我的？"

克里斯："参加你能够参加的所有会议，即使你没有收到邀请；并且要设法能让自己帮得上忙。如果人们想知道你为何来参加会议，你就说你是负责做记录的就好。查看你能在公司中找到的所有会议记录，大致了解你那有限的工作岗位可能无法提供给你的信息。通过这种做法让自己变得有用处，能够帮得上忙。在各种不同的工作环境中，这种做法对我来说都很奏效，因此我鼓励你们也尝试一下。"

作者：克里斯在谷歌公司以"可能出现在任何会议上"而闻名，包括只有合伙创始人参加的会议。即使参会人员彼此对视、不知道他为何来到会场，他也会坐下来，告诉他们自己是来给他们做会议记录的。这一招很奏效。他在谷歌公司召开的最高层会议中得到了一个前排座位，并且不久就成了这些会议中的固定一员。

标志性的牛仔衬衫

大家都知道克里斯喜欢穿有些滑稽的牛仔衬衫，这些衬衫成了他的标志性风格。下面这些信息来自亚历克斯·康拉德为《福布斯》杂志撰写的一篇有关克里斯的文章："史蒂夫·乔布斯的标志是黑色的套头衫，克里斯·萨卡的标志则是刺绣牛仔衬衫。他第一次买这种衬衫，源于在演讲途中经过里诺机场时的一次冲动购物，而观众的反应促使他在返程途中买下了那家商店一半的衬衫。"

衬衫看起来是小事一件，但克里斯很早就意识到，作为一名成功的投资人，你不仅要知道应该向哪些公司投资，还要确保这些公司的创始人知道你是谁。如果单凭一件衬衫就能引发媒体的大肆报道，而且无损你的形象，那何乐而不为呢？最重要的是："这节省了我大量的时间，我不用再考虑穿什么衣服，同时也节省了我大量的资金，避免了我把钱浪费在正装上。"

"今晚，我就可以睡在床上了"

2009年，克里斯同德国普德男装团队一起参加了一次自行车长距离骑行慈善活动——他需要从加利福尼亚州的圣巴巴拉一直骑到南卡罗来纳州的查尔斯顿。

"在很长一段时间内，我都在脑子里不断重复一句话——'今晚，我就可以睡在床上了。今晚，我就可以睡在床上了。今晚，我就可以睡在床上了'……我重复这句话是为了提醒自己，我所经历的痛苦只是暂时的，不管多么艰苦，在这一天结束时，我总归能回家睡在自己的床上。"

不忘初心

"经验常常会阻止你在最开始的时候质疑那些需要质疑的假设。如果你对某个领域有丰富的经验，那你可能就注意不到关于这个领域的一些新事物，注意不到需要修正的怪异之处，注意不到哪里有空白需要填补，哪里有欠缺需要弥补，或者哪些方面没有发挥出它的实际作用。"

> **作者：**就像马尔科姆·格拉德威尔的父亲和亚历克斯·布隆伯格一样，克里斯也非常善于提出隐藏在众目睽睽之下的"愚蠢问题"。

富有同理心

"作为创始人，作为企业家，如果你对你的受众丝毫不熟悉，无法通过他们的眼睛来想象这个世界，那你又要如何为他们创造新事物呢？"

苦乐参半的暑假

"我父母曾做过一件十分特别的事情，我和哥哥称之为'苦乐参半的暑假'。在暑假的前半期，我父母会把我们送到家里的一个亲戚或朋友那里，跟着他们实习。他们的工作通常比较有趣。因此，在我 12 岁那年，我跟着我的表哥实习，他在华盛顿特区做说客，而我跟着他一起去游说议员。我当时只有一条领带，但是非常擅长写作。我的工作是为我们需要宣传的这些议案起草一份大约 1 页的摘要，并且要真的跟那些议员坐在一起，实地参与整个游说过程。这感觉棒极了，我学到了很多，变得更自信了，也极大地锻炼了自己讲故事的技巧。

"但之后，离开那里回到家，我不得不在一家建筑公司做又脏又累的实习工作，我的工作包括，冲洗用来处理污水系统的设备、用气体处理粪便、在工厂周围捡拾粪便以及给丙烷罐充气等工作。在那些日子里，由于我是个新来的小菜鸟，因此随便哪个工人，只要心情不爽都可以给我来上一脚。现在想来那应当是我父母的整个'阴谋'中的一部分：外面的世界中有大量绝佳的机会在等待着你，但他们想让我领会的不仅是职业道德，他们对我的训斥和要求就是为了让我将来不至于沦落到做此类工作的境地……"

蒂姆："你被介绍给表哥参与游说工作是你父母的功劳，那后面那份艰苦的工作也是你父母给你介绍的吗？"

克里斯："那家建筑公司的负责人是我老爹的铁哥们。当时，他接到严格的指令，一定要让我在他那里度过最艰巨的一天。"

"精彩的故事总是胜过完美的数据表格"

"无论你是在募集资金、向顾客推销产品、出售公司还是招募员工，你永远不要忘记：除去所有数字运算和工商管理学方面的（扯淡的）谈判技巧之外，我们仍然是情感动物，希望把自己同某个故事联系起来。我们不会因为数学等式而采取行动，而是会追寻符合自己信念的事物。我们会支持那些激发我们情感共鸣的领导者。在企业创办的初期阶段，如果你发现有人在深入研究各种数字，那就意味着这些人并不在乎你。"

"做与众不同的自我"

"几年前我在明尼苏达州卡尔森管理学院做过一次毕业演讲，演讲的核心内容就是做特立独行的自我。我认为当今社会最欠缺的事物之一就是本真性。"

以下是从演讲中节选出来的内容："与众不同是我们喜欢我们的朋友的原因……与众不同将我们与同事们团结在一起，与众不同将我们凸显出来，让我们应聘成功。要做与众不同的自己。事实上，与众不同还可以帮你找到最终的幸福。"

蒂姆：举个例子来说——乌鱼假发。

克里斯："如果你能带去一件让晚会变得美妙绝伦的东西，那一定是假发，真的！马上到亚马逊网站上订购 50 个乌鱼假发吧，它们会让一切变得与众不同。"

马克·安德森
MARC ANDREESSEN

马克·安德森是硅谷的传奇人物，他的发明改变了世界。在最核心的技术领域，你很难找到比他更有魅力的偶像了。马克与人合作共同开发了极具影响力的 Mosaic 浏览器，这是第一个被广泛使用的能够显示图片的网页浏览器。他与其他人合作创办了 Netscape（网景公司），后来该公司被 AOL 网络服务公司以 42 亿美元收购。他还与合作伙伴合作创办了 Loudcloud 云计算公司，后来以 Opsware 公司的名义以 16 亿美元的价格卖给了惠普公司。马克被认为是现代互联网的创始人之一，与其并驾齐驱的还有蒂姆·伯纳斯－李这样的先驱人物，后者开发了统一资源定位码（URL）、超文本传输协议（HTTP）以及早期的超文本标记语言标准（HTML）。

马克是这个世界少数几个既开发了用户人数超过 10 亿的各种软件，又创建了多个价值超过 10 亿美元的公司的佼佼者。现在，马克是安德森·霍洛维茨风投公司（Andreessen Horowitz）的联合创始人兼普通合伙人。他已经成为这个世界上最有影响力的技术投资人之一了。

"提高价格"

这是马克对"如果你手边就有一块布告板，你会在上面写些什么内容"这个问题的回答。另外，他还提到他会把它放置在旧金山市中心。原因如下：

"很多公司真正需要解决的首要问题是他们对自己产品的定价不够高。这已经成了硅谷的惯例，即认为公司的成功之道在于尽可能把产品价格定得低一些，其依据是如果产品的价格足够低，人人都能买得起，那么你就可以走流量了。"马克接着说道："但是，我们一再发现人们这样做然后失败了，因为他们陷入了一个名为'饥不欲食'的困境——因为产品定价过低，他们支付不起所需的销售和营销费用，从而无法促使每个人都购买这种产品。假如人们不愿意为你的产品多付钱，那么你的产品还有什么利润可言？"

不要沉溺于失败之中

"我是一个守旧的人，在我的家乡，人人都喜欢成功，不喜欢失败。在我作为创始人第一次创业时，还没有'转换轨道'（pivot）这个词。我们对于这种状况找不到一个好听的说法来形容，而是直接称之为'一塌糊涂'。

"而今我们会经常看到一些公司在试图'转换轨道'，它们总是在尝试新事物。这就好比是看着一只兔子在迷宫中穿梭。这些公司从没专注做过任何事情，因为它们从没有花时间认真研究并解决问题。"

（参见后文彼得·蒂尔有关失败的思想。）

"夜间爱好"测试

马克是如何寻找新机会的呢？他有许多方法，但其中一种启发法很容易就能做到：

"我们称这个测试为'技术工作者在夜间和周末做什么？'他们白天在甲骨文（Oracle）公司、软件营销部队公司、奥多比（Adobe）公司、苹果公司、英特尔公司或者它们的分公司上班，或者在保险公司、银行上班。他们可能从事各种各样的工作，这都无所谓。他们的共同点是，他们从事这些工作都是为了谋生。问题的关键是：他们的爱好是什么？他们在夜间或周末做什么？这些事情才是真正重要的。"

进行压力测试

"我们每一个普通合伙人都能够发起某种交易，无须经过投票表决，也无须得到一致同意。假如与此项交易关系最紧密的某个人对这项交易充满热情，态度非常肯定，那么我们就进行这项投资，即使其他所有人都认为这很愚蠢……不过，在进行投资之前，他们必须通过压力测试。如果有必要，我们会创建一只'红队'，即组建一只属于反对方的团队，与其展开辩论。"

作者：有时候，新入职者比那些老资格的前辈更容易遭到抨击。为了避免这一潜在偏见，马克同自己的合伙创始人本·霍洛维茨以身作则立下了一条规矩：要不留情面地互相攻击。"只要本提出一种想法，我就把它批得体无完肤。有时我会认为这是我有史以来听到的最棒的想法，但我还是会对其狂轰滥炸，并试图让其他所有人都加入这场辩论。然后，在辩论结束时，假如他还在敲着桌子高声叫嚷着：'不对，你们说的不对！这件事……'那时我们就会说我们一致同意，我们支持你的提议……这是一种'虽不同意但仍会执行'的文化。顺便提一句，本也会这样对待我。这真是一种痛苦的测试。"

作者：在生活中，你能够在哪些领域创建"红队"，对你最重视的想法进行压力测试呢？（参见后文萨米·卡姆卡尔、斯坦利·麦克克里斯托和约克·威林克。）

永远向前一步

我让下面的对话来证明这一观点吧。这种思想非常符合我之前在我的博客中（fourhourblog.com）写的那篇文章《21 天不抱怨》：

蒂姆："你会给那个 20 多岁在网景公司工作的马克什么建议呢？"

马克："我从没想过这个问题，我不善于反思。我永远不会回答的问题是'假如你事先知道了结果，你会采取什么样的不同的做法呢？'我永远不会做这种假设，因为你无法事先知道会发生什么。

"不知道你是否曾经读过知名的犯罪小说家罗伯特·克莱斯创作的爱维斯·柯尔系列小说——爱维斯·柯尔是那种具有后现代特点的私人侦探，住在洛杉矶。这些小说很精彩。柯尔有个搭档，名叫乔·派克。他是我非常喜欢的小说人物，可能是最喜欢的一个。他曾经是海军陆战队武装侦察分队的成员，很像你的朋友约克。在这一系列小说中，乔·派克每天都穿着同样的服装：牛仔裤，剪掉袖子的运动衫，还戴着一副飞行员墨镜。他的三角肌上有一个鲜红色的箭头文身，指向前方。可以这么说，他的一生都在'向前'。"

蒂姆："所以这就是你的感受？"

马克："'向前'表示，我们不会停止，不会放慢脚步，不会回顾昔日的决定，不会事后诸葛亮。所以，说句实话，对那个问题我不知道该如何回答。"

蒂姆："我想你刚才已经回答了。"

马克："好吧，随你怎么说。请继续。"

"信念要坚定，执行要灵活"

在很长一段时间里，上面这句话一直写在马克的推特简介里。我请他解释了一下这句话的意思：

"大多数人在生活中从没有对某个事物抱有过坚定的信念，他们只是随波逐流，认同大家的意见。无论是作为创始人还是投资人，我认为你应当去追寻那些与传统看法或大众观点大相径庭的观念……如果你要创办一家公司，或者进行一项投资，那你最好要有坚定的信念，因为你是在用自己的时间或金钱或者二者一起进行一场豪赌。但是，如果环境发生了变化该怎么办？如果发生了意外该怎么办？"

> **作者：**最后一句就是"执行要灵活"的原因所在。世界上有很多人都讨厌改变自己的想法，但是面对新的信息，你需要有能力对此做出调整。本书中我的许多朋友都会针对某一话题把你驳斥得体无完肤，或者让共同进餐的你紧张得手足无措。但是，一旦你能够援引能支持你的来源确凿的信息或者找到更合理的阐述逻辑，他们就会坦诚地让步，甚至可能会说："你说的完全正确，我从没有想到这一点。"

生活中的两条原则

我和马克都是史蒂夫·马丁的自传《天生喜剧人》（*A Comic's Life*）的超级书迷。马克强调了书中的一句话：

"他说成功的关键是'完善自我，做到最好，让人们无法忽视你'。"

> **作者：**马克还有另外一条指导原则："聪明人应当创造事物"。他说："不知道你是否恰好掌握了这两条原则——这是确定你人生方向的一种非常好的方法。"

理想的一天是什么样的？

"完美的一天是用 10 小时来喝咖啡，投入工作，用 4 小时来喝酒，娱乐或休息。这就是完美的平衡。"

作者：这是马克用开玩笑的语气说的，但它与我在关键时刻的应对方法非常类似。我喜欢在交稿最后期限的当晚服用"硅谷强效兴奋剂"——把 Cruz de Malta 巴拉圭茶和 2~3 杯马尔贝克红葡萄酒结合起来饮用，不是混合饮用，而是交替饮用。我会用一根传统的巴拉圭吸管小口喝茶，一喝就是几小时，期间每隔 5~10 分钟再喝上一大口葡萄酒。（专业提示：喝上 3 杯之后，你的写作也并不会有任何起色。）

不要高估神坛上的人物

"通过研究昔日那些发明家的思想以及他们的真实生活面貌，我们就会意识到他们与我们没有太大差别。他们当年开始创业时，跟你我几乎没什么两样……因此没有什么能够阻止我们做到同样的事情。"

作者：马克和 Airbnb 的首席执行官布莱恩·切斯基都曾经阅读并推荐过尼尔·盖布勒为沃特·迪斯尼撰写的传记。马克还在我们的谈话中提到了史蒂夫·乔布斯的一段话，我将其完整地抄录在下面。这段话录制于 1995 年由圣克拉拉谷历史协会举办的一次访谈节目，当时乔布斯还在 NeXT 计算机公司工作。

"一旦你发现了这一简单的事实——你所谓的'生活'，你身边的所有事物，都是由那些并不比你聪明多少的人虚构出来的，那么你的生活就会变得宽广许多。你可以改变它，影响它，创造属于自己的东西，让他人来使用。一旦你了解到了这一点，你将从此变得与众不同。"

反向思维

除了研究他在科技领域和创投领域的竞争者之外，马克还会研究身在对立一方的价值型投资人，比如沃伦·巴菲特和塞思·卡拉曼。这并不是因为他们也会投资同类型的公司，而是因为他们的做法同样体现着投资领域的首要原则。

蒂姆："（开玩笑的口吻）你会投资喜诗糖果公司（巴菲特投资的一家公司）吗？"

马克："不会，绝对不会。而且每当我听到类似喜诗糖果公司的事情时，我都想找一家新的超级食品糖果公司，证明他们的做法是完全错误的。从这个意义上讲，我们跟他们完全相反。从本质上说，巴菲特是在赌变化不会发生，而我们是在赌变化会发生。当他犯错误时，他犯错的原因是他没有预料到事情会发生变化；当我们犯错误时，我们犯错的原因是事情的变化超出了我们的预期。在这一点上，我们与他们完全不同。但我们两派之间的共同点是，我们的视角是一致的。也就是说，我们都认为，能够从与大众的说法或想法相反的方向来看待事物极为重要。"

长久的目标

在我们俩有机会面对面交谈之前的很长一段时间里，我都在关注马克的推特。他在推特上发布的以下一些观点，我非常赞同，其中许多内容与上面提到的观点有关。

- 我的目标不是昙花一现，而是经久不衰。它们是不一样的。
- 要想从事开创性工作，你没有必要掌握其他人都不知道的技能，而是应当相信其他人很少相信的事物。
- 安迪·格鲁夫找到了答案：对于每一种度量标准来说，一定会有另外一种"与之配对的"标准可以用来处理不符合第一种度量标准的情况。

- 如果你告诉我一家当前无法适应变化的大公司的名字，我就可以告诉你那些因为完成了季度和年度目标而获得巨额现金奖励的高管的名字。
- 每一位亿万富翁都面临着一个同样的问题：他们周围没人会跟他们说，"喂，你刚才那个愚蠢的想法真的是蠢到家了！"
- 彼得·林奇曾经说过："投资人浪费在预期修正带来的效果上的资金远远高于公司用在修正行为本身上的资金。"

阿诺德·施瓦辛格
ARNOLD SCHWARZENEGGER

阿诺德·施瓦辛格于 1947 年出生于奥地利的小镇塔尔。20 岁时，他在健美运动领域独领风骚，成为赢得"环球先生"称号的最年轻的运动员。在把目光瞄准好莱坞之后，他于 1968 年移民美国，并且赢得了 5 次"环球先生"称号和 7 次"奥林匹亚先生"称号。之后，他退出健美运动领域，致力于发展演艺事业。施瓦辛格在饰演自己的第一个角色时使用了艺名"阿诺德·斯特朗"。1982 年，他凭借影片《野蛮人柯南》一举成名。迄今为止，他出演的电影在全球范围创造的总收入超过了 30 亿美元。

2003 年到 2010 年，施瓦辛格出任美国加利福尼亚州第 38 任州长，孜孜不倦地为加州人民服务。值得一提的是，在施瓦辛格的领导下，加利福尼亚州在再生能源开发、利用 2006 年的《全球变暖解决方案法案》应对气候变化方面走在世界前列。他也成为几十年来第一位投资加利福尼亚州重要基础设施重建的州长。他推出了自己的"战略发展计划"，并着手进行高效的政治改革，设立了独立的选区划分委员会，终止了有着上百年历史的为政党利益改划选区的做法。他创立了公办初选制度，让政治领导人更接近选举中心。

施瓦辛格目前担任"明日之星"基金会主席，该基金会启动了一个全美性的课外学习项目。他通过南加州大学"施瓦辛格与全球政策研究所"继续自己的政策工作。该研究所旨在推行其"超越党派偏见"的观点，呼吁领导人将人民利益置于党派之上，通力合作，找到最好的思想和方法，造福他们所服务的人民。

幕后故事

>>> 施瓦辛格非常喜欢国际象棋，他每天都下。他会轮流和不同的对手下，并用年度记分卡记录比分。年底时，他的记分卡上可能会有上千场比赛的比分记录。他最喜欢的一部纪录片是《布鲁克林城堡》，这部影片讲述的是贫民区学校中孩子们下国际象棋的故事。

>>> 第一次见施瓦辛格的时候，我们俩坐在他家的餐桌旁，当时我不知道应该如何称呼他，于是就惶恐地请教他。他回答说："你喜欢怎么称呼我就怎么称呼我，你可以叫我明星州长、州长、肌肉男、阿诺德，什么都可以，但我想'阿诺德'就挺好。"

>>> 我使用手持式录音机作为主要录音设备，我们第一次做访谈时，我还使用了一套备用设备。施瓦辛格问道："这是用来做什么的？"我回答说："备用的，防止主录设备出现故障。"他听后点了点头，然后看了一眼他坐在屋内的团队。看来，采用备用录音设备给他留下了很好的印象。卡尔·福斯曼用同样的办法赢得了理查德·布兰森的好感，因为没有哪个大忙人想看到自己拿出1~3个小时的时间接受采访，结果采访内容因设备损坏而永远无法播出这件事发生。

"我不是去参加比赛的，我是去赢得比赛的。"

采访时，我拿出一张施瓦辛格19岁时的照片，这张照片刚好拍摄于他赢得自己第一个重要比赛"青年组欧洲先生"之前。我问道："同其他选手相比，你脸上的表情非常自信。这种自信来自哪里？"

他回答说："我的自信来自我的理想……**我坚信，如果你有一个非常明确的目标，知道自己前进的方向，那么剩下的工作就非常简单。**因为你心中清楚自己为什么每天训练 5 小时，清楚自己为什么在忍受伤痛，为什么必须增加饮食摄入量，为什么必须努力奋斗，为什么必须更加自律……我认为自己能够赢得比赛，这就是我当时参赛的目标。**我不是去那里参加比赛的，我是去赢得比赛的。**"

欧洲风格的泥瓦匠

1971 年，施瓦辛格与自己最好的朋友弗朗哥·哥伦布创办了一家砌砖公司。弗朗哥是意大利的举重、拳击和健美冠军，曾经在德国生活过。当时，任何"欧洲范儿"的事物（比如风行一时的瑞典式按摩）都被认为是具有异国情调的、更好的。因此他俩在《洛杉矶时报》上登出广告，招募"欧洲泥瓦匠、砖瓦工和大理石工人"，并宣称可以"建造欧式风格的烟囱和壁炉"。

"弗朗哥唱白脸，我唱红脸。我们会一起前往客户家中，对方会说：'过来看一下我的露台，全是裂缝。你们能建一个新的吗？'我说：'没问题。'然后我们就跑出去取卷尺来量尺寸。但那是一把带厘米刻度的卷尺。当时根本没有人用厘米来量物体的长度。我俩拿着那把卷尺开始装模作样地丈量。我会说：'4 米外加 82 厘米。'而人们根本不知道我们在讲些什么。我们根据丈量结果计算美元、数量、平方厘米和平方米。然后我就走到房主跟前对他说：'一共需要 5000 美元。'客户当然会很吃惊，然后说：'5000 美元？太离谱了吧！'我就说：'那你想出多钱？'他会说：'我原来想的是 2000~3000 美元。'我对他说：'这样，我同我的同事商量下，因为他才是泥瓦工方面的专家，但我会尽量为你把价格压低一些的。让我试试看。'说完我就来到弗朗哥面前，我俩便开始用德语"争吵"。"争吵"会持续很久，他还会用意大利语冲着我大声叫嚷。之后，他会突然安静下来，此时我就走到房东跟前，说道：'嗯，好了，解决了。他说最低能降到 3800 美元。你能接受这个价格吗？'

他会说：'太谢谢你了！我觉得你真是一个大好人！'他还会絮絮叨叨说些诸如此类的感激的话。我会对他说：'现在马上给我们一半的钱，我们这就去买水泥、砖头和其他所需的材料。星期一就开工。'此时房主一般会欣喜若狂地把钱给我们。我们会马上前往银行，兑现支票。我们必须确保这笔钱是可以兑现的。然后我们就前去弄来水泥、独轮车以及所需的一切材料，开始工作。我们就这样工作了两年，非常成功。"

> **作者：**用德语"争吵"那部分非常有趣，值得一听。包括我自己在内，大多数人都没有听施瓦辛格讲过自己的母语德语，更别说用德语骂人了。

"你的膝关节受过伤吗？"

"刚到美国开始参加比赛时，我会对对手这样说：'我问你，你的膝关节是否受过伤或者有过类似的伤病？'而他们会看着我说：'没有啊！为什么这么问？我根本没有膝伤……我的膝关节很健康。你为什么这么问？'我就说：'哦，是这样的，因为你的大腿看起来比我的细一些。我想你或许无法深蹲，或者可能在腿部伸展方面有问题。'然后，在接下来两个小时的时间里，我就在健身房观察此人，我会看到他不断地到镜子前察看自己的大腿……人们对自己的身体弱点是敏感的，而你在参加比赛时可以利用这一点，比如问一下人们是否曾经生过病，因为他们看起来有些瘦弱，或者问他们：'你最近是否吃过腌制食品？因为你看起来有些水潴留的症状，你的肌肉线条似乎没有一周前看起来那么发达。'采用这种方法，能让你的对手心生错觉，削弱他们对于身体的自信，从而帮助你赢得比赛。"

在成为影星之前，施瓦辛格是如何成为百万富翁的

"（年轻时）我没想过要靠演电影来谋生。这就是我当时的想法，因为当时我发现，那些在健身房训练的人以及那些我在演员培训班遇到的人都非常寒酸，他们手里没钱，只能是别人给他们什么他们就接受什么，因为这就是他们的生活方式。我不想步他们的后尘。我认为如果我擅长房地产领域的工作，那我就应该把自己在健美、培训班和销售自己的培训课程等方面赚到的少量资金节省下来，投入到公寓楼中。20 世纪 70 年代，我意识到通货膨胀率非常高，因此房地产这种投资是稳赚不赔的。在一年的时间内，我花 50 万美元买到的楼房可以增值到 80 万美元，而我可以只付出 10 万美元的定金，就赚到 300% 的利润……于是我迅速开发并出售了自己投资的楼房，然后在圣塔莫尼卡市的主要街道附近买下更多的公寓楼和办公楼……（在那神奇的 10 年间，）我赚到了很多钱，通过房地产投资成为百万富翁。这一切都发生在我的演艺生涯取得成功之前，也就是拍摄《野蛮人柯南》之前。"

作者：这让我想起了我最喜欢的一句谈判名言："在谈判中，谁最不在乎，谁就会最终获胜。"施瓦辛格可以不用为了糊口接各种零碎而无益的工作，是因为他从自己的房地产投资中赚到了足够的钱。与此类似的是，施瓦辛格会拍电影或演电影，但他不会投资电影。他主要投资房地产，以此抵消自己的演艺事业中潜在的不稳定性。我现在也在采用类似的方法以获取稳定的收益，我的投资主要侧重于两个方面：初创技术企业（波动性极大）和房地产（稳定性强）。如果有必要，我愿意永远这样做。

从不试镜，只做独一无二的自己

"我从来没有试过镜，从没有过。我从没有想过要饰演普通的角色，因

为我的长相跟普通人不一样，因此我总是这样想：每个人都想成为加利福尼亚州的金发美男子，都想到好莱坞试镜，看起来身材匀称、帅气可爱，等等，而我怎么才能够打造出自己与众不同、独一无二的特色呢？……当然，当时一些反对我的人是这样说的：'你知道那个（适合健美者的）时代已经过去了，那是20年前的事了。你看起来块头太大，太野蛮，肌肉太发达，你在电影行业没机会了。'当时的好莱坞制片人在我一开始进入演艺行业时就是这样对我说的，我当时的经纪人和负责人也是这样说的：'我觉得你是不会成功的……现在的明星是达斯汀·霍夫曼、阿尔·帕西诺、伍迪·艾伦，他们都是些小巧可爱的演员，是当前的性感象征。再看看你，体重差不多110公斤。适合你的那个时代已经结束了。'但我坚定地认为那个时代还会回来，还会有人喜欢……（最终，）我的经纪人、负责人和好莱坞制片人口中的所有那些不利因素都变成了我的优势，我的演艺事业也开始快速发展起来。"

> **作者：** 施瓦辛格能够把自己最大的"缺点"变成自己最大的优点，部分原因在于他能够等待时机，而非急于改变自我。他给我们讲了拍摄《终结者》时的一件趣事，很能说明问题："詹姆斯·卡梅隆曾说过，如果他们当初没有找到施瓦辛格，他们就不可能拍摄那部影片，因为只有这个人看起来像是一台机器。"

施瓦辛格个人最赚钱的一部电影是……《龙兄鼠弟》？

"之所以拍摄《龙兄鼠弟》，是因为我坚信自己有着非常幽默的一面，如果人们有足够的耐心，愿意跟我合作，为我拍摄一部喜剧片，那么他们就能够让我展现出这种幽默。"

施瓦辛格非常喜欢《捉鬼敢死队》，于是他一直缠着导演伊万·雷特曼。大多数人认为施瓦辛格拍喜剧不会带来票房，而施瓦辛格认为这正是他们可以利用的一个盲点：

"我们坐在一家餐厅里，在一张餐巾上签订了协议：'我们将免费拍摄这部影片，不要任何薪水，只要求事后参与分红。'伊万把这份协议给了汤姆·波洛克，他当时负责运营环球影业。汤姆·波洛克说：'很好，如果你们都不要片酬，只等着事后参与分红，那么我们可以用 1650 万美元拍完这部影片。到时候我们会分给你们 37%。'不管到时候这笔钱有多少，都会在我、丹尼（丹尼·德维托）和伊万之间分配。我们已经商量好了分配比例……这就是我们几个人之间的最终分配方式。我要告诉你的是，我在这部影片中赚到的钱比其他任何影片都要多，并且收益远不止于此，这感觉太棒了。影片上映之后，汤姆·波洛克说道：'我所能告诉你们的是，这就是你们这些混球对我干的好事。'说完他转身弯下腰，把自己的口袋掏了出来，继续说道：'你们害惨了我，把我洗劫一空！'当时的场面十分滑稽。他说自己再也不会签署类似的协议了。那部影片大获成功，刚好在当年圣诞节之前上映。在整个圣诞节和新年期间，电影票房每天都有 300 万到 400 万美元。放在今天，这个收入肯定会再翻两倍甚至三倍。影片的最终票房收入相当可观，美国国内票房达到 1.29 亿美元，我想全球票房收入应当是 2.69 亿美元左右。"

作者： 这让我想起了著名导演乔治·卢卡斯为影片《星球大战》签署的协议，他要的是电影周边玩具的销售权。当时电影公司十分慷慨地说："你想要玩具销售权？没问题，可以，你可以销售那些玩具。"这是一个价值数十亿美元的错误决定，它让卢卡斯赚得盆满钵盈。（到目前为止，星战周边玩具销量估计已达到 80 多亿件。）所以，我的建议是，在签署协议时问一下自己：我能否用短期增量收益换取潜在的长期巨额收益？这其中是否有什么项目，其价值能在 5~10 年之后出现激增（比如 10 年前的电子书版权）？其中是否会有我能够"开拓"和拥有的权利或机会？如果你能够克服一些实际的困难（如时间、资金等），并且充满信心，那么你可以另辟蹊径，和自己赌上一把。你需要的只是一张中奖的彩票。

静修一年，获益终生？

当施瓦辛格的电影事业刚刚开始走上正轨时，面对新的机会和选择，他有些茫然，他第一次感觉到过度的担心和焦虑，这源于他之前从未感受到的压力。一次纯粹偶然的机会，他在海边遇到了一位静修大师。"他对我说：'施瓦辛格，这种情况并不少见，十分正常，许多人都经历过这种情况。这就是为什么人们把超然冥想作为解决问题的一种方式。'他成功推销了这种方法，因为他没有说这是唯一的方法，而是说这只是众多方法中的一种。"此人鼓励施瓦辛格前往洛杉矶的韦斯特伍德，参加他下周四的课程。

"我赶到那里上了一课，回家后开始练习。我对自己说：'我必须试一试这种方法。'我早晨练习 20 分钟，晚上练习 20 分钟。经过 2 个星期 14 天的练习，我达到了这样一种境界——我可以断开思维联结，经过几秒钟之后再恢复思维联结；我学会了集中精力，保持心平气和。我很快就看到了效果，在面对困难挑战时我表现得更为平静了。我坚持练习了 1 年。一年后，我便感觉自己已经掌握了这种方法，不再过度焦虑了。

"即便是现在，我依然能够从中受益，因为我不再把所有事情混为一谈、也不再把每件事情都看成一个困难的问题了。我每次只专注一件事，并且将其视作一种挑战。如果我要研究电影剧本，那么我会把那一整天的时间都拿来研究剧本，不会让其他事情干扰我，我会只专注于这一件事情。我学到的另外一点是，世界上有许多种静修方式。比如在我非常努力地学习、工作的时候，我需要大量的时间集中精力做事，我每次能坚持 45 分钟，最多一个小时。这也是一种静修。

"我还弄清了一件事，那就是我可以把自己的健身训练当作一种静修方式，因为我会把绝大部分的注意力放到肌肉上：在做曲臂动作时，我心里想的是二头肌；在做仰卧推举时，我心里想的是胸肌。在进行训练时，我真的会心无旁骛，就像静思冥想一样，因为那种时候你没有杂念或关注其他的事情。"

* 在你听到"成功"这个词的时候你想到的是谁?

施瓦辛格提到了几个人,其中包括沃伦·巴菲特、埃隆·马斯克、纳尔逊·曼德拉以及拳王阿里。但他最后提到的这个人与众不同:

"辛辛纳图斯(Cincinnatus),他是罗马帝国的一位皇帝。顺便提一句,辛辛那提市就是以他的名字命名的,因为他是乔治·华盛顿非常崇拜的一位偶像。他是一个极好的成功榜样,因为他是被迫受邀执掌政权,成为皇帝,以掌管罗马帝国的。当时,罗马由于连年战乱已经处在崩溃瓦解的边缘。辛辛纳图斯是一个农民,但他非常厉害。他接受了挑战,执掌罗马,接管军队,并打了胜仗。战争胜利之后,他认为自己完成了使命。人们请求他继续担任罗马皇帝,可他主动退出了权力中心,回家继续种田。他不只这么做了一次——他做了两次!当有人发起内乱,试图推翻罗马帝国时,人们请他再度出山,他便回来了,并且再次凭借高超的领导艺术清理了混乱的局面。他具有极高的领导才能,能把民众紧密团结起来。之后,他又交回权力,回家种田了。"

德里克·希维尔斯
DEREK SIVERS

德里克·希维尔斯是我最喜欢的人之一，我经常给他打电话求助。我认为他是一位具有顶级哲学家思维的程序员，一位大师级教师，一位能给他人带来快乐的搞笑高手。起初，德里克是一位专业音乐人和马戏团小丑（他做后一份工作是为了改变自己内向的个性）。1998 年，德里克创办了一家在线音乐网站 CD Baby，之后，该网站发展成为最大的独立音乐销售网站，为 15 万驻站音乐人销售了价值 1 亿美元的音乐产品。

2008 年，德里克以 2200 万美元的价格卖掉了 CD Baby，他把这笔收入捐给了一家慈善基金会，用于音乐教育。他经常在 TED 大会上发表演讲，他的演讲视频浏览次数已超过 500 万次。除了通过自己的公司 Wood Egg 出版了 33 本书之外，他还撰写了《你想要的一切》。这本书收集了关于生活方方面面的经验教训，我至少读过十几次，至今我还保留着当时的阅读笔记。

幕后故事

>>> 德里克在 sivers.org/books 图书评论网站上阅读、评论和比较了 200 多本书。这些书被按照从优到劣的顺序排了序。他是沃伦·巴菲特的生意合伙人查理·芒格的超级粉丝。他还向我推荐了彼得·贝弗林的《寻求智慧：从达尔文到芒格》这本书。

>>> 他在 18 岁时阅读了托尼·罗宾斯的著作《唤醒心中的巨人》。这本书改变了他的一生。

>>> 在写作本章时，我在网络上写下了这段话："我的下一本书可能要扩展出第二卷了。这完全归功于德里克·希维尔斯的海量知识，他提到的内容都太棒了，我实在不知道怎么删减。"关于这条消息，我最喜欢的评论来自凯文·欧。他说："在书中放上德里克播客节目的链接，让人们仔细聆听。虽然这期节目只有不到两小时，但它可以改变人们的生活。蒂姆，你和德里克让我从一个客户服务中心的工作人员转变成了一名独立撰稿人，与我之前相比，现在的我在收入和财富方面有了极大的自由。你们两人还教给了我有关'富足'、知足常乐、心怀感恩以及获得成功的道理。"这个评论让我非常开心。我希望这期播客节目也能够给你们带来这一切。请查看：fourhourworkweek.com/derek。

"如果了解更多的信息就可以解决问题，那么我们都能成为百万富翁，并且拥有发达的腹肌了。"

> **作者：** 关键不在于你知道多少，而在于你能够坚持做什么。

"如何在未知的未来中获得成功？选择那个具有最多可选选项的计划。最好的计划就是那种允许你改变这个计划的计划。"

> **作者：** 这是德里克的"指南"之一，是他从数百本书中提炼出来、从几

十年的人生经验中总结出来的一句话生活指南。其他指南包括"提高价格"（参见前文马克·安德森）、"对灾难有所预期"和"尽可能不为身边事物所累"（参见前文杰森·奈默和后文凯文·凯利）。

* 当听到"成功"这个词的时候，你想到的人是谁？

"对任何问题，我们第一个想到的答案都不会太有意思，因为这个答案是自动生成的。你能想到的第一幅画是什么？《蒙娜丽莎》。第一个天才？爱因斯坦。第一个作曲家？莫扎特。

"这是丹尼尔·卡尼曼的著作《思考，快与慢》一书的主题。首先是快速的、无意识的、自动的思考，然后才是缓慢的、有意识的、理性和审慎的思考。我非常推崇缓慢思考，这让你能突破自动生成的回答，而联想到生活中的各种事情，审慎地思考并给出一个深思熟虑的答案。对于生活中那些用自动回答也可以解决的问题，我也会有意识地思考新的答案。

"如果你问我：'在你想到"成功"这个词的时候，你头脑中想到的第三个人是谁？为什么他实际上比你想到的第一个人更成功？'我会如何回答呢？在这种情况下，我第一个想到的人是理查德·布兰森，因为他是成功的样板，在我看来他就像《蒙娜丽莎》之于画作一样，是一个自动生成的答案。说实话，你或许就是我想到的第二个人物，但我们可以在另外的时间谈论这个话题。而经过仔细思考之后，我想到的第三个人物，或者说我的真实答案，那就是在不了解对方的本来目标时，我们无法判断他是否成功。

"假如理查德·布兰森一开始的打算是过一种平静的生活，而不是沉迷豪赌、不停地创办公司，我们又该怎么理解他的成就呢？因为这样一来，所有的事情就都改变了，我们也不能再称其为'成功人士'了。"

作者： 这个回答真是高明。塞氏公司的首席执行官兼大股东里卡多·塞姆勒一直坚持自问三次"为什么"，在反思自己的内在动机或者处理重大问题时尤其如此。其中的道理同上面德里克所讲的是一致的。

对创业者的建议——要学会说"是的"

德里克 18 岁时生活在波士顿，当时他正在伯克利音乐学院上学。

"我当时加入了一个乐队。有一天排练时，乐队的贝斯手对我说：'喂，伙计，我的经纪人刚刚跟我说有一个临时演出的机会——在佛蒙特举办的一次猪猪秀上演出，演出费大概是 75 美元。'他翻了翻白眼接着说道：'我不想接这活儿，你想干吗？'我说道：'什么？有偿演出？! 太好了！我接了！'于是，我接受了这份临演工作，动身前往佛蒙特的伯灵顿。

"我记得往返车票是 58 美元。我赶到猪猪秀现场，背上自己的木吉他，在猪猪秀现场开始一边来回走一边演奏。我大概表演了 3 小时，然后便坐车回家。第二天，演出经纪人给我打来电话，说道：'喂，伙计，你在猪猪秀上表现得相当不错啊……'

"接下来我得到了很多的演出机会，直至后来积累了 10 年的舞台经验，这一切都源自那次不起眼的小型猪猪秀演出……我认为，在创业之初，最好的办法是对所有事情都要说'是的'，把握每一次小的机会，因为你永远不会知道哪片云彩会下雨。"

标准节奏是为笨蛋们准备的

"奇摩·威廉姆斯是个大块头的黑人音乐家，在伯克利音乐学院上过学，后来留校教了一段时间的音乐课……他教给我的东西让我只用了正常时间的一半就毕业了。他说：'我想你可以在两年的时间里毕业，而不是四年。标准节奏是为笨蛋们准备的。学院必须根据平均水平组织教学，这样才能尽可能保证所有人都不会掉队。那些跑得快的人必须放慢节奏，以便让所有人都跟上。但是，你比他们都聪明，我想你可以购买那些课程的教材自学，跳级，然后与系里的领导联系，直接参加那些课程的结业考试，获得学分。'"

不要像头驴子那样

蒂姆："你会给 30 岁的自己什么建议？"

德里克："不要像头驴子那样做事。"

蒂姆："这是什么意思？"

德里克："我遇到过许多 30 岁的人，他们都试图一口气从事许多不同领域的事情，之后却在任何一个领域都没有进展。他们感到很沮丧，因为这个世界只想让他们选择一件事情去做，但他们则想什么都做：'我为什么必须要选择？我不知道选择什么！'问题是，如果你目光短浅，只想着短期收益，那么你就会觉得如果你一个星期不做完所有的事情，那就相当于什么都没做。解决的办法是要把目光放长远一些，认识到自己可以用几年的时间来做好其中一件事情，再用几年的时间做好另外一件事情，然后再做另外一件。你或许听过那则寓言故事，我记得故事的名字叫"布里丹的驴子"，它讲述的是一头驴子站在一堆干草和一桶水之间，来回地看左边的干草和右边的水，试图做出决定：到底是吃草还是喝水，喝水还是吃草？它犹豫不决，最终倒在地上渴死饿死了。驴子是不能思考未来的，如果它能够思考，那它就会明白自己可以先喝水，然后再吃草。

"因此，我对 30 岁的自己的建议是，不要像那头驴子一样，你可以做自己想要做的任何事情，你需要的只是长远的眼光和耐心。"

商业模式可以十分简单：你无须不断"转换轨道"

德里克讲述了 CD Baby 公司最初制订商业模式和定价规则阶段的故事。

"我当时住在纽约州的伍德斯托克。当地有一家精致的小型唱片商店，它会在代为销售当地音乐人的 CD 唱片。有一天我来到这家商店，问那里的工作人员：'如果我想在这里销售自己的唱片该怎么办？'店员回答说：'很简单，你定好自己的唱片价格，我们这里每销售一张唱片就会收取 4 美元的代理费用。然后你只需每周来一次，我们付给你去掉代理费的销售额。'听到这个答案后，我回到家中，当晚就登录了我刚创办的网站，在上面写道：'定好你的唱片价格，我们这里一张唱片的销售代理费是 4 美元。我们会每周付给您刨除代理费的销售额。'随后我意识到，我每次向网站中添加一个专辑条目，大约需要 45 分钟的时间，因为我需要把专辑封面用扫描仪扫描、用 Photoshop 软件进行编辑加工、解决音乐人个人简历中的拼写错误等。

"我想，我自己的 45 分钟大约价值 25 美元——你可以看到当时我对自己的时间价值的估计是多少。因此，我想把加入这个销售计划的加盟费定为 25 美元。但随后我想到，就加盟成本而言，25 美元和 35 美元看起来差别不是太大，10 美元和 50 美元差别是很大，但 25 美元和 35 美元——它们在人们的头脑中占据的是同样的价格空间。你猜最后怎么样？我决定将加盟费定为 35 美元。这样一来如果有人真的提出砍价的话，我也可以随时给他们打折。假如有人在电话中对这个定价表达了不满，我就会说：'这样怎么样？我给你打个折吧！'因此，10 美元是我加到定价中的缓冲价格，这便于我给人们打折，因为人们喜欢打折。就这样，蒂姆，加盟费 35 美元，每张唱片的销售提成是 4 美元——在接下来的 10 年里，我的网站一直遵循这个定价规则。这就是我的整个商业模式，它是我在 5 分钟的时间内确定下来的。我所做的只是走进当地的一家唱片商店，打听了他们的做法，然后据此确定了自己的商业模式。"

要么说"千真万确！"，要么说"不"

德里克的这一口头禅很快就成了我最喜欢的经验法则之一，它直接导致我在 2015 年年底决定开始一次无限期的"因公度假"。这是后话，我在后面会详细介绍。下面是最初我听到他说这句话的故事：

"到了订票的时间了（他很久之前就决定要外出旅行一次），当时我在想：'说真的，我真不想现在去澳大利亚度假，我的工作太忙了。'……在跟我的朋友、优秀音乐人安泊尔·鲁巴特通电话时我为此不停地抱怨。而她当时就指出来说：'从你的立场来看，似乎你的决定无法在'是'与'不'之间做出，你需要搞清楚自己的态度是'千真万确！'还是'不'。

"我们大多数人习惯于对太多的事情说'是',这样做的结果是,我们让这些琐碎的小事占据了我们的整个生活……而当好不容易出现那种'千真万确!'的事情时,我们却没有足够的时间全力以赴了,因为我们已经答应要完成太多的鸡毛蒜皮的小事了,对不对?自从我采用这种判断法之后,我的生活变得敞亮了许多。"

"忙碌"= 失控

"每次人们与我联系时,他们都会说:'我知道你肯定很忙……'而我总在心里想:'不,我并不忙。'因为我掌控着自己的时间,我是时间的主人。在我看来,'忙碌'意味着'失控'。比方说,'天啊,我太忙了,我没时间做这种破事!'这句话在我听来就像是一个无法控制自己生活的人会说的话。"

> **作者:** 缺少时间就意味着欠缺考虑。如果我"很忙碌",那只能说明是我自己做的选择将我置于这种境地的。因此在别人问我"你最近怎么样"的时候,我禁止自己回答"我很忙"。因为我没有权利抱怨;如果我真的很忙,那就说明我应当重新审视自己的做事方法和原则了。

* 你想在布告板上写点儿什么?

"我真的非常羡慕佛蒙特州和巴西的圣保罗这些地方,因为这些地方禁止设立布告板。但我知道,这不是你真正想听的答案。我想,我会在布告板上写的是'它不会让你幸福',然后我会把它放置在任意一家大型购物中心或汽车经销商的外面。你知道有趣的做法是什么吗?买来上千只鹦鹉,训练它们说:'它不会让你幸福!'然后把它们放到全世界的购物中心和大型超市外面。这是我的人生使命。有人想加入吗?有人愿意同我一起干吗?让我们一起行动吧!"

花掉 45 分钟，而不是 43 分钟的时间——让自己累得面红耳赤，值得吗？

"我一直是典型的 A 型性格（性情急躁，有高度进取心和紧迫感）。我在洛杉矶居住时，我的一位朋友带我参加了自行车骑行活动。我就住在圣塔莫尼卡临海的地方，那里的海滩边上有一条很棒的自行车骑行路线，我记得全长是 40 千米。一开始我的设想是，在我上了这条骑行路之后，我就会低下头奋力骑行——一路上气喘吁吁，面红耳赤，拼尽全力。我会一直骑到终点，然后立即返回，最后回家。在骑行的过程中，我会设定好计时器计算骑行时间……

"结果，我注意到我的骑行时间一直是 43 分钟。这就是我在这条骑行路线上骑行最远距离所用的时间。但是随着时间推移，我注意到这条骑行路线开始变得不那么让人兴奋了。因为我一想到这件事，就会感觉到疼痛和艰苦……于是，我想：'对我来说，把骑行同负面情绪联系在一起可不是什么好事，至少这一次，我不打算再这样了。我当然不会彻底慢下来，像个蜗牛一样，但我可以把速度降下一半。'然后我跨上自行车，我感觉很不错。

"我还是按照原来的路线骑行，我注意到自己这次直起了身子，时不时地四下观望。我看着大海，发现海豚在海面上跳跃。我一直骑到玛丽安德尔湾，在到达折返点的时候，我看到玛丽安德尔湾上空有一只鹈鹕从我头顶飞过。我抬起头，大声喊道：'嘿，这里有一只鹈鹕！'而它正好拉了一泡屎落到我嘴里。

"关键是：我当时玩得十分痛快，开心极了。我的脸也不红了，也不气喘吁吁了。当我到达终点时，我看了看表，它显示我一共用了 45 分钟的时间。我当时在想：'这怎么可能？我以往那么奋力地骑都要用 43 分钟！这不可能！'但事实就是如此，我只用了 45 分钟。这就是我从中得到的深刻体会，从那之后我改变了自己对待生活的态度……

"那多出来的 2 分钟彻底消除了我绝大部分的上气不接下气和一路上的面红耳赤，而这点儿时间根本算不了什么……因此，我想到了生活中所有争取极致效果的做法——从每一样事物中争取最大化的资金收益，对每一秒、每一分钟做到最大化的利用——我们无须给自己这样的压力。说实话，这就是我从那以后的生活态度。我坚持工作，但在某项工作变成压力源之前，我就会停下来……

"你要注意到自己的这种心理变化。当我产生了这种不情愿的心理时，我认为这就是在提醒我，我现在已经把它看成了一种生理上的痛苦。我会问自己到底在做什么，并且告诉自己必须停止会给自己带来伤害的事情——因为它通常意味着我过于强迫自己或者我正在做自己不想做的事情。"

关于缺乏晨间常规活动的观点

"我不但没有晨间常规活动，而且除了吃饭或写点儿什么之外，实际上我也没有其他的固定习惯了。原因是这样的：我一次只能全身心地做一件事情。比方说，一年前我发现了一种新的办法来处理自己的 PostgreSQL 数据库，这可以大大简化我所有的代码。这之后，我用了 5 个月的时间——所有清醒的时间——完全投入到这一件事中。

"5 个月之后，我完成了这项工作，然后我拿出一周的时间到新西兰的米尔福德峡湾徒步旅行，完全摆脱了网络。从那里回来之后，我变成了一个崇尚禅宗自然的人，于是在接下来的几周时间里，我每天做的事就是在户外找个地方读书。"

* 你相信的哪些事物在别人看来很疯狂？

"这个问题非常简单，因为我有许多与众不同的想法。我认为酒精的味道很糟糕，橄榄的味道也不好。我从不喝咖啡，也不喜欢咖啡的味道。我认为所有的有声读物都应当由冰岛人朗读、录音，因为他们的口音最棒。我认为在我的余生中，如果我每 6 个月都可以搬到一个新的国家居住，那就太棒了。**我认为你不应当创办公司，除非人们要求你这样做**。我认为自己没达到平均水平——这是我的一个经过深思熟虑的、逐渐培养起来的信念，用于修正我们通常认为自己高于平均水平的错觉。我认为《歪小子斯科特》是一部经典影片。我认为音乐和人不能混为一谈——人们应当独立地欣赏音乐，而不需要看到或了解那个音乐人是谁，最好周围也不要有其他人。听音乐就是听音乐，不要听周围人的说法，也不要炫耀你对音乐人个人生活的了解。"

把生活看作实验

"我建议你做个小实验。尝试拿出几个月的时间过一种你想过的生活，但要给自己留有回头的余地，因为你很有可能在实际尝试之后发现你并不喜欢这种生活……关于这一话题，最好的作品是丹尼尔·吉尔伯特所著的《哈佛幸福课》一书。他的建议是同几个当前正处于你希望自己处于的那个处境的人交流，向他们咨询这种处境的利与弊，然后采信他们的意见，而不是只凭自己的回忆或想象行事。"

"即使诸事不顺，而且我也没有自信的理由，我仍然会保持自信。"

"库尔特·冯内古特曾在自己的一部作品中随手写了一句话，这句话十分精辟：'我们假装自己是什么，我们就是什么。'"

德里克写过的最成功的电子邮件

哪怕是业务最繁忙的时期，德里克在 CD Baby 公司上花费的时间也只有每 6 个月 4 小时左右。他把一切安排得有条不紊，整个运营系统没有他也能照常运转。德里克非常成功，而且充分发挥了自己的才能，因为他从不瞻前顾后，而是敢于挑战现状，敢于检验假设。实际上，这并不是什么太困难的事。下面这个故事完美地说明了这一点。

"当你创办公司时，你其实是在缔造一个小环境，你控制着其中的规则。其他环境的运行规则无关紧要，在你的小环境中，你说怎样就怎样。

"我最初创建 CD Baby 公司时，每一份订单都配有一封自动回复的邮件，目的是让顾客清楚唱片会在什么时候发货。刚开始，邮件内容比较普通，只是：'您的订单将于今日发货。如果没有收到请告知我们。谢谢惠顾。'

"几个月之后，我感觉这封邮件的内容与公司'让人们微笑'的使命不符。我知道我们可以做得更好。于是我拿出 20 分钟的时间写了下面这封可爱、简短的邮件：

> 您的唱片已被戴着消过毒的无菌手套的双手从敝公司的货架上轻轻取下，放到了缎面托盘上。
>
> 由 50 名员工组成的团队检查了您的唱片，并对其进行了抛光美化，确保在邮寄前该唱片处于最佳状态。
>
> 我们来自日本的包装专家在把您的唱片放入金钱所能买到的最好的镶着金边的盒子中的时候，会点燃一根蜡烛并示意周围的人不要出声打扰到他。
>
> 之后我们全体人员会举行一次精彩的庆祝活动，我们会沿街游行，向邮局进发。在那里，整个波特兰的市民都会向您的包裹挥手高呼："一路顺风！"您的包裹将于今天，也就是 6 月 6 日星期五，搭乘敝公司的私人飞机向您一路飞奔而去。
>
> 我希望您此次在敝公司获得了愉快的购物体验。我们相信一定是这样的。您的玉照会出现在敝公司的墙上，成为"年度顾客"中的一员。尽管我们现在都累成了狗，但我们仍然迫不及待地等待着您再次光顾敝公司——CDBABY.COM！！

"这封看似蠢萌的邮件随着每一份订单发了出去，结果广受顾客欢迎。你可以试试在谷歌搜索"CD Baby 公司私人飞机"，你会看到 20000 多条搜索结果。其中每一条都是收到邮件并且对其青睐有加的顾客自己发布到网上的评论，许多顾客会跟自己的朋友分享这封邮件。

"这封可爱的邮件为公司带来了数千名新客户。

"人们在考虑如何把生意发展壮大的时候，也会很自然地去考虑那些宏大的想法，考虑那些能够改变世界、引发大规模行动的计划。

"但请记住一点，真正能够打动人心，让客户向自己所有的朋友宣传你的产品的事，往往是一些不起眼的细节。"

亚历克西斯·欧海宁
ALEXIS OHANIAN

　　亚历克西斯·欧海宁最为人所熟知的可能是其红迪网（Reddit）和嬉芒网（Hipmunk）联合创始人的身份。他是风投公司 Y Combinator 的元老级人物，该公司大概是世界上最有眼光的创业"孵化器"。目前，他是该公司的合伙人。他是 100 多家初创公司的投资人或顾问，也是数字版权［如推进《禁止网络盗版法案》（SOPA）和《保护知识产权法案》（PIPA）］的积极倡导者。他著有畅销书《未经许可》。

灵兽：黑熊

"你们可以忽略不计"

　　"我在雅虎公司认识了一位高管，他把我和史蒂夫召集在一起讨论收购的可能性。当时红迪网正处于发展起步阶段，他对我们说，我们的价值可以忽略不计，因为我们当时的流量太小了……那次会面之后，我把'你们可以忽略不计'这句话贴到了红迪网办公室的墙上，以此作为对自己的负面刺激。事实证明这件事对我意义重大，给了我很大帮助，我至今依然对他说了这句话心存感激，因为他给了我极大的鞭策。不过，我并不想成为他那样的人。"

（参见后文阿曼达·帕尔默的名言"接受痛苦，并把它像衬衫一样穿在身上"。）

> **作者：** 红迪网现已成为流量全球排名前 50 的网站。

你必须十分重视"特色"

"有时候我们的网站会让用户发笑，因为我们在报错页面中加入了笑话之类的内容。我曾问过周围的人，能不能给我一个例子，有关你在自己的产品或服务中加入的一个你引以为豪的特色。有人可能就此感叹道：'哇，如果你能把这个特点融入你的软件、产品中，或者任何其他的东西中，那你就能够与你的客户实现真正的沟通了。'我想说的是，人们现在依然会为嬉芒网上的报错页面发笑。为什么呢？因为当他们在做他们自己认为非常无聊的事情，比如查询航班信息的时候，这个页面可以让他们得到片刻的轻松。

"关于产品或服务的特色设置，公司创始人必须意识到目前的标准已经太低了，因为大多数公司很早以前就不在乎这件事了……我真心希望现在的创始人能够对这件事重视起来，其实这非常简单。同创办实际的网站或者架构网站后端相比，它不需要数年的专业知识，只需要你对它足够重视。但许多人没能做到这一点。"

用不超过 15 分钟的时间做一项能引起别人重视的工作

改进公司的通知电子邮件（例如订阅确认邮件、订单确认邮件等）。

"投入一点点时间，给邮件增添一些人性化的色彩或者一点点幽默的要素（这取决于公司的产品风格），让它变得有一点点与众不同。这样做是值得的，这也是我一直面对的挑战。"

（参见前文德里克·希维尔斯所写的最成功的电子邮件。）

* 亚历克西斯向那些向风投公司 Y Combinator 提出投资申请的创始人提的一个问题：

"你现在正在从事的，而世人对其没有什么认识的工作真的有那么重要吗？"

给公司创始人以反馈——你如何表达自己的质疑？

亚历克西斯当然有许多方法，但我喜欢他说的卡尔·福斯曼可能会称之为"让沉默说话"的那种方法："我的确认为扬扬眉毛就可以传递很多信息。"

让神经质者、躁郁症患者和像我这样的怪人更高效的方法

这一章对我来说是比较难写的一章。我草草地写了一部分之后便将其搁置在一旁数月之久。当我拖延到实在愧疚难安的时候，我会再写上几小时，然后又故态复萌，继续搁置拖延下去。就这样，一拖就是几年。

最后，是下面这段话帮助我完成了本章内容。我希望这句话也能对你有所帮助。

> "一旦你们觉得自己正赤身裸体地走在街上（仅仅是想象这种可能性），内心世界的太多东西都暴露在外，觉得自己在他人面前一览无遗，那么这个时刻也许就是你们真正走出低谷的那一刻。"
>
> ——节选自尼尔·盖曼在费城艺术大学毕业典礼上发表的演讲

接下来我们正式开始本章的内容，我希望它至少能帮到你们中的几个人。

我的恐惧

不久前，我举行了一次生日派对。

我跟十几个朋友一起度过了几天精彩的时光，一起在蓝天碧海中追逐嬉闹。到了最后一天，我直到上午 11 点 30 分也没起床，尽管我心里十分清楚最

后留下的那批朋友也将在中午 12 点离开。

我害怕只剩下我自己一个人。

我像个孩子一样，把脑袋藏在被子下面（当时我确实是这样做的）接着睡，直到现实容不得我再拖延下去为止。

可是……我为什么要跟你们讲这件事呢？

有关"成功人士"的危险谎言

我们都希望自己看起来比较"成功"（这充其量只是个模糊的概念），而媒体也喜欢把杰出人物刻画成超级英雄。

有时候，这些战胜困难的戏剧性故事的确比较励志，但更多情况下，它们会让人立即得出一个负面的结论：

"好吧……或许他们（那些被刻画成超级英雄的企业家、艺术家或者发明家的人）的确能够成功，但我只是个普通人……"在本章中，我想让大家看一下我自己生活中的"幕后故事"。尽管我偶尔也会同摩根·史柏路克的团队一起拍摄类似《生活中的一天》这样的节目，但我很少让记者跟踪拍摄我"普通"的一天。

为什么？

因为我不是超级英雄，我甚至经常无法做到"普通人"能做到的事。

2013 年，我经历了历时三个月的艰难岁月。在这期间，我：

》 在观看影片《追梦赤子心》时号啕大哭。

》 经常比自己预计的起床时间晚起 1~3 个小时，因为我就是不想面对新的一天。

》 曾经考虑放弃所有事情，搬到蒙特利尔、塞维利亚或者冰岛——目的地根据我想逃避的事情而有所不同。

》 第一次去看心理咨询师，当时我认为自己注定要一辈子悲观下去。

》 在有更紧迫的工作要做的时候却在大白天利用成人网站进行"放松"

（那些声称自己从没有这样做过的人是不可信的）。

>>> 每天大量摄入咖啡因（并美其名曰"自我治疗"），以至于我的"静息"脉搏达到了每分钟 120 多次。当时我每天最少喝 8~10 杯咖啡。

>>> 在整整一个星期的时间里穿着同一条牛仔裤，仅仅是为了在混乱的几个星期中保持某种一致性。

这一切看起来十分不正常，对不对？

但是，在同一时期的最后 8 个星期里，我也：

>>> 增加了超过 20% 的被动收入。

>>> 购买了自己梦寐以求的房子。

>>> 每天进行两次、每次 20 分钟的静思冥想练习，从未间断。这是我第一次持续进行静修练习。

>>> 几乎完全戒掉了摄入咖啡因的习惯（在最后 4 周里）：通常我会在上午喝普洱茶，下午喝绿茶。

>>> 在博客读者的帮助下，我募集到了 10 多万美元的慈善捐款：这是我送给自己的生日礼物。

>>> 在 53 分钟的时间里为一家初创公司募集了 25 万美元的资金。

>>> 签下了过去 10 年间最激动人心的一份商业合同——我的电视节目《蒂姆·费里斯实验》。

>>> 承蒙帕特里克·阿诺德（见前文）的好意，在尝到了多次重复的前深蹲动作带来的痛苦和欢乐之后，增加了大约 9 公斤的肌肉。

>>> 在血液检测结果上表现有所提升。

>>> 意识到——确切地说是再次意识到，抑郁症症状不过是企业家特征的一部分。

>>> 逐渐变得与所有直系家庭成员更亲近了。

重点是……

大多数"超级英雄"都不是上面这个样子的——他们虽然也会举止怪异、神经分分，有许多自暴自弃的情绪和自我对话的习惯，但他们都能成就大事。

而我个人在做事效率方面糟糕透顶。为了解决这一问题，我给自己列了 8 个做事步骤，尽量提高效率（做正确的事情）：

1. 至少要在自己需要坐到电脑屏幕工作的时间的前一个小时起床。另外，别去管电子邮件，电子邮件是思维的克星。

2. 泡好一杯茶（比如普洱茶），坐下来，准备好笔和纸。

3. 写下 3~5 件最让你感到焦虑或不安的事情——不能再多了。这些事情通常是那些你今天推明天、明天推后天，但又必须要做的事情。最重要的事情通常就是那些最让你感到不安、最有可能拒绝或抵触做的事情。

4. 针对每一件事情，问自己：

   "假如这是我今天完成的唯一一件事情，那么我会对今天感到满意吗？""做完这件事情能否让其他所有要做的事情变得不那么重要或者在将来做起来简单一些？"换句话就是："如果你完成了这件事，这是否可以让所有其他的事情变得简单或变得没那么紧要呢？"

5. 只关注那些你对其中至少一个问题的回答是"是的"的事情。

6. 就在当天，拿出 2~3 小时的时间，专门处理那些事，把其他所有虽然紧迫但不太重要的事情放到一边。这些事也可以明天来处理。

7. 要明确一点：上面说的 2~3 小时的时间是一整块时间。这儿腾出 10 分钟、那儿腾出 10 分钟，最后拼凑起 120 分钟的做法是不管用的。在这段时间里，不要接打电话，也不要登录社交媒体。

8. 如果你受到干扰，或者又犯了拖延症，不要紧张，不要让自己陷入恶性循环，只需悄悄回到工作中来，继续完成待办事项即可。

谢天谢地，这一章的内容终于介绍完了！

　　我在上面写出的是唯一一种能帮助我自己取得重大收获的方法——在我内心一直想要拖延、睡觉，不停地被一些鸡毛蒜皮的小事一点点地耗尽大好时光的时候。假如我一天中有 10 件重要的事情要做，那我可以百分之百地确定，这一天我什么重要的事情也完成不了。现在，我常常只着手处理一件必须要做的事情，把那些次要的事情排除在一天中的这 2~3 个小时之外。

　　若要让周围的人把你看成"超人"或"成功人士"，你并不需要惊天动地的壮举。事实上，你只需要秉承一条原则：你所做的事情远比你如何做其他事情重要得多，另外，做好某件事情并不会让这件事情变得多么重要。

　　如果你难以摆脱那种无助于提高生产力的思维，认为必须要增加工作量、做许多事情，那么请把下面这句话写到即时贴上：

　　　　忙碌也是某种形式的懒惰，它会导致你形成懒于思考、贸然采取行动的坏习惯。

　　　　忙碌经常被用来充当借口，人们以此逃避那些至关重要但会让人感到不安的行动。

　　如果你感觉自己的人生比较失败（尽管你可能已经付出了最大的努力），请记住：即使是那些人中龙凤有时候也会有这种感觉。每当我深陷绝望时，我都会想起著名作家库尔特·冯内古特的一句话："我在写作时，感觉自己就像是个四肢全无、只能用嘴叼着蜡笔画线的人。"

　　不要高估世人，也不要低估自己。你比自己想象的更优秀。

　　而且，你并不孤单，有许多人都同你一样。

"如果你书写顺畅，那么你的思路肯定也
　是清晰的。"
"每个人都很有趣。如果你在谈话中感到
　无趣，那么问题在你，而不是对方。"

马特·穆伦维格
MATT MULLENWEG

　　马特·穆伦维格曾被评选为《商业周刊》发布的"互联网最具影响力
的 25 人"之一，但我认为这个评价不足以形容马特的成就。他以博客平台
WordPress 的早期开发者身份闻名，目前该平台的网络流量占有率在 25% 以
上。如果你访问过像《华尔街日报》、《福布斯》、TED 会议、美国国家橄榄球
联盟（NFL）或者路透社的官方网站（以及我的小网站），你一定看到过这一
博客平台的图标出现在分享按钮里。马特还是 Automattic 软件公司的首席执
行官。该公司市值超过 10 亿美元，全球员工超过 500 人。我也有幸担任了该
公司的顾问。

　　他来参加我的播客节目时，我试图用龙舌兰酒把他灌醉，还想让他开口
说脏话，结果两样都没能如愿。

灵兽：螳螂虾

幕后故事

>>> 马特从不骂人。有一次我听到他说"这真是糟透了！"（我没有骗你。）我回应他说："你说什么？你是不是想说'这真操蛋'？哦，你不能说这种话。"

>>> 我俩都是彼得·德鲁克及其著作《卓有成效的管理者》的超级书迷，也都非常喜欢阿兰·德波顿所著的《拥抱似水年华》一书。

>>> 马特为 WordPress 博客平台撰写的大部分代码都是在持续一年时间的"多相睡眠"的过程中完成的。这种多相睡眠基本上就是清醒 4 小时，随后睡 20~30 分钟，然后又醒来，无限重复下去，它被戏称为"超人睡眠"。那他后来为什么停止了呢？"因为我有了女朋友。"他答道。

>>> 我俩曾一起去过多个国家旅行，他负责照相，我负责学习语言、充当翻译。2008 年，在飞往希腊的航班上，我当时正为有人在网上发布盗版的《每周工作 4 小时》一书而烦恼。他问我："你为什么烦躁不安？"这让我相当无语。难道原因不够明显吗？但他接着说道："那些免费下载你的作品、下载劣质 PDF 版本的人不是你的客户。他们本来也是不会买的。你干脆就把这种行为当成免费的广告宣传得了。"他花了 30 秒钟的时间对我进行干预，彻底打消了我对此事的担忧。

>>> 马特是我最想效仿的人之一。面对压力他格外镇定、头脑清晰。我曾亲眼看到他在面对多个数据中心瘫痪的困境时，表现得近乎无动于衷，甚至依然镇定自若地抿着啤酒，等着台球落袋。我问他，我该如何回答那些极具影响力的记者对此事的提问呢？"告诉他，我们已经准备就绪。"然后他又把另外一颗球打入袋中。他是那种典型的认为"沮丧对事情没有帮助"的人。我经常问自己，"马特会怎么做"或者"马特会对我说些什么"。

思考一下"假如……将会怎么样？"

"从 WordPress 创立之初，我们就一直这样思考问题：'假如我们今天做了某件事情，那这件事在明天会给我们带来什么结果？一年之后呢？十年之后呢？'"我想到最多次的一个比喻——因为这个比喻很简单——是狗撵汽车的画面。假如狗撵上了汽车，它又会做什么呢？对此，狗是没有计划的。我发现企业管理中也经常出现这样的情况——人们没有为成功制订计划。"

丢失的 40 万美元支票

马特经常丢三落四。

"外出与人见面时，我总是会花上 10 分钟的时间寻找钱包，因为我不知把它塞到哪里去了。我总是丢三落四，有一次，我居然把我们公司得到的一张初期投资的支票弄丢了，那可是一张 40 万美元的支票。"

蒂姆："弄丢这个可有点儿不妙。"

马特："那是投资人菲尔·布莱克开具的支票。他现在依然是我们公司的董事会成员。当时他开了一张纸质支票给我，那可是我当时见过的最大一笔钱，那时我刚刚 20 岁。我当时好像问了一句：'这是什么东西？'我原以为支票应当像电视上演的给获奖人颁奖时给出的那种支票一样，你明白吗？就是那种桌子大小的支票。"

蒂姆："明白，就是那种阿拉丁飞毯大小的支票，你可以坐着飞到银行去。"

马特："幸运的是，其他投资人是把钱电汇过来的。当时我在想：'天啊，这可怎么办？'他把 40 万美元委托给我用于投资我的公司，结果我却弄丢了。是告诉他，还是不告诉他？他将来会发现吗？实实在在的几个月过去了，他没问过我这件事，我也什么都没说。"

蒂姆："因为你不想问他这件事。"

马特："我没有问他。后来我要回休斯敦过感恩节，在飞机上，我打开当时正在读的一本书，然后我发现自己用这张支票做了书签。当它从书中滑落到我的座位上时，我禁不住喊出声来：'谢天谢地！'"

且行且珍惜

在旧金山的一次徒步旅行中，马特建议我读一下蒂姆·厄本在其博客"为什么等待"上写的一篇文章《且行且珍惜》（如果这个月你只准备读一篇文章，那就读一下这篇文章吧）。这篇文章借助图表突出强调了生命的短暂。下面这句话就是这篇文章的精华之一："事实证明，当我从高中毕业的时候，我已经用尽了一个人与父母相处的 93% 的时间。我现在正让自己尽情享受我剩下的这最后 5% 的时间——这段时光短暂而易逝，且行且珍惜。"大家（和我）或许都应当重新思考一下我们生活中最重要的事情。顺便在这里提一件伤心的往事——在向我推荐了这篇文章的几个星期之后，马特的父亲突然过世了。马特当时守在他父亲的床边。

柯蒂键盘是为低年级选手准备的

标准的柯蒂键盘旨在降低人工操作员的速度，尽可能避免操作失误。现在，柯蒂的时代已经过去了，大家可以尝试一下德沃夏克键盘，这种键盘布局更适应你的肌腱运动，有助于预防腕管综合征。另外，科勒马克键盘布局能进一步帮助你提高效率，你也可以试试看。在 Automattic 公司内部，马特举办过快速打字比赛，比赛结束后，失败者必须转而使用获胜者的键盘布局。到目前为止，德沃夏克键盘布局的使用者总是胜过柯蒂键盘布局的使用者。

有关 MA.TT 网站域名的取得

"我需要给位于特立尼达和多巴哥的域名所有者汇几千美元。当时，我在美国银行，银行的工作人员问我：'先生，您确定要汇款？'我说：'是的，没问题，我是在互联网上看到的。'"

谋生的工具

下面是马特首选的一些技术工具：

P2（WordPress 博客平台主题），用于代替电子邮件（p2theme.com）。

Slack，用于代替即时通信软件 IM（slack.com）、

Momentum：谷歌浏览器扩充插件，可以帮助你集中注意力。

Wunderlist：这是一款待办事项管理软件，可以帮助你完成工作。

Telegram：这是一款具有完美加密技术的通信软件。

Calm.com：可以帮助你进行静修训练的网站。

马特的健身方法

他每天坚持在上床前做一个俯卧撑。没错，只有一个俯卧撑。

"无论你忙碌到多晚，无论世界上发生了什么事情，你都找不到借口说自己无法完成一个俯卧撑。我发现，我只需要克服最初的障碍，把一件小得不能再小的事情当作目标，然后完成它，它就可以逐渐变成我的习惯。"

> 作者：大家还记得前文中陈一鸣提到的"每天做一次深呼吸"的练习吗？二者是同样的道理。

全文字办公与全分布式管理

Automattic 公司有 500 多名雇员，分布在全球 50 多个国家。可以这么说，这些员工几乎从没进行过面对面的接触或通过电话。公司不设立办公地点，而是在全球范围内招募最优秀的人才，把节省下来的基础设施支出每月拿出

250 美元用于发放联合办公津贴和其他福利。

"我们的面试过程同实际工作过程几乎是一样的，所有的工作沟通都是通过邮件或办公通信软件完成的，因为这就是我们主要的沟通方式。这种做法还可以防止面试官产生无意识的偏见。"

蒂姆："你在面试中看中的是什么？或者你会因为什么拒绝申请者？"

马特："我看中的是热情、细心和强大的内在动力，我无法接受耍滑头的人。"

蒂姆："你会通过提什么问题来发现这些品质？"

马特："关于这一点，（在初期阶段）我所做的一切就是看电子邮件，没有对话，没有其他因素，我能看到的只是他们在写这封邮件时的认真程度和付出的努力。我们之前也尝试过让面试者填写各种表格材料，但后来我们还是回归到了不限格式的电子邮件的形式，因为我想看一下他们会采用什么格式的附件，看一下他们用的电子邮件客户端是什么。通过不同的文本和字体大小，我还能看出来他们是否在邮件中复制、粘贴了其他地方的材料。这些邮件充满了能透露出申请者信息、性格的线索，你可以据此做出综合判断。

"刚才你问我我们想在面试者身上寻找什么，我们要寻找的是'条理清晰的写作'。我认为条理清晰的写作就意味着思维清晰。"

> 作者：我极力推荐大家读一下 2014 年 4 月期的《哈佛商业评论》中《Automattic 公司总裁通过"海选"打造强大团队》这篇文章（你可以在 hbr.org 网站上找到）。

有效的措辞

马特非常重视文字的选择和排序（或者说措辞和句法）。他喜欢研究"代码诗人"——那些代码编写风格简洁、优雅的程序员，他在日常口语中也很注重这一方面。他推荐我阅读共和党政治策略家弗兰克·伦茨撰写的著作《有效沟通》。这本书棒极了。马特补充道："如果有人喜欢这本书，那我想向他们推荐乔治·莱考夫。他在 20 世纪 80 年代出版了一部具有开创性意义的著作《女人、火和危险的事》。"马特喜欢语言构建方面的书籍。

* 你会给 20 岁的自己什么建议？

"放慢节奏。我认为我年轻时犯下的许多错误都是急于求成造成的，而不是懒散造成的。因此，我希望自己在做事时能放慢节奏，无论是静思冥想，让自己远离电脑屏幕，还是专心与某人谈话或交往。"

104 块麦香鸡块

"2004 年的超级碗总决赛在得克萨斯州的休斯敦举行。我当时住的地方距离瑞兰特体育场大约 1.6 千米远。为了迎接超级碗比赛，麦当劳公司推出了特价套餐——你可以用大约 4 美元买到 20 块麦香鸡块。当时我穷到了极点。因此我想：'嗯，不错，我要趁机储备一些鸡块。'就像购买泡面或坎贝尔公司的罐头那样，在它们降价时我总是买一堆。

"因此，我当时买了一堆麦香鸡块（我喜欢麦香鸡块）。然后，我不得不对店员说了一大堆花言巧语，说服他们额外给了我很多酸甜酱。"

蒂姆："天啊，真有你的。"

马特："麦当劳的酸甜酱不同于世界其他品牌的酸甜酱。其他品牌的酸甜酱都是红色的，只有麦当劳的酸甜酱是褐色的。我不知道为什么，也许你知道。"

蒂姆："可能是麦当劳进行了一些配方改良，以达到让人们上瘾的目的？我也不知道。"

马特："不管怎样，它的味道好极了。于是我开始大快朵颐。等我回过神来的时候，我已经吃了 104 块。"

蒂姆："也没人跟你打赌或者有其他什么原因，你就胡吃海塞了 104 块？"

马特："是的，就是边看超级碗比赛边吃的。"

尼古拉斯·麦卡锡
NICHOLAS McCARTHY

尼古拉斯·麦卡锡出生于 1989 年，他生来就没有右手。他在 14 岁时开始学习弹钢琴。很多人跟他说，他永远不会成为一名钢琴演奏家，但这些怀疑者错了。2012 年，他从著名的伦敦皇家音乐学院毕业。这一消息出现在全世界各家媒体的报道中，因为他成为皇家音乐学院 130 年的历史中唯一一位从该校毕业的单手钢琴家。

现在，尼古拉斯已经在全球各地演出多次，其中包括同酷玩乐队一起演出，面对现场 86000 名观众和全球 5 亿电视观众演奏残奥会会歌。他的第一张专辑名叫"独奏曲"，其中他演奏了创作时间跨越 3 个世纪的 17 首左手弹奏的曲目，该专辑已在全球发行，并获得了广泛赞誉。

弗朗兹·李斯特

我不得不尴尬地承认，在同尼古拉斯对谈之前，我从没有听过李斯特。而今，李斯特的作品是我的常听曲目。如果你们也想听听看，可以在网站搜索"李斯特金曲"。

"弗朗兹·李斯特是钢琴史上一位伟大的浪漫主义作曲家。他被公认为 19 世纪的超级艺术大咖。"

* 值得去了解的不大知名的音乐人有哪些?

"阿根廷钢琴演奏家玛塔·阿格丽希。她是神一样的存在。现在她年事已高,但她依然在演奏。今年,她将参加英国广播公司主办的逍遥音乐节。在我们这个领域,她是我们崇拜的偶像。"

> **作者:** 我现在经常听阿格丽希的演奏。如果你也想听听看,那就搜索一下"阿格丽希演奏的柴可夫斯基第一钢琴协奏曲"这首作品,注意第 31 分钟的地方,你一定会大吃一惊。

从长计议

尼古拉斯解释了自己当初为什么决定专门演奏左手弹奏的曲目,而不是同时使用自己"短小的右手"——从胳膊肘往下的一截很短的手臂:

"当时我的老师是这样说的,'你不应当成为一个取悦观众的小丑',尤其不能做电视选秀的参赛者,那些都只是昙花一现……我很庆幸自己接受了她的建议,因为我本可能成为那种所谓的达人,在一两年的时间里快速赚到一大笔钱。那样的话,我肯定无法得到今天作为真正的钢琴演奏家所得到的尊重,肯定不会有自己的事业,不会一直有机会去世界各地演出,也不会在自己 60 多岁的时候还继续从事着这份职业。"

* 你用不到 100 美元买到的最好商品是什么?

一台空气净化香薰机。尼古拉斯每天在家的时候都会使用它:"我发现(天竺葵)的香气可以让我精神放松,同时也可以让我精神抖擞地开始工作。"

作者：在这次播客节目结束不久，我在为本书搜集资料、打草稿时，我开始试着使用天竺葵精油。由于没有香薰机，我就直接在手腕和靠近耳朵的脖颈上涂了一点儿。不知是不是安慰剂效应，我真的感觉自己精力更充沛了。后来我买了一个用"木纹板"做的 200 毫升装的香薰机，在家中使用。

托尼·罗宾斯
TONY ROBBINS

托尼·罗宾斯是世界上最著名的潜能开发专家之一。他为很多名人提供过咨询，包括比尔·克林顿、塞雷娜·威廉姆斯、莱昂纳多·迪卡普里奥和奥普拉（奥普拉称其为"超人"）。托尼也曾经为多位国家领导人提供过咨询服务，包括纳尔逊·曼德拉、米哈伊尔·戈尔巴乔夫、玛格丽特·撒切尔、弗朗索瓦·密特朗、戴安娜王妃、特蕾莎修女以及3位美国总统。托尼还推出过5个极其成功的电视购物广告。1989年以来，这些购物广告一直在北美的一些地方播出，平均播出时间是每30分钟一次，全天候循环播放。

背景故事

我第一次读到托尼·罗宾斯的《无限潜能》（*Unlimited Power*）是在我上中学的时期，是个成绩优秀的同学推荐给我的。之后，在大学刚毕业的时候，我开着妈妈传给我的小型货车，在上下班的时间里听了一套《激发个人潜能2》的录音磁带。它促成我找到了自己第一份真正的事业，间接带来了我在

《每周工作 4 小时》里提到的众多美妙的机遇（和不幸遭遇）。人们常说，"不要与你心中的英雄见面"，因为这几乎总会带来失望。然而，同托尼的会面恰恰相反：我对他了解得越多，他的偶像地位就越发不可动摇。

鲜为人知的事实

我在 Instagram 上发布的第一张照片就是一张托尼用手几乎遮住了我整张脸的照片。他的手大得像是带了棒球接球手的手套。

"我不是幸存下来的，而是有所准备的。"

这是曼德拉对托尼提出的问题的回答。托尼当时的问题是："先生，那么多年的牢狱生活，您是如何幸存下来的？"

是否有一句名言指引着你的生活？

"我有一个信条：'生活中的种种事件都是为我们而发生的，而不是强行施加给我们的。'我们的任务就是发现这些事情带来的好处。唯有如此，生活方显精彩。"

简明扼要的几点内容

- "'有压力'是成功者用来代替'恐惧'的词语。"
- "失败者全靠临场反应，而领导者则会展望未来。"
- "掌控力并非来源于信息图表。你所得到的信息什么也不是。坚持去做一件事才是最重要的。"

托尼做出的最佳投资决策

托尼 17 岁时花了 35 美元参加了吉姆·罗恩的一场时长 3 小时的讲座。一开始，他很纠结到底要不要花这 35 美元，因为当时他当门卫的收入只有一周 40 美元。但是，吉姆给托尼指明了人生的方向。几十年之后，当托尼询问沃伦·巴菲特一生中做过的最划算的投资是什么的时候，巴菲特回答说是花钱参加了戴尔·卡耐基举办的一次有关演讲技巧的培训课程，当时巴菲特 20 岁。在那之前，巴菲特根本不敢在公众面前讲话。培训结束之后，巴菲特立即——这是关键所在——前往内布拉斯加大学奥马哈分校申请当老师，因为他想让自己不断提高演讲能力。据托尼回忆说，巴菲特告诉他："对自己进行投资是你在生活中所能做的最重要的投资……没有什么金融方面的投资能比得上这种投资，因为如果你掌握了更多的技术、能力、远见、本领，你就能拥有更大的财务自由……这些能力是实现财务自由的保障。"这一观点同吉姆·罗恩的那句名言有异曲同工之妙："如果你只把学到的东西当作知识，那你就是个傻蛋；如果你能把学到的东西用于行动，那你就会成为富翁。"

高质量的问题创造高质量的生活

有时候托尼会这样表述这句话："你的生活质量取决于你提出的问题的质量。"你提出的问题决定了你所关注的事物。大多数人——当然有时候也包括我——在生活中关注的通常都是负面因素（例如，"他怎么能对我说那样的话呢?!"），他们没有把握好生活的重点在何处。

太在乎"自我" = 承受痛苦

"我们的大脑差不多有 200 万岁了……这一历史悠久、留存至今的生存系统一直在你体内运行。无论你在何时遭受了痛苦，你的生存系统总会发挥作用。**而你之所以在遭受痛苦，是因为你太在乎自己了。**人们对我说：'我不是因为自己而痛苦，我担心的是我的孩子，因为他们没有成为他们应当成为的人。'这样说是不对的，这些人之所以痛苦是因为他们觉得自己辜负了孩子，其本质还是因为他们太在乎自己……痛苦来自三种思维模式：认为自己失败，认为自己不如别人，以及认为自己永远不会成功。"

> **作者**：上面我加粗的这句话外加另外一位朋友给我的建议改变了我的生活。我是在过了一段时间之后才明白了其中的道理的。我不认为自己是个自恋的人，（我秃顶、面色苍白，哪有自恋的资本啊！）但我还是想把这个建议当作我的每日练习，虽然我还没想好具体要怎么做。后来，在从我的朋友陈一鸣那里学会了"充满爱意的善良"这种静修方式之后，只用了 3~4 天的时间，我就觉得自己好多了。大家也可以尝试一下这种静修练习。

状态 → 故事 → 策略

我是在第一次参加托尼·罗宾斯的培训活动"激发内部潜能"时学到这个方法的。在我们第一期播客节目结束后，托尼邀请我参加了此次活动。同我从托尼那里学到的其他经验相比，我在过去的一年里思考最多的就是这一点。假如你现在看一下我的日记本，你就会发现，我连续几周都在日记本每一页的上方写下了"状态→故事→策略"这几个词，目的是提醒我自己按照该原则来行事。

托尼认为，当我们的情绪状态处于低谷时，我们只能看到问题本身，却看不到解决问题的方法。举个例子来说，如果你醒来后感觉疲惫不堪，而此时你想坐下来找到某个问题的解决方法，那是不会有任何结果的，你反而会感觉更糟。这是因为你在最开始时状态低迷，然后在试图找到解决方法时又因状态低迷而无法成功（原因在于你观察问题的视野受到了限制），然后你可能会自暴自弃。（例如，你可能会想："我就是这么没用！为什么我会这么紧张、思路不清呢？"）为了解决这个问题，托尼鼓励我们首先要把自己调整到"最佳"状态。这种情绪上的改善可以让我们进入一种"觉得自己能做到"的模式之中。只有处于这个模式，你才能考虑策略方面的问题，才能发现机会，而不是让自己陷入穷途末路。

把自己调整到"最佳"状态通常就像做 5~10 个俯卧撑或者进行 20 分钟的日光浴（参见后文里克·鲁宾）那样简单。即使我在前一天晚上做了十分剧烈的运动，在第二天早晨我也会做 1~2 分钟的健身操或者壶铃运动，为这一天调整好状态。之后我会具体介绍托尼是如何调整状态的。

现在我经常问自己："这个问题真的需要我认真考虑解决办法吗？还是说也许我只需要调整好自己的情绪就能解决一切了？"我曾经浪费了大量的时间记录一些所谓的"问题"，而实际上我需要做的只是在这些时间内尽快吃完早饭、做 10 个俯卧撑或者再睡上一个小时。有时候，你可能觉得自己必须要搞清楚生活的目的，但实际上你真正需要的只是一些澳洲坚果和一次痛快的冷水浴。

调整到自己的"最佳状态"

托尼会在早晨一醒来就快速把自己调整到最佳状态，以便迅速改变自己的生理机能——"我认为，如果你希望拥有辉煌的一生，那么你每天都必须让自己处于最佳状态。"这么多年来，托尼采用了许多调整状态的方法，其中的一些方法我也尝试过。这些方法包括：

>>> 冷水浴（我采用的是快速冷水浴，只需要 30~60 秒的时间）。

>>> 之后进行呼吸练习，每套练习 30 次，共进行 3 套。托尼采用的呼吸法类似于瑜伽中的鼻腔快速"喷火式"呼吸法，在此基础上，他又增加了一个动作：在吸气时双臂快速做顶部牵引动作，在呼气时胳膊肘下放到胸腔位置。

>>> 替代动作："边走边呼吸"。这是托尼过去使用的动作，我现在在外出

时依然会经常用到——随意走上几分钟，边走边进行气息调整，用鼻腔短促吸气4次，然后用口腔短促呼气4次。

下面的做法跟前面提到的有些类似。托尼会做9~10分钟所谓的"静修活动"。对此，托尼的理解与他人有所不同，托尼进行静修的目的是为这一天余下的时光调整情绪、提升状态。他把这9~10分钟的时间分成3部分，下面我简要介绍一下。

第一个3分钟："对3件事情表示发自内心的感恩之情。其中一件事必须是非常、非常简单的事情：比如迎面而来的微风、刚刚见到的云彩的影子。我不仅是想着要感恩，而且是让感恩之情充满我的灵魂，因为我们都明白，一个人在心存感恩的时候是不会生气的。你不可能在同一时间既愤怒又感恩。同样，在心存感恩的时候，你是不会恐惧的。你不可能在同一时间既恐惧又感恩。"

第二个3分钟："如果你愿意，那就聚精会神，感受上帝的存在，或者如果你有其他的信仰，那就依你的信仰来做。这种感受可以进入内心深处，治愈身心内的一切创伤，调整情绪，缓和人际关系，缓解你对金钱的焦虑。我将其视为一种万能的解决办法，利用这个办法，我感觉到自己更具感恩之心了，同时增强了信念，增加了激情……"

最后一个3分钟："集中精力思考自己要处理的3件事情，自己想办好的3件事情……将其视为已经完成，并想象那时的感受……"

"正如我已经说过的那样，你没有借口说自己拿不出这10分钟的时间。如果你连10分钟的时间也没有，那你也就没有人生。"

这让我想起了自己曾经从许多静修大师（比如拉塞尔·西蒙斯）那里听到的类似的说法："如果你拿不出20分钟的时间让自己静思冥想，那就表明你实际上需要两个小时的时间来静修。"

优秀投资人的 4 个共同特点

托尼曾经采访过世界上最优秀的一些投资人，并同他们建立起深厚的友谊，其中包括保罗·都德·琼斯（他曾经培训过保罗十多年）、雷伊·达里奥、卡尔·伊坎、戴维·斯文森、凯尔·巴斯以及其他多位投资人。这都是些很难采访到的投资"大鳄"，他们能持续地跑赢市场，尽管这被大多数人认为是不可能的。托尼根据自己从他们身上学到的经验写了一本书（《钱：7 岁创造终身收入》）。下面是他发现的几种模式。

1. 控制风险："这些人中的每一个人一心想的都是不能赔钱。我的意思是，这已经成为他们的信念了。"在提到理查德·布兰森时他写道："他对每一笔生意所提的第一个问题都是：'风险如何？我怎样才能规避这种风险？'比方说，在处理维珍航空的生意时（创办航空公司往往具有极大风险），他前往波音公司，想方设法同对方达成了一项交易：如果生意不好，那他可以返还所购买的飞机，并且对此不承担赔偿责任。"

> **作者：**布兰森尝试过各种零风险或低风险的活动。在其自传《致所有疯狂的家伙》（本书对临近大学毕业的我产生过巨大的影响）一书中，布兰森描述了他初次踏入航空行业的经历："我们当时想搭乘飞机前往波多黎各，但是预订航班被取消了。机场航站楼内挤满了滞留的旅客。我给几家飞机租赁公司打了电话，最终决定花 2000 美元租用一架飞机前往波多黎各。我用这一价格除以飞机座位数，然后借来一块黑板，在上面写下'维珍航空：飞往波多黎各，单程价格 39 美元'。之后我便在航站楼内兜售座位，很快就把这架租来的飞机的所有座位售空。当我们在波多黎各着陆时，一位乘客对我说：'维珍航空也不赖啊——如果能再提升一下服务质量，你们就可以开业了。'"

我们再回过头说一下托尼。"控制风险"也适用于用长远的眼光考虑费用和中间商方面的问题："假如我跟我的两个朋友都拿出同样数量的资金，投资回报率都是 7%，但一个朋友的费用是 3%，另一个朋友的费用是 2%，我的费用是 1%，如果我们三人都投入 100 万美元或 10 万美元，那么从长远考虑，花费 3% 的那个人最终会损失 65% 的资金……"

2. 不对称的风险和回报： "他们每个人也都会考虑不对称的风险和回报……简单来说就是他们都希望用最少的风险换取最大的回报，这是他们的目标……（他们不会去想）要用巨大的风险换取巨额回报。他们会想：**'我怎样才能不承担风险就获取巨额回报？'如果你也一直在问这个问题并且相信这个问题会有答案，那你最终就能达成这个目标。"**

> **作者：** 这里举一个不寻常的例子。凯尔·巴斯曾经购买过总价值为 100 万美元的 5 分硬币（大约 2000 万枚硬币）。为什么要这么做？因为它们的面值是 5 美分，但它们当时作为废金属的价值是 6.8 美分。这笔买卖让他转手就赚了 36 万美元。干得太漂亮了！

3. 资产配置： "他们丝毫不怀疑他们将来会犯下错误……因此他们确立了自己的资产配置体系，以确保自己成功。他们都承认，资产配置是最重要的投资决定。" 在《钱》一书中，雷伊·达里奥向托尼做了详细阐述："人们总是认为他们拥有平衡的投资组合，但实际上股票的不稳定性要超出债券的 3 倍还多。因此，如果你所谓的平衡是股票：债券等于 1∶1，那你实际的投资比例就是 9∶1，此时你面临的风险是非常高的。这就是为什么当市场下行时，你会被收割得一干二净……我向你保证，无论你在一生当中投资哪种资产，它的跌幅都会超过 50%，有时候甚至会达到 70%。这就是为什么我们必须要进行多样化投资的原因。"

4. 贡献： "最后一个共同点是：他们几乎都是真正的慈善家，他们不是表面上做做样子的慈善家……而是热衷于捐助活动。这一点千真万确。"

作者：其中一个典型的例子是罗宾汉基金会，该基金会由保罗·都德·琼斯发起创建，旨在解决纽约市的贫困问题。

* 在我提到"一记老拳"这个词的时候你想到的是谁？

在十几期的播客节目中，我曾问过我的嘉宾们这样一个问题："在你想到'一记老拳'这个词时，你心中想到的第一张面孔是谁？"10 次有 9 次，这个问题无果而终，因此我后来几乎就不再问这个问题了。但是在采访托尼时，事情发生了变化。面对这个问题，他停顿了很长时间，然后说道："一记老拳？啊，我想起来了！我曾经与奥巴马总统有过一次有趣的会面……"接着他开始描述同奥巴马总统的那次秘密会谈（你可以在我第 38 期播客节目的 42 分 15 秒听到完整的故事）。当时我在想："天啊，录音设备可千万别出故障。"他最后说道："我不知道自己是否说过'给他一记老拳'，但我的确想挥舞拳头吓唬他一下。"

* 托尼推荐的书

维克多·弗兰克尔所著的《活出生命的意义》（*Man's Search for Meaning*）。

威廉·斯特劳斯所著的《第四次转折：世纪末的美国预言》（*The Fourth Turning*）。［还有同一作者所著的《世代》（*Generations*），此书是比尔·克林顿送给托尼的礼物。］

卡罗尔·德韦克所著的《终身成长》（*Mindset*）（这是一部讲述为人父母之道的作品）。

詹姆斯·艾伦所著的《人如其所思》（*As a Man Thinketh*）（参见后文谢伊·卡尔）。

凯西·尼斯塔特
CASEY NEISTAT

凯西·尼斯塔特是一位纽约电影制作人和视频制作分享爱好者。他 15 岁离家出走，17 岁有了自己的第一个孩子。他靠着政府救济领取免费的牛奶和尿布，没有再向父母要过钱。

在过去的 5 年里，他的网络电影的浏览数量接近 3 亿次。他是 HBO 电影频道播出的连续剧《尼斯塔特兄弟》的编剧、导演、剪辑和主演。在 2011 年美国电影独立精神奖评选中，他凭借影片《长腿爸爸》荣获约翰·卡萨维兹奖。凯西的主要作品是他自己在互联网上独家发行的几十部短片，其中包括向广受好评的纽约时报短视频专栏的定期投稿。他还是 Beme 的创始人，这家初创公司致力于简化视频制作和分享的流程。

灵兽：雪橇犬

你所需要了解的一切都来自第二次世界大战

"我一直都在说，我对工作和生活方式的理解全部来自我对于第二次世界大战的研究。"

除了《马尔科西姆自传》之外，凯西最喜欢的书是约翰·基根所著的《二战史》。他把这部鸿篇巨制一页不漏地读了三遍。他至今还记得因为熬了一个通宵阅读此书，他身心疲惫，结果在上班期间出了状况。

《百战将军》是凯西最喜欢的一部电影，拍摄于"二战"期间。著名导演韦斯·安德森曾仔细研究过这部影片，你能够在他的电影中看到许多这部电影的风格要素。

* 凯西最喜欢的纪录片

沃纳·赫尔佐格的《小小迪特想要飞》是凯西最喜欢的纪录片，拍摄于1997年。该纪录片讲述的是一位美军战斗机飞行员的故事。这位飞行员在越南第一次执行任务时被击落，之后被关押在战俘营数年。这部纪录片会让你心悦诚服。每当你遭遇坎坷（或者认为自己处境艰难）的时候，看一下这部影片，你就会明白真正的"挣扎求生"是什么意思。

紧紧盯住那些让你愤怒的事情

2011年，凯西制作了短片《自行车道》，这成为他第一部爆红的影片。这部影片源自纽约市的一位警官给他发来的一张传票，原因是他在自行车道外面骑了自行车。这其实并不是违反规定的行为，但凯西没有前往法庭为50美元的罚款浪费半天时间的口舌，而是将自己的愤怒转化为行动，制作了一部视频，用更聪明的办法表达了自己的不满。

在影片一开始，凯西重复了警察的话：出于安全问题和法律方面的考虑，在任何情况下他都必须在自行车道内骑行。接下来凯西开始在纽约市内骑行，无论他遇到自行车道内的什么东西，他都直接一头撞上去，因为这些东西妨碍了人们遵守这一规定。在影片最后的高潮部分，凯西撞上了一辆的的确确停在自行车道中间的警车。

他的影片迅速爆红，发布的第一天浏览量就接近 500 万次。在一次新闻发布会上，布隆伯格市长不得不回答了该视频就这一规则提出的质疑。所以，如果你对自己的下一个项目要做什么犹豫不决，那就紧紧盯住自己的愤怒。

你做过的最离谱的事情是什么？

《发挥作用》这部短片的浏览量接近 2000 万次，它一直是凯西在 YouTube 视频网站上最受欢迎的视频。这部短片的拍摄起因是：2011 年，凯西已经在广告行业中取得了很大的成功，而他对此已感到十分厌倦。当时他正准备完成同耐克公司签订的 3 部广告片合同："前两部广告片已经拍摄完成，跟大家想象的一样，我在这两部片子里拍摄了身价过亿的超级体育明星。两部片子反响很好，我自己也很满意。但是在拍摄第三部广告片时，我对这种拍摄过程完全失去了兴趣。"

"9 点钟的时候，我给编辑打电话，说道：'喂，我们不拍这个广告了。咱俩一起去做我们一直想做的事情吧——带上全部的制作预算去周游世界，直到把钱全部花光为止，顺便把整个过程录下来，制作成相关的视频。你看怎么样？'他回答说：'你疯了吧！不过我加入！'"

《发挥作用》这部短片的开始部分是一段滚动字幕，上面写着："耐克公司要求我制作一部视频，内容是关于'什么才叫真正发挥作用'。我没有制作他们要求的视频，而是同我的朋友麦克斯一道周游世界，花光了全部预算。在 10 天的时间里，我们一直在路上，直到用光了所有的钱。"他们两人在这 10 天里去了 15 个国家。

《发挥作用》这部短片以最佳的方式表达了追求心中的梦想这个主题，而这恰恰是耐克公司拍摄这部广告的初衷所在。该视频最终成为数年时间内耐克公司发布在互联网上的浏览次数最多的视频广告。

作者：如何才能通过分享让自己梦寐以求的想法自行实现呢？事实上，这就是自 2004 年以来我打造自己的事业的方式。我的做法效仿了本杰明·富兰克林给出的那个广为人知的建议："假如你不希望自己尸骨未寒就被人遗忘的话，那么要么写一些值得一读的作品，要么做一些值得大家铭记的事情。"

YouTube 订阅数的拐点

凯西在自己的 34 岁生日时决定每天录制视频博客并发布到 YouTube 上，自此，他的账号在 YouTube 网站上的订阅数急剧飙升，取得了巨大的成功。

人生哲学和每天的常规活动

"你终将认识到，你永远不可能是房间内最漂亮的人，最聪明的人，也不可能是受教育程度最高、最博学的人。在这些方面你永远不具有竞争力。但是，有一项是你可以一直竞争下去的——这也是成功面前人人平等的一个方面，那就是努力工作。你可以一直比身边的人更勤奋。"

凯西践行着自己的人生哲学。他每天早上 4 点 30 分起床，每周 7 天，天天如此。起床后他会立即投入于自己头天晚上录制的视频博客的编辑工作。

- 编辑工作通常在上午 6 点 30 分至 7 点完成。
- 上午 7 点至 7 点 45 分处理、上传和设计视频。
- 上午 8 点准时发布视频，一周 7 天，天天如此。

凯西会在上午 8 点之后马上开始锻炼，通常是跑步（13~20 千米）或者到健身房健身。他喜欢一边锻炼一边收听流媒体音乐平台声破天（Spotify）中 Jonny Famous 的播客节目。

　　锻炼之后，他会在 9 点 30 分来到办公室，开始一整天的工作，然后尽量在下午 6 点 30 分离开办公室赶往家中，给孩子洗个澡。之后他会同妻子一起散步或休息大约一个小时，直到她 9 点左右准备上床睡觉。

　　之后，他就回到电脑前继续进行视频编辑，直到自己在电脑前昏昏欲睡，此时通常是凌晨 1 点左右。凯西一般会在沙发上睡到早晨 4 点 30 分，然后又开始周而复始的工作。

* 当你听到"成功"这个词的时候，你想到的是谁?

　　"我想到的是我奶奶。她老人家 92 岁去世。她是我心中的英雄，是我的缪斯，是我的一切。她从 6 岁时开始跳踢踏舞。当时她是个小胖妞，父母希望她做点儿什么来减肥，于是她开始学习跳踢踏舞并且真的喜欢上了这种活动。从 6 岁到 92 岁她去世的那天，她对跳踢踏舞的热情一直不减。她去世那天是星期一上午，而我们做的第一件事是给她的 100 多个踢踏舞学员打电话，告诉他们她当天没法上课了。

　　"衡量成功的最终标准是什么? 在我看来，并不是你花了多么长的时间从事你喜欢做的事情，而是你花了多么少的时间从事你讨厌的事情。

　　"而这位女士每天都把所有的时间都花在了她喜欢的事情上。"

摩根·斯珀洛克
MORGAN SPURLOCK

　　摩根·斯珀洛克是一位获得过奥斯卡奖提名的纪录片制作人。他是一位高产的作家、导演、制片人和个体实验爱好者。他的第一部影片《超码的我》首次公映于 2004 年的圣丹斯电影节，他凭借此片获得了最佳导演奖。后来该影片又获得了奥斯卡最佳纪录长片奖提名。

　　从那之后，摩根执导、出品、发行了众多广受好评的电视电影作品，包括美国有线新闻电视网的系列节目《摩根·斯珀洛克：内部人士》、固定电台系列节目《三十天》以及影片《奥萨马·本·拉登到底在哪里？》《魔鬼经济学》《史上最卖座的电影》和许多其他作品。

　　摩根最新的项目是创立了一家名为 Clect（clect.com）的公司。这是一个一站式社区购物网站，人们可以在这里浏览、销售和购买其所能想到的任何一种收藏品（星球大战周边、蓝精灵玩偶、漫画、用摩托车零件制作的"千年隼号"飞船等）。

灵兽：犀牛

"一旦你想搞出些花样，你的想象就会破灭。"

作者： 摩根这句话指的是服装道具，但也可以延伸到其他方面。

《超码的我》是如何诞生的

"当时我无所事事，坐在父母家的长沙发里发呆，然后我突然看到一则新闻故事，讲的是两个女孩起诉了麦当劳公司。这两个女孩说：'我们发胖、生病，这都是你们公司的责任。'我当时想：'真能扯啊，简直是疯了。你要起诉那些人，因为他们卖给你食物？你购买食物，吃掉食物，然后把责任归咎于他们？你怎么能这样做呢？'随后麦当劳公司的一位发言人站出来说：'你无法证明我们的食物同这两个女孩的疾病有关系，也无法证明我们的食物同她们的肥胖有关系。我们的食品既健康又有营养，对身体有益。'我当时在想：'我也无法证明你所说的是否属实……如果它对我的身体有益，那我岂不是可以连续吃上 30 天而不会遭受任何副作用的影响？'我记得我当时对自己说道：'对，我正是要这样做。'"

作者： 是否有某句俗话，或者是某句广为人知的话，你可以借助某种艺术形式用测试证明它是虚假的？另外，有哪些事情曾让你感到愤怒？
（参见前文凯西·尼斯塔特和后文惠特尼·卡明斯）

为自己喝彩

"图雷是一位优秀的作品评论家。他曾经给我讲过一个到歌手坎耶·维斯特家做客的故事……在坎耶家的客厅里，有一张坎耶的巨幅海报就挂在墙上。

图雷问道：'坎耶，你为什么在墙上挂这么大一张自己的照片？'图雷回答说：'是这样的，我必须在其他人为我喝彩之前首先为自己喝彩。'我当时想：'说得有些道理，这个回答不错。'"

故事胜过摄影技巧

摩根给有追求的电影制作人的建议是："如果故事精彩，那么影片质量可以有所牺牲……我可以忍受来回晃动的拍摄镜头，只要故事精彩，足够吸引我就行。"

"看着他兴高采烈的样子就好像在看猴子玩足球。" ——詹姆斯·卡梅隆

这是摩根最欣赏的名言之一。这句话出自《纽约客》杂志"极限人才"栏目对卡梅隆的一次专访。我通过彼得·戴曼迪斯与詹姆斯有过短暂接触，当时我们一起参加了一次零重力飞行体验活动。作为此次体验［目的是为艾克斯基金会（XPRIZE）募捐］的部分内容，我们都得到了电影《阿凡达》的开机纪念衫。圆领衫上用大号字体写了 3 行字："希望不是一种策略 / 运气不是一种因素 / 恐惧不是一种选择"。现在在某些重要时刻，我依然穿着这件 T 恤衫激励自己，比如在交稿的最后期限前全力以赴撰写《每周健身 4 小时》的时候。

勇敢地向他人展示自己的伤疤

"几年前我的一位朋友给了我一些很好的建议。他说，'你不要不敢展示自己的伤疤'，因为那就是真实的你。他告诉我必须要继续保持真我。我认为这是我所得到的最好的建议。"

* 摩根推荐的书

沙吉难陀大师所著的《现世薄伽梵歌——为现代读者评注》。

* 摩根最喜欢的纪录片

《越战回忆录》(埃罗尔·莫里斯执导)——许多嘉宾都推荐了这部纪录片。该片在烂番茄网站上的评分高达(令人难以置信的)98%。

《兄弟的监护人》(乔·伯灵格和布鲁斯·西诺夫斯基执导)。

《篮球梦》(史蒂夫·詹姆斯执导)。

《安然:房间里最聪明的人》(阿莱克斯·吉布内执导)。

我的晨间日记

历史中散落着无数个成功者（和失败者）每天坚持写日记的例子，成功的例子包括马可·奥里利乌斯、本杰明·富兰克林、马克·吐温、乔治·卢卡斯等。

那么他们到底写了些什么呢？

可能你看到过他们个人日记的摘录部分，然后你心中会这样想，"天啊，这读起来就像是《葛底斯堡演说》"，并因此变得灰心丧气起来。

在这一章，我将向大家介绍一下我未经编辑的晨间日记是什么样子的，并解释一下它的用途。

为什么这么说呢？

因为我的日记看起来非常凌乱，这可能会给你一些鼓励。大家很容易把自己的偶像想象成永远完美无瑕的神，认为他们每天早晨都能用利落的"精神空手道"克服不安全感。当然，这只是一种幻想。你在杂志封面上见到的大多数人在无数的上午也宁愿自己整天躺在被子下面。

假如你希望变得富有，无论是以金钱、时间、人际关系、轻松的睡眠或者其他任何事物来衡量，那么我下面要介绍的这个"精神雨刮器"可以帮助你相对轻松地实现这一目的。请听我仔细道来……

每天的努力

几乎每天早上，我都会调上一杯热乎乎的混合饮品，我一般会放姜黄粉、姜片、普洱茶和绿茶。然后，我会打开朱莉娅·卡梅隆所著的《创意，是一笔灵魂交易》（*Artist's Way*）的配套笔记本。

《创意，是一笔灵魂交易》这本书是编剧兼制片人布莱恩·科佩尔曼（见后文）推荐给我的，因此我应当向他表示感谢。但是我没怎么读原作，因为我对读更多的书不大感兴趣，阅读常被用来当作拖延时间的借口。我真正需要的是每天在进行创作前练习静修以提高自己的工作效率，比如举行一次茶道仪式。因此，你看，我买了笔记本。这个"伙计"提供了大量可以让我发挥的材料。

要讲清楚的一点是，我写日记不是为了催生"创作力"，也不是想要发现伟人的思想，或者是写下将来可以发表的散文。我的日记不是为别人准备的，只是为我自己准备的。

正如朱莉娅·卡梅隆所说的那样，晨间日记是"精神雨刮器"。这是我所发现的最划算的精神疗法。下面这句话引自她的著作的第 3 页：

"一旦我们把那些混乱的、令人发狂的、模糊不清的想法（说不清道不明的焦虑、紧张以及妄想）写到纸上，我们就可以用更清醒的眼光面对这一天。"

请再读一下上面这句话。它可能就是把想法写到纸上的最重要的作用了。即使你认为自己是个拙劣的作家，你也可以把写作当成一种工具。写作的好处有很多，即使没有人——包括你自己在内——会读到你写的内容。换句话说，写作过程要比写作内容更重要。

下面就是我的一篇日记，为了大家看得更清楚，我把它打出来了。

> 星期日，12 月 28 日，纽约
> 早晨 7 点 30 分我就醒来了，比家里其他人醒得早。这种感觉很棒。
> 今天是周日，所以我觉得今天可以放松一些。这可能也是我感觉不

错的原因。

　　为什么星期一或星期二就一定要有所不同呢？可能是因为有人总在等着我们吧。那就让他们等好了。

　　这很好笑——我们拼尽全力，就为了到达一个别人已经在等着我们到达的地方。为什么不是我们等他们呢？说到点子上了！

　　然而，当我们达到能够如此自负的程度时，就会有很多人络绎不绝地来敲门，一个接着一个，而这种压力远远大于自己当小兵时感受到的压力！（我不确定如何拼写"小兵"这个词。）

　　是不是因为接踵而来的人降低了你的自主意识，从而使你感觉到这么大的压力呢？你是不是感觉到自己只能在从别人提供的自助餐中挑选食物，而不能烹饪自己想吃的食物？

　　还是因为你感觉到自己必须要进行防御，保护自己所拥有的时间、金钱、人际关系、生活空间呢？

　　对那些一生都在通过进攻、攻击而"获胜"的人来说，防御与他们的本性会发生冲突。

日记的作用何在？

有两种方式可以解释日记的功效，且这两种方式并非互相排斥：

1. 我试图弄清问题，这可能会有所帮助

　　比方说：我发现了目标（在某一方面"成功"）和相关副作用（络绎不绝的来访者）之间的冲突，后者带来的坏影响会抵消前者带来的好处。我也注意到自己在生活中取得的那些巨大的成功多来自带有侵略性的积极进取。明星教练丹·盖博也有这样的特点。你可以去寻找一下那部名叫《顶尖对手》的纪录片（可能会很难找到），看一下他在里面那段史诗般的咆哮。但是，取得普通的成功所要克服的困难会让人觉得自己还是采取防御性的行动更好，或者说，与其争强好胜，不如循规蹈矩。但这违背了我的天性，会让我感到不

快。因此，我要么就舍弃那些需要"保护"的东西，要么就更好地担负起这些责任。

看起来分析得头头是道，我不可谓不聪明。但是或许日记的真正价值是……

2. 我只是把自己的一些胡乱的想法写到纸上，帮助自己轻松地度过令人崩溃的一天

如果你从这一章中学到了第一点和下面我要说的几句话，我认为我的目的已经达到了。

晨间日记不一定要解决你的问题，它只是用来让你把问题从头脑中拿出来，否则这些问题在这一整天都会像颗子弹一样在你脑袋中窜来窜去，造成破坏。

每天早晨在日记本上絮絮叨叨地抱怨 5 分钟能改变你的生活吗？

尽管看起来不可能，但我确信答案是肯定的。

里德·霍夫曼
REID HOFFMAN

里德·霍夫曼经常被高科技领域的业内人士称作"硅谷神话"。他们十分钦佩他的公司创建之道及其投资履历（曾投资脸书、爱彼迎、Flickr 网络相簿等公司）。里德是领英公司（LinkedIn）的合伙创始人和执行主席。该公司拥有 3 亿多用户，并以 262 亿美元的价格被微软公司收购。他曾担任过贝宝公司的执行副总裁，该公司被亿贝公司以 15 亿美元的价格收购。里德在牛津大学获得哲学硕士学位，并在那里担任过教授。

幕后故事

>>> 里德是我认识的最冷静的人之一。他之前的办公室主任曾讲过一些里德的故事：里德在面对他人的侮辱时曾轻描淡写地回应了一句"我十分愿意接受你的说法"，然后就接着去工作了。

>>> 里德在贝宝公司工作时被贝宝当时的总裁彼得·蒂尔起了个绰号，叫"救火队长"。

>>> 我和里德都是非营利组织 QuestBridge 咨询委员会的成员，他是委员会主席。QuestBridge 资助贫困家庭的优秀学生上一流大学的数量比所有其他非营利组织的总和还要多。QuestBridge 创立了一套独立的、标准化的大学申请系统，该系统已经被 30 多所一流大学接受，其中包括斯坦福大学、麻省理工学院、阿默斯特学院和耶鲁大学。这些合作使基金会能够采取一些更具创新性的资助方式，比如赠送笔记本电脑，并以赠品加倍作为学校申请成功的奖励。他们还向许多原本从没有想过能上大学的孩子提供奖学金。要知道，美国每年大约有 30 亿美元的奖学金被白白浪费掉了。这不是资助上的问题，而是生源选择上的问题。QuestBridge 在大学教育资助中的地位，就相当于奥克兰运动队的经理比利·比恩和影片《点球成金》在棒球运动员选拔中的地位。

里德的秘诀

"我认为最关键的一点是，我小时候经常玩阿瓦隆山（Avalon Hill）公司出品的棋盘游戏。每一种棋盘游戏都有一套复杂的规则和条件。"儿童时代，里德还阅读了卡尔·冯·克劳塞维茨和孙子的作品，这些都帮助他培养了战略思维。

对那些患有哲学恐惧症的人来说，他们可以从学习这位哲学家的著作开始

里德的建议是学习路德维希·维特根斯坦的著作。他曾经在牛津大学讲授过有关这位哲学家的一门课。"现代分析哲学的根本是语言……如果你正在同其他人谈论某个问题，并且试图取得进展，那你应当如何把语言作为一种有效的工具呢？语言发挥作用的方式是什么？语言没能发挥作用的原因又是什么呢？"

> **作者：** 一直以来我最欣赏的维特根斯坦的一句名言是："我的语言的界限就是我的宇宙的界限。"

你不一定总是从事艰难的工作

"我逐渐意识到，商业战略的主要部分就是专注于**解决最简单、最容易但最重要的问题**。事实上，**战略规划的目的之一就是解决最简单的问题**，因此，为什么你从事的是软件和二进制数字工作，其部分原因就在于物理上的原子研究真的是太难了。"

> **作者：** 上面加粗部分是我经常参照的原则。在对你的活动进行 80/20 分析（简单说就是：看一下哪些只占据了你 20% 的时间精力的活动 / 任务给你带来了 80% 的期望收益）时，你最终通常会得出一个很简短的清单。"简化"可以成为你日后的标准之一：这些最重要的活动中哪一个对我来说做起来最简单？你可以基于这种分析或提出这一问题来开创你的整个事业。

整晚思考

每天，里德都会把自己想要在晚上思考的问题记到笔记本上。下面的黑体部分是我认为比较重要的部分：

"哪些关键之事可能会**限制问题的解决，或者有助于问题的解决？我有哪些方法或资源可能用得上？**……当然，我认为我们大部分的思考都是潜意识的。我想要做的就是利用睡眠前的放松休息时间对问题进行思索，让想法自由迸发，并据此想出解决方法。"

里德可能会写下这样的内容："我想要思考的问题是：产品设计、公司战略、我投资的一家投资公司正面临的问题的解决方法。"或者是他想在下次开会前彻底解决的其他问题。

乔希·维茨金（见后文）也有类似的习惯，但他非常在意自己做笔记的时间——只在晚饭后、上床前。在乔希看来，睡觉前几小时的酝酿时间很重要，因为他不想在上床后还过于专注地思考问题。

乔希和里德两个人在醒来时的表现也很类似。里德会拿出 60 分钟的时间做下面的事情："起床后我做的第一件事情基本上就是坐下来思考前一天确定的问题，因为那时我最清醒，没有被电话和各种事情打扰。这是我拥有的最平静的时刻——空白状态。我会用这段时间针对某一具体问题最大限度地发挥自己的创造力。我通常会在淋浴前开始思考，这样一来在淋浴时我就可以继续思考这个问题。"

> **作者：**里德和乔希的经验促使我把下面这句名言写到了我的笔记本的上方："一定要有意识地带着问题上床睡觉。"——托马斯·爱迪生。

里德的其他事迹

速度是首要原则

"我们达成一致，我将代表上级对一系列问题做出我的判断，而不必向他请示。上级对我说：**'为了提高速度，我允许你出现脚步犯规的情况，只要犯规率不超过 10%~20% 以下就可以了，如果这样你可以进展得更迅速的话。'**在有了这样一个犯规率的限定之后，我感觉自己在做决定时变得信心满满，相当自由。"

> **作者：**在这里，"脚步犯规"是个比喻的说法，它本来指的是网球比赛中在发球时因双脚位置过线而受到处罚，这一犯规常常是由着急而引起的。

如何发现最优秀的员工或合伙人？

"你如何知道自己项目团队内部的成员是否优秀？如果有人没有一味地接受你交代给他们的策略，那么你就知道他们一定是更优秀的成员。因为他们能够根据自己对于执行细节的了解提出针对计划的修改方案。"

对于是否进行一项可能开销较大的行动，里德的判断标准是一个足够充分的理由——而不是多个理由

"比方说，我们曾经讨论过里德是否应当前往中国。当时中国分部正在开展领英公司的推广活动，那边会举办一些有趣的业界活动，并发行中文版的（由里德所著的）《至关重要的关系》一书——有很多不错的理由前往中国，但是没有任何单独一条理由足够充分。里德说：'我需要一条决定性的理由，然后根据这一理由来衡量旅行的价值。如果我去了，那么我们需要用所有其他的辅助活动来安排满整个行程。但是如果我因为多种理由前往中国，那等我回来时肯定会觉得这次计划很浪费时间。'"

彼得·蒂尔
PETER THIEL

彼得·蒂尔连续创建了几家知名公司（包括贝宝、帕兰提尔科技公司），他是一位亿万富翁投资人（首位投资脸书公司和其他一百多家公司的外部投资者），著有《从0到1》。他在品牌差异、价值创造以及竞争力方面的理论帮助我做出了人生中最重要的几次投资决定（包括投资优步、阿里巴巴以及其他公司）。

幕后故事

➤ 彼得是个知名的辩论大师。他在参加我的播客节目时，回答了我的粉丝提出的一些问题（这些问题在网络投票中获得了较多的票数）。大家请注意，他在回答之前多次对问题进行了改动，仔细审视了问题的问法是否正确。有那么几次，他对措辞的研究几乎跟他的回答一样精彩。

➤ 这份人物档案展示的是彼得的思维方式以及他所提出的能够为如何做千万个小决定提供指导的宏观层面的原则。他的每一个回答都值得多读几遍。在看过他的回答后，问一下你自己："如果我相信他说的，那我应该怎样将其用于我下一周的决定，以及接下来 6~12 个月的决定？"

* 你希望自己 20 年前对事业的理解是什么样子的？

"如果后退 20 年或 25 年，**我希望自己能够明白，我没有必要等待。**我上过大学，上了法学院，从事过法律和金融方面的工作，尽管时间都不长。但是直到我创办了贝宝公司，我才彻底明白我没有必要等待这么久才开始自己的事业。**因此，如果你计划在自己的人生中有所建树，而你计划用 10 年的时间完成它，那你应当问自己：为什么我不能在 6 个月内完成它？**当然，有时候，10 年的艰辛历程是必要的，但你至少应当问一下自己：这是不是你讲给自己听的故事，还是事实就是如此。"

* 失败在事业中有多重要？

"我认为失败被许多人高估了。大多数人遭遇事业失败的原因多种多样。当事业失败时，你常常无法从中得到任何收获，因为失败是由多种因素决定的，而且各因素的作用可能有所重叠，任意一个因素都有可能导致失败。你可能会认为失败是由因素 1 导致的，但事实上它可能是由因素 1~5 导致的。你的错误分析造成的结果是，你下一次创业可能失败于因素 2，以后还可能失败于因素 3，因素 4，等等。

"我认为事实上人们不能从失败中学到太多的经验教训。这一观点的确会对人们造成沉重的打击，消弭他们的士气。但我确实认为每一次创业失败都是一场悲剧，其中没有唯美的元素，有的只是惨烈的杀戮。但胜败乃兵家常事，失败不是用来教育人的。我认为，失败既不是达尔文式的适者生存，也不是成功的必然基础。失败就是一场悲剧。"

* 你认为影响未来的最重要的技术趋势是什么？

"我不喜欢谈论技术'趋势'，我认为一旦产生了某种趋势，那就表明已经有许多人在从事这一领域了。而一旦很多人都在从事某个领域，那就会产生大量的竞争，品牌间的差异就会变小。一般来说，我们都不希望成为某种流行趋势中的一员，不希望成为20世纪90年代末的第4家网络宠物食品公司，不希望成为近十年来的第12家太阳能聚能板制造公司，不希望成为某种趋势的第 N 家公司。因此我认为，趋势是我们应当避免的事物。与趋势相比，我更喜欢使命感，也就是说你正在解决的这个独特的问题并没有其他人在试图解决。

"埃隆·马斯克在创办太空探索技术公司（SpaceX）时，他给自己设定的使命就是前往火星。你可能同意也可能反对我将其称为'使命'的说法，但这个问题在 SpaceX 公司之外是没有人在试图解决的。公司里的所有人都知道这一点，这给了他们极大的鼓舞。"

> **作者：** 彼得在其他场合曾经这样写道："下一个比尔·盖茨不会创建操作系统；下一个拉里·佩奇或者谢尔盖·布卢姆不会研发搜索引擎；下一个马克·扎克伯格不会创建社交网络。如果你只是想模仿这些人所做的事，那你是不会从他们那里学到任何东西的。"

* 有人指责说你在批判大学和高等教育中的立场是虚伪的，因为你自己就是在斯坦福大学读的本科和法学研究生。对此你准备如何回应？

（背景介绍：许多人认为彼得是"反对大学教育的"，因为他设立了泰尔奖学金，"奖励 10 万美元给那些不想坐在教室里而总想尝试发明新事物的年轻人"。）

"我想人们总是能够找到这样或那样的反对理由。假如我没有上过斯坦福大学，他们也会反对我，说我并不知道自己错过了什么。因此我想，无论如何他们都可能对我产生不满。但我想说的是，我的观点并不虚伪，因为我从没有说过以偏概全的话。假如我说过人们不应当上大学，这的确是虚伪的表现。但实际上我说的是，并不是每个人都应当做同样的事情。如果一个社会中大多数有天赋的人都涌向同样的一流大学，最终学的都是同样的一些课程，从事的都是同样的一些职业，那这样的社会就不再有生命力了。

"这会让我觉得我们的思维缺乏多样性，认识不到人们可以从事多种职业，而这会极大地限制我们的社会以及那些学生的发展。如果让我回顾我在斯坦福大学上学的岁月，我当然会感到非常内疚。如果有可能，我希望能重新来过。如果我真的能重新来过，我会更谨慎地思考。我会问自己这样一些问题：**我为什么在这样做？我之所以这样做仅仅是因为可以得到优秀的成绩和考试分数吗？是因为我觉得这是一所名校吗？还是因为我非常渴望当律师？**

"对于这些问题，我有好的答案，也有不好的答案。现在我对自己的 20 岁时期所做的反思是，我当时太过沉迷于错误的答案了。"

* 你对未来教育的前景是怎么看的？

作者：这里节选的主要是彼得针对这个问题做出的回应的开头几句话，以及他对问题本身进行的更正。

"我不喜欢'教育'这个词，因为它过于抽象。我更喜欢'学习'这个词。我对文凭或者被称作'教育'的这种抽象事物一直持怀疑的态度。我觉得应该问的是这些具体的问题：我们学习的是什么？我们为什么要学习它？你上大学是因为这是一场为期 4 年的派对吗？这是一个消费决策，一个对于你的未来的投资决策，还是一个保险决策？或者你认为大学是一场锦标赛，你可以在其中击败其他人？一流大学真的像一家会员制高级俱乐部吗？我想如果能够冲破今天的教育迷思，那么在未来的教育中，人们应该可以更清晰、更坦率地谈论这些问题。"

（你可以在第 28 期节目第 17 分 24 秒的地方收听他的完整发言。）

* 你最希望改变自己或提高自己的地方是什么？

"这个问题一直很难回答，因为这就类似于在问我为什么还没有改进、提高自己。但我想说的是，在回顾自己的年轻时代的时候，我觉得自己当时过于追赶潮流，过于争强好胜了。如果你也十分好胜的话，那你在与人竞争的方面可能会做得很好，但其代价就是在其他事情上会失利。

"如果你是个好胜的象棋选手，那你可能象棋下得很好，但你可能会忽略发展其他方面的能力，因为你把自己的精力全用到了击败对手上面，从而忽视了那些重要的或者有价值的事情。因此我认为，这么多年来我已经清楚地看到了竞争的本质。我们还会遇到各种各样的竞争，我也不会假装自己已经摆脱它们了。**我所做的改变是，每天都去思考，'为了能让自己变得更加成功，我怎样才能变得不那么争强好胜？'**"

* 你在本科时学的是哲学。哲学与生意有什么关系？你在哲学方面的学习对你今天的投资和事业有何帮助？

"我不清楚正规的哲学学习有多重要，但是我认为对于根本性的哲学问题的讨论对我们所有人来说都很重要。所谓根本性的问题就是：'人们的共识是什么？真理又是什么？'人们认为达成共识的事情就是真理。共识或许正确，或许不正确。我们不希望让形成共识成为达成真理的捷径。**我们总是需要去质疑：这真的是正确的吗？我更常用下面这一间接问题达到自己的目的：'请告诉我某个正确的，但很少有人同意的观点。'**"

作者：彼得有时候也会向求职者提出这样的问题："你每天都要面对，却无人解决的问题是什么？"或者"尚未创建的伟大公司是什么样子的？"有时候，我会把他那个"很少有人同意但你觉得正确的观点"的问题改编一下，然后询问参加我的播客节目的嘉宾："有什么事情是你认为正确但其他人认为太疯狂的？"

7 个问题中的 3 个

彼得向所有初创公司的创始人推荐了 7 个可以用来问自己的问题。大家可以在《从 0 到 1》这本书中找到这 7 个问题，下面列出的是我经常回顾的 3 个问题。

有关垄断的问题： 你是从在小市场中占据大份额开始的吗？

有关秘密的问题： 你是否发现了其他人没有发现的独特机会？

有关营销的问题： 你是否不但有办法打造产品，而且有办法推销自己的产品？

"有价值的总是做得最困难的那
  部分。"
"你远比自己想象的更强大，
  因此要大胆地采取行动。"

赛斯·高汀
SETH GODIN

赛斯·高汀著有 18 本畅销书，其作品正被翻译成 35 种以上的语言版本。他的作品涉及思想传播、市场营销、战略转型、领导力以及对所有领域中的现状的挑战。他的作品包括《做不可替代的人》《部落：一呼百应的力量》《小就是大》、《紫牛》和《时不我待，机不可失》。

赛斯创办了几家公司，包括优达因娱乐公司和 Squidoo 知识分享网站。他的博客是世界上最受欢迎的博客之一。2013 年，高汀入选"直销名人堂"。最近，高汀通过众筹平台 Kickstarter 推出了一个图书系列（共 4 本书），引起了图书出版界的关注。此次众筹在短短 3 个月的时间里就实现了设定的筹款目标，成为 Kickstarter 历史上最成功的图书众筹项目。

灵兽：潜鸟

"信任与专注——这是后稀缺时代中的稀缺品质。"

"我们不能靠比他人更具服从性来取胜。"

> **作者**：我非常喜欢第二句话，我会在本书中再次提到它的。下一次我会多交代一些背景信息。

要做一个有思想的个体，而不是一个随波逐流的庸人

在提到说"不"和拒绝时，赛斯是这么说的："电话响了，许多人都想从你这里获得点儿什么。如果他们的要求与你的目标不符，而你却说'可以'，那么此时你的目标就被别人的目标取代了。当一个随波逐流的庸人而不是一个有思想的个体没什么不对，但是如果你选择做前者，那就不要奢望你能做出什么你希望做出的改变。"

"钱是有故事的……在讲述与钱有关的故事时，你的故事最好能让你自己感到满意。"

"一旦你衣食无忧，能够在养家糊口的同时有所富余，那么钱就有了故事。你可以跟自己讲述与钱有关的任何故事，但你讲述的与钱有关的故事最好是你自己喜欢的故事。"

如果你想出了足够多糟糕的主意，那么不错的主意可能就会自动出现

"那些想不出好主意的人在跟你实话实说的时候会告诉你，他们也想不出太多糟糕的主意。但是那些能想出许多好主意的人在跟你实话实说的时候会

告诉你，他们想出的糟糕的主意要比好主意多得多。因此，目标不是想出好主意，而是想出糟糕的主意，因为一旦你想出了足够多的糟糕的主意，好主意自然就会出现在你的脑海中。"

（参见后文詹姆斯·阿尔图切尔）

你记录的内容决定了你的视野——要仔细选择

"我们中的一些人十分幸运，生活得衣食无忧，应有尽有，但这些人会发现自己难以摆脱一个怪圈：一直在记录错误的事情。这些人记录了自己被拒绝过多少次，失败了多少次，被人伤心、出卖或让自己失望的全部次数。我们当然可以记录这些事情，但是为什么呢？我们为什么要记录这些事情呢？它们能让我们变得更好吗？

"是不是有其他记录起来更有意义的事情呢？比如记录所有成功的次数？记录我们冒险的次数？记录我们让他人快乐面对生活的次数？当我们开始这样做的时候，我们就可以这样来重新定义自我——成为能够对世界产生影响的人。我是在很久之后才弄明白记录什么内容掌握在自己手中这件事的。

"如果你记录的内容对你没有好的作用，那你为什么还要继续这么做呢？不要被动地记录，而是主动选择记录什么。如果我们能够深入发掘，找到不同的记录视角，那么我们就能够改变自己的人生了。"

"故事可以让我们欺骗自己，而这些欺骗又可以满足我们的愿望。"

作者：我们对自己讲述的故事有时只是一种自欺欺人。我自己采取的一种克制这一倾向的做法是——告诉自己"不要躲藏在故事里。"

尝试坐到另外一张牌桌前

"如果我们仔细思考一下人们的生活，就会发现大多数人把大部分时间用在了被动做出反应上，他们只会利用被分到手中的牌进行游戏，而不是换到另外一张牌桌，使用不同的牌进行游戏。他们没有尝试过改变他人，只是接受了自己被他人改变。我想说的道理是：所有能够听懂这一点的人所具有的力量都比他们自己想象的要多，但问题在于，你打算怎样利用这种力量？"

能否从事一份易如反掌的工作？

"如果你认为某项工作举步维艰，尤其是在初始阶段，那么有一种解决方法是这样的：'为什么不开始一份不同的工作呢？一份你做起来易如反掌的工作？'

"我的朋友琳恩·戈登是一位极富思想的杰出设计师，多年来一直从事玩具设计工作，并为带幼童的妈妈们设计婴儿用品。但美国所有的玩具公司都对她很苛刻，拒绝接受她的设计，拒绝同她进行任何正式的合作。我对她说：'琳恩，很明显，玩具公司不喜欢玩具设计师，他们没有同玩具设计师正式合作的意愿，不希望玩具设计师同他们联系。你不如跟我一起从事图书出版行业吧，因为图书出版业有许多拿着低薪但非常聪明的人，他们每天醒来的第一件事就是等着下一个想法出现在他们的办公桌上。他们会非常渴望购买你想要兜售的想法的。'结果在两个月的时间里，她设计出了著名的"52"儿童游戏卡片，并卖出了 500 多万套游戏卡片。"

从 10 人开始

从 2002 年至今，赛斯在自己的博客上发表了大约 6500 篇文章。如果他必须向人们推荐其中的一篇，那会是哪一篇呢？

"我最想向人们推荐的文章，是一篇名叫'首先，从 10 人开始'的文章。

这篇文章讲的是一条非常简单的营销理论，具体内容是这样的：向 10 个信任你、喜欢你的人宣传、演示、分享你的产品。假如他们没有告诉其他人，那就表明该产品不够好，这个项目不应当启动。假如他们告诉了其他人，那就表明你可以开始这个项目了。"

从细微处着手

"我的建议是，只要有可能，就问自己：我能够达成的最小的目标是什么？值得我付出时间的最小的项目是什么？我能够为其带来改变的最小的群体是什么？因为这一目标是你能想到的最小的，所以它很容易实现。但是设定最小的目标也有风险，因为如果你选择最小的目标，结果失败了，那此时你可能真的会遭受重大打击。

"人们都想选择大目标，因为我们喜欢大目标，感觉大目标更安全，也总有退路。但我想鼓励人们寻找小目标，并且寻找那种可以让人们发现你的存在的中等目标，同某一群体展开互动，保证自己身在其中不会产生太多的危机感。"

（参见后文 "1000 个真正的粉丝"）

"没有人会在身上文铃木汽车的标志，但你可以选择让自己的产品成为别人愿意文在身上的标志。"

这是赛斯针对铃木公司和哈雷－戴维森公司之间的竞争所阐述的观点。哈雷－戴维森公司在创立伊始就刻意打造了其特立独行的品牌形象。

"在生活中我几乎不量化任何事情。"

有时候我会担心，如果我停止量化生活中的事情，我就会失去竞争力。因此赛斯的这句话在我听来毫不做作，多年来他一直是我这方面的偶像。他鼓励我"戒掉"量化的做法，这很像我每 2 个月至少会用一周的时间戒掉一些非必需的行为习惯的做法。[例如，我在 2016 年 7 月休息了一个月，没有关注体重（体脂率）、社交媒体、网络以及通讯数据。]

我喜欢研究赛斯不会做的事，就像我喜欢研究他会做的事一样。赛斯不会评论自己的博客，不关注数据分析，也不使用推特或脸书。身处工具至上和沉迷社交媒体的世界中，赛斯似乎对这些并不在意。他只是专心地写好每天要发布的短小精悍的博客文章，对其他事情不予理睬，可他从来没有因此而逐渐消失在人们的视野中。所以说，没有放之四海而皆准的规定，你要制定适合自己的规定。

一些独到的见解

早饭

"另外一件我不需要特别做决策的事情是早饭，我的早饭经常是拿出冰冻香蕉、蛋白粉、杏仁奶、酸莓干以及核桃，让搅拌机做剩下的一切。"

烹饪课

"我太太让我参加了克里斯·施莱辛格的烹饪课，这是我参加的唯一一次烹饪课。在 20 分钟的时间里我学到的烹饪知识要比我在其他时间学到的都要多，因为克里斯从根本上教会了我如何思考要烹饪的食物，并且告诉了我两件事：（1）在烹饪过程中你必须随时品尝，但很少有人这样做；（2）食盐和橄榄油确实具有味觉欺骗性，它们是烹饪的秘密武器。"

Audiogon 网站

赛斯是个音响发烧友，尤其喜欢关注效果器，而且他更偏爱手工制作的过时设备。他通常会在 Audiogon 网站上购买这些设备，"在这里你可以看到这样一些人，他们在购买了新设备 6 个月之后就又把它们卖掉了，尽管这些设备完好无损"。

育儿建议

"还有什么事情比你的孩子更重要？请不要以忙碌为借口。如果你每天能拿出两个小时的时间抛开电子产品，一心照看孩子，同他们聊天，解决他们关心的问题，那么你养大的孩子一定与天天玩手机的人养大的孩子不一样。这就是为什么我每天晚上都做晚饭的原因之一：在一个美妙的、几乎没有干扰的场合，孩子们在这段时间里可以对你敞开心扉，而你可以同你在乎的人一起进行风险极低但非常重要的谈话。"

有关教育和教育孩子的观点

"父母迟早要担负起责任，把他们的孩子放在某种制度下接受教育。这样，孩子们不仅会被教育成一个契合当前体制的人，而且还要因接受这种教育而负债。父母需要做出决定……对于从下午 3 点到晚上 10 点孩子们都待在家里的这段时间——他们是在家里观看动画片《摩登原始人》，还是在家里接受教育，学习有用的知识呢？

"我认为我们应当教会孩子两件事：（1）如何领导；（2）如何解决有趣的问题。因为世界上许多国家的人们愿意服从领导，愿意拿着更低的薪水做更辛苦的工作。我们不能靠让自己比别人更具服从性来取胜，而是应当表现出卓越的领导才能或者与其他人相比更具备解决问题的能力……

"教给孩子解决有趣问题的方法，就要给他们有趣的问题，让他们去解决。如果他们失败了，不要批评他们，因为孩子们并不笨。如果每次他们试图解决有趣的问题时都有可能因为失败而被骂，那么他们就会为了得到表扬而去死记硬背教科书上的答案。我在孩子们身上花了大量的时间……我认为，能够看着一个对你充满信任、精力充沛、聪明伶俐的 11 岁的孩子的双眼，告诉他这个世界的真理，那将是一件非常荣幸的事。我们能够对这个 11 岁的孩子说的是：'我真的不在乎你的词汇测试考得怎么样，我只在乎你是否有什么话想对我说。'"

* **你相信的哪些事在别人看来是疯狂的？**

"我发自内心地认为人是有可塑性的，我这里用的是褒义：灵活变通，有发展空间。我认为一个人所有的特质几乎都是后天养成的，而非与生俱来的。这个观点之所以会让人感到不舒服，是因为这会让他们失去了逃避改正缺点的借口，但我真的确信这一点。"

* **赛斯最喜欢的有声读物**

齐格·金克拉所著的《定期实现目标》（*Goals*）、《动力源泉》（*How to Stay Motivated*）、《销售密码》（*Secrets of Closing the Sale*）："齐格是你的老师，是我的老师，也是托尼·罗宾斯的老师。如果没有齐格的话，我们没有谁能取得今天的成就。"

佩玛·丘卓的作品："我听的几乎都是磁带背面的内容。在那些旷日持久的艰苦岁月中，因为有了佩玛的作品，因为她传授的静修方法，因为学会了接受现实而非对抗一切，我的焦虑消失了，我的感觉也好了许多。"

《第一次飞跃》（*Leap First*）："受到齐格和佩玛以及我自己所做的一些工作的激励，我出版了这本书并将收入捐给了慈善机构。这是一本简短的有声读物，你可以在 Sounds True 网站上找到。"

罗莎蒙德·斯通·赞德和本杰明·赞德所著的《可能性的艺术》（*The Art of Possibility*）："……这是一本很难找到的有声读物，但它完全值得你花点儿力气去找一下。"

斯蒂文·普莱斯菲尔德所著的《艺术之战》（*The War of Art*）："这也是一本很难找到的有声读物。我发现斯蒂文的嗓音极具磁性，甚至在我认识他之前，我就已经非常喜欢听他朗读他自己的作品了。《艺术之战》就是这样一本书，至少对我来说，当我第一次接触这本书时，我的想法是：'我之前为什么不知道这本书呢？为什么过了这么久这本书才出现在我的桌子上？'……你需要明白自己害怕什么，为什么害怕，以及恐惧永远不会消失，你要让自己勇于接受需要终生与恐惧共舞这个事实。"

帕蒂·史密斯所著的《不过是孩子》（*Just Kids*）："这是帕蒂·史密斯录制

的最好的一部有声读物。这本书不会改变你的工作方式，但它或许能够改变你的生活方式。这是一本关于爱情、失败和艺术的书。"

戴维·格雷伯所著的《债：第一个 5000 年》（*Debt*）："我之所以推荐这本有声读物是因为戴维讲话时会不太清楚，省略太多，但听他念的有声读物则不会有这个问题，因为听不清楚的地方你可以反复听。"

蒂姆："所有这些书，从齐格到佩玛，再到戴维写的《债》，你认为我应当从哪一本开始看起，或者说你建议我从哪一本开始听起？"

赛斯："我认为，如果你现在感觉自己在生活中遇到了困难，那就听一下《艺术之战》和《可能性的艺术》；如果你现在感觉压力太大，那可以听一下佩玛的作品；如果你需要找到一条更宽的路，那就听一下齐格的作品；如果你希望被故事感动得落泪，那就听一下《不过是孩子》；《债》这本有声书收听起来是最接近阅读体验的，我认为你听这本书的次数不应超过 10 次。"

* 赛斯用不到 100 美元买到的最好商品是什么？

"我迷上了手工制作巧克力，我会把豆状巧克力做成条状巧克力。当然，你不必做成这样，但这是可以做到的。我就这样做了，我是一点一点开始学习做巧克力的。大约 1 年前，我曾经打算开办自己的巧克力公司，因为这并不太难。之后我无意中发现了另外几种品牌，他们比我做得好……我想重点提两家巧克力公司：Rogue 公司（来自马萨诸塞州西部地区）和 Askinosie 公司。目前我担任了哥伦比亚一家新锐巧克力公司 Cacao Hunters 的顾问。"

* 写给 30 岁的自己

"我 30 多岁的时候遭受了许多打击，而且这段时期持续了 9 年，因此我不会给 30 岁的自己任何建议。假如没有这些打击，那我也成就不了现在的我。我对现在的自己非常满意。"

小嗜好——制作咖啡和伏特加

　　赛斯不喝咖啡，也不喝酒，但他喜欢为家人和客人精心制作浓咖啡和伏特加。本书中几乎每一个人都有一些奇特的小嗜好，我发现赛斯对他自己的小嗜好的描述令人捧腹，而且他制作伏特加的方法也十分有趣。

　　"我们先从制作咖啡这件事说起吧。我不喝咖啡，我倒希望自己喝一点儿，因为我也需要有点儿'劣习'。但我喜欢制作咖啡。我不喜欢像某些人那样把每一种原料都计算得分毫不差，因为那不是我的性格——我喜欢凭本能制作上好的咖啡。以前我有一台高级的咖啡机，是那种大块头的全自动设备，一般人的厨房里是不会有的。后来当这台机器开始出毛病时，我就以一个合适的价格把它卖掉了，换了一台完全不同的机器——一台瑞士制造的、17 岁"高龄"的纯手工操作的咖啡机，你必须操纵手柄才能做一杯咖啡。

　　"我自己烘烤咖啡豆，这是关键。这一招是马可·阿蒙德（Tumblr 公司的合伙创始人、Instapaper 公司和 Overcast 公司的创始人）教给我的。如果你想自己做咖啡，那么自己烘烤咖啡豆比其他的步骤都重要。这里面有个隐喻，那就是你可以在后期再花时间进行调整，但不管怎样，在最开始使用正确的原料才是决定成败的关键。"

　　蒂姆："好的，那关于制作伏特加……"

　　赛斯："我家附近有个地方叫蓝山餐厅，位于石仓农场。过去这里是洛克菲勒家族的夏季别墅，现在则是一家不错的饭店。饭店内的酒吧（我也不喝酒，这是别人告诉我的）提供蜂蜜燕麦伏特加。我破解了制作方法，这种酒不是在蒸馏室制作的，而是在地下室制作的。制作方法是这样的，拿一瓶伏特加酒（酒不能太廉价，但也不能太贵，否则就有点儿不划算了），将其倒在大约 1 斤的普通燕麦片上，再加入半罐蜂蜜，将混合物放到冰箱里搁上 2 个星期，时不时地搅拌一下。最后过滤掉固体残渣，把酒倒回原来的酒瓶中，这样就做好了。"

＊ 最后给听众的建议

　　"明天给某个人发送一封感谢信。"

"事实上，我们每个人都会为了人生
中的二三十个问题感到痛苦不堪。
我尽量把它们都写了下来，然后分
享了我自己是如何努力从中恢复过
来的。"

詹姆斯·阿尔图切尔
JAMES ALTUCHER

詹姆斯·阿尔图切尔是美国知名对冲基金经理、企业家兼畅销书作家。他创立以及与人合伙创立了20多家公司，包括 Reset 公司和 Stockpickr（金融社交网络）公司。其中 17 家公司失败了，3 家公司为他赚得了数千万美元。他写了 17 本书，包括《拒绝的力量》（*The Power of No*）。我从没有见过哪个人能够像詹姆斯一样在如此短的时间里就培养出一大批忠心耿耿的读者。

> 灵兽：老鼠

作者：在我看来，上面引用的那句话解释了詹姆斯是如何从默默无闻发展到拥有数百万读者，且其发展读者的速度要比大部分作家要快得多。詹姆斯致力于探索自己的痛苦和恐惧，他在黑暗隧道的尽头向读者展示了光明所在，同时也没有忘却隧道中间的黑暗。在励志大师们强颜欢笑、自我吹嘘标榜的世界中，他的作品犹如一股清流，令人耳目一新。

从 2007 年开始，我最受欢迎的博客文章都是用时最少，但最直接地体现了内心痛苦感受的那些文章。在写这些文章时，我经常会问自己："我到底在狼狈不堪地与什么做斗争？我是如何做的？"

如果你想不出 10 个点子，那就去想 20 个

詹姆斯建议养成这样一种习惯：每天上午在小本子上写下 10 个点子。这一练习的目的是锻炼"点子肌肉"，培养自信心，随时做好迸发创意的准备。因此，习惯性的练习比想到的主意本身更重要。

"如果想不出 10 个点子怎么办？我这里有个神奇妙招：如果你想不出 10 个点子，那就想出 20 个……你可以给自己施加更大的压力。完美主义是点子肌肉的大敌……你的大脑会试图保护你免受伤害，阻止你想出令人尴尬、愚蠢，让你遭受痛苦的点子，而克服这一本能的办法就是强迫大脑想出糟糕的点子。

"因此，假如你为自己想写的书想出了 5 个非常不错的点子，然后卡壳了，写不下去了……那么此时我们可以去想一些糟糕的点子。比如，我们可以写一本名为"多萝西和华尔街的巫师"的书：多萝西在堪萨斯州遇到了飓风，飓风把她带到了百老汇和华尔街的交叉口。为了能够回到堪萨斯的家中，她必须尽一切努力在华尔街找到'华尔街的巫师'（也就是高盛投资公司的总裁劳埃德·布兰克费恩）。但找到他之后，他却给她提供了一份工作，让她担任高频交易员……真是一个糟糕的故事！好了，下面让我们继续思考另外 15 个点子吧。

"然后，我会把稿纸分成两栏，第一栏中列出的是各种想法，第二栏中列出的是首先要采取的步骤。请记住，这里列出的只是首要步骤，因为你不知道这一步会把你带往何处。我最喜欢的一个例子是：理查德·布兰森不喜欢自己乘坐的航班上的服务，于是他产生了一个想法——'我要创办一家新的航空公司'。一个没什么名气的杂志出版商如何才能创办航空公司呢？他的第一步

做法是：打电话给波音公司，看看他们是否可以租借给他一架飞机。没有什么想法大胆到让你连第一步都迈不出去。如果第一步看起来太艰难，那就把它简化一下。不要担心你的点子是否糟糕，你是在进行练习。"

> 作者："如果你想不出 10 个点子，那就去想 20 个"。事实证明这句口头禅非常有用。大约 1 年前，在参加《连线》杂志的会议时，我一边听创业家和创新者的演讲，一边绞尽脑汁，试图列出"自己能够做的最疯狂的事"。在列出了几件事情（比如"捐出自己的全部财产""卖掉自己的所有财产""彻底断网 6 个月"）之后，我卡壳了。于是，我决定采用詹姆斯的方法，放弃传统思维，变得更疯狂一些。结果我很快深入到"糟糕主意"的范围，甚至连"砍掉双脚"都想出来了，这都是什么馊主意啊！但是，随着列出来的想法越来越多，我想到了"无限期休公假"。结果这成了过去 5 年中我想到的最重要的点子之一（更多细节参见后文"如何在紧要关头说'不'"）。

举例说明詹姆斯的"每日 10 想"练习

詹姆斯的主意不全与工作有关，事实上它们很少与工作有关。他为此解释说："我们很难在一年的时间里想出 3000 多个与工作有关的主意，能想出几个与工作有关的点子就已经很幸运了。关键是你要享受这一活动，否则就不要做了。"

下面这些例子是詹姆斯列出来的，我用的是他的原话（为了节省篇幅做了适当删节）：

- 10 个能让某个事物旧貌换新颜的主意。
- 10 个关于发明创造的荒诞主意（比如智能马桶）。
- 10 本我想写的书（《为自己选择另外一种教育方式的实践指南》之类）。

- 为谷歌/亚马逊/推特等公司想出 10 个点子。

- 我可以向其转达自己想法的 10 个人。

- 我可以录制播客节目或视频的 10 个主题（比如，开设《与詹姆斯共进午餐》这一视频播客节目，在节目中我将通过 Skype 与嘉宾共进午餐，边吃边聊）。

- 10 个我可以摆脱中间人的行业。

- 10 件我不赞同，但其他人都非常重视的事（大学教育、房屋所有权、选举、当医生等）。

- 10 种利用自己在社交平台上发布的内容出书的方法。

- 我想要与之交朋友的 10 个人（然后想出第一步行动，与他们取得联系）。

- 我昨天学到的 10 件事情。

- 我今天可以采取不同方法做的 10 件事情。

- 10 种可以节省时间的方法。

- 我从某人那里学到的 10 件事情。这里所说的"某人"指的是最近我与之交谈过，或者拜读过其作品的人。我曾就此发表过博客文章，涉及甲壳虫乐队、米克·贾格尔、史蒂夫·乔布斯、查尔斯·布可夫斯基、超人以及《魔鬼经济学》的作者等。

- 10 件我愿意做得更好的事情（以及针对每件事可以采取的 10 种方法）。

- 10 件我童年时期感兴趣、现在做起来可能也会比较有趣的事情。（比如说，我或许可以创作自己自孩童时期一直计划要创作的一部名叫"古怪博士的儿子"的连环漫画。如果我真的打算这么做，那么我现在需要想出 10 个故事情节。）

- 想出对于眼前的某个问题的 10 种解决方法。这种做法曾无数次把我从给美国国税局惹的麻烦中解救出来。但遗憾的是，机动车管理局对我的这一"超能力"无动于衷。

一些其他的小建议

在某家报社工作了一段时间之后，他在谈到选择性忽视的重要性时这样说道：

"他们经常对你说：'寻找最让人们感到恐怖的事件，把它写出来。'对报社来说，每天都像是万圣节一样。所以我不再跟报纸打交道了。"

> **作者：** 许多富有创造性的人都不看报纸，包括金融专家纳西姆·塔勒布。

这个世界不需要你的解释。这是他关于说"不"的观点：

"我不再对任何事情进行解释。每当我产生想要解释的念头，比如我想说，'对不起，我无能为力，因为我那天要去看医生，我的确生病了，我周末把腿弄断了'，我都会阻止自己，然后简单明确地告诉对方：'我对此无能为力，希望你们一切顺利。'"

还没有发现自己的核心目标或者唯一使命？或许你无须这样做

"忘记目标之说吧，你没有目标也可以快乐地生活。实际上，对核心目标的苦苦追求已经毁掉了许多人的生活。"

如何在现实生活中打造你的 MBA

思考一下如何获取工商管理硕士学位（MBA）这件事对我来说很有趣。

很多人都想考 MBA，而原因是多方面的：你可以通过课程学习培养新的工作技能，打造更好的商业社交网络，或者——最常见的是——给自己放一个为期两年的假，并给自己的个人简历镀一层金。

先是在 2001 年，而后又在 2004 年，我两次因为上面这 3 个原因想要攻读 MBA。

在这简短的一章中，我将与大家分享自己攻读 MBA 课程的经验，以及我是如何在现实生活中打造自己的 MBA 的。我希望这一章的内容可以让大家综合考虑，比较现实世界中的案例同理论学习、未经检验的假设（尤其是涉及风险承受能力方面的）和商业活动的实质之间的关系。最终你会发现自己没有必要花费每年 60000 美元的钱去学习这些内容。

最后提示一下：我绝非有意要把自己塑造成一位投资专家，事实上我也不是什么专家。

起因

斯坦福大学商学院看上去是多么了不起啊！校园道路两旁绿树成荫，有着红色瓦顶的建筑掩映其间，这所大学一直是我心目中的一方圣地。

当我坐在彼得·温德尔的"创业与风险资本"课程的课堂中时，我想考取斯坦福大学商学院的梦想已经达到了一个狂热的地步。彼得曾经在财捷集团的初创阶段就对其进行了投资。

在 30 分钟的时间里，彼得教给我的关于现实世界中的风险投资的内部消息比我之前阅读的所有这方面的著作中的内容还要多。

我欣喜若狂，踌躇满志地准备向研究生院提出申请。又有谁会不想这样做呢？

于是，我满怀热情地开始办理申请手续：下载申请表，参观整个校园，然后到其他课程的课堂上听课。

恰恰是这些其他的课程让事情发生了转折。一些课程精彩绝伦，是由具有丰富实践经验的知名人士讲授的，但是其他很多课程则是由具有博士学位的理论家讲授的，他们的语言晦涩难懂，并且会用大量的幻灯片作为辅助。其中一位教师用了 45 分钟的时间，一张接一张地播放写满公式的幻灯片，而其内容用一句话就可以概括了："如果你生产的产品质量糟糕，那么人们是不会购买的。"我不需要有人用数据图表向我证明这一点，更别说用微积分把我搞得晕头转向了。

那堂课结束后，我找到带我参观校园的学生导游，向他打听这堂课同 GSB 的其他课程比较起来如何。他回答说："这差不多是我最喜欢的课了。"

我的商学院求学之路就这样终结了。

如何小赚一笔

到 2005 年的时候，我终于放弃了到商学院求学的梦想，但我依然渴望学到更多风险投资方面的知识。2007 年，我开始更频繁地同著名的硅谷风投家迈克·麦普斯共进午餐。他是 Motive Communications 移动通信公司（该公司首次公开募股总额达到 2.6 亿美元）的联合创始人，也是 Tivoli 公司（该公司以 7.5 亿美元的价格被 IBM 公司收购）的创始人。现在他是闸门基金（Floodgate Fund）的合伙创始人。

我们的谈话通常涉及几个主题，其中包括体能训练、营销计划（当时我刚推出了新书《每周工作 4 小时》）以及他当时关注的领域——"天使投资"。

与传统的风险投资相比，天使投资主要侧重的是向初创公司投入相对少量的资金——通常是 10000~50000 美元。用迈克的话来说，"初创"可能意味着某个只有两名工程师的网站，或者某个成功的创业家又想出了什么新点子。天使投资者通常具有相关领域的运营经验，被认为是"精明的投资者"。换句话说，他们对初创公司的建议和指导同他们投入的资金一样重要。

在同迈克吃了几次午饭之后，我创办了自己的"MBA"。

当时，我决定创办一个为期两年的"蒂姆·费里斯基金会"，以替代真正前往斯坦福商学院学习的机会。我并不会真的通过正规手续创办一个合法可行的基金会，只是制订一份计划，用自己的钱进行投资，就像是我有这样一个基金会一样。

斯坦福商学院的学费并不便宜。我粗略估算了一下，在 2007 年的时候，每年的学费大约是 60000 美元，两年下来总共需要 12 万美元。我打算合理利用"蒂姆·费里斯基金会"，在两年时间里拿出 12 万美元，将其分成 10000~20000 美元的几份，进行天使投资，也就是说总共投资 6~12 家公司。该"商学院"的目标是尽可能掌握关于启动资金、投资整合、简单的产品设计以及收购谈判等内容。

不过，课程设置仅仅是商学院的部分内容，另外一部分内容是拓展人脉，尤其是去认识创业公司投资领域中最精明的那些重要人物。商学院＝课程设置＋商业网络。

我个人创立的 MBA 最重要的特点是：我计划"损失"12 万美元。

我把这 12 万美元看作有去无回的学费，但同时也希望在这两年间学到的经验教训、结识到的各种人物值得我投入 12 万美元。这份两年计划是要有条不紊地花费 12 万美元，从中学习到经验，而不是为了获得投资回报。

请注意，我不建议他人模仿我的这种天使投资方法，除非你有下面这些条件：

1. 掌握明确的信息优势（可以接触到内部人士），让自己占据竞争优势。

我住在硅谷，认识许多高级总裁和投资人，因此我比世界上大多数人拥有更好的信息源。我很少投资上市公司，因为我清楚相关的专业人士掌握的方法和手段比我多。

2. 你丝毫不在乎损失自己的"MBA"基金。你一定要把赌注设定在自己的承受范围之内。假如可能造成的经济损失会让你有哪怕一点点的失望或沮丧，你也不能这样做。

3. 你曾经成功地创办过或者管理过公司。

4. 你可以把用于天使投资的资金数额控制在自己流动资产的10%~15%或者更少的范围之内。我赞同纳西姆·塔勒布投资学说中的"杠铃策略"，并据此把我90%的流动资产用于投入保守资产的类别，比如现金等价物，而把剩余的10%用于投机性投资，给自己一个利用"黑天鹅事件"赚钱的机会。

即使满足了上述条件，人们也会高估他们的风险承受能力。即使你只打算投资100美元，你也有必要研究一下你所面对的风险。2007年，一位理财经理问我："你的风险承受能力如何？"而我如实回答说"不知道"，这让他很迷惑。

然后，我向他询问他的客户通常会怎么回答，他说："大部分人会回答说他们可以承受一个季度最高20%的损失。"

我接着问道："大部分人什么时候会感到恐慌并开始抛售？"他回答说："当他们在一个季度的损失达到5%的时候。"

除非你曾经在一个季度损失过20%的投资，否则你不可能预测你的实际反应。同样的道理，如果你损失了100美元中的20美元，你可能感觉不到什么。但是如果你损失的是10万美元中的2万美元，你可能就会感到恐慌。绝对数值与百分比同等重要。

正如迈克·泰森极富传奇色彩的第一位助理教练库斯·达马托所说的那句名言："在被击中面部之前，每个拳击手都有自己的计划。"对于未来的天使投资者，我的建议是：前往赌场或赛马场，在你花光你拿来赌博的这笔钱的

20% 之前不要离开，你要眼睁睁看着这笔钱消失得无影无踪。

比方说，你打算进行一项 25000 美元的投资。那么，我会要求你在至少 3 个月的时间里有意损失 5000 美元——当然，不是一下子全部损失掉。这样做的关键是你要慢慢适应损失带来的痛苦，因为你想做的是投资，换句话说，你想做的是控制一件你自己无法控制的事情。如果你在一点点地损失了 5000 美元（或者你计划投资额的 20%）之后依然可以保持正常的心态，此时你就可以考虑进行自己的第一笔天使投资了。

但是，即使到了这一步也仍然要保持谨慎。在那些创投领域的知名人物之间也流传着这样一句话："即便你只想小赚一笔，你也必须有大量的本金，然后小笔小笔地进行天使投资。"

第一笔交易和第一次教训

我自己当时是怎么做的呢？我像个笨蛋一样匆忙出手，破坏了自己定下的规矩。

根据 Alexa 排名（请小心对待这种排名方法），当时有一家非常有前途的初创公司，其市值被严重低估了，只到其真正市值的 1/5。即使按照保守估计，我在其市值达到 2500 万美元时卖掉的话，我也可以轻松收回自己的全部投资额 12 万美元。

听到该公司的消息后，我非常兴奋，立马开出了一张 50000 美元的支票。迈克在同我喝咖啡时问我："就第一次投资而言，这有点儿冒进啊，你不觉得吗？"但这话没有起到任何作用，当时我的自我感觉好极了。其他的投资人也非常踊跃，这更让我坚信该公司即将大火。

结果，该创业公司在勉强维系了两年后就倒闭了，我因此损失了 50000 美元。我真是心疼啊！

遵守规定

第一个教训：如果你制定了合理的投资规定，那就要遵守这些规定。

下面这些规定后来被证明对我十分有效。请注意，我不需要在同一时刻遵守所有这些规定，但我的确希望能遵守尽可能多的规定：

>>> 如果该公司只有一位创始人，那么此人必须是技术专家。比较理想的是由两位技术专家共同担任公司创始人。

>>> 我必须主动想要使用该公司的产品。这一规定把许多大公司排除在外，但不管怎样，我想要的是我能够理解的经过检验的市场。

>>> 这一点同上一点有关：选择面向消费者的产品／服务（例如优步、推特、脸书等），或者针对某一具体领域的产品／服务（例如 Shopify 软件公司）而不是大企业开发的软件。对于这些产品或公司，我可以通过自己的平台向我的关注者推广它们，向我认识的记者介绍它们，以此直接地影响这些公司的价值。

>>> 这个公司要么有超过 10 万的活跃用户，要么有具有丰富创业经验的创业家作为创始人，要么有超过 10000 的付费用户。无论何时，我想做的都是锦上添花，而不是雪中送炭。

>>> 公司营业额／用户数月增长率超过 10%。

>>> 要有清晰的股权结构，负债极小（或者没有），没有过渡融资周期。

>>> 必须是位于美国的公司，或者愿意在美国创建实体公司的企业，比如创建于加拿大的 Shopify。

>>> 看一下公司创始人是否曾经做过蹩脚的服务性工作，比如在餐馆做过服务员或在饭店做过侍者。如果他们做过这些，那他们一般会在更长的时间内脚踏实地地工作。不耽于权力、不过分自大通常意味着能够做出更明智的决定，能够打造更具吸引力的公司，因为这些事物的形成或建立往往需要相当长的时间。

到 2010 年年底，我一直遵守这些规定，并且有幸进行了两次成功的投资。

第一个让我获利的投资对象是 Daily Burn 网络健身公司，该公司后来被 IAC 公司收购。这次投资至少保证了我那只为期两年的基金不会亏损了（前提是我没有把这笔收益挥霍掉）。关于 Daily Burn 公司，我想顺便提一句：除我之外，大部分他们找到的知名投资人都拒绝了他们，因为该公司的几位创始人都住在亚拉巴马州和科罗拉多州，而不是住在类似硅谷这种高科技中心区。迈克·麦普斯当时向我介绍了一条简单的经验法则，打那之后我将其运用到了许多交易中：**违背自己的原则，跟随知名投资人的动作进行投资往往收益不佳，但是当那些知名投资人都拒绝投资某家创业公司，而你在遵守了自己的原则的前提下仍然决定投资该公司，则往往会得到极佳的效果。**

第二次投资看起来可能有些不寻常。大家请记住：**学习相关技能才是我打造个人 MBA 的首要原因。**

我的第二次投资的对象是我自己的公司！在从天使投资中学到了不少有关交易结构和收购程序方面的知识之后，我变得愈发想要"出售"一家公司。根据我的所见所闻，这并不复杂。2009 年年底，我就把我的立迅思公司（BrainQUICKEN）卖出去了。这意味着，单凭这两次成功的投资，我攻读个人 MBA 的投资回报就超过了我的"学费"两倍还多。

在有些人看来，这点儿钱似乎微不足道（付出两年的努力才赚来 12 万~20 万美元），但是有两件事我要特别说明：

1. 卖掉自己的公司彻底把我解放了出来，让我可以专心于其他的事情，比如撰写《每周健身 4 小时》。这本书一举成为当年《纽约时报》的头号畅销书，给我带来了无数机会。
2. 上面提到的两次成功的投资并非故事的全部，仅仅只是个开始。

创业投资无法很快变现，它可能会套牢你的现金流长达 7~10 年的时间。这就是为什么大多数风投基金的"基金周期"是 10 年。一般来说，一家有潜力的初创公司能够在 10 年内取得巨大成功、达到首次公开募股或者被收购的发展阶段。换句话说，在相当长的时间里，你可能都无从知道自己的天使投资是好是坏，不知道自己的赌注会赢还是会输。

2007~2009 年间，我还下过什么其他的赌注呢？其中的一些最终发展成了后期投资，而不是种子投资或第一轮投资，因为我开始受邀参与下面的交易活动：

>>> Shopify（首次公开募股——我受邀担任顾问）

>>> 优步（结果待定，但很可能是我有史以来价值最高的投资）

>>> 脸书（首次公开募股）

>>> 推特（首次公开募股）

>>> 阿里巴巴，每股 9 美元（首次公开募股）

我在 2016 年撰写本书时，进行过 6~10 次其他成功的投资，也在"二级市场"销售过一些私有股。当创业公司需要进行新一轮融资时，它们有时候会将私有股票卖给现有股东以换取现金流。

值得一提的是，从 2008 年到 2010 年，我不得不调整自己的投资方案，因为我把起步投资资金由原来的 50000 美元主动改为了 12 万美元。

我给自己设定了下面这些额外的规定，这看起来似乎有些随意，但是它们帮助我过滤掉了 90% 的交易，并且帮助我避免了损失。一直到 2010 年，我一直遵循着这些规定。到了 2010 年，我的资本更多了，于是我开始（1）更倾向于投资现金，而不是投资时间（这样更容易衡量投资规模）；（2）采用与之前略有不同的规定，因为我有了更大的安全保障。

即使你没有兴趣进行针对创业公司的投资，你也应当给自己刻意设定一些规则，以防止自己做出具有破坏性的糟糕决定。下面这几个规则曾经帮助过我。

• 如果一家创业公司在融资后的估值能达到其在首轮融资前的估值的 5 倍，那么这项投资就应当能够保障你至少有 2/3 的基金资本不受损失

大部分创业公司都会失败，因此成功的投资需要能够补偿你在其他创业公司那里可能受到的损失。

举例来说，如果某家创业公司提供给你一个 15000 美元的投资机会，经过首轮融资之后，他们将拥有 150 万美元的"融资后"企业价值。如果我们采取这个"2/3"的规定，且你的基金总额（就像我从 2007 年到 2009 年给自己设定的基金）是 12 万美元，那么你不应当向这家公司投资 15000 美元，因为 15000×5 = 75000 美元，而 12 万美元的 2/3 是 80000 美元。因此，你要么增加一点投资，降低价值，要么就投入时间，为其担当顾问指导工作（下面将详细展开），如此才有望获得更多的回报价值。这里我还忽略了股权稀释方面的因素——对这方面知识的介绍超出了本书的范围，但该因素在大多数情况下都是存在的。

• 如果某家创业公司最终被收购时的市价是其当前融资后价值的 3倍，那它应当可以让你轻易赚得 30 万美元

这是我比较喜欢使用的方法之一，我经常以此来确定一家创业公司是否值得投资。尽管我可能喜欢某个创始人，但我不能用 7~10 年的时间做一份"兼职工作"，仅仅为了获得 50000 美元的回报。

比方说，某家创业公司"融资后"的企业价值为 300 万美元。如果我帮助他们把公司市值提高了 3 倍以上，达到 1000 万美元，那么，如果这家公司不再进行第二轮融资的话，我可以从中赚到多少钱？若结果是 50000 美元，这对我来说就不值得。考虑到投入的时间，做其他事情我可以赚到 5 倍的钱，因此做这笔交易就没有意义了。

从投资人发展到投资人兼顾问，再到顾问

假设你决定每年拿出 60000 美元用于天使投资，就像当年我在最开始还什么都不懂的时候做的那样，这意味着两件事情：

1. 很多公司都不能满足上述有关"保障 2/3 的基金不损失"或者"在市值

增长 3 倍的公司中赚到 30 万美元"的规定。而且你总共只能进行 3~6
次投资。

2. 一般说来，3~6 次投资不适合天使投资，因为大部分专业人士认为，10
家初创公司有 9 家会失败。

因此，你几乎不可能用每年 60000 美元换来一份满意的投资结果。特别
是，如果你像我当年那样大脑发热，在第一次投资时就投入了 50000 美元，这
就更不可能给你带来你期望的收益了。

下面是我的处理方法：

首先，我会向我选中的几家创业公司投入少量资金，理想的选择是像 Y
Combinator 和科技之星（TechStars）这样组织严密的"种子加速器"（之前被
称作"孵化器"）。然后我会尽最大努力为其拉来其他的投资。换句话说，我
想让公司创始人问他们自己这样一个问题："这家伙为了这么一点儿利益费了
那么大力气帮助我们，到底是为了什么？"这对确立增值型投资人的声望来
说非常重要——人们会了解到你是一个可以为了极少利益提供极大帮助的投
资人。

其次，凭借迅速建立起来的声望，我将同创业公司针对某些投资协议进
行磋商，但前提是他们要支付额外的咨询股权。"顾问"股权是分期支付给我
的（比方说在两年的时间里每个月得到总数的 1/24），这部分股权是我不必花
钱购买的。如果我没有履行我的顾问职责，创业公司随时可以停止支付。

最后，我实现了飞跃，变身为专职顾问。到了推行"蒂姆·费里斯基金"
第一年的年底时，我针对创业公司进行的 70% 以上的"投资"都是时间投资，
而不是现金投资。在该基金运行的最后 6 个月的时间里，我只为一家创业公司
开具过一张支票。

逐步从纯粹的投资者转型成为专业顾问使得我缩减了投资资本总额，增
加了手中的股权占比，充分发挥了那 12 万美元初始资金的作用——尽管我在
最初犯下过十分愚蠢的错误。我认为我这种逐步转型的做法也为创业公司带
来了更多的利益。

最终，创业公司成了给我下金蛋的鹅。在调研公司 CB Insights 公布的 2014 年 1000 名天使投资人排行榜中，我被列在了第 6 位。具有讽刺意味的是，我现在已经完全停止了天使投资，尽管它最终带给我的收入是我在写作和其他工作中获得的收入的 10 倍。为什么呢？答案后文再揭晓。

在讨论了这么多技术层面的问题之后，我们现在看一下适用于你的一些其他选择。

打造属于你自己的 MBA 项目

你如何才能打造你自己的 MBA 或者其他学习项目呢？下面有 3 个例子，其成本是假设出来的，具体的花费取决于项目本身。

- 创新写作方向的文学硕士——12000 美元 / 年

你如何才能通过每年花费（或者牺牲）12000 美元而成为世界级的创新作家呢？如果你以往的年收入为 75000 美元，这可能意味着你可以加入某个作家组织，向单位协商每周一休息（用来专心致志地起草小说或剧本），你所付出的成本是年薪减少 10000~15000 美元。

- 政治学硕士——12000 美元 / 年

同样，你可以每周拿出一天的时间担任志愿者，或者参加政治活动。规定自己每周读一本书，该书必须是乔治敦大学政治科学系研一课程的规定书目。

- MBA——30000 美元 / 年

你也可以每月花费 2500 美元，用于尝试实践不同的灵感，以此为自己制造自动递增的收入。参见拙作《每周工作 4 小时》，或者搜索 "muse examples Ferriss"，以此为起点。

小结

出于经济因素考虑，我建议大家致力于行动，而不是理论。

你要学着面对现实世界的挑战，而不是一味龟缩在学术界的象牙塔里寻求庇护。实际上，你可以掌控大多数风险。如果你真的去做了，你会得到巨大的回报。

其他学习资源

对于你们中的技术爱好者，这里也准备了一些资源，你们可以用这些资源来学习有关天使投资、创新技术公司或者选择合适的初创公司作为投资目标等方面的内容。

《风险投资交易》（作者：布拉德·菲尔德，杰森·门德尔松）。

风投黑客网站（venturehacks.com）：由纳瓦尔·拉威康特和巴巴克·尼维共同创建。这里免费提供了你所能想到的任何有关投资方面的内容，其中有些术语和标准可能有些过时了，但这部分内容不会超过 20%。其刊载的风投理论和策略还是相当正确的。

天使汇（AngelList）：也是由拉威康特和尼维共同创建的。它非常适用于发现投资机会，你可以在上面看到谁在哪些方面进行了投资，还可以为自己在快速发展的创新企业中找到合适的工作机会。我目前正在担任天使汇的顾问，你可以在 angel.co/tim 上看到我的完整档案。

"失败者有目标，胜利者有体系。"

斯科特·亚当斯
SCOTT ADAMS

斯科特·亚当斯是漫画《呆伯特》的创作者。这部漫画已被翻译成19种语言在57个国家的2000多份报纸上刊登。斯科特著有畅销书《咸鱼也有翻身日》、《上帝的碎片》和《呆伯特法则》。

灵兽：玩具澳大利亚牧羊犬

幕后故事

>>> 斯科特的母亲在催眠状态下生下了他的妹妹。这是医生提供的建议，她没有服用任何止痛药，也没有感觉到疼痛，整个过程中她都是清醒的。

>>> 纳瓦尔·拉威康特（见后文）曾多次称赞过斯科特博客中的短文《你成为更优秀作家的一天》，认为它提高了自己的写作水平。

斯科特喜欢的鲜为人知的漫画

• 《差评》(*F Minus*)

• 《珍珠猪》(*Pearls Before Swine*)

幽默的 6 种要素

斯科特认为幽默包含 6 种要素：顽皮、机灵、可爱、离奇、刻薄以及可识别性。要想取得幽默的效果，你的漫画至少需要两个方面的要素。

"我们举例说明。可爱通常指的是儿童和狗，离奇指的是不合常规。如果你了解漫画历史，那你就该知道《远方》(*The Far Side*)主要采用的就是不合常规的做法，因此你会看到动物说话。

"一旦动物开始说话，那么作者就占据了一个方面的因素，事实上，他开始了一场竞赛。如果你是个漫画家，你坐在那里说'我想我要画一部包罗万象的漫画，整个世界都是我的画板'，那么斯科特已经走在你前头了。他已经用到了离奇这个要素，同时，他让动物开始说话，并且采用的是人类的思维或情感，这就又使他的作品具有了'可识别性'的要素。

"我们来看一下史上最优秀的漫画作品。我想几乎世界上每个人都会提到《凯文和跳跳虎》(*Calvin and Hobbes*)。这里面有一只会说话的老虎，既离奇又可爱。并且，作者进一步发挥了《远方》中的一个创作手法，作为这部漫画的起点。在你开始阅读《凯文和跳跳虎》的时候，你已经看到了它可爱的一面，因为作者的插图令人着迷。而且，可爱要素不止一个——他的作品中有一个儿童和一只动物，很酷的那种动物。因此在他开始编写笑料之前，这部漫画就已经开始显现出幽默感了。之后，如果他再让这个孩子干点儿什么淘气的事情——有时候也可能是发生在任何人身上的任何坏事（'刻薄'），那就又涉及另一个要素了……"

三思而后行

"因为我创作的这个人物呆伯特（Dilbert）属于那种注定要孤老一生的人物类型，因此我想给他一条狗，这样他就有了交流的对象。我想让这只狗的名字同呆伯特的名字有着某种关联，因此狗伯特最初的名字是呆狗（Dildog）。"

蒂姆："呆狗这个名字能够通过出版审核吗？"（英文 Dildog 类似于 dildo，是"人造阴茎"的意思。——译者注）

斯科特："不能。好在我比较明智，认为这个决定不利于商业出版，至少对报纸来说是这样的，因为报纸的审核等级是'G'——大人小孩都可以看。"

"体系"与"目标"之间的比较

斯科特曾帮助我重新调整事业的关注点，用他的话说，就是要关注"体系"，而不是"目标"。关注"体系"涉及选择能带给你有用的技能或人际关系的项目和习惯，即使在外人看来这些项目和习惯可能会带来"失败"。换句话说，你的选择应当可以让你最终获得"成功"，因为你一直在积累能够用于之后的项目的资源。

从根本上说，"体系"可以这样理解，你可以问自己："我能够培养出哪些持久的技能或者人际关系"，而不是"我可以取得什么样的短期目标"。前者具有强大的滚雪球效应，而后者要么"成功"要么"失败"，没有鼓励奖这一说法。斯科特在其著作《咸鱼也有翻身日》中对此有过详细描述。下面是一个来自现实的例子：

"在刚开始写博客的时候，我的未婚妻经常问我，我的目标是什么。写博客似乎让我的工作量增加了一倍，而因此增加的 5% 的收入并没有对我的生活产生任何实质性的影响。这项工作看起来很愚蠢，似乎是在浪费时间。我曾经解释说写博客是在创建体系，但一直没有解释清楚。在此我再试着解释一次。

"写作是一种需要实践的技巧，因此我创建的体系中的第一部分内容就是培养自己经常练习写作的习惯。说实话，我不知道自己为了什么而练习，这也正是"它是体系的一部分而不是目标"的原因。我希望能由一个较低的起点（因为自己是个未经过大量实践的作家）一步一步向着高端方向发展（成为一名视野更开阔的有经验的作家）。

"我的体系中的第二部分内容是将写博客作为研究我的写作与得到的反馈之间关系的一种方法。我会撰写各种主题的文章，然后看一下哪些主题得到的反响最好。我还会用不同的'声音'撰写文章，包括具有幽默感的自嘲的声音、愤怒的声音、经过深思熟虑的声音、善于分析的声音、半癫狂的声音、具有攻击性的声音等。我的读者们表现得很好，他们会告诉我哪些声音有效，哪些无效。

"当《华尔街日报》关注到我博客中的文章之后，他们邀请我撰写一些特邀文章。多亏我的那些写作实践以及对于哪些主题能得到最佳反响的研究，这些特邀文章十分受欢迎。这些文章也没给我赚来大钱，但它们属于我的体系中公开实践的那部分内容。

"我为《华尔街日报》撰写的文章以及我在博客上公开的文章引起了出版商的注意，这种注意演变成了出书合同，而出书合同又催生了非常赚钱的演讲邀请——撰写博客的回报之日终于到来了！虽然之前我并不知道从写博客到以此赚大钱之间具体需要经过什么样的路径。在过去的岁月里，我的博客给我带来了无数的商业机会，让我可以向任何方向发展新的事业。"

作者：我的播客节目从没有打算要做大。在《4小时变身大厨》一书出版后，我已经筋疲力尽了。这本书将近700页，我当时想要好好休息一下，不再着手进行大项目。由于此前我接受过乔·罗根、马克·马龙、"天才呆子"播客以及其他重量级播客节目的采访，它们给我的体验很棒，因此我决定尝试开办6期的长篇音频采访形式的播客节目。如果6期过后我感觉自己不喜欢，那我就会放弃。我的想法是这样的：最糟糕的情况是，此次经历可以帮助我提高自己的采访技巧、迫使我提高自己的提问技巧、消除口头语病——而所有这一切都会对之后的项目有所帮助。一两次采访无法为我提供足够的学习经验，因此我有意地选择尝试 6 次采访，以此进行测试。结果，后来我进行了大约 200 次采访，播客节目也扩大到了现在的规模。

自我肯定法的神奇效果

我认为，自我肯定法的魔力在于细节。它属于那种看起来没什么作用但的确能改变命运的方法。我在参加了托尼·罗宾斯的一次活动之后，在生活中测试了斯科特的方法，关于这一点我在后文还要详细介绍。在此我介绍一下最初发生在斯科特身上的故事：

"我首先想说的是，我不相信'只要你积极地肯定自己，就会发生神奇的事情，世界就会发生某种非科学性的变化'……我使用过这种技巧，积累了一些经验，并且愿意与大家分享，下面就是我的故事……

"我当时 20 多岁，正在参加催眠培训班，学习如何成为一名专业催眠师并获得从业资格证。有一天，班上的一位女士对我说：'你应当尝试一下自我肯定法，我是从一本书上读到它的，可我不记得书名了。'所以在此我也无法告诉大家这种方法出自哪里，因为她没有告诉我。然后她说道：'自我肯定法是这样进行的：

"你只需要选择一个目标，每天采用一种具体的句式把它写上 15 遍，比如这样：'我，斯科特·亚当斯，将成为一名宇航员。'每天都这样做。之后，世界似乎就会以某种形式提供给你与此相关的机会，在你看来这些机会似乎是偶然现象，但无论偶然与否，这样的机会的确开始出现了。

"但我当时比较理智，我对她说，这似乎有点儿太浪费时间了，而且没有科学依据。但她还是说服了我，部分原因在于她是世界顶级高智商俱乐部门萨俱乐部的成员，并非蠢蛋一个。

"值得一提的有关自我肯定的事例有两次：第一次，我对自己说要成为排名第一的畅销书作家。在这之前我一本书也没有写过，也没有参加过写作培训班，只参加过一次为期2天的商业写作培训，就是这么个情况。而《呆伯特法则》后来成了排名第一的畅销书。

"曾经有一段时间我失声了（从2005年开始，原因是患上了痉挛性失声症），我有三年半的时间都不能讲话。这是我第二次采用自我肯定法。当时我对自己说的是：我，斯科特·亚当斯，将会口吐莲花、妙语连珠。当然，现在我意识到自己不可能做到口吐莲花、妙语连珠，但就我现在能站在这里接受采访而言，你可以发现自我肯定还是发挥了作用的。"

蒂姆："你是怎样践行这些自我肯定的想法的呢？"

斯科特："我会告诉你我是如何做的，但我非常肯定的一点是，我具体做了什么并不重要，我认为重要的是你的专注程度以及对所专注的事物的投入。我在上面提到的我第二次采用自我肯定法的故事，当时我只是在开车时在脑海中对自己说了那句话，但这个想法本身持续了大约3年的时间。我最初的做法是找一支铅笔或钢笔和一张纸，把同一个句子写上15遍，每天写一次。为什么我认为这样做有用呢？这有几种可能性。其中之一是我很久之前学到的（我不记得是谁最先提出的这个说法），你是否听过'网状激活'这个词？其基本思想就是人们在人群中很容易听到别人提及自己的名字。

"你会听到各种背景噪声：'嘟啦嘟嘟啦嘟，'蒂姆·费里斯'，嘟啦嘟嘟啦嘟'。此时你会想，在这么多噪声中我是如何听到自己的名字的呢？从本质上说，你的大脑无法处理环境中的所有事物，或者密切关注所有的事物。因此大脑最好的做法是设立一些小型过滤器。大脑会设立怎样的过滤器是由你关注的事物决定的，具体而言，它取决于你对什么事物付出了最多的努力……这就是你设立自己的过滤器的方式。你的过滤器以你的名义自动进行了设定，因为这是你最关心的事情。

"你可以利用这个观点，借助这些自我肯定的想法，让自己的思维和记忆专注于某件十分具体的事情。这可以让你注意到自己周围可能已经存在的相关的事。也就是说，你的过滤器本来被设定成对这些事物采取忽略模式，而你只需要通过记忆和重复等手段对其进行调整，增加过滤网的宽度，让另外一些事情渗透过来，你就能从背景噪声中注意到它们了。当前，某些科学理论可以为此提供支持……

"最终，我决定尝试这种自我肯定法：我，斯科特·亚当斯，要成为著名的漫画家。成为著名漫画家的机会是非常渺茫的——我想每年大约有 2000 人会向知名报纸杂志提交自己的漫画脚本，如果他们决定和你签订一份大的合作合同，这就说明你取得了重大突破。但他们可能只会在这 2000 人里挑选出 6 个人，在这 6 个人中，大多数人在签约后的一两年之内也不会成功。事实上，《呆伯特》可能是我最成功的作品，或者说是我近 20 年中最成功的作品之一。"

预测特朗普获胜

2015 年 9 月 22 日，斯科特·亚当斯在我的播客节目中准确预测到"10 个月之后唐纳德·特朗普将成为共和党总统候选人"。当时，他的判断被看成是荒唐可笑的。斯科特的预测是基于他对特朗普的"催眠"能力和深谙媒体之道的理解，而不是基于特朗普的政策。现在再讨论这个问题可能有点儿过时了，但在斯科特进行预测的过程中，的确有一些我们可以借鉴的经验：

"我们以特朗普参加的一次辩论为例。当时他没有做好充分的准备，随时准备信口开河。福克斯新闻频道的女主播梅根·凯利也认为事情肯定会朝着这个方向发展，因此她一开始就抛出了这样一个问题：'你是否讲过那些歧视女性的话？'换成其他任何一名政客，他一定会在台上被搞得灰头土脸，因为无论他给出怎样的回答都不重要……

"符合逻辑的回答可能是：'这取决于当时讲话的语境。'人们通常会这样回答，这是符合常规的。但是公众并不想听到这种解释，他们只想听到符合他们自己感受的回答，也就是当梅根·凯利提到那个歧视女性的人的名字时他们的感受。

"对于至少 20% 的观众来说，这一问题的答案他们在一开始就知道了。巧合的是，也正是这 20% 的观众很容易受到催眠。特朗普是怎么做的呢？这个问题一经抛出，他马上打断了她，张口说道：'那只是针对罗丝·奥唐纳。'诸位请注意，这就是催眠法。特朗普利用了一个差不多所有人都知道的新闻女主播作为他的限定对象以引起观众的直观想象，而他自己的核心受众已经对她有了负面印象。他们对罗丝·奥唐纳的负面印象要比梅根·凯利刚刚所说的内容更强烈，而且在他们的脑海中，想象也变得更加具体，这一点几乎是确凿无疑的。

"她出了 4 张老 K，而他直接来了个釜底抽薪，轻松地将其击败。他的做法很好理解，这是一种谈判技巧：抛出一个女主播就转移了所有人的注意力。他没有成为她计划中的性别歧视者——前一天他可能还是，而现在他变成了一个直言不讳的人。

"说到这里，我想大家都知道后面发生的事情，因为你们都看过报道。福克斯新闻频道的罗杰·艾尔斯加入了辩论，说道：'我们需要同唐纳德·特朗普讲和，因为局面要失控了。'唐纳德·特朗普同他和解了。你对这件事是怎么理解的？我想告诉你我的想法。我认为唐纳德·特朗普没有花一分钱就把福克斯新闻频道给争取过来了。因为，现在福克斯要是想请他参加他们的节目，就要看他愿不愿意了。他证明了自己不需要他们。"

> **作者：** 此时我向斯科特提到了特朗普经常用来堵住记者们嘴巴的一句话——"弄清事实再开口，[该记者的名字]"。他说这句话时语速极快，并且通常用于打断记者的陈述。

斯科特： "'弄清事实再开口'这句话就是我所谓的'抢占制高点'策略。乔布斯在解释'天线门事件'时采用了同样的方法，他轻描淡写地说了一句：'所有的智能手机都有各种各样的问题，我们在努力让我们的客户满意。'他用这两句话在不到 30 秒的时间里化解了一次眼看就要蔓延至全国的丑闻。"

晨间"信息填充法"——倾听身体的声音而不是思维的声音

为了尽量减少做决定带来的麻烦，斯科特会在醒来后按下闹铃，冲上一杯咖啡，每天吃同样的早餐：20克巧克力花生奶油口味的蛋白质能量棒。接下来就是了解各种新信息，为自己的漫画作品寻找灵感：

"在这一过程中，你会清空自己的头脑，然后用信息填满它。你可能会使用不同的说法来表示这个意思，但我知道你就是这样做的。清空头脑之后，再用新信息而不是旧信息填满它。我通常是浏览一下新闻，看一些自己不曾看过的内容。我不会反复地看昨天的问题，而是去看新的问题，考虑一个新想法。但之后你必须要从海量的新信息中发现值得着手展开认真调查的问题。我就是从这里开始利用"身体模式"的，我差不多每天都重复运用这一模式。

"这一模式的原理是这样的：你的大脑无法发现合适的信息切入点。我的意思是说，当我在思考阅览这些信息，让它们从我的脑海中滑过的时候，我监测的是自己的身体，而不是自己的思维。当我的身体发生变化的时候，我就找到了其他人也会关注的那个问题。"

> **作者：**B. J. 诺瓦克（见后文）也表达了类似的观点。这种身体上的反应——无意识的微笑、肾上腺素上升、内啡肽激增、情绪突变等——可以像"金属探测器"一样用于寻找优秀的素材。这需要长时间的练习，但它的确非常有效。

通过多元化的方法减压

当我问他"你会给30岁的自己什么建议"时，斯科特回答说：

"我30岁时接触不到大麻这些东西，因此我一直苦于找不到好的绘画主题。我从十几岁开始就面对处理压力的问题及与其有关的医学问题，因此我一直将学习如何消除压力视为第一要务。我有许多不同的方法用以避免压力，在这一点上我认为自己是世界上做得最好的人。许多方法与你看待世界的方式有关，其中大部分都与"多元化"有关。如果我有 100 个朋友，那我就不会担心失去其中的一个了；但如果我只有两个朋友，那我可就真的要担心了。我不会因为一个老板解雇我就担心自己丢掉工作，因为我在世界各地的报社中有数不清的老板。不担心压力的办法之一是要消除压力。我不担心自己的股票，因为我有多元化投资组合。多元化减压法对你生活中各方的压力几乎都能起作用。"

有关双重威胁或三重威胁的逻辑

在谈到"职业建议"时，斯科特提到了下面这些内容。出于版面空间的考虑，我对其略做了修改。这实际上也是我的想法，你会明白我为什么会提出这一问题。

如果你想过一种普通人的成功生活，那就不需要太多规划，只要别惹是生非，正常上学，找到一份自己喜欢的工作就可以了。但是如果你想取得非凡的成就，那你只有两条路可走：（1）在某一具体领域成为最优秀的人；（2）在两个或更多的领域成为非常优秀的人（位列前 25%）。

第一条路非常艰难，几乎不可能实现。能够在 NBA 打球或者能够推出白金唱片的人屈指可数。我甚至不会建议任何人对此进行尝试。

第二条路相对简单。只要你通过努力，就至少可以在几个领域中成为排名前 25% 的优秀人才。就我个人来说，我的绘画技能比大多数人都好，但我并不是真正的大艺术家。同尚未走红的普通喜剧演员相比，我的幽默高明不到哪去，但我比大多数人要幽默。问题的关键是很少有人能够做到不但画得好，而且幽默段子写得好。正是这两点的结合才使得我能够成为少数成功的人。如果再加上我的商业背景，那么情况就是：很少有漫画家能够理解我涉及的某个主题，如果他们没有经历过的话。

我一直建议年轻人要擅长在公开场合讲话（成为前 25% 的公共演讲者）。

任何人经过练习都可以做到这一点。如果你把这一特长同另外一个特长结合起来，那么你会发现，突然之间你就成了那些只掌握一种特长的人的老板。或者除了获得工程学位、法学学位、医学学位、理学学位或其他任何学位之外，你可以再争取获得管理学学位。这会让你在短时间内拥有领导者的视野，或者帮助你利用几方面的综合知识创办自己的公司。

资本主义奖励的是那些既稀有又有价值的人和事。你可以让自己变得稀有，具备两种或多种"优秀才能"，直到无人能与你匹敌……在你的综合技能中，至少有一种应当是沟通技能，无论是口头沟通还是书面沟通。这非常简单，就像学习如何比世界上 75% 的人更具推销能力一样。这是一种真正值得学习的技能。在此基础上，再根据自己的兴趣增加另一种技能，那么此时你就有了两种技能。因为对于第二种技能，你可以轻松投入足够的精力，达到前 25% 的水平。如果你还有能力掌握第三种技能，比如管理或演讲技能，最好也将其发展起来。

这条建议听起来好像没什么大不了的，但是在各个领域排名前 25% 的优秀人才中，你很难能找到一个不具备 3 种特长的成功人士。

作者：在很久以前，马克·安德森（见前文）就把上面提到的双重／三重威胁的概念称作"成为总裁的秘诀，所有成功的总裁都是这个样子的"（引用自斯科特的原话）。他重申，你也可以在学校里培养自己的综合能力，争取获得不同类型的学位组合，比如"工程学学位 + 工商管理学学位"，"法学学位 + 工商管理学学位"，或者"物理学学位 + 经济学学位"。

肖恩·怀特
SHAUN WHITE

　　肖恩·怀特是一位专业的单板滑雪运动员和滑板运动员。他曾两次获得奥运会金牌，并保持着世界极限运动会 15 枚金牌的纪录（以及 23 枚奖牌总数的纪录）。在《商业周刊》选出的最具影响力和最具市场价值的 100 名运动员中，肖恩排名第二。他是世界顶级单板滑雪系列赛（Air + Style）的多数股权控股方，该项赛事曾被称为"科切拉音乐节与极限运动的结合体"。

幕后故事

　　≫ 肖恩患有先天性心脏病，他心脏中的几处瓣膜闭合不严，需要多次进行开胸手术进行修复。在孩童时期，他曾多次因为用力过度而昏倒在足球场上。

　　≫ 我采访肖恩的那期播客节目是现场直播录制的，录制地点位于洛杉矶一家名为"吟游诗人"的酒吧，当时现场座无虚席。枪与玫瑰乐队也曾经在此演出过，并最终凭借此次演出同格芬唱片公司签约。

* 在参加奥运会之前你对自己说了什么？

"我说，'当这一天结束时，谁会在意呢？有什么大不了的呢？参加奥运会，我会竭尽全力，然后我会回家，我的家人都在等我……即使我全身心投入到奥运会的比赛中，又有谁会在意呢？'"

> **作者：**那句"然后我会回家，我的家人都在等我"是肖恩借用了安德烈·阿加西的话。我和肖恩都非常喜欢安德烈的《阿加西自传》，并向很多人推荐过此书。

克服同辈压力以及认识到"愚蠢"目标的价值

"我在日本参加'丰田杯'单板滑雪比赛的经历非常有趣。当时我持外卡参赛，自费前往，我母亲同我一起飞到日本。我们需要自己负担食宿等一切费用，而其他所有选手都是受邀参加的，路费与住宿费都无须自己负担。此外，他们到达那里后，每天还会得到一笔出场费，另外还会有高达 50000 美元的巨额奖金。

"比赛的前一晚，所有人都出去参加派对狂欢，而我还是个孩子，因此就和母亲待在宾馆里。等到了第二天比赛时，他们一个个都是宿醉未醒的样子。他们说：'跳是跳不起来了'——因为他们是单板滑雪运动员，所以——'这没啥意思，我们今天不想比赛了，只想简单做做样子，然后把奖金平分得了。'我飞快地计算了一下，心里想：'这哪儿行！这点儿钱还不够我们的机票钱。'于是我说：'我不想这样做，不想平分奖金。'

"他们讥讽我说：'你怎么只认钱……'我对此置之不理，说道：'我今天会滑得很好，我不想平分奖金。'当时会场里挂着所有比赛选手的巨幅头像照片，于是他们在我的照片上的眼睛里画上了钱的符号。我当时 15 岁，感到很害怕，我的偶像们都在攻击我。好在我最终赢得了比赛……赢得了 50000 美元和一辆汽车。我当时想的是：'我的天啊！我们该怎么办啊？'"

蒂姆："在面对来自同辈的压力时，你的勇气来自哪里？对一个15岁的少年来说，你的表现很不寻常，尤其当你的偶像突然开始攻击你的时候。这种勇气来自你的父母吗？还是说你一直就这么勇敢，或者说还有别的什么原因？"

肖恩："我坚持训练，投入了大量的时间和精力，我认为自己是最棒的单板运动员，而这些家伙却是有人花钱请他们去比赛的……你知道我当时是怎么想的吗？我当时想，这一天是属于我的日子，我不能让他们糟践这一天。我一直在朝着这个目标努力。你知道，我通常会给自己设定目标。每一个赛季我都会设定一个目标……通常是两个，一个非常正经的目标和一个有些滑稽、愚蠢的目标。"

蒂姆："比如？你能就两种目标各举个例子吗？"

肖恩："你会笑我的——因为这有些荒唐。我的一个目标是要赢得奥运会比赛，而另一个目标是看一看自己可以赢得多少辆汽车。因为当时作为比赛赞助商的汽车制造商喜欢拿汽车作为比赛的奖品。我当时状态良好，接连获胜，到赛季结束时我为自己赢得了9辆汽车，其中有铃木、沃尔沃、吉普以及其他的一些车型……之后，我把这些车都捐出去了，因为我需要为这些汽车交税。"

蒂姆："你现在还会设定这样的目标吗？"

肖恩："是的，这些目标都是随机设定的。参加温哥华冬奥会的时候，我的一个目标还是赢得奥运会冠军，而另一个目标是要穿着那种宽松的裤子比赛，是用美国国旗缝制的裤子。你听我说……我曾见过埃克索尔·罗斯（枪与玫瑰的主唱）穿着类似裤子的照片，他的裤子可能更紧一些，也更短一些。我当时想：'那种裤子我穿不上，但我可以穿条类似的裤子。'是的，这又是个愚蠢的目标。我对自己说：'如果我赢了，或许我可以登上《滚石杂志》的封面或者类似杂志的封面……'

"但这个目标很有意思，因为它给我减轻了许多压力。赢得奥运会冠军是个很高的目标，这个目标让我压力很大，因此能有其他目标来缓解这种压力是件不错的事情。比赛期间，所有的事情都相当紧张严肃，而这是我处理紧张和压力的方法。"

作者：肖恩最终穿着用美国国旗制作的裤子登上了《滚石杂志》的封面。

作为"局外人"的观点

有时候，当一个热点问题的局外人具有很大的优势——马尔科姆·格拉德威尔（见后文）在其著作《异类》中曾探讨过这一点。下面肖恩的这个故事也让我想起了理查德·贝茨（见后文）有关选择饭店的观点：

"我当时正在读《异类》，其中有关曲棍球运动员的故事以及此类体系中的反常事物让我很惊讶，我开始将其原理运用到我自己的生活中。当时我想，'我在加利福尼亚州南部长大，人们可能认为这对滑雪运动员来说是一个不利因素，但我没有看到任何不利之处。在南加州，一年的大部分时间，或者说冬季的大部分时间都是阳光灿烂、温暖如春的。'我们那里的冬天的确不像科罗拉多州或者佛蒙特州某些地区的冬天，因此我可以滑单板的天数可能是在其他地方长大的人的两倍或者三倍。

"想在大熊山和南加州的滑雪度假村建立公园的那个人也遇到了类似情况。那里的山很小，所以管理部门回复说：'可以，你想怎么做都可以。'于是这个人就开始建造那些完美的跳台和 U 形池。现在，他建造了世界一流滑雪比赛的全部赛道。他就是从这些山区起步的。

"你知道，当时他们不允许他在滑雪圣地阿斯彭建赛道，他们认为这会破坏那里优美的小径或其他景致，特别是他要建造的 U 形池上面有个类似牵引绳那样的 T 形梁。而我当时在想：'太棒了，我每年能滑这么多天是因为这里阳光灿烂，而我能在一天里往返滑这么多次是因为我无须自己解开安全带、徒步返回上面的起跳点。'我只需要做完动作，坐到椅子上，然后就会被运送到起跳点。我弄明白了一个事实：'我在这里可以进行别人需要数月的时间才能进行的集中训练，而生活在佛蒙特州或其他地方的人则没有这么好的条件，因为他们那里的气温在零度以下，而且他们还要步行返回起跳点，很快就会累得筋疲力尽。'

"你知道，当你感到寒冷时，你就不敢做一些挑战性的训练了，你就不会想到'我要试跳这个空翻动作'。在天气太冷时进行训练太恐怖了，你只想回家暖和一下。我所处的地方很少下雪，还有人在附近建造了一流的场地，因此……我从那本书中学到了很多有趣的东西，并将其运用到了自己的生活中。"

承接演出任务，寻找其他机会

"对我来说，音乐是件陌生的事物，因为我们家族中的其他人一点儿音乐细胞都没有……我在一次单板滑雪比赛中赢得了一把吉他，当时我想：'如果我能够在某个地方作为演出者参加晚会，演奏一曲该有多好？'就这样，我决定'我要通过练习成为一名吉他手'。

"我在一个名叫'坏东西'的乐队中担当主音吉他手。该乐队主要是由我与我一起长大的邻居中的朋友和我在洛杉矶遇到的一些才艺高超的伙伴组成的。我们开始创作自己的歌曲，也得到了一些演出机会。其中有一次我们受邀前往参加芝加哥罗拉帕露拉音乐节，当时我不禁说了一句：'伙计们，这可太棒了！'"

> 作者：听肖恩讲到这里的时候，我不禁发出了一声惊叹。

"别着急，呵呵……我们是去为儿童观众演出的。于是我说道：'我觉得只是去给孩子们演出也很棒！'因为我们知道自己无法登上主舞台演出，不是说仅仅因为我们被邀请去参加音乐节了，我们就应当得到在主舞台演出的机会。最终我们还是去了，尽职尽责地完成了演出。为孩子们进行的表演相当成功。接下来发生了一件十分不可思议的事情，就像电影中的情节那样。

音乐节格罗夫主舞台上的乐队决定终止表演，他们挂出了巨幅标语，上面写着'我们将不在此地展示我们的艺术'。他们的乐迷彻底捣毁了他们的设备，随后又发生了一系列疯狂事件。

"组织方四处寻找一支乐队可以到主舞台演出。我对他们说道：'我们就是一支乐队。'我就是这样说的——'我们就是一支乐队。'而他们说：'来，你们跟我们走。'我当时想：'上帝啊，这是我们的机会，我们应当抓住这个机会。'于是我们表演了我们有史以来最精彩的一套曲目。我们随机应变，应付自如，在台上表现得淋漓尽致，就像一直渴望上台演奏的吉他手终于得到了演出机会那样，梦想着在即将下台时所有观众齐声喝彩，要求再唱一曲。演出到达最高潮时——我与乐队的伙伴们面面相觑，他们说：'我们还有别的歌曲吗？没有了。'于是组织方说道：'那就把第一首歌再表演一次。'"

《五十层鸡》(*Fifty Shades of Chicken*)

这是肖恩推荐的书的名字。他没有丝毫玩笑的意思。我原以为这不过是个笑话，但此书在亚马逊官网上的书评接近 700 条，平均得分为 4.8 分（满分 5 分）。

品种细分法则

"在思想领域，为某个点子命名就相当于拥有了它。同样，如果你能
够命名一个问题，你就可以拥有这一问题。"

——托马斯·L.弗里德曼

　　我一直推荐创业者阅读阿尔·里斯和杰克·特劳特撰写的著作《市场营销
的 22 条法则》，无论是初次创业者还是想要推出新产品的成功企业家。"品种
细分法则"是这本书中我最经常复习的一个章节，我将这部分内容总结概括
如下。这本书首次出版于 1993 年，其中的一些参考资料有些陈旧，但法则本
身并没有过时。

品种细分法则

　　请问，第三个独自飞越大西洋的人的名字是什么？

　　如果你不知道伯特·辛克勒是第二个飞越大西洋的人，那你可能会觉得
自己根本不可能知道第三个人的名字。但其实，她的名字是阿梅莉亚·埃尔
哈特。

　　那么，阿梅莉亚是以第三个独自飞越大西洋的人而闻名的，还是以第一
个完成这一壮举的女性而闻名的呢？

　　在喜力啤酒大获成功之后，安海斯－布希公司本来可以说："我们也应当

引入一种进口啤酒。"但是他们没有。相反，他们是这样说的："既然我们有需求高价进口啤酒的市场，那或许也有需求高价国产啤酒的市场。"于是他们推出了米狮龙啤酒——第一款高价国产啤酒。很快其销量就达到了喜力啤酒的两倍。（事实上，安海斯－布希公司也引进了一款进口啤酒——嘉士伯啤酒。该啤酒在欧洲享有极好的声誉，然而在美国，这种啤酒从来就没有火过。）

米勒淡啤是第一款美国国产淡啤酒。进口商在该产品畅销 5 年后才这样说道："如果美国国内有需求国产淡啤的市场，那么或许也有需求进口淡啤的市场。"其结果是阿姆斯特淡啤的出现，该产品成为美国销量最大的进口淡啤酒。

即使你无法预见未来，也不要放弃希望。先找到一个让自己成为"第一人"的新产品，这没有你想的那么难。

在 IBM 公司在电脑领域大获成功之后，很多公司都涌入了这一领域，其中包括宝来公司、数据控制公司、通用电气公司、霍尼韦尔公司、美国现金出纳机公司（NCR）、美国无线电公司（RCA）以及斯佩里公司。他们被称为"白雪公主和 7 个小矮人"。

最后，是哪一个"小矮人"发展壮大，成为全球化的大公司，拥有 126000 名员工和 140 亿美元的销售额，并被称为"世界第二大电脑公司"呢？一个也没有。在 20 世纪 70 年代和 80 年代，仅次于 IBM 公司的世界上最成功的电脑公司是数字设备公司（DEC）。IBM 公司是计算机领域的龙头老大，而 DEC 公司是小型计算机领域的领军者。

许多计算机公司（以及公司老板）名利双收，原因在于他们遵循了一个简单的原则：如果你无法成为某个行业中的第一名，那就找到一个新行业，让自己在这个领域当老大。

Tandem 计算机公司是第一个涉足故障耐受性计算机领域，并开创了价值 19 亿美元的相关产业的公司。而 Stratus 计算机公司则紧随其后，成为第一个进军故障耐受性小型计算机领域的公司。

市场营销法则很难吗？不，它们相当简单。然而，在实践中运用它们就是另外一回事了。

克雷研究公司（Cray Research）把握了"最后的机会"，成为第一个涉足超级计算机领域的公司。而 Convex 公司参照前例，推出了第一款小巨型计算机。

有时候，你也可以通过创建新品种让一款失败的产品成为市场赢家。康懋达电脑公司（Commodore）原先只是一家生产家用电脑的制造商，并无过人之处，直到公司确定把 Amiga 作为其第一款多媒体计算机产品推出才开始发展壮大起来。

实际上，有许多不同的方法可以让你成为业界第一。戴尔公司是第一个采用打电话的方法推销电脑的公司，通过这种方法，该公司在竞争激烈的家用电脑领域占得了一席之地。

在推出一款新产品的时候，你应当问自己的第一个问题不是"这款新产品比竞争对手的产品好多少"，而应当是它"在哪方面处于第一"。换句话说，你需要问这款新产品"属于哪个品种的第一个产品"。

查尔斯·施瓦布开办的证券经纪公司在普通证券经纪领域并无过人之处，但它是第一家贴现经纪公司。

这一法则与传统的市场营销思维背道而驰。传统营销思维更关注品牌：我应当如何让人们喜欢我的品牌？但在这里，我请大家忘记品牌，从品种的角度思考问题。在谈到品牌时，潜在消费者会处于守势，因为每家公司都在谈论为什么他们的品牌更好。但涉及品种时，他们的包容性会更大一些，因为每个人都对新事物感兴趣，很少有人会对哪个品牌更好感兴趣。

当你处于某个新品种的第一这个位置时，你要做的就是加强推进这一品种。从根本上说，你没有竞争对手。数字设备公司告诉自己的消费者的是他们为什么应当购买小型计算机，而不是他们为什么应当购买 DEC 牌的小型计算机。

早年，赫兹国际租车公司（Hertz）销售的是租车服务，可口可乐公司销售的是提神饮料。当时两家公司的市场营销方法也都十分奏效。

同数字设备公司及其产品小型计算机非常类似的是，我创造了"生活方式规划"这一术语，并在《每周工作 4 小时》这本书中首次正式提出这一术语。下面就是这一术语第一次出现的语境：

> 新贵阶层是那些抛弃了滞后生活计划（长达 20~40 年的省吃俭用、凑合到退休的生活方式），并享受奢华生活的人，他们的财富是其现在拥有的时间和健康。这种生活方式是一种艺术，也是一种科学，我们将其称为"生活方式规划"（Lifestyle Design）……银行里有 100 万美元的存款并不是遥不可及的梦想，难以实现的是这笔钱理论上能提供给人们的那种完全自由的生活方式。那么问题就来了：在还没有 100 万美元的情况下，人们如何实现百万富翁所拥有的那种完全自由的生活方式呢？

我们可以采取一些方法、遵循一些原则来达到这一目的，比如进行金融套利操作、电子邮件分流方法、变相的奢华旅游以及"微退休"（我创造的另一个术语）等。

"生活方式规划"这个术语的发明，体现了为某种在过去需要几个句子才能解释清楚的事物贴上一个高度概括性的标签的做法。我并不想为这一术语申请商标保护，相反，我对其进行了广泛宣传，在媒体采访、重要会议、各类文章以及其他许多场合中传播这一概念。我希望这个术语能进入流行语行列，促使互联网乃至世界各地快速诞生大量"生活方式规划师"这样的团体。在《每周工作 4 小时》被脱口秀主持人杰·雷诺和系列喜剧《办公室》戏仿之后，这一广泛转播的效果马上就达成了。其副作用是（至少在该书出版的第一年里），每当有人使用或定义"生活方式规划"这个术语时，他们都会提及我的名字或者《每周工作 4 小时》这本书。因为我是这一想法的主人，拥有这一思想"品类"，尽管我没有为其注册商标。当然，目前来说，这一术语已处于自由生长的状态，开始有了自己的生命力，而脱离了我的掌控。在撰写本书时，在谷歌搜索引擎上搜索"生活方式规划"，其结果大约有 1460 万条或者大约 585000 条，这分别是省略了引号和使用了引号的搜索结果。

"我不是为了获得高价项目而进行艺术
　创作的，我是因为做了高价项目所以
　能够进行更多的艺术创作。"

蔡斯·贾维斯
CHASE JARVIS

　　蔡斯·贾维斯是创业者在线教育平台 CreativeLive 的首席执行官，也是世界上最成功的商业摄影师之一。他是哈苏大师、尼康大师和美国媒体摄影师协会大师里最年轻的当选者。蔡斯曾为耐克、苹果、美国哥伦比亚运动服装公司、美国户外用品连锁店、本田汽车、富士斯巴鲁汽车、宝丽来、红牛等许多知名品牌拍照。他以动感十足的运动和肖像摄影而闻名。CreativeLive 是一个在线教育平台，它为 200 个国家的 200 多万名学员提供现场直播的高清课程。所有的直播课程都可以免费观看，并可以购买下来留作以后观看。授课教师包括普利策奖获得者和多位商界名人。

灵兽：蜻蜓

幕后故事

≫ 蔡斯和里克·鲁宾是最早让我坚持冥想静修的两个人。

≫ 蔡斯也是第一个向我介绍莫斯科骡子鸡尾酒（由辣姜啤酒、伏特加、酸橙汁调制而成）的人。

≫ 我们第一次参观白宫时，蔡斯屡次被安保人员轰出草坪，因为他一直在寻找自拍的最佳角度。我真担心他会被射杀，这种担心是有法律依据的。因而在当天接下来的时间里，他一踩到哥伦比亚特区周围的草坪，我就高喊"离开草坪！"而他就会像猫见了黄瓜一样跳起来（大家可以上搜索引擎搜一下"猫和黄瓜"，你会发现买本书还是物有所值的）。

"创造力是无穷无尽的资源——你消耗得越多，拥有的就越多。"

这是蔡斯转述的马娅·安杰卢的一句话，他还讨论了创造活动和冥想静修是多么的相似。

蔡斯的第一笔生意

"我的第一笔生意源自我对滑雪的爱好。我从小就会滑雪，也会滑板滑雪，并且对此非常熟悉。我同许多滑雪运动员关系很好，拍了许多运动员使用制造商即将推出的新滑雪设备的照片，因为我也认识制造商和销售代表。如果你使用合适的设备拍了合适的人，那么制造商自然会找上门来……制造商看到了我的作品，他们与我取得了联系，获得了我的最终许可——我可不是毫无保留地授权他们使用，而是以一张肖像 500 美元外加一副滑雪板的价格出售使用权。

"我想我当时平均下来大概 1 小时赚了 10 美元。我心里想：'等一下，我只是和伙伴去滑了一两天雪就能赚 500 美元。我想复制这一做法，那我该怎么办？哪些方法有效，哪些无效呢？'……于是我开始反复出售照片使用权，并且每次都提高价格。"

从第一天起就走高价路线

"我入行的方法是把我首次被雇用的日薪定为 2000~3000 美元。我迫使自己高强度地工作，要求自己表现出最高水准。我是根据自己的付出收取相应的费用的，因为我已经做了相应的工作、相应的研究，并且我对顶级摄影师的收入也有所了解。我立马把自己归入他们那一类……将自己的身价定为一天 2000~3000 美元。

"他们（首个签约商）说：'好的，合同是 6 天的拍摄时间。'……我在脑子里默默地进行计算：这比我去年一整年赚得还多，而且我在下周就可以赚到这些钱。他们说：'这听起来不错，我们可能需要额外再加一天……'

"我说'我考虑之后会给你回话'（装得一本正经的样子），说完之后自己都感觉要吐了。这存在一定的风险……但这表明了我的目标：我知道自己想成为要价最高的摄影师，想少做一些无意义的工作，专做高端的东西。现在，我不想假装自己没有做很多工作。这就像一个准备了 10 年，然后一夜成名的节目……我吃饭时在摄影，呼吸时在摄影，睡觉时在摄影。（之后）当我终于能够开始用自己的手艺换来金钱时，我把我的要价定得很高。小提示：如果有人立马答应你的价格，那说明你的要价还不够高。"

> 作者：我和蔡斯在很多观念上一致，包括上面这一点。我原本不接受为播客做广告宣传，直到我的播客节目火爆到发布 6 周后每集播客的下载量超过了 10 万次我才接受。为什么？因为新手播客（我曾经就是）、博主和所有艺术家在起步阶段就总想着钱会让他们严重分心。对于播客行业来说：在最初的 3~9 个月内，你应该专注磨炼自己的技艺，把工

作做得越来越好。正如罗伯特·斯考伯最初告诉我们的："发布更优秀的内容是最好的网站优化方法"。

从根本上说，你有两个选择，大多数人会选择选项 A。

选项 A：你可能会浪费 30%~50% 的时间来说服几个小赞助商在项目初期做出承诺，然后止步于每集 3 万次的下载量，因为你忽视了创造性。如果你陷入草率签订的附属交易合同中的陷阱，事情甚至会变得更糟。

选项 B：你可以打一场持久战，等上 6~12 个月，直到你有了足够多的观众，达到每集 30 万次的下载量，并且每集都能吸引到 10 倍以上的订阅数，此时你就可以与更大的品牌合作，他们能够随着你的规模扩大为你提供相应的支持。请记住，欲速则不达。就我自己而言，每年 5 万美元和每年 100 多万美元的赞助给我带来的收益完全不同。

放大你的优点而非修补你的缺点

"每件事都是一个组合，在这个组合中你的作用是什么？就说我吧，我曾经与很多名人有联系，我有可能得到这些名人的照片而其他人则不能，因为这些名人会坐在我家的沙发上玩游戏……关键在于要思考一下：'我有什么独特的运气？我怎样才能想方设法放大它？'要放大你的优点而非修补你的缺点。

"如果你不擅长从视觉上捕捉事物，但你擅长讲故事，那么对于你自己的视觉艺术，你可以为其配上精彩的故事。当你走进美术馆，你可能会看到墙上的东西标价 1000 万美元，而你却看不出那上面是什么东西。然后你看了看旁边牌子上的介绍，这之后你就会评论道：'这个故事不错，我明白它为什么卖这么贵了。'"

标新立异，而不仅仅是更好

"安迪·沃霍尔、尚·米榭·巴斯奇亚（他把街头涂鸦带进了美术馆）和罗伯特·劳森伯格（涉猎广泛，痴迷于融合画法）都是 20 世纪 50~70 年代的纽约艺术家，我从他们身上得到很多启示，因为他们都喜欢标新立异……他们中有些人以创作艺术为主题创作艺术，在玩艺术的同时也在彻底改造艺术。

"如果放眼望去，其他所有人都在做某件事情，那么当其他所有人都在改变方式时，你会怎样改变？当摄影界的其他所有人都在改变时，我改变的方式是：记录下自己艺术学习生涯中的收获……10 年之后我的经验才被允许向大众公开，而我至今依然因为泄露行业秘密而遭到业界的诋毁。"

专业化是为目光短浅的人准备的

"在我的整个职业生涯中，一直有人告诉我：你必须专业化、专业化。我在追寻自己感兴趣的事情时很"专业"。关于极限运动我谈论过很多次，但我也谈论过时尚、霹雳舞以及各种不同的文化。我制作过电视节目，拍过广告，做过广告宣传，开过创业公司，还制作了第一个将图片分享给社交网络的手机应用软件。从我的个人发展史来看，我可能会被称为外行，但我能够接触到所有这些事情也就证明了它们在本质上是相互联系的。"（同时参考前文斯科特·亚当斯的职业建议回忆录。）

《人人都在晒，凭什么你出彩》

蔡斯和德里克·希维尔斯（见前文）都是《人人都在晒，凭什么你出彩》（*Show Your Work*）这本书的超级书迷，其作者是奥斯汀·克里昂。

丹·卡林
DAN CARLIN

丹·卡林是播客《专家看历史》和《常识》的节目主持人。《专家看历史》是我最喜欢的播客节目。约克·威林克（见后文）也是此播客节目的超级粉丝。（小建议：你可以从"可汗的愤怒"那期节目看起。）

不要害怕做你力所不能及的事

"如果说我从做播客中学到了什么，那就是不要害怕去做你力所不能及的事。"

作者：这与本书的思路相同。卡迈勒·拉威康特是纳瓦尔·拉威康特（见后文）的哥哥，他告诉我纳瓦尔曾经对他说过类似的话："如果我一直在做自己'有能力'做的事，那么我现在还在拿着扫帚到处扫地。"我也听人这样说过："外行建造了挪亚方舟，专家建造了泰坦尼克号巨轮。"为了提前消除人们对自己资历的潜在批评，丹几乎在每一集播客中都会说："请记住我不是历史学家，但是……"

"专家看历史"播客节目的起源

"过去我常常在餐桌旁给家人讲述自己经常在讲的故事，因为我一直在做一个有关时事的播客节目（《常识》），所以有一次我的岳母对我说：'你为什么不把你在吃饭时讲的东西也做成播客呢？'我说自己没能力做好：'那是历史，讲历史我不称职。我没有历史博士学位，不是历史学家。'但是她说：'我认为讲故事不一定需要博士学位。'对这个建议我认真思考了一番……自古以来大部分伟大的历史学家也都没有博士学位，他们也都只是讲故事的人。只要我不自诩为历史学家，只要我使用的是他们的作品就可以了……我可以讲述（历史中的）争议事件，然后我会说：'这是历史学家甲的观点，这是历史学家乙的观点。'结果，我吃惊地看到，听众都非常喜欢听这些所谓的'历史学'，也就是有关历史如何被记录、被创造、被解读的过程。他们喜欢听这些！因此，实际上我谈论的是不同的学说。我不是在编造这些东西，而是在借助真正的专家提供的素材来给你讲故事。"

作者：丹会在阅读各种各样经常相互冲突的历史故事时，围绕"这个故事的怪异之处是什么"这个问题的答案来构建他的播客节目。

"保持貌似有缺陷的风格"

"正如他们所说，我在广播中的声音总是特别大……我经常在激动之处喊得很大声，现在我仍然会这样。录音室的工作人员会说：'你需要在这个音量范围内讲话，否则你会搞砸电台的声音压缩器。'过了一段时间，我干脆为我的大嗓门写了几句简单的介绍（其他人在介绍我时也会为我朗读）：'这是丹·卡林，他说话声音很大……'或者其他诸如此类的话。

"那就是我的风格。'我是故意这样做的。事实上，如果你也这样做，那你就是在模仿我。'这其实就是在一定程度上接受自己的做法，并且告诉大家：'不，不，这没有什么不好，这是我的特点，老兄。我要保持这一风格——我讲话声音时而高亢，时而平和。如果你对此有何疑问，那是因为你不明白什么是独特。'一定要保持自己貌似有缺陷的独特风格，朋友们。"

* 你想给 25 岁或 30 岁的自己提什么建议？

"我还记得当年我作为电视记者从电视台走出来的情景。那段时间我在上夜班，之前一整天都在忙着准备故事，而到故事播出时，我对自己的工作还是十分不满意。我记得我是在午夜前后走出电视台的。那家电视台位于山顶，是一个美丽的地方。我记得自己看着外面的天空，想着：'唉，上帝啊！我什么时候才会喜欢这一切啊？我什么时候才能真正喜欢这份艰苦的工作呢？'我经常想起这一幕……我希望我能够回到过去并且对自己说：'不要为此感到焦虑，最终一切都会有办法解决的。'难道我们每个人不都想知道这一点吗？只需要未来的自己告诉自己一切都会好的，我就可以顺利度过自己 20 多岁的那段岁月。对我来说，20 多岁的那段岁月真的太不容易了……如果我真的能对那时的自己说出'别担心，一切都会好起来的'这样的话，……那我可能会减少许多焦虑和担忧。你知道，我天生就是个忧心忡忡的人。尽管如此，如果我真的跑去告诉我自己这些，那我可能就会放松对自己的要求，而结果就是理想可能永远不会实现。因此，这就是为什么你不能乘时光机回到过去，也不能消除当时的焦虑和担忧——你会把一切都搞砸的。因此，我不会回到过去对自己说些什么，蒂姆，因为那样的话我会搞砸我的未来。"

拉米特·塞西
RAMIT SETHI

拉米特·塞西 2005 年毕业于斯坦福大学，并获得了信息技术、心理学以及社会学的学士与硕士学位。他的个人财经博客已发展到每个月新增 100 万读者的规模，他还和 30 多名员工一起把这个大学时期的兼职项目变成了一个价值数百万美元的生意。现在，他的收益有时能超过每周 500 万美元。在充斥着具有可疑文凭的"专家"的财经领域，拉米特愿意分享自己的真实数据。

> 灵兽：普通楼燕

幕后故事

>>> 我和拉米特经常自嘲，因为我们出的书的书名听起来就极具欺骗性，我们既享受了真诚给我们的好处，也曾因此而遭人诟病。例如，《教你如何致富》和《每周工作 4 小时》都属于这种情况，书名令人过目难忘，但内容很难学以致用。

≫ 近 20 年来，每隔几年，拉米特就会读一读《艾柯卡自传》——一本由李·艾柯卡和威廉·诺瓦克共同撰写的传记作品。

关于"拉米特"这个名字的由来

"我出生时的名字叫阿米特，这是一个普通得不能再普通的印度名字。大约在我出生后的两天，我爸爸睡醒后翻过身，对我妈妈说：'我们不能给他起阿米特这个名字，因为这个名字的首字母缩写是 ASS。'这个故事最精彩的部分是，像那些真正的移民一样，我父母赶到医院，但不想付 50 美元的改名费，因此我父母对人家说他们忘记在我的名字前面加字母 R，于是就这样，他们免费给我改了名字。感谢我的爸爸妈妈。"

> **作者：**最近，我在相关的笔记中看到了拉米特的这段话："顺便说一下，我认为我跟你们说过，我的姐妹们 15 年来一直想养一只狗，但我们不能养，因为我爸爸会过敏。但是……我们最终发现我爸爸根本不过敏，他只是在撒谎，因为他讨厌宠物。"

邮件风格

"每个月我们都会发送数百万封邮件，我们公司大约 99% 的收益都是通过电子邮件产生的。

"（我的电子邮件）看起来就像普通的电子邮件……我不是 J. Crew 服装零售商——J. Crew 卖的是品牌，所以他们的电子邮件必须漂亮。我们的邮件看起来就像是——我给你写信是因为我想与你成为朋友……与大量的人成为朋友。这就是为什么我们的电子邮件看起来很简单。其实我们在背后做了很多的研究，但从表面上看……好像我只是简单地给你写了个短笺。"

作者：我停用电子邮件通信好几年的原因之一就是认为它过于复杂，难以理解。我不想制作精美的电子邮件模板，也不想发送精彩绝伦、值得刊登在杂志上的信函。拉米特说服我发送普通的电子邮件为我的"周五5连发"项目做宣传，这成为6个月内给我带来最大收益的行动之一。

拉米特的专业工具

- Infusionsoft 软件：为小企业实现销售和市场营销自动化的一款软件，尤其适合于"倾销型企业"。
- 视觉网站优化器：市场营销人员使用的 A/B 测试软件。

一位良师益友的建议

"策略很好，但策略会被商品化。"

作者：如果你理解了原则，那么你就能设计策略。如果你依赖于不靠谱的策略，那么你就会一直处于劣势。这就是为什么拉米特要研究行为心理学和说服力的原因，尽管后者看起来很难改变。他认为最具才华的书是安东尼·普拉特卡尼斯和艾略特·阿伦森所著的《宣传的年代》（*Age of Propaganda*）。他最喜欢的有关广告文案的书是一本老书：《罗伯特科利尔书信录》（*The Robert Collier Letter Book*），首次出版于 1931 年。

"印度人不打脸，老兄。我们不打架，只是在做拼写游戏。"

有一次我莫名其妙地问拉米特："你还记得最近一次被人打脸吗？"他用

上面那句话回答了我。

1000 个真正的粉丝

"凯文·凯利的《1000 个真正的粉丝》是对我影响巨大的著作之一，它鼓励我创作出真正有意义的文章，而不是重复使用其他现成的材料。我知道如果我有 1000 个真正的粉丝，那么我不仅能够充满活力地做我想做的事，而且能够把 1000 个粉丝变成 2000 个、5000 个、10000 个——这件事确实发生了。

"就我获得首批 1000 个粉丝这件事来说，你可以看看我的博客文章，这些博客文章往往很长很长（确实如此），有时候长达 15 页、20 页或 25 页……如果你的素材很好，且内容有吸引力，那么你写多长都可以……我的意思不是要'写得更长'，而是'不要担心长度问题'。

"其次，我不建议为别人撰写太多的推荐文章。不过我为你写过一次（《自动化心理学》）——撰写这篇文章花了我大约 20~25 个小时的时间。它很详细，包括视频及其他各种各样的内容。至今我还会问许多人：'你是从哪儿听说我的？'而他们会说：'哦，通过蒂姆·费里斯。'"

作者：为了宣传《每周工作 4 小时》这本书，我在 Gigaom 博客网站、Lifehacker 博客网站以及其他博客平台网站上使用了同样的名人推荐策略。

"98% 的材料我都是免费赠送的，而我的许多旗舰课程则相当昂贵。事实上，我收取的费用是我的竞争对手的 10~100 倍。"

作者：我效仿了拉米特的定价与销售方法。我很少卖昂贵物品，但是当我要销售的时候，我收取的价格是我的"竞争对手"可能收取的

> 10~100 倍。通常，我会用非常二元的方式划分自己的内容：要么免费，要么价格超高。

　　"免费"意味着把我所做的 99% 的内容免费（如播客节目、博客文章）或者接近免费（书）地提供给世界。我会写这样一些主题：（1）我喜欢、想要了解更多的主题；（2）我认为会吸引有才智的、有紧迫感的、富有才学的人的主题。后者就是可以超高收费的内容。

　　"超高收费"意味着：

》 在某些千载难逢的时刻，我会提供一份高价且极其有限的产品或机会，例如：一次只有 200 个座位的活动，每个座位售价 7500~10000 美元。我能通过一篇博客文章在 48 小时内将其销售一空，就像我在纳帕开展的以"打开和服"（意为"不正当竞争"——译者注）为主题的活动中所做的那样。当然，接下来你必须兑现诺言，让超高标价物有所值。我衡量客户满意度的标准是什么？如果参加活动的人成立的脸书群在 5 年之后仍然很活跃，那就说明这次活动成功了。

》 我利用网络和通过发布"免费"内容建立的通讯录来发现绝佳的、与内容生产无关的机会，如初创技术企业的投资机会。例如：更新《每周工作 4 小时》时，我在推特上通过自己的粉丝发现了 Shopify 公司。我从他们只有 10 名员工的时候，就开始给他们担任顾问。现在他们拥有 1000 多名员工，已成为一家公开上市的公司。当多邻国软件还处于内测阶段时，社交媒体的粉丝们就向我推荐了它，于是我在多邻国进行第一轮融资时就进行了投资。现在，多邻国拥有 1 亿用户，成为世界上最受欢迎的语言学习软件。

　　对间接的机会持开放的态度意味着我并非痴迷于兜售我自己的"东西"，我从未有过这种痴迷。我的人脉资源网（部分是通过写作建立起来的）是我的净资产。如果你想使自己的收入增加 10 倍而不是 10%，最好的机会似乎通常来自局外人的圈子。（以我为例：书 → 创业公司。）

列清单

我和拉米特都痴迷于列清单，并且都喜欢阿图·葛文德的一本名为《清单宣言》的书。我把这本书放在起居室的书架上，书皮朝外，以时刻提醒自己。阿图·葛文德也是马尔科姆·格拉德威尔（见后文）最喜欢的创新者之一。拉米特为他几乎所有的业务流程都列出了检查项目清单，他借助的工具是 Basecamp 软件。大家可以搜索"创业公司巴士指数"（entrepreneurial bus count），查看一篇有关为什么列清单能够挽救创业公司的好文章。

* "成功"一词让你想到了谁？

"我想到了我最近遇到的一个叫马克·布斯托斯的家伙。他有一个了不起的 Instagram 账户（@markbustos），他是纽约的一位非常高端的发型师，在一家顶级沙龙工作。一到周末，他就走出去为纽约市中无家可归的人理发，他把他给这些人理发的过程记录下来并写了一些有关他们的故事。我认为这非常了不起：一方面他是业内顶级的发型师，平时为名流客户服务。另一方面，到了周末——在他休息的那一天，他四处活动，为那些通常不会有机会接触到他的人提供服务。"

* 在过去一年里拉米特学习（或效仿）的两个人

杰·亚伯拉罕和查理·芒格

> **作者：**杰·亚伯拉罕是戴蒙德·约翰（见后文）的导师之一，也是《发现你的销售力量》（*Getting Everything You Can Out of All You've Got*）一书的作者。这是拉米特认为最具才华的著作之一。我经常向那些询问有关建立合资企业或合资公司的建议的人推荐杰的著作。

"好久不见……你发福了"

"如果你体重偏重，那么你（在印度）走下飞机后你家人会对你说的第一句话就是：'啊！你发福了！'"

> **作者：** 在美国，如果你想如此坦诚到忽略对方的感受，我建议你读一读我朋友 A. J. 雅各布斯在《时尚先生》杂志中发表的文章《我认为你发福了》。

1000 个真正的粉丝（修订版）

　　我曾经把凯文·凯利的《1000 个真正的粉丝》这篇文章推荐给了数百万人。本书中的许多嘉宾也这样做过。我经常这样说："如果你只想读一篇有关市场营销的文章，那就读这一篇。"这篇文章的大意高度概括起来就是："成功"没有多复杂，只要你在一开始能让 1000 个人非常、非常满意就可以了。

　　凯文原来的那篇文章有几处内容过时了，但他非常善解人意，专为本书的读者重新整理撰写了其中的核心概念。

　　我是在差不多 10 年前第一次读到他的那篇文章的，并因此得以在几十家企业中检验了他的思想。现在其中的很多企业都成了市值数十亿美元的公司。在这一章最后，我将补充说明我在实践中学到的重要内容和我的推荐理由。

凯文登场

　　我在 2008 年首次发表了这篇文章，当时这一思想尚未成熟，不够完善。在 8 年之后的今天来看，我原来的那篇文章的确需要更新了——由别人来更新，而不是我。在此我只是简要地重新阐述一下核心思想，因为我认为这些思想对于所有想要创业或者想要做点儿什么的人来说都是有用的。

——凯文·凯利

　　要想成为成功的创造者，你不需要太多的基础资源——不需要数百万美元的起步资金，不需要数百万的客户、顾客或粉丝。要想作为一名工匠、摄影师、音乐人、设计师、作家、应用软件设计者、企业家或者发明家谋生，你只需要有 1000 个真正的粉丝。

真正的粉丝指的是"愿意购买你生产的任何物品的粉丝"。这些铁杆粉丝愿意驱车 300 公里参加你的演唱会，愿意购买你出版的作品的精装本、平装本和有声读物，愿意在没有看到现货时就预订你的下一批雕像，愿意花钱购买你的精装 DVD 合集——尽管在 YouTube 网站上完全可以免费下载到，愿意每个月品尝一次你这个主厨的手艺，愿意购买你的作品的二次发行的高分辨率豪华版——尽管他们手里已经有了低分辨率的版本。他们会在谷歌上订阅与你的名字有关的谷歌快讯，在亿贝网上做书签标记，等待你的绝版书上线。他们会参加你的各种开幕仪式，请你签名，购买周边 T 恤衫、水杯和帽子，迫不及待地等着你推出新作。这些人就是真正的粉丝。

如果你有 1000 个左右这样的粉丝（他们也被称作"超级粉丝"），你就能通过你的理想职业谋生——如果你满足于谋生而不是赚大钱的话。

你需要满足两个标准：第一，每年必须创造足够的收益，平均来说，你要从每个真正的粉丝那里赚取每年 100 美元的利润。与其他行业相比，在某些艺术行业，这一标准比较容易满足。但是在所有领域中，这都是对创造力的极大挑战，因为满足现有客户的需要比较简单，但找到新粉丝则比较困难。

第二，你必须同自己的粉丝产生直接的联系，也就是说他们必须是直接付钱给你的。你必须得到他们所有的支持，而不是从唱片公司、出版商、制片厂、零售商或者其他中间商那里收取剩余的差价。如果你能够从你每个真正的粉丝那里每年赚取完整的 100 美元，那么你只需要 1000 个粉丝就可以每年赚取 10 万美元。对大部分人来说，这足以让他们生活下去了。

1000 个粉丝的目标远比 100 万个粉丝的目标可行。上百万付费粉丝的目标不太现实，很难达到，尤其是对刚开始创业的人来说。但 1000 个粉丝的目标是可行的，你甚至能够记住这 1000 个粉丝的名字。如果你每天能增加 1 个真正的粉丝，那只需几年的时间，你就可以有 1000 个真正的粉丝了。真正的粉丝是可以培养出来的。让真正的粉丝满意是件令人愉悦的事情，它可以让艺术家保持本真，专注于他们工作中与众不同的方面，保证真正的粉丝所看重的作品质量。

1000 个粉丝这个数字不是绝对的，我想强调的主要是其大致的数量级——比 100 万低 3 个数量级。每个人实际需要的粉丝数量需要根据情况进行调整。如果你只能从每个真正的粉丝那里赚到 50 美元，那你就需要 2000 个粉丝。（同样，如果每年你能从每个粉丝那里赚取 200 美元，那你只需要 500 个真正的粉丝。）或者说，如果你每年的生活费用只需要 75000 美元就够了，你也可以把粉丝数量的标准调低。再者说，如果你们是二人组合，或者你有个搭档，那么你的粉丝数量就需要加倍，比如需要 2000 个粉丝，依此类推。

另外一种计算每个真正的粉丝的资助费用的方法是争取每年赚取他们一天的工资。你有能力激励他们、满足他们，从而以此换取他们一天的劳动报酬吗？这个标准比较高，但想想看，全球这么多的人，你的目标只是其中的 1000 个，这样看来就并非不可能了。

当然，并非每个粉丝都是真正的粉丝。1000 个真正的粉丝给出的资助费用可能足以让你生活下去，而从每一个真正的粉丝那里，你可能会得到 2~3 名普通粉丝。大家可以想象一下这样一幅画面：真正的粉丝处于画面中心的同心圆之中，周围更大的圆圈里面则是普通粉丝。这些普通粉丝可能会偶尔购买你的产品，或者可能只购买一次，但他们这种一般性的购买增加了你的总收入，或许可以给你带来额外 50% 的收入。尽管如此，你依然希望把注意力放到真正的粉丝身上，因为真正的粉丝的狂热能够带动普通粉丝的消费。真正的粉丝不但是你收入的直接来源，也是你面向普通粉丝的主要市场营销力量。

粉丝、顾客以及资助人哪里都有，我们这里要讲的有什么新意呢？主要有几点：尽管同顾客建立直接的关系在过去是默认的营销模式，但现代零售业的优势表明，在 20 世纪，大部分创造生产者同顾客不再有直接关系了。在很多情况下，甚至连出版社、制片厂、唱片公司以及制造商都没能完全掌握诸如客户名字这样的关键信息。比方说，尽管在业内已经有数百年的历史，但纽约的出版社没有一家知道他们那些核心的忠实读者的名字。对于以前的创造者来说，这些中间商（通常不止一家）的存在意味着你需要吸引更多的观众才能够取得成功。随着点对点通信和支付系统的普及，也就是今天所说的互联网，所有人都可以借助极为便利的工具向世界上的其他任何人推销产品。因此，俄勒冈州本德市的一位内容生产者可以向尼泊尔加德满都的某个人销售、发送他的作品，就像纽约一家产品公司会做的那样（而且过程甚至更简单）。新技术让内容生产者与其顾客建立起一种关系，这样一来顾客就可能变成粉丝，而内容生产者就可以在保持收入总量不变的情况下，减少所需粉丝的数量。

让内容生产者保留全部的销售收入的这种新能力具有革命性特征，而技术方面的二次创新进一步强化了这种能力。点对点通信（比如网络）的根本优势是，最前途不明的节点距离最流行的节点只有一键之隔。换句话说，完全不出名、低价出售的书籍、歌曲或者想法距离最畅销的书籍、歌曲或者想法只有一线之隔。在互联网兴起之初，一些大型的内容和产品整合者，比如亿贝、亚马逊和网飞公司等，都注意到一种现象：所有销量最低的不知名产品的销售总额等同于，或者在有些情况下超过了少数最畅销产品的销售额。克里斯·安德森（我在《连线》杂志的专栏的继任者）称这种效应为"长尾效应"，因为这种销售分布曲线的形状看起来像是一条长长的尾巴：每年只有几本销量的书的数据点组合呈现出一条销量很低的、近乎无限长的曲线，构成了一条长长的尾巴，拖在异军突起、销量几乎呈垂直分布的一些畅销书的波峰后面。但是，关键在于尾部区域的销量总额同头部区域的销售总额同样多。认识到这一点之后，这些整合者开始积极鼓励客户点击购买不知名的产品。他们发明了"推荐引擎"以及其他算法，把客户的注意力引向长尾一端中的稀有产品。甚至连像谷歌、必应和百度这样的搜索公司也发现奖励对不知名产品的搜索的做法符合他们的利益，因为他们也可以在长尾端推销广告，其结果就是最不知名的产品变得小有名气了。

如果你住在世界上任何一个人口大约为200万人的小镇上，那么你可能就是这个小镇上唯一一个迷恋死亡金属音乐的人，或者是唯一一个对耳语敏感的人，或者是唯一一个需要左手钓鱼卷线器的人。在网络出现之前，你根本无法满足自己的这种需求，只能独自一人想想而已。但是现在，想要满足这种需求只需要点击鼠标按键。作为内容生产者，无论你的兴趣是什么，你的那 1000 个真正的粉丝距离你也都只有一键之隔。可以这么讲，在互联网上还没有哪一件事是没有粉丝群体的，无论是产品、思想还是愿望。所有制造出来的或者想象出来的事物都至少可以让 100 万人中的一个人感兴趣——这是个很低的门槛。然而，即使 100 万人之中只有一个人感兴趣，那这个世界上会对其感兴趣的人加起来也会有 7000 个，这就意味着任何一项面向百万分之一受众的产品或项目都能够找到 1000 个真正的粉丝。问题就是要真正找到这些粉丝，或者说得更准确些，让他们找到你。

吸引真正的粉丝的新方法之一是众筹融资。让你的粉丝资助你的新产品是一项天才之举，可以取得双赢的效果。世界上目前有大约 2000 个不同的众筹融资平台，其中许多平台专门致力于一些特殊领域，如为科学实验、乐队或纪录片募集资金。除了具体的兴趣之外，每个平台都有自己的专门要求和不同的融资模式。有些平台要求"全额"投资，也有一些允许部分投资。有些平台为竣工的项目融资，而有些平台，比如 Patreon 众筹网站，为进行中的项目融资。Patreon 众筹网站的支持者们可以资助每月一期的杂志、某个视频特辑或者某个艺术家的薪水。最著名、规模最大的众筹平台是 Kickstarter 众筹网站，该平台已经为 10 万多个项目募集了 25 亿美元的资金。每个在 Kickstarter 上众筹成功的项目，其出资人的平均数量是 290 人——远远低于 1000 人。这就意味着，如果你有 1000 个真正粉丝，你就可以进行众筹活动，因为根据真正的粉丝的定义，他们一定会成为你在 Kickstarter 上的项目出资人。（尽管活动最终成功与否仍然取决于你向他们提出的要求。）

事实上，培养 1000 个真正的粉丝的做法十分耗费时间，有时候极其令人头疼，而且并不适用于所有人。做好这件事可以成为一份全职工作。从最乐观的方面来看，这将是一件耗费精力、具有挑战性的兼职任务，需要你不断提高技巧。许多内容生产者不愿意同粉丝打交道，说实话，他们也不应当如此。他们只需要绘画、缝纫或者创作音乐，然后雇用其他人同真正的粉丝打交道就可以了。如果你就是这样的人——雇用他人与粉丝打交道，那这个助手可能会歪曲你的处事原则，导致你所需粉丝数量的增加，但这对你来说可能仍然是最好的方法。如果你那么不想同别人打交道，那为什么不把同粉丝们打交道这件事"外包"给中间人——唱片公司、制片厂、出版商和零售商呢？如果他们能为你工作，那很好，不过请记住，在大多数情况下他们可能比你做得还要糟糕。

同真正的粉丝或中间商建立联系不是一种二元选择，你无须在采用一种方法的时候排除另外一种方法。许多内容生产者，包括我自己，都会一方面直接同真正的粉丝保持关系，另一方面同主流中间商保持联系。我曾通过几家一流的纽约出版商出版作品，也曾自己出版过作品，还曾经利用 Kickstarter 众筹网站借助我那些真正的粉丝们的资助出版作品。我会根据作品内容和自己的目的选择不同的模式。但在每一种情况下，培养自己真正的粉丝的做法都丰富了我可以选择的途径。

要点回顾：1000 个真正的粉丝是除了成为明星之外通向成功的另外一条可以选择的路径。你不一定非要跻身于空间狭小、近乎不可能达到的巅峰——无论是畅销书、卖座大片还是名人地位，你可以把目标瞄准同 1000 个真正的粉丝保持直接关系上。在培养粉丝的过程中，无论你实际上成功争取到了多少粉丝，他们对你一定不是昙花一现般的迷恋，而是真正懂你、欣赏你的人。这是比较明智的目标，也是你更可能达成的目标。

蒂姆的一些想法

凯文区分了"谋生"和"赚大钱"这两个概念，这是讨论的重要出发点。然而值得注意的是，这两个概念不一定是互相排斥的。培养 1000 个真正的粉丝也可以为你带来大量点击率、常年超级畅销书以及全球性声望（请谨慎选择自己的目标）。不积跬步无以至千里，1000 个真正的粉丝是第一步，无论你想要的是每年 10 万美元的收入还是成为下一个优步。我在所有那些发展最迅速、最成功的创业公司中都发现了这一点：他们都会在一开始把目光集中在 100~1000 名客户身上，根据他们的反馈和需求以及他们的目标市场进行必要的调整，最终将用户规模发展到可控的、成本效益高的数量。

因此，你可以问一下自己："为什么在我可以创建 10 亿美元的企业时却把目标定为 10 万美元？"原因有两个：（1）一开始就把目标定为 10 亿美元常常会让你忽略那 1000 个你经常接触的真正的粉丝，而他们是你最强大的、无须付费的市场营销力量，他们可以帮助你"跨越鸿沟"，进入主流市场。如果你不去打造这支嫡系部队，你很可能会失败。（2）你真的想要成立并管理一家大公司吗？对大多数人来说，这并不好玩，因为这是一件极耗心力的工作。当然，不乏一些超一流的首席执行官，他们能够胜任艰难的工作，享受过山车的刺激感，但他们属于异类。大家可以读一下博·伯林厄姆的著作《小公司的大智慧》，看一下其中一些关于公司发展的经典案例。这些公司选择的是成为最好的公司而不是成为最大的公司。

此外，正如凯文提到的那样，你的真正的粉丝的数量实际上可以远远少于 1000 人，尤其是当你：（1）所创造的内容吸引的客户数量不多但个个家财万贯；（2）想要寻找的间接的创收机会并非建立在现场交易（如付费演讲、投资机会、顾问）的基础上。这些远比大多数广告、小恩小惠之类的事情更赚钱。

举个例子来说，比较合理、常见的对于"1000 个真正的粉丝"这一原则的批评来自音乐人。他们会说："但一张专辑我只能卖 10 美元，而且每年只能出一张，加起来一共才 10000 美元，还不够我生活的。因此'1000 个真正的粉丝'的方法不适合。"著作甚丰的作家也有类似观点，但他们的观点是站不住脚的。别忘了，真正的粉丝会购买你发行的任何东西。如果他们拒绝购买超过 10 美元的东西，那就表明你的培养工作不到位，你没有找到并培养出真正的粉丝。如果你有了真正的粉丝，那么你的职责就是考虑（并尝试）提供超出 10 美元价格范围的质量更好的产品，不要囿于当前的价格模式而无法自拔。2015 年，Hip-Hop 乐队组合 Wu-Tang Clan 在拍卖中将一张特别定制的孤本专辑放在由英籍摩洛哥艺术家叶海亚手工制作的银镍盒子中，以 200 万美元的价格卖给了一个粉丝。所以说，在 10 美元到 200 万美元之间存在着多种选项。大家可以阅读我在前文中提到的"要么免费，要么价格超高"的方法，这种方法给我带来了彻底的创作自由和财务自由。

你不必为了获得体面的收入而牺牲自己的艺术良知，你只需要创造非凡的体验并按价收费就可以了。

如果你仍不确定如何收费，那么你应当计算出自己的理想生活所需要的目标月收入，然后逆向推算出你的作品价格。想要看到具体的例子以及简单的公式列表，你可以访问 fourhourwork.com/tmi。

解密 Kickstarter 众筹网站

如何在 10 天内募集到 10 万美元

下面的内容是由迈克·德尔·庞特撰写的。他是 Soma 科技公司的创始人之一，我为这家创业公司担任顾问。他在 10 天的时间里在 Kickstarter 众筹网站上募集了 10 万美元的资金。我请求他分享一些最实用的众筹方法和手段，大家可以复制他的成功。

请注意，下文中的"虚拟助理"，是迈克通过 Upwork 和 Zirtual 这两家专门提供此类虚拟助理服务的网站找到的。

迈克登场

你曾经有多少次梦想能够推出一款新产品，结果却只能让自己的梦想落空？

> 我没有启动资金！万一失败了怎么办？

在过去，这类借口还算有点儿分量，因为把新产品推向市场花费不菲。在很多情况下，你必须进行原型试验、产品研发，然后希望全世界都想要你销售的产品。如果失败了，你最终可能只剩下一仓库销售不出去的货物，同时负债累累。

如今，你有了新的选择。像 Kickstarter 和 Indiegogo 这样的众筹平台可以让你在开始制造产品之前向公众介绍（或测试）你的新产品，这就消除了很大一部分创业风险。如果人们喜欢你的点子，你就可以筹集到数千美元甚至数百万美元的资金用于实现自己的梦想。哪怕是最糟糕的情况，你也可以测试自己的想法，并且无须投入太多的时间或金钱。

但是，大多数众筹活动往往是盲目进行的，缺乏计划性。

在筹备我们的众筹活动时，我们想把一切都做得稳妥一些，于是我们采访了 Kickstarter 众筹平台中收入排在前 15 位的内容生产者或创业者。

我曾同公关公司合作办过众筹活动，这些公司每月收取 20000 美元的费用，而且通常要花费 3 个月的时间来策划一次融资活动。但遵照我们的建议来做——以我们所积累的经验为基础，你很有可能不花一分钱就可以取得更好的效果。

我们采用虚拟助理、增长黑客技术以及蒂姆著作中提到的原则，在不到 10 天的时间里募集到了 10 万多美元。由于节省了将近 30 天的时间就完成了目标，因此我们可以好好享受假期，让自己放松了一下。

下面就是我们所掌握的几种不那么显而易见的关键做法。

为 Kickstarter 众筹网站访问量找到"最小有效剂量"

如果你想通过 Kickstarter 众筹网站募集到大量资金，你需要为你的项目吸引到足够大的访问量，并且希望这些访问量是由你的项目的潜在支持者带来的。通过运用"最小有效剂量"（MED，来自《每周健身 4 小时》一书）这一概念，我们知道自己需要发现并专注于最主要的流量来源。

我的朋友克莱·赫伯特是 Kickstarter 众筹网站的一位专家。他教给我一个非常简单的方法——使用实时的链接跟踪技术。bit.ly 是个提供网址缩短服务的网站，数百万用户都在使用其提供的服务，Kickstarter 众筹网站也在使用它。如果你在任何 bit.ly 网址后面加上一个"+"，你就可以看到与这个链接有关的统计数据。比方说，与我们的活动有关的 Kickstarter 短链接的数据统计结果就显示在：http://kck.st/VjAFva+。

> **作者：** 这可能会让你感到十分惊讶。你可以前往 Kickstarter 众筹网站任意一个项目的网页，点击"分享"，选择一个社交媒体，此时分享窗口中的信息通常包含一个短链接。复制这一链接并将其粘贴到一个新的标签中，在后面加上"+"，点击回车——大功告成！

我们希望找到最主要的推荐来源，于是我们给虚拟助理提供了一份与我们的项目类似的 Kickstarter 项目列表，让她列出每个项目的推荐人。根据这一数据，我们决定把我们的全部精力集中在两个目标上：

1. 覆盖所有合适的博客平台。
2. 激活我们的网络资源，在脸书、推特和电子邮件上制造热点事件。

我们知道，如果我们这样做了，我们就将被列入 Kickstarter 的知名项目列表中，这样我们就可以让浏览 Kickstarter 网站的人更容易地发现并支持我们的项目。

使用谷歌图片搜索搜寻关注相关领域的博主

你可以从寻找与你类似的 Kickstarter 项目开始。你可以借助简单的图片搜索来做这件事。把任意一张图片拖入搜索框中，你就可以看到所有曾经发布过这张图片的网站。是不是很酷？

下面就是你的虚拟助理可以采用的方法：

≫ 找到与你的项目类似的 10 个 Kickstarter 项目，然后针对每个项目这样做：

→ 在你列出的一份媒体列表中填写下列内容：出版物、网站、作者全名以及该作者发布相关信息的博客或社交媒体的链接。

→ 单击右键，把 2~3 张该项目的相关图片保存到桌面。

→ 把你桌面上的每张图片拖入图片搜索框中。

≫ 浏览搜索结果中出现的网页，看一下哪些分享该图片的博客可能与你的项目有关。

≫ 现在你手中有了几十个相关性很高的博客，将它们整齐地排列在表格中。你的虚拟助理可以通过搜索 SimilarSites.com 找到更多同你在媒体列表中列出的相似的网站。

通过 SimilarWeb.com 或者 Alexa.com 网站调查网站的访问量

实际上，访问量不一定越大越好，但了解每篇博客文章的阅读人数还是有好处的。让你的虚拟助理着手调查每个博客每个月的访问人数，然后把数据填到你的表格中。

通过脸书建立联系

这可能是你在公关方面需要做的最重要的工作。对我们来说，在 10 篇有价值的宣传我们项目的博客文章中，有 8 篇是通过建立联系得到的。如果我们向一个没有建立过联系的博主发送宣传我们项目的请求，那么我们的回复率将不到 1%。但通过他人的引荐，我们的回复率会超过 50%。

如何建立联系呢？通过脸书。让你的虚拟助理登录你的脸书账号，寻找你在媒体列表中列出的博主，将你们的共同好友也添加到清单中。你也可以利用专门网站搜索联系人，比如领英网等。

采用正确的工具

快速撰写应用程序（TextExpander）可以让你更方便地粘贴、保存信息——无论是电话号码还是两页电子邮件——到任何文件或文本中，只需打上一个缩写就可以了。这对于一些重复性劳动尤其有用。这是一款必备办公软件，每天大约可以节省我们 1~2 小时的打字时间。

"如果幸运的话，你会突然一下子想到一
　个好主意。而通常情况下，好主意会在
　你想出一大堆糟糕的想法之后才姗姗
　来迟。"

亚历克斯·布隆伯格
ALEX BLUMBERG

　　亚历克斯·布隆伯格是吉姆雷特媒体公司（Gimlet Media）的首席执行官
与创始人，也是《逢问必答》（*Reply All*）、《创业公司》（*Startup*）、《悬念剧》
（*Mystery Show*）以及许多其他风靡一时的播客节目的创作者。他是一位知名
的电台记者。在创办吉姆雷特媒体公司之前，他是"美国生活"栏目的制片
人、公共电台节目《金钱星球》的合伙人。在我的播客中，亚历克斯出现过
两次，第一次是采访，第二次是一段他的著作摘录，选自他的《创业者在线
教育课程》的第 21 课："通过讲故事的方式为你的播客带来流量"。

　　为什么说通过音频讲故事的人是富有的？记住我在本书开头的阅读指南
中的话：问题是你的镐头。好问题能够使他人敞开心扉，为他人打开一扇门
并创造各种机会。

灵兽：水獭

提出其他人都不敢问的"蠢问题"

"许多故事中都会有一个没人问的极其低级且愚蠢的问题。'巨型资金库'是我曾经讲过的最重要的故事之一,它正是以这样一个愚蠢的问题为基础的:银行为什么要借贷给那些无力还贷的人?"提出最恰当的那个愚蠢的问题通常是你所能做的最聪明的事。

具体方法是:使用正确的问题和提示性语言

对亚历克斯来说,好的"录音"(采访)一定是以故事为基本要素的,而不是以毫无内涵地回答"是"或"不是"为主要内容的。亚历克斯是如何引出嘉宾所谓的"真情实感的一刻"的?他是如何引导嘉宾叙述,以及栩栩如生地讲述有趣的故事的?他是如何使嘉宾的讲话令人难忘的——具体且详细,而非抽象又笼统?亚历克斯用了20多年的时间思考这些问题,并通过各种方法进行了测试。

通常情况下,亚历克斯会在一次采访中尽量涉及以下三个方面:背景(如地点、时间、人物、事件)、情感和细节。在此我借用了一些他使用的具体措辞,你会看到,祈使句有时比提问更有效:

用提示引出故事(多数采访者在这方面比较缺乏技巧)

"给我讲讲那段时间,当时……"

"给我讲讲那一天(或那一刻或那个时间段),当时……"

"给我讲讲那个故事……(你是如何抓住其要害的,你是如何遇见某某人的,等等)"

"给我讲讲你突然意识到……的那一天。"

"你是怎样一步步走下去的?"

"描述一下那段对话,当时……"

> **作者：**对于那些正考虑辞职创业的人，我经常会在采访中使用下面这句提示："请描述一下，当你首次与你的妻子／丈夫提到自己想要放弃这份赚钱的职业，而去自己开办公司时，你们之间的对话。"这句提示一定会让我得到一个美妙的故事。

在听到嘉宾讲述了某些趣事时，你可以附带提出下面的问题

"这让你有何感觉？"

"你是怎么做的？"

> **作者：**我经常说的是："能否再详细地解释一下……"或"你从中吸取了什么教训？"

通用的问题

"如果过去的你见到现在全新的你，现在的你会说些什么？"

"你现在看起来很自信。你一直都是这样吗？"

"如果要你描述一下自己头脑中关于（某个决定或某件事）进行的自我辩论，你会怎样描述它？"

> **作者：**我通常会采用最后一个问题，如询问嘉宾："当你做某事时（或'当某事发生时'），你的内心独白是怎样的？你对自己说了什么？"

艾德·卡特姆
ED CATMULL

艾德·卡特姆和史蒂夫·乔布斯、约翰·雷斯特同为皮克斯动画工作室的共同创始人。他是皮克斯与华特·迪士尼动画工作室的现任总裁。艾德获得过五次奥斯卡金像奖。作为一位计算机科学家，他在电脑绘图方面为众多重要研发工作做出了贡献。他是《创新公司》(*Creativity, Inc*)一书的作者。对于这本书，《福布斯》杂志这样评论道："……这本书可能是迄今为止最好的商业图书。"

一个鲜为人知的事实

1995 年，也就是系列漫画《凯文与跳跳虎》连载的最后一年，我买下了自己的第一只股票——皮克斯。

从失望开始

"当初我们不得不重新思考怎么做《玩具总动员2》，也不得不重新思考怎么做《美食总动员》……所有的电影都是从失望开始的。"

蒂姆："你为什么这么说？因为电影剧本总是非常粗糙吗？"

艾德："这是人们的一个大误解，认为电影的最终完成版是在最开始的初版电影的基础上经过调整后完成的，而事实上终版电影与你最开始想的那个电影可能完全没有关系。我们总是发现初版剧本糟糕透了。我并非在说我很谦虚或对此事谦逊，我的意思是说，从各种意义上来说它们确实很糟糕。"

史蒂夫·乔布斯惊人的策略和预测能力

"《玩具总动员》发行一周之后，我们的股票上市了……史蒂夫·乔布斯的逻辑是，他想让我们的公司上市的时机——坦白地说，他当时给出的理由没有完全说服我们——定在电影发行之后，其目的是向人们证明：一种新的艺术形式诞生了，并且这种艺术形式值得投资……"

蒂姆："这是一个我必须要问的问题。对于首次公开募股，他给出的但没能说服你们的理由是什么呢？"

艾德："当时我们正在制作我们的第一部电影，而成为一家上市公司——因为我们没有人拥有这种经历，甚至不曾在上市公司待过，更不用说理解这意味着什么了——我们觉得，这将给我们的动画电影创作事业带来很大的干扰……我们的看法是‘让我们制作电影来证明自己的价值，在上市前积累一些经验，提升公司的价值’，而史蒂夫的逻辑则与我们不同。他说，‘眼下我们与迪士尼有三部影片的制作合同’，根据此项交易的财务条款（利润分享）规定，一旦我们的公司成功了，我们的利润份额实际上相当少。

"因此，史蒂夫想要重新协商此项合同条款，而我们所有人当时都希望与迪士尼保持融洽的关系。但史蒂夫说，3年后，如果那时我们从迪士尼分离出来，成为一家独立的公司，不再与迪士尼合作，那么我们将成为他们最可怕的梦魇，因为他们为自己培养出了一个强大的竞争对手……所有这些话都是在事情发生前说的，因此我们都在猜测未来会发生什么。这是史蒂夫的预言，他当时坚信电影会取得巨大成功。

"因此他说：'只要电影一发行，就会发生这样的事情：迈克尔·艾斯纳将意识到，他给他自己打造了一个竞争对手，因此他就会试图重新谈判。如果我们重新谈判，那么我们想要的是成为与他们均分利润的合作者。'

"我必须说，现在的史蒂夫与几年前的他完全不同。那时的他有点儿急于求成，试图为自己争取到所有能争取到的利益。现在的他则达到了另外一种境界，认为这样做是不对的，正确的做法是建立双赢的合作关系。这就像是一个好的落脚点，你可以从此走上正途。但如果当时我们成为迪士尼利润均分的合伙人，那就意味着在投资时我们也必须出一半的钱，但皮克斯动画工作室根本没有钱。"

蒂姆："是的，所以你们需要一笔'战争基金'。"

艾德："我们需要一笔'战争基金'。因此，如果公司上市，那么我们就能获得这笔资金。到那时，我们就有底气进行重新谈判，与迪士尼签下一份利润均分的协议。电影发行了，其后的几个月之内，史蒂夫就接到迈克尔·艾斯纳的电话，要求重新谈判。于是史蒂夫说：'好吧，我们要签利润均分的协议。'所有的一切正如史蒂夫预料的那样发生了。对于我来说，这太神奇了。天呐！他竟然分毫不差地预料到了。"

如果看不懂，那就听一听

"我的大脑工作起来与众不同。事实证明我不能读诗……如果让我读诗，几秒钟之内我的大脑就会罢工。

"当时，市面上出现了一个《伊利亚特》的新译本，它由罗伯特·法格利以诗歌的形式翻译出来的。事情是这样的：我不能读诗，因此在一次晚餐会上，罗伯特·法格利说：'不用读，听就可以了。'于是我买来磁带开始听，我发现自己完全被迷住了。我很惊讶——这个发生在2800年前的故事被人们用不同的语言、在不同的文化中口口相传。它当然就是为口头传承而写的,因为你能从中听出来那种口头语言的韵律。"

最喜欢的大学教育课程制作公司的讲座

有那么几年的时间,艾德每天乘车上下班的时候都会听大学教育课程制作公司的讲座音频:

"这是一些关于经济、莎士比亚等各种内容的讲座。其中对我影响最大的是全套世界历史系列讲座……我必须承认,我特别喜欢听亨利八世时期、都铎王朝和斯图亚特王朝的历史。我对此如此入迷,以至于只要一听到这里我就会忍不住再听一遍。"

学会观察

中学时的艾德想成为一名漫画家,他擅长绘画。然而,在即将上大学一年级的时候,他看不到自己作为漫画家的前途,他认为自己无法达到迪士尼漫画家的水平。因此,他转而学习物理。许多人认为这两个专业互相矛盾,彼此没有联系,但他不这样认为:

"时至今日,多数人依然认为这两个专业完全不同,但我想采用不同的角度来看待这件事。我认为,大多数人从根本上误解了艺术,因为他们把艺术视为学习画画或学习某种自我表达的方式。实际上,艺术家需要的是学习观察。"

禅修

艾德每天都会进行一次 30~60 分钟的内观禅修。

* 艾德推荐的书

"我曾多次推荐过一些儿童图书,比如美世·梅尔创作的《一个怪物接着一个怪物》(*One Monster After Another*)。我喜爱这本书。"

特雷西·迪农齐奥
TRACY DiNUNZIO

　　特雷西·迪农齐奥是一位了不起的人物。她是 Tradesy 二手衣零售网站的创始人与首席执行官。她创立的 Tradesy 网站发展迅速得像火箭飞船一般一飞冲天。她从投资者手中筹集到 7500 万美元，这些投资者有理查德·布兰森、克莱纳·帕金斯和我，以及包括传奇人物约翰·杜尔在内的董事会成员。Tradesy 网站致力于将你的旧衣物的价值最大化，变成他人需求的等值商品。他们的口号是："把你的衣柜变成钱柜。"

灵兽：蜜蜂

"当你抱怨时，任何人都不会向你伸出援助之手"

　　"我出生时就患有脊柱裂，这是一种先天的生理缺陷，其症状表现为脊椎包裹不住脊髓。这很可能是我父亲在越南时接触过毒性枯叶剂的经历造成的……在手术恢复期间，我画了许多画。我当时不得不使用一些有趣的方式作画，例如，因为站不起来，我只好在地板上爬着作画。（作为一种应对机制，）我尝试着抱怨和诉苦，但根本没用，这只会让人反感……关于这一点，斯蒂芬·霍金曾经有过精彩讲话，他的故事也更令人信服……他可能比任何人都更有权利抱怨。他说：'当你抱怨时，任何人都不会向你伸出援助之手。'这是最简单的道理，说得明明白白。只有他有立场说出这个残忍而诚实的真相。但这是事实，不是吗？如果你把时间浪费在关注错误的事情上，浪费在把负面情绪发泄并投射到熟人身上，那么你对他人来说就不是成长的源泉，而是毁灭的源泉。抱怨只会给你带来更大的伤害。

"由于我当时拼命思考自己为什么会这么痛苦，并开始谈论自己的痛苦，因此这演变成了一种负面的动力，让我的生活朝着消极的方向发展。后来，在 2006~2007 年间，我决定让自己'节制抱怨'。当时我对自己说：'我不会再抱怨自己所处的困境，也不会再让自己有任何消极的想法。'……我花了很长一段时间，做得仍不完美，但我开始使自己的生活朝着更好的方向发展，而不再纠结于痛苦和错误了……而且连身体的疼痛也不像之前那么明显了。如果你想有所作为，这种改变非常必要，它可以将你从痛苦中解放出来。"

挑选合适的对象

"如果有人想着手选择投资者，我的建议是，在前 10 次与投资者的会面中，约见那些你实际上不想从他们那儿获得资金的投资者。因为在开始阶段你可能会表现得很糟。真的有很长一段时间我做得一团糟。"

作者：即使是杰瑞·宋飞在表演其早期作品时也失败过（见纪录片《喜剧演员》），因此他决定开始在小剧场发展。在登上美国这个大舞台之前，耐克公司曾在新西兰等地多次测试其新产品及宣传活动的效果。向纽约市的各个出版商推销《每周工作 4 小时》这本书时，我被拒绝了 27次。幸运的是，你通常只需要一个出版社、一个主要投资者、一个……就可以了。你可以在经历了 10 次尝试之后，再确定你的首选目标。

菲尔·利宾
PHIL LIBIN

菲尔·利宾是印象笔记（Evernote）的合伙创始人和执行总裁。Evernote 大约拥有 1.5 亿用户，我本人一天也至少要使用 10 次。Evernote 是我的体外大脑，我用它来整理我获取的所有信息、文件、在线文章、目录等。本书提到的所有研究也都源自我在 Evernote 中积累的素材。菲尔也是通用催化风投公司的总经理。通用催化风投是一家风险投资公司，它们投资过爱彼迎（Airbnb）、快拍（Snapchat）照片分享平台、Stripe 在线支付服务商和瓦尔比派克眼镜公司（Warby Parker）等。正如这份人物简介中提到的那样，菲尔的头衔多到让我吃惊。

灵兽：章鱼

* 想到"成功"一词时，第一个浮现在你脑海中的人是谁？

"说到'成功'，首先从我脑海中冒出来的是苹果手机……我并不真的在乎某人是否'成功'……有许多人智力超群、充满激情并且刻苦努力，他们没能成功，只是因为运气不好。"

* 值得一看的纪录片

《守门人》（2012）以以色列反情报与国内安全局辛贝特的所有健在领导人的采访为主线，他们在这部纪录片中坦率地谈论生活、战争与和平。以色列国家安全局的格言是"Magen veLo Yera'e"，意思是"无形之盾"或"隐形卫士"。

杰夫·贝索斯的质疑假设

"我与贝索斯（亚马逊网站创始人）的交流基本上都会在一定程度上改变我的生活……正如小说《脱线家族》（*The Brady Bunch*）所描述的那样，我用一生的时间思考如何去火星……我曾经认为，世间没有比去火星更美好的事情了。

"我曾经认为，如果我能正确地规划自己的人生，或许我的火星之旅就能成行。我认为这对整个人类来说都非常重要……与埃隆·马斯克交谈了几次后，他和他的太空探索技术公司所做的一切让我深受鼓舞……

"不久之后，我碰到了杰夫·贝索斯，跟他谈起我与埃隆的交谈以及我对火星的狂热。我说起自己真的希望有朝一日能够登上火星。然后，贝索斯看着我说：'去火星这个想法真蠢。'我说：'什么？'他接着说：'一旦我们离开了这颗行星，我们最不想要的就是接受另一种重力。'

"贝索斯说：'离开地球之所以如此之难，是因为我们要先克服地心引力。一旦克服了地心引力，那我们又为什么要去火星呢？我们应该就待在太空站或小行星上，那儿的一切都比火星上要好得多。'在30秒的时间里，贝索斯彻底改变了我的人生轨迹，因为他说的一点儿没错。"

3 和 10 的规则

三木谷浩史是乐天网络购物商城的创始人和首席执行官。菲尔认为他是世界上最杰出的人之一。几乎 90% 的日本网民都在乐天网上进行了注册，这让乐天成为日本第一大网络购物商城。三木教会了菲尔"3 与 10 的规则"。

"这个规则的意思是，公司中任何事情的变糟基本上都会发生在公司规模扩大为原来三倍的时候。

"三木谷浩史是乐天商城的第一个员工，现在他们拥有 10000 名甚至更多的员工。三木说，当你只是一个人时，每一件事基本上都能正常运转，你基本上能解决所有问题。接下来，你们的团队拥有了三个人，这时事情就有点儿不一样了——三个人一起做决定、一起做每一件事都和一个人时不同了。但你仍然适应了这一切。接下来，在一段时间里你感觉良好。然后你们发展到了 10 个人，此时每件事又再次变得糟糕起来。最终你解决了这个问题。接下来你们发展到了 30 人，所有的事情又变得有所不同了。接下来是 100 人，然后是 300 人，再然后是 1000 人。

"三木谷浩史认为，在 3 和 10（3 的倍数和 10 的次方）这些规模扩大的节点上，所有的事情都会开始变糟。'所有的事情'包括：如何处理工资单，如何安排会议，使用哪种通信工具，如何做预算，谁真正说了算。当公司的规模发展到原来的 3 倍时，公司所有的内在和外在的部分都会发生显著的变化。

"他发现，许多公司因此而陷入麻烦，特别是对于一个迅速发展的创业公司而言，它会因此陷入大麻烦。因为在你还没有真正意识到的情况下，公司已经通过了许多这种 3 的倍数节点。接下来当你回头反思时，你意识到现在我们有 400 人，但我们的一些进程和体制仍然停留在 30 人的水平……你应该经常性地思考如何改变自己的工作方式，如何打造相应的公司文化。

"大型公司陷入麻烦则往往是出于相反的原因。我们假设你的公司现在有 10000 个人，从理论上讲，你清楚如何在有 10000 个人的情况下保证一切正常运转。那么，对你的公司来说，公司规模发展到 30000 人的时候才是你的下一个节点。但你的公司规模很可能永远不会达到 30000 人，或者至少在几年之内不会达到。对于一个公司来说，从 10000 人发展到 30000 人可能要花上 10 年的时间。然而没有人愿意等待 10 年甚至更长的时间来重塑自我。因而这些规模庞大的公司经常会公布一些瞎扯淡的创新计划，因为他们觉得自己必须做点儿什么，但这些计划并不会给公司带来什么根本性的变化。"

作者：你已经发展到你之前给自己设定的规则或信念不再适用于你自己的阶段了吗？到你该升级的时间了吗？或者，从个人层面上来说，正如杰利·哥隆纳（他担任过硅谷一些著名的明星科技公司的高管培训师）所言："在造成这种你不想要的局面当中，你干了些什么？"

克里斯·扬
CHRIS YOUNG

克里斯·扬是一位迷人的多面手，还是一位发明家和创新家。他的专长领域涉及极限飞行、数学和大型烧烤聚会。最重要的一点，他是我所认识的最清醒的思想家之一。

克里斯是新版《现代烹饪艺术》（*Modernist Cuisine*）的主要合著者，也是赫斯顿·布鲁曼索尔的"肥鸭"实验厨房的创意厨师。这是世界上最棒的餐馆之一，专注于推出创新菜。在成为厨师之前，克里斯拿到了理论数学学位和生物化学学位。现在他是 ChefSteps 公司的首席执行官，这是一家位于华盛顿州西雅图市的网络电子商务公司。

灵兽：军舰鸟

幕后故事

>>> 我和马特·穆伦维格（见前文）曾多次参观过克里斯的实验厨房。大家可以搜索"费里斯给青苹果冰糕充气"，观看视频中表现得像神龙帕夫一样的我。

>>> 业余时间里，克里斯在做无动力滑翔机训练，并且希望能打破世界纪录。他将飞行目的地定在巴塔哥尼亚。

>>> 在我的《4 小时变身大厨》一书的"科学家"部分，克里斯是我的首选科学家，他的几个菜谱吸引我与吉米·法隆尝试了现场烹饪直播。

>>> 克里斯与科幻小说作家尼尔·斯蒂芬森是好朋友。尼尔·斯蒂芬森写过几部一直以来我极为推崇的小说，包括《雪崩》和《编码宝典》。本书的许多嘉宾都提到过他的《雪崩》和《钻石年代》。每年，克里斯和尼尔都会在尼尔家的后院举行年度狂欢日，他们会制造奇特的机器和烹饪设备。为了实现利用真空低温烹调一头将近 140 公斤重的肥猪，他们在院子里挖出了一个 $1.8 \times 1.8 \times 1.8$ 米见方的大坑，并把它变成一个水流按摩浴缸。"这都算不了什么，"克里斯说，"自那之后的 5 年，每年都更夸张、更稀奇古怪、更荒唐危险。说它危险，是因为我们做的事可能会导致邻居的房子被烧毁，也可能会导致有人被坑里溅出的水泥闷死，还可能会导致有人因为我们在用岩浆做饭而被烧成灰烬，如此等等。"

* 你想在布告板上写点儿什么？

"无论如何总算结束了。"克里斯会把它放在自己的高中学校外。"对我来说，高中真不是个好地方。"

"有趣的工作是那些你自己创造的工作"

克里斯的父亲是一个成功的企业家。当克里斯在高中一、二年级时，他父亲给他提出了这样的建议：

"我清楚地记得他对我说，'你不必担心你以后要做的工作，**因为你要做的工作还没有发明出来……有趣的工作是那些你自己创造的工作**'。当然这也是我希望能灌输给我儿子的：不要担心你以后的工作会怎么样……做你感兴趣的事情。如果你做得真的很好，你就会发现一条充满商机的成功之路。"

"你正在从事什么有趣的工作？为什么你感到有趣？它有什么令人惊讶之处？别人也这样认为吗？"

这是一些赫斯顿·布鲁曼索尔（前肥鸭实验厨房的创意厨师）经常向人提出的问题。克里斯解释说："我从未见过像赫斯顿·布鲁曼索尔那样神奇的人。无论别人是做什么工作的，他都能够与之交流起来。他会向任何人、就任何事提出上面那些问题，无论他们是心理学家、运动训练师、厨师、作家还是从事其他职业。"

这让我忍俊不禁。21 世纪刚开始的时候，我曾在旧金山一家烹饪学校的一个签名售书会上遇见过赫斯顿。我羞怯地走近他问道："你最喜欢怎样烹饪豌豆？不好意思，我向你提这个问题，但我总是做不好。"他直起身子，径直看着我的眼睛说："你看，人们不知道做豌豆有多复杂。"在他问了我十几个需要澄清的问题之后，他就豌豆烹饪为我进行了 5 分钟大师级别的讲解。从那以后，我就成了赫斯顿的狂热粉丝。

"如果你有 1 亿美元，你会建造什么让他人无从模仿的东西？"

加布·纽维尔（网游开发销售公司 Valve 的合伙创始人，亿万富豪）为克里斯的 ChefSteps 公司提供了大笔资金。他提了一些让克里斯灵感迸发的问题，之后，他就成了克里斯的大力支持者：

"加布是这样问的：'如果我给你 1 亿美元，你会造出什么？而且要求是，你建造的东西对他人来说是无从模仿的。'我给你举个例子：英特尔公司斥巨资创建了一家新的芯片制造厂，而其他人若要模仿它则没有任何意义。因为模仿者不仅要花更多的钱才能跟上英特尔公司，而且他们还必须花更多的钱来效仿英特尔公司特有的技术。接下来，要想让人们转而青睐他们的产品，他们的产品必须要比英特尔的好 10 倍才行。也就是说，尝试模仿英特尔只是在浪费大家的时间。"

> **作者：**我所认识的世界排名前十位的顶尖风险投资人之一变通地使用了这种立见分晓的检验方法作为自己评估项目是否具有颠覆性的手段：对于你创造的每一美元收益，你是否要花费当前公司的 5~10 美元？如果是这样，他就会投资。除此之外，《价值：新员工手册》是我最喜爱的经济管理方面的文章之一，这篇文章源自加布的公司，在互联网上广为流传。正如克里斯所说："这是唯一一篇你应该去读的有关人力资源的文章。"

偶然的控心术

克里斯借助一个偶然的机会激发了厨师威廉·贝利克斯的自负意识，从而获得了自己的第一份流水线厨师的工作。他之前一直在打下手，并向主厨表达了自己想要升级成为专职厨师的希望：

"在一整天的工作结束后，威廉表现得很和蔼。他端着酒与我坐在餐厅里。他给我也要了一杯，说道：'你知道，现在可能真的不是什么好时机，我不确定能为你提供这份工作。'我很认真地说：'我完全理解。那么，城里还有其他餐厅你可以推荐我去工作吗？我真的想干这份工作，真的想了解这份工作。'

"当时我还没有意识到，对威廉倾诉这一切可能是件好事。因为威廉很自负，他认为自己没有能力跟城里的其他人打招呼不是件光彩的事。结果是，他急切地对我说：'我认为没有其他更适合你的人了，我就是教你厨艺的最佳人选。你为什么不在星期二回到我这儿来呢？'"

坚持自己的标准

克里斯提过，在他来肥鸭餐馆就职时，赫尔顿已经不再总是向员工大吼大叫，而是"通过其他方式发泄自己的失望……他真的一直在推动你、团队和其他人做到最优秀"。我请他给我举个例子。下面是他的回答，因为篇幅关系简述如下：

"鹌鹑冻的点单递了过来，我看到肉冻还没有完全凝固，但我还是尽力让上面的海螯虾奶油浮在上面。我把做好的菜递了出去，心里清楚它做得并不完美。结果，那盘菜像回旋镖一样被扔回来了。赫尔顿出现在拐角处。'克里斯'，他看看我，看看盘子，再看看我，再看看盘子……'这根本不行！'说着就把它放了回去。我实打实地记住了那蔑视的眼神——那好像是在说，如果我再那样做，我就不用再来了。我记住了那次教训，因为他说：'我们可以做点儿别的。如果没有准备好，那就不要把菜送出去，不要心存侥幸，寄希望于顾客不会注意到菜品不是那么好。而且，我们必须对此做出补救。我们要做点儿别的，而不是明明知道做得低于标准但仍然寄希望于侥幸过关。'这种教训你只需要一次就够了。保持标准，寻求帮助，做出修补，做任何有必要做的事——除了欺骗自己和别人。"

蒂姆："你是如何让自己坚持高标准而同时不让自己变成一个单纯的暴躁上司的呢？"（现在克里斯管理着一个拥有 50 名雇员的公司。）

克里斯："生意好的时候，我要做的第一件事是尽量退一步考虑问题，并对自己说：'这个人实际上处于一种什么样的工作环境，我为他提供了适当的环境吗？'……考虑到他们所处的环境，或许我会做和他们一样的决定，抑或我能够想象其他人也会做出同样的决定。因此，我逐渐学会了这样思考问题：'我有什么样的环境和视野，而他们呢？我不能因为自己的平台更高、掌握的信息更多，就去责备别人没有做到我能做到的事。'"

"反胡说" 手册

克里斯发现让自己获益良多的书是一本绝版书。这是一本关于热力学的书，书名为《第二定律》（*The Second Law*）。"这本书是由牛津大学物理化学教授 P.W. 阿特金斯写的。这是一本浅显易懂、附带插图的科普读物，内容是从能量的视角来看世界是如何运作的。我发现，尽可能弄清楚如何做某事，如何让某事运作起来，某件事是否可能达成，非常有用。这本书经常能检测出我是否在胡说八道。"

* 在你听到"成功"这个词的时候，你想到的是谁？

克里斯提到了他的父亲和温斯顿·丘吉尔。有关后者：

"威廉·曼彻斯特的作品《最后的雄狮》（*The Last Lion*）是一套关于温斯顿·丘吉尔的系列丛书。实际上，该系列的第三卷是在几年前作者去世后才出版的，其前两卷只讲到"二战"爆发时丘吉尔的生活，根本没有谈到"二战"开始后发生的事情。我依稀记得丘吉尔做过的事情：他在 20 岁时就成了畅销书作家，是当时稿酬最高的作家之一，他参加过真正的战争，还是议会的重要成员。"

戴蒙德·约翰
DAYMOND JOHN

戴蒙德·约翰是 FUBU 服装公司的创始人和执行总裁，他带领 FUBU 服装公司，从最初只有 40 美元预算的小店发展成为市值 60 亿美元的知名生活方式品牌。他是全球创业大使，是美国广播公司《创智赢家》（*Shark Tank*）栏目的明星嘉宾。他获得过 35 个行业奖项，包括《品牌周刊》年度营销奖、《广告时代》营销 1000 项杰出广告活动奖和安永纽约年度企业家奖。戴蒙德是包括《一文不名的力量》（*The Power of Broke*）在内的三本畅销书的作者。

> 灵兽：猫鼬

"如果你走到大街上，开始吵吵嚷嚷卖东西，那么人们就会注意到你。销售包治百病。你可以和他人谈论你的生意计划多么宏大，你会做得多么出色。你可以编造自己的观点，但你不能编造实际的销量。销售包治百病。"

"一周中有 5 天的时间，在睡觉前和睡醒后，我会审视自己的目标。我会围绕健康、家庭、生意等方面设定 10 个带有截止日期的目标，每 6 个月我都会更新一次目标。"

"我父母总是教导我说，白天的工作永远不会让我致富，在业余时间进行的准备工作才有可能让我发家。"

"不管你是不是我的兄弟——如果我们一起去踢足球，我都会用尽全力赢得比赛。这并不代表我不爱你，也不代表我不尊重你。"

* 什么是你做过的最好或最有价值的投资？包括金钱、时间、精力或其他方面的投资。

"我做过的最好的投资，是中学时争当第一批波士顿公司的人力信使。在那段时间，我跑遍了整个曼哈顿城，遇见了形形色色的人，其中一些人是十分悲摧的身居高位的高管，另外一些人则是特别快乐的底层雇员。我在以往的生活中从没有接触过这些，这彻底打开了我的眼界，让我看到了各种挑战和机遇。"

* 是否有生活指南或是你经常想起的名言？

"金钱是伟大的仆人，也是可怕的主人。"

* 戴蒙德推荐的书

《思考致富》《谁动了我的奶酪？》《蓝海战略》《看不见的销售机》《巴比伦首富》《成吉思汗与今日世界之形成》。

> **作者：** 有数个亿万富豪曾经向我推荐过最后那本有关成吉思汗的书。

诺亚·卡根
NOAH KAGAN

诺亚·卡根是脸书的第 30 号员工，也是 Mint.com 个性化理财服务网站（以 1.7 亿美元被财捷集团收购）的第 4 号员工。他还是 SumoMe 社群服务网站的创办者，此网站免费提供工具帮助客户网站增加流量。为了推广辛辣的风味，他成为玉米卷行家，并研发出四种不同的产品，利润超过 7 位数。在《蒂姆·费里斯实验》中"创业"那集节目中，诺亚作为我的协同教师出镜了。

灵兽：花栗鼠

接受咖啡挑战

对于那些想要成为企业家的人（诺亚称之为"创想家"），或者那些发展得有点儿过于平顺的企业家，诺亚有个建议：要求咖啡店店员把你要的那杯咖啡倒掉 10%。"到柜台去要杯咖啡。如果你不喝咖啡，那就要杯茶。如果你不喝茶，要杯水也行。我不关心这个。然后，要求店员倒掉你要的那杯咖啡的 10%……这个咖啡挑战听起来莫名其妙,但要点是:无论是在生意中还是生活中,你不一定非要时时刻刻把自己逼迫得很紧,但你必须有所要求,并且必须为此付出努力。"

改进工具

优化那些会影响到下游项目的上游项目。例如:在电脑上寻找几乎影响到了你做所有任务的技术问题。如果你的电脑总是死机或者运行速度慢,那么问题到底出在哪儿?在此,诺亚有两条简单的建议,我都已经试用过了:

》》加快鼠标指针的移动速度。进入设置或系统设置进行调整。这一切只需不到 30 秒的时间。

》》尽可能买最好的路由器。诺亚一般用双频千兆的路由器。凯文·罗斯(见后文)和其他人则使用埃罗技术改进自己家里的无线网络。

* 你所做的最好的或最有价值的投资是什么?

激光视力矫正手术。

可以尝试的应用程序 / 软件

脸书推送屏蔽插件:需要集中注意力吗?用这个插件把自己从脸书和琐事中解放出来吧。

定时器 ScheduleOnce:这个工具可以消除那些无休止地吞噬你的生活、反反复复的问题,比如:下个星期二或星期四上午 10 点怎么样?

跟踪提醒网站 FollowUp.cc:提供电子邮件自动接收和提醒服务。我用的是一个与此类似的网站,名为 "Nudgemail",与 "Boomerang" 结合起来使用效果更佳。你再也无须让自己时刻想着去看某人是否回复邮件了。

不要尽量抽时间，要管理时间

星期二上午 10 点到中午 12 点，诺亚的时间表上只有"学习"这项计划。这是在提醒自己，对于任何重要的事情来说，你都不能去"找时间"做它，而是要把它写在时间表上。星期三从上午 9 点到下午 1 点，我一般计划用这段时间进行"创作"：写作、播客录音或者其他能产生切实的"后续"产品的活动。这期间我会关掉无线网络，尽可能不对外界事物做出任何反应。

共享的痴迷

理查德·费曼的《别闹了，费曼先生》。诺亚推荐道："如果下次再见面的话，我手里还有多出来的一本可以送给你，那本书真是太棒了。"

* 在你的工作或专业领域中，你听到过的最差建议是什么？

"'你应该优先发展自己在社交媒体上的追随者。'这没什么道理。我们应当发展那些自己能够完全掌控且直接影响销售的事物，如你的邮件列表。'追随者'无法为我们买单，只有实际的销售可以。"

* 在最近一年里，谁是你学习或效仿的三个人？

安德鲁·陈（优步增长团队的领袖）、托马斯·唐古兹［风险投资家和"软件即服务"（SaaS）专家］、乔纳森·西格尔（Earth Class Mail 邮件数字化服务公司的董事会主席）。

"聘用谁"比"聘他来干什么"更重要吗？

"《聘用谁：用 A 级雇用法挑选雇员》一书（作者是杰夫·斯玛特和兰迪·斯特里特）是浓缩版的《顶级评级法》。我是在财务信用管理网站 Mint 上看到的，Mint 网的创办者正在使用这本书来招聘员工。"

> 作者：我向我认识的所有创业者推荐了这本书，他们转而又将其推荐给了其他人。

一流的文案

诺亚以其文案技巧著称。关于这方面，他推荐了两份参考资料：《盖瑞·亥尔波特的信件》（也被称为《来自博伦的信件》）和《奥格威谈广告》。

* 诺亚用不到 100 美元买到的最好商品是什么？

诺亚经常送人纽崔布里特牌（NutriBullet）的一种带有一个小杯子的小搅拌机。这种搅拌机只需要加料、搅拌饮用，然后冲掉，无须做特别的清洁。诺亚有台花 500 美元买的维他美仕（Vitamix）牌搅拌机，但他根本用不上，他更喜欢用这款用起来更方便的价值 79.99 美元的纽崔布里特牌搅拌机。

没有遗憾就没有收获

不久前，诺亚在 6 个月的时间内增加了 18 公斤的肌肉。他使用的激励技巧是在自己的 Instagram 上传能消灭所有借口的照片和视频。我现在也在这样做。觉得自己太老？太肥胖？太忙碌？有人能让你回到标准体重。下面是我自己关注的一些照片分享者：

@matstrane：这位 53 岁的朋友让我不敢再抱怨自己的年龄。他 48 岁时才开始训练。

@gymnasticbodies（萨默教练，见前文）：他的大部分学员都是久坐不动的成年人，人到中年才开始健身。

@arboonell：阿米莉亚·布恩（见前文）是我所见过的最坚强的女性。她是苹果公司的全职委托律师，也是唯一一位三次赢得世界障碍大赛 24 小时比赛的选手。

@bgirlmislee：20 世纪 90 年代，人们认为女性"不可能"完成力量型运动（如单臂手倒立行走）。这位霹雳舞舞者、特技替身女演员打破了人们的传统看法。

@jessiegraffpwr：孔武有力的女忍者战士，她的握力能让我的前臂酸楚无力，我对她甘拜下风。

@jujimufu：这位"肌肉僵硬"的特技演员表演了卡波耶拉空中特技，完成了全劈叉跪档和其他疯狂的动作。在他身上，我看到了强壮和灵活并不是相互排斥的；同时，他也是一个非常幽默的人。

卡斯卡德
KASKADE

人们普遍认为卡斯卡德是前卫浩室音乐的"开山鼻祖"之一。他曾两次被《DJ时代》评为美国最佳DJ（舞曲唱片播放者），4次担当科切拉音乐节的主舞台DJ，5次获得格莱美奖提名。

你是如何得到自己的第一套播控装备的？

"在犹他州，我遇到了一位当地俱乐部的老板。我问他：'你经历的最差劲的一晚是什么？你过得最慢的一晚呢？'他回答说：'周一的晚上。我甚至不在周一营业。'我说：'老兄，那让我周一晚上过来看看。'这是一家开业于20世纪40年代的酒吧，现在也还保留着所有的原始装饰，名为"曼哈顿俱乐部"。该俱乐部位于地下室，位置非常不错。俱乐部老板回答我说：'我到时来给你开门，你让朋友们都过来，再请一些人，我们看看效果如何。'结果证明，那个夜晚非常棒。我在那里做了5年DJ，刚开始只在周一做，后来周四也做……当时为了供自己上学，我曾经在一家服装店工作，但干了一周我就不想干了……我的 DJ 表演开始获得好评。再后来我赚够了钱，便买下了自己的第一套播控设备。"

先大后小

"每当条件允许的时候，我就会和家人一起去旅行。我已经结婚了，而且有三个孩子，因此我总是在想：'如何才能让这趟旅行成行呢？'这就好比是那个把石头放进桶里的故事，道理你懂的。当前对我而言，真正重要的是什么？我怎样才能用那些对我真正重要的东西把我（的桶）填满呢？"

> **作者：** 第一次跟我讲这个寓言故事的人是一位大学教授。这是一个帮助我思考优先级的好办法。那位教授大概是这样说的："想象你有一个很大的玻璃瓶子。瓶子旁边有几块大石头、一小堆弹珠大小的鹅卵石和一堆沙子。如果你先放沙子和鹅卵石，会发生什么呢？大石头就放不进去了。但是如果先放大石头，然后放弹珠大小的鹅卵石，最后放沙子，那瓶子刚好能装满。"换句话说，小事可以根据大事来调整，但大事不能根据小事来调整。

记住自己是谁

"每次当我离开家的时候，我父亲总会对我说：'**要记住你是谁**。'现在，我也当父亲了，这句教导对我影响甚巨。想当年我是这样说的：'爸爸，你是什么意思？你可真逗，难道我会忘记自己是谁？你到底在说什么呢？'而如今我想说的是：'天啊！那老头儿说的确实有几分道理。'"

* 卡斯卡德最喜欢的节日

卡斯卡德喜欢美国科切拉音乐节，但他也推荐过纽约的电子音乐节

Electric Zoo："这个电子音乐节在兰德尔斯岛举办，你可以一边表演一边看天际线。"

* 卡斯卡德最喜欢的标志性专辑是什么？

蠢朋克乐队的《家庭作业》(他们的《发现》也很棒，但卡斯卡德更喜欢《家庭作业》)。

发电站乐队的所有专辑。

"挫折是一种期望。"

路易斯·冯·安
LUIS VON AHN

路易斯·冯·安是卡内基－梅隆大学计算机科学系的教授，也是多邻国网站的首席执行官。多邻国网站是一家拥有一亿多用户的免费语言学习平台，它是目前世界各地最流行的语言学习方式。我作为该公司的投资人在他们进行第一轮融资时见到了路易斯·冯·安。之前，路易斯因为发明了验证码而为大众所熟知，他还以此获得了麦克阿瑟基金奖。20多岁时，路易斯就已经卖了两个公司给谷歌。路易斯被《大众科学》杂志评为十佳杰出人士之一，还被《快公司》杂志列为最具创造性的百人之一。

灵兽：猫头鹰

路易斯用"谷歌陷阱"抓住作弊者

"在我布置的作业中有一道被称为吉拉蒙迪之谜（Giramacristo's Puzzle）

的题。这个词是我自己编造的，我确定你在谷歌上搜不到。我制作了一个写着"正确答案"的网站，这个网站能追踪每个访问者的 IP 地址。在卡内基－梅隆大学，你能通过 IP 地址确定访问者的宿舍号。因此，我统计出了哪些人在作弊。结果证明，在 200 个学生中，大约有 40 个是通过谷歌搜索写出的答案，这太好玩了。我过去教课时经常做这种事。学生们后来都会害怕，担心我布置的每个任务都是骗局。（但一般而言我只是对他们说：'如果你坦白自己作弊了，那你的作业就是 0 分。'于是学生们就坦白了。）在前一两次作业中，我会这样做，之后他们就不再作弊。"

多邻国的绿色猫头鹰标志

"当时，我们正着手启动多邻国网站这个项目，于是我们雇了一家名为'银橘子'（Silverorange）的加拿大广告公司来帮我们进行品牌宣传……火狐浏览器的商标就是他们做的。我们很喜欢与他们合作。在一次有关公司品牌宣传的前期会议中，我们的联合创始人塞费林说：'你们知道，我不太懂设计，我也不是特别关心这个，但是我要对你们说一点：我讨厌绿色，我不喜欢这种颜色。'

"于是我们都认为，如果我们把网站标志的颜色弄成绿的，可能会很搞笑，这就是我们的标志是绿色的原因。准确地说，我们是在与我们的联合创始人开玩笑。从那之后，塞费林每天都不得不看到这个绿色的标志，他一定后悔告诉我们这件事。"

"我不明白"的价值

"我（在卡内基－梅隆大学）的博士生导师是曼纽尔·布卢姆，许多人称他为密码学（或数据加密学）之父。他很了不起，也很风趣，我跟他学了很多东西。我第一次见到他好像是在 15 年前，我猜当时他有 60 多岁，但他的处事风格让他看起来比实际年龄更大一些，他总是表现得好像什么事都记不起来……

"我不得不向他解释自己当时所从事的研究，也就是验证码——那些你上网时不得不敲击的被故意扭曲变形的字符。我知道这很烦人，但这就是我当时在干的事情（后来这个项目被谷歌公司收购了）。我必须向他解释这一切。这很有趣，因为通常在我开始解释的时候，对方在听到第一句话之后就会说：'我听不明白你在说什么。'然后我只好换一种方式来解释。一个小时就这样过去了，而我还没有解释完第一句话。他会说：'好吧，时间到了，我们下周见。'这种状况持续了几个月。有些时候我禁不住想：'真不明白为什么人们会认为这个家伙十分聪明。'但后来我明白了他这样做的原因。实际上，我原本并不清楚自己所做的工作，也并没有完全理解我努力向他解释的一切。但他每次所做的就是不断地驱使我进行深入的研究，直到我意识到自己确实还有一些不明白的东西。他教会了我进行深入思考，这是令我终生难忘的。"

作者：在本周，尝试着多说几句："我不明白。你能给我解释一下吗？"（见后文马尔科姆·格拉德威尔提到他父亲的那部分内容。）

在硅谷之外创业

"当你在行业活动中同（来自硅谷的）人们交流时，你会发现有一件事非常令人惊讶，那就是在这些创业公司中，其雇员的平均任职时间是一年半……然而对于我们（这些工作在匹斯堡的人）来说，我们的雇员并不会这么快离职。因为就创业公司而言，我们虽然不是城里唯一的一家，但像我们这样的公司也不是很多。"

作者：我已成功地从分别在俄克拉荷马州和科罗拉多州设有总部的健身网站 Daily Burn 的联合创始人团队中退出，转移到总部设在加拿大渥太华的 Shopify 软件公司。从招聘的角度看，在加拿大西部，Shopify

是当地的首选科技公司，因此人员流失很少。公司员工会在渥太华安顿下来，而不会被脸书、谷歌和优步等公司挖走，因为这些员工的家人不想搬到旧金山。如此一来，Shopify 也就避免了陷入会造成大量裁员的竞购战。

你现在还认为仅仅因为自己的公司建在行业中心之外的区域就一定会失败吗？关键要看你能否发现公司地理位置的有利之处，某些地理位置会具有一些并不显而易见的优势。

画板策略

"伟人几乎总是表现出自己随时准备好服从，正如后来事实证明他们随时准备好了指挥一样。"

——马洪勋爵

想要成为伟大的老师，你必须先成为伟大的学生。如果想要指挥，你必须先学会服从。本·富兰克林、传奇橄榄球教练比尔·贝利奇克以及许多你视为"领袖"的历史人物，在其早期都遵循这一策略。我也用相同的策略创建了自己的人脉网，这解释了我的第一本书为何会引起如此强烈的反响，我在科技投资方面的成功也得益于此。

瑞安·霍利迪称此策略为"画板策略"，他自己就是该策略的实践大师。瑞安是一位战略家和作家，他19岁辍学，在罗伯特·格林（《权力的48条法则》的作者）手下做学徒，21岁就成为美国服饰公司（American Apparel）的市场总监。瑞安最近创立的创新顾问公司Brass Check曾为谷歌、泰瑟公司以及许多畅销书作家提供过咨询服务。霍利迪写过4本书，最近的两本是《人生的敌人是自我》和《凡有阻碍，必能开路》。他在橄榄球教练、世界级运动员、政治领袖以及各类不同的群体中发展出了一大批追随者。霍利迪现在居住在得克萨斯州首府奥斯丁的一个小型牧场中。

瑞安登场

在罗马的艺术与科学制度中，存在这样一种概念，对此我们只能做一个片面的类比，成功的商人、政治家和富有的花花公子可以资助许多作家、思想家、艺术家和表演家。而在艺术作品创作之外，为了换取保护、食物和馈赠，艺术家们还要做大量的工作，其中一项是"先走"（anteambulo），大体意思是担当"开路人"。在罗马，无论赞助人去何处旅行，开路人都要走在赞助人的前面，为之开路、传话，为赞助人提供便利。著名的讽刺诗人马提雅尔在很多年里都在充当这个角色。有一段时间他为赞助人梅拉服务——梅拉是一个富有的商人，他是斯多葛派哲学家、政治顾问塞内卡的兄弟。由于出身贫寒，马提雅尔也为另一位名为佩蒂里斯的商人服务。作为年轻作家，马提雅尔的大部分时间都花费在辗转于富有的赞助人之间，为他们提供服务，向他们表达敬意，作为回报，他会接受他们微薄的、象征性的付款和恩惠。

问题在于，正如我们大多数正在实习或者正在做初级工作的人一样，马提雅尔非常痛恨这份职业。他似乎相信，这种制度在某种程度上把他变成了奴隶。马提雅尔渴望像一些乡绅那样生活——就像他服务的赞助人那样，他想要拥有自己的金钱和房产。他梦想着自己最终能够安静而独立地创作自己的作品。结果，这一态度让他的作品难以摆脱对罗马上流社会的怨恨和抱怨。他在作品中认为自己被搞得焦头烂额，十分凄惨。

怀揣着这些于事无补的愤怒，马提雅尔没有看到的，正是他作为社会局外人的独特身份所赋予他的对罗马文化的极为敏锐的洞察力，而正是这一点让他的作品留存至今。如果没有遭受这种制度的迫害，如果他与之妥协，那结果会怎样呢？如果他感谢（甚至渴望）该制度给他提供的机会，那又会怎样呢？总之，结果肯定不是现在我们看到的这样，（取而代之，）他会被这种制度彻底吞噬。

这是一种超越年代和社会的惯例：当愤世嫉俗、未被欣赏的天才苟活于世时，他会被迫为自己不敬重的人做自己不喜欢的事情。他会想，他们怎么敢强迫我，让我如此卑躬屈膝！这不公平！简直是浪费人才！

在最近的一些实习生因为工资过低控告雇主的诉讼案中，我们也可以看到这种情况。我们看到年轻人更愿意与父母一起待在家里，而不愿屈就去干那些做起来显得自己"资历过高"的工作。我们发现他们没有能力根据自己的条件同他人交往，也不愿意为了前进几步的可能性而选择后退一步。这种人会想："我不会让他们欺负我。我宁愿大家都一无所有。"

我们有必要仔细看一看这种所谓的"为他人服务"的侮辱了。因为在现实中，学徒模式不仅造就了世界历史上最伟大的一些艺术家——从米开朗琪罗、列奥纳多·达·芬奇到本杰明·富兰克林，他们每个人都被迫经历过这种制度，而且，如果你的目标是成为你想成为的大人物，你不觉得你现在所做的事只是一种微不足道的、暂时性的强迫劳动吗？

当某人得到了他的第一份工作或加入一个新组织时，经常会有人给他提出这样的建议：让别人有面子，你才能做得好。他们会说，低下头为老板服务。这当然不是从所有其他年轻的候选者中被挑选出来从事这个岗位的年轻人想要听到的，更不是一个哈佛大学毕业生所期望的——毕竟，他们费力获得那个学位证的目的在大多数情况下恰恰是避免遭受这种所谓的侮辱。

为了使这一问题看起来不那么有损人格，让我们回过头来思考一下：我们说的不是关于拍马屁，也不是使某人有面子，而是为他人提供支持以便于他们能够更好地工作。比较好的建议应该是这样措辞的：找到画板以方便他人在上面作画。成为一名开路人，为级别高于自己的人开路，最终，你会以此创造出一条自己的路的。

当你开始自己的某项事业时，我们能够确定这样几个基本现实：（1）你根本没有自己认为的那么好或那么重要；（2）你有一个需要重新调整的观念；（3）大部分你认为你知道的或大部分你在书本上或在学校中学到的都是过时的或者错误的。

有一个很棒的方法可以解决你所有的问题：让自己依附于那些已经取得成功的人或组织，让自己融入他们，同步前进。追求你自己的荣耀当然更有魅力，但是这很难做到。尊敬就是你应有的态度。

这个态度还有其他的效果：它可以在职业生涯的关键时刻减弱你的自大，让你不为阻碍他人的视野和进步的障碍物所影响，从而从自己所经历到的每一件事中吸收经验教训。

没有人赞成拍马屁。相反，你应该把它看作从内部看待事情的走向，为自己以外的人寻找机会。记住开路要做的事——明确某人打算前行的方向并为他们解除后顾之忧，使他们腾出空来关注自己的强项。事实上，这样做可以让事情变得更好，而你也不会再像原来一样只能单纯地观望。

许多人听说过本杰明·富兰克林写的那些署名为"沉默的山荣黄"之类的匿名信。"多么聪明的小天才！"他们这样认为，却完全忽略了最关键的部分：富兰克林写了那些信，从印刷店门下面的门缝塞进去，没人知道这些信是他写的，直到很久之后他才为此受到赞扬。事实上，最先获益的是他身为印刷店店主的哥哥。他定期在其负责印刷的报纸头版刊登这些信件，这产生了巨大的影响。富兰克林有一个长期的目标，而在接近目标的过程中，他学会了让舆论发挥作用，加深了对自己所关注的领域的认识，形成了自己的语言风格和表达方式，这是他在之后其真正的事业中反复使用的策略。曾经有一次，为了打击第三方竞争对手，他甚至在竞争对手的报纸上发表了一篇文章，因为富兰克林看到了"使别人有面子，让他们得益于你的创造"这种做法的持久效益。

比尔·贝利奇克，4次赢得超级碗的新英格兰爱国者队的主教练，他由于热爱并精通其工作的一部分内容而成为美国橄榄球联盟成员，那部分内容就是当时的教练们都不喜欢的分析录像这项工作。他的第一份工作是在职业足球队巴尔的摩小马队担当录像分析员。他自告奋勇地申请了这份没有报酬的工作——他的洞察力为球队提供了合理的进攻防守策略，但这份功劳都归于资深教练了。他乐于做这份他人认为简单乏味的工作，主动承担下来并努力做到最好；而其他人则认为自己太优秀，不屑于做这份工作。有位教练说："比尔就像海绵一样，能全盘吸收，听取一切意见。"另一位教练说："如果你给比尔布置一份作业，他会立即消失在你眼前，直到做完作业才会再次出现。然后他会要求更多的作业。"正如你所猜想的，很快，比尔就开始赚钱了。

在此之前，作为一名年轻的高中球员，比尔对这项运动了解甚多，甚至在做球员时，他也会兼任球队的助理教练。比尔的父亲是海军足球队的助理足球教练，关于足球政治，他给比尔上了关键的一课：如果想给自己的教练提反馈意见或质疑他的某个决定，为了不冒犯教练的权威，比尔必须在私下里以谦逊的态度来做这一切。他学会了在如何不威胁或疏远任何人的情况下成为一颗新星。换句话说，他已经掌握了画板策略。

你会看到主观权利和优越感（自我的装饰）是如何轻而易举地让人们本来可能取得的成就化为泡影的。如果富兰克林优先考虑声誉，而不是创造性的表达，那些匿名信就不可能出版。事实上，在他哥哥查明真相之后，出于嫉妒和愤怒，他哥哥真的揍了他一顿。如果比尔在公共场合挑战了教练的权威，那么他就可能会惹恼教练，从此沦为板凳球员。当然，他也根本不会在没有工资的情况下接受自己的第一份工作。如果他在乎身份，他也不可能坐下来看几千小时的录像。伟大始于谦逊，始于单调乏味的工作。这意味着你是房间中最微不足道的人物——直到你用你的实际行动来改变这一切。

有一句古老的谚语是"少说多做"。我们真正应该做的是把这句谚语更新一下，然后将其应用到创业之初的为人处世的实践中去。低调做人，高调做事。想象一下，对于每一个你遇到的人，你能否都去想办法帮助他们，思考自己能为他们做点儿什么吗？你看待问题的视角能够完全从他们的利益出发而不是从自己的利益出发吗？随着时间的流逝，这一切都会因为累积效应产生意义深远的影响：通过解决各种问题，你会学到很多东西，你会因为不可或缺而建立起声誉，你会发展出数不清的新的人际关系，你会有大量的支持储备供你将来某一刻调遣。

这就是画板策略——帮助别人就是帮助自己。想方设法用自己在短期内令人满意的工作换来长期的回报。别人可能想要获得声誉、得到尊敬，而你可以彻底忘掉它们，当他人借着你的工作成果获得荣誉时，你应当感到高兴——因为那就是你的目标：让他人借助你的工作获得他们的声誉，你只是延期获得而已，并且会连本带利地赚回来。

策略部分是最难的，人们很容易像马提雅尔那样充满仇恨，甚至痛恨奉承的想法，蔑视那些比自己更有手段、更有经验或更有地位的人。人们会时刻告诫自己不要花时间做低级工作或完善自我，认为那是浪费自己的天赋，并且会固执地认为自己不想那样低三下四。

一旦我们战胜了这种情绪化的、自负的冲动，画板策略的实施就变得容易起来，其迭代可以是无限的。

>>> 我可以自己想出解决办法，然后把它们交给老板。

>>> 找到善于思考、有进取心的人，和他们结交。通过与他们的交流碰撞出新的火花。

>>> 去做别人都不想做的事。

>>> 找到效率低下、浪费资源和冗余的工作流程。寻找漏洞并打好补丁，为开拓新领域腾出资源。

>>> 比其他人更勤奋，把自己的点子分享给大家。

换句话说，你要做的是发现机会以促进人们发挥其创造性，找到困境的出路与合作之人，排除阻碍人们进步和聚焦的干扰。这是一个有益的、有无限潜力的策略。记住，把每个人都看作你拓展人际关系和进行自我发展的资源。

任何时候，画板策略都在等着为你所用，没有截止日期，没有年龄限制，无论你是年轻还是年老。任何时候你都可以使用它——在找到工作之前，在被雇用之前，在你做其他工作的同时，在你即将开始一份工作或加入某个组织而没有强大的盟友或支持之时。你可能会发现自己永远有机会使用画板策略，哪怕你一毕业就开始作为领导者管理自己的项目。让画板策略自然而永久地存在。如果你过于忙碌，没机会运用这一策略，那么就让其他人把它用在你身上。

一旦你掌握了这种策略，你就会看到绝大多数人的自负情绪在阻止他们正确地估计形势：清除道路的人将最终控制前进的方向，正如画板决定了画作的形状一样。

凯文·罗斯
KEVIN ROSE

在创业公司投资领域，凯文·罗斯是我见过的最好的选股人之一，甚至在非技术领域，他的预测也惊人的准确。他与人共同创办了 Digg（掘客网）、Revision3（网络电视平台，后来被探索通信公司收购）和 Milk（后被谷歌收购）等网站。他后来也担任过谷歌风投的普通合伙人。作为谷歌风投团队的成员之一，其团队投资过优步、Medium 分享平台和蓝瓶咖啡等公司。他现在是 Hodinkee 平台的首席执行官，这是一个能让全世界钟表爱好者发布最新钟表资讯和进行腕表交易的平台。他是彭博评出的世界前 25 位天使投资人之一，也是《时代》杂志评出的前 25 位最具影响力的人物之一。他创办了一份名为 The Journal 的新闻通讯月刊，很受欢迎。

凯文是我的好朋友，我们定期一起做视频节目《随机展示》。这个节目之所以如此命名，是因为该节目的内容多样且发布时间非常不确定。凯文的这份简介也展现了一些随机性。为什么凯文受到了这一特殊对待？因为他是我的播客节目的首位嘉宾。

在本书接下来的财富部分，我还会说到凯文，在那篇介绍中，我将主要关注他的投资方法。

灵兽：毛毛虫

背景故事

>>> 凯文喜欢茶。他在他的左臂内侧文了一个中国神农的文身（人们认为是神农发现了茶）。他最喜欢且很容易找到的两种茶都出自红花茶叶公司：冻顶烘焙乌龙茶和更温和的银针白茶。

>>> 他是"蒂姆·费里斯秀"第一期的嘉宾。当时这个节目还没有名字，他建议称之为"蒂姆蒂姆絮絮叨叨"，我在社交媒体上的许多粉丝至今仍然在用这个昵称称呼我的节目。都怪该死的凯文凯文！

>>> 我向凯文提过的最差劲的问题是："如果你能够成为一种早餐的谷物，你会选择哪种谷物？为什么？"当时我们正在喝啤酒，在我问完这个问题后，我们顿时一起笑喷。

>>> 2012年，凯文和他的妻子，神经系统科学家达里娅·皮诺，我和我当时的女友，我们四人一起前往日本度假三周。一天，晚餐过后，我漫不经心地走向在人行道上的前女友，并把手插进她裤子的后裤袋中。"喂！蒂姆蒂姆！"达里娅叫了起来。原来那是她的裤子后口袋。从身后看来两位女士几乎完全相同：同样的发型、同样的体形、同样的腰围。对不起，凯文凯文！

>>> 在我见过的所有人当中，凯文是唯一一个曾螺旋式扔出过一只浣熊的人。当时那只浣熊正在攻击他的狗。那段视频被监控录像从两个角度拍到了。现在这段视频仍然在互联网上广泛传播（搜索"凯文·罗斯，浣熊"即可），看起来就跟用电脑特设软件制作的一样。

与网络巨魔做斗争

凯文支持通过心理学的手段处理网络语言暴力现象。2009 年，我被一些固执的匿名评论者在网上曝光了个人隐私。凯文问了我两个简单的问题，自此之后我经常思考它们：

"你尊敬或在乎的人在网络上留下对你充满恶意的评论了吗？"（没有。）

"你真的想与那些手中握有大把时间的人纠缠吗？"（不。）

＊ 凯文最喜爱的习惯追踪和行为矫正工具之一

"生活方式"（Way of Life）应用程序。

对付血糖

几个月前，我收到了凯文发来的信息，上面说"我发现了宝贝"，并配有一张德康医疗动态血糖检测仪的屏幕截图，上面显示他的血糖水平为 79mg/dL（该数值在正常范围内，表明身体健康）。这是他消耗掉 2 瓶啤酒、1 个蜜汁猪排、4 片蜜汁黄油玉米面包和 1 份卡派纳土豆球之后的血糖水平。

他所说的"宝贝"是什么？随食物一同服下的 25 毫克阿卡波糖（1/4 片）——凯文是从彼得·阿蒂亚那儿学会的这个技巧，而彼得是我介绍凯文认识的。

直觉投资

作为投资人，凯文是少见的双面高手：他在初创技术公司（的系列种子投资或第一轮投资）和上市股票方面的投资两个方面都表现得很出色。绝大多数擅长其中一种投资的人都不擅长另外一种。

当我向他咨询关于这两种投资中任意一种的建议时，凯文经常变相地问我下面这几个问题：

- 你了解你要投资的公司或股票吗？
- 你认为从现在开始他们会占据市场优势，连续三年业绩上涨吗？
- 你认为 3 年之后这家公司推出的这种技术会在某种程度上成为我们生活的一部分吗？

根据他自己对这些问题的回答，外加另外一个层面的考量——情绪反应，凯文做过许多令人叹为观止的成功投资。人们可能会马上反驳"直觉"投资这个说法，但是正如他们所说的："一次成功说明你幸运，两次成功就说明你非常出色。"而凯文一次又一次地重复了自己的成功。

许多投资方法从技术角度来看十分复杂，处处都有介绍，以至于已经令人倒胃口了。而我在这里所讲的投资方法则几乎没有人介绍过。

凯文登场

在一次技术峰会上，在我准备上台演讲的时候，科技博客（Tech Crunch）的创始人 J. 迈克尔·阿灵顿问我："你投资了许多了不起的创业公司，你是怎样挑选这些公司的？"我回答说："我相信自己的直觉。"而他似乎不太满意地回应道："你最好想出比这更好的回答。"

我一度非常钦佩技术公司的投资人，他们能构想出一套宏大的、包罗万象的理论架构来阐述自己的投资哲学。举几个例子："软件正在吞噬这个世界""自下而上的经济""投资于表现优异的初创公司"等。

这些理论对于基金或专业的投资机构来说可能确实是伟大的策略，但并不真正适用于我这种私人天使投资人。

对于我来说，只有经过一个更偏重于运用情商的思考过程之后，我才会决定是否投资某家创业公司。在最开始，我会从情感上思考这个投资计划怎么样。一旦它通过了这道考验，接下来我才会做一些传统的严格评估，利用客观数据来验证创始人给出的关于其业务在量化方面的指标。

那么，我是如何从情感上思考一个投资计划是否合理呢？

在评估一种新产品时，我会提取这种产品的部分新特征（而不是所有特征），并详尽地列出这种产品可能会如何影响其目标消费者的情绪。之后，我会考虑随着时间的流逝，这些产品特征可能会有怎样的发展。

举例来说，让我们看看我关于投资推特的一些笔记（这些笔记促成了我2008 年对推特的投资）。推特以下的一些新特征引起了我的兴趣。

快速共享

情绪反应：打 140 个字比创建一个博客更快、更简单。对写长邮件的恐惧与担心时间消耗的问题将不复存在。你可以通过发送手机短信完成更新，而不需要使用电脑（记住：这是"应用程序"出现之前的事）。对于非技术界的名人来说，这可能有着巨大的吸引力。

关注其他用户

这是一种新颖的反向概念，它允许使用者关注自己不认识的人。虽然这在现在听起来很普通，但在当时它带头掀起了现在广为流行的双向友谊模式。

情绪反应：创建一个自己的关注者群体感觉就像一场游戏或竞赛。使用者会鼓励自己的朋友和粉丝关注他，而这会带来更多的使用者。对于推特来说，这种能不断吸引朋友和粉丝加入的"游戏"是一种免费的营销模式。关注默认共享进一步加深了粉丝与其钦佩但不认识的人之间的联系。

> **作者**：推特在早期还设立过关注人数最早达到"前 100 名"的榜单，以此来推动关注竞赛。

内容连锁

情绪反应：用户开始使用专门术语"RT"来表示"转发推特"（这是在官方转发功能开发之前由用户自己发明的做法）。这一功能允许使用者接触超越其社交网络的信息，也为信息发布者增加了曝光度。与传统媒体（包括我当时创立的掘客网）相比，推特的实时性极强的特性让新闻消息传播得更快。

★　★　★

在以消费者的视角和感受思考了这些特征之后，我才真正对投资推特这个计划产生了兴奋感。

这种思考同样适用于规模更大的行业动态变化。

我的同事兼朋友大卫·普拉格是第一批特斯拉 S 型电动汽车的车主之一。在收到车的第二天，他就欣然允许他所有的朋友试驾。但最吸引我的不是那辆车，而是它发出的声音。在我下车之后，大卫猛踩脚踏板，一瞬间就驶过了旧金山的一座大山。我所听到的是"嗖嗖/嗡嗡"的电动加速声。对我来说，这就像我在少年时期看到的那些科幻片里的情景成真了一样，那声音听起来就像是未来的声音。

几天之后，我记得我听到了一辆大公交车正费力地爬过同一座山的声音。柴油发动机挣扎着发出嘎嘎声，就好像马上要垮掉似的，上气不接下气。

我很清楚，尽管目前消费者的接受度还很低，但随着能量存储方面的技术进步（这只是时间问题），电动交通工具将成为交通行业的未来。

这些感受让我决定投资于这个当时看起来没什么前途的汽车公司。

★　★　★

实际上我更多地采用这种方法让自己避开不良投资，而非用于寻找优良投资。在评估上一年度的商务谈判时，我发现自己平均能在18家公司中找到1家值得投资的公司。我需要对很多公司说"不"。

例如，当前正时兴的虚拟现实设备生产制造公司就没有通过我的测试——其产品组件又大又笨，还需要用户配备贵得离谱的电脑，安装方法也是一团糟。与虚拟现实设备配套开发的游戏虽然体验起来很有趣，但并不比传统游戏好很多。

因此，到目前为止，我还没有投资过虚拟现实技术的相关公司或股票。将来（数年之后），随着设备的功率、大小、价格与虚拟现实技术逐步达成完美结合，该产品很有可能被大众接受。但从现在的状况来看，我选择放弃。

> **作者：** 在精灵宝可梦 GO（一款增强现实类游戏）迅速普及的几个月前，凯文确实预测到了增强现实技术的迅猛发展，他强调，增强现实技术和虚拟现实技术不是一回事。他看好增强现实技术，但对虚拟现实技术则持否定态度。

值得一提的是：我也相信客观数据，并会将客观数据作为决策的依据，特别是针对创业公司的后几轮融资。但对于处在萌芽阶段的初创公司，我的赌注主要建立在团队素质和我对其产品的情感态度的基础上。

　　许多投资人同行认为不应该相信直觉，他们把成功地运用直觉归因于偶然的运气。当然，创造性直觉因人而异，此处并没有万能公式。但我确实相信，我们能够把本能直觉作为一种工具，一种在没有数据可用来参考和评估时可以使用的工具，比如在评估那些尚未启动的创业公司时。

尼尔·斯特劳斯
NEIL STRAUSS

尼尔·斯特劳斯写过 8 本畅销书，其中包括《游戏》(*The Game*)和《真相》(*The Truth*)。他还是《滚石》杂志的编辑、《纽约时报》的特约撰稿人。除此之外，他还创立过多家高盈利的公司。即使你从来没想过写作，他的思路也一定有可借鉴之处。

灵兽：水滴鱼

不要接受时代的标准

"在与我的一个亿万富翁朋友交谈时，我对对方说：'我真想写一本有关你的思维方式的书。'对方当时正在评论亿万富翁与非亿万富翁之间的不同之处……他说：'**你能犯的最大错误就是接受自己时代的标准。**'无论对于技术、书还是其他任何事，不接受时代标准就是你开拓创新的起点。因此我认为，不接受时代的标准是取得巨大成功并改变世界的秘诀。"

* 尼尔推荐的书籍

米兰·昆德拉的《生活在别处》。"我认为这本书所讲述的主题类似于我们在生活中会面临的那个选择：你希望最大化地开发自己的潜能吗？还是说，你只想屈从于暂时性的同辈压力，让自己成为一个无足轻重的人？"

* 你用不到 100 美元买到的最好商品是什么？

"Freedom 应用程序。我没有因此而获得金钱上的收益，但这是一款改变了我的生活的电脑程序。它是这个世界上我最喜爱的程序。这款程序会问：'你想要多少自由时间？'你可以输入自己需要的自由时间——比如 120 分钟的自由时间。然后，在这段设定好的时间内，无论发生什么，你的手机都无法再连上互联网了。现在，只要我一坐下来准备写东西，我要做的第一件事就是登陆 Freedom 应用程序设定时间。你可能会说，在写作过程你会需要上网查东西，但多数时候，你查着查着就陷入了时间黑洞，把时间都浪费了。你应该做的是把所有你想查的东西记下来，等这段自由时间过去了再查。这样一来，你会发现自己的工作效率提高了许多。"

> **作者：** 对于那些需要在后期查找的内容，我和尼尔以及许多其他作家都会使用"TK"作为占位符（例如："当时他 TK 岁。"）进行暂时替代处理。这是一种很常见的做法，因为几乎没有英语单词会连续出现 TK 这两个字母（除了那个令人讨厌的 Atkins）。在查好资料后，你可以轻松地批量查找或替换这些占位符。

为自己、为粉丝、为批评者编辑作品

尼尔分三个阶段编辑自己的作品。他的解释如下：

首先，我为自己编辑。（我喜欢什么？）

其次，我为粉丝们编辑。（粉丝们最喜欢、对他们最有帮助的是什么？）

再次，我为批评者编辑。（批评者可能会大肆批评、怀疑或取笑的内容会是什么？）

对最后一点，尼尔详细阐述道："我总是拿艾米纳姆（白人说唱歌手）做例子。你无法批评艾米纳姆，因为他已经在自己的歌中扮演了批评家并回答了批评家提出的所有问题……人们对艾米纳姆的所有可能的质疑他都自觉地回答或确认了。因此，我真的希望能以有趣而愉快的方式回应批评家们的问题和批评。这就是'让批评者校对'这个想法的来源。"

> 作者："批评者校对法"可以采取多种形式，比如自嘲（"我知道这种方式可笑而矛盾，但是……"），或者提出一个可能的批评意见并正面处理它［例如："可以理解的是，一些人可能会说……（批评）。"］。在《卢西留斯的道德书信》的后半部分，塞内卡就精彩地运用了这一方法。斯科特·亚当斯（见前文）在其小说《上帝的碎片》中也使用了相似的话术。

"其实作家的创作瓶颈并不存在……就像阳痿一样，正是你强加在自己身上的性功能压力阻碍了自己去做本应自然而然就能做到的事情。"

每天写两页糟糕的东西

上面那句话是一位老练的记者对我说的一句话。无论是创新思考上的瓶颈还是写作上的瓶颈，关键是暂时放下自己的标准。

我收到的有关写作的最好的建议是一句口头禅："每天写两页糟糕的东西。"一位经验丰富的作家将其跟 IBM 的成功联系了起来。该公司在几十年之前是个庞然大物，涉足多个不同的领域。他们的销售人员以令人难以置信的高效而闻名。该公司是如何做到这一点的呢？从某种意义上说，其方法就是做一些与你的期望正好相反的事情。例如，IBM 为其员工规定的工作定额非常低。他们不想让销售人员胆战心惊地打电话，而想让他们充满动力地超越自己的定额和目标。事实也正如其所料。把这一原理转化到写作上，那就是，给自己设定目标："每天写两页糟糕的东西"。也就是说，如果你达到了写完两页的目标，即使你不再写了，你也会感觉那一天很"成功"。有时你可能会勉强维持写两页的水平，而且写得很糟糕。但至少有一半的时间里，你会创作 5 页、10 页，甚至偶尔会写出 20 页。草稿虽然丑陋，但经过编辑之后，它们就会变得好很多。

通过示弱找到对方的弱点

尼尔是个老练的采访者，前不久他教给我一个好办法：在开始采访之前，与你要采访的人敞开心扉地交谈，并且注意把自己放在弱势的位置。这确实非常奏效。录音之前，我会花上 5~10 分钟来开玩笑、热身、检查设备等。有的时候，我会自告奋勇地讲一些自己的失败经历（例如："我多么痛恨过去曾经被错误引导，我知道那种感觉……""我当时处在巨大的外部压力之下，而且正在赶时间……"，等等），这种示弱会使嘉宾们在后面的采访中也愿意做相同的事情。有时候，我会真诚地征求对方的意见，而不是打断对方。我会这样说："你很擅长 X，而我正在纠结于 Y 方面的事情。我想尊重你的时间尽快完成这次采访。当然，等你有空的时候，我很愿意向你请教 Y。"

听众经常问我："你是怎样做到如此快速地建立起关系的？"上面提到的就是一部分答案。

另外，我还会利用那 5~10 分钟的时间抢先解决嘉宾们通常都会关心的关于采访的共同问题。以前我也曾遭受到媒体的欺骗，因此我想要我的嘉宾明白这样几点：（1）我明白那种感觉有多么糟糕；（2）我的节目是个开放的、试验性的安全空间。我还会涉及下面几点内容：

⋙ 我的播客并不想抓住嘉宾的缺点或失败不放，它更想要让你看起来不错。

⋙ 我会问："让我们展望一下下周或下个月这段采访播出时的情景。哪些内容会让你觉得自己成功了？'成功'看起来是什么样子的？"

⋙ 我会问："有什么是你不愿谈论的事情吗？"

⋙ 就像《演员工作室内幕》节目（我雇用了他们的高级研究员来检查我的采访剧本并帮我完善它）的做法，嘉宾对于播出内容有"最终剪辑权"。我们是录像形式的不是现场直播形式的（至少在99%的时间里是这样），我们可以删掉他们不喜欢的任何部分。如果嘉宾在第二天早上突然想起什么不想播出的地方，我们可以立即把这部分内容剪下来。

⋙ 我会这样说："我总是建议我的嘉宾们尽可能保持自然、敞开心扉。我的粉丝们喜欢策略性的细节和故事。我完全接受剔除一些内容的需求，但我不会在采访结束后再加进什么刻意编造的、用以吸引眼球的内容了。"

* 在过去的一年中，你学习或密切追随的三个人是谁？

里克·鲁宾、莱尔德·汉密尔顿、加布里艾尔·瑞丝和艾蒙（提到艾蒙，是因为他帮忙照看过尼尔的小儿子）。

> **作者：** 尼尔介绍我认识了里克。里克又介绍我认识了莱尔德和加比。艾蒙则没有回我的电话。

* 你有什么生活指南或经常想起的名人名言吗？

"对接下来可能发生的任何事情持开放的态度。"——约翰·凯奇

"无论情况如何，正确的行动总是出于同情和爱。"（转述自他的老师芭芭拉·麦克纳利对他说的话。）

"我只做可以通过电子邮件回复的文字采访。
因为记者总是喜欢曲解你的话并由此推论你
做过什么该死的、荒谬的事情。"
——这句歌词选自黑暗堡垒乐队的歌曲《闪边》

麦克·筱田
MIKE SHINODA

　　麦克·筱田以说唱歌手、唱作人、键盘乐器演奏者、节奏吉他手等身份知名。他还是林肯公园乐队的两位主唱之一，该乐队在全世界范围内已卖出6000万张专辑，两度获得格莱美奖。从说唱歌手 Jay Z 到赶时髦乐队，麦克与众多知名音乐人都有过合作。在其个人乐队黑暗城堡中，麦克担当首席说唱歌手。除此之外，他还为自己乐队的作品及与其他音乐人的合作项目绘制专辑封面，进行编曲和混音。我第一次见到麦克是在 2008 年，当时我是为博客世界暨新媒体博览会采访的麦克。

灵兽：雪豹

　　我是黑暗堡垒乐队的超级粉丝。一旦你被歌曲打动，你就会发现歌词呈现出了特别的意义。本书中的几乎每一位嘉宾都被媒体曲解过。这些曲解通常来自电话采访，其附带结果可能是灾难性的。对于采访者来说，这只是又一次赚取点击率与博得观众眼球的机会。而对于嘉宾来说，它给你留下的则是混乱的烂摊子。而且它阴魂不散，最后变成你的维基百科中的一个条目。

　　麦克在我们的谈话中详细阐述了这一点："我不认为人们会刻意说谎，但我们要明白每个人都有自己的打算。即便是某家音乐杂志对你进行采访，那也不是因为他们热爱你的音乐，对不对？他们整天想的就是'我们需要用广告赚钱，我们需要点击率……'如果你说了一个 40 个字的句子，而它能被削减到 7 个字，且这 7 个字能撩拨起大众的兴趣，那么即使这个句子与你采访中所说的内容没有任何关系也无所谓。这只不过是吸引点击的诱饵，他们绝对会不择手段这样做的，因为他们就是靠这个来发展生意的。"

> **作者：** 这个故事的寓意是，无论何时，只要有可能，一定要通过电子邮件进行有文字／文本记录的采访。如果有人断章取义，这些书面证据可以为你提供证据和追索权。然而，如果你没有在收件箱中保存它会怎样呢？如果你没有（或不想）回避电话采访又会怎样呢？几年来我的办法也有所改进，我现在对于采访只有两个标准：不会被浪费太多时间，不会被错误引用或不实报道。

　　所谓浪费时间是指，可能你腾出了 1~3 个小时完成了一次有文字材料的采访，但最终对方只引用了你写的一句话，剩下 99% 的问与答永无公开之日。即使记者进行了电话录音（这一做法是正确的），我也从未拿到过他们的音频材料，因为记者上面有老板，老板上面还有老板要请示。这种情形很浪费时间，也让我感到很无奈。因此，该如何解决这一问题呢？

　　办法很简单，你自己进行录音。这样做有双重作用：既可以保护自己，又有助于你与任何不端行为做斗争。你可以这样对记者说："欢迎电话采访！我通常会对电话采访进行录音作为备份（通过 Skype 网络电话进行的采访可以使用软件 Ecamm 录音；软件 Zencastr 的录音效果也很好），结束后我会通过电子邮件给你发个音频的云存储链接。我想这样做没问题吧？"如果他们同意，那么你的录音就不违法，一切都没问题。如果他们不同意，这就是一个警示信号，提醒你应该终止这次合作。毕竟，错过任何一次媒体采访的机会都不会要你的命，但是一次可怕的歪曲引用则可能像绝症一样阴魂不散。

如今，在同意接受采访之前，我通常会提出："在采访结束后，我可能会把采访的音频放到我的播客上，我以前也这样做过。我想这样做没问题吧？"从其他方面来衡量，花 2 个小时的时间（不要忘记后续邮件、事实核查等工作也是需要时间的）换来你说的话可能在报道中只被引用了一句也是很不划算的。而如果对方同意我公开录音的话……那结果可能就会非常美妙。我的播客节目中最受欢迎的"互动小插曲"之一就发生在《时代》杂志的记者兼滑稽讽刺作家乔伊·史坦因对我的采访中。他最终决定不刊登对我的采访。这对我们双方都有好处。

激励措施？

在任何合作开始之前，问自己这样几个问题总是很明智的："他们的激励措施是什么？以及，他们激励的时间节点又是什么？他们如何衡量'成功'？我们在这些方面是一致的吗？"如果你有长远打算，那就不要因为一个噱头而去下短期的、孤注一掷的赌注。那些只考虑自己下一季度的发展而不考虑你 1~10 年后的事业发展的人通常只会给人带来压力而非动力。麦克讲过一个故事，这是一个关于林肯公园乐队在创建之初从其唱片公司获得"建议"的故事。

"他们对我们说：'你们这些家伙需要给自己想个噱头。我们想让乔穿上白大褂，带上牛仔帽。切斯特，你就每场演出踢掉一只鞋子吧。'这就是唱片公司给出的"建议"，听起来简直像电影《摇滚万万岁》里的情节。我想，如果现在你跟他们提起这些往事，他们肯定会说：'不，我当时完全是在开玩笑。'但我向你保证，他们当时并不是在开玩笑。"

乐队内部达成了一致，决定坚持自己的风格。他们给唱片公司提供了两种选择：要么让他们走人，要么让他们做他们该做的事情。这招果然奏效。我自己也"错失"了许多利用噱头赚大钱的机会。正如托马斯·赫胥黎的名言："自由状态下犯错，远比戴着枷锁做正确的事要好得多。"如果你足够优秀，那你的机会一定不止一次。

几个要点

* 鲜为人知的事实

我们都是宫崎骏动画电影的超级影迷。事实上，《幽灵公主》是林肯公园的代表作《最后》（"In the End"）的音乐录影带的主要灵感之一。就我个人而言，世界上我最喜欢的博物馆就是东京的吉卜力美术馆，它由宫崎骏创建，位于"三鹰之森"。

* 麦克向我介绍的一些罕为人知的乐队

皇室之血乐队：我喜欢他们乐队的作品《原来如此》（"Figure It Out"），我经常在写歌时听。

Doomriders 乐队：《重生》（"Come Alive"）是他们为重金属音乐爱好者和但泽市的怀旧者而创作的。这首歌最适合在健身或玩游戏时听。

* 在你听到"成功"这个词的时候，你想到的是谁？

麦克想到的是里克·鲁宾。不仅因为里克在歌曲创作、唱片制作上的成就，还因为他分享给大众的人生经验。

贾斯汀·博雷塔
JUSTIN BORETA

　　贾斯汀·博雷塔是脉冲暴徒乐队的创始成员。他们最新发行的专辑《爱的死亡与永生》以电子乐专辑第 1 名、独立厂牌专辑第 1 名和数字专辑第 4 名的成绩登上热门专辑排行榜。脉冲暴徒乐队是一个由艺术家自己组建的团队，可以说它是一家真正白手起家的创业公司。他们的音乐曾被电影《罪恶之城：红颜夺命》、《明日边缘》、《美国队长：第一个复仇者》和《超凡蜘蛛侠》用作插曲。他们为白线条乐团的《七国盟军》这首歌制作的混音版是目前点击量最高的游戏预告片《战地 1》的配乐。

灵兽：巨型乌贼

* 是否有一句名言指引着你的生活？

　　"做一个倾听的沉默者。"——塔拉·布莱克

　　"生活不应该是一场带着漂亮的、完好无损的躯体安全抵达坟墓的旅行，而应该是在滚滚红尘中策马奔腾、全力以赴，直至生命的最后一息，并大声赞美说：'喔！多棒的经历啊！'"——选自亨特·斯托克顿·汤普森的《骄傲

的公路：绝望的南方绅士传奇（1955—1967）》

贾斯汀："我设置了亨特·斯托克顿·汤普森的生日提醒，专门用来提醒我自己不要太看重自己，要享受过程。我还在我的晨记本上留了几张空白页，用来记录晨读过程中读到的精彩片段（从书、播客等地方摘录的语句）。这种记录让我在需要寻找灵感的时候可以很方便地回头查阅。"

* 如果你只能带一张专辑、一本书和一件奢侈品到一座荒岛上，你会带哪些？

我会带爱飞克斯双胞胎的专辑《被选择的背景音乐》、米兰·昆德拉的《生命中不能承受之轻》和凯梅克斯咖啡壶。

* 贾斯汀最喜欢的艺术家之———苏格兰电子乐乐队 Boards Of Canada

"他们的音乐低沉、优美。对我来说，他们的专辑就像是一位熟悉的老朋友，我可以随时拜访。"

* 你曾经得到的最好的建议是什么？

"我得到的最好的建议是在我很小很小的时候我父亲对我说过的话，我当时可能有五六岁的样子。我父亲对我说：'不要强迫它。'表面看来，这是一个非常简单的道理……但我认为对于音乐创作来说，这句话的确是我的指路明灯……（费力地把方钉子钉进圆孔中）很少能够达到预期的效果，无论是在创作过程中还是在日常生活中都是如此。"

> 作者：每当我感觉自己处于紧张状态的时间过长的时候，我都会问自己下面这个问题："如果事情没这么艰难，情况会是什么样子呢？"

* 在工作或专业领域中你听到的最差的建议是什么？

"关于寻找灵感、启发，人们提出了许多差劲的建议。如查克·克洛斯曾经说过的：'灵感是为业余者准备的——而像我们这样的专业人士只需要坐在办公室里就能进行创作了。' 还有一些人认为，事物是在人类活动中自行发展的，哪怕你只是静静地坐在那里幻想着伟大的'艺术思想'，你也可以——通过工作——偶然碰到其他机会，无意中打开自己梦想中的艺术大门。"

* 如果让你给 20 岁的自己提一条建议，你会提什么？

"'别怕，镇定下来。'我认为我自己和其他一些我认识的人在 20 多岁的时候总会对事情产生某种执念，认为必须怎样怎样才可以。但实际上，它不这样也不会怎么样。"

蒂姆："说得没错，的确如此。10 年后你还会记得这一点吗？还是可能不会？"

贾斯汀："肯定记不得了。人们甚至在几分钟之后就会忘记自己刚刚发过的推文的内容了。"

* 在最近一年中你学习或密切追随的人或三种资源是谁 / 什么？

"《鹦鹉螺》杂志、非商业性独立书评网站 Brain Pickings、婚恋情感专家埃丝特·佩瑞尔。"

* 你做过的最好的或最划算的投资是什么？

"被解雇之后，我决定转行，并全力以赴地投身于音乐事业中。我刷爆信用卡买下了我的第一套录音室专用监听扬声器。扬声器可能是你需要购买的最重要的录音棚设备。至今我仍然在用这套设备。"

* 播客推荐

《广播实验室》的"在这个星球的尘埃中"那集：这一集探索的主题是，一本鲜为人知的学术专著为什么会突然出现在流行文化中（比如出现在电视剧《真探》中、时尚杂志中、Jay Z 的一件夹克上，等等）

* 早上的常规活动

每天早上，贾斯汀都会做 20 分钟的冥思静坐，而后做负重 24 公斤的户外壶铃摇荡运动。我现在每周会做 2~3 次类似的训练，力争像《每周健身 4 小时》一书中介绍的那样，达到双手重复做 50~75 次的水平。

* 安眠曲

贾斯汀会听马克斯·里克特的《从睡梦中醒来》。"当我准备睡觉的时候，我会用低音量播放这张专辑，它通常在我睡着后的 15~20 分钟结束。或者如果我在家，我会使用搜诺斯公司出品的睡眠定时器。如果每天使用这种定时器作为摇篮曲，一段时间之后你就会产生类似巴甫洛夫条件反射的那种效果。如果你嫌它旋律过于丰富优美，你也可以选择噪声音乐家 Mute Button，其作品包括高音质的过滤噪声——温柔的雨声加上睡眠定时器简直太美妙了。旅行的时候，我发现这足以屏蔽旅馆的噪音。"

斯科特·贝尔斯基
SCOTT BELSKY

　　斯科特·贝尔斯基是一名企业家、作家和投资家。他是 Benchmark 公司的投资合伙人。Benchmark 公司是一家位于洛杉矶的风险投资公司。2006 年，斯科特与合伙人共同创立了彼罕思网站并出任首席执行官，直到 2012 年彼罕思被奥多比公司并购。成千上万的用户使用彼罕思网站来展示他们的投资组合，并通过该网站追踪、寻找创意产业的顶尖人才。他也是拼趣、优步、Periscope（一家流媒体直播服务运营商）以及许多其他快速发展的创业公司的早期投资人与投资顾问。

灵兽：北极熊

* 有什么别人认为荒唐愚蠢你却坚信不疑的事吗？

　　"时不时地迷失方向、被扰乱计划是很有必要的，这是创造力和洞察力的来源。设定好的路线图、得力的助手和详细计划所带来的危险就是你可能会永远按部就班地生活。倘若果真如此，那么你就不可能超越自己。"

* 是否有某次"失利"导致了你后来的成功？

"生意中最难做的决定是那些会让你在乎的人失望的决定。我在彼罕思公司早期所犯的最大错误之一就是做得太多。我们推出的产品种类过多，业务种类繁杂。我们的精力被过多的事物分散。最后，在入行大约 5 年后，一切都达到了极限。我们耗尽了时间，但实际上我们真正需要的是集中精力做好一件事。我关停了许多项目，包括当时很受欢迎的任务管理应用程序。这让许多用户大失所望，但只有这样做才能保证我们的团队集中精力打造一种产品，一种最终能够影响世界上成千上万的创意者的产品。

"这次经验让我明白了知名作家们所说的'杀死汝爱'——删除小说中偏离主题的情节和角色——的意义。有时候，为了促成一件最要紧的事情，你需要停下自己喜欢做的事情。"

* 你所听到的他人经常给出的最差建议是什么？

"'寻找模式。'作为一位创业者和投资人，我周围充斥着这样一些人，他们试图对公司的成功要素进行分类与概括……他们中的大多数人都忘记了创新（和投资于创新）恰恰是一项关于例外的工作。

"我很容易理解为什么大多数投资者都要根据公司采取的运营模式决定投资与否，因为成功的公司往往采用了一种别出心裁的新模式。这种模式可能是优步采取的随需应变的网络模式、爱彼迎采取的分享经济模式，或者是瓦尔比·派克公司采取的垂直整合电子商务模式。在这些新模式诞生之后，则是没完没了地分析、一窝蜂地效仿……当然，（那些效仿的公司）也可能创造出成功的衍生产品，但他们不会改变世界。

"我也会去学习以往的经验，但并不会试图从中找到什么灵感。我最关心的问题总是：'他们尝试过什么？为什么这种方法会产生效果？'当我听到成功和失败的故事时，我会去寻找那些能够造成天壤之别的细微之处。哪些传统智慧不再起作用了呢？……我尽可能避免将昔日的成功视作未来的代表。毕竟，一个不为人知的小秘密是，每次成功都是一次几乎达成的失败。时机和不可控的环境因素起着比我们愿意承认的还要大的作用。

"或许我从过去得到的最大经验，是从惊异之处寻找灵感非常重要。每当我在冷门行业碰到一种奇特的经营模式时，我总是试图找到一个值得跟进的行业趋势。我强迫自己不要太看重过去的经验。如果只是寻求过去的所谓"成功"模式，那么你的创业之路不会走得太远。"

* 你会给 30 岁的自己提什么建议？

"在错误的环境中，你的创造力会大打折扣。30 岁时，我曾经认为不论我把自己的能力用于何处，结果都是一样的。事实证明我错了，你所处的环境真的很重要。"

* 你会在布告板上写点儿什么？

"'重要的不是想法，而是如何实现想法。'我会把这块布告板放到世界上的每一个大学校园中。年轻的时候，我们都富于创造性，也都非常的理想主义……事实是，年轻人不需要更多的想法了，他们真正需要的是对自己已然拥有的想法承担更多的责任，并把它们一一实现。"

如何赢得自由

　　提起"财富"这个词，人们很容易把精力聚焦在增加积蓄上。这很自然，但并非总是有益的。在很多情况下，经济问题不是束缚我们的主要因素。从2004年开始，我用了大约18个月的时间环游世界。我把我所有的感悟写进了我的第一本书——《每周工作4小时》。在我的整个旅程中——从柏林的后街小巷到巴塔哥尼亚的不为人知的湖泊，我几乎一无所有，只有一个双肩背包和一个小行李箱。我随身带了两本书，一本是亨利·大卫·梭罗的《瓦尔登湖》，另一本是雅虎旅游专栏作家罗尔夫·波茨的《流浪：一种不寻常的长期环游世界的艺术指导》。

　　首次买到《流浪》这本书的时候，我用铅笔在书的内封上列了一个旅行目的地愿望名单，其中包括：斯德哥尔摩、布拉格、巴黎、慕尼黑、柏林和阿姆斯特丹。这份名单上的目的地一直在增加。利用罗尔夫给出的路线图和小贴士，我把这些地方全部去了一遍。对于其中的许多地方，我会根据自己的节奏，花上2~3个月的时间，从容地进行深度游。这是梦想成真的时刻。在整个旅程中，我反复地看这份名单，我意识到旅行不仅仅是为了改变我们所处的外部环境，更是为了改变我们的内心世界。

罗尔夫的灵兽：寄居蟹

罗尔夫登场

对我来说，在我听到的所有令我印象深刻的电影台词中，有一句台词相当突出。这句台词并非出自滑稽的喜剧、深奥的科幻电影或充斥着特效的动作惊悚片，而是出自奥利弗·斯通的《华尔街》，当时查理·辛饰演的角色——一个在股票市场中前途无量的大人物——正在给他的女朋友描述自己的梦想。

查理·辛说："我想，如果在 30 岁前我能赚到一大笔钱，然后彻底摆脱这个行业，那么我就能骑着摩托车横穿中国了。"

几年前，当我第一次在电视上看到这一幕时，我惊讶得差点儿从椅子上跌下来。毕竟，查理·辛或其他任何人都可以靠打扫 8 个月厕所赚来的钱骑着摩托车横贯中国。如果他们自己没有摩托车，到了中国后，他们可以再扫几个月厕所，赚够钱之后买一辆。

问题是，大部分美国人可能不会认为这一电影场景有什么特殊之处。出于某种考虑，我们总是把到遥远的地方进行长途旅行看作永远的梦想或天方夜谭，而不会把它看成当下要做的事情。我们往往会把自己的旅程局限在短程、行色匆匆的往返中。这就像我们把自己的财富扔给了一个被称为"生活风格"的抽象概念一样，旅行变成了另一种装饰品——它带给我们的是一种类似购买服装或家居用品时体验到的那种外表光滑、包装完好的感觉。

不久前我看到，近几年各个旅行社中前往修行之地的短途旅行已被预订和销售一空，报名参加这类旅行的人数大约有 25 万人次。从希腊到西藏，这种"精神家园"类的目的地变成了热门的旅游胜地。旅游专家把这种"朝圣潮"归因于这样一个事实："忙碌的高成就者正在寻求更为简单的生活"。

当然，没有人愿意指出的是，通过购买打包包装的度假产品来寻求一种更为简单的生活，就跟想用镜子来照一下自己长什么模样，但同时又不看镜子一样。真正被售卖和消费的只是简单生活的浪漫想法。而且，无论你转多少次头或抬多少次眼，你也不会自觉地照镜子。同样的道理，一周或 10 天的假期也不会真的让你摆脱自己一贯的生活方式。

最终，这种时间与金钱上的勉强妥协让我们将自己置于一种固定模式之中。我们的体验与资本价值的联系越密切，我们就越会觉得金钱是我们生活的必需品。而我们把金钱与生活联系得越密切，就越是确信自己穷得难以买到自己的自由。怀着这种心态，也难怪有这么多美国人认为，长期的海外旅行是学生、主流文化的反对者和游手好闲的富人们的专利。

实际上，长期旅行与年龄、意识形态、收入等这些人口统计数据毫无关系，只与个人的观念有关。长期旅行不是为了成为一名合格的大学生——而是为了能让自己从日常生活中不断获得新知。长期旅行不是为了反叛社会主流——而是为了更深刻地体会社会常识。长期旅行不需要"一大笔现金"，只需要我们以更为从容的方式从这个世界走过。

这种从容走过世界的方式实际是一种历史悠久、切实可行的旅行传统，也就是人们所熟知的"流浪"。

流浪指的是从你的正常生活中抽出一段较长的时间——6周、4个月、2年，根据自己的需要到世界各地旅行。

除了旅行，流浪还是一种人生观。流浪是利用信息时代的繁荣和众多可能性来提高个人的选择能力而不是增加个人的财富。流浪是在正常生活中寻求冒险，是处于冒险中的正常生活。流浪是一种态度——一种对人、对地方和对事物的友善的兴趣，这种兴趣使人能够真实、生动地感受一切。

流浪既不是一种生活风格，也不是一种潮流。它只是一种非同寻常的看待生活的方式——一种价值观的调整，而你的行动自然也会随之而有所调整。和任何事情一样，流浪是关于时间——我们唯一真正的日用品——以及我们选择怎样花费时间的态度。

美国环保组织塞拉俱乐部的创始人约翰·缪尔（第一位流浪者，如果可以这么说的话）过去常常诧异于那些到优胜美地国家公园观光的富有旅行者们的行为——他们只游览几个小时就匆匆离开了。缪尔称这些人为"时间穷人"——那些沉迷于管理自己的物质财富和社会地位的人，他们抽不出时间来真正体验加利福尼亚塞拉野生公园的美妙景色。1871年夏天，优胜美地国家公园的观光客之中有个叫拉尔夫·瓦尔多·爱默生的人，他在看到美国杉后激动不已："一看到这些树就能让人忘却烦恼，这简直是个奇迹。"几个小时之后当爱默生匆匆离去时，缪尔讽刺地质疑这位著名的先验论者"恐怕并没有真正看见那些树"。

将近一个世纪之后，自然主义者艾温·威·蒂尔使用缪尔的例子来哀叹现代社会的疯狂节奏。他在 1956 年出版的《美国的秋天》一书中写道："有着宽裕的时间、松散的日程、自由的选择……对于新一代的每个人来说，这种自由似乎都更稀少、更难获得、更遥远。"

但是蒂尔在 1956 年发出的对个人自由之退化的哀叹非常空泛，和现在的说法没什么两样。就像约翰·缪尔说的，流浪从不会受生活风格变化无常的公众的定义所控制。更确切地说，在这个我们经常被敦促着做其他事的社会中，流浪一直是一种个人选择。

有一个有关沙漠僧侣的传说。大约在 1700 年前，一群基督教僧侣生活在埃及荒漠中。传说中，名叫希欧多尔和卢修斯的两个僧侣都急切地渴望出去看看这个世界。然而，在他们的规则中，这是不被允许做的事情。因此，为了满足自己的漫游癖，希欧多尔和卢修斯只能用把旅行留到未来的方式来"愚弄他们受到的诱惑"。当夏天到来时，他们会对彼此说："我们将于冬天离开。"冬天来了，他们会说："我们将于夏天离开。"就这样持续了 50 年，他们一步也没有踏出过修道院。

当然，我们大多数人从未受到过这种宗教教条的约束——但是不管怎样，我们仍然选择了像沙漠僧侣那样生活，让自己扎根于家庭或某一职业，把将来当作一种为现在开脱的虚假借口。通过这种方式，我们最终会（像梭罗说的那样）"为了在一生中最不重要的那部分时间享受到经不起推敲的自由，而把一生中最好的那段时间用来赚钱"。我们对自己说，我们愿意放下一切去探索外部世界，只不过时间总是不合适。因此，尽管面对着无数的选择，我们还是没有选择。在生活安定下来之后，我们是如此痴迷于维持自己家庭的稳定性，以至于忘记了在最开始的时候我们为什么渴望它。

流浪会让人获得勇气，放松自己对所谓的确定性的掌控。流浪拒绝把旅行留到其他一些所谓的更合适的时间。流浪是掌控环境而不是消极地等待环境来决定你的命运。

　　因此，怎样开始和从什么时间开始流浪根本不是问题。流浪从现在开始——即使离旅行成行还有几个月或几年的时间，流浪从你不再找借口、开始攒钱、开始兴奋而陶醉地看地图的那一刻就开始了。从那一刻，随着你调整自己的世界观，并开始欣然接受真正的旅行所带来的令人兴奋的不确定性，流浪将日益成为你的生活焦点。

　　如果你这么做了，那么流浪就不再是一个类似进行免疫接种或整理箱子的仪式，而是不断地观察与学习，不断地直面恐惧与改变习惯，不断地对人和地方产生新的兴趣。这种感悟不是你拿着登机牌站在机场柜台前就可以获得的，它是从你准备好随时出发的那一刻就开始的一种过程。在这个过程中，你可以让体验作为领路人，带你前往更美好的地方。

　　当然，赢得自由也涉及工作——无论是从精神方面还是从经济方面考虑，工作都是流浪的必要条件。

　　要看到工作在精神方面的重要性，不妨看看那些用家里的钱环游世界的人。有时他们被称为"信托嬉皮士"，在旅游环境中，这些人属于最显眼、最不快乐的流浪者。他们用当地的时尚打扮自己，从一个外国旅游景区飞到另一个景区，情不自禁地参与当地的政治运动，试用外国的麻醉品，涉足每一种非西方的、他们碰到的宗教信仰。如果你跟他们交谈，那么他们会告诉你他们正在寻找"有意义的"东西。

　　然而，他们真正寻找的是自己起初为什么开始旅行的原因。因为他们从来没有为赢得自己的自由工作过，他们的旅行体验没有个人参照——与自己生活的其他部分没有联系。他们花费了大量的时间和金钱在路上，但自己从未为此付出过努力。因此，他们的旅行无法找到意义，只能消解意义。

　　梭罗在《瓦尔登湖》中提到了与此类似的想法。他做了一个假设："到月底时，哪一个男孩会前进得更快呢？是那个从自己挖掘并冶炼的矿石中造出自己的折叠刀，且为此学习了大量必要知识的男孩——还是那个从父亲那儿得到一把罗杰牌铅笔刀的男孩？谁最有可能割破自己的手指？"

在某种程度上，将自由与劳动紧密相连的观点可能看起来有些令人沮丧，而且不应该是这样的。对于所有在远方等待着你的惊人体验来说，旅行中"有意义的"部分总是从你在家的时候就开始了，前提是你为即将到来的体验之旅进行了足够的个人投资。

实际上，有无数办法可以让你为旅行攒钱。我在旅途中遇见过各个年龄段的流浪者，他们来自各行各业。我遇见过秘书、银行家和警察，他们辞去了自己的工作，在开始新工作之前暂且四处漫游。我遇见过律师、股票经纪人和社会工作者，当他们将自己的职业生涯发展到新的高度时，他们会拿出几个月的时间度假。我遇见过各行各业的专家——服务员、网页设计师和脱衣舞娘，他们发现自己用几周的工作赚来的钱可以拿来旅行几个月。我遇见过音乐家、客车司机和职业顾问，在两个工作项目之间，他们有充裕的时间可以用来旅行。我遇见过即将退休的士兵、工程师、商人，在涉猎其他事业之前，他们留出了 1~2 年的时间用来旅行。我所遇到的一些最经常流浪的人是季节性工人——木匠、公园管理工、职业捕鱼人——每年冬天他们都生活在世界上一些温暖的、充满异国情调的地方。其他一些人——教师、医生、调酒师、记者，他们带着自己的职业上路，当看到合适的工作时，他们可以随时在工作和旅行之间切换。在我进入写作这一行之前，一连串的"非学术公假"（景观美化、零售销售、临时工作）让我赢得了自己的流浪时间。

"我不喜欢工作。"

在英国小说家约瑟夫·康拉德的作品《黑暗的心》中，书中人物马洛说道："我不喜欢工作，但是我喜欢工作的内涵——一个发现自我的机会。"马洛没有提到流浪，但这句话对于流浪同样适用。工作不仅仅是产生收益和创造欲望的行为——它也是流浪的酝酿阶段，你在工作中赢得自己的信用，开始制订计划，把口头的梦想转化为行动。工作既是一个梦想着旅行，给自己写计划的过程，也是一个处理琐事，把自己收拾好的过程。工作是直面问题——那些在其他情况下你可能忍不住想要逃避的问题；工作是处理自己的经济债务和情感债务——这样你的旅行就不是为了逃离自己的真实生活，而是为了发现自己的真实生活。

现在，你们有些人可能会想："这听起来太好了，但我每年只有两周的休假时间。"

好消息是，作为现代文明社会中的公民，我们任何人都有权利规划自己的自由时间。

要实现这种权利，我们只需要战略性地利用（如果只是为了几周或几个月的时间）一种历史悠久的以赢得个人自由为目的的技术，也就是广为人知的"辞职"。尽管带有贬义色彩，但辞职并不一定像它听起来的那么不计后果。许多人能够通过"建设性的辞职"给自己创造出流浪的时间——也就是说，为了特殊的休假和长期缺席与老板谈判。

并且，即使是以更持久的形式离开工作也未必是一种负面行为，特别是在这个所谓的工作可能已经被专业化的分工和碎片化的任务所取代的时代。在 100 年前，带着辞职的打算干工作可能是一种鲁莽的行为，但在技能可携带和多元化就业选择的时代，辞职已经演变为一种常识性行为。记住一点：不要担心长期旅行可能会在你的简历上留下"断层"。相反，当你旅行归来时，你应该满怀激情、底气十足地把你的流浪经历填到自己的简历上。列出旅行教会你的工作技能：独立、灵活、解决问题、计划性、胆魄、自给自足、即兴发挥。坦诚而自信地谈论自己的旅行经验——没准儿你的下一任老板就会感兴趣，并因此对你印象深刻（还有一点点的羡慕）呢！

正如皮柯·耶尔所指出的那样，辞职行为"并不意味着放弃，而是意味着继续前进；改变方向并不是因为有什么不适合你，而是因为你不适合什么。这不是抱怨，换句话说，这是一种积极选择，不是旅途中的停顿，而是向更好的方向迈进一步。辞职——无论是从一份工作中还是从一种习惯中——意味着你为了确保自己仍然在向着梦想的方向前进而转了个弯"。

因此，辞职绝不应该被视为一种对勉强所做之事或不满意之事的终结。相反，辞职可能是创造全新的美好生活的至关重要的第一步。

"我经常与首席执行官谈话。我对他们说：'听着，某种真正意义上的革新，其前身一定是一个疯狂的想法。如果它不是一个疯狂的想法，那么它也就不是真正的突破，只是一种渐进式的改进。因此，你们的公司打算在哪些方面尝试一些疯狂的想法？'"

彼得·戴曼迪斯
PETER DIAMANDIS

彼得·戴曼迪斯博士被《财富》杂志评选为世界上最伟大的领导人之一。彼得是 XPRIZE 基金会的创始人和执行总裁，该基金会最为人熟知的项目是为私人太空航行业务设立的 1000 万美元的安萨里 XPRIZE 基金。目前，XPRIZE 在设计、操作大规模的全球竞争以解决市场失灵方面的成就居世界首位。彼得还是人类长寿有限责任公司（HLI）的联合创始人（另两位联合创始人是 J. 克雷格·文特尔和鲍勃·哈里里）与副主席；是行星资源开发公司的联合创始人与执行总裁，该公司致力于设计并制造宇宙飞船用以探测近地小行星上的稀有矿产（这不是开玩笑）。他写过很多本书，其中《勇气》（*Bold*）和《富裕》（*Abundance*）两本书得到了比尔·克林顿、埃里克·施密特、雷蒙德·库茨魏尔等名流的一致推荐。

灵兽：鹰

幕后故事

⋙ 上位者经常把彼得描述为"自然之力"——托尼·罗宾斯除外，他是彼得的一个朋友。

⋙ 彼得是这样一种人——每次你遇到他之后，他都会让你摇着头（积极地）问自己："我这到底是在做出什么破事?!"他最近问过我："你有什么疯狂计划吗？"这让我重新回顾了一下这篇文章中的许多问题和概念。

"如果问题被浪费了那就太可惜了。"

这是一个与贯穿本书的"自挠其痒"这一主旨高度契合的思路。彼得详细阐述道："我把问题看作金矿。世界上最大的问题就是世界上最大的商机。"

"当 99% 的人怀疑你时，要么你大错特错，要么你将创造历史。"

"前几天我看到了这句话，这句话出自斯科特·贝尔斯基（见前文），他是彼罕思网站的创始人。"

"成为亿万富翁的最佳途径是去帮助 10 亿个人。"

彼得与雷蒙德·库茨魏尔合伙创办了奇点大学。2008 年，在加利福尼亚州山景城美国宇航局艾姆斯研究中心举行的成立大会上，谷歌的联合创始人拉里·佩奇发表了讲话。在讲话中，他强调了自己是如何评估项目的：

"现在，我有一套非常简单的衡量标准：你在从事能改变世界的事情吗？是或者不是？ 99.99999% 的人的答案是'不是'。我认为，我们需要训练人们去改变世界。"

XPRIZE 基金会的起源及其"超级公信力"

"实际情况是，我读了《圣路易斯的精神》一书，这本书是好友格雷格·马雷尼奇给我的……然后我就想：'如果我能创立一个奖项，或许我就能激励某个团队打造出私人宇宙飞船，这也就意味着我有望前往外太空了。'

"读《圣路易斯的精神》时，我反复思考这个问题。我认为 100 万美元就够了。我打算叫它'XPRIZE'，因为我不知道谁会提供这 100 万美元。其中的字母'X'代表最终提供资金者的名字，它是一个可被替代的占位符。也就是说，当时我在到处凑钱，这儿 100 美元，那儿 1000 美元，争取用种子资金来推进这一项目。在圣路易斯那里，我遇到了一个了不起的人，阿尔·克尔斯，他受到我的感染，说道：'我来帮你筹集一些种子资金。'

"长话短说，经过一年四处求人，我最终以 10000 美元和 20000 美元支票的形式筹集到了 50 万美元，然后我们的资金募集活动便暂停了下来。

"我们做了个大胆的决定，无论如何我们都要对外宣布我们筹集到了 1000万美元的基金，尽管实际上我们没有这么多钱……如何向世界宣布一个大胆的设想真的很重要……我们设定了一条可信度的标准线，我们经常用此标准线评判这些设想。

"如果你展示的设想在可信度线以下，人们会不假思索地摒弃它。我们还设立了一条超高可信度标准线。如果你展示的设想在超高可信度以上，人们就会说：'这个计划什么时间开始？我要怎样才能参与进来？'

"当时是 1996 年 5 月，我有 50 万美元，我决定把所有的钱都花在这次发布会上，发布会在圣路易斯拱门下举行。舞台上，不是一个宇航员，而是 20个宇航员与我一起站在上面。我请来了美国航空航天局负责人、美国联邦航空管理局负责人，并且，林德伯格一家也和我一起站在台子上公布这 1000 万美元的基金。我有这么多钱吗？没有。我有稳定的团队吗？没有。但是，在世界范围内，这场发布会登上了头条新闻：这 1000 万美元的基金将用在……

"我在想：'如果真的做到这件事，谁会不想支付这 1000 万美元呢？而且，这项基金只奖励成功者。'但我陷入了困境，在接下来的 1996~2001 年的 5 年时间里，我接触了大约 150 名执行总裁，而他们每个人都拒绝了我。

"最后，我遇到了安萨里家族。此处有许多细节，我就不说了。我想让大家知道的是，实际上有许多次在凌晨 3 点我打算放弃的时候，我是想到自己那个真正具有革新性的目标才坚持下来的。因为我没有放弃，所以我们今天才能在这儿交谈。我就讲到这里吧。"

蒂姆："我喜欢这个故事，我想我要强调的是你还肩负着公共责任，我自己和其他人都这样认为……"

彼得："我烧掉了自己的船，老兄。"

蒂姆："与你一起站在发布会台子上的人中，谁是最难说服的那个？"

彼得："当然是美国航空航天局负责人。"

蒂姆："你对他说了什么？你是怎么说服他的？"

彼得："我说的是：'听着，难道你就不想让全世界的企业家联合起来为新技术的研发买单，以抹消你的资产负债表吗？'"

作者：彼得是大师级的说客，数一数二。他推荐的可用来提升沟通能力的著作之一是《石头汤》，这实际上是一本只用 10 分钟就能读完的儿童读物。"这是一个儿童故事，但它是你所能读到的最好的 MBA 级别的故事。无论你是大学生新手创业者还是 60 岁的企业家，正打算创建自己的第 20 家公司，《石头汤》都极具启发性。"

晨间活动

彼得会在早上淋浴时做一些舒展运动。

"淋浴期间我主要舒展下肢，之后我也会做一次呼吸练习和一句话自我肯定练习……有两个因素与长寿紧密相连，可能听起来有点儿奇怪……一个是那些用牙线剔牙的人，另一个是那些最大摄氧量较高的人。"

作者：彼得的呼吸练习主要是通过快速地大量吸气来扩张肺部。他重复了无数遍的自我肯定咒语是："我是快乐，我是爱，我是感恩。我看到、听到、感觉到并深知：我生活的目的是激发和引领人性的转变。"

彼得的呼吸练习有点儿类似维姆·霍夫的呼吸练习（见前文）。现在我在冲冷水浴时会做这个练习（参见前文托尼·罗宾斯提到的"调整最佳状态"的做法），也就是在晨间的静修冥想之后进行。

关于用牙线剔牙与长寿的关系，彼得是第一个承认这可能只是相关关系而不是因果关系的：那些定期用牙线剔牙的人可能也有其他的好习惯。

睡前活动

每天上床睡觉前，彼得总是会回顾自己一天中的"三个成功之举"。这类似于我在下午做的 5 分钟日记回顾。

关于摆脱恐惧

蒂姆："（在早期的一个创业公司失败之后）为了摆脱那两天的恐惧情绪，你都对自己说了什么？我的意思是说，你用了什么方法让自己重新振作起来？"

彼得："说实话，这个过程差不多持续了两周而不是两天。我对自己说的是：'为什么我会相信这很重要？''看，到目前为止我已经走了这么远了。'这一切都是为了让我想起自己的生活目标是什么。如果你还没有弄清楚自己的生活目标和人生使命，那么请忘记我所有的话。你需要做的第一件事是：弄清楚你在这个星球上需要做的事，弄清楚你为什么在这里，弄清楚每天早晨都是什么把你叫醒的。"

如何找到你的动机或人生使命

彼得推荐了托尼·罗宾斯的"与命运有约"研讨会，他觉得这个研讨会有助于人们改善自己的"操作系统"。这也是他发展起自我肯定咒语的起源。彼得还提出了如下三个问题：

- 当你还是个孩子，没有人告诉你应该干什么的时候，你想要做什么？你想要成为什么人？与其他事情相比，你最想干什么？
- 如果彼得·戴曼迪斯或蒂姆·费里斯给你1000万美元，除了开派对、买法拉利跑车以外，你会怎么花这些钱？如果我请你花1000万美元来改善世界，解决一个问题，你会干些什么？
- 哪里是你能最大限度地接触新想法、新问题和新人的环境？让自己去接触那些占据你"淋浴时间"的事情（也就是淋浴时你也难以停止思考的那些事情）。（对于这个问题，彼得推荐了奇点大学。）

> 作者：你还在纠结于目的感和使命感吗？本书中有几位嘉宾（如罗伯特·罗德里格斯）都推荐过西蒙·斯涅克的《缘何与众不同》这本书，读读看。

思考10倍比思考10%好在哪里

"我（曾为我的书《勇气》）采访过奥斯托·泰勒。奥斯托是谷歌X（现在就叫'X'）、谷歌"臭鼬工程"……的负责人。他说：'当你想去实践一个疯狂的设想——那通常是大出原来10倍而不是大出原来10%的东西——的时候，会有许多事情发生……'

"首要的事情是，当你想要发展得比现在大10%的时候，你是在与每个人对抗。因为每个人都在尽力大10%。但当你想要大出10倍时，那里就只剩你自己了。对于我来说（以行星资源开发为例），并不存在很多类似的公司在与我竞争或者正在行星上勘探。拿人类寿命来说，对于尝试利用人类白细胞干扰素为人类在正常的寿命范围基础上增加40年寿命这个领域，也没有许多公司在那里（尝试做这项工作）。

"第二件事是，当你试图尽力做到比之前大10倍的时候，你必须从一张白纸开始，而且你必须采用完全不同的处理问题的视角和方法。我给你讲讲我最喜欢的例子：特斯拉。埃隆是如何开创性地建造特斯拉汽车并把它打造成不仅是美国，而且是世界上最安全、最非凡的电动汽车的？他肯定不是靠着昔日的、他人的经验做到的。这一点很重要。

"第三件事是，当你试图用10倍大小对抗大出10%的时候，你不一定需要付出100倍的努力，但你能获得的回报则比100倍多得多。"

一些好问题

"其中一个问题是：'有什么引起了你的关注的巨大挑战或事关数十亿人生存的问题吗？'

"在之后的6年中，将有30亿~50亿的新用户加入互联网。对于如此大规模的用户群体，你认为他们需要什么？你能为他们提供什么服务？他们代表着数万亿美元进入全球市场，还代表着一个巨大的创新资源宝库。因此，我思考了很多，并提出了上面那个问题。

"我问的另外一个问题是：'你会怎样颠覆自己？'关于商业，最基本的认识之一是每一个企业家、每笔交易、每个公司都面临着随时被颠覆的命运。我曾经很荣幸地与美国通用电气公司的首席执行官杰夫·伊梅尔特在他们的高层领导人会议上交谈过，我也同样与可口可乐公司的董事长兼首席执行官穆泰康·肯特、思科公司以及许多公司的领导人交流过。我问他们：'你将如何颠覆自己？你为此付出过怎样的努力？如果你没有想过或做过这件事，那么你恐怕真的离被颠覆不远了。'找出公司中最聪明的20个人，不管他们是在收发室工作还是在别的什么地方工作，然后让这些人想想他们能用什么办法颠覆你的公司。"

彼得法则

彼得有一套指导自己生活的法则。在过去的几十年里，他已积累了 28 条法则。下面是一些我最喜欢的：

法则 2：当有人让你选择……两个都选。

法则 3：多个项目可以带来多份成功。

法则 6：在被迫妥协时，你可以提出更多要求。

法则 7：如果赢不了，那就改变规则。

法则 8：如果不能改变规则，那就忽略它们。

法则 11：说"不"就意味着从更高的水平重新开始。

法则 13：犹豫不决的时候，仔细思考。

法则 16：行动速度越快，你的时间就过得越慢，你活得就越久。

法则 17：预见未来最好的办法是自己创造未来（转述自艾伦·凯）。

法则 19：你得到的就是激励你的东西。

法则 22：真正意义上的革新其前身一定是疯狂的想法。

法则 26：不能衡量之，则不能改善之。

索菲亚·阿莫鲁索
SOPHIA AMORUSO

索菲亚·阿莫鲁索是"坏女孩"网站的创办人与执行总裁。"坏女孩"网站是一家全球性的在线服装零售平台,销售新旧衣服、鞋子和配饰。该网站于2006年成立,由于在三年内销量额增幅达到了10160%,2012年"坏女孩"网站被《公司》杂志评为增长速度最快的零售商之一。

索菲亚被《福布斯》杂志称为"时尚界的新天才",她已成为零售界的标志性人物之一。最近她成立了女孩老板(#Girl boss)基金会,向设计界、时尚界和音乐界的女性创业者提供资金支持。索菲亚的第一本书《女孩老板》成为《纽约时报》畅销书,在15个国家翻译出版。

在坠落途中跳起来造了一架飞机

"我喜欢承诺一些我自己也不确定能否兑现的事,然后我会想出办法兑现它。我认为有时你能够通过承诺某事而让它变成现实……在最开始,我会在亿贝网上用留言的方式宣传自己梦想中的网站,比如:'嗨,nastygalvintage.

com 即将开业啦！'（而不久之后，我意识到）：'天哪！我最好真的创建一个网站，最好马上这样做。'因此我制订了计划，然后创建了网站。当我建好网站后，大约在同一时间，亿贝网停用了我的账号。所以我没有退路了，我不能再对自己说：'我将尽力创建网站，如果不成，我希望还能返回亿贝。'事实证明我的退路被彻底封死了，因为我在亿贝网上给用户发广告，我的账号被封了。"

完美的一天

蒂姆："作为公司的首席执行官，如果有这么一天，你在回顾一整天发生的事时感觉：'今天我真了不起！'那么你这一天中的前 60~90 分钟会是什么样子的？或者说你的晨间例行之事是什么？"

索菲亚："完美的一天是从运动开始的。一定是这样。"

* 听到"成功"一词你想到了谁？

"我真的想让人们知道，他们有能力做任何他们的崇拜者所做的事。或许不是每一件事，但是——千万不要觉得这些人太了不起。我猜这就是我头脑中所想到的……你没有理由说你不能拥有你的崇拜者所拥有的成就。'成功'这个词兜售的是一种最终目的，即使我成就了某事，而你（蒂姆）也成就了某事，我仍然会在晚上独自哭泣。它不是那种'我成功了，我做到了'或其他类似的事情。"

* 你想给 30 岁的自己提什么建议？

"凡事都没有丝毫变得容易的迹象……你做的事情越大，你遇到的挑战也就越大。"

"优秀喜剧的情节设置方式与优秀的推理
小说如出一辙。笑点一直摆在你面前，
而你总是不能确切地指出来它到底是
什么。"

B. J. 诺瓦克
B. J. NOVAK

　　B.J. 诺瓦克因美国全国广播公司出品的系列喜剧《办公室》而出名，他是
该剧的主要演员、编剧、导演和执行制片人，该剧曾获得过艾美奖。他还出
演过昆汀·塔伦蒂诺导演的《无耻混蛋》和迪士尼出品的《大梦想家》。他是
好评如潮的短篇小说集《还有一件事》的作者，也是曾位居《纽约时报》畅
销书排行榜第一位的《没有插图的书》的作者，后者已卖出超过 100 万册。此
外，他还是 li.st 网站的联合创始人，你可以在上面制作、发现关于任何方面的
事情的清单。

灵兽：海鸥

**"每当我发现我在对自己说'可是我因此赚了这么多钱'
的时候，这都是一种警示，表明我正在做错误的事。"**

　　回顾自己的职业生涯，诺瓦克注意到，他可能会在很多地方就此停滞不前。然而，他最终因为《办公室》和其他一些成就而成为国际知名人士。站在交叉路口上的他每次都能选择正确的那条路，他是如何做到的？上面那条经验法则就是他的诀窍。

对于某个工作或项目，如果你发现自己在对自己说"可是我因此赚了这么多钱"，那就请你注意了！"可是我因此赚了这么多钱"或者"可是我正在赚大钱"这些说辞是在警示你现在可能正处于一条错误的轨道上，或者至少你不应该在那儿待太久。钱总是可以再赚，而时间和名誉却不能。

如何在你只是个无名小卒的时候获得贵宾待遇

在哈佛大学读本科时，诺瓦克在大四期间的业余活动之一是和另外一个名字同样包含"B. J."的小伙子一起制作一个节目，《B. J. 秀》。这两个 B. J. 决定开办一个节目，并且希望能邀请鲍勃·萨吉特来表演。他们听说这位在《浪漫满屋》中看起来阳光健康的明星实际上是个满嘴下流话的单口喜剧演员。

但是，这两个无名小卒如何才能让一个大名人免费出演他们的节目呢？

诺瓦克想到了两个主意。第一个是在《哈佛妙文》发表特别献给鲍勃的感谢文，希望鲍勃能为了提升声誉而同意表演。第二个主意是将表演的所有收益捐给慈善机构。这个方法非常成功，在诺瓦克以后的生活中也屡试不爽：只要有可能，他总是把钱捐给慈善机构，因为这可以让你与薪酬等级远高于你的人进行交往。

诺瓦克冒昧地给萨吉特的管理团队打电话，把他的打算全盘托出，他的做法奏效了。他与萨吉特的经纪人（后来成为诺瓦克的经纪人）达成了一致。萨吉特和乔纳森·凯兹一起来到波士顿，乔纳森是情景剧《单亲老爸》的创作者。他们喜欢诺瓦克前卫的写作风格，并在自己的团队中给诺瓦克找了份工作。

在短期痛苦来袭之前，先在日程上写好你的长期目标

　　在洛杉矶的一次夜场演出中，诺瓦克首次尝试了单口相声。那是一次灾难。后来他花了三个月的时间才鼓足勇气重返舞台。诺瓦克建议首次登台的喜剧演员提前预约好自己的第一周表演时间（做出开演承诺），这样在首次表演后他们才不会因为失败而放弃。他从中明白了一个道理：无论你是否继续表演下去，你都不可能使每晚的演出都像全民公投一样热闹。"我确实难受了一段时间。但是我们这么说吧，假如你讲了 20 个笑话，而只有其中的 3 个笑话博得了零星可怜的笑声——那么，保留下这 3 个笑话，在接下来的一段时间反复讲它们，如果你发现其中只有 1 个笑话效果一直很好，那么，这就是你之后的开场白了；而如果其中有两个笑话效果不错，那么你就有了结尾……就以这种方式发展下去。"

> **作者**：为了阻止自己退出，把事情提前安排好（如果可能的话，为此花点儿钱，效果会更好）。我把这个技巧应用于晨间的双人瑜伽训练、午夜体操训练、箭术课程等各类项目上。在情绪高涨时许下诺言，写下计划，以保证自己在情绪低落时不轻易放弃。

有大梦想，定小目标（可以的话，借着技术革新的东风发展）

　　诺瓦克说，《办公室》能如此成功真是匪夷所思，因为他们并没有把目标定位在巨大的全国性的成功上，他们只是想尽力争取达到吸引一小批忠诚的追随者的水平。一个起了重要作用的因素是：苹果应用商店的问世。他们吸引到的忠诚的追随者都很年轻，并且精通高科技产品，这使得他们的节目在苹果应用商店大受追捧，这件事发生在他们的节目变成美国广播公司的热门剧目之前。《办公室》是当时的第一批热门在线节目之一，也成为第一批受益

于互联网的疯狂传播效应的黄金档电视节目。

> **作者：** 让我们再次回顾一下"1000 个真正的粉丝"理论（见前文）。在精心准备之下，《每周工作 4 小时》自推特在 2007 年 SXSW 媒体和艺术大会上的创立发布会中收益良多。在那里，我做了一个主题演讲。我有意瞄准了高新技术领域的先行者。自此，每一本新书发行时，我都会这么做，我选择的受众包括那些目前不热门但前景极佳的技术领域，如产品搜索（Product Hunt）、比特流（BitTorrent Bundles）。

与史蒂夫·卡瑞尔一起工作

诺瓦克曾经给史蒂夫·卡瑞尔讲了一堆笑话，而史蒂夫说："我感觉你说的这些笑话就像是笑话一样。"对于史蒂夫来说，喜剧是真实现实的副产品。这就像一个知道自己可爱的可爱小孩和一个不知道自己可爱的可爱小孩之间的差异。

"蓝色天空"时期的重要意义

《办公室》的写作季节开始于"蓝色天空"时期，这是诺瓦克每年最喜欢的一段时间。

在 2~4 周的时间里，作家们都在房间内互相激发灵感，每个人都在问："要是这样设置情节怎么样？"疯狂的情景设置会受到鼓励，而不会受到处罚。这期间，每个想法都是正当的。创意生成阶段和创意的筛选／编辑阶段完全分离。正如诺瓦克所解释的："对于我来说，每一件事都可以是想法，也可以执行。如果把想法和执行分开，你就不会在哪一个上面感觉到太多的压力。"

"我把好心情看作创作过程中最重要的部分。"

诺瓦克一天中的头几个小时主要用来"提升能量"与获得好心情，直到他想到一个让他自己感到兴奋的点子为止，或者直到他产生如此多的自我厌恶意识，摄入了太多咖啡因，以至于必须为此做点儿什么为止。

在诺瓦克达到最佳状态并感觉自己可以写作之前，他会花几个小时的时间散步，边喝咖啡边读报纸，听音乐，等等。他的工作时间通常在上午 11 点到下午 2 点之间。诺瓦克说："我发现，培养能让自己心情愉悦地投入创作工作的好心情，值得你多花几个小时的时间。"

他又补充说道："我读过《每日仪式》这本书，并且为那么多伟人从很早就开始自己的一天感到沮丧。"对于像我这种一生都是夜猫子的人来说，重要的是知道这一点：学会如何踏实地开始每一天比从什么时间开始更重要，无论你采取什么方法。

不要服用手工制作的阿司匹林

每天，诺瓦克都会喝同一种咖啡：星巴克的超大杯派克黑咖啡。他发现，在家自己煮咖啡的不稳定因素太多，就像是"服用手工制作的阿司匹林"。他想要的是标准剂量的咖啡因。

如果让你教授一门喜剧写作课程……

P. J. 奥罗克是讽刺漫画杂志《国家讽刺》的主编之一，他说如果让自己来讲授写作或英语，那么他会给学生布置模仿的作业。因为只有当你尝试着模仿时，你才能真正地学会它。诺瓦克会给他的学生们布置文学模仿的作业（以学生们在其他课程接触到的文章为蓝本），这能帮助学生们打开思路。另外，在喜剧中，恶作剧是至关重要的元素。

对于电影剧本创作的几点想法

　　下面这些是诺瓦克让他的学生们学习的电影剧本：

- 《北非谍影》，打破了当时的固有电影模式，演变为如今的标准模式。
- 《低俗小说》，完全打破了正常的时间顺序形式。
- 《翘课天才》，对着摄像机叙述电影。
- 《白头神探》，为了制造笑点无所不用其极。
- 《改编剧本》，在电影中进行自我点评，打破了所有的规则。

学会说服别人（以及大笑）

　　诺瓦克推荐了两个有关辩论的播客：《智能平方》和《大辩论》，其中后者完全是一个闹剧式的节目。

放手册的鞋盒

　　诺瓦克使用口袋笔记本随时记录笔记。这种笔记本更容易随身携带，而且因为很快就能用完一本，这带来了一种成就感。他订购了各种不同颜色的笔记本，还买来大批的各种形状的贴纸。无论何时，只要他开始用一个新笔记本，他都会在第一页上写下自己的名字和电话号码，并在本子的左上方粘上贴纸，以便让他自己知道哪个本子是他现在正在用的。他没有给笔记标注日期，这有时会造成一些困扰，但是他觉得日期的缺失在某种程度上有助于创作。他把还没录入电脑的笔记本放在一个白盒子里，而把已经录入电脑的笔记本放在一个红盒子里。

* 诺瓦克工作时的背景乐

　　《音乐伴您行》电台节目，该节目会在每个工作日的上午 9 点到中午 12 点播放无插播广告的新音乐。

天狼星 XM #35——独立音乐电台。

潘多拉电台的《早期蓝调》节目。

* 在你听到"成功"这个词的时候，你想到的是谁？

莎士比亚，因为他创作的作品感人至深、经久不衰，备受人们的喜爱。

* 诺瓦克推荐的书

约翰·格罗斯的《牛津格言集》，因为这本书囊括了历史上最精彩的小笑话。你既可以花上几个小时研读其中的一页，也可以草草翻过整本书。

诺瓦克还向那些喜欢看史蒂夫·乔布斯、查尔斯·达尔文、查尔斯·狄更斯等人的传记的读者推荐马森·卡里的《每日仪式》一书。"看到每个人都有自己的生活方式，而且其中许多人的生活方式如此不正常，这让我感到非常欣慰。"

> 作者：世界真小啊，我正是《每日仪式》的有声读物版的朗读者。

* 诺瓦克给年轻的自己的建议

在创作喜剧《办公室》第一季期间，诺瓦克很焦虑，因为他一直在努力地想写点儿其他类型的东西，但他没有时间去做这些。他真的没有停下来去享受哪怕一分钟这部喜剧带来的令人难以置信的、千载难逢的成功体验。诺瓦克希望当时有人能告诉他，这是他生命中一段非常特殊的时期，他应该拥抱它、享受它，而不是万分焦虑。因为事实证明，他根本没有必要让自己如此紧张。

"你知道我一直在对人们说什么吗？如果威尔·史密斯三年不演电影，没人会到处打听'威尔·史密斯在哪儿'，因为人们的关注焦点早就转移了。你以为每个人都在关注你，但事实上根本不是这样的。因此，如果你有才能，那么你不需要担心是不是让你的观众等得太久了。好好准备自己的下一部作品，如果它足够好，你自然会再次获得他人的关注。"

* 诺瓦克最喜爱的纪录片

《鲶鱼》，"一部老套但非常精彩的、具有划时代意义的纪录片"。

《山村犹有读书声》，"这是一部美丽而简单的电影，讲的是在法国一所只有一间屋子的学校中，这一年的时间里发生的事情"。

《夜宿人》，"这部纪录片讲述的是一个关于北达科他州石油勘探的故事。由于采用了'水力压裂'的方法，该次石油勘探的规模可能比19世纪整个淘金潮的规模还要大"。

如何在紧要关头说"不"

"生活的哲理在于去粗取精。"

——林语堂

"纪律等于自由。"

——约克·威林克

本篇文章将教你如何在紧要关头说"不"。

同时,我也将在这篇文章中解释一下我对投资、如何克服"信息错失恐惧症"以及如何减轻焦虑的认识。

最后,我将讨论一下如何杀死不再为你下金蛋的鹅。

我将深入探讨一个尤其艰难的决定——对投资创业公司这整项计划说"不",虽然投资创业公司无疑是我生活中最赚钱的商业活动。即使你没有把自己看作一个"投资者"(实际上每个人都是,无论你是否意识到了这一点),我所使用的说"不"的方法应该也是有用的。

以下是给所有阅读这篇文章的投资专业人士的忠告:

>>> 我意识到我使用的每一条"规则"都有例外。这篇文章中的大部分内容都与我感受到的恐惧一样是主观的。

>>> 我的规则可能过于简单了,但它的确给我带来了令人满意的投资回报,让我得以高枕无忧。每次在我试图把规则复杂化的时候,现实就会狠狠地打击我。

⟫ 许多创业公司的投资人使用的是完全相反的方法，其投资收益也很好。

⟫ 我做过的一些后期投资（得到了 2~4 倍的返利）违背了我下面要讲的一些原则（如"以 10 倍以上的返利为目标"），但这些通常是出于我心情不佳或遭遇了某个突发事件。

⟫ 我对许多概念进行了简化，以免让不懂行的读者感到迷惑。

通向说"不"的道路

我为什么决定孤注一掷，改变态度？

下面是在做出说"不"这个决定之前我要问自己的主要问题。我经常回顾这些问题，通常每个月一次。我希望它们也能帮助你消除外部干扰和内部矛盾。

你正在做的事情只有你自己能做吗？你到底想要做什么？其他人能够取代你吗？

我还记得与卡迈勒·拉威康特（纳瓦尔的兄弟，见后文）一起吃早餐的情形。当时我们站在朋友的厨房中，大口吃着鸡蛋、熏鲑鱼，喝着咖啡，谈论着自己的梦想、担忧、责任和生活。投资已成为我的资本净值和身份象征的重要部分。我列出了我能采取的进阶到下一阶段的重大举措，询问卡迈勒我是否应该成立一个基金会，彻底转型为全职风险投资人，因为我一方面已经在做这样的工作了，另一方面则在尽力用 5~10 个其他项目对其加以平衡。他能够感受到我的焦虑。投资不是我的梦想，我只是觉得如果不趁热打铁那就太愚蠢了。

他默默地认真思考了一会儿，然后说道："我参加过一些活动，在现场，人们会走到你跟前，喜极而泣，因为他们通过低碳水节食法减掉了四五十公斤的体重。作为风险投资人，你永远得不到这种体验。如果你选择不投资某家公司，那他们也可以去找另一个投资人。你是完全可以被替代的。"

他又停了一会儿，最后说道："请不要停止写作。"

从那以后，我每天都会思考那次谈话。

对有些人来说，做一名风险投资人是他们的理想，他们是这个领域中的佼佼者，是投资领域的"迈克尔·乔丹"，他们的确应该发扬自己的天赋。但如果是我停止投资，没有人会为此感到遗憾。这一点在 2015 年显得尤为明显。当时涌现出了一大批创业公司投资者，同他们一起出现的还有视极高估值和此前闻所未闻的条款为"理所应当"的创始人。当然也有例外，但总之，投资者多如牛毛。如果我悄然退出，那些创业公司仍会继续发展，不会受到丝毫影响。

当然，我现在也并不是世界上最好的作家，我也没有这种妄想。约翰·麦克菲、迈克尔·刘易斯这些作家的存在总能让我自惭形秽。

但是……如果我停止写作，或许我就浪费了自己拥有的绝佳机会——通过创作，外加不错的运气——对这么多的人产生持续的影响。在决定对投资创业公司说"不"的两个月前，我这种想去写作的紧迫感增加了 100 倍，因为我的几个好朋友在很短的时间内接连丧生于突如其来的事故。生命是短暂的。换句话说，长命百岁只是一种奢望，几乎每个人都是还没做好准备就死去了。

我讨厌朝三暮四，无论这种做法多么有利可图。即使最后证明选择写作的决定是错误的，但如果我没有尝试，那我也会诅咒我自己的。

你还在浪费自己的天赋吗？或者说，你还在浪费发挥天赋的机会吗？

你多长时间说一次"千真万确！"？

具有哲学家思维的程序员德里克·希维尔斯是我最喜欢的人之一。

他的深刻思想一直影响着我，他提倡的"要么说'千真万确！'要么说'不'"的哲学已经成为我最喜爱的经验法则之一。下面这段文字选自他的博客：

> 你们这些经常大包大揽或思虑过多的人可能会喜欢我正在尝试的一种新方法：如果我对某事没有说"千真万确！"，那么我就拒绝它。我的意思是说，当我决定是否答应某事时，如果我的感觉达不到"哇，太棒

了！就这么做！千真万确！"的程度，那么我的答案就是否定的。如果你拒绝了大多数的事情，你就能在自己的生活中腾出空来真正地、完全地投入到那件珍贵的、能让你说出"千真万确！"的事情中。我们都很忙，都承担了太多的事情，因此只对少数事情说"是"才是出路。

要想"成功"，你就必须接受大量的考验。要想弄清楚自己最擅长的或者最感兴趣的事物，你就必须经过多次尝试。

然而，一旦你的生活发生转变，由关注外部世界转向关注自己的内部矛盾，你就必须学会坚决地拒绝，而不是让自己陷入自相矛盾的泥潭。

在 2007~2009 年与 2012~2013 年这两个时期，我接受了许多貌似"很酷"的邀请——你愿意参加在南美举行的会议吗？愿意为一家知名杂志写一篇（非常耗时的）特邀文章吗？你愿意投资一家有 5 个朋友参与其中的创业公司吗？而我会说："当然，这听起来太酷了。"然后把它放到日程表上。结果是，我被大量让我分心的事物压垮了，我的日程表都被其他人的项目填满了。

向太多貌似"很酷"的事情妥协会将你活活埋葬，让你沦为板凳球员，即使你具备首发球员的能力。要想优先发展自己的优势，你必须学会分清事情的轻重缓急；而为了继续保持自己的优势，你需要捍卫自己的时间和精力，不要让别人的事情占据你自己的日程安排。

一旦你的事业发展到了相当不错的水平，错失一两次机会不会对你产生根本性的影响，而沉溺于"听起来很酷"的承诺则会让你翻船。

这段时间，我发现自己对新的创业公司说"千真万确！"的次数越来越少了，这暗示着我将完全退出这个投资舞台——当我能只用做投资的 10% 的精力做自己热爱的工作（比如写作）的时候，放弃有何不可呢？

我需要停止播撒自我毁灭的种子了。

在你的生活中，创造和管理各占多大比例？

我最喜欢的有关时间管理的文章之一是《创造者的时间表，管理者的时间表》，其作者是美国著名风投公司 Y Combinator 的保罗·格雷厄姆。大家可以读一下这篇文章。

正如投资人布拉德·菲尔德和其他许多人观察到的那样，如果你试图这儿30分钟、那儿45分钟地拼凑时间，那么你就不可能完成一项伟大的创造性工作。大块的、完整的时间——最少3~5小时——是进行创造的必要条件。每周安排一次大块的时间还不够，你必须要有连续多天的集中时间。对于我来说，这意味着每周至少有3~4个上午的时间我会处于"创造者"模式（至少持续到下午1点）。

如果我处于随时会对外部刺激做出反应的状态，我就没办法沉浸在创造者模式之中。"我们找到的投资人已经很多了，但可能还可以把你加进来，投资额度是25000美元，时间截止到明天，你有兴趣吗"之类的电子邮件和短信是创造性工作的克星。

我渴望写作、创造，渴望参与更大的项目。决定做这些事情就意味着需要拒绝所有其他会分散我的注意力的活动。

哪些好运变成了灾祸？你在哪些方面得到了太多的好运，以至于它成了一种负担？

物极必反，对于大部分事情来说这个道理都是适用的。因此：

和平主义者会变成激进分子，自由战士会变成暴君，祝福会变成诅咒，帮助会变成阻碍，更多会变成为更少。

为了更加深入地探究这一概念，大家可以重读一下亚里士多德的中庸之道。

我在做天使投资的头1~2年中给自己设定的基本标准很简单（这是对前文中提到的在现实世界打造个人MBA的补充）：

>>> *面向消费者的产品或服务。*

>>> *我愿意成为其忠实用户的产品，人们真正需要的产品。*

>>> *产品或服务最初的目标群体是旧金山、纽约、芝加哥、洛杉矶等美国大城市中25~40岁的男性科技达人（这与我的听众在人口统计特征上*

的重合率很高，便于我借助自己的影响力帮助该公司扩大用户数量）。

⋙ 投资前企业估值低于 1000 万美元。

⋙ 表现出持续的用户吸引力和稳定的增长趋势。

⋙ 投资方式不是"散户投资"——缺乏主要投资人的一窝蜂式的融资。
散户投资通常会导致尽职调查的不全面，而且很少有人会真正在乎风
险共担。

根据这些标准，我迅速增加了自己的资产净值（即使我只在各个投资目
标公司中占有很小的股份）。

我通过自己在播客和图书写作方面的影响力帮助所投资的公司进行宣传，
也获得了自己想要的运转良好的"交易流"。交易开始在其他创始人和投资人
那里流动起来。

很快，到了 2015 年，疯狂运转的交易流使我生活的其他方面陷入瘫痪，
我也因身陷内部矛盾而一蹶不振。

疯狂运转的交易流没有让我在生活中取得巨大成就，相反，它阻碍了我
取得更大的成就。我现在很高兴能够回归到那些生活中最基本的事情上，抛
弃已经成为负担的好运。

你为什么进行投资？

对于我来说，"投资"的目的一直很简单：优化资源配置（资源包括：钱、
时间、精力），提高生活品质。这是我个人的理解，相信和大多数人一样。

有些词用得过多就会变得毫无意义。如果你发现自己在使用"成功"、"幸
福"或"投资"之类含糊不清的术语，那么你应该去确切地定义它们，否则
你就应该停止使用这些术语。回答"如果我拥有……那会怎么样"这个问题
有助于澄清这些事情。生活更偏好具体的要求，同时会惩罚模糊的希望。

"优化资源配置，提高生活品质"这一对投资的定义既适用于未来，也适
用于现在。为了可能性极高的 10 倍回报，我愿意接受把当前的生活质量略微、
短暂地降低 10%，无论投资回报是以现金、时间、精力还是以其他的方式返

还。但反过来说：**如果某次投资能带来巨额的资金回报，却导致我在很长一段时间内完全陷入神经错乱、频繁失眠和乱发脾气的状态，那么这种投资就不是理想的投资。**

出于这个原因，我通常不会投资公开发行的股票，即使我知道"有钱不赚"也不会这么做。我的心脏经不起折腾，但是，就像伸长脖子围观车祸现场的司机那样，一旦我这么做了，我肯定会时刻盯着或想着股票走势图，忍不住反复查阅"谷歌新闻"和"谷歌财经"，尽管我知道那是在自己糟践自己。我会变成本杰明·格雷厄姆笔下的"市场先生"。相反，像凯文·罗斯和克里斯·萨卡（见前文）这些朋友就与我不同，他们在这一投资领域表现得如鱼得水，因为他们更理性，不会听风就是雨。

有人可能会争辩说，我应该克服自己心性不稳的缺陷，而非不去买股票。我同意锤炼自己性格的说法，但我不同意把克服弱点作为最主要的投资（或生活）策略。

我所获得的最大收益皆来源于利用自身优势，而不是克服自身弱点。即使不改变自己的核心行为，投资也已经够难了。因此，不要因为自己有力气就推着巨石上山。

公开市场中的大鳄会在由他们主导的世界中将我生吞活剥，但在早期创业公司这个小沙箱中，我能击败他们当中的99%，因为我消息灵通，而且认识经营者本人。

从2007年开始直到前几年，我意外发现针对创业公司做投资压力很小，一些期权交易也是如此。尽管这种投资风险很高，但我利用二元决策法做得相当出色。换句话说，我会提前针对投资目标做大量功课，然后全力以赴地进行自己不能反悔的投资。这种"木已成舟"的心态让我晚上睡得很香，因为在可预见的未来，我不再需要面对买或卖的选择，我也不再瞻前顾后，患得患失，这一方法的效果给我带来了10倍甚至100倍的投资回报率。

然而最近两年，事情有所改变。

随着唯利是图的投资人和创始人纷纷涌进已成"热门"的技术投资领域，局面变得有些混乱。在曾经只有少数几个微型风险投资人的领域中，突然涌现出了成百上千的投资人。私人股权公司和对冲基金下注的时间越来越早。创业公司投资成为人满为患的竞技场。对于我个人来说,这意味着:

>>> 每周我都会收到 50~100 个推销广告,邮箱容量告急……

>>> 许多推销广告只有来路不明的"冷冰冰的介绍",其中一些投资人会在给我发电子邮件的同时抄送 2~4 位公司创始人,在邮件中他们就随手写上一句:"我想让你认识一下甲、乙、丙",而根本不曾询问过我是否想让别人知道我的邮箱地址。

>>> 然后,那些创始人会接着把其他人也"拉进圈子",就这样,我的邮箱地址一步一步地泄露给了更多的人。在我毫不知情的情况下,20~50 个我不认识的人开始给我发邮件,提出问题和要求。结果,在最近的 6 个月内,我被迫先后两次宣告邮箱崩溃。这一切完全防不胜防。

技术泡沫是否存在?这个问题超出了我的能力,也偏离了主题。即使有人向我保证 3~5 年之内我对技术型创业公司的投资不会出现收益锐减的情况,我现在仍然要选择退出这个领域。我已经对这种投资游戏失去了兴趣,主要原因是信息负载过大,信息通道堵塞。更重要的是,对于现在的我来说,零散时间比赚点儿小钱更重要(这是从纳瓦尔·拉威康特那儿学到的经验)。

可是为什么不削减 50%,或者 90% 的投资,保留一小部分让自己有更多选择的余地呢?这个问题很好,也是我下面想讲的……

你在用折中计划愚弄自己吗?

"首要原则是你一定不要愚弄自己,因为你自己最容易被自己愚弄。"

——理查德·费曼

你在生活中的哪些方面喜欢折中的做法?在哪些方面属于"要么全部要么全不"?你在哪些方面缺乏决断力?了解自己是很有必要的。

《每周健身 4 小时》中的低碳节食法之所以成功,而其他节食方法之所以失败，原因有很多，但其中最主要的原因是：这种节食方法以接受人类的本能行为为前提，而非致力于矫正这些行为。在低碳节食法中，我们可以每周给自己设定一个"放松日"（通常是周六），而不是说"不能放松"或"我不能再吃什么食物了"，我们可以在这一天毫无顾虑地胡吃海塞。我们通过把"放松日"提前安排好，并将其限制在 24 小时之内，以减轻这种行为对节食效果的损害。

在"放松日"之外，节食者家中不被允许放置"多米诺食物"。什么是多米诺食物？多米诺食物指的是那些只有可以严格控制自己的摄入量的人才能吃的食物。但是，因为几乎没有人能够做到控制好自己的摄入量，所以它们绝不能出现在你的家中。常见的多米诺食物包括：

- 鹰嘴豆
- 花生酱
- 盐焗腰果
- 酒精饮料

类似的多米诺触发物不仅限于饮食，对有些人来说，如果让他们玩 15 分钟的《魔兽世界》游戏，那他们就会玩 15 个小时。这也就是说，他们要么一点儿不玩，要么一玩就是 15 个小时。

对于我来说，创业公司就是我的多米诺触发物。

从理论上讲，"一个月只做一笔交易"或"一个季度只做两笔交易"这个方案听起来很棒，但我几乎从未看到这一限制规定在我自己或我的任何一个投资家朋友身上起过作用，一个也没有。当然，你也可以想办法筛选推销广告。是的，你可以问给你介绍某个交易的风险投资人："这是你认识的数一数二的创业者吗？"并拒绝其中那些答案是"否定"的交易。但假如你决定在一个季度中投资两笔交易，而你在第一周就发现了两笔很棒的交易，那该怎么办呢？在这个季度接下来的时间，你又该怎么办呢？如果你接受了这两笔交易，那么你能保证自己忽略掉未来 10 周所有的推销广告吗？恐怕不能。

对于我来说，这就是个"要么全部，要么全不"的问题。我不可能对创业公司投资这件事做限制。无论是每年选择 2 个创业公司还是 20 个创业公司，我都必须从所有的推销广告中进行筛选。

一旦我投资了 1 家创业公司，那么另外 50 家就会在我没意识到的情况下进入我的投资待选列表，占据我全部的时间（抑或至少是塞满我的收件箱）。我不想雇人审核这些创业公司，因此我决定，必须屏蔽掉所有创业公司的推销广告和介绍。

总之，你必须清楚哪些方面可以折中，哪些方面不能折中。

你说"健康至上"……但真是这样吗？

2014 年，我感染了莱姆病，在之后 9 个月的时间里，我只有大约正常时的 10% 的活动能力。此后，我开始把健康放在第一位。在患莱姆病之前，我也坚持健身，规律饮食，但到了紧要关头，"健康至上"就变得可以商榷了。而现在，健康确实是我第一看重的事。这是什么意思呢？

如果我前一天晚上没睡好，转天大清早还要开个会，那么即便我只感觉到了一点点的不对劲，我也会在最后一刻取消会议，继续睡觉。如果我错过了一次健身训练，可 30 分钟后还要举行电话会议，此时该怎么办？同样，我会取消会议，先去健身。好朋友的深夜生日聚会？除非第二天早上可以多睡一会儿，否则我就不去。在实践中，严格贯彻健康至上的理念会对社交和工作产生实实在在的影响。而我已经意识到自己必须坦然接受这种代价，否则我将因为疾病和疲劳而一下子失去宝贵的几周甚至几个月的时间。

只在 50% 的时间里坚持健康至上的理念是没有作用的，因为这件事也是"要么全部，要么全不"。如果你只在一半的时间中坚持健康至上，那么到了危及生命的紧要关头，在这个最不应当妥协的时刻，你也会选择妥协。

创业公司中司空见惯的紧张感和高压环境使得身心健康成为稀有之物。我现在已经厌倦了毫无必要的紧张气氛以及相关的应急演习。那是一种皮质醇文化。

过度相关的错误

（注意：我的两个也在研究类似问题的投资家朋友认为这部分内容节奏缓慢。如果大家也觉得这部分内容拖沓缓慢，请随意跳过。但我认为对于新手来说，此处有几个重要概念是有必要适当了解的。）

"相关"指的是你的投资组合中的各个投资对象往往会在同一时间内一起升值或一起贬值。

正如具有传奇色彩的对冲基金经理雷伊·达里奥对托尼·罗宾斯所说的那样："基本上可以肯定的是，无论你把钱投入什么项目，总有一天你会损失50%~70%。"值得注意的是，如果你损失了50%的资金，那你需要在之后得到100%的回报才能弥补损失，这是很难达成的。

因此，如何消除你的投资组合的风险呢？

许多投资家通过保持某种投资比率（如X%投资债券，Y%投资股票，Z%投资商品期货等）对资产类别进行"再平衡"。如果某种资产类别暴涨了，他们就卖掉其中一部分，然后买入更多表现没那么好的资产类别。这种做法有优点也有缺点，但总的来说很常见。

2007~2009年，也就是在打造现实世界的个人MBA期间，我学会了天使投资。我对创业公司的投资额不到我流动资产的15%，但大部分对创业公司的投资是不能变现的。我通常要到投资后的7~12年后才能卖掉我的股份，至少对于让我获利较大的投资项目来说，迄今为止的情况都是这样的。这意味着什么呢？这意味着，到2015年，对于创业公司的投资额占据了我80%以上的流动资产，惊人吧！

既然我无法取走桌子上的筹码，那为了减小资金压力，最简单的第一步就是停止向无法变现的资产投资。

我卖掉了大部分可以变现的股票——大部分是对中国早期创业公司（如阿里巴巴）的投资——来帮助自己提高睡眠质量，即使这些股票的价格并没有达到近6~12个月的历史高点。注意：谨防以历史高点为目标（如"当股票再回到每股X的价钱时我就抛……"）。最终，我只保留了一两项股票投资。

有些人可能会建议说用空头对冲创业公司投资。我也想这样做，但那不是我的强项。如果我只是盲目地去做，我会很容易让自己陷入法律纠纷的。

我在依赖牛市的风险投资界所看到的关于"对冲"的最佳做法是，投资像优步这样的企业，其特点是：（1）具有广泛的国际知名度（如美国蓝筹股）；（2）可以被看作遵循宏观经济反循环规律。例如：股市回调或崩盘可能同时导致买汽车的人数减少，以及更多的人注册成为优步司机以作为自己的替代性工作或兼职工作，这一点是可以预料到的。爱彼迎及其他一些公司也是如此。相对于现有的一些企业（如希尔顿集团），它们的变动成本比固定成本占比更大。

什么是投资热点？"出局"后你还能再回来吗？

我对创业公司的投资是长期投资。在某种程度上说，我计划从现在开始投资这一领域20年。

现实是这样的：如果你在花自己的钱，或者并不在乎管理费用，那么你可以等待你认为最完美的那个投资目标出现，即使需要等上好几年的时间也无所谓。这可能不是"最佳"途径，但要好于许多普通的方法。如果你想富得连自己都无法想象，那你就根本没有必要每年都寻找脸书或爱彼迎这样的投资机会。如果你能够每10年成功地在一家凤毛麟角的优秀企业中赌对一次，或者如果你有两三笔能把25000美元变成250万美元的投资，那么你就可以就此退休，并享受高质量的生活。许多人会争辩说，你需要投资50~100家创业公司才有可能中得一张彩票。我认为这一概率可以大大提高（前文中的彼得·蒂尔可能会同意这种看法），你只需要保证，你所做的投资都是按照严格标准进行的，那么你的收益就应当是可预期的。要确保自己有信息来源、分析能力或者操作方面的优势，并且要抓住时机。

我的大部分最佳投资都是在2008~2009年的"互联网泡沫破灭"时期进行的（如对优步、Shopify软件公司、推特等的投资），当时互联网领域遍布创业公司的"尸体"，只剩下几家强大的公司仍然挺立。在萧条期间，创业公司不再装点杂志封面，创业者只剩下那些真正以创建公司为使命的人。2002年的领英公司也是一个例子。

当然，"泡沫破灭"时期并没有阻碍一些有潜力的创业公司的创建。只不过，泡沫破灭使我的投资工作和侦查工作的难度增加了 10 倍，我的"安全范围"变得更狭窄了。

大家可以把"安全范围"看作回旋空间。

沃伦·巴菲特是 20 世纪最成功的投资家之一，他称自己为"价值投资者"。他的目标是购买贴现股票（以低于固有价值的价格买入股票），可以看到，即使是在经济环境最糟糕的情况下，他也做得很好。这种贴现被称为"安全范围"，这也是投资界中那些最聪明的人（如塞思·卡拉曼）所遵循的基本原则。安全范围不能保证投资有利可图，但它给了你犯错的空间。

回到创业公司投资，我希望我的每一次投资（如果成功的话）能够返还我的"全部资金"，也就是我两年多来投资创业公司的资金总额。这通常意味着我最少也能得到 10 倍的收益。这"10 倍的最小收益"是我的投资秘诀中最重要的一部分，它同样给了我犯错的空间。

为了确保使资金的投资回报产生滚雪球的效果，我必须做到：（1）懂得初等代数，以确保我的投资金额（核实具体规模）能够达到这一效果；（2）避免投资那些看起来估值过高的公司，在针对这类公司的投资中获得 10 倍的收益将是一个不可能达到的天文数字。

如果你没有经过严格审查评估，只是用一句"他们可能是下一个优步"来证明你的投资的正确性，那几乎可以肯定，即使你投资 1000 次 25000 美元，最终你也会血本无归。尽管现在情况乐观，但是把帕斯卡赌注之类的思维应用到创业公司投资无疑会让你快速走向破产。

那些提议"滥投"的优秀创业公司的投资人仍然在有条不紊地投资

在创业公司领域，人们喜欢谈论那些有"疯狂计划"的创业公司，也就是那些项目计划近乎异想天开的创业公司，他们要么改变世界，要么就在燃烧中化为灰烬。

我热衷于资助有胆识的创始人（包括一些女性创始人，如前文中提到的特雷西·迪农齐奥），而且希望许多"疯狂计划"都能得到资助。但我的投资组合现实是：对于每一笔投资，我总是在想："我绝不能在这笔交易中亏损。"

那种"要么全胜，要么完败"的计划最终往往一事无成。我不是说对这种创业公司进行的投资一定会打水漂，但我尽量不专门投资这种公司。

当前，真正优秀的企业不是市价数十亿美元的媒体宠儿，那些成功已成为动人心魄的往事。现在，优秀的企业是那些具有合理"安全范围"的高速发展的创业公司。

幸运的是，我并不着急，我可以等待潮流的变迁。

你也可以等待下一个泡沫破灭时期，因为到了那个时候，只有真正的勇敢者才会留下来，而你也就可以确保在自己遇到的创始人中，至少有一半的人天生就该干这个。

这种方法可能太极端了，但它的确很实用。如果你在为生活投资，不要匆匆行事。时机通常会胜过技巧。

你是正在垮掉还是有所突破？

"平心静气地面对这样的事实：拒绝别人通常意味着你要用名气换得尊重。"

——格雷戈·麦吉沃恩，《精要主义》

如果你感到不堪重负，问自己这两个问题可能会有所帮助：

• 在负重前行的过程中，生活有没有告诉我应该摆脱哪种负担？
• 我是正在垮掉还是有所突破？

正如马可·奥里利乌斯和瑞安·霍利迪（见前文"画板策略"）所说的："逆境才是正路。"这并不意味着看到问题、接受问题并任由问题恶化下去，也不是说要把问题合理化为好事。对我来说，这句话是在说要利用痛苦理清思路。如果痛苦得到了你的重视和仔细考察，没被忽略，那么它就能告诉你你应该如何生活。

对我来说，第一步总是相同的：把占用了你 20% 的时间但带给你 80% 或者更多的负面情绪的活动和人写下来。

第二步：在纸上做一个"恐惧设定"练习。在练习中我会自问自答："如果我停止做让自己焦头烂额的事情，可能发生的最糟糕的情况是什么？发生了又会怎样？我怎样才能挽回损失？"

请允许我与大家分享一个现实生活中的例子。正是我在日记中写的一段内容，促使我考虑长期退出创业公司投资领域。

我当时心中思考的问题是："如果我停止天使投资至少 6~12 个月的时间，可能发生的最糟糕的情况是什么？我怎样才能挽回可能造成的损失？我能试验两个星期吗？"

大家马上就可以看到，我列出了一份清单，其中包括肯定存在的积极一面和我推测它可能存在的消极一面。如果我们把"风险"定义成"出现不可逆的负面结果的可能性"，你们就会看到我所有的烦恼和拖延是多么愚蠢（也根本没有必要为此感到痛苦）。我所需要做的一切就是把它写在纸上。

> 我打了几个盹儿，因此没能在早晨 8 点 33 分起床，而是 10 点 15 分才起的。我的焦虑主要与电子邮件和创业公司有关：新的推销、新的介绍等。
>
> 做一次为期两周的试验？对所有冷冰冰的介绍和推销说"不"怎么样？
>
> 我为什么犹豫不决呢？如果拒绝这一切，那么：

优点：

- 100% 减缓焦虑情绪。
- 获得自由的感觉。
- 可以变得不那么优柔寡断，不那么处心积虑，有更多的时间和精力进行创作、阅读、锻炼（训练）、试验。

缺点（为什么要拒绝？）：

- 可能会发现下一个优步（概率小于 10%）。
- 谁在乎呢？至少 7~9 年的时间内泡沫破灭什么的不会成为事实。如果优步公司上市，那泡沫破灭了也没事。
- 没人给我推荐新的投资种子了。但谁在乎呢？
  - ◎ 和 5 个朋友共进晚餐就可以搞定。
  - ◎ 发一篇博客帖子就可以搞定。
  - ◎ 我最成功的交易（对 Shyp 货运公司、Shopify 软件公司、优步、推特、脸书、阿里巴巴等公司的投资）没有一笔源自熟人突如其来的介绍。

如果试验两周的时间，如何确保成功：

- 不去浏览（新的）有关创业公司的电子邮件。
- 取消电话会议。（用别人的话说就是）实行"电话会议休假"制度：将所有待办事项推送到电子邮件，等到一天中的最后时刻再（和助手一起）集中处理工作。
- 设定周五为"办公日"（与"放松日"类似）用于处理现有的投资组合。

最终我意识到：如果我定下规矩，在两周内回避所有的创业公司投资事项，那么我的整个生活就会恢复平衡。或许，我可以给自己批准一个半永久的退休，让自己享受一次真正的"创业公司投资假期"。

现在轮到你了：你需要从哪些事中摆脱出来，过一个怎样的假期？

我对你提出的挑战：写下你的"如果……将会怎样"

"我人老经历多，了解大量烦心之事，但事实上大部分烦心之事从未发生过。"

——马克·吐温

"无端受难之人，必受超常之难。"

——塞内卡

今天晚上或明天早上，思考一下你一直在拖延的某个决定，挑战一下尝试实践一段时间这个让你犹豫不决的决定。

如果现在不解决，那什么时候解决？如果仍然保持现状，那 6 个月后你的生活和你感觉到的压力会是什么样子？一年后呢？3 年后呢？你身边是否也有什么人正身受其害？

我希望在紧要关头，你拥有"说不"的力量。我也在做同样的努力，只有时间能够证明我是否能真正实现我的目标。到目前为止，这样做比我想象的要好得多。

下一步，我会把时间花在什么地方？当然是更加疯狂的实验和创造性的项目——要做的事情多得很呢！

然而更为重要的是，烦恼消除后，我们该如何更加愉快地生活呢？

就像《每周工作 4 小时》中的那位律师那样，你是应该放弃无休止的工作，在巴西建立起自己的商业乐园，每天去冲浪？还是应该花三年时间和家人一起环游世界？还是学习一门新的语言，或在 20 多个国家通过远程操控的方式建立起庞大的商业帝国？这一切皆有可能。我之所以知道这件事，是因为这些都是来自我的读者的案例。所有这一切你都有可能做到，你可以选择的选项无穷无尽。

因此，把写下"如果……将会怎样"这个问题作为第一步，剖析自己的担忧，你会发现其实你的心魔是只纸老虎。有时，只需要一张纸和几个问题，你就能冲破困境、超越自我。

你会失去什么呢？很可能你什么也不会失去。

3
智慧

"常怀感恩之心，放弃无妄之争。"

——尼尔·唐纳德·沃尔什

"没有通往幸福的路，因为幸福本身就是路。"

——一行禅师

"你所寻找的，也在寻找着你。"

——诗人鲁米

"（在生命即将走到尽头时，）你可能会把我们日常生活中的许多规矩抛到九霄云外，因为你意识到我们只是生活在某个社会制度中，许多耗费了我们大部分时光的事物并非某种自然秩序。我们一直都在人类自己创造出的某种上层建筑之中打转。"

B. J. 米勒
BJ MILLER

  B. J. 米勒是加利福尼亚大学的一名临终关怀医生，也是旧金山禅安宁疗护项目的一名顾问。他对如何为自己的病人打造尊严、体面的临终生活有着深刻的见解。

  他是有关死亡的专家。通过对于死亡的研究，他学到了人们如果想显著地改善自己的生活质量，有时候只需要做出一些微小的改变就可以了。他曾经指导或参与了大约 1000 例临终死亡研究，其发现的一些规律可以让我们所有人都从中获益。米勒在大学期间由于一次触电事故失去了双腿和一只胳膊。2015 年，他在 TED 发表演讲"在生命即将结束时什么事情最重要"。这一演讲视频的访问量位列 2015 年 TED 演讲的前 15 名。

"不要相信你所认为的任何事情。"

  这是米勒在回答"你想在布告板上写点儿什么"这一问题时给出的答案。他不确定这句话的出处，"可能是偶然看到的某个车尾贴中的一句话"，他是这么说的。等到本篇文章结束时，你会看到米勒是多么喜欢这种荒诞不经的说法。

凝望星空，以此作为治疗方法

"当你在生活中苦苦挣扎时，抬头仰望一下星空。盯着夜空凝望一分钟，此时你会意识到所有人此时此刻都处于同一星球。就我们所知，地球是附近唯一一个有智慧生命的星球。在你看星星时，你会意识到你看到的星星已经历了漫长的岁月，其中的一些星星在星光照射到你身上的时候已经不复存在了。单单是思考一下有关宇宙的那些赤裸裸的事实就足以让我心生敬畏，感到自我的渺小，所有的焦虑也会随之消失在九霄云外。很多人——当他们站在自己的人生尽头，站在死神门前的时候，都感受到了自身与宇宙的共鸣。"

> **作者：** 埃德·库克（见后文）的有些做法与此极为相似。如果条件允许，我也准备开始每天晚上尝试这种"星星疗法"。疗法本身很简单，但疗效惊人。

欣赏昙花一现之美

在被问到"在你最近的记忆中，你用不到100美元买到的什么商品对你的生活产生了最积极的影响"时，米勒给出了下面的回答：

"我想到的是在索诺马县北部约瑟夫·斯万酒庄购买的一瓶精美的黑比诺葡萄酒。这瓶酒就像是安迪·高兹沃斯创作的艺术品，或者是那些偏爱昙花一现之美的人创作的艺术品。这瓶酒的魅力、工艺和创作者为之所付出的所有努力，以及对这种转瞬即逝、昙花一现之美的体悟让我大受裨益。我从一瓶精美的葡萄酒中获益匪浅，不仅仅是因为这酒的口感和口碑，而且是因为它所象征的那种对转瞬即逝的事物的钟爱。"

"我无法做到的事情"

这部分访谈值得一读。位于旧金山的法拉利斯库德里亚摩托车经销商曾资助米勒，帮助他完成了这个貌似太过离谱的壮举。

蒂姆："我讨厌讨论那些肤浅的话题，但是你刚才无意中提到了'骑摩托车'。现在，我要先向你道歉，因为这个问题听起来可能有些冒犯，但是，你遭受了如此严重的事故（事实上是截肢了），你怎么还能骑摩托车呢？"

米勒："是这样的，这是我一直以来的梦想，最近刚好实现了。"

蒂姆："祝贺你！我想说的是这太不可思议了，我很想知道你是怎么做到的。"

米勒："谢谢！你问的这个问题很有意思。帮助我实现梦想的那个人叫兰迪，后来他先是成了我的病人，在改装完我的摩托车不久，他又成为禅安宁疗护项目的一名住院实习医师。所以你看，这个故事信息量蛮大的。

"我喜欢两轮车，喜欢在高速旋转的轮子上保持平衡的生活方式，我喜欢这种感觉，因而我一直喜欢骑自行车，并且一直希望能骑上摩托车。但每当我到车行去，人们就会盯着我看。我一直没有找到一个愿意帮助我实现梦想的机械师。

"有个名叫梅尔特·劳威尔的人碰巧住在蒂伯龙（位于加利福尼亚州北部）附近。他曾经是一个摩托车比赛冠军，是这个领域的传奇人物。我不清楚梅尔特受何启发，但他自学成为一名机械师，他的确是个心灵手巧的家伙。退役之后，他开始着手制造假肢，并将其巧妙地安装到自行车或摩托车上。

"因此你看，我这个难题的第一步就是发现梅尔特的发明，掌握安装技巧，然后把我的假肢连接到车把手上。"

蒂姆："如何改装摩托车需要手动控制的部分呢？"

米勒："兰迪想出了办法……意大利摩托车品牌阿普利亚公司曾制作过一台模型车 Mana，这款模型车没有离合变速器，它是自动换挡的。发现这台车是解决我这个难题的关键一步。之后兰迪想出了一个办法，他将前后刹车拼接成了一个控制手柄，我可以通过控制手柄的动作幅度来分别控制前刹车和后刹车，这样一来，我的假肢除了抓住车把手以外其他的什么也不用做，所有的控制动作都由右手完成。刹车变成了一个控制手柄，兰迪制作出了这个手柄之后，又把所有其他的控制开关——转向信号灯、喇叭以及其他装置——移到右把手旁边，也就是距离我大拇指很近的位置，让我伸手就能碰到。现在我用一只手就可以控制油门、刹车和转向灯了。"

　　蒂姆："太棒了！"

　　米勒："的确如此，你说得没错。这样我就可以骑摩托车出门了！"

　　蒂姆："现在我必须要暂停一下，问在座所有听众一个问题：你们还有什么狗屁借口说自己无法实现自己的梦想？节目录制结束之后请大家把这些借口写下来，通过社交媒体告诉我们为什么这些借口实际上都是胡扯。天啊，这个故事太励志了！"

一个雪球创造的奇迹

　　米勒在大学期间意外触电，失去了双腿和左臂。他向我们描述了自己在烧伤病房醒来时的情景：

　　"烧伤病房是个很特别的地方，一个令人毛骨悚然的地方。病人经历的痛苦都是那种撕心裂肺的痛苦。在烧伤病房工作非常不容易，人们通常无法长时间担任烧伤病房的医师。烧伤病人在挺过最初的外伤之后常常会死于感染，因此烧伤病房是一个经过严格消毒的环境，里面所有人必须身着防护服，佩戴面罩和手套。在最开始的几个星期里，我的病房内每次只能进来一个人。

　　"你在病房内是同外界的所有事物隔绝的，没有白天或晚上，病房也没有窗户。即使有人就站在你床边，你们之间也隔着厚厚的防护服。你同自然界的联系也被切断，你不能触摸任何东西。当然，你同时还遭受着巨大的身体疼痛，这使得你不一定能留意到其他事情。总之，这非常痛苦，一点儿也不好玩。

　　"当时是11月，然后到了12月，也可能是1月初，我同两个护士逐渐变得熟悉起来了，其中一个人（拿给我一个雪球），她叫乔伊·瓦卡迪波内，可能是她给我的雪球。当时外面在下雪，而我并不知道。

"她想到了这个聪明的主意：偷偷把一个雪球带进病房给我，让我亲自感受一下雪。说实话，那感觉太绝妙了。这只是小事一桩，对不对？但当她把雪球放到我手中时，冰冷的雪球与我那脆弱的、灼烧过的皮肤——那种难看红肿的皮肤——之间的反差，以及它慢慢融化，变成雪水的过程，这个简单的奇迹带给了我无与伦比的感觉。我清楚地认识到，我们人类只要活着，就是感觉动物。假如我们与世隔绝，丧失了感觉，我们也就失去了生命。这是我能想象到的最治愈人心的时刻。

"我之前从来没有这样想过。除了握住雪球时的感觉本身，它还给我带来了这样的联想——所有的事物都处在变化之中，雪变成了水。这件事之所以那么美妙是因为变化发生了。事物转瞬即逝，在那一刻能够成为这个神奇世界的一部分，我感觉太美妙了。我再次感觉自己是这世界的一部分，没有被世界抛弃，这感觉太棒了。"

见证和倾听的力量

我曾经问米勒："如果让你作为医生向与你有类似创伤经历的人提供指导意见的话，你会怎么说？或者，你会向他们提供哪些资源、图书或建议呢？"对此，他是这样回答的：

"我想如果要我给出某种预设的建议，我会感到很为难。在很多情况下，这些建议并不是当事人真正需要的，他们需要的只是那份陪伴和对他们遭遇的见证。因此，回答你的问题，当我走进当事人的病房时，我会站在他们的身边，倾听他们的所有问题。但我认为在探望对方时能最能安慰到他们的办法就是前去探望本身，与他们待在一起，让他们看到我与其有着共同的遭遇。"

作者：与米勒交谈之后，我注意到这种方法适用于很多场合。要想"解决"别人的问题，通常你只需要与他们共鸣，倾听他们的心声。甚至在社交媒体或我的博客中，我也意识到让人们知道你在倾听——关注作为完整个体的他们——比回复每一个人的留言更重要。在推特上回复某人时，我会在读者名字前加上一个句号（比如：".@Widget，这个问题很好，答案是这样的……"），这样一来所有人就都可以看到我的回复了。尽管我无法回复所有人，但这样做表明的是我在关注大家对我博客的评论以及回复。这是一种非常简单的表明"我看见你了"的做法。

* 假如一位内向的临终病人这样说："给我找 1~3 件事情，让我自己观看、操作、理解、浏览，不要让人来打扰我。"你会给他们提供什么呢？

"我想我可能会在他们面前放一本马克·罗斯科的绘画书，也可能会让他们听一下贝多芬的随便哪一首曲子，我可能会把第 3 件事情预留出来，让他们凝望星空。"

* 你最喜欢的纪录片是哪一部？

"纪录片《灰熊人》。我喜欢那种感觉——对于某个情节，你不知道自己是该哭泣还是该放声大笑，你可能两种感觉都有，并且不确定哪种感觉更合适，对于这两种反应，你都又想做又觉得不该做。这就是我在观看这部纪录片时的体验，因此我认为这是一部优秀的纪录片。"

有时候小饼干是最好的药物

对于临终病人来说，有关生存意义的严肃谈话并非他们真正需要的东西，一起烘焙小饼干有时候反而会起到意想不到的效果。

"就是一起闻一闻烘焙的味道所带来的那种原始的快乐，这种感觉棒极了——就像那个雪球一样。在那一刻你会感到自己依然活着。闻一下烘焙饼干的味道并不能代表你未来会好转或怎样，它只是让你在那一刻感觉很棒，并不代表其他任何事物。这又把我们带回到艺术中去了——为了艺术而艺术，不管是美术、音乐和舞蹈都有这一共同特点，其动人之处就在于没有任何目的性，只是醉心于某种无意义的世界，并感叹这个世界的神奇。对我们所有人来说，我们究其一生想要珍藏的就是这些短暂的时刻。"

* 你会给 30 岁的自己什么建议？

"我的建议就是放手。我并不是说不去认真对待生活，而是想强调我希望自己能非常认真地对待那些嬉闹玩耍和没有目的性的事情……这并不是说要放纵自己，而是我认为应当鼓励自己再放开一些，坚持下去，不要装模作样，好像知道未来结果会怎样似的。你不用知道这个。"

"如果你在寻找成功的秘诀，那么我认
  为，最接近你的要求的一条秘诀就是：
  热爱工作，持之以恒。"
"生活就是不断实现自我的过程。"

玛利亚·波波娃
MARIA POPOVA

　　玛利亚·波波娃曾经为《大西洋月刊》和《纽约时报》专职供稿，但我认为她最大的成就是创办了非商业性独立书评网站 BrainPickings.org。该网站创办于 2006 年，起源于玛利亚每周向 7 位朋友发送书评推荐邮件的小活动。如今，该网站每个月的访问数量已达到数百万次。该网站是玛利亚这位女性不计报酬的义务奉献——是对应该如何生活以及什么才是高质量生活的一次有益探究。她常常在一天之内就读完一本书，然后从中提取出那些值得记忆和分享的、经得起时间考验的有益智慧。她的书评的质量和产量令人叹服。

> 灵兽：标准贵宾犬

幕后故事

　　玛利亚的一只胳膊上有个文身（前文介绍的瑞安·霍利迪也有），上面写着："重点是什么："下面有个像牛眼一样的圆圈，圆圈正中央有两个字——"幸福"。玛利亚解释说："这是艺术家马克·约翰斯的作品，多年来一直挂在我家的墙上。每当我们经历人生中的艰难时刻时，我们总是很容易忘记这些简单的真理，它们是可以从痛苦中唤醒我们的咒语。为了能够每天一睁眼就看到它，我把它文在了胳膊上。"

有时最好的拒绝就是不予回复

"如果对方根本没有做足功课，考察这件事是否适合你，那你为什么还要努力向对方解释这件事是如何不适合你自己呢？"玛利亚曾经会用上一整天的时间，非常礼貌地拒绝那些糟糕的宣传推销。我经常想起她上面提到的那种做法。对方是否花了哪怕 10 分钟的时间做准备工作？他们考虑过细节问题吗？如果没有，那就不要回复，不要助长这种不称职的做法。在"蜜月期"（开始阶段）就表现得稀松，那后来只能越来越糟。我就有一个关于抽查对方是否关注细节的令人捧腹的例子，大家可以在谷歌上搜索"戴维·李·罗思·费里斯"。尼尔·斯特劳斯（见前文）经常会在网站"克雷格列表"（Craigslist）上在自己的招聘布告栏的最下端写上："请勿使用电子邮件回复，请拨打电话（电话号码）给某某留言。"然后拒绝所有使用电子邮件回复的应聘者。不要出于内疚而违心地回复任何人。玛利亚说："内疚这种心理比较有意思，而内疚的对立面是声望，出于这两种动因做决策通常都不会有好结果。"

拒绝媒体充满诱惑的邀请

"在美国有线电视上露脸两分钟或许能让你的祖母为你感到骄傲，但是如果此行的舟车劳顿和准备工作耗去了你 20 小时的时间，影响到了你的写作事业，而且最终结果也没能让你满意，那么此行或许就不值得前往。我经常想，这种事情的矛盾就在于接受你收到的邀请就会影响到你的事业——也就是你收到邀请的根本原因，因此这是你必须尽量避免的事。"

> **作者：** 这正是我停止几乎所有投资、演讲和采访活动的原因。玛利亚跟我讲了一件事：著名的神经学家兼作家奥立佛·沙克斯过去常常"在自己办公桌旁边的墙上挂着一张纸，上面简单明了地用大号字写着'不'，后面还带着一个感叹号。这是他用来提醒自己拒绝那些占据自己写作时间的邀请的小技巧"。

* 你经常想起的文章是什么？

"再过 9 年，我的答案可能会有所不同，但就目前来说，应当是亨利·大卫·梭罗的日记。从对外部世界和内心世界的交融的描写来说，没有人能超过他，他对这两者之间的永恒对话的描述非常优美。在他独自进行的反思中，我们可以看到大量永恒的真理，涉及你能想到的一切，从成功的定义到久坐的危害。他在 150 年前就谈到了后者，而我们现在才开始说：'久坐有害，就像吸烟有害一样。'

"很多艺术家和作家会感叹自己的工作是多么艰苦，创作过程是多么单调乏味，以及他们是多么地怀才不遇。对此大家不要信以为真，不要以为艰苦、乏味以及折磨会让你选择的工作变得神圣。在我们的文化中，仅仅出于热爱而选择从事一项工作听起来有些难以令人信服，但这是我们文化本身的缺陷，而不是那些艺术家所做的选择有问题。"采访中，玛利亚想起了梭罗在 1842 年 3 月的一篇日记。

"梭罗这样写道：'真正有效率的劳动者，不会整天马不停蹄地工作，而是会如闲庭信步般轻松愉悦地处理事务。他在一天之中有大量时间用来放松，他只关心抓住时间的谷粒，而不去夸大谷壳的价值。'大家可以想一下，这是一个多么形象的比喻，既没有只捡芝麻——那些华而不实的东西，比如风尘仆仆，疲于奔命，或者设置自动回复；也没有丢了西瓜——你真正的事业，生活的核心和本质。梭罗又写道：'总是忙忙碌碌的人，工作并不努力。'我喜欢这句话。"

"我们的文化是这样一种文化：我们习惯于认可那种废寝忘食的工作，将其视为一种荣誉，声称其体现了职业道德、吃苦耐劳或其他美德——但事实上，这是一种彻底的失败，它说明的是一个人根本分不清轻重缓急，也没有任何自尊。"

为了时刻提醒自己提防这种"彻底的失败"，我、玛利亚以及本书中的至少 6 位嘉宾都拜读并推荐了塞内加的《论生命之短暂》一书。

一条实用的生活原则

"这应当是互联网（以及做人）的一条基本原则：如果你没有耐心去读某些内容，那就不要妄加评论。"

做笔记——提取精华

我和玛利亚做阅读笔记的方法几乎完全一致："我会在平板电脑上的 Kindle 应用程序中对作品中的一些片段进行高亮处理，它可以将标记和笔记同步到你的台式电脑中。我会把我高亮的这部分内容从那一页上复制下来，粘贴到笔记管理软件 Evernote 的文档中，并把关于某一本书的全部笔记保存到一个位置。我还会对包含高亮部分的文档页面进行截屏处理，然后通过电子邮件把截屏发送到 Evernote 中，因为 Evernote 具有光学字符识别功能。因此，当我想在 Evernote 搜索某段文字时，我就可以直接搜索到截屏图像中的文字，无须等到读完全书之后再搜索全部笔记……我爱死 Evernote 这个软件了，我已经用了它很多年，哪天不用就浑身不对劲儿。"

在阅读纸质书的时候，玛利亚会在书的空白处写下自己的笔记（她称之为"旁注之美"）。有时候她会写上"BL"两个字母，表示"优美的语言"。我使用的是"PH"，代表"措辞"，表示的意思是一样的。我俩都会在书的开头部分的白页中制作自己的索引目录，以便后期查阅。比方说，我可能会写上"PH 8,12,19,47"，以此标示我发现精彩语句的地方。我会一边阅读，一边添加更多的页码代号。

在运动中阅读

玛利亚阅读的大部分长篇文章都是在健身房边做运动边读的。她的首选健身器材是椭圆机，她利用它进行高强度间歇训练（HITT）。第二选择是冲刺跑（做这一运动时无法阅读，因此它排在第二位）。排在第三位的是跳绳，她外出旅行时会随身携带一根加重跳绳。

拿捏不准的时候，就亲自动手试一下

"库尔特·冯内古特在写'只为了让一个人高兴而写作'这句话的时候，他实际上说的是只为自己写作，除了自己，不要试图取悦任何人……一旦你开始为某个观众进行创作，你就已经输了，因为想要创作出能够经得起时间考验的、有价值的作品，最重要的是让自己对写作保持兴奋感……试图预测哪位观众对什么感兴趣，并委曲求全地去迎合他们，你将很快开始失去兴趣，心生怨恨，而这种情绪也会开始出现在你的作品中。记住这一点：如果你心怀怨恨，那它一定会在你的作品中显现出来。真的没有什么能比阅读掺杂了怨恨情绪的作品更让人感到无趣的了。"

> **作者**：为了能让自己保持兴趣，我在我的书中加入了一些只有我的几个朋友能够领会的圈内笑话以及和《星球大战》有关的彩蛋。在《每周健身4小时》一书中，有一句话让我的文字编辑抓狂不已："因为我是个男人，孟。"这背后的故事说来话长。

* 在 *Brain Pickings* 网站的 4600 多篇文章中，你首推哪些文章？

- 《人生苦短：塞内加对忙碌生活以及活得精彩而非活得长久的探讨》
- 《如何发现自己的目的，做自己喜欢之事》
- 《创办 *Brain Pickings* 网站 9 年的 9 点收获》
- 以及所有有关艾伦·瓦兹的文章。玛利亚说："艾伦·瓦兹改变了我的生活，我写了大量有关他的文章。"

* 你曾经听过的在你这一行或你的专业领域中别人给出的最糟糕的建议是什么？

"'追逐你的梦想。'在你不了解自己的时候，你是不可能做到这一点的，而了解自己需要多年的积累。你只有在前进的过程中才能发现自己的'梦想'（或者目标），你前进的方向则由你的选择和你遇到的机会决定。"

* 在过去的一年中你学习或密切追随的三个人

"是有这样三位作家兼思想家。我逐渐了解到了他们非凡的洞察力和其作品的优秀之处，他们也成了我的好朋友。这三人分别是：传记作家、小说家、散文家丹尼·夏皮罗，她是我们当代的弗吉尼亚·伍尔夫；杰出的科幻作家詹姆斯·格雷克；宇宙学家、小说家、科学－社会学跨界研究专家简娜·列文。"

* 你曾经做过的最佳投资或最有价值的投资是什么？

购买儿童绘本艺术家莫里斯·桑达克专门制作配图的《威廉·布莱克〈天真之歌〉诗歌选集》，此书极为珍贵罕见。

简明扼要的一点

"新闻文化是一种忽视细微差异的文化。"

* 如果你能让所有的政府官员或领导人都去读一本书，这本书会是什么？

"很显然，这本书是柏拉图的《理想国》。事实上，对于他们在宣誓就职之前竟然没有被要求阅读此书这件事我感到十分惊讶。就像美国移民如果想要取得美国国籍，必须要阅读美国宪法，这两者的重要性是等同的。"

约克·威林克
JOCKO WILLINK

约克·威林克可谓人中翘楚。他身体结实、体重 104 公斤，拥有巴西柔术黑带水平，他曾多次在训练中连续击败 20 名海豹突击队员，是特战领域的传奇人物。他目光敏锐，能洞悉人心。我对他的采访是他接受的第一次采访，采访录像曾在网络上轰动一时。

约克在美国海军服役了 20 年，担任海豹突击队第三特混中队的指挥官——该中队是在伊拉克战争中获得了最高荣誉的特战部队。返回美国之后，约克负责驻扎在美国西海岸的所有海豹突击队的训练工作，他制定并推行了世界上最艰苦、最实用的训练方法。从海军退役之后，他跟人合开了一家咨询公司 Echelon Front，专门提供有关领导力和管理能力方面的咨询。此外，他还与人合著了《极限控制》（*Extreme Ownership*）一书，此书曾登上《纽约时报》畅销书榜榜首。目前，他在其最受好评的播客节目《约克播客》中，与听众一起探讨有关战争、领导力、工作以及生活方面的话题。他热衷冲浪，目前已为人夫，并且是 4 个"极具上进心的"孩子的父亲。

自律等于自由

对于"你想在布告板上写点儿什么"这个问题，约克的回答是："我的座右铭非常简单，那就是'自律等于自由'。"

> **作者：** 这句话可以这样理解：对很多事情来说，你可以通过积极的自律实现自由意志，达成目标。自由自在的日子似乎总是与悠闲的田园生活挂钩的，但实际上，这种生活往往由于频繁的选择困难（比如"今天应当做什么"）和决策疲劳（比如"早饭吃什么"）而质量大打折扣。相比之下，给自己制定一些简单的规定，比如提前计划好的训练项目，可以为你的生活搭建起一个基本框架，你可以据此更加有效地计划和实施一天的活动，这可以带给你更强的成就感和自由感。约克又补充说道："这还意味着，如果你想在生活中获得自由——无论是财务自由、时间自由还是健康自由，那么你只能通过自律来实现这些目标。"

"2=1, 1=0"

这句话在海豹突击队中很流行。约克解释说："它的意思很简单，就是说'一定要有后备计划'。假如某样东西你有 2 份，这样万一一份被毁掉或丢失了，那么你手里还能剩下一份；但假如你只有一份，而这份被毁掉或丢失了，那你就陷入大麻烦了。我最喜欢的弗朗茨·卡夫卡的一句名言也是这个意思："备而不需胜过需而无备。"另外，对于"在生活或工作的哪些方面，你可以消除'单点故障'"这个问题，约克补充说道："不要只准备备用设备，而是要准备一套后备计划，用以应对可能出现的紧急状况。"

身处黑暗，看到光明

"我认为为了真正体验到光明，你必须让自己直面黑暗。如果你躲避黑暗，那你就无法欣赏并真正理解生活之美。"

2016 年 7 月 4 日，我给约克发短信，感谢他的帮助。我们互致问候，然后我问他和他家人过得怎么样。他回复说："一切都很好，除了我正在读的那本有关越南美莱村大屠杀的书。那真是一场噩梦！感谢我们那些……"

本书中所有的嘉宾都有自己的成功之道，其中大多数功成名就多年的人也都有自己的培养感恩之心的方法。在回忆起自己的朋友们在战争中所做出的巨大牺牲时，约克对每一次日出、每一个微笑、每一次开怀大笑以及每一次呼吸都发自肺腑地抱有感激之情。他也经常有意识地接触那些屈从于恐惧、厄运和黑暗的人的故事。如果你愿意阅读内容"黑暗"的书，普里莫·莱维的《如果这是一个人》和《休战的天空》是我最喜欢的两本书，它们是魔术大师大卫·布莱恩推荐给我的，他把莱维的集中营编号文到了自己的胳膊上。当我问他"你从这本书中学到了什么"的时候，他回答说："所有的一切。"

如果你希望自己更强大，那就表现得更强大

"如果你想在心理上更强大，那很简单：让自己表现得更强大，不要瞻前顾后，光想不做。"约克的这些话帮到了一位听众——一位瘾君子，他在经历了无数次失败之后终于戒毒成功。这一简单的道理最关键的部分是，"做出自己要更强大的决定"。我们有能力做到立即"更强大起来"，就从下一个决定开始。比如，你是不是难以对甜品说"不"？你可以更强大，让其成为你的新决定！你感觉呼吸气短吗？那就爬楼梯。你的决定是大是小没有关系，只要你想要变得更强大，你就能让自己强大起来。

"完全掌控自己的世界"

在担任海豹突击队特混分队指挥官的时候，领导西海岸海豹突击队的司令官经常召集所有分队指挥官一起开会，评估军队的需求和问题，然后调动资源，帮助他们。

"司令官会在会场中走动，因为他想要从一线指挥员那里得到直接的反馈——这些伙计都是我的同僚。他会问其中一个指挥官：'你有什么需要？'这位指挥官会说：'我们目前的战靴在炎热的气候中还可以穿，但我们正准备前往一个较冷的环境，因此我们需要新靴子，在本周下一次训练之前就需要。'司令官会回答说：'没问题，可以解决。'然后他又会问下一个人，这个人会说：'我们在沙漠训练时没有网络，我的战士跟外界断绝了联系，因此我们需要在那里安装无线网络。''没问题，可以解决。'下一个伙计可能会说：'我们需要更多的直升机训练支援，因为我们觉得围绕直升机的训练做得不够，这很有必要。'同样，司令官会同意解决这个问题。最后，他来到我面前。

"司令官会说：'约克，你有什么需要？'我回答说：'我们什么都不需要，将军。'我的意思很明显：如果我有问题，我自己会处理。我会解决这些问题，关照我的士兵，不会抱怨。我要完全掌控自己的世界。这一方法有双重作用。因为在这个前提下，如果我真的向司令官提出我们需要什么，那它一定很重要，是真正的需要。当我跟司令官说：'老板，我们现在就需要这个'的时候，我几乎能在第一时间得到它，因为他知道我现在的的确确需要它。

"你不能因为老板没有满足你的需要就指责他。很多人会说：'这是我的上级的过失。'这样说不对，实际上这是你的过失，因为你没有以他能理解的方式影响他，训练他，向他解释你为什么需要这种支持。这就是极限控制，我们必须掌控全部。"

早起的正当理由

"我每天 4 点 45 分起床。我喜欢在心理上战胜敌人。对我来说，早晨醒来时，不知道为什么，我总会想到敌人，想象他们正在干什么。我知道自己不再是现役军人了，但我心中依然在想：世界上的某个地方的洞穴中，我的某个敌人正跃跃欲试，一手拿着冲锋枪一手拿着手榴弹，等着跟我交锋，我们终有一战。早晨醒来时，我会问自己：'我现在该做些什么，才能为那个即将到来的时刻做好准备？'这能敦促我早早起床。"

> **作者**：这个故事促使很多听众早早起床。现在推特上有一个"4 点 45 分起床俱乐部"的话题标签，突出特点是推文多配有腕表图片。在这集播客节目播出一年多以后，该话题依然热度不减。

石榴白茶及其他

约克不喝咖啡，他几乎不碰咖啡因。他的一个爱好是偶尔喝一点儿石榴白茶（"……我认为它能够深入触及你的灵魂"），但是……

"第一次驻防伊拉克期间，我们乘坐军车，进行长时间的巡逻。我在座位前挂着的一排小袋子中放着一颗闪光弹，然后又一颗闪光弹，然后是颗手雷，是那种具有杀伤力的手雷，然后又一颗手雷。在最后剩下的三个小袋子中，我分别放了三罐红牛。"

蒂姆："可是你本来就是个坐不住的家伙——这是对你的赞美，三罐红牛下肚的感觉怎么样？"

约克："更坐不住了！"

> **作者**：约克不希望自己不得不用咖啡因来提神。与此类似的是，我的另外一位海豹突击队队员朋友经常每天只吃一顿饭。他是这样解释的：

"有些特战队员每两小时不喝一次蛋白粉就会变得脾气暴躁，我觉得这太滑稽了。而如果我能够把包括垃圾在内的所有东西转变成能量，或者能够不吃饭，那我就占据了巨大优势。"

怎样才算一名优秀的指挥官？

"我脑子中马上出现的答案是'谦卑'，因为作为指挥官，你必须谦卑，必须要虚心好学……后来当我开始进行培训工作时，我们会从每支海豹突击队中淘汰几位指挥官，因为他们不具备领导能力。在 99.9% 的情况下，淘汰他们并非因为他们不具备使用武器的能力，也不是因为他们的体能不行，或者是他们靠不住——只有一个问题：他们没有聆听他人、敞开心扉的能力，或者没有找到更好的办法解决问题的能力，这些都源自谦卑品质的欠缺……

"我们让这些队员经历了极具实战性的艰苦训练，这一点毫不夸张。如果有哪个家伙在训练时因为训练太过逼真而暗自发笑，那说明他的心理状态不正常。我们会给他们施加巨大的压力，让他们疲于应付。优秀的指挥官会在训练结束后说下面之类的话：'我失败了，没有掌控好局面，没有看清当时的情形，太过于在意眼前的局部形势。'他们要么会进行这种自我批评，要么会问：'我哪些地方做得不对？'当你告诉他们的时候，他们会点头承认，掏出笔记本记录。如果他们这样做了，那么就说明他们能成为合格的指挥官，因为这种做法才是正确的。但那些缺乏谦卑品质、狂傲自大的人则不会接受别人的批评，他们甚至不会进行实事求是的自我评估，因为他们认为自己无所不知。所以说，一定要保持谦卑，或者学会谦卑。"

置身局外的重要性

"在我 20 岁时，我第一次参加海豹特训队。我们当时在加利福尼亚州一处石油钻井平台进行训练。我们需要爬到很高的钻井平台上面，而之前我们从没有上过钻井平台。平台上到处都是传动装置和齿轮箱之类的东西。你可以透过平台看到下面，因为平台表面是钢铬栅板焊接而成的——不是实心材料，整个环境非常复杂。上到平台之后，看到这么复杂的环境，我们每个人都胆战心惊起来。

"我当时在等待命令，因为我是个新兵蛋子，所以我觉得自己不应该贸然行动。但随后我对自己说：'必须有人站出来做点儿什么。'于是我就举着自己的枪做出一个被称作'高位端枪'的姿势：枪口冲天，表明'我不会马上开火'。我从队伍中后撤一步，四下观察，看清了周围的形势。

"然后我喊道：'全体靠左，向右移动。'所有人都听到了，也照做了。我心里想：'这就对了，就应当这样做：后撤一步，观察情况。'置身局外可以让你看清形势，这一点至关重要。现在，在同高管或中层管理人员谈话时，我会向他们介绍自己一直是这样做的。

"有时候我不是自己生活的参与者。这听起来有些恐怖，但事实基本如此。我会时不时地跳脱出来，观察生活中的那个我。因此，假如我在同你谈话，试图讨论某个观点，我会在观察之后对自己说：'等一下，刚才我是否太情绪化了？等一秒钟，看看他的反应是什么。'之所以这样做，是因为如果我带着情绪或自我意识看待你，那我可能就无法读懂你的意思，无法真正理解你的想法。但如果我从中跳脱出来，我就可以理解你的真实想法，能够知道你是否在生气，或者你的自尊心是否受到了伤害，或者你是否打算结束对话，因为你已经受够我了。但如果我情绪激动，陷入局中，那我很可能就看不清这一切了。因此作为指挥官，具备置身局外的能力非常重要。"

* 当你听到"成功"这个词时，你想到的是谁？

"我首先想到的是特混分队中的那些真正的英雄：第一个在伊拉克阵亡的海豹突击队队员马克·李；第二个牺牲在伊拉克的海豹突击队队员迈克·蒙索尔，他扑向一颗手雷，挽救了我们另外 3 名队员，死后被授予荣誉勋章；还有瑞安·乔布，他也是我的队员，在伊拉克受了重伤，双目失明，但他坚持着回到了美国，因为身体原因从海军退役，后来死于第 22 次手术之后的并发症。

这些兄弟，这些男人，这些英雄，他们像勇士一样生活、战斗和牺牲。"

* 约克推荐的书

"我想只有一本书，我曾向人们推荐过，只推荐给过几个人。那本书的名字是《向后转》(*About Face*)，作者是戴维·H.哈克沃斯上校。另外一本我曾读过很多次的书是《血色子午线》(*Blood Meridian*)，作者是科马克·麦卡锡。"

* 约克最喜欢的纪录片

"《当代启示录》，我相信你也看过。另外还有一个时长一小时的纪录片节目，名字叫《地狱之战：拉马迪之战》。"

简短问答

* 走进酒吧时你会向酒保点什么饮料？

"水。"

* 你的饮食通常看起来像什么？

"通常看起来像是牛排。"

* 约克听什么样的音乐？

这里举两个例子：

• 训练时：听黑旗乐队的《我的战争》
• 生活中：听安第斯名曲《白水牛》

幕后故事

⋙ 是彼得·阿蒂亚介绍我认识的约克。我曾看过彼得在台上对约克进行的采访。彼得对观众说："约克能做 70 个标准的引体向上……"而约克当即插嘴说道："不对，我做不到 70 个引体向上，只能做 67 个。"

⋙ 约克跟我一样，也是丹·卡林主持的播客节目《专家看历史》的超级粉丝。

>> 采访期间，约克住在我家。我当时的女朋友在他来采访的第二天上午 8 点钟把我叫醒，对我说道："我想他已经起床看了 5 个小时的书了，我应当做点儿什么呢？"

>> 我唯一一次见到约克目瞪口呆，是当我告诉他我第一次学会游泳是在我三十几岁的时候。在我撰写本篇文章的时候，他给我发来了下面这条短信："谢谢你把我写到这本书中……将来有一天我会报答你的，可能报答的方式会比较奇怪——我会把你的双脚绑在一起，把你的双手绑到身后，教会你游泳逃生。"

我试图弄清楚约克的灵兽

我一直想努力搞清楚这个问题，这持续了一段时间。我得到的最贴切的答案是约克妻子的意见。她认为，他的灵兽可能类似于摩托头乐队的那个青面獠牙的徽标（这个标志值得大家在谷歌上搜索一下）。下面是我与约克短信交流的部分内容：

蒂姆：还有个问题，如果你必须选择一个的话，你的灵兽是什么？可以是植物或神话中的生物。

约克：不知道。

约克："灵兽"到底是个什么鬼东西？

蒂姆：哈哈，你会喜欢它的。

塞巴斯蒂安·荣格尔
SEBASTIAN JUNGER

塞巴斯蒂安·荣格尔是曾登上《纽约时报》排行榜第一位的畅销书《完美风暴》、《开火》、《贝尔蒙特区凶杀案》、《战争》和《部落》的作者。作为一名记者，他曾经获得过美国国家杂志奖和皮博迪奖。荣格尔还是一名纪录片拍摄者，其处女作《当代启示录》（与蒂姆·赫瑟林顿共同执导）曾获得过奥斯卡提名，并荣获圣丹斯电影节评委会大奖。《当代启示录》记录了驻扎在阿富汗科伦加尔山谷的一个排的美军士兵的活动情况，被公认为在战争报道方面取得了新突破。此后，荣格尔又制作并导演了另外 3 部有关战争及其后果的纪录片。

"在不需要勇气的世界中，如何长大成人？"

塞巴斯蒂安详细阐述道："从我们（美国）国内的群体和社会来说，（谢天谢地，）我们不再需要把年轻人组织起来，让他们随时为战争和生存做好准备了。200 万年以来，这一直是人类社会的行为规范，无论是从掠夺者的角度还是从其他人的角度来说都是如此……如果你不为年轻人提供他们可以加入的正规合法的组织，那他们就会成立一些坏组织或加入已有的坏组织之中。但是无论如何，他们都会成立某个组织，寻找理由，寻找对手，这样他们就可以在其中展现他们的勇猛和团结了。"

行动可以带来抚慰作用，但等待做不到

"特战部队的士兵同非精英部队的士兵不同。在听到自己即将遭遇一场激战的那一刻，他们的皮质醇水平会立即下降，变得异常镇定。他们皮质醇水平下降的原因是，他们在不知道会遭遇什么的等待中承受着巨大的压力，而一旦得知确切的战斗消息，他们就能立即制订行动计划，开始构筑防御工事，擦拭武器，整备武器弹药，预备好血浆袋，做好攻击前的一切准备工作。所有这些忙碌的准备工作都能让他们觉得一切都在掌控之下，让他们摆脱整天在危险的地方等待的那种过于焦虑的情绪。"

灾难的积极一面

"现代社会中存在着一种既有非常幸运、美好、奇妙的一面，也有极为不幸、悲惨的一面的特征，那就是危机被消除了。但当再次发生某种危机的时候，比如伦敦遭遇的突然空袭，或者我曾报道过的 20 世纪初的意大利阿韦扎诺大地震，情况发生了变化。在阿韦扎诺大地震中，大约 95% 的当地居民遇难。这一死亡人数令人难以置信，就像当地遭遇了核打击一样……当时，人们必须互相帮助，所有人——上流社会的人们，底层社会的人们，贵族，农民——都围在同样的篝火旁边。一位幸存者说道：'此次地震带给我们的是法律许诺过但事实上并没有实现的事物，即人人平等。'"

"这种'人人平等'的感觉让很多人从自己内心的痛苦中走了出来。"

——在谈到为什么像"9·11"恐怖袭击或者"二战"期间伦敦空袭这样的群体性灾难或危机常常会导致自杀率、暴力犯罪率、精神疾病发病率大幅降低的原因时，塞巴斯蒂安这样说道。

新闻的关键是真实

"新闻的关键是报道真实社会，而不是改良社会。的确，有些事实和真相会让人感觉文明倒退，但这没关系，因为新闻的关键不是改进事物，而是向人们提供准确的信息。"

有关非虚构类文学作品创作者的创作瓶颈

"我并非遭遇瓶颈，而是没有足够的研究资料，缺乏有关某一主题的能力和知识，因而无法写作。我的观点一直是这样的：并非我找不到合适的语言，而是我没有足够的武器弹药……没有可以利用的材料，无法进入那一领域，无法找到合适的素材。永远不要指望通过语言来解决某个问题，永远不要指望……不要以为仅仅因为你是个散文作家，你就可以完成艰巨的研究工作。"

不要使用套话

"说实话，我非常讨厌懒惰的做法……有些陈词滥调我根本不想读第二遍，比如'炮火纷飞'这种词。要么据实描述，要么就别说。如果你使用了此类描述，那就是在浪费所有人的时间，包括你自己的时间。"

塞巴斯蒂安在一所中学毕业典礼上发表的讲话

"同学们，你们都希望自己将来事业有成，但生活中最艰难的事情是，有时候你们需要失败，不经历失败的生活是不圆满的生活。在未经历过失败的生活道路上，你们只能谨小慎微，遵循着惯例行动，但这样做是无法从我们所生活的这个精彩世界中获得最大成功的。你们必须从事那些这所学校或任何一所学校没有为你们准备好的最艰巨的工作——你必须准备好失败。这样你们就可以提升自我、发展自我。经历失败的过程并从中有所收获，这样你们才能实现理想，进一步成长。"

* 你会给年轻的自己什么建议？

"我会对自己说：'公众不是威胁。'当你意识到我们彼此互相需要，也可以互相学习的时候，你就不会怯场了。"

* 你认为 70 岁的你可能会给当前的你什么建议？

"世界一直存在着各种各样的可能和机会，一方面，你要有勇气探索未知领域，另一方面，当你发现值得深入研究的领域时，你需要有足够的智慧让自己停止探索其他领域，对于任何一个领域、任何一个人、任何一种职业来说都是如此。要平衡好这两件事情——探索的勇气和深入研究的决心，处理好这两者的关系非常困难。我想 70 岁的我可能会对现在的我说：'一定要谨慎，不要犯任何错，因为你对自己是什么样的人缺乏正确的认识。'"

你愿意为何而死？

在两个多小时的采访快要结束时，我问塞巴斯蒂安最后是否还有什么想补充的。

"你愿意为谁而死？你愿意为什么信仰而死？在人类历史的大部分时间里，对这些问题的回答，所有人都可以脱口而出。任何一个科曼切人都会立即告诉你他们会为谁而死、为何而死。但在现代社会中，这个问题变得越来越复杂。如果你无法立即回答出这些古老的人类问题，那你就丧失了一部分自我，缺失了一部分身份。我会问人们：'你愿意为谁而死？你愿意为何而死？你应当为你的共同体做何贡献？'在这里，共同体指的就是我们的国家。

除了缴税之外，你可以为国家做什么贡献？你是否还能为共同体中的所有人做其他什么事情？这些问题的答案没有正误之分，但我认为每个人都应当问自己这样的问题。"

* 塞巴斯蒂安推荐的书

彼得·马修斯的小说《在上帝的领土游戏》(*At Play in the Fields of the Lord*)

幕后故事

>>> 我第一次遇见塞巴斯蒂安是在乔希·维茨金（见后文）的婚礼上。乔希在短信中这样描述塞巴斯蒂安："他是我认识的最精瘦的作家之一，身上全是肌肉。"

>>> 塞巴斯蒂安长得人高马大，看起来不擅长奔跑，但实际上他动作敏捷，曾用4分12秒跑完1600米，用9分零4秒跑完3200米，用24分零5秒跑完8000米，用2小时21分跑完马拉松。

>>> 这次采访结束后，我去沏了一杯茶，而塞巴斯蒂安花了几分钟的时间利用笔记本电脑回复了电子邮件。我注意到他只用一只手打字，于是问他是否受过伤，他腼腆地笑着解释说自己没有受伤。原来，塞巴斯蒂安从没有学过盲打。他的所有著作和文章都是看着键盘用一只手打出来的。太不可思议了！

马克·古德曼
MARC GOODMAN

马克·古德曼曾在美国的执法机关和技术部门工作过。他曾被任命为美国联邦调查局的未来趋势专家，担任过国际刑警的高级顾问，也做过街头警官。现在，马克是未来犯罪研究所的负责人。这是一个智囊机构兼情报交流中心，致力于研究新兴技术带来的安全问题和风险，并提供相关咨询服务。马克著有《未来犯罪》（*Future Crimes*）一书。

灵兽：金毛犬

引言

做一个聪明的人，包括你要明白在必要时如何保护自己或者逃跑。第一步要学会的，就是意识到威胁的存在。

谷歌能够决定谁生谁死

"事实证明，在 2008 年的孟买，恐怖分子利用谷歌之类的搜索引擎工具决定谁该活下来，谁该去死……当你在脸书上分享信息时，你需要关注的可不仅仅是媒体和营销公司发的垃圾广告。"

乘坐商务舱的旅客为何经常遭到绑架？

有组织的犯罪分子擅长通过贿赂航空公司员工获取航班信息（旅客名单），然后借助谷歌搜索名单中的每一个名字，并据此制作一份"具有较高价值"的目标旅客清单。之后他们会提前到达机场接站处，寻找豪车司机手中举牌上与其清单一致的名字。他们会买通或威胁这些司机，把他们打发走，然后找自己人来取代他们，等候目标人物。

"从纽约、旧金山或者伦敦飞来的高管走下飞机，看到写着自己名字的迎客牌，便走到那个豪车司机打扮的人面前，钻进汽车，结果他们就遭到了绑架。有不少人就这样死于非命了。"

> 作者：这就是为什么我会在飞机到达目的地后使用优步接送服务或者用假名字租用汽车。如果你使用假名字预订车辆服务，却发现你的真名字出现在迎客牌上，那你就明白这一定是个陷阱。如果你是成功人士，或者只是在网上看起来比较成功，并且经常出国旅行，请记住这种危险遭遇是真实存在的。

针对个人的生物武器

我和马克曾讨论过犯罪分子（或者高智商的疯子）会如何利用你的基因信息进行犯罪活动，如果这些信息被公开或被窃取的话。

"我可以给你举一个典型例子。有种药物名叫'华法林',是一种抗血凝剂。少数人体内有一种遗传标记,使他们对这种药物过敏,摄入这种药物对他们而言是致命的。这就是个典型例子。这种药物如今很常见,而且从外表看你无法得知某人是否对华法林过敏。但是,如果某人掌握着过敏者的基因数据,又恰巧知道这个知识,那你就该明白,这将是致命的威胁。"

作者:大约 10 年前,我曾同一位美国宇航局的前科学家谈论过针对个人的生物武器。它们的确存在。如果有谁想见识一下,可以去读马克发表在《大西洋月刊》上的一篇精彩文章,题目是"盗取总统的基因"。假如你是潜在的高价值狩猎目标,那你就需要未雨绸缪,早做防范。基因编辑技术(CRISPR)以及相关技术可能会使不久的将来成为生物武器的天下,所以,对自己的基因信息一定要严格保密。即使你使用假名行事,我所见到的一些公司也能够根据基因信息模拟出你的面部特征。在未来,匿名化将不再是一个可能的选项。

* 是否有哪些名言指引着你的生活或者让你经常想起?

"未来已经到来,只是尚未流行。"——威廉·吉布森

"如果我们一味愚蠢鲁莽地发展技术,我们的仆人就可能会成为我们的刽子手。"——奥马尔·N.布拉德利

* 你曾经听过在你这一行或你的专业领域中别人给出的最糟糕的建议是什么?

"如果你没有什么可以隐瞒的,那么你就不必担心隐私问题。为了获取安全保障,我们必须变得根本就没有隐私。"

* 在过去一年中你学习或密切效仿的三个人或三种资源

戴维·布鲁克斯的文章《道德遗愿清单》;尼尔·艾亚尔的《上瘾》(Hooked);凯文·凯利的所有作品,包括最近出版的《必然》(The Inevitable)。

萨米·卡姆卡尔
SAMY KAMKAR

　　萨米·卡姆卡尔是美国最具创新精神的电脑黑客之一,其最著名的业绩是开发了史上传播速度最快的病毒"萨米蠕虫病毒",彻底搞瘫了 MySpace 社交网站。为此他遭到了美国特勤局的搜捕。最近,萨米研发了一款无人机劫机软件 SkyJack,任何安装了该软件的无人机都可以被用于侵入附近的无人机,任何一位无人机操作者都可以借此控制一群无人机。他还发现了苹果手机、谷歌安卓手机以及微软手机系统中的非法移动电话追踪后门。他的这些发现催生了一系列针对这些公司的集体诉讼案件以及在国会上进行的一次涉及隐私安全的听证会。

　　萨米为什么要这样做?他的行为反复证明了,要想感觉安全和享受高科技带来的便利,你必须采取基本的、适当的防御手段。生活是一项综合运动,代表意外事件的黑天鹅迟早都会到来。

灵兽:蜜獾

背景故事

或许有些出人意料——萨米曾在我主持的电视节目《蒂姆·费里斯实验》中"约会博弈"那一集中扮演过绝地武士"欧比旺"。在 15~20 分钟的时间里，他展示了如何快速优化、自动安排他在洛杉矶和其他城市中几乎所有的网上约会。根据他的数据处理结果，他告诉我说，无上装的相片和动物照片最有可能"受到青睐"。我并不相信他，于是我们测试了大约 12 张我之前档案中的相片，同时测试了一张刚拍的照片，照片中的我没穿上衣，肩头蹲着一只小猫。这张照片让人汗颜，滑稽可笑，就连尼尔·斯特劳斯（见前文）也不希望它胜出。可事实上，它最终胜出了。

让自己保持最佳状态的音乐

为了能够保持最佳状态，萨米喜欢借助 AudioMolly 网站、The Glitch Mob 网站和 Infected Mushroom 网站选择背景乐。在他的推荐下，我发现了一些我自己比较喜欢的歌曲——Pegboard Nerds 组合的《眩晕》和戴维·斯塔法尔的《悲情》，它们都来自 AudioMolly 网站。

* 你会给 20 岁的自己什么建议？

"不要犯重罪。"

网络安全工具

我经常问萨米："我如何能保护自己免受像你这样的黑客的侵害？"本篇文章提供的工具和方法将为你解决 90% 以上的常见安全威胁。我当前使用了其中大约一半的方法。本篇文章内容可能比较难懂，因此你可以随意跳过，在需要的时候再回来看一下。

如果你什么手段都不想采取，那么这里有个仅耗时 60 秒的预防措施：在不使用笔记本电脑或手机的时候，用胶布或贴纸遮住笔记本电脑的摄像头（以及手机摄像头）。萨米向我解释了侵入摄像头是多么的轻而易举，这太恐怖了。一旦侵入了你的电子设备并控制了摄像头，那他人就可以监视你的房间，判断你什么时候不在家，也可以把你同动画片中的温基船长一起玩拍手游戏的好笑画面拍摄下来。因此，用 60 秒的时间把摄像头遮住是非常值得的。

萨米登场

在电子设备被盗或者你即将出国旅行的时候，如何保护你的电脑和移动设备中的数据？

- 在 Windows 系统中你可以使用磁盘加密工具 BitLocker，在苹果系统 OS X 中，你可以使用加密解密工具 FileVault。在关闭设备或暂停使用设备时，这些工具能帮助你将数据进行加密处理。假如设备丢失或被盗，为了保护你的机密数据，你可以采用"全盘加密"技术对你的硬盘进行加密，防止别人从你未经加密的设备中窃取信息。

- **"你永远无法活捉我！"**（You'll Never Take Me Alive!）是一款同时适用于 Windows 和 OS X 系统的免费工具。如果在锁屏状态下，你的机器被断开了网络连接（例如，有人从咖啡厅中抢走你的手提电脑，并断开网络连接），那你的系统将进入休眠状态，以防盗取设备的人接触到你的加密信息。这需要你同时使用 FileVault 或者 BitLocker 硬盘加密技术。
- 在苹果手机操作系统 iOS 或安卓系统中**使用个人专用密码（PIN），对设备中的数据进行加密处理**。虽说这种密码也不太安全，但在通常情况下已经够用了，进行适当的设置就能够阻止他人对你的设备进行"蛮力"解锁，这可以相对（尽管不太完美）地保证苹果系统和安卓系统的硬件运行安全。

> **作者：**如果你使用的是苹果手机，我还建议大家把密码从 4 位升级到 8 位。假如有人试图通过蛮力破解你的密码，这样做可以把破解时间由原来的 4~5 天增加到 100 多天（苹果手机密码设置步骤：设置→触摸解锁及密码→更改密码）

- **同一个密码一定不要使用在两个地方！** 要让自己的不同密码差异显著，不要让人利用你用在一个地方的密码推测出你用在其他地方的密码。我会尽量使用容易记住的长而"简单"的密码，比如与相应网站有关的歌曲中的歌词。长一些的密码，即使完全由英语单词构成，通常也比短的、随意组合的密码更牢靠。对那些行事随意的非技术人员来说，我建议使用随机密码生成器 1Password 或者密码管理器 LastPass（或者密码管理工具 KeePass，如果你偏好开源软件）来记住所有这些密码。我个人使用的是加密软件 VeraCrypt，这个软件更复杂。它与 1Password 这样的软件之间的差别是，1Password 被内置在浏览器内，如果计算机出现安全隐患，那么通过解码该软件，他人就可以拿到我的密码了。这种情况不大可能发生，但还是有一定的可能性。

- 你也可以考虑**使用免费的跨平台软件 VeraCrypt**。如果你觉得自己可能
会被迫透露自己的电脑密码，比如在过境时或被"武力威胁"要求说出
密码时，你可以使用"隐藏加密卷"，用两个密码来隐藏数据，让自己
可以给出貌似可信的"口供"。这种隐藏加密卷是经过加密处理的硬盘
或目录，使用第一级密码，他人可以发现你放置其中的部分文件，这些
文件对你来说是被人发现也无关紧要的那部分数据；二级密码也是针对
同一个文件夹设置的，只有使用二级密码，别人才能看到同一文件夹下
真正的机密信息。他人无从证明这个隐藏加密卷到底是只有一个密码还
是两个密码。我个人没有在我的任何加密硬盘中使用二级密码……你
信吗？

检测电脑中的恶意软件或者运行不良的软件

- 大量软件都会要求接入互联网，通常是出于正当理由，当然也不尽然。
如果你希望阻止某些软件接入网络或者至少希望在这种软件运行接入网
络的程序时被告知，你可以**使用适用于 Windows 的网络流量控制软件
NetLimiter 或者适用于苹果 OS X 的应用程序控制软件 Little Snitch**，来
检测和决定是否允许或阻止特定程序的出站连接，并且掌握其连接的目
的地。你可以利用网络封包分析软件 Wireshark 对此进行更深入的分析。
- 你可以在**苹果 OS X 系统中使用 BlockBlock 软件**，它可以通知你某个程
序是否企图进行自动安装，改写开机启动项，哪怕该程序正隐藏在系统
的某个角落里。之后，如果你想，你就可以选择阻止该程序。一些病毒
或恶意软件，包括一些烦人的常用软件都会企图这样做。你可以自己决
定是否一开机就自动运行某些程序。
- **不要插入任何你不信任的 USB 设备**！甚至连一些 USB 充电式的电子烟
都可能携带恶意软件。如果你想要插入某个设备，比较安全的做法是使
用 USB 转接口或适配器（用于壁装电源插座），不要把它直接插入你的
电脑。

斯坦利·麦克克里斯托将军和克里斯·福塞尔
GENERAL STANLEY MC CHRYSTAL & CHRIS FUSSEL

斯坦利·麦克克里斯托在美军服役超过34年，最终以四星上将的身份退役。前国防部部长罗伯特·盖茨曾这样描述麦克克里斯托："他可能是我在军队中见过的最杰出的勇士和指挥官。"

2003~2008年，麦克克里斯托担任联合特种作战司令部（JSOC）司令，因为消灭了基地组织在伊拉克的头目阿布·穆萨布·扎卡维而备受赞誉。他在军队中的最后一个职务是美军和联军部队在阿富汗的指挥官。目前，他是耶鲁大学杰克逊全球事务研究所的高级研究员，此外，他还与人联合创办了领导力咨询公司麦克克里斯托集团。

克里斯·福塞尔是美国海军海豹突击队前军官，曾担任麦克克里斯托将军的副官，现在则在麦克克里斯托集团担任高管。

灵兽：克里斯·福塞尔的灵兽是中土世界的精灵

"生活的目的是要过有目的的生活。"

对于"假如你可以在任何地方竖起一块布告板并在上面写点儿什么的话，你想写什么内容"这个问题，斯坦利给出了上面的回答。这句话出自罗伯特·伯恩。

每天一顿主餐

斯坦利每天晚上都会用一顿大餐来犒劳自己，他不喜欢少食多餐的饮食方法。

关于创建"红队"的想法

斯坦利说："'红队'这一概念的创建目的是对计划进行测试。在制订计划的过程中，经常会出现这种情况：遇到问题，想出办法解决问题，你最终彻底迷上了这个计划，开始忽视计划中的缺陷。我认为这完全是人的固有思维模式导致的……有时候你就是会对计划中的实际困难或重大缺陷视而不见，因为你只希望该计划能够成行。就像我们经常说的那样，有时候，计划最终会演变成一大堆奇迹的串联，这说明这个计划根本无法如预期一般进行。因此，所谓组建红队，就是指：挑选与该计划无关的人，然后询问他们：'你会如何破坏这一计划？你准备如何搞砸这一计划？'如果你组建的红队极具想法，那你就能创造出了不起的成果。"

每个人都说你很了不起，但是……

蒂姆："我听说过一些事，是关于你如何为麦克克里斯托集团招贤纳士的。我听说，有时候你会抛出一句话，让他们把这句话补充完整。比如，你在面试克里斯的时候可能会说：'每个人都说克里斯了不起，但是……'然后你就坐在那里一言不发，等待对方把这句话说完。你这样做过吗？"

斯坦利："我确实是这样做的……这样做可以让对方明确地说出他们认为别人是如何看待他们的。因为客观上的确存在这样一种他人对你的认知，而在面试过程中，我们会把这件事弄清楚，因为我们也会从别人那里得到这些信息。但是如果你这样问某个人：'每个人都喜欢你，但是他们不喜欢你这一方面的事情……'或者'他们愿意雇用你，但是……'那你就可以一举两得：其一，这可以让他们认真思考'人们不喜欢我的哪个方面'；其二，他们会面对你把这件事说出来。可能此人的某个缺陷已经人尽皆知了，但是我认为，假如他没有勇气面对这一点，并且告诉打算雇用他的人，那这就很说明问题了。"

蒂姆："对你来说哪些回答是危险信号，哪些不是？另外，你是否愿意详细解释一下？"

克里斯："我喜欢抛开普通的面试方法，对应聘者这样说：'我们这个行业圈子很小，尽管你我没有共事过，但我认识你的许多同事。此次面试之后，我们将同喜欢你的人和不喜欢你的人聊聊你的情况，询问他们对你的评价。没有哪个人是完美的，也有很多不喜欢我的人。所以我想知道的是，你认为那些不喜欢你的人会如何评价你呢？'

"在我看来，最重要的事情是他们一定要回答。第一，这表明他们有解决问题的勇气；第二，这表明他们有清醒的自我意识。'我本来有希望得到极高的同事评价，可以拥有这份伟大的事业，但有些人不这样认为，他们可能会这样说……'他们可能会说自己曾经比较自私，或者对纸上谈兵更在行，或者会在体能训练中偷懒，或者其他一些情况。告诉我别人对你的可能的坏评价，如果你认同他们的说法，那就表明你在努力改进。我不在乎你是怎么想的，我只想知道你是否清楚别人是如何看待你的。"

* 在你听到"成功"这个词的时候，你想到的是谁？

克里斯："我想这样来回答这个问题，不知道是否恰当。在我事业起步之初，我遇到了一位了不起的人生导师，他给过我一个建议，我至今还在照做。

这个建议就是：你必须要有个不断变更的人选名单，其中列出的是 3 位你始终在观察的人：一个是你的前辈，你希望以他为榜样；一个是你的同辈，你认为他的工作比你出色，你很尊敬他；一个是你的下属，他做的工作是你曾经（1~3 年前）做过的并且比你做得好。如果你能一直保持并更新这个 3 人名单，不断地以此评估自己，不断地向他们学习，那么你一定会不断地超越自我。"

斯坦利的日常训练内容

斯坦利会在家中进行的体能训练：

>>> 一套俯卧撑动作，尽可能多地重复。

>>> 100 个仰卧起坐，3 分钟的平板支撑，2~3 分钟的瑜伽。

>>> 一套俯卧撑动作，尽可能多地重复。

>>> 50~100 个卷腹动作（保持双腿抬高），2 分半钟的平板支撑，2~3 分钟的瑜伽。

>>> 一套俯卧撑动作，尽可能多地重复。

>>> 50~100 个交叉仰卧起坐（前两个动作交叉进行），2 分钟的平板支撑，2~3 分钟的瑜伽。

>>> 一套俯卧撑动作，尽可能多地重复。

>>> 60 个震动打腿动作，然后保持静止姿势，1 分半钟的平板支撑，一套卷腹动作，1 分钟的平板支撑，2~3 分钟的瑜伽。

斯坦利："之后我就会离开家前往健身房，因为我去的健身房 5 点 30 分开门，距离我家三个街区。"

蒂姆："我想你说的是早上 5 点 30 分。"

斯坦利："没错。如果我 4 点起床，我就可以在 4 点 30 分到 5 点 20 分这段时间里完成所有这些训练，然后在 5 点 25 分前往健身房。到达健身房之后，我会先做 4 组俯卧撑，间隔时会做仰卧推举和弯举动作，之后利用单腿平衡练习进行休息。然后我会做一些其他的练习，在 30~35 分钟内完成。这样，到 6 点 15 分或 6 点 20 分，我在健身房的锻炼就结束了。之后我会赶往家中，洗漱一番，然后开始工作。"

为什么锻炼如此重要

除了保持个人形象和体能方面的原因外：

"锻炼还可以保证一天的生活具有一定的纪律性。我发现，如果哪一天糟糕透顶，但我进行锻炼了，那么在这一天结束时我就会想：'至少我锻炼得不错。'《滚石》杂志的那篇关于我的负面新闻的文章的刊登时间大约是凌晨 1 点 30 分。在看到那篇文章之后，我打了几个电话，意识到问题很严重。我穿上衣服，跑了一个小时，清醒了一下头脑，伸展了一下身体。这并不能解决问题，但在这种情况下，这么做对我有帮助。"

锻炼意志力的三种方法

在被问及"老百姓可以采用军队所采取的哪三种方法来帮助他们锻炼意志力"这个问题时，斯坦利给出了如下回答：

"第一种方法是向自己施加超出自己想象的压力，这样做可以让你重新认识自己的能力。第二种方法是让自己置身于那些正在面临严峻困难与挑战的群体中，我们常常称其为'共患难'。你会发现在经历了这种艰难的困境之后，你能更加坚定地投入到自己的工作中去。最后一种方法是制造出某种恐惧然后让自己克服这种恐惧。"

> 作者：我认为这三种方法很好地解释了为什么像斯巴达勇士赛（参见前文乔·德·塞纳）和世界最强泥人障碍赛（参见前文阿梅莉亚·布恩）这样的障碍赛会人气爆棚。

＊你会给 30 岁的自己什么建议？

斯坦利："我在我 35 岁左右的时候是个控制狂，因为我指挥的部队规模很小，这让我可以对他们采取微观管理。我的个性比较强硬，我认为如果你工作勤奋，学习用功，那你就可以随意使唤手中所有的棋子，没问题的。**在35~40 岁这段时间里，我升到了营指挥官的级别，手下大约有 600 人。此时我突然发现必须改变自己的领导方式，因为我真正需要做的是培养人才。**所以我会给包括 30 岁的我自己在内的所有年轻人的建议是要尽心尽力地培养人才，让他们开展工作。除非你是那种事必躬亲的人，否则你用于培养工作人才——无论他们是希望领导他人去做还是希望亲自去做——的每一分钟的时间都能起到事半功倍的效果。"

给那些没时间读书的人的建议

斯坦利所读的大部分书都是有声读物，这是他在海外驻防时养成的习惯，因为纸质书比较笨重，换防时搬运起来不方便。现在他"阅读"有声书的时间大约占其总阅读时间的 70%。

斯坦利："我学会了一边跑步一边听有声书。进行举重练习时，我的思维也会集中在有声书上……我在浴室中也安装了一套小扬声器，这样我在晨间沐浴时就可以听书了，我还可以一边刷牙、刮胡子、换运动服一边听……我发现我'阅读'的速度非常快，因为如果你一天锻炼一个半小时，那你的'阅读'进度会比你真的开辟一段专门用于阅读的时间的阅读进度快很多……我一般喜欢看那些时间跨度在 20 年、30 年或 40 年的历史方面的著作，或者有关像巴拿马运河、顽石坝（现在被称作"胡佛水坝"）这种大的建设工程的书，因为书中会涉及整件事的开始、中间、结尾和过程中的各种困难。我还喜欢一口气读很多相关的书，我曾经连续读过七八本有关乔治·华盛顿和其他美国开国元勋的书，因为他们之间都有交集，你会一下子对那个时代产生更深刻的了解。新书通常更有意思，因为它填补了之前的某种空白。因此我会在一段时间内疯狂阅读某一主题的书，然后再转移到下一主题。"

* 可以让人洞悉战争本质的书

克里斯："特战部队中十分流行的一部经典著作是史蒂芬·普莱斯菲尔德所著的历史小说《火之门》，我强烈推荐大家读一读。"

* 克里斯推荐的书

"我认为最棒的书是安东·迈尔于 1968 年所写的《美国之鹰》（*Once an Eagle*），小说描写了两个主要人物，他们都在第一次世界大战发生期间参军了，小说讲述了他们在第二次世界大战以及战后岁月中的故事。"

* 克里斯最喜欢的电影

《阿尔及尔之战》。这部影片的开头 15 分钟可能不太吸引人，但一定要耐心看下去。我拖延了几个月才观看了这部影片，而在看完之后，我后悔没有在斯坦利推荐给我之后马上观看。这部纪录片风格的电影拍摄于阿尔及尔，再现了 1957 年当地日益升级的暴力事件。当时，家园和土地被占领的阿尔及尔人为了从法国那里争取独立而奋起斗争。这部影片对斗争双方的刻画都极具真实感，对于当前的环境也极具启发意义。最重要的一点是，这部影片深刻地探讨了广义人性中的善与恶。

"你可以根据某个人的狗和他的孩子对他
　的态度来判断此人的真实性格。"
"假如你不相信上帝，那你就必须相信能
　让我们不朽的技术。"

夏伊·卡尔
SHAY CARL

　　夏伊·卡尔在 27 岁时有了自己的第一台电脑。他曾经是个体力劳动者，他在制作花岗岩工作台面的间隙上传了自己的第一个 YouTube 视频。我们看一下今天的夏伊·卡尔：

>>> 他的 SHAYTARDS 频道现在的浏览量大约是 25 亿次。像史蒂芬·斯皮尔伯格这样的名人曾同夏伊及其家人一同在公开场合露面。

>>> 他与人合作创办了 Maker Studios 工作室，后来以将近 10 亿美元的价格将其卖给了迪斯尼公司。

>>> 他结婚 13 年，有 5 个孩子。

>>> 与他最胖的时候相比，现在的他已经减掉了 45 公斤的体重。

灵兽：秃鹫

幕后故事

>>> 夏伊从犹他州飞到加利福尼亚州参加我的播客节目。在旧金山，我说服他尝试了多个他人生中的第一次，包括双人瑜伽以及在进行俄式洗浴时用树枝抽打身体。

>>> 夏伊是减肥激励网站 DietBet.com 的投资人。我曾经同数万人一起使用过这一网站，但我之前并不知道他与该网站有关。这家网站迫使你把钱存放在该网站的账户中，以此作为减肥成功的奖励金。这种方法很有效。那些能够达到一定减肥目标的人就可以赢得一笔奖金。所有的参与者加起来一共减掉了 200 多万公斤的体重，为此，这家网站支出了 2100 多万美元的奖励金。

"生活的秘诀隐藏在'陈词滥调'这个词的后面"

夏伊回忆了自己快速减肥时期一次特殊的骑行自行车的经历："我现在还记得自己当时的处境。我当时对自己说：'生活的秘诀隐藏在"陈词滥调"这个词的后面。'因此，任何时候，当你听到你认为是'陈词滥调'的话时，我给你的建议是你一定要竖起耳朵，更加认真地聆听。"他曾经听过无数次类似"多吃蔬菜"这样的话，但多年来一直置若罔闻，因为这种话听起来就好像是随便说说的。但最后，正是这种"陈词滥调"发挥了作用——不需要复杂的答案，答案一直就在眼前。有哪些建议因为你觉得它们是陈词滥调而被你忽视了呢？你能否挖掘其背后的真正价值，用行动测试它的有效性呢？

向未来的自己学习——我们两人都在使用这种方法

我问夏伊"会给 25 岁的自己什么建议"的时候，他回答说：

"或许我会说'早一点儿从大学辍学'？但我想我不会有任何改变……我更想问我自己的是：'如果我现在 45 岁，我会对 36 岁的自己说些什么呢？'"

作者：这促使我给他讲了一个故事，在此我简单复述一下。我几乎从不写小说，之前写过的唯一一篇小说还被我弄丢了，为此我难过了很长一段时间。我写的那篇短篇小说与滑雪有关，讲的是在滑雪结束后，主人公回到滑雪小屋，开始品尝热巧克力和红酒，之后与坐在桌子对面的一位睿智的陌生老者交谈了几个小时，最终发现这个陌生人原来是未来的自己。我问他觉得这个故事怎么样，而他给我的建议与我的故事主题完美呼应了。这个故事写起来很有意思，我也从这次写作经历中收获了很多具体、可行的建议。当我放下笔时，我感觉有些恍惚，心中想道："我不知道我刚才做了什么，但我的感觉仿佛是体验了一场超棒的魔术表演。"后来我意识到，这个故事的情节与豪尔赫·路易斯·博尔赫斯的一篇名为"另一个我"的精彩小说主题类似。我在跟夏伊讲这个故事时，他的眼睛里闪烁着兴奋的光芒，他插嘴说道：

"你刚才所说的也正是我想说的。想一下自己现在多大年纪，再想一下10年后的自己，然后思考这样一个问题：'年长的我可能会给现在的我什么建议？'我想这就是你从这次写作经历中发现的智慧……如果你在生活中真正实践了这种方法，那么我想你一定会进步神速的。"

万般不中用，唯有靠工作

夏伊是摩门教的成员。在我的播客节目中，他第一次公开提到了戒酒：

"一个人想要变好并不容易，可以说很艰难。我们天生喜欢会让人上瘾的事物，喜欢容易的事物。借酒消愁很容易，早晨不起床锻炼很容易，开着车去快餐店买汉堡，然后人不离车地取餐并开车离去很容易，对不对？你愿意做什么艰难的事情吗？我记得我爷爷曾说过：'万般不中用，唯有靠工作。'"

夏伊如何拍摄视频

他使用的是佳能摄像机和 Apple 新一代非线性专业视频编辑软件。他把自己的一天分成三幕，分三部分用摄像机记录下来：上午、下午和晚上，每天一共拍摄 10~15 分钟，每次拍摄不超过 2 分钟。

激发积极情绪的两种方法

夏伊向我介绍了每天上传视频或者做"视频博客"（视频＋博客）是一种多么经济实用的方法：

"从生理上说，我能够感觉到自己的身体发生的变化……只需身体坐直，面带微笑——即使是装也要装出来，这样你就会真的感觉好多了，这种方法真的有效。"

作者：他的介绍激励我尝试使用简短的视频博客来提振精神。我尝试了大约 15 天。我的做法简单得不能更简单：我使用自己的苹果手机录制 10 分钟的脸书直播问答视频，上传到 YouTube 网站。结果浏览量和订阅数快速增加，令人难以置信，这是我之前的作品从未达到过的传播强度。正如凯西·尼斯塔特（见前文）和夏伊两人向我解释的那样：这种做法与你建立的关系有关，与视频质量无关。这种"表现出来的"高涨情绪似乎至少能持续 2~3 小时。

夏伊还有另外一种提振情绪的方法，这种方法或许最好不要在机场内进行（以免被当作疯子）：

"这种方法听起来或许真的很疯狂——你需要做的就是看着镜子对着自己大笑……不要认为这种行为很假很愚蠢，我觉得不把事情想得太严肃，这样效果反而会更好。"

* 在你听到"成功"这个词的时候，你想到的是谁？

"在我看来，所谓的成功就是与你的父母、祖父母（如果他们还健在的话）以及孩子们关系融洽，善于处理各种各样的人际关系。"

爱心熊奇迹：10 亿美元的价值

"Maker Studios 工作室的发展就像是燎原的星星之火一样。这是我第一次把有社会影响力的人物召集在一起，就好比是爱心熊的发展那样。你知道爱心熊的整个发展过程：一旦他们彼此联系起来，其力量将远远大于单个爱心熊的力量，不是吗？你明白我说的是什么意思。"

> **作者：**如果有人逼迫你说出你第一个想到的群体是什么，你会如何回答呢？重新阅读一下"品种细分法则"和"1000 个真正的粉丝"，或许会有所帮助。

* 你想在布告板上写点儿什么？

"人终将死去！"

夏伊不断提醒自己人生短暂，终有一死。我现在会在联想到死的时刻在我自己的时间表上也画上一个死神的标记（以提醒自己生命的无常），无论是在阅读塞内卡或者其他斯多葛学派的作品时，还是在与临终关怀护理员相处或参观墓地（比如"二战"期间作为诺曼底登陆战场的奥马哈海滩）时，抑或是在我的客厅中摆放最近去世的人的回忆录时。

"假如你的年收入达到了 68000 美元，那么从
  全球人口的角度来看，你就属于那前 1%。"

威尔·麦卡斯基尔
WILL MᴀᴄASKILL

　　威尔·麦卡斯基尔是牛津大学林肯学院的哲学副教授。他现年 29 岁，可能是世界上最年轻的哲学副教授。威尔著有《更好地做善事》（*Doing Good Better*）一书，并且与人合作发起了"有效利他主义"运动。他曾经立下誓言，把自己每年 36000 美元以外的所有收入捐给他认为最具影响力的慈善机构。

　　威尔还与人共同创建了两所著名的非营利机构："80000 小时"——该机构针对如何在职业生涯中取得最大成就进行相关研究并提供建议；"尽可能捐助"（Giving What We Can）——该机构鼓励人们将他们收入的至少 10% 捐给最具影响力的慈善机构。通过这两个机构，威尔与其他创始人募集到的终生承诺捐款已超过 4.5 亿美元。从发展速度这方面来看，两所机构均位列非营利机构的前 1%。

"降低开销并不能使一个差劲的慈善机构发展壮大。"

作者：威尔向我介绍了 GiveWell.org 网站，该网站致力于针对慈善事业进行深度研究，判断非营利机构和慈善基金会花的每一分钱所取得的实际效果有多大（从挽救生命的数量和改善生活质量的程度等方面来判断）。这就避免了大部分其他的"慈善机构排名"所隐含的问题，后者把捐款少和花费高视作缺陷，认为对于慈善机构来说这是"不合格的"。然而，如果某个慈善机构存在行为失当的问题，那么即便其日常开销低也不能说明什么，这就是威尔上面那句话的意思。他只关注慈善机构所发起的行动的实际效果。

根据 GiveWell.org 网站 2016 年的研究统计，最具影响力的 3 家慈善机构是：

>>> 对抗疟疾基金会（Against Malaria Foundation，简称 AMF）

>>> 儿童虫害防治机构（Deworm the World Initiative）

>>> 直捐组织（Give Directly）

＊威尔的两位哲学楷模

彼得·辛格，澳大利亚道德哲学家，普林斯顿大学人类价值中心生物伦理学教授。他最知名的几部作品非常通俗易懂，包括《实用伦理学》（*Practical Ethics*）和《动物解放》（*Animal Liberation*）。

德瑞克·帕菲特，一生都在牛津大学万灵学院度过，该学院在牛津大学里也是一流学院。德瑞克的著作《理性与人类》（*Reasons and Persons*），被威尔评价为 20 世纪最重要的著作之一。

"跟着感觉走"是个糟糕的建议

"我认为这一建议曲解了找一份能让自己满意的事业和工作的本质，也即认为衡量工作满意度最重要的指标是对工作的投入程度。不，衡量工作满意度最重要的指标是工作本身，与你本人并无多大关系……你要看的是这份工作是否为你提供了大量的可能性，能否给你带来良好的回馈，能否让你发挥自主性，能否为大千世界做出贡献——它是否真的有意义，是否能让世界变得更美好，以及，它是否能让你运用自己学会的某种技巧。"

* 能有效提高生活质量的书籍

马克·威廉姆斯和丹尼·彭曼所著的《正念禅修》（*Mindfulness*）。本书通俗易懂，介绍了正念禅修的方法，其中包括为期 8 周的禅修课程内容。威尔完成了这一课程，感到自己的生活发生了深刻的变化。

罗伯特·莱文所著的《说服力》。让人信服、推销观点和说服他人的能力是一种元能力，涉及生活的许多领域。本书不大出名，却是威尔发现的有关说服力的最好的书，比同类其他著作要深刻得多。

* 你会给 20 岁的自己什么建议？

"我会强调人的一生当中有 80000 小时的工作时间，最关键的是要弄清楚如何最有效地利用时间。你——20 岁的威尔——当下的所作所为只是在随波逐流，耽于空想，没有拿出足够的时间思考如何进行宏观上的优化。你可能想的是'我该如何把功课做到最好'以及其他一些微观的优化方法，但没有去真正思考：'我生活的最终目标是什么？我该如何朝着这个方向努力？'

"我经常打的一个比方是，如果你要出去吃饭——这可能会花掉你几个小时的时间，你会先用 5 分钟的时间想清楚要到哪里吃饭。用 5% 的时间思考如何度过剩下的 95% 的时间看起来是很合情合理的。如果你对待自己的事业和生活也是如此，那就是要用 4000 小时的时间或两年的工作时间来思考。事实上，我认为这种做法相当正确，你的确需要花这么长的一段时间搞清楚自己应当如何度过生活中余下的时间。"

狄更斯法——你的信念需要你付出什么代价？

"狄更斯法"（有时候也被称作"狄更斯模式"）出自查尔斯·狄更斯的《圣诞颂歌》。这是我用了几天时间在托尼·罗宾斯主持的"释放内在力量"培训课程中完成的一项练习。

我的朋友纳温·图卡拉姆是位超级富豪，过着令人艳羡的生活。他参加过 11 次"释放内在力量"培训课程，他告诉我，即使我错过其中的一些环节，也一定要参加在现场进行的实践狄更斯法这一环节。这是他每年去参加培训的主要原因，也是他每年提升自我和重塑自我的动力来源。本篇将向大家简要介绍我参加培训课程的经历。

在《圣诞颂歌》中，吝啬鬼斯克罗吉先后受到圣诞节的"过去之灵"、"现在之灵"和"未来之灵"的拜访。在实践狄更斯法时，你必须在每一种时态下审视自己的"局限性信念"——也就是对你影响最大的 2~3 种阻碍你成长的信念。托尼会引导你深刻体悟每一种这样的信念。我还记得我当时回答了下面这些问题并在脑中模拟了具体情景：

>>> 这些局限性信念中的每一种信念在过去让你付出了什么代价，让你所爱的人付出了什么代价？由于这一信念你失去了什么？观察它，聆听它，感受它。

>>> 每一种信念在现在让你付出了什么代价，让你在乎的人付出了什么代

价？观察它，聆听它，感受它。

>>> 在距离现在大约 1 年、3 年、5 年和 10 年的未来中，这些局限性信念中的每一种信念会让你以及你在乎的人付出什么代价？观察它，聆听它，感受它。

为什么这种方法用起来如此有效呢？几个月后，我在体验到持久的个人效果之后，问了托尼这个问题。他给我举了下面这个例子：

"如果有人现在（因为肺癌）咳嗽得十分厉害，他们为什么还继续吸烟呢？因为他们会对自己说：'得了吧，我抽了这么多年的烟都没事，生病肯定不是因为这个。'或者他们会说：'等等就好了，你看乔治·伯恩斯抽雪茄还活到了 102 岁。'因为没人知道未来会怎样，这些人就找了一个例外的例子。我们可以编造未来，可以让自己相信一切都会变好的，或者我们也可以回忆过去一切安好的时光。这就是人们解决问题的方法。

"当我们在某一时刻——无论是过去、现在还是将来——感受到痛苦时，我们不会改变自己，而是会改变时态，因为改变会给人们带来太多的不确定因素、不稳定性以及恐惧。"

而狄更斯法不允许你逃避任何时刻。

通常来说，阅读关于游泳的技巧书是一回事，而亲自练习游泳则是另外一回事。实践狄更斯法也是如此。现场实践活动需要至少持续 30 分钟，期间托尼站在台上，台下坐着大约 10000 名学员和观众。我能够听到上百人乃至上千人在哭泣。这个练习就是最终压垮骆驼的那根稻草。面对如此生动、痛苦的想象，参加这一活动的人都无法再寻找借口或者接受他们生活中那些有害的"信念"了。托尼后来跟我说道："什么也比不上群体沉浸式体验。当你的周围不再有能干扰你的事物时，你会把全部精力都用在突破自我、向前一步这些方面。这就是狄更斯法发挥作用的原因。"

你在感受到自己目前的"局限性信念"带来的刻骨之痛以后，可以确定 2~3 种替代信念，以此来提升自我。这样做了之后，"你就不会再被陈旧的语言模式拽回原来的状态了"。我的三种"局限性信念"之一是"我天生就感到不幸福"。我用"幸福是我的天生状态"替换了原来的信念。活动结束之后，我会每天上午用斯科特·亚当斯的自我肯定法对练习效果加以巩固。我很清楚，这些内容写在纸上读起来太过肉麻。但是，经过3~4周的时间，我的生活质量得到了大幅提升。大约一年之后，我可以明确地说：在我的整个成年生活中，我从没有像现在这样感觉到长时间的幸福快乐。

　　或许现在是时候让自己从追逐梦想的旅程中暂时解脱出来，找到问题的症结所在了。一旦根本性的问题解决了，那么其他的一切都会迎刃而解，更上一层楼。不再在开车时使用应急刹车装置可以带来令人难以置信的积极改变。

"做企业家就意味着你愿意做其他人不想做的
　工作，其目的是能在余生做自己想做的任何
　事情。"
"当我准备做一件事，同时却感觉到自己有所恐
　惧时，我会对自己说：'不妙，我会搞砸的。'"

凯文·科斯特纳
KEVIN COSTNER

　　凯文·科斯特纳是一位全球知名的电影工作者，他被公认为他这一代最受好评、最具想象力的故事讲述者之一。科斯特纳制作、导演、主演了多部令人印象深刻的影片，包括《与狼共舞》《刺杀肯尼迪》《保镖》《梦幻之地》《锡杯》《百万金臂》《天地无限》《血仇》和《黑白祖孙情》等众多影片，曾获得过两次奥斯卡奖、两次金球奖和一次艾美奖。他与人合著了《探险者协会》(*The Explorers Guild*) 一书。

在生死瞬间保持清醒，以及转移负担

　　凯文讲述了他驾驶一辆破旧的达特桑皮卡前去参加第一次试镜（为社区戏剧《侏儒怪》选演员）的经过。当时，汽车油门坏了，踩下去就抬不起来了，车速从每小时95公里升到130公里。而且，他看到前方车辆的刹车灯亮了。

　　"我当时已经跑了一半的路，还好我比较警觉，而且意识到自己不想

死。我把离合器一踩到底，发动机发出异乎寻常的可怕声响，好在它最终起作用了……我马上转动钥匙熄火，将车慢慢停了下来，我把车推入应急车道——什么事故都没发生。我跳出那辆该死的破车，跳过隔离带，又搭车前去试镜，因为我不能错过这次机会。我把车就那样扔在了高速路边。

"因为我心中有个目标，我希望自己能够实现这个目标……不过当然，那次试镜我失败了，因为我不够优秀，没有足够的技巧，也不了解'侏儒怪'……但是我心中的梦想之火开始燃烧。

"我爱上了这一行，尽管不知道能否靠这一行养活自己，我最终还是打消了头脑中来自我父母的质疑的声音：'你能做出什么名堂来？'我回应道：'这不关你们的事，我一定会干出些名堂来的！'

"说出这些话之后，我便不再在乎任何人对我的看法，所有沉重的负担都消失了，我感受到一切皆有可能。那些负担转移到了所有那些担忧者的身上。现在，他们开始担忧了，但我只感到自由了。"

让我们假设……

对于他在影片《刺杀肯尼迪》中的角色，凯文当时不想太过冒进，但是他也想维护自己的名誉，于是他提出了一个得体的变通方案。

"当我遇到某些自己不确定的事情时，当有人提出质疑时，我就对导演说：'奥利弗（奥利弗·斯通），我觉得这句台词有些别扭，这样说可能会更好一些，"让我们假设……"而不是直接说"事实就是这样的"。'因为'让我们假设'这句话所表达的事物能引发人们具体的视觉想象。如果对方没有亲眼见过，你可以说：'让我们假设这件事情发生了……'奥利弗没有提出反驳，这真要感谢他。他说道：'好吧，那我们就这样拍摄这个镜头吧，因为我认为这个镜头就该是这个样子的。'"

抓住机会

凯文讲述了自己同父亲的一次罕见的推心置腹的谈话。凯文的父亲一直反对凯文当演员。当时，凯文已经成年，事业有成。谈话的时候他的父亲正坐在浴缸里。

"他盯着我说道：'你知道，我这一辈子从来没有抓住过机会。'而当时的我则几乎处于自己的'梦幻之地'。父亲流泪了，他说道：'我来自那片该死的干旱沙漠，当我得到一份工作之后，我不想失去它，我必须要保住这份工作，因为这样我的家人才有饭吃。'我说道：'的确，的确是这样。'那一刻真让人动容，我的老父亲就坐在那里。"

"从某种程度上说，智慧就是接受自我建议的
能力。实际上，给人提出好的建议很容易，
但听从建议则很难，即使你知道这是个好建
议……如果有人拿来一张清单，上面写满了
我确实存在的种种问题，我很可能会揍他
一顿。"

山姆·哈里斯
SAM HARRIS

　　山姆·哈里斯有斯坦福大学的哲学学位和加州大学洛杉矶分校的神经学博
士学位。他著有畅销书《信仰的终结》、《给基督教民族的一封信》、《道德风
景》、《自由意志》、《撒谎》、《醒来》和《伊斯兰教和宽恕的未来：对话》（与
马基德·纳瓦兹合著）。他还主持了一档广受欢迎的播客节目《与山姆·哈里
斯一同醒来》。

灵兽：猫头鹰

晨间"例行之事"

　　"你大脑中出现的应该是一副乱中有序的画面——不是一台精确校准、高
速运转的机器，而是迷迷糊糊地走出卧室，寻找咖啡，在水壶里的水烧开之
前查看完或者还未查看完自己的电子邮件。不过，我确实经常冥想，坚持每
天做 10~30 分钟。"

对人工智能风险的理解

"网络电话 Skype 的创始人之一扬·塔里安说，当与人谈论人工智能的风险时，他只会问两个问题，借此他就能了解对方是否深刻地认识到人工智能的风险确实是一个非常紧迫的问题。第一个问题是：'你是程序员吗？'这个问题的相关性显而易见。第二个问题是：'你有孩子吗？'他发现，如果一个人没有孩子，那么他们对未来的关心就不够准确，在没有弄清楚控制权掌握在谁手中这个问题的前提下（确保人工智能符合人类的利益，即使它比我们聪明 1000 倍或 10 亿倍），他们无从了解制造具有超常智慧的机器的前景是多么可怕。我认为他的做法有一定道理。当然，这种讨论不仅限于人工智能，还可以延伸到每一个我们关注的话题。相比于从理论上担心文明的命运，担心你的孩子未来会有什么样的经历更具体可行。"

探索"自我超越"

"古往今来，无数喜欢冥想的人都能证明这样一种体验的存在，因为没有更好的词来表达，我们暂且称之为'无条件的爱'。这种体验与我所说的'自我超越'多少有些关系，但我认为'自我超越'更为重要。也就是说，'自我超越'这个概念显然比我们在宗教的语境下所探讨的狭隘内涵更为深刻，它反映了更深层次的人类心理和意识本质的真相。"

内观和杂念

"'内观'是这样一种心理状态：它使你关注看到的景象、听到的声音和感觉到的事物，甚至是想法本身，而不是让你陷入沉思，也不是让你抓住满意的感觉，忽视不满意的感觉……

"从醒来的那一刻到睡着的那一刻，我们总是习惯于陷入沉思并进行自我对话。我们一直在心中喋喋不休，甚至已经意识不到它的存在了。我们正是在这一思想帷幔的遮蔽下度过自己的每一天并感知周围环境的。但是我们实际上只是在不停地与自己对话，除非你能够打破这个魔咒，并注意到思想本身，将其作为意识对象，意识到它的出现和消失，如此你才能真正感受自己的呼吸，以及其他一切。"

＊什么是"内观"冥想？

"'内观'冥想就是一种帮助你敏锐、密切、无偏见地关注自己当下的体验的练习方法。"

> **作者：** 本书中的许多嘉宾都通过声云（SoundCloud）或山姆自己创建的网站收听他主持的冥想节目。大家只需搜索"山姆·哈里斯主持的冥想节目"就可以找到了。山姆说："人们发现，让别人每隔几秒提醒自己不要陷入沉思很有帮助。"

在集中静修之后进行冥想的价值

"就我而言，在我做完自己的头一两次集中静修之前，冥想是无法真正发挥其作用的，也就是说它实际上没有成为真正的冥想。我清楚地记得那段经历。在我开始首次十天的静修之前，有一年的时间里，我每天早上都要严格地静坐一个小时。我记得有一次我在静修期间回顾了自己过去一年的经历，我意识到在那一年自己只是每天盘腿打坐一小时而已。这并不是说我的体验对你们所有练习冥想而不曾静修的人都是适用的，但你们很多人可能确实会跟我一样……静修是一种磨炼，你可以以此给自己补充足够的能量并提升自己的注意力水平，以突破升级到另一个层次……"

利用天空进行冥想

　　在冥想时仰望天空。"我通常在下午进行冥想练习，并且通常会尽量在室外进行。在冥想时，你可以睁大双眼仰望晴朗的天空或者凝视远处的地平线。我喜欢这种练习。我发现它是一种非常有用的理清思绪的方式。"

卡洛琳·保罗
CAROLINE PAUL

卡洛琳·保罗出版了4部作品，最新出版的《勇敢的女孩》(*The Gutsy Girl*)成为《纽约时报》新上榜的畅销书。卡洛琳年轻时是个胆小鬼，但她克服了挡在通向自己理想生活的道路前的恐惧。在奥运会选拔赛中，她竞争过美国国家雪橇队的入选名额。之后她成为洛杉矶首批女性消防员，当时她是营救2组的成员。营救2组的成员不仅要参与消防行动，还要参与深海潜水搜索（如搜索尸体）、危险品排险和恶性汽车、火车事故救援等行动。

幕后故事

≫ 卡洛琳有一个双胞胎妹妹，是电视剧《海滩游侠》的主演之一。

≫ 在通过加拿大奥运选手安德烈·本诺特认识了查尔斯·波利奎恩（见前文）之后，卡洛琳在自己的举重训练中采用了查尔斯的许多技巧。

"秘密会损害亲密关系"

"我父亲是超级保守派，他支持尼克松，直到去世前仍然相信尼克松是一位伟大的总统。毫无疑问，他是一个忠诚的共和党人。有很长一段时间我都没有告诉他我是同性恋，直到我妹妹说：'你为什么要保密？秘密会损害亲密关系。'我说：'不，这没有必要让爸爸知道。'妹妹又说：'那是爸爸没有听说过的你的生活的一部分，你在隐瞒他。即使他可能没有意识到这点，那也意味着是你选择和他保持距离的。我觉得你有必要告诉他。'

"妹妹说得一点儿没错。我小心翼翼地把这件事告诉了父亲。他对我的坦白感到很欣慰，也很震惊。定了定神之后，他对我说：'好吧，我也认识一些是同性恋的人。'他开始列举他认识的哪些人是同性恋。那种感觉真好。"

在消防队做饭

营救 2 组的消防员必须轮流为其他队员做饭。

"这里面有三个窍门。我记得曾经有个家伙来到我跟前说：'你做的这顿饭里没有爱。'我当时惊讶不已，这个五大三粗的消防员竟然说他的饭里没有爱。但他说得很对，我做饭时闷闷不乐，确实没有什么爱，而他对此有点儿耿耿于怀。现在，我在做饭时总是尽力带着爱去做。

"第二个窍门是把饭做得丰富多彩……对我来说这很难做到，我做的饭总是非常单调。第三个窍门是规划自己的 3 种套餐。"

自尊心可以成为一种工具

"对于我来说，自尊心在我的工作中的作用体现在我对失败的恐惧远远大于我对火的恐惧。十分坦白地说，我不太害怕火，我不是努力假装自己多么勇敢，我只是有更大的恐惧——屈辱、失败、给女性丢脸。而自尊心可以成为一种真正强劲的动力。"

* 你会向大学毕业生推荐什么书？

"我会推荐蒂姆·奥布莱恩的《士兵的重负》(*The Things They Carried*)。这是一本很棒的书，作者本人参加过越南战争。事实上正是这本书让我重拾阅读的习惯。上大学之后，很多人都不再阅读了。"

把恐惧与其他情绪排列出来

20 世纪 90 年代，卡洛琳（非法）挑战了攀爬金门大桥。她利用细细的缆绳爬到了大约 230 米的高度。她曾跟我提过"把恐惧与其他情绪排列出来"这件事，在采访中我请她深入地谈了谈细节。

"我不反对恐惧，反而认为恐惧十分重要，它能保障我们的安全。但是我的确感觉有人把恐惧看得太重了。它只是我们用来估计事情整体形势的众多工具中的一种。我赞成勇敢，那是我遵循的行为模式。

"恐惧只是众多正在发生的事情中的一种。例如：当我们爬金门大桥（那是我们五个人的决定）时，我们想在午夜时顺着缆绳爬上去。说到恐惧，你可能会觉得没有什么比走在缆绳上，一直走到大约有 70 层楼那么高的地方，而下面没有任何保护措施，只有身体两边左右各一条的细细的缆绳更值得恐惧了。

"但从严格意义上说，那只是走路而已。真的，如果没发生地震或灾难性的阵风袭击，什么事情也不会发生。只要让自己的心理状态保持稳定，你就会安然无恙。当时，我审视了一下自己所感受到的所有情绪：期待、兴奋、聚精会神、自信、快乐与恐惧。然后我把恐惧挑出来，对自己说：'我把恐惧放到了哪个优先等级上？'答案是我把恐惧放在优先级最低的那个位置。"

蒂姆："如果要为那些没有这种经历的人提点儿建议的话——'下次如果你感到恐惧，就这样做……'你建议他们怎么做？"

卡洛琳："我确实希望人们区分开每一种情绪，将每一种都当作一块单独的小砖头，然后将其排成一排。一旦你能够冷静下来评估自己的能力和处境，在通常情况下，事情就会发生变化。实际上，只要你停下来用这种方法仔细观察，你的生活将会发生根本性的变化，对女性来说尤其如此，因为女性总是会说自己感到害怕，而这正是我真正想要改变的东西。"

鼓励女孩

有关养育男孩和养育女孩之间的普遍差异：

"对于男孩，人们通常会主动鼓励（尽管他们也有受伤的可能），并引导他们去做些什么，并且通常都是让他们自己去做。而当女孩决定做某件有风险的事时，父母在劝其要小心后，很有可能会帮女儿做。这是在告诉女孩什么？——她们很脆弱，需要父母的帮助。而这一观点在很早的阶段就被女孩内化了。因此，女性在成熟后处理工作和人际关系的问题时，恐惧就成为她们的主导模式。"

蒂姆："有些女性在听我们的节目时会自言自语地说：'上帝啊！她说得太对了，在某种程度上我就是这样被养大的，我不想再遵循这种模式了，我希望自己能够对付恐惧，不去过分夸大恐惧的影响力。'对于这些女性，你想对她们说点儿什么呢？"

卡洛琳："我会说，你应该采取勇敢模式而非恐惧模式。男孩和女孩，或者男人和女人，在面对相同的情形时，会产生两种相反的情绪反应：男人会感觉到自己的勇敢，而女人会感受到自己的恐惧。"

蒂姆："你强调的这一点真的非常重要。勇气需要练习，这种模式需要实践。我感觉自己有时也有点儿胆小。我们现在正坐在我家做这次采访，咖啡桌的一块装饰板上写着一段引文（来自阿娜伊丝·宁）：'生活根据人的勇气大小而萎缩或扩展。'我想让自己每天都能看到它，以提醒自己保持勇敢。"

被高估的脆弱性

"我不希望有人受伤，但受伤并不像人们想象的那么糟。因为可能会受伤就不去做某事是个糟糕的借口。做任何事都可能会让自己受伤，就连上车这个动作也很危险。我认为我们应该从本质上考虑问题。我们经常对女孩说：'哎呀！你会受伤的！'这种会受伤的恐惧在她们往后做的每一个决定中都占据了过大的比重。对于男孩，则不会有人跟他们强调这一点。但事实上，在青春期前，男孩和女孩在生理方面是相同的，他们同样调皮捣蛋，彼此的能力也是一样的，甚至有些女孩会表现得更有能力。因此，提醒女孩时刻小心谨慎并将其视为更脆弱的生物没有任何道理，这只会让她们变得过度谨慎……"

作者：在卡洛琳的作品中，我最喜欢的两句话来自她在《纽约时报》的专栏上一篇题目为"我们为什么教育女孩要以胆小为美？"的文章。文章中说："……我们警告女孩要远离各种各样的体验。这种教育方式不是在保护她们，而是在阻止她们为生活做好准备，这很可悲。"

我最喜爱的思考练习：排练恐惧

　　本篇文章详细阐述了我"排练恐惧"的过程。我现在仍然经常使用我下面将要介绍的方法，每个季度至少练习一次。这部分内容是根据《每周工作4小时》中的一章改编而成的。

安置恐惧，逃离麻木

"许多错误都是由停滞不前造成的。"

——某张幸运饼干纸条中的一句话

"你之所以恐惧，一定是因为你无法消除恐惧。"

——《星球大战：反击战》中尤达的一句台词

巴西，里约热内卢

　　在距离悬崖边五六米的地方，他闭上了双眼。

　　"跑！跑跑跑！"汉斯没有讲葡萄牙语，但他的意思足够清楚了——加速冲刺。他的运动鞋稳稳地踩在参差不齐的岩石上，身体朝着将近1000米高的悬崖冲了出去。

　　在踏出最后一步时，他屏住了呼吸，恐慌几乎使他失去了意识。他视线模糊，只能看到一丝光亮，紧接着……他飘起来了。在他意识到上升的热气流托举起了他自己和滑翔伞双翼的那一刻，远处刺眼的天蓝色立即进入他的视野，恐惧被抛在身后的山顶上。翱翔在壮观的热带雨林和科帕卡巴纳洁白的沙滩上方上千米的高空，汉斯·基林看到了光明。

那天是一个星期天。

周一，汉斯返回自己位于洛杉矶商业中心世纪城的律师事务所，立刻提交了自己休假三周的申请。在将近 5 年的时间里，面对自己的闹钟，汉斯心中一直有着相同的恐惧：我真的要这样再干 40~45 年吗？有一次面对一个艰巨的项目，他筋疲力尽，没忍住在做到一半时就趴在办公桌上睡着了，而第二天早上醒来后，他又立即投入到工作之中。就在那天上午，他对自己发誓说：这种情况如果再发生两次，我就离开这儿。而在他动身去巴西度假的前一天，这种情况刚好第三次发生了。

我们都曾对自己许下过这样的诺言，汉斯之前也这样做过，但是现在，不知为何，事情变得不一样了，汉斯也变得与以往不同了。在缓慢滑翔的过程中，他明白了一些道理——一旦你开始冒险，冒险就没有那么令人恐惧了。同事们对此的议论同他预料的一样：他抛弃了一切。他已经是一位前途远大的律师了——他究竟还想要什么？

一方面，汉斯并知道自己到底想要什么，但他已经体验过了。另一方面，他的确知道是什么让自己感到无聊透顶。他已经受够了，他不想再像活死人一样混日子，不想再参加那些宴会了——席间同行们攀比座驾，驾驶新宝马车的人会沾沾自喜，直到听说有人买了更贵的奔驰。这一切都结束了。

情况立刻发生了奇怪的改变——很长时间以来，汉斯第一次感觉到心静如水，他欣然接受自己正在做的一切。他以往一直害怕飞机遭遇湍流，在内心深处恐惧自己可能会因此死掉。但是现在，即使飞机穿越暴风，他也能像婴儿一样熟睡。这确实很奇怪。

一年之后，他仍然不断收到律师事务所主动发来的工作邀请函，然而那时他已经加入了枢纽军团冲浪公司，这是世界上最早成立的一家冲浪冒险公司，总部位于巴西的热带天堂，弗洛里亚诺波利斯。在那儿他遇到了自己的梦中情人塔提亚娜，她是跳克力欧卡舞的，有着焦糖色的皮肤。汉斯的大部分时间在棕榈树下休闲或者招待客户享受他们生命中最美好的时光。

这就是他曾经恐惧的事情吗?

这些天,他经常从自己带出去冲浪的职业精英客户身上看到以前的自己:缺乏乐趣,劳累过度。在等待涨潮的时候,他们向他表达了自己的真实想法:"上帝啊!我真希望自己能做你这样的工作。"汉斯总是这样回答:"你可以的。"

夕阳的余晖投射在水面上,波光潋滟,此时此刻非常适合禅修静思。汉斯悟出了一个道理:无限期地暂停目前的工作并不是一种放弃。如果他愿意,他完全可以立即重拾自己的法律职业,但他心中根本没有这种想法。

超棒的冲浪运动结束之后,大家划回岸边,此时汉斯的客户们已控制住自己的情绪,平静下来。他们上岸之后,现实又露出其狰狞面目:"我也想那样做,但我不能彻底抛开所有的一切。"

对此,汉斯只能苦笑而已。

悲观的力量

"行动不一定总能带来幸福,但不行动就肯定没有幸福。"

——前英国首相本杰明·迪斯雷利

做还是不做?尝试还是不尝试?大部分人都会给出否定的答案,无论他们认为自己勇敢与否。不确定性和失败的可能性会在人们的内心深处发出可怕的噪声。大部分人为了摆脱不确定性宁愿选择不快乐。多年来,我一直在制订关于未来的计划,下定决心改变生活方向,但最后这些都毫无结果。我与世界上的其他人一样恐惧,一样没有安全感。

2004年,一个偶然的机会让我找到了简单的解决方案。那时,我手里的钱多得不知道怎么花,我因此而痛苦不堪,这是我从没体验过的糟糕感觉。当时我没有一点儿空闲时间,一直在拼命工作。我开办了一家公司,结果发现我几乎不可能把它卖出去。唉!我既感到自己陷入绝境,又感到自己愚蠢透顶。我想："我应该能够预料到这一切才对。"我为什么这么傻？为什么这件事会行不通？！我应当行动起来，不要再光顾着抱怨了！我到底哪里出了问题？事实是我根本没问题。

公司创办初期所犯下的严重错误让我认为自己永远无法把它卖掉了。我的"新生儿"存在着一些严重的先天性缺陷。然而结果证明，这只是又一个我自己强加给自己的人为限定和错误想法。2009 年，我的迅思公司（BrainQUICKEN）被一家私募股权公司收购。我之前提到过这件事。接下来问题就变成了："我如何才能让自己从这个我亲手创造的'怪兽'中解脱出来，使其自行发展下去？怎样才能不让自己变成工作狂，不再担心如果自己一天不工作 15 个小时，公司就会四分五裂呢？怎样才能逃离自造的囚笼呢？"最后，我决定休假一年去环游世界。

那么，我出门旅行了吗？怎么说呢，我认为我会去旅行的，但首先，我觉得我不能带着遗憾、窘迫和愤怒外出转悠 6 个月，因此我想出了很多理由来说服自己为什么我的逃避之旅可能没什么作用。毫无疑问，那段时间我想法很多。

然后，有一天，在想象自己未来的痛苦会有多么严重时，我偶然产生了一种想法。这种想法凸显了我常说的"不快乐，要焦虑"这句话：为什么我不彻底弄清楚自己的噩梦是什么呢——外出旅行对我而言可能造成的最坏后果是什么？

显然，当我身处国外时，我的生意可能会失败，这是最显而易见的后果。万一没有及时收到法院传票，我就会遭到起诉，我的公司可能会关张，库存可能会在货架上烂掉，而我则会在爱尔兰的某个寒冷的海岸孤独而痛苦地剔着脚指甲。我想象着我的银行账户可能会缩水 80%，我存放的汽车、摩托车也很有可能会被偷走。我想象着当我给流浪狗喂食残羹剩饭时，有人可能会从高楼的阳台上向我头上吐口水，而流浪狗可能会受到惊吓直接咬我的脸。天哪，生活真是残酷无情！

征服恐惧 = 清楚地认识恐惧

"花几天时间，心甘情愿地吃最廉价的食物，穿粗糙简陋的衣服，同时问自己：'这就是我所恐惧的吗？'"

——塞内卡

　　在明确了自己的噩梦——可能发生的最糟糕的情况，认清了模糊的不安和模棱两可的焦虑之后，我马上不再担心外出旅行了，而是立即开始思考自己可以采取的简单措施——如果发生意外，我可以通过这些措施来挽救自己的剩余资源并重整旗鼓。如果实在没办法，我还可以做一份临时的酒吧服务员之类的工作来交房租，我还可以卖掉一些家具，减少外出就餐。我有很多选择。我意识到恢复到我原来的生活水平并没有那么难，更不用说生存了。上面那些担忧没有哪个是致命的。在人生旅途中，它们不过是些小烦恼而已。

　　我意识到，一方面，按照1~10的等级给我所恐惧和担忧的情况打分——1级表示什么影响都没有，10级表示永久性的生活改变，那么我所谓的最坏情况可能也只处于3级或4级，它们只会产生暂时性的影响。我相信对于大部分人来说都是如此，对大多数所谓的"我完蛋了"的灾难来说也是如此。并且，请记住，这只是有万分之一可能会发生的灾难性噩梦。另一方面，如果我为可能发生的最佳情况给出一个评估，那将是9级或10级，它们对我的生活将产生永久性的积极影响。

　　换句话说，为了实现9级或10级的永久性积极改变，我所承担的是不大可能发生的、暂时性的3级或4级的风险，并且如果我愿意，只需要额外多做一点儿工作我就能轻易地恢复自己工作狂的状态。这一切都等同于一个重大的领悟：实际上，我的生活中并没有什么太过严峻的风险，只有改善生活的巨大潜力。我无须比以前付出更多的努力就能恢复到原来的状态。

　　就是那一刻，我下定决心去旅行并购买了去往欧洲的单程机票。我开始计划自己的冒险活动，甩掉自己身体上和心理上的包袱。没有什么灾难发生，打那之后，我的生活如同童话故事般美好，甚至连我的生意都比以前做得更好了。虽然它为我环游世界 15 个月提供了足够的资金支持，但我几乎忘记了它的存在。

问题与行动

"我人老经历多，了解大量烦心之事，但事实上大部分烦心之事从未发生过。"

——马克·吐温

如果你对这项重大的决定感到焦虑不安或者仅仅出于莫名的恐惧而选择推迟进行，下面的问题就是你的解药。写下你的答案，并记住：思考得再多也不如把它们写下来效果显著、富有成效。写下来，不必修改——写得越多越好。在每个问题上花几分钟的时间。

1. 明确你的噩梦的内容，也就是如果你做了自己正在考虑做的事，可能会发生的最坏的情况。你所怀疑的、恐惧的和"如果怎样就会怎样"的假设如果真的发生的话，你认为自己能够或需要做出的最大改变是什么？认真详细地想象这一切。这会是你生命的终结吗？它会有什么永久性的影响，如果按照 1~10 的等级给它评分，它会在哪一级？这些事情的影响真的是永久性的吗？你认为这些事情确实发生的可能性有多大？

2. 你能够采取什么措施来修复损害或让一切回归正轨，即使是临时的？你会发现这比你想象的更容易。你怎样才能把事情控制在可控范围之内？

3. 在更可能发生的情况中，是否存在什么暂时性的和永久性的影响或好处？现在你已经明确了噩梦的内容，那更有可能发生或出现的积极结果是什么——无论是内在的（如自信、自尊水平的提升等）还是外在的？这些更有可能发生的情况在 1~10 的级别中处在哪一级？至少发生一种好结果的可能性有多大？以前是否有不如你的人这样做过并成功了呢？

4. 如果你今天被炒了鱿鱼，那么你会采取什么手段控制支出？想象一下这种情况并浏览上面第1、2、3条中的问题。如果你辞职去尝试其他选择，那么将来在万不得已的情况下，你如何才能回到原来的职业轨道上来？

5. 你因为恐惧而拖延去做的是什么？通常，我们最害怕做的事正是我们最需要做的事，一通电话、一次会谈或任何一项行动都可能是我们需要做但出于对未知结果的恐惧而没做的事。弄清楚最糟糕的情况，接受它并采取行动。我再重复一遍关键所在：我们最害怕做的事通常是我们最需要做的事。正如我听人说过的，一个人生活中的成功通常可以通过此人愿意参与的并不令其舒适的会谈数量来衡量。我自己是在努力接触名人和成功商人，征求他们的建议时领悟到这个道理的。

6. 拖延行动让你在经济上、情绪上和身体上分别付出了什么代价？不要仅仅评估行动的负面影响，衡量不行动的成本同样重要。如果你不去追求那些令你兴奋的事情，1年、5年和10年后你将在哪里？继续忍受现有环境对自己的束缚，利用有限生命中的10年时间做自己明确知道无法满足自我的事情，你会感觉怎么样？你真的决定把10年的时间浪费在百分百地确定是一条充满失望与遗憾的道路上吗？如果我们把冒险定义为"产生不可逆转的负面结果的可能性"，那么不行动带来的负面影响将是最大的。

7. 你还在等什么？如果不借助那个所谓的"好时机"你就不能回答这个问题，那么我来告诉你答案是什么：因为你同世界上的其他人一样心存恐惧。我希望大家能够衡量一下不行动的成本，弄清楚大多数噩梦中的情况未必一定会发生，即使发生也可以得到修复，然后培养自己那些杰出人士所拥有的最重要的一种习惯：行动。

"机器人会负责生产，人类要做的则是提问、
　创造和体验。"

凯文·凯利
KEVIN KELLY

　　凯文·凯利是《连线》杂志的主要撰稿人，该杂志是凯利于 1993 年与人共同创立的。他还与人共同创立了全物种基金会，这是一个非营利机构，致力于对地球上的所有物种进行分类与识别。在空闲时间里，他出版了畅销书，与人共同创立了致力于为所有有记录的人类语言建立档案的罗塞塔项目，同时还担任了今日永存基金会的董事。作为今日永存基金会的一员，他正在研究如何恢复或复活濒危或灭绝的物种，包括长毛猛犸象。他可能是这个世界上最有趣的人。

背景故事

　　2008 年 9 月 10 日，在凯文极富个性的木制棚屋风格的家中，我参加了第一届"量化自我"（QS）见面会。从那次 28 人的小型聚会起，"量化自我"已经发展为一个流行文化术语和国际现象，在 20 多个国家设有分支推广机构。

坐就是坐，走就是走，不要游移不定

"禅宗里有一句箴言：'坐就是坐，走就是走，不要游移不定。'……在我与人面对面相处时，吸引我全部注意力的就是面前这个人，任何其他的事情都是多余的。绝不能三心二意！人与人、面对面之间的交流胜过任何其他事。我一直确保自己遵循这条法则。如果我前去看戏或看电影，那么我的心思就在剧院或影院中上演的节目，而不在其他什么地方。这是 100% 的投入——我会仔细聆听。如果我去参加会议，那我就是去参加会议的。"

> **作者：** 这与德里克·希维尔斯的原则"不要像头驴子那样"非常相似。面对充满干扰的世界，专注于单一任务才是王道。

死亡倒计时时钟

"我确实有个在动画片《飞出个未来》中启发了马特·格罗宁的倒计时钟，这个倒计时钟在《飞出个未来》的某一集还出现过一次。我为自己的预计死亡年龄、出生年龄做了个精算表，倒数自己生命的剩余天数，并把这个天数显示在我的电脑上。跟你说，没有什么比知道自己的生命还剩多少日子更能让人关注自己的生命了。当然，现在我可能会比预计的活得更长，我的健康状况比预计的更良好，但是尽管如此，我仍然只剩下大约 6000 天，要做我想做的所有事情，这些时间并不是很多。

"我从朋友斯图尔特·布兰德（《全球目录》刊物的创办人，今日永存基金会的董事长）那儿学到了一些东西，他在安排自己的未来时会以 5 年左右的时间为一个增量期。他说，任何伟大的、有意义的、值得做的想法，从他产生这一想法到不再想它都会持续 5 年左右。如果你按照 5 年一个项目来考虑剩下的日子，那么即使你现在还很年轻，你也能用双手数出来自己还可以进行多少个项目。"

> **作者：** 我认识的一个非常成功的私募基金投资人使用 Excel 表格来展示自己的死亡倒计时钟。记住，你终将死亡。而设置倒计时钟是一种非常好的办法，可以提醒我们该如何生活。

* 每个人都应该体验的手工项目是什么？

　　"你需要建造自己的房子、自己的避难所。相信我，这个工作做起来并没有那么难，我就建造了自己的房子。"

为了获得想法而写作，而不是为了表达想法而写作

　　"和许多其他的作家一样，我们都是为了思考而写作的。我可能会说：'我认为我有个想法。'但当我开始动笔的时候，我往往会意识到：'我没有什么想法。'只有在我试着把自己的想法写下来之后，我才会确切地知道自己想的是什么……这就是写作的本质。"

作为占卜者的问题

　　在预测科技创新和发展趋势方面，凯文保持着令人难以置信的历史纪录，其中既有祝福，也有诅咒。

　　"人们面临的困境是所有对未来的正确预测都将不复存在，现在看似可信的未来都将被证明是错误的，因此，你将左右为难。如果人们相信它，那它就是错误的；如果人们不相信它，那你将何去何从？"

> **作者：** 对于提出看似不可信的（然而最终被证明是准确的）预测，凯文的方法之一是列出每个人都认为是真实的或即将成为真实的事物的名单，然后针对其中的每一条问这样一个问题："如果那不是真的，我们该怎么办？"之后，凯文会对其后果集思广益，做具体分析。

你能够把自己准备在以后执行的生活计划提前并立即付诸实施吗？

"为了退休后能够出去旅行，许多人都在努力工作，努力攒钱。而我决定颠倒顺序，在自己真正年轻、一文不名的时候去旅行。结果是，我获得的经验即使用10亿美元也买不到。"

"不要'过早达到最佳状态'"

"我真心推荐松弛的生活态度。'功成名就'是为中年阶段准备的。年轻的时候要富于创造性，要去丰富人生阅历，但不要以成功与否来衡量你的经历，而应该根据极致表现和极端满意度来衡量它们。"

无法放弃或扼杀的想法……

"我支持把自己的想法向大众公开这种做法。告诉每个人你在做的事情……尽量把你的想法公布出去，人们会很高兴的，因为他们喜欢伟大的想法。我会把想法告诉他们，并对他们说：'嗨！这是个伟大的想法，你应该去试试看。'我会先把每一个想法都公布出去，然后再尽力扼杀这些的想法。能够引起我思考的是那些我不能扼杀、不能放弃、不断回收的想法，我会想：'嗯，或许那就是我该做的。'"

> 作者：凯文·罗斯也做过完全相同的事，我见他这样做过很多次。

创造新位置

"人们面对的巨大诱惑是他们想成为其他人，想出现在他人的影片中，想成为最棒的摇滚巨星。但是这样的人已经有很多了，就算真的轮到你了，你也只能在那个位置上笨拙地模仿他人。我认为，成功就是创造出自己的位置，一个之前不存在的新位置。当然，耶稣和其他许多人都这样做过。这做起来很难，但我认为它就是成功的必由之路。"（见前文"品种细分法则"）

真正的电影

在 TrueFilms.com 网站上，凯文回顾了过去几十年他看过的最佳纪录片。与此对应的系列丛书《真正的电影 3.0》还包括 200 部他认为每个人在自己的有生之年都应该看的纪录片，这份名单可以在 kk.org 网站上以 PDF 格式获取。我们两人都喜欢的三部纪录片是《游戏之王》《走钢丝的人》和《意志之国》。

最糟糕的情况：只有一个睡袋和燕麦片

"在年轻的时候，你想学习的众多生活技能之一可能是成为一个最不起眼的小人物，节俭地度过一生……也就是说，你可能会想弄明白自己需要多少资源就可以生活下去——不仅仅只是生存下去，而是要让自己满意地生活下去……这可以为你提供冒险所需要的信心，因为你会说：'能发生的最坏情况是什么呢？也许是：我只剩下一个背包、一个睡袋，只有燕麦片可以吃，但我对此也没什么不满。'"

这就是我如此恐惧的吗？

"我们的生命为琐事所消磨……简化，再简化……一个人的富有，与其能舍弃之数量成正比。"

——亨利·大卫·梭罗，《瓦尔登湖》

明确何为恐惧是克服恐惧的工具之一。我喜爱的另外一种克服恐惧的工具是恐惧预演——作为预防接种，让自己定期地接触可能的最坏情况。和约克·威林克的一次交流解释了有计划地接触"最坏情况"的价值所在。

蒂姆："你如何让人们做好准备，适应最坏的情况，以便于灾祸发生时他们能够及时做出反应？"

约克："对你所恐惧的情况脱敏，以便于你在其发生时能够应对自如，在这方面海豹突击队做得非常棒。"

下面这段摘录选自《致卢西留斯的道德信》（*The Moral Letters to Lucilius*）中的第 18 封信："关于节日和禁食"。这本书是塞内卡写给他的学生卢西留斯的信。英文原文出自理查德·莫特·格默里的洛布古典丛书译本，理查德是《塞内卡写给卢西留斯的道德信（第一卷）》的英文译者。

我经常反复读第 18 封信。你会意识到，大约有一半的时间，你所恐惧的其实并没有那么令人恐惧。通过反复接触你所恐惧的情况，你能在你所恐惧的情况发生时变得没那么恐惧。

读完塞内卡的作品之后，你将看到我列举的我个人实施这个方法的例子。

塞内卡登场

我下定决心要测试一下你（卢西留斯）的心理稳定性，因此，借鉴伟人们的学说，我要给你上一课：找出几天的时间，这期间你要心甘情愿地吃最廉价的食物，穿粗糙简陋的衣服，同时问自己："这就是我所恐惧的事情吗？"此时正是心无旁骛的时刻，为了应对更大的压力，你必须提前磨炼自己的意志；这也正是命运女神心存慈悲之时，你应该趁此时机强化自身，抵御命运的打击。在和平时期，在没有敌人的情况下，士兵也要进行演习、构筑地堡，通过无端的艰苦训练使自己疲乏不堪，因为只有这样他们才可能打赢不可避免的战争。如果你不想让一个人在危机来临时畏惧，那就在危机来临前训练他。这就是那些模仿贫困之人所做的事，他们几乎每个月都会去过几天穷苦日子，这样一来在面对自己经常演习的情景时，他们才可能不会畏惧。

你不要认为我提到的食物是像泰门那样的饮食，或者住的是像"乞丐小屋"那样的房子，抑或是奢侈的百万富翁用来消磨其单调乏味的生活的其他道具。地铺就是真正的地铺，衣服就是粗糙的衣服，面包就是又硬又脏的面包。每一次坚持3~4天的时间，偶尔还可以把时间延长一些，这样它就是一场真正的考验，而不是你的一时兴起。接下来，我亲爱的卢西留斯，我保证见到一丁点儿好吃的你就会高兴得跳起来，你也将明白一个人内心的平和与命运女神无关，因为即使是在她愤怒的时候，她也为我们提供了足够的所需之物。

★　★　★

你该如何将此方法付诸实践呢？我曾经试着让自己在身无分文的情况下生活，一次坚持3~14天，下面是我反复做过的几件事：

⋙ 无论是在卧室的地板上还是在室外，我都在睡袋里睡觉。

⋙ 整个 3~14 天的时间里，我只穿廉价的白衬衫和一条牛仔裤。

⋙ 通过沙发客网站或类似的服务平台免费住到别人的家里，即使是在我家所在的城市里。

⋙ 只吃即食燕麦片和／或米饭和蚕豆。

⋙ 只喝水和廉价的速溶咖啡或茶。

⋙ 利用一把凯利水壶给自己做饭，这是一种露营装置，它几乎能用你家后院或路边的任何可燃材料加热（如：树枝、树叶、纸）。

⋙ 禁食，除了水、椰子油或中链甘油三酯油粉（要了解更多有关禁食的内容请见前文）之外不吃任何东西。

⋙ 只在图书馆上网。

说来奇怪，你可能会发现，在进行过这种贫乏简单的生活实验之后，你感觉自己更幸福了。我经常发现事实的确如此。

一旦你意识到自己的幸福与拥有过量的钱财没有关系（这通常需要每个月或每个季度的提醒），那么要采取"冒险行动"就容易多了，而且拒绝那些看似无法错过的赚钱机会也会变得轻松许多。

与追逐财富相比，在贫困练习中，你能够体验到更多的自由。时不时地让自己吃点儿苦，你就不会经常吃苦了。

"如果有什么事惹恼了你，请审视
自己的内心……这是一个信号，
提示你的内心出现了问题。"

惠特尼·卡明斯
WHITNEY CUMMINGS

惠特尼·卡明斯是洛杉矶的一位喜剧演员、作家和制片人。惠特尼与迈克尔·帕特里克·金共同创作了哥伦比亚广播公司的喜剧《破产姐妹》，并据此获得了艾美奖提名，她是该片的执行制片人。她与莎拉·斯尔弗曼、路易斯·C.K.、艾米·舒默、阿兹·安萨里等著名喜剧演员齐名。

2010 年，惠特尼的首个一小时脱口秀特别节目《惠特尼·卡明斯：烧钱镜头》在美国喜剧中心频道首映，并获得美国喜剧奖提名。2014 年，她的第二部脱口秀特别节目《惠特尼·卡明斯：我爱你》在美国喜剧中心频道首映。惠特尼最近推出的一部特别节目《惠特尼·卡明斯：我是你的女朋友》在美国家庭影院频道首映。

灵兽：蜂鸟

鲜为人知的事实

　　惠特尼和乔希·维茨金（见后文）两个人都推荐过艾丽丝·米勒的《天才儿童的舞台表演》（*The Drama of the Gifted Child*）这本书。

"为了让艺术模仿生活，你必须拥有生活"

　　"（在一次类似于创伤治疗的强化治疗中，）在 28 天的时间中，我必须用积极思维取代消极思维，我因此变得很焦虑。我当时对我的治疗师和与我一起治疗的那群人说：'我真的很担心，如果我不像原来那么忧郁痛苦，那我的脱口秀会不会就不像原来那么有趣了。'

　　"（结果证明）完全相反，事实上我浪费了太多的时间处理不良的人际关系，缺乏自信，而且被自己的完美主义搞得焦头烂额。**完美主义会引发拖延症，拖延症则会导致我停滞不前**。我可能在两天内什么东西也写不出来，因为我太缺乏自信。我认为自己不够优秀，满脑子只有那些老旧过时的想法和生存本能。

　　"（这项工作和我接受的治疗）给我补充了大量的心理能量与身体能量。现在，我的生活更加平衡，我的工作也更富有成效，我自己也变得更敏感——作为一名作家，你必须要保证自己对外界的敏感性。之前，我劳累过度，完全变成了一个工作狂，根本没有自己的生活。**而为了让艺术模仿生活，你必须拥有生活**。"

　　蒂姆："这句话真是意义深刻。"

　　惠特尼："对于我来说，艺术就是模仿生活，因为我所做的一切都是工作。"

"取悦他人是令人讨厌的"

　　2011~2013 年，惠特尼创作、拍摄并主演了《惠特尼》这一节目，该节目在美国全国广播公司播放，对此她说道：

"我深怀不安，担心人们不喜欢我，于是……我放慢了写作进程，而我的态度也对我的团队造成了负面影响。在房间中，我的团队开始编段子，而我对他们说的所有话都持肯定的态度，因为我不想伤害任何人的感情，我不得不在后期对他们提供的内容加以修改。但在剧本出来之后，当他们发现自己的段子不在剧本之中时，他们都感觉自己被背叛，感觉自己上当受骗了。

"当我首次走进酗酒者家庭互助会的时候，我听到有人说：'取悦他人是令人讨厌的'——我恍然大悟，因为你实际上没有取悦任何人，你只是让他们充满怨恨，因为你不够真诚，不尊重他人的体验，认为他们无法接受真相，俨然一副高人一等的姿态。"

> **作者：** 与惠特尼的这次会谈结束之后，我重新阅读了山姆·哈里斯的《撒谎》。惠特尼描述的那种"善意的谎言"具有巨大的破坏性。为了阻止使用一系列半真半假的谎言，山姆给出了一个很有说服力的案例。

"人们经常错误地使用协同依赖性，比如当你依靠别人来决定你的感受为何的时候。"

从"我爱你"开始

在采访的前几分钟，在朋友的餐桌旁，我注意到惠特尼胳膊上的隐形文身，后来我被告知那是用白墨水刺的。

"我左前臂的下部有个白色的文身，上面刺着'我爱你'。我认为，如果不是我自己指出来，没有人会注意到……那段时间我有点儿纠结，总觉得自己缺乏耐心和同情心。再说一遍，我具有协同依赖性。我在一个酗酒家庭中长大……作为孩子，我们是通过尽可能地进行控制生存下来的，类似于'只要我能把自己的饮料放在正确的地方，我就是个好孩子'。因此，作为成年人，我发现自己会对那些不按我的方式做事的人感到失望……'我不喜欢你的做事方式，我不喜欢你的说话方式，我不喜欢你的坐姿'，我几乎不喜欢别人做的每一件事……但那只是一种回避关注我自己的方式。最终我意识到，当**我们评判他人的行动时，我们只是在逃避关注我们自己，寄希望于从别人那里获取优越感或诸如此类。我的创伤治疗师说，每当你遇到某个人，在与之交谈之前，你只需要在心里说'我爱你'，那么谈话就会进行得更顺利。**

"这是个有趣的小窍门。在 28 天的时间里，每当我碰到一个人，我都会在心里说'我爱你'，无论对方是车管所里让我等了两个小时的办事员还是别的什么人。我会在心里假设每个人都在自身能力范围内尽力做到最好了，对我们很多人来说这确实很难做到。"

所有的一切都是素材

"当我第一次有了钱——我成长的过程中一直都没有钱，我买了一辆车……那是一辆雷克萨斯混合动力车。在第一天提到车之后，我给车加了柴油，就这么把车毁了，这简直太糟糕了！但是我从中得到了个很棒的段子，这个 7 分钟的小品或许能抵得上我当时所有的损失。因此现在，每当发生糟糕事情的时候，我就会想：'太好了，我可以把它写进剧本了。'"

> **作者：**最近在曼哈顿，我看到一款 T 恤衫上写了这样一行字：错误的决定能创造出精彩的故事。看到事物的闪光点，或者至少把那些事分享给别人，这么做也许就可以为你赢得一辆雷克萨斯。

敞开心扉，赢得全场喝彩

"在敞开心扉的时候，你会发现生活的精华之所在，由此你就可以塑造出精彩的人物形象，可以明白自己如何才能变得更敏感，这很重要。作为喜剧演员，我们常在表演中为自己的坚强而自豪，但实际上我们都像箭猪一样，在强大的外表之下藏着不堪一击的棉花糖。（而）这正是可贵之处……

"记得在一次酗酒家庭互助会中，我分享了严重伤害了我的感情的一件事。我说：'他这样做了，而接下来他又这样做了……'结果人们开始大笑。我意识到：'上帝啊！这的确很有趣，因为它发生在他人的身上，人们对此产生了共鸣。'当你在坦诚自己的尴尬时刻，展示自己的心理阴影时，你的情绪就可以得到宣泄，同时还能引发观众大笑。我保证，作为喜剧演员，如果你能实话实说，敞开心扉，那你就会赢得满堂彩。"

在表演中，素材只占 10%

蒂姆："如果给你 8 周的时间，训练某人在舞台上进行 5 分钟的脱口秀表演，你会怎么做？"

惠特尼："这 8 周的每天晚上，我都会让他们待在舞台上，无论他们手里有没有素材……在表演中，素材可能只占 10%。在舞台上感觉自然才是最重要的。因此，我想强调的是：就待在舞台上。在头一年半甚至头两年的时间里，我站在舞台上表演脱口秀就是为了在台上感觉自然，素材并不重要……

"我花了好长时间才意识到，只要你登上舞台，你就需要满足观众的心理需要……我不知道谁说过这样一句话：'喜剧演员之所以成为喜剧演员，是因为他们能掌控观众发出大笑的原因。'

"头两年，在节目的一开始，我都不得不用介绍我的姓氏'卡明斯'作为开场白。而台下的每个人可能都会在之后我表演的过程中想着：'她就叫卡明斯吗？她姓卡明斯吗？'这会分散他们的注意力。因此我必须把观众的聚焦点转移过来。'我们可以换个话题吗？好吧，我姓卡明斯，现在让我们说点儿别的。'"

作者：见前文尼尔·斯特劳斯有关"让批评者校对"的策略。

什么惹恼了你？

为了开发新的素材，"我首先要做的是弄清楚是什么惹恼了你。是人们的缺陷惹恼了你？还是机场的卫生间惹恼了你？到底是什么惹恼了你？在很多情况下，喜剧痴迷于对不公平的描述：这不公平……因此，是什么惹恼了你？路易斯·C.K. 说：'如果你一周思考某事超过三次，那么你就必须写写这件事。'"

惠特尼对"爱"的定义

"我对'爱'的定义是愿意为你自己想杀死的人去死。在我的经验中，'爱'就是这样。"

马术治疗

惠特尼向我介绍的最有意思的事情之一是马术治疗，这种疗法要求你必须在没有缰绳的情况下，仅仅通过身体语言和意向，引导马穿过一道栅栏。她是在加利福尼亚南部圣塔莫尼卡山区的反射马场尝试的这种疗法。

"你要做的第一件事是挑选一匹马。马场里一共有四匹马，每匹都有不同程度的损伤。治疗师会向你介绍每一匹马的情况，然后你要挑选你自己的马。事实上你挑选出来的马已经反映了治疗师需要了解的关于你的一切。这就像罗夏测验一样。然后，你的第一个目标是让马从围栏的一头走到另一头，距离大约有半个足球场那么远。

"因此我就在想：'我怎样才能让一匹没有缰绳的马在不受控制的情况下从一端走到另一端呢？'不能使用其他手段引诱马，不能使用魔法，不能使用幽默，不能使用智慧，不能使用任何日常生活中用以操纵与欺骗他人的东西。我只能使用我的意向。

"也就是说，我要让马明白：'我们要到另一端去。'如果你愿意，你可以使用语言。只要你能表达清楚，它们就可能会接受。

"这是一种关于认识自己的存在、沟通以及与这些动物产生共同意向的练习，从本质上说，这些动物的行为反映的是你的心理……与我所读过的任何书或者做过的其他治疗相比，这种方式让我学到了更多的东西……马术治疗之所以吸引人，是因为我们与马之间的一切互动已经充分说明了我们该如何努力经营生意、婚姻和人际关系。这个隐喻适用于所有事，因为你做所有事的方式就是你做每一件事的方式。"

做杏仁牛奶

"通常，我做咖啡时会加杏仁奶和纯天然食糖。但现在，我把所有的致癌物都清除了，因此这些天我都像亚米希奴隶一样制作自己的杏仁牛奶。"

尼尔·盖曼超级棒

我和惠特尼都很喜欢尼尔·盖曼在费城艺术大学所做的毕业演讲"创造卓越的艺术"。在人生的艰难时期，我在YouTube网站上观看了这段视频很多遍。我们俩都很喜爱那段话："一旦你们觉得——仅仅是一种可能性——自己正赤身裸体地走在街上，头脑中和内心世界的太多东西都暴露在外，你让自己一览无遗，那么也许正是这一时刻，你们将开始渐入佳境。"是的，我知道我前面已经提到过这段话，但这段话值得重复一下。

* 惠特尼认为谁是真正的喜剧大师？

比尔·伯尔

* 应当关注的那些被低估的喜剧演员

- 塞巴斯蒂安·马尼斯卡尔科（非常文明，没有脏话，完全是表演）
- 杰洛·卡迈克尔

- 娜塔莎·赖格罗
- 泰格·诺塔洛
- 克里斯·德埃利亚
- 尼尔·布伦南（和大卫·查普尔共同打造了"大卫·查普尔秀"）

"幸福就是知足常乐。"

"对于北极熊来说，企鹅基本上
　就是带着羽毛的香肠。"

布莱恩·考伦
BRYAN CALLEN

　　布莱恩·考伦是一位世界级的喜剧演员，也是一位多产的电影演员。他飞
赴世界各地为爆满大厅的观众表演脱口秀。他定期在《王者天下》《金色年代》
之类的节目秀中露面，还参演过电影《钢铁斗士》《宿醉》《宿醉 2》等。他与
前终极格斗锦标赛冠军布伦丹·沙伯共同主持了一档顶级的 iTunes 播客节目
《斗士与少儿》。

灵兽：山鸡

你不能造假的三件事

　　"有三件事你真的不能造假：一是战斗，二是性，三是喜剧。无论你的
公关人员是谁或者你有多么出名，请注意，如果你不能带来观众预期的效果，
那现场很快就会陷入令人尴尬的安静之中。"

为了在喜剧行业中保持长盛不衰，向自己提出私人问题

"如果你想在这一行业中保持长盛不衰，我认为关键在于，在创作喜剧剧本时从向自己提出私人问题入手，至少对于我来说是这样的。我就是从问自己问题开始写起的，问自己担心什么，对什么感到惭愧，假装自己是谁，自己到底是谁，我在哪儿以及我认为我应该在哪儿……如果你从远处观察自己，如果你遇见自己，你会对自己说什么？你会告诉自己什么？"

有影响力的书籍

布莱恩是我所认识的读书最多的人之一，他什么书都读。我经常请他给我推荐阅读书目。魔术师大卫·布莱恩称赞布莱恩是第一个促使他博览群书的人。布莱恩在戏剧学校时就与大卫认识，当时布莱恩对他说："你所钦佩之人与其他人的不同之处就在于前者是读书之人。"下面是布莱恩最喜爱的几本书：

"我记得我读过安·兰德的《阿特拉斯耸耸肩》和《源泉》，对于年轻人来说，这些书很不错。它们塑造了一些大胆而鲜明的角色，你甚至可以称之为神一样的人物，并且你会暗自思忖：'我也想成为那样的人。'当然，我也读尼采的著作，比如《论道德的谱系》等。在这些书中，很多时候真理与常识都变成了陈词滥调，相当于知识中的糟粕。后来我又对约瑟夫·坎贝尔的作品产生了兴趣——《神话的力量》和《千面英雄》。约瑟夫·坎贝尔是第一个真正让我看到生活或思想中富有同情心的那一面的人……坎贝尔为我把所有这一切整合起来，但我不知道他具体采取了何种方式……他的作品让你愿意活下去，并意识到世界是多么广阔，意识到人类是多么相似，而又是多么不同。"

* 布莱恩推荐的书

"你可能认为我在为你做宣传，但是，与其他书相比，我推荐得最多的可

能是《学习的艺术》（作者乔希·维茨金，见后文）和《每周健身 4 小时》，我没有开玩笑。"

在大学毕业演讲中你会讲些什么？

"是这样的，我可能会说，如果你想追求身份地位，如果你是为了吸引别人的目光才从事某项工作的，那你可能就是把精力用在了不该用的地方。

"我会说：'倾听自己的声音。'追求自己的幸福。约瑟夫·坎贝尔曾经说过：'不安全中存在着极大的安全感。'长期以来我们一直都在循规蹈矩、理性用事，但我认为这是不对的。我认为你之所以做某些事情，是因为它们是你必须要做的事情，是你的使命，或者是因为你非常理想化，认为自己能够在这个世界上有所建树。

"我认为你们应该志存高远，勇于斩杀巨龙，而不要在乎对手有多么强大。我们看过一些人的事迹，并且很钦佩他们，因为他们完成了被认为是几乎不可能完成的事情。正是这些事情让世界变得更美好。"

"当人们看起来充满恶意的时候，
其实他们几乎没有恶意，他们
只是很焦虑。"

阿兰·德波顿
ALAIN DE BOTTON

阿兰·德波顿有多重身份，但我视他为一位纯粹的实用哲学家。1997 年，阿兰·德波顿放弃小说写作，转而写就《拥抱似水年华》(*How Proust Can Change Your Life*) 这篇长篇散文。这篇散文出乎意料地一鸣惊人。他后来的作品都被描述为"日常生活中的哲学"，其中包括《爱情笔记》、《身份的焦虑》、《幸福的建筑》、《新闻：用户手册》和《艺术即治疗》。2008 年，在阿兰的帮助下，"生活学校"(The School of Life) 在伦敦成立，这是一家社会企业，致力于在现代文化语境中把学习和治疗结合起来。

如果有其他的解释，就不要归因于恶意

"比尔·克林顿曾经说过，与心情沮丧的人打交道时，他总是会问自己这样几个问题：'这个人睡够了吗？他们吃饭了吗？别人是不是打扰他们了？'他会详细检查这一简单清单中的每一项……当我们在照顾婴儿而孩子又哭又闹时，几乎不会有人说'这个孩子是故意踢我'或者'这个孩子心怀恶意'。"

"成功"必须包括心态平和

"说到'成功'这个词，我们最先想到的总是最卓尔不群、富可敌国的那些人，但这一想法已经玷污了这个词的本质意义，真的是毫无益处……归根结底，成功的本意是保持心态平和。"

进攻与防守

"你对自己真正的目标了解得越多，其他人的行为对你的影响就越小。你越是看不清自己的道路，其他人的声音、生活中的干扰因素以及社交媒体的指责就越会凸显出来，威胁你的正常生活。"

不要期望他人能理解你

"抱怨别人没能完全理解自己对别人来说是很不公平的，因为第一，我们自己都不理解自己，第二，即使我们理解自己，也很难向他人清晰地传达自己的意思。因此，愤怒地指责他人不理解自己完全是一种不成熟的表现。"

当代哲学家的问题

"目前，哲学家基本上仅仅受雇于大学……当没有人愿意为哲学家的研究买单时，那通常表明有些地方出问题了……哲学家不再告诉我们该如何面对生存和死亡，只有少数几个除外。"

* 阿兰·德波顿推荐的哲学家

阿兰给出的推荐名单与我自己的几乎完全一样：伊壁鸠鲁、塞内卡、马可·奥里利乌斯、柏拉图、蒙田、叔本华、尼采和伯特兰·罗素。

* 阿兰·德波顿推荐的书

米兰·昆德拉的《生命不能承受之轻》、蒙田的《随笔》。

* 阿兰·德波顿最喜欢的纪录片

《成长》系列：这一仍在播出的纪录片系列在英国被改编成了电影。此外，拍摄组每过 7 年会再访同一群人，从他们的第 7 个生日开始（《七岁了！》）一直持续到现在他们 50 多岁了。这一系列纪录片的主人公有着各种各样的社会背景。阿伦称这些平淡无奇却厚重有力的纪录片"可能是现有的最好的纪录片"。

> **作者：** 这也是后文中史蒂芬·迪布内最喜爱的纪录片。史蒂芬说："如果你正致力于研究任何种类的科学或社会学，或者人类决策，或者后天与先天的问题，那这部纪录片对你来说再合适不过了。"

* 你会给 30 岁的自己提什么建议？

"我会对 30 岁的自己说：'体会此刻的美好，不要总以为自己处在永久的旅程中。停下来欣赏一下美景。'……过去我总是这样认为：如果你享受这一刻，那么你就是在弱化自己改进环境的决心。这种想法不正确，但我认为当你年轻的时候，你难免会有这种想法……我周围有的人会这样说：'啊！一朵花，太好了！'而我则在心中想：'你绝对是个失败者！你竟然把时间浪费在欣赏一朵花上？你没有更远大的计划吗？这难道不是在消磨你的雄心壮志吗？'当生活让你看清现实的时候，当你见过一些世面的时候，当随着时间推移你有了几年生活阅历的时候，你就会变得更看重朴实无华的东西，例如一朵花、美丽的天空，或者只是一个寻常的上午，一切如常，每个人都友好地善待他人……命运女神可以对我们做任何事，我们是非常脆弱的生物。她只需要对我们轻轻一击，我们就会万劫不复……无论是过上体面的生活所带来的压力，还是身体疾病、经济拮据带来的压力等，无须太多，我们就会崩溃。因此，我们真的必须珍惜自己度过的无灾无难的每一天。"

懒惰宣言

蒂姆·克瑞德是一位评论家和漫画家。我非常喜欢蒂姆最近的一本书《我们什么都没有学到》，于是我与他取得联系，并一起制作了这本书的有声书。下面这篇文章就是从这本书中摘录的。他一直在为《纽约时报》《纽约客》《男士杂志》《漫画杂志》《电影季刊》以及其他刊物供稿。他已在幻图出版社出版了三本漫画书。目前他居住在纽约城切萨皮克湾的一个秘密地点，他已经养了一只猫 19 年。

蒂姆·克瑞德登场

如果你生活在 21 世纪的美国，你可能会听到很多人对你说他们有多么忙。当你问某人最近怎么样时，这已经成了默认的反应："忙！太忙了！忙疯了！"很显然，这是一种伪装成抱怨的自吹自擂。而对此合理的回应则是表达祝贺："那是好事啊！"或者，"忙总比闲好啊！"

这种疯狂的、沾沾自喜的忙碌是一种明显被包装过的苦难。请注意，那些告诉你他们有多么忙的人，通常不是那些在重症监护病房中轮班倒换、照顾他们年迈父母的人，也不是那些为了保住三份只有最低水平时薪的工作而不得不来回倒公交车上下班的人——这些人不是忙碌，而是筋疲力尽、疲惫不堪。最经常说自己有多忙的人是那些他们所哀叹的忙碌纯粹是他们所自觉自愿的人：他们自愿承担工作和责任，"鼓励"自己的孩子参加各种课程和活动。他们之所以忙碌是因为他们自己的野心、欲望或焦虑，是因为他们沉溺于忙碌，并担心不再忙碌时自己可能要面对的东西。

几乎我所认识的每一个人都是忙碌的。只要不是在工作或不是在做与工作有关的事情，他们就会感到焦虑和内疚。他们在安排与朋友交往的时间时采用的是那些优秀高中生的做法——确保自己有时间参加一些课外活动，以便让自己在申请大学时看起来比较体面。我最近写信问一位朋友这周他是否愿意出来聊聊，他回信说自己没有太多时间，但是如果的确有具体的合作项目，那我可以通知他，或许他能够为此腾出几小时的工作时间。我不是就未来的合作邀请和他提前打招呼，我是邀请他出来聊聊，如果聊得好，也许我们能一起做点儿事。但是他的忙碌就像某种巨大的背景噪声，他在一片嘈杂中对我喊话，而我放弃了大声回应。

最近我学到了一些新词，如：识时务、男人的私人空间和内容供应商等。我立刻意识到：这预示着文化领域出现了一种丑陋的新变化：挑选计划。也就是说，对于任何一个计划或邀请，你都不会马上答应下来——直到你了解了自己的所有选项都是什么，然后你会挑选一个最有可能有趣的 / 对事业最有帮助的 / 女孩最多的计划——换句话说，用对菜单或产品目录的方式对待他人和他人的计划。

甚至连孩子们也变得很忙，哪怕半个小时的课余时间也会被安排上提高班、家教课和课外活动。一天下来，孩子们像成年人一样疲惫地回到家，他们看起来不仅仅是悲哀，简直是痛恨这一切。我是"脖子上挂钥匙"这一代的人，上学的时候，我每天下午有三个小时完全自由散漫、无人看管的时间，我会利用那段时间来做各种各样的事情：翻看《世界百科全书》、制作动画电影、召集小伙伴们在树林里玩，仅仅是为了把脏泥巴直接糊到对方眼睛里。而所有这一切为我提供了我今天仍在使用的知识、技能以及至今仍然具有价值的洞察力。

这种忙碌不是生活的必需品或必然条件，它是我们选择的东西，只需得到我们的默许它就会自行发展壮大起来。最近我通过网络电话与一个朋友聊天，她因为付不起房租被赶出了纽约城，现在她住在法国南部一个小镇的一处艺术家公寓。她说自己几年来第一次这样快乐与放松。她仍然在干自己原来的工作，但不再需要用尽自己全部的时间和精力了。她说感觉就像回到了大学时期——当时她有个朋友圈，每天晚上她们会一起去喝咖啡或看电视。她还找了个男朋友。（她曾经很伤感地总结纽约的约会："每个人都太忙了，每个人都认为自己能够做得更好。"）她曾经错误地认为自己的性格有问题——被动、暴躁、焦虑、悲观，后来事实证明这都是她所处的环境对她造成的影响，是充满了野心与竞争的高压氛围对她造成的影响。好像我们每个人都想这样生活，每个人都想成为交通堵塞或体育场践踏事件或中学时期残酷的等级结构中的一部分，但其实并非如此，我们只是共同地迫使彼此去这样做而已。这个问题可能无法通过任何社会改革或自主生活规划解决，又也许生活本来就是如此。动物学家康拉德·劳伦兹称"工业化、商业化的人们把自己抛进了这种匆忙的存在"及其所有随之而来的痛苦——溃疡、高血压、神经官能症，等等。这是一种"不明智的开发"，一种发展过程中的适应不良，它是由人类残酷的种群内部竞争引起的。他把我们比作孔雀——妖媚的长羽毛使之无法飞行，成为易于被捕食的猎物。

　　我不禁想，是否所有这种装腔作势的疲惫都只是在掩饰我们所做的大多数事情都无关紧要这一事实。我曾经和一个女人约会，她在一家杂志社实习，那家杂志社不允许她在午饭时间外出，以免在情况紧急时找不到她。这是一家娱乐杂志，而当菜单按钮出现在遥控器上的时候，该杂志就已经失去了其存在的价值，不会出现什么情况紧急的时刻，这种不可缺席的借口只能被看作一种习以为常的自欺欺人的形式。根据我的电子邮箱容量和我每天被转发的互联网垃圾信息，我猜大多数从事办公室工作的人们工作做得和我一样少。这个世界中越来越多的人不再进行创造或者去做任何实实在在的事情。在理查德·斯凯瑞的书中，如果你的工作不是由一只猫或一条蟒蛇或提洛尔人帽子中的一只虫子来执行的话，那你的工作恐怕也没什么价值。是的，我知道我们都很忙，但确切地说，我们都做了什么？所有那些在赶着开会并对着手机大喊大叫的人都在忙着防止疟疾传播或开发可行的化石燃料替代品或创造任何美丽的事物吗？

　　这种忙碌充当着一种存在的保证，以抵消空虚：如果你这么忙碌，那么显然你的生活不可能无聊、琐碎或者毫无意义。档期完全排满，一天中的每个小时都有安排，所有这些噪声、繁忙和紧张似乎在千方百计地淹没或被用来掩饰我们心中的某种深层次的恐惧。我知道，在我花了一整天的时间工作、跑腿、回邮件或看电影，让自己的大脑处于繁忙而心烦意乱的状态之后，只要我躺下来准备睡觉，在关灯的那一刻，所有琐碎的、无关紧要的担忧和曾经被成功控制住的大局问题就会像爬出壁柜的魔鬼一样涌入我的大脑。当你想要冥想静修时，你会突然想起一份紧急事务清单，项目有千条之多，你觉得自己应该处理这些紧急事务，而不是静静地坐着。我认识的一位记者指出，我们所有人都十分害怕与自己独处。

　　我要说："我不忙，我是我所认识的人中最懒惰的雄心勃勃者。"像大多数作家一样，我也觉得自己是个堕落分子，一天不写作就不配活下去。但是我也认为自己只用4~5个小时的工作就能证明自己配在地球上再多待一天。在生命中最美好的那些普通的日子里，我上午写作，下午做长途骑行、跑跑步、晚上看望朋友、读书或看电影。在生命中最美好的日子里，我沉溺于不间断的放荡不羁。唉！但是这些日子是靠不住的，并且越来越难以安排。对我而言，这是对每一天来说最为合理而愉快的节奏。如果你给我打电话，问我是否可以临时取消工作，去看博物馆的新美国馆，或中央公园里眉目传情的女孩儿，或者只是喝上一整天的粉红色薄荷味的冰鸡尾酒，我会说："什么时候？马上来。"

　　但是就在最近，出于职业需要，我也开始不知不觉地忙碌起来了。人生中第一次，我绷着脸告诉别人我"太忙了"，不能做他们想让我做的这事或那事。我明白人们为什么喜欢这样抱怨：这使你感觉自己很重要、很抢手、有利用价值。这也是一种谢绝烦人的邀请、推脱不受欢迎的项目、避免与自己不感兴趣的人互动的无懈可击的借口。除此之外，我确实痛恨忙碌。每天早上，我的收件箱里都装满了电子邮件，邮件的内容都是要求我做一些我不想做的事或者提出一些我不得不解决的问题。这种情况变得越来越令人难以容忍，最后，我逃到了我正在写下这一切的这个秘密地点。

　　在这儿，我基本上不用遭受各种责任的烦扰。这儿没有电视，我必须开车到图书馆才能查看电子邮件，我一周去一次，在图书馆我看不到任何认识的人。我记起了毛茛植物、臭虫和繁星，读了很多书。终于，几个月来我第一次完成了一些真正的写作工作。如果不让自己沉浸于这个世界，你很难找到一个关于生活的话题来讲述，如果再不离开那个鬼地方，我就不可能明白我要找的是什么，或者如何以最好的方式讲述生活。我明白并不是每个人都有一个可以逃往的秘密小屋，但事实证明没有网线或网络的生活比拥有它们的生活更省钱。严格意义上讲，大自然仍然是免费的，即使人类正尝试着以愈加昂贵的方式获得它。时间和宁静不应该成为奢侈品。

　　懒惰不仅仅是一个假期、一次放纵或一种恶习：它之于大脑就如同维生素 D 之于身体一样不可或缺，失去了它，我们就会像佝偻病患者被毁容一样遭受精神上的折磨。要想跳出生活，观其整体，建立意想不到的联系并等待灵感的迸发，懒惰所提供的空间和安静是一种必要条件——因此也可以说，它对于任何工作而言都是必要的，哪怕这看起来很矛盾。托马斯·品钦在其随笔《关于懒惰》中写道："慵懒时的梦想常常是我们所做事情的本质。"阿基米德在浴缸中的"我找到了"、牛顿的苹果、杰柯尔与海德、苯环的发明都说明了这个道理：历史中充斥着自懒惰时刻与梦乡中得到灵感的故事。这种现象甚至会让你思考，是否懒汉和不中用的人对于这个世界的伟大想法、发明和杰作比勤奋刻苦之人负有更多的责任。

　　"未来的目标是让人类彻底失业，这样我们就能够玩耍了。这就是我们不得不摧毁现行政治经济体系的原因所在。"这听起来可能像是某些抽着大烟的无政府主义者的声明，但这实际上是亚瑟·C. 克拉克的话，他在沉迷于浮潜和弹珠游戏之外写作了《童年的终结》并发明了通信卫星。泰德·罗尔最近写了一篇专栏，建议我们把工作和收入区分开来，给每一位公民一份薪水保障，这就像那种在最初听起来非常疯狂，但在大约一个世纪后就会成为一种基本人权，类似于废奴运动、普选权和 8 小时工作制一样的想法。我知道在美国这种说法听起来有多么异端，但是如果可能的话，我们真的没有理由把将苦差事从世界上消除看作一种罪恶，这就像将小儿麻痹症从世界上消除一样。正是清教徒把工作歪曲为美德，他们显然忘记了上帝是为了惩罚人类才创造了工作。既然旧工头下台了，或许我们都可以抽支烟，好好休息休息了。

如果每个人都像我这样做，我猜世界很快就会走向毁灭。但我想说的是，理想的人类生活存在于肆无忌惮的懒惰与无休止的忙碌喧嚣之间的某个地方。我自己的生活一直被公认为是异常轻松的，但身处这个忙碌世界之外的某个有利位置可能也赋予了我独特的视角。这就像酒吧里的代驾司机：当你不喝酒时，你比那些喝酒的人更能看清人们的醉态。遗憾的是，我为忙碌之人提出的唯一建议就像你给醉酒之人提出的建议一样不受欢迎。我并不建议每个人都停止自己的工作——但你可以请一天假，去玩玩地滚球，在午后做爱，带女儿去看日间演出。可能我所扮演的角色就是那个站在教室窗外的孩子，在外面向课桌旁的你做鬼脸，催促你找个借口从教室里出来玩，但仅此一次。

虽然我自己的这种坚决的懒惰态度几乎已经变成了一种奢侈而不是一种美德，但在很久以前，我确实做了一个清醒的决定：选择时间而不是金钱，因为你总是能够挣到更多的钱。而且我一直都明白，在我有限的生命中，最明智的投资是与自己所爱之人一起度过的时间。我猜在弥留之际，我可能也会遗憾自己没有更加努力工作，没有写出更多的作品，我也会说出自己不得不说的那些话，但是我认为自己真正期望的是能够与尼克一起再跳一圈德兰西，与劳伦再来一次深夜畅谈，与哈罗德最后一次开怀大笑。生命太短暂，来不及让你说"我太忙了"。

卡尔·福斯曼
CAL FUSSMAN

卡尔·福斯曼是《纽约时报》畅销书作家和《君子杂志》的资深撰稿人，其最为人熟知的身份是《君子杂志》中"我学到了什么"专栏的主要执笔者。《奥斯汀记事报》把卡尔的采访技能描述为"无与伦比"。他把口述历史升华为一种艺术形式。他曾对影响了过去50年世界历史的标志性人物进行了调查访谈，包括米哈伊尔·戈尔巴乔夫、吉米·卡特、爱德华·肯尼迪、杰夫·贝索斯、理查德·布兰森、杰克·韦尔奇、罗伯特·德尼罗、克林特·伊斯特伍德、阿尔·帕西诺、乔治·克鲁尼、莱昂纳多·迪卡普里奥、汤姆·汉克斯、布鲁斯·斯普林斯汀、德瑞博士、昆西·琼斯、伍迪·艾伦、芭芭拉·沃尔特斯、贝利、姚明、塞雷娜·威廉姆斯、约翰·伍登、拳王阿里以及无数其他名人。

卡尔出生于纽约布鲁克林区，他曾用10年的时间周游世界：从5米长的虎鲨身旁游过，在卢旺达与山地大猩猩一起打滚，在亚马孙淘金。他把自己当成了一只小白鼠——卡尔曾与世界冠军老查维兹打过拳击，也曾在世界贸易中心做过侍酒师。现在，他与妻子——结识于其在探索世界上最美海滩的旅途中——以及三个孩子一起生活在洛杉矶。他每天早上与拉里·金一起共进早餐。

灵兽：海绵

前言

写这一小段人物简介真的是一次挑战。卡尔擅长讲长故事，他可以连着讲上 10~15 分钟，然后突然一下子——嘭！你的内心就会被他的语言和故事中的情感击中。他是大师级的故事讲述者，当我对播客听众说我要再采访卡尔一次的时候，许多听众都表达了类似的想法："就让卡尔一个人讲三个小时吧，他的故事我百听不厌。"我极力推荐大家听听卡尔作为我的嘉宾的那两集播客，它们会让你激动不已的。

酒吧的晚餐和周游世界的车票

当卡尔在纽约城的《体育世界》找到一份工作时，他第一次感到自己的前途一片光明。在那儿，卡尔能与亨特·斯托克顿·汤普森一起拍照，与获普利策奖的记者互相交换故事。

"当时我还小，只有 22 岁。每天晚上，大家都会穿过街道，来到一家名为'牛仔'的酒吧。那时我没有钱，而酒吧会供应一些免费的餐前小点心，那就是我的晚餐……《体育世界》对我来说不是一份工作，而是一段经历，是每晚都会发生的事件：今晚谁会来？"

《体育世界》是成功的艺术但并不是成功的商业，它破产了，卡尔失业了，这让他一贫如洗。

"我不知道自己该干什么，于是我给父母打电话说：'你们也知道，我想给自己放个假去旅行。'一贯支持我的母亲说：'喔！卡尔，太好了！'当我说自己打算 10 年后再回来的时候，母亲没有在意，而我也没有在意。于是我买了一张去欧洲的车票，和一群人一起离开了，开始了 10 年的'卡尔周游世界'的奇幻历险。"

菜炖牛肉的魔力

"（在公共汽车上或火车上）穿过座位过道的过程就是整趟旅程的最大赌注之所在。因为在穿行过程中，我必须要找到一个空座位，同时我希望自己旁边坐着一位看起来有趣的、可以信赖的，也有可能信任我的人。我必须谨慎地下注，因为我知道，无论车走到哪里，旅程结束时那个人必须能邀请我去他家，因为我没有钱在旅馆里过夜。"

作为一个穷游者，卡尔在环游欧洲时让自己获得免费食宿的决定性问题是："你能告诉我，你是怎么做美味的菜炖牛肉的吗？"他会有意识地选择老奶奶旁边的座位，接下来在交谈中老奶奶就会倾囊相授。几分钟兴高采烈地比比画画之后，人们会从车厢其他地方聚拢过来帮忙做翻译，无论是哪个国家的人。卡尔从来不用担心自己没地方过夜。

"（在匈牙利，一位奶奶招待我的晚宴是菜炖牛肉。）在晚宴期间，其中一位老奶奶的邻居说：'你品尝过杏仁白兰地酒吗？没有人像我爸爸那样做杏仁白兰地，他住的地方离这儿有半个小时的路程，你必须来尝尝我爸爸的杏仁白兰地酒。'那个周末，我们品尝着杏仁白兰地，玩得很爽。另外一次宴会开始了，又有一位邻居走过来对我说：'你去过世界辣椒之都基什孔豪洛什吗？不参观基什孔豪洛什你不能离开匈牙利！'于是我们便动身前往基什孔豪洛什。跟你说，一个简单的关于菜炖牛肉的问题能够为我提供 6 周的食宿。这就是我周游世界 10 年的经历。10 年时间啊！"

以对方的内心为目标，而不是其头脑

"听好了，第一点：当有人问我有什么采访的小窍门时，我会说我的窍门就是以对方的内心为目标，而不是以其头脑为目标。一旦你打动了对方的内心，那么你就能接触到对方的思想。一旦你打动了对方的内心，接触了对方的思想，接下来你就将找到通往其灵魂之路。"

保持与众不同，不要只是寻求"更上一层楼"

在卡尔事业的鼎盛时期，即使公关人员只给了他两分半钟的时间，他仍然能够让米哈伊尔·戈尔巴乔夫接受他 30 分钟的采访。他是如何做到的？"用第一个问题走进其内心。"下面是这个故事的开始：

"公关人员把我领进了一个房间，那一刻我在想：'好吧，如果是两分半钟的时间，那我就尽自己的最大努力吧。'我抬头看了看，戈尔巴乔夫就在那儿，他比我印象中看起来苍老一点儿，那时他大约 77 岁。他到那里是来谈论核武器以及为什么应该销毁核武器的。我们坐了下来，我看着他，也知道他期望我问的第一个问题是有关核武器、世界政治、经济改革或者罗纳德·里根的，对于这些，他已经准备好了。结果，我看着他说道：'你爸爸曾经教给你的最有用的道理是什么？'他很吃惊，是那种充满意外之喜的惊讶。他抬起头来，没有立即回答我的问题，因为他在思考。过了一小会儿，好像他在天花板上看完了回放自己过往的电影，他开始给我讲述他的故事，那是有关他父亲应征参加'二战'的故事：戈尔巴乔夫当年住在农场，农场离镇上很远，他的父亲不得不和其他人一起动身去参战……"

"不要惊慌，让沉默发挥作用"

当我提到，在我提了一个问题，然后采访突然僵住了的情况下，我总是会慌忙插话的时候，卡尔给我提了上面这个建议。另外一个建议出自克丽斯塔·蒂贝特，这个建议也能帮助我在这种情况下平静下来。克丽斯塔·蒂贝特是公共广播节目和播客节目《生活》的主持人，她曾说过："倾听是我与你同在，而不是仅仅保持沉默。"

应当经常问问自己的一个问题

"你做的哪些选择使你成为现在的你？"

"有意义的事情是忘不掉的"

哈里·克鲁斯是一位小说家，著有《蛇宴》《汽车》等作品。卡尔曾经问他在参加了这么多派对，摄入了这么多毒品和酒精的前提下，他是怎样记得任何事的。哈里不写日记，他的回答是："孩子，有意义的事情是忘不掉的。"这是卡尔在采访哈里的十几年后突然记起的内容，当时他弄丢了地下室里的一整盒研究笔记。卡尔最终凭着记忆完成的作品令人难以置信，作品被命名为"在400米的高空喝酒"，获得了詹姆斯·比尔德美食评论家大奖，这个奖项类似于饮食行业的奥斯卡奖。作品中的开头几行是这么写的："我们都知道那种感觉：迫切想要把某件事做到极致，也已经非常尽力了，但就是做不到。"

你想写本书吗？

卡尔解释了自己为什么有时会把加夫列尔·加西亚·马尔克斯的《百年孤独》赠送给那些想要成为作家的人："如果你从来没有写过书，而你想要告诉别人自己准备写一部伟大的作品，那么读读这本书吧，这样你就知道一部伟大的作品是什么样子了。"

如果你是个亿万富翁……

我问卡尔："如果你是个亿万富翁，今年你要送给全国每一位高中毕业生2~3本书，你会送什么书？"他的答案是："我会给每个人送一本戴尔·卡耐基的《人性的弱点》，给每个女同学送一本柏瑞尔·马卡姆的《夜航西飞》，给每个男同学送一本汤姆·沃尔夫的《太空英雄》。这些书有助于你打造人生旅程的良好开端。"

* 你会在布告板上写什么？

"倾听。"

乔舒亚·斯克内丝
JOSHUA SKENES

乔舒亚·斯克内丝因为会"玩火"而出名。作为旧金山斯科季节餐馆（米其林三星级餐馆）的老板，乔舒亚受过传统的烹饪训练，喜欢使用高端的子之日牌日本菜刀，但是没有什么能像明火那样激活其想象力。他的名片背面以玩笑的形式印了几个字，在乳白色的卡片上很显眼：**玩火**。

还记得"有意义的事情是忘不掉的"吗？

早期，当乔舒亚搬迁自己的季节餐馆时，他不得不接受卡尔·福斯曼（见前文）的哲学理念。在他们搬家的那一天，下水道的污水涌进来，弄脏了整个餐馆，乔舒亚所有的手抄菜谱毁于一旦，而他不得不选择用一种乐观的态度面对一切。

"但是，我们即将搬到一个新地方，因此总归还是有一些积极的方面。我想：'就这样吧！我们正好要重新开始！'我们再次白手起家。所有的一切都在这里（在乔舒亚的脑子里）。"在没有原始菜谱、没有设备的情况下，他彻底地再造了季节餐馆，使之成为旧金山历史上第一家获得米其林三星评级的餐馆（与 Benu 餐馆并驾齐驱）。

* 对于新餐馆，你所做的最佳决定是什么？

"我们确实重新开始了，我认为自己做的最佳决定就是说：'让我们真正地重新开始吧，让我们完全清空自己的"杯子"，真正思考此刻对我们来说什么是有价值的，什么是实实在在的，什么是真诚的——就让我们干起来吧！'现在，这仍然是季节餐馆发展壮大的原动力。"

* 乔舒亚推荐的书

上田和雄的《鸡尾酒的技术》（*Cocktail Techniques*）

周宋华的《太极拳之道》（*The Dao of Taijiquan*）

里克·鲁宾
RICK RUBIN

里克·鲁宾被音乐电视网称为"近20年最重要的音乐制作人"。里克的履历包括为从约翰尼·卡什到说唱歌手Jay Z的各领域的知名音乐人制作专辑。他既与重金属乐队（包括黑色安息日、杀手乐队、堕落体制乐队、金属乐队、暴力反抗机器乐队和林肯公园）合作，也与流行艺术家（包括夏奇拉、阿黛尔、雪儿·克罗、拉娜·德·雷和嘎嘎小姐）合作，他还同埃勒·酷、野兽男孩乐队、艾米纳姆、Jay Z和坎耶·维斯特等说唱音乐人一起普及说唱艺术。不过，这些也只是冰山一角而已。

> 灵兽：北极熊

背景故事

≫ 只有我们同意在里克那滚烫的桑拿桶中做这期播客，他才同意接受采访。因此，我必须同里克一起进行十几次的桑拿和冰浴，并且不能携带录音用的电子设备。接踵而来的是大量的后续工作，我考虑到了每一件事……除了麦克风，它摸起来十分烫手，我们不得不用毛巾将其包裹起来。

》》》克里斯·凯利奥斯推荐里克定期洗桑拿，他是里克的朋友，以前是职业冰球选手。克里斯从事时间最长的职业就是冰上曲棍球运动员，他一直参加比赛到他 48 岁退役。他参加了冰球联赛中主力球员能参加的大多数比赛，保持着后卫在冰球联赛中参赛次数最多的纪录。克里斯在很大程度上将其长久的运动寿命和很少生病归功于每天洗桑拿。

》》》无论去哪儿，里克都身着 T 恤衫、短裤和人字拖。如果某家餐馆有特定的着装要求，那他就不去。

》》》里克和凯利·斯塔雷特（见前文）是第一批向我介绍效果奇佳的 ChiliPad 温控床垫的人。

》》》阿黛尔之所以彻底放弃了专辑《25》的第一版本，主要就是因为她听取了里克的反馈意见。她"重新设计"了整张专辑，重新开始录音。全新的、改进后的专辑《25》成为 2015 年世界上最畅销的专辑。

冰浴的力量

"通常，运动会使我感觉更好，冥想也会使我感觉更好，但冰浴是最好的。它的效果就像魔术一样——我要在桑拿、冰浴之间来回反复，等到在冰桶中泡完第四个、第五个或第六个轮次之后，这个世界上就再也没有任何事情能让你心烦了。"

早上晒 20 分钟的太阳

里克已经自其体重高峰减掉了 45 公斤以上。他完全从身体上对自己进行了重塑。现在，他的冲浪表现已经远胜于我了。他的很多重要改变都归功于菲尔·马佛东博士，包括改进他的作息规律。现在里克通常在上午 7 点 30 分到 8 点 30 分之间醒来，改变了原来昼夜颠倒的习惯。"我在上大学（纽约大学）期间，下午三点之前我从来不上课，因为我知道自己起不来……（在遇到马佛东博士之前，）我会拉上不透光的百叶窗睡觉，通常直到太阳落山才会起床出门。马佛东博士对我说：'从现在起，当你醒来时，我要你走出去。只要你一醒过来，就打开百叶窗，走出去，如果可能的话，裸晒 20 分钟。'"

> **作者：** 现在我在室外做清晨冥想时都会尽量不穿上衣。有一次在一家巴黎酒店，我曾想裸身锻炼，结果差点儿被赶出去，因为我的"私人"院子后来证明是与其他客人共享的。

"最好的艺术可以把观众区别开来"

我第一次看到里克的名字是在我买的第一张重金属专辑的歌词本里，那张专辑是杀手乐队的《血腥统治》。我问了里克有关与乐队签约的事情，他说道：

"当我们签约（杀手乐队）时，我非常担心……他们正在为一家主流唱片公司录制自己的第一张专辑，而我担心的是他们的专辑会销售一空……我总是喜欢极端的东西，他们就是极端的，而我想使之最大化，而不想淡化它——为了迎合主流观众而淡化某个极端特点的做法，我认为是不对的。我认为人们想要真正展现激情的东西，而且在通常情况下，最好的乐队或专辑往往并不是为所有人准备的……最好的艺术可以把观众区分开来。如果你推出一张唱片，有一半的人听到后疯狂迷上了它，另一半人听到后恨不得自己没听过，那就说明你做得很好，因为它把听众区分开来了。"

* 里克对年轻的自己有何建议？

"对自己更友善一些，我觉得我对自己太狠了。我对自己的期望很多，对自己很苛刻，而我不知道我这么做能有什么好处。"

蒂姆："我所纠结的事情是，一方面，我不想虐待自己，但是另一方面，我认为自己追求完美的性格能够让我在各方面都获得成功。我听说过 ZZ Top 组合及其 *La Futura* 这张专辑的故事，我听说过他们在 2008~2012 年间和你一起打造这张专辑的故事。他们意识到了你的价值，因为你希望任何艺术作品都能够达到其最完美或最佳的状态，并愿意倾注所有的时间、承受必要的痛苦来实现这一点。我也想对自己要求得更宽松一些，但是我担心如果我这样做了，我就会失去所有的"魔力"——如果真有魔力一说的话，它可以让我实现自己的目标。"

里克："我认为，那只不过是个错觉。我认为你所选择的目标就是你有能力实现的目标（而并不取决于完美主义）——这十分类似于既然你已经赢得了战争，那就接受自己胜出的事实：你有了自己的听众，人们愿意听你感兴趣的东西、你喜欢学习的东西以及你想要分享的东西。你做这一切不需要苛责自我，并且无论对于你自己还是对于你的听众来说，苛责自我都没有任何意义。"

将你的任务尽可能缩小

里克是如何帮助陷入困境的艺术家呢？"通常，我会给他们布置家庭作业——一个特别小的、谁都做得到的任务。给你举个例子：最近有一位和我一起工作的艺术家，他在很长时间里都没能创作出一张专辑，每一件事都完成得很不顺利，他陷入了创造困境。我给他布置了一个他一定能做到的、几乎像个玩笑的作业：'今天晚上，我想让你为这首需要 5 句歌词、你一直没写出来的歌曲写出一个字，到明天为止，我只想要你写出你自己喜欢的一个字，你认为自己能够想出这一个字吗？'"

走心的工作

"与'走脑的工作'相比，我在工作中做得更多的是与情感有关的'走心的工作'。头在心之后，你需要用脑去看心呈现了什么以及思考如何组织其呈现的一切。最初的灵感并非来源于头脑，艺术创作不是一种智力活动。"

向大师学习，而不是向竞争对手学习

"去博物馆参观伟大的艺术作品有助于你写出更好的歌曲。阅读伟大的小说……观看伟大的电影……阅读诗歌……这就是利用其他艺术家的灵感的唯一途径，如果你一直让自己沉浸在最伟大的作品中……如果你听的都是有史以来最伟大的那些歌曲，而不是收听收音机里的流行歌曲并且想：'我希望自己的歌比它更流行。'……（对于音乐创作来说，）你应当去听 *MOJO* 杂志公布的史上最伟大的 100 张专辑，或者《滚石》杂志公布的史上最伟大的 500 张专辑，或者任何具有公信力的排行榜的排名前 100 的专辑，去聆听那些公认的大师作品。"

* **当你听到"成功"一词时，你想到了谁？**

唐·维尔德曼。"他 82 岁了，但他仍然能做 23 个引体向上。他曾参加过老年人奥林匹克运动会。他退休了……因为他想锻炼身体，安享晚年。从很多层面来说，他是最能鼓舞人心、最伟大、最成功的人之一。"

> **作者：** 莱尔德·汉密尔顿、加布里艾尔·瑞丝、布赖恩·麦肯奇也经常谈到唐（见前文）。我极力推荐大家读一读几年前《时尚先生》关于他的一段介绍，题目是"世界上最健康的 75 岁老人"。文章写道："1994 年维尔德曼正式退休（在他把自己的公司卖给后来的倍力健身公司之后），时年 61 岁，不是因为他对生意失去了热情，而是因为如果工作的话——即使是在健身行业工作，他很难实现自己一年滑雪 100 天的目标。"

出色的背景音乐

就像前面提到的，我采访过的各行各业的世界级大师中，80% 以上的人都以某种形式在上午做冥想练习。

那么剩下的 20% 的人呢？这些人也都会进行某种类似于冥想的练习，其中一种常见的形式是反复听某首歌或某张唱片，这是一种外部手段，有助于提高专注度和对当下的觉察度。

下面是几个例子：

- **亚历克斯·霍诺德**，杰出攀岩运动员：原声音乐《最后的莫西干人》。
- **罗尔夫·波茨**，雅虎旅游专栏作家，著有《流浪》及其他作品：听 30 分钟类似《禅宗的效果》（作曲家是洛夫·肯特）这样的节奏音乐，还有为影片《杯酒人生》《婚礼终结者》《律政俏佳人》做过配乐的作曲家的作品。
- **马特·穆伦维格**，博客系统的首席开发者、Automattic 网页开发公司的首席执行官：说唱歌手 A$AP Rocky 的《每一天》、德雷克的《舞一曲》。
- **阿梅莉亚·布恩**，世界上最成功的女性障碍赛选手：碎南瓜乐队的《就在今夜》和 NEEDTOBREATHE 乐队的《睁大眼睛》。
- **克里斯·扬**，数学家兼实验性厨师：保罗·欧肯弗德的《住在上海的罗让》、皮特·唐的《必不可少的搭配》。
- **杰森·席尔瓦**，电视节目和 YouTube 视频网站的常客，知名当代哲学家：

汉斯·季默为电影《盗梦空间》创作的原声音乐《时间》。

- **克里斯·萨卡**：鲍尔的《哈林摇》，碧昂丝、Jay Z 和坎耶·韦斯特的《起飞》。"听着《哈林摇》，我能够快速浏览海量的邮件。"
- **蒂姆·费里斯**：最近我在听 Beats Antique 的《传播》和 Sevendust 的《遮天蔽日》，具体选择哪首作为背景音乐，要看我是需要平静心情还是提振情绪。

就个人而言，我会让这种重复的修行更进一步。

在交稿日期截止之前，我会为午夜的写作时段挑选出一两张唱片和一两部电影，因为我在晚上 11 点至凌晨 4 点之间的工作效率最高。通过调查我所认识的最多产的作家，我发现 90% 以上的人在其他人睡觉时工作效率最高，无论他们是从晚上 10 点开始工作还是在早上 6 点之前开始干活。就个人而言，为了避免感觉孤独，我会以静音播放的电影为背景，并且每隔一段时间听一两张唱片，电影和唱片反复重复播放。这就意味着有些电影我可能差不多"看过"100 多次，因为一部电影每个晚上我可能会播放 3~6 次。在一个集中工作的时段接近尾声，我开始感到疲劳的时候，我也会从默认的"滚动"的背景乐切换成默认的"唤醒"音乐。下面是我写作我所有作品时采用的影片集锦和音乐唱片目录：

《每周工作 4 小时》

- **电影**：《谍影重重》《僵尸肖恩》
- **"滚动"唱片**：费德里科·奥伯莱的《布宜诺斯艾利斯大酒店》
- **"唤醒"唱片**：宽限三天乐团的《下一首》

《每周健身 4 小时》

- **电影**：《皇家赌场》《偷拐抢骗》
- **"滚动"唱片**：由组合 DeadMau5 翻唱的《卢西亚诺精选集》
- **"唤醒"唱片**：乐队 Sevendust 的《寒冷日子的记忆》

《4小时变身大厨》

- **电影**：《小猪宝贝》（是的，就是那部小猪电影，就是在亚马逊官网首页推送给用户的第一件免费商品。我本来打算把这部电影当笑话看，但我被它迷住了。"这就行了，小猪，这就行了！"这句台词每次都会打动我。）
- **"滚动"唱片**：格拉马特克的《即兴演奏》单曲
- **"唤醒"唱片**：霹雳本杰明的《亲爱的痛苦》

《巨人的工具》

- **电影**：没有固定影片！写作本书时我一直在旅行，我会在巴黎的午夜咖啡店以及其他地方观察来往的客人和路人，这些就是我的背景"电影"。
- **"滚动"唱片**：混合动力的《我选择噪音》
- **"唤醒"唱片**：乐队 Down 的 *Over the Under*

杰克·多尔西
JACK DORSEY

杰克·多尔西是推特的联合创始人和首席执行官,移动支付公司 Square 的创始人和首席执行官,华特·迪士尼公司的董事会成员。2012 年,他荣获《华尔街日报》"年度创新者奖"。2008 年,他被《麻省理工科技评论》提名为"35 岁以下的前 35 名创新者"之一。

* 你推荐最多次的是什么书?

《老人与海》、《草叶集》(第一版)

* 如果你能在任何地方立一块巨大的布告板,你会在上面写什么?

"呼吸。"

* 你有什么用来指导自己的生活或经常想起的名言吗?

"我什么也不知道。"

* 你在工作中听到的最差建议是什么?

"快速失败。"

* 有什么事情是你所相信而其他人认为太疯狂的?

我们生下来就有自己所需要的一切。

* 最近一年来你学习或密切效仿的三个人是谁?

维姆·霍夫、里克·鲁宾、瑞克·欧文斯。

*《蒂姆·费里斯秀》中你最喜欢哪位嘉宾?

里克·鲁宾和维姆·霍夫。

* 你做过的最好的或最有价值的投资是什么?

每天花点儿时间步行去上班(8千米的路程,用时1小时15分钟)。

"世界上只有四种故事：两个人之间的爱情故
　事，三个人之间的爱情故事，争权夺利的故
　事和旅行故事。书店中的每一本书都逃不脱
　这四个原型、这四个主题。"
"世界只会因你的行为而发生改变，不会因你
　的观点而改变。"

保罗·柯艾略
PAULO COELHO

　　保罗·柯艾略很久以前就已经成为我重要的写作灵感来源之一。他的书具
有普遍性的吸引力，包括《牧羊少年奇幻之旅》和他最近出版的《间谍》，他
的作品已经被翻译成 70 多种语言。作为一位作家，他几十年如一日地坚持写
作，平均每两年出一本书。在写下这些文字的时候，我正处于最后交稿期限
的压力之下，就像库尔特·冯内古特所描述的："我在写作时，感觉自己就像
个四肢全无、只能用嘴叼着蜡笔画线的人。"我有很多东西需要向保罗学习。

幕后故事

　　很少有人知道，在世界范围内销售超过 6500 万册的《牧羊少年奇幻之旅》
最初是由一家名不见经传的巴西出版商出版的，初版只印刷了 900 册并且被拒
绝再版！直到后来保罗发表了小说《布里达》，《牧羊少年奇幻之旅》才得到再
版的机会并流行开来。

　　保罗出生于巴西，现在居住在瑞士的日内瓦，他就是在那儿为我的播客

录制采访的。

你的日常作息是什么样子的？

"首先，我要坐下来。我心中惦记着自己要写的书，然后我就开始拖延。早上，我会查看自己的电子邮件，看看报纸以及其他所有能看的东西，我做这一切只是为了拖延，直到我能够坐下来面对自己的任务。在差不多 3 个小时的时间里，我会一直努力地告诉自己：'不，不，不，再晚点儿，再晚点儿。'随后，有那么一刻，为了不在自己面前丢脸，我会对自己说：'我要坐下来，我要写半个小时。'然后我就开始写了。当然，这半个小时最后很可能变成了连续的 10 个小时。这就是我写书很快的原因，因为我停不下来……不过我一直也没改掉（拖延的毛病）。**可能这是我内心的某种仪式，我必须对这没能投入写作的 3~4 个小时感到内疚。** 在这之后，我才能坐定开始写作，然后我就停不下来了……

"我比较成功的一天通常是上午遭罪，晚上快乐——写作带来的快乐。（我不应该）把这称为快乐，因为这其实也很痛苦……或者说它会让我陷入一种恍惚的状态。当我在连续工作 10 小时后上床睡觉的时候，我能感觉到肾上腺素仍然在我的血液中循环，我要花上好几个小时才能入睡。**我身边会放着一个笔记本，我会记笔记，但我记笔记的目的只是把心中想的东西倾诉出来，到了第二天，这些东西就毫无用处了。** 我从来不用自己记的笔记……从我写第一本书《朝圣之旅》开始就是如此。我无法改变我的写作习惯。我真心希望自己在白天一坐下来就开始写作，而不是在那儿内疚 3~4 个小时，但那是不可能的。"

> **作者：** 即使是世上最杰出的作家也会拖延，我需要经常温习这一经验教训。对于大多数并非从记者做起的作家（如马尔科姆·格拉德威尔、尼尔·斯特劳斯）来说，写作是件艰难的工作，而且会一直很艰难。什么

能够使之容易一些呢？如果人们知道许多"伟大的人物"也在经受着相同的折磨，知道行业中的顶尖人物——他们貌似已经克服了所有的困难——每天也在纠结挣扎，那么人们就会感到心安理得了。

* 新手小说家最常犯的错误或普遍具有的弱点是什么？

　　"写作要简洁。相信你的读者，他们具有丰富的想象力，不要尽力去描述每一件事。只要你给出一个线索，读者们就会用自己的想象力沿着这一线索补完整个地图。这就是我不愿出售自己作品的电影改编权的原因所在，因为在电影里什么都显而易见，（观众）不需要思考。然而在小说中则不同，例如在小说《阿莱夫》的开头，我说：'我在我位于比利牛斯山的家中，那儿有一棵橡树。'我不需要再去解释我的家位于比利牛斯山的何处。我只需要给出重要的元素：橡树、我自己以及我在与之交谈的人，这就足够了……相信你的读者，你要明白读者能够自己填补空白的空间，不要过度解释。"

* 如何捕捉那些可能有助于你写作的灵感？

　　"我极力提倡作家在做其他事情时不要考虑写作的事，忘掉笔记，忘掉记笔记，让重要的东西自然地保留下来，让不重要的东西自然地消逝。当你坐下来写作时，你所完成的是一个净化、清洗的过程，最终只有重要的东西保留了下来。这比记笔记，让自己陷入超负荷的信息要好得多也容易得多。"

* 当你卡住或停滞不前时，你会做什么改变这种状况？

　　"只有一件这样的事情。当我感觉停滞不前时，我会向自己保证：即使我觉得没有灵感，那我也要向前推进。我需要用纪律约束自己……在一本书的写作过程中，可能会出现这种情况：我不知道如何让故事继续下去，即使是在写作非虚构类的纪实文学时也有可能遇到这种情况。而这种时候我会说：'既然这本书在和我斗争，那好吧，我就坐下来奉陪到底，我不会把你搁置一边，我会拼尽全力找到出路。'这可能需要 10 分钟，也可能需要 10 小时，但是如果你没有足够的纪律性，那你就无法向前推进……"

> **作者：**本书中的几位嘉宾，也包括我自己，都认为，在产生与书有关的信念危机时，安妮·拉莫特的《一只鸟接着一只鸟》一书可以成为救命稻草。我的一位朋友也曾遭遇写作瓶颈，当时他已经打算把他的预付款退还给出版商并宣布终止写作了。而我及时地把我的那本《一只鸟接着一只鸟》借给了他。结果是，他恢复了自信，最终他的书也成为《纽约时报》的畅销书。

＊有团队或调研人员帮助你吗？

"我没有团队，没有，没有……如果你的书充斥着过量的研究信息，你会让自己和自己的读者感到无趣。出书不是为了显示你有多么聪明、多有文化，而是为了展示你的内心、你的灵魂，并告诉你的读者，'你们并不孤独'。"

谢丽尔·斯特雷德给出的写作建议

谢丽尔·斯特雷德（Cheryl Strayed）是《纽约时报》畅销书《走出荒野》《想把所有美好都给你》《足够勇敢》《火炬》的作者。谢丽尔也在《美国最佳散文选》《纽约时报》《华盛顿邮报》《服饰与美容》《沙龙》《太阳报》《铁皮房子》以及其他报纸杂志发表散文作品。她获得了雪城大学小说写作方面的艺术硕士和明尼苏达大学的学士学位。谢丽尔现在居住在俄勒冈州的波特兰。

本书中提到的每一位作家的写作过程都略有不同，但在最开始，所有人都是一样的：面对着一张空白稿纸。

即使你从不认为自己是作家（我就从来没把自己当成作家），把自己的思想以书面的形式展现出来也是拓展思路、回顾与改进自己的思维方式的最佳途径。每周花 30 分钟随便写写所带来的好处能够传递到你所做的其他所有事情上。

当有人问谢丽尔会对读过《走出荒野》的学生布置什么作业时，她给出了下面这些有关写作的建议。这些建议非常棒，能为所有类型的日志或写作开一个好头，无论是晨间笔记、博客文章、小说的开篇、给朋友的信、日记、剧本还是一挥而就的邮件。

针对每一条随手写上两页，不要停顿，不要停下来修改。写作的第一步是埋头创作，不做评价。最终你创作的东西很有可能会令你自己大吃一惊。

- 写一次你意识到自己曾经做错的事情。
- 写一次你从自己的惨痛经验中得到的教训。
- 写一次你着装不恰当的经历。
- 写一件你失去了、永远不可能再得到的东西。
- 写一件你知道自己做得正确的事情。
- 写一件你不记得的事情。
- 写一位你认为最严厉的老师。
- 写一段有关身体受伤的回忆。
- 写一件你知道已经彻底结束了的事情。
- 写一件被人关爱的事情。
- 写一写你在真正思考的事情。
- 写一写你如何找到自己回来的路。
- 写一写好心的陌生人。
- 写一写你为什么不能做某件事。
- 写一写你为什么做了某件事。

埃德·库克
ED COOKE

　　埃德·库克是在线学习工具"忆术家"的首席执行官，也是一位公认的记忆大师。他能够在一小时之内记忆并背诵出 1000 位的数字，在几分钟之内记忆并背诵出一副打乱的扑克牌的牌序，在一小时之内记忆并背诵出 10 副打乱的扑克牌的牌序。或许更厉害的是，他能够迅速训练他人做同样的事。2010年，他接受了记者约书亚·弗尔的采访。在埃德尤达大师般的指导下，2011 年约书亚成为新的美国记忆冠军。埃德花了不到一年的时间就把一个新手变成了世界级的记忆冠军，这一过程被弗尔记录在其《与爱因斯坦月球漫步》一书中。

　　　　　　　　　　　　　　　　　　　　　　　灵兽：美洲虎

歌德的魔法

"歌德真的很棒……25 岁的时候，他写了一本非常出色的小说（《少年维特之烦恼》），这本书是基于少年歌德自己的烦心事创作的。它讲述了一个坠入爱河的年轻人，但其爱情之路并不顺利……写这本书时，歌德把自己锁在宾馆的房间里三个月，想象自己的五个最要好的朋友坐在房间里的几把不同的椅子上，并与这些想象中的朋友讨论各种情节的可能性及其他。顺便说一下，这就是一个我之前谈论的那种空间分离的方法。（作者：人类生来能够记住不同的面孔、人和地方 / 空间，因此你可以用它们作为构建记忆的线索。）在我们的内心中，我们仿佛生来就在某种意义上被困于某处，受到限制。通过想象自己处在不同的空间位置并从各种视角重复一种想法——或某个小说情节，他赋予了自己多个相互独立的视角和一个多维的场地，并以此创作出自己的艺术作品……顺便说一下，这是一种了不起的技术。"

> 作者：我们并不像自己想的那样需要经常能进行面对面交流的导师。每天，我都可以利用本书中的人物问自己这样一些问题："马特·穆伦维格会怎么做？"或者"约克会怎么说？"

感觉就像一个失败者

"在上学时，我有时会输掉一场辩论赛或者从广义上发现自己是个失败者，感觉自己陷入了某种'困顿'的心理状态。我会坐在厕所里或其他地方想：'天哪！所有的一切都糟糕透了！都是垃圾！'然后我会想：'仔细想想的话，星星真的很遥远。'接下来你尽力站在星星的角度想象这个世界，你的眼界立即就放大了，你可能会说：'天哪！那儿有个小人物，正在为某事常戚戚呢。'"

作者：这类似于前文中 B.J. 米勒描述的"凝望星空疗法"，每天晚上睡觉前我都会将二者组合起来练习。

* 埃德推荐的书

伯特兰·罗素的《赋闲礼赞》。

艾伦·瓦茨的《欢乐的宇宙学》。

歌德的《格言与反思》。"18 岁时我在周游世界，这是欧洲人在中学毕业与大学开学之间这段时间会做的事。在船上，我口袋里装着歌德的格言集——里面都是歌德简短的小想法。我反复读这本书……它确实对我的生活产生了非常重要的影响，因为这些是歌德的智慧碎片，其内容几乎涉及任何我能想象到的话题，所有的一切都精彩绝伦，其中讲到了'女性的社交就是学习优雅的举止'，以及'大胆去做就能开发出相应的天赋、力量和魔力'。人们可能不记得其精确的表达形式，尽管如此，它仍然可以充当解释现实的微小过滤器。"

约翰·赫尔的《触摸岩石》（*Touching The Rock*）。这本书讲述的是一个人在 20 年里慢慢失明的过程："他的确有几分神学家的味道，但（作为一个盲人），他对自己如何开始享受这个世界抱有一些精彩的想法。一个常见的例子是：对于盲人来说，雨是最好的东西，因为你可以在三维空间中倾听这个世界。雨滴落在房顶、路面、路灯柱、建筑物上的淅淅沥沥声——通过回声反射——给你一种三维空间的感觉，而在大部分时间里，你的三维空间只是距离你几码远的范围，除此之外就是一片空白。"

> "看着别人的眼睛通常是治愈
> 我们烦恼的解药。"

阿曼达·帕尔默
AMANDA PALMER

阿曼达·帕尔默最初是作为国际知名的二人乐队"德累斯顿玩偶"中的一员成名的。她的 TED 演讲"提问的艺术"大获成功,点击量已经超过 800 万次。她随后写了一本书,扩展了演讲内容,书名为《提问的艺术》(*The Art of Asking*)。我阅读了这本书,并在一个陷入困境的下午用它改进了自己的生活方式。

灵兽:树懒

"接受痛苦,并把它像衬衫一样穿在身上"

阿曼达解释她是如何获得"阿曼达·该死的·帕尔默"这个绰号和艺名的:

"事情是这样的:本(本·福尔兹是阿曼达首张个人专辑的制作人)认识我当时的一个竞争对手,这个人在每次提到我的时候都称呼我为'阿曼达·该死的·帕尔默'，因此本也就这样叫我了。我们在那什维尔为录制一张唱片一起工作了一个月，作为玩笑，他们开始叫我'AFP'……在工作室中你会变得疯狂，每一件事都会迅速发展成为厕所幽默。这个绰号变成了我们工作室的内部笑话，它真的很好笑，本后来甚至用这个名字命名了他家的宠物，我自己也开始使用它。然后它就变成了现在这个样子，我甚至不知道它是如何变成这样的，但是我认为那是个不错的绰号……它像胶水一样粘住你不放。"

蒂姆："我喜欢这个绰号。所以说，你是通过全盘接受来消除这种侮辱的。"

阿曼达："这就是我的生活哲学。"

蒂姆："我喜欢这种生活哲学。"

阿曼达："其实算不上什么生活哲学，我只是接受痛苦，并把它像衬衫一样穿在身上。"

> **作者：**准确地说，这就是为什么当有人采访我，认为我是"样样通、样样松"（我可能的确是）时，我常常称自己为"专业的业余爱好者"的原因。我先发制人，使用攻击者的语言，以此消除他们可能采用的某种攻击方式。

少说话

"当我就要与父母发生冲突或陷入某种尴尬局面，或者就要与尼尔（尼尔·盖曼是她的丈夫）发生争吵时，对于这种时刻，我的导师给我提的生活建议是：'少说话。'就是这样，只是少说话。"

将自己的早期成功说成是街头艺人的表演

"我把每一位主顾都当作短期情人来对待。"

阿曼达的冥想练习

"就是基本的内观静修，没有什么特别的，没有疯狂的咒语，没有神明或神灵，只是一个人随意地坐在地上，关注自己的呼吸和身体，思绪时有时无，尽量不去想一些乱七八糟的事情。"

降灰于佛

"一直以来，我最钟爱的一本书是《降灰于佛》(*Dropping Ashes on the Buddha*)，它改变了我的生活。这本书是禅宗大师崇山行愿的作品。崇山行愿是一位韩国禅僧。我是在大约 24 岁时读的这本书，这是一本薄薄的书，其内容是一系列的信件，是在 20 世纪 70 年代，这位十分有趣、直率，从不说大话的韩国禅僧与其学生进行交流的信件。它是那种会让你产生'哦！上帝啊！我想我明白了'等类似感觉的书……我把这本书送给了可能有三四十个人，特别是那些曾告诉我他们感觉有点儿迷失或沮丧或没有方向，或者是正处在疯狂生活的十字路口，需要紧紧抓住点儿什么的年轻人。如果你喜欢这本书，你可以再去看看它的姊妹篇，是这位禅僧的第二本信件集，书名叫《只是不知道》(*Only Don't Know*)。"

缩小目标，发展你自己的粉丝

下面是我最喜欢的来自《提问的艺术》的节选，我之所以强调这一部分，是因为它完美地展现了我所喜爱的"1000 个真正的粉丝"的哲学。

蒂塔·万提斯是当代知名舞娘，她曾经讲述过自己早期在洛杉矶当脱衣舞娘时学到的经验教训。她的同事们——金发碧眼的舞女们：古铜色的皮肤、身上涂着巴西蜡、在霓虹灯下身着比基尼——在俱乐部为大约 50 人的观众跳全裸脱衣舞，并从每位观众那儿得到 1 美元的小费。但蒂塔的做法有所不同，她在上台时会戴着缎面手套，穿着紧身衣和芭蕾舞短裙，表演一曲性感的脱衣舞，只脱掉内衣，让这群观众感觉意犹未尽。接下来，尽管可能有 49 个人会对她不屑一顾，但总有一位会付给她 50 美元的小费。

蒂塔说，那个人才是她的观众。

* 有什么生活指南或经常想起的名言吗？

"'尊重那些寻求真理的人，提防那些声称自己已经发现真理的人。'（改编自伏尔泰的名言）这句话是在提醒人们：追求真理的道路永远没有尽头，没有人能真的到达终点。"

埃里克·温斯坦
ERIC WEINSTEIN

　　埃里克·温斯坦是泰尔资本管理公司的总经理。他有哈佛大学数学物理学的博士学位，还是牛津大学数学研究所的研究员。

灵兽：镜兰

背景故事

》》这是埃里克在采访前发给我的短信："你想要尝试一下关于（我们在谈话中涉及的主题）……致幻剂、万能理论以及为了拯救教育而摧毁教育的必要性之类的播客吗？"

》》埃里克写过的东西中传播最广的是一篇关于他最喜爱的电影《功夫熊猫》的评论。（埃里克在 Quora 问答网站回答了这个问题："在电影《功夫熊猫》中，熊猫波波是如何在最终修炼出了令人畏惧的高强武功的？"）他还写过一些有关职业摔跤的文章，用以暗喻我们正生活在一个被人为建构的虚假现实之中。

不要追求泛泛的名声

这是去年埃里克对我说过的给我留下深刻印象的话语之一，它影响了我的许多决定。当时我俩正坐在一个大浴缸中讨论人生，他说："人们高估了泛泛的名声的作用，实际上你只需要在自己挑选出来的 2000~3000 人面前出名就可以了。"我对他的原话有改动，但关键点仍是你不需要或不会想要主流社会所看重的那种泛泛的名声，因为那只会给你自己带来更多的责任而不是好处。然而，如果你为 2000~3000 个高素质的人（如看现场直播的 TED 观众）所认识或敬重，那么你就能够做你想做的任何事，这些人会带给你最大的利益和最小的损失。

在处理客户公司的问题时，可以用来问你自己的好问题

"他们知道怎样做对自己有利吗？"

"他们不敢说或不敢想的是什么？"

"共识"应该引起你的警惕

"无论如何，人们必须明白共识是个大问题。我们没有'算术共识'一说，因为算术不需要建立在共识上，但是我们有华盛顿共识，有气候共识。一般来说，共识其实是我们胁迫人们假装自己什么问题也没看到的方法，也就是说'大家共进退'。我认为，在某种程度上你应该明白，人们不会自然而然地达成高度一致的协议，除非某事要么显而易见——在这种情况下根本不需要共识，要么是某种针对所有人的生活或自身存在的潜在的暴力威胁。"

> **作者：** 在我所做的公共演讲中，几乎在每一场演讲开始时，我都会放一张幻灯片，上面是这句名言："当你发现你跟大多数人站在同一立场时，你就该停下来仔细想想了。"这是马克·吐温的话。这句话不只是给观众看的，也是在提醒我自己。

改变你的词汇，改变你的世界

埃里克的词汇量惊人，他的用词经常把我难倒。我们谈论了很多有关语言的文化塑造力这方面的话题。

正如在里德·霍夫曼的简介中提到的那样，我最喜欢的名言之一出自路德维希·维特根斯坦："我的语言的界限就是我的宇宙的界限。"之所以如此，部分源于在我与埃里克彻夜聊天之后，我开始试验着发明新词，并试图将其在流行文化中传播开来。这有时是为了好玩，有时则是因为严肃的全国性大讨论需要用到新词汇。对前一种情况来说，我的第一个自创词用在了我在 2016 年 4 月 6 日发布的一篇推特中：

"提出一个新词——TELEDULTERY（名词）：你与对你来说很重要的那个人已经同意一起观看一部电视剧，而对方却一个人把它看完了的情况。"

我的第二个自创词"bigoteer"属于"严肃的"那一类，来自我与埃里克的采访对谈。

目前，社会对于盲目给人贴上"某某主义者"标签的行为（如男性至上主义者、种族主义者、厌女主义者、阶级歧视主义者等）没有太多处罚，尽管为此受到不公平指责的那些人的事业和婚姻等可能已经遭到破坏。并且，这种指责通常是在没有证据、证据非常可疑或者甚至存在明显的相反证据的情况之下发生的。即使这些标签被撤销或被纠正了，其造成的破坏也很难消除。至少谷歌和维基百科仍会保留着"某人被指责为……"之类的话——这真是一种极为可恶的模棱两可的说法。

因此，该怎么办？我认为我们可以以毒攻毒，这就是"bigoteer"起作用的地方。

　　BIGOTEER（名词）：一个为了个人利益而暗示他人是偏执狂的人。

　　让我们举个例子，比如某位作家为了获得廉价的"掌声"（为了增加点击量而炒作）而采取懒惰路线——随意指责他人是男性至上主义者或种族主义者等。此时我们就可以在这些诽谤者他们自己的维基百科词条中贴上"臭名昭著的 bigoteer"的标签。这会对这种傲慢而有害的行事方式产生抑制作用，尽管目前我尚未看到其效果。

　　失控的政治正确和网络暴民终结了言论自由，而我们要与之斗争。我们生活的世界正在变为可怕的"共识现实"。记住，不要在悬崖边上奔跑。

对"高效能人士"的定义

　　埃里克无意中提到了"高效能人士"这个概念，我请他进行了详细阐述：

　　"当有人告诉你某事不可能时，这表明的是会话的结束，还是会让你在心中开始构想另一段对话，以说服那个告诉你不能做某事的人呢？换句话说，我怎样才能越过那个告诉我不能进入这家夜总会的保安呢？在我信用很差又没有经验的情况下，我该如何创业呢？"

> **作者：** 埃里克把《火星救援》描述为"终极高效能电影"。

什么是"规范设计"？

　　"接下来让我们看一看大自然。有一种叫 T4 噬菌体的强大病毒，如果你用显微镜来观察它，你会发现这种病毒看起来就像一辆登月飞行器，非常酷。其基因物质位于被称为'衣壳'的、有 20 个面的（多面体的）胶囊里……想到这一点可能有点儿疯狂，但在柏拉图诞生之前，大自然就已经设计出了这种复杂的有 20 个面的物体。从数学的角度来看，这种设计是最自然、最合理的设计，虽然同时也相当复杂，也就是说，即使是在没有规范设计师的情况下，大自然也能自然地发现规范设计……因为它是一种天赐的形式，不需要由任何人刻意地去'设计'。还有一种情况：最近人们发现蚱蜢是利用类似齿轮系统的身体机制进行跳跃的。你可能认为，是人类发明了齿轮，但事实上，齿轮是一种自然的形式，在我们人类发现它之前，大自然就已经采用它了……因此，与其说是我们发明了这些形式，不如说是我们发现了这些形式。"

* 埃里克推荐的书

"对于科学界的朋友，我会推荐他们读一读钱德勒·柏尔的《气息皇帝》（*The Emperor of Scent*），这本书是关于我的朋友卢卡·图林的，它讲述了一个离经叛道的科学家遭遇《自然》杂志、各种学术会议以及现有的研究机构设置的重重阻碍的故事，精彩地呈现了持不同意见的声音是如何被边缘化的。卢卡是嗅觉与化学方面的天才，他的观点可能正确，也可能不正确，但他始终不屈不挠，坚持为自己的观点斗争。这是我最喜欢的书之一。

"我还有另外一个不太常规的推荐，那就是埃尔文·查戈夫的《赫拉克利特之火》（*Heraclitean Fire*）。埃尔文差一点儿就骗过了沃森和克里克，他告诉沃森与克里克他认为他们并不是非常杰出或非常聪明，并不了解他所在的化学领域，不具备研究 DNA 的资格，等等。但后来，事实证明沃森和克里克是正确的，而埃尔文才是错。当我听说有人打赌沃森和克里克会输时，我想：'好吧，这将成为世纪笑话。'他在书中写到自己试图压制这些人，结果失败了，因为他们正确而他错了。但至少，能够把这件事写出来表明他有着强大的心理素质。

"我认为这两本书非常棒，因为它们讲述的都是一个人对抗很多人的故事。"

横向思维的力量

　　"1989 年之前，没有人做出带轮子的行李箱。很难想象全世界的人们都想不出在行李箱上装上嵌入式滑轮和可伸缩把手这件小事。最后，一个名叫罗伯特·普拉斯的人发明了拉杆箱，他是西北航空公司的飞行员。他一下子让所有人都相信自己的旧行李箱太糟糕了，即使当时经济环境严峻，他还是靠这项发明创造了巨大收益，因为他让人们不再想要自己的旧行李箱了。你可以在不同领域内对比这种突发灵感的创新活动。例如：在 20 世纪 50 年代早期的乒乓球运动领域，在孟买乒乓球锦标赛上，日本队水平最差的选手佐藤弘治，在自己用砂纸打磨过的乒乓球拍两面都粘上了泡沫胶皮，结果，他的对手中没有人能够通过他的击球声判断其击球方式或击球方向，因为这个新球拍改变了击球的声音。"

　　蒂姆："就像枪上的消声器。"

　　埃里克："正是，假如你在车的脚踏板上装上消音器……"

　　蒂姆："消音器，你提到这个词让我不禁想象你在地下室里藏了一堆武器。"

　　埃里克："对此我既不能肯定也不能否定。一个低级球队中的水平最差的运动员通过一个意义深远的创新活动就赢得了无可争辩的冠军，这向我们展示了创新思想的力量有多大。

　　作者："创新思想"就是彼得·蒂尔在《从 0 到 1》中描述的那种"秘密"：了解或相信某件世界上其他人都认为是胡说八道的事情。如果你赢了，权力法则就会倾向于你，因此冒险尝试打破常规是非常值得去做的。

　　蒂姆："还有一个例子是迪克·福斯贝里，他是第一个在奥林匹克运动会上采用背越式跳高的运动员，他也赢得了金牌——"

　　埃里克："你说的没错，那是 1968 年。"

蒂姆："先是遭到嘲笑，接下来是被模仿，最后是成为标准。"

埃里克："例如，提到设计低劣的标准雨伞，我马上就会联想到日本人以及他们钟爱的折纸艺术以及折纸过程涉及的数学运算。接下来就是弄清楚自己是否能够从中找到某些专业方面的知识，将其应用到雨伞的设计上。在大多数情况下，关键是要成为把以前从来没人联系到一起的事情联系到一起的第一人，成为把在一个领域中常见的解决方案应用到大家都没有想到的另一个领域中的第一人。"

关于艰难的创造性工作

蒂姆："如果你在尝试着做深度的创造性工作，其要求你具备很多方面的综合知识，或者需要你进行纳瓦尔·拉威康特所谓的'正交思考'，你的工作过程会是什么样的？"

埃里克："我会使用一种怪异的技术：'秽语癖'——这个词听起来很色情。"

蒂姆："是有那么一点儿。"

埃里克："你知道妥瑞氏综合征病人会无意识地说出一连串骂人的话吧？（这就是秽语癖。）我发现，当我们使用那些在日常生活中被禁止使用的词语时，我们的大脑会被告知自己正处于不安全的空间。这是一种提示你即将进入创造模式的信号……当我要做深度创造性工作时，我会变得不容易相处，异常亢奋。我想对于那些觉得我很合群的人来说，如果他们曾经见过工作时的我，那他们可能会觉得我有自闭症。"

蒂姆："你是如何进入那种状态的？只是尽可能多地说出一连串的污言秽语？像说咒语一样？"

埃里克："我说的顺序是固定的，就好比那是一种我必须要说的已经固定下来的咒语。"

蒂姆："你能分享一下吗？还是说这是绝对机密？"

埃里克："不，不能。你也不能分享你的冥想语言。"

蒂姆："好吧，那就只给点儿暗示吧，这咒语持续多长时间？"

埃里克："可能要花 7 秒钟的时间。刚开始你可能会想'我会不会让邻居感到困扰'之类的事情，然后你必须让自己从这种正常的现实生活中逃离出来。不能再透露更多了，创造行为本身就是一种暴力行为。"

作者：这种奇特的技术似乎确实能够让你迅速进入一种非正常的状态。尝试一下——写下一个需要花 7~10 秒钟说完的精确的咒语序列。然后，在开始某种创造性的工作之前，快速、大声地诵读这个咒语，就当作自己在施展魔法或因工作压力而行为失常了。另外，埃里克也发现凌晨 3 点左右是理想的深度创造性工作时间。

埃里克："此时电话不再响起，信息错失恐惧症也消失了，因为大家都睡着了。在这个工作日的深夜，只有你和一块白板，这就是魔法发挥作用的时刻。"

旧习难改——微笑的手表

"几乎在所有的手表广告中，手表的时间都被设定为 10 点 10 分。你可能很难相信这是真的。但一旦你发现了这一点，你就会意识到，世界在向你微笑，因为对手表广告商来说，10 点 10 分看起来就像是一个微笑。"

蒂姆："哦，我猜那很对称，是吗？"

埃里克："是的，但有趣的是，因为这一点已经太过深入人心了，以至于有时你会看到电子表广告中的手表时间也被设定为 10 点 10 分，这跟微笑就一点儿关系也没有了。"

"学习障碍"还是"教学障碍"？

"……这是我们没有意识到的问题——我们不谈论教学障碍，只谈论学习障碍，许多小孩子被贴上'学习障碍'的标签，但实际上他们是超级学习者，只不过他们在学习上的超能力被一些其他方面的缺陷抵消了，而老师们解决不了他们真正的问题。

"我们给那些孩子贴上'学习障碍'的标签，是为了掩盖这样一个事实：从教学经济学的角度考虑，要求作为核心演员的教师一个人带领一个教室中20个或更多的学生步调一致的发展。但这并不是理想模式，我希望让尽可能多的孩子摆脱这种有害的教学模式，无论这需要他们从中学辍学还是从大学辍学。我们这样做并不是毫无目的的，我们的目的是让孩子们在不知不觉中学习。因此我们应当从现在开始创建、打造新的教学模式，直接去实验室学习，跳过大学阶段。"

"晨间例行之事"

"每天早晨基本上都是与新的一天做斗争的时间，我把新的一天看作一连串必须战胜的对手。我不是一个能早起的人，因此每天早上起床后，我都为自己感到惊讶，因为自己竟然做到了……有人问著名的哈佛大学物理学家朱利安·施温格，他是否能教上午9点的量子力学课程，朱利安迟疑了一下，于是问他的人说：'怎么，有什么问题吗施温格教授？'他回答说：'我不知道自己是否能熬到那么晚。'"

* 你对 30 岁的自己有什么建议？

"我想在30岁时，我正纠结于是留在大学还是离开大学。我没有意识到的是，大学的人员结构要么正达到稳定状态，要么发展空间很小，要么正在萎缩。那不是个能让人健康发展的地方，因为在20世纪60年代，绝大多数好位置（如终身教职）已经被抢走了……我认为自己所需要做的是撤退，意识到技术将成为繁荣一方的领域。即使我想搞科学研究而不是技术开发，那我也最好待在不断发展的真实世界，而不应待在人们彼此钩心斗角且正在不断萎缩的世界中。在大学里，你心中想的全是自我保护与权钱交易之类的事情。

生活太短暂，你不能卑鄙地、防御性地、残忍地对待其他寻求与你一起创新的人。"

你给听众们的临别赠言是什么？

"我想对那些被告知有学习障碍，或不擅长学习数学，或在音乐课上表现得很糟糕，以及有其他类似经历的孩子说几句肺腑之言：找到非常规的方式来证明那个"学习障碍"的标签是错误的。你不但要相信自己，还要相信存在很多十分有效的方式、工具或方法，可以使貌似困难的事情变得比你想象的要容易得多。"

塞思·罗根和伊万·戈德伯格
SETH ROGEN & EVAN GOLDBERY

塞思·罗根是一位演员、作家、制片人和导演。伊万·戈德伯格是一位加拿大的导演、剧作家和制片人。他们合作的电影有：《男孩不坏》（他们最初构想这部作品时还是青少年）、《一夜大肚》、《菠萝快车》、《青蜂侠》、《世界末日》、《滑稽人物》、《邻居大战》和《香肠派对》。他们还为《Ali G 个人秀》和《辛普森一家》写过剧本。

> 灵兽：塞思＝树懒；伊万＝倭黑猩猩

后期的事情

为了观察工作中的塞思、伊万及其团队，我参观了《邻居大战2》在亚特兰大的拍摄现场。一天，我旁听了编剧的现场头脑风暴。剧本被投射在大屏幕上，一个人负责做记录。每个人开始随口说出自己的想法，这些想法以超快的速度被录入。伊万和其他人几乎每说一个句子都会带一句粗口，所有这些也都上了大屏幕。我后来问："这样一来修改剧本岂不是要花很多时间？"对此伊万微笑着回答道："后期总是可以统一去掉那些词的。"重要的一点是要自由地进行头脑风暴，而不是忙着进行编辑修改——这些可以在后期再进行。

为什么《男孩不坏》获得了预期效果

《男孩不坏》之所以获得了预期效果，是因为塞思和伊万写的正是那时他们正在经历的事情。伊万解释说："那时，我们所知道的一切就是我们真的想和女生上床，如果我们没能和女生上床，我们就不够酷。"写自己熟悉的东西总是会有好效果。

塞思 13 岁时开始表演单口喜剧，他补充说："这部电影中有许多内容借鉴自单口喜剧。有个名叫达里·雷诺克斯的喜剧演员，他现在仍然在表演，是个很棒的喜剧演员。我记得他看过我的表演……当时我试图模仿其他喜剧演员的表演，像史蒂夫·赖特或《宋飞正传》中的宋飞，我记得我说了一句'这与万能胶有什么关系？'他说：'小伙子，你是这里唯一一个会大声谈论第一次做手活的人……你应该以此为主题做个表演！'"

贾德·阿帕图的教训

伊万："我想我们从贾德身上学到的最有用的东西是'不要闭门造车'。你周围有很多聪明人，借鉴他们的经验，听取他人的观点，与他们一起分享。另外，情感才是最重要的，创作是一段情感旅程……"

塞思："……我记得有一次我们正在拍摄电影《一夜大肚》中的一个场景，也可能是拍摄《40 岁的老处男》的时期，贾德向我们喊道——很多时候他是从另外一个房间向我们喊的，这很滑稽——'少来点儿花活儿，多投入些感情！'我认为这确实是一个不错的建议，可以应用到很多方面。"

蒂姆："你还提到每个角色都不得不或多或少受点儿伤。"

伊万："啊，那确实是贾德的特色。"

作者：贾德推荐他们读拉约什·埃格里的《戏剧写作的艺术》。（伊万："如果你是个作家，这本书中60%的内容毫无用处，40%的内容则珍贵如黄金。"）贾德所说的这本书也是伍迪·艾伦最喜爱的有关写作的书。

*还有什么额外的想法或建议吗？

伊万："最终，《男孩不坏》取得了成功，但毫无疑问，在最初的10年时间里，这部作品被认为是一部失败之作。如果你曾经读过剧本的前五稿，你心里一定会想：'这是我一生中读过的最差的剧本。'"

塞思："人们反复告诉我们：'没有人会拍这部电影的。'但是我们没有听他们的建议，甚至也没有讨论过'是否应该停止拍摄'这个问题——根本就没有讨论过。我们大概只说过：'别听他们胡说，我们接着拍下一部。'"

伊万："我想到的是，史蒂芬·金在撰写自己的第一部小说时也会对自己说：'我太失败了，写得太差了，我应当干点儿别的。'不，你必须要坚持下去。"

塞思："任何时候都要相信自己。"

对付仇恨者的 8 种策略

生活是一项斗争激烈的运动，在互联网上这一点体现得尤其明显。如果你打算投身于这一竞技场，那鼻青脸肿将是在所难免的。

来自他人的攻击形式多种多样。下面这段话是我在亚马逊网站上收到的关于我那本《每周工作 4 小时》的一则书评，当时我还是个初出茅庐的菜鸟，正在网络中寻求立足之地。

这本书的名字取得不对，它的副标题应当是"逃避朝九晚五，住哪里都可以，加入新贵阶层，成为世界上最大的笨蛋"。不要购买，因为作者可能会用你的买书钱打造一个一分钟内勒死最多数量的小猫咪的吉尼斯纪录。

当时是 2007 年。在过去的 10 年间，我搜集了一些方法和名言，以帮助自己在面对批判和攻击时尽量保持理智，维护声誉。下面我就来介绍一下这些内容。

1. 有多少人不理解你都没有关系，关键是有多少人理解你

即使你的目标是为尽可能多的人谋求最大化的利益，你也只需发现、培养、打动你的前 1000 个真正的粉丝（见前文）。这些人会成为你最强大的市场营销力量，有了他们，其他的一切都将水到渠成。数百万或数十亿人不理解

你也没有关系，关注那些理解你的人，他们才是你的阿基米德杠杆。

2. 有大约10%的人会用各种方法把所有事都搞得好像是在针对他。你对此要有心理准备，把它当作一道数学题来处理

当你在打造你的观众群体时，这10%能够转变成一个很大的数字。因此在发表任何内容之前，要在心理上做好准备。"管他呢，我现在有了1000名读者，这就意味着其中100个人给出的反应会很差。这并非因为我很糟糕，也不是因为他们很坏，而是因为这道数学题的答案就是这样的。"如果你这样想，那你就会感觉好很多。除此之外，我还会假设我1%的粉丝是完全疯狂、不讲道理的，这个概率同样适用于普通人群，这么想可以帮助我面对那些最激烈的攻击。如果你（错误地）认为每个人都会向你面带微笑、击掌致意，那你可能会挨一记耳光，做出不理智的反应，结果反而加剧了自己受伤害的程度。并且，即便你选择了那些你认为没有任何攻击性的话题来讨论，你也不可能得到疯狂小镇上的居民们的豁免。下面这段文字就是针对我的博客发表的评论，我一字不差地打在下面："你给我们的孩子树立了一个恶劣的榜样，太不要脸了。你就是个恶魔，赢得了世界却丧失了灵魂。"他继续威胁，要对我进行审判。这简直就是需要联邦调查局介入的赤裸裸的威胁！这段评论不是针对什么我要用棍棒击打小海豹的文章做出的回应，我当然不会那么做，而是针对我的一篇普通的、充满善意的博文做出的回应。我写那篇文章的目的是想募集资金（通过donorschoose.org网站），帮助有迫切需要的美国公立学校解决图书短缺、文具购置资金短缺的问题。

所以，第一，你要有心理准备；第二，不要做出任何反应。

3. 如果有疑问，把它当成空气

对于网上的批评，我有三种主要应对策略：

- 把它当成空气（置之不理）90%
- 火上浇油（推波助澜）8%
- 喝高了之后与网络喷子们对骂（我会在清醒后极度后悔这样做）2%

这里我不打算阐述第三种方法，但对于前两种我可以解释一下。

为什么要将其视为空气置之不理呢？因为不这样做就会给憎恨你的那些人留下更多的口实。换句话说，假如你公开回应——最糟糕的情况就是，你在另一家用户数更多的网站发文回应，并将这篇文章链接到批评你的人那里，那么你所做的一切就是在增加他们的流量，让这件事情持续发酵。在有些情况下，我不得不连续数月保持缄默，苦苦等待某一事物（令人愤怒的针对我的胡说八道）从谷歌搜索结果的首页甚至第二页消失。保持沉默相当、相当困难，你必须要有强大的自控能力才能做到。大家可以重温一下影片《勇敢的心》里面那个"稳住！稳住！"的镜头。

那么，那 8% 的对负面评论火上浇油是怎么回事？为什么要这样做呢？首先，我们必须要明白并不是所有的批评者都是"仇恨者"。我们看一个真实的事例。埃里克·卡扎罗托曾写过一篇名为"蒂姆·费里斯是否表现得像个窝囊废？"的文章，回应我举行的一次规范设计大赛，结果引发了轩然大波。我不同意他的所有观点，但他的部分观点确实是经过深思熟虑的，我认为这部分内容值得进一步讨论。于是我跟进推广了这篇文章。在我看来，这 8%~10% 的"火上浇油"达到了两个目的：既表明了我对批评持开放态度，又表明了我没太拿自己当回事儿。这两点通常会减少那些藏在阴暗角落里的真正的仇恨者的数量。

4. 如果必须回应，那么不要过分道歉

有时候如果你真的做错了或者说得过火了，那你就需要道歉。但通常情况下，道歉点到为止即可。

用"我明白你的意思"这种说法能够分化至少 80% 的表面上的仇恨者或潜在仇恨者，有时候他们甚至会来个 180 度大转变，成为你最坚定的支持者。你只需摆出事实，或者祝他们一切安好，让他们自己弄明白其中的道理就可以了。我经常会这样说："谢谢反馈。本人一直在努力改善，同时，我也希望你能找到你正在寻找的内容。"

5. 如果对方不想讲道理，你就无法让他们讲道理

6. "试图让所有人都喜欢你，这是庸才的表现。这意味着你在逃避艰难的决策，在逃避面对你需要面对的那些人。"——科林·鲍威尔（美国前国务卿）

7. "如果你想改进，那就欣然接受别人认为你蠢笨的批评。"——爱比克泰德

塞内卡认为古罗马哲学家卡图是个完美的斯多葛信徒。他身着深色长袍，不系束腰，以此来践行爱比克泰德的行为准则。他曾预计自己会遭到嘲笑，而果不其然，确实如此。他之所以这样做是想要训练自己只对那些值得感到羞愧的事情感到羞愧。在做任何不那么平常的事情之前，你都需要训练自己学会应对，甚至是享受批评。我在这一点上跟卡图很像，经常故意用一些无伤大雅的自我丑化行为来让自己感到"尴尬"。这也是"排练恐惧"的一个例子。

8. "活得好就是对敌人最好的报复。"——乔治·赫伯特

在几年前的一段艰苦岁月中，名扬四海的《黑天鹅》一书的作者纳西姆·塔勒布给我发来下面这段话，发送的时机和内容都恰到好处。

（对于艺术家而言，）如果你在乎的是喜欢你的作品的少数人，而不是讨厌你的作品的多数人，那你就是健康的；（对于从政者而言，）如果你在乎的是讨厌你的工作的少数人，而不是喜欢你的工作的多数人，那你就是脆弱的。

因此，做一个强大的人吧。

"我发自内心地喜欢某些粗话所带有的人性色彩。"

玛格丽特 · 周
MARGARET CHO

　　玛格丽特 · 周是个多面手。她是国际知名的喜剧演员、演员、作家、时装设计师和创作型歌手，曾出演过多部电影和电视剧，比如《欲望都市》和《我为喜剧狂》。1999 年，她的单人戏剧《我就是我》在全美巡演，同一时期她还出版了同名畅销书，并将其拍成了故事片。她的第一张专辑《依赖》获得格莱美最佳喜剧专辑提名。

如何在舞台上对付起哄者

　　玛格丽特以非常善于让起哄者闭嘴而闻名。她从传奇喜剧演员保拉 · 庞德斯通那里受益匪浅。

　　"我十分想知道他们想说什么……这个问题值得深入探讨，找出原因：为何此人想要打断所有人花钱观看的演出，打断所有其他人都同意坐在那里观看的演出？为何此人想要打破协议？对此我非常好奇。通常我会给他们大量的时间，有时候甚至会围绕他们打造整套节目……

"我会问他们是与谁一起来的，然后问同他们一起来的那个人几个问题，比如：'他为什么成了这个样子？他一直都是这个样子的吗？还是说此次是个特例？'你也可以同坐在他们周围的人交流：'演出前此人是什么样子的？'或者'他刚才在说什么？是什么导致了目前这种情况？'"

作者： 这种做法真是绝妙。有时候，平息混乱局面或者还击捣乱分子的最佳方法就是问一些简短的问题，让他们开口说话。哪怕是简单的"你为何那样说""你为何提问"，或者"你为何说那样的话"也能奏效。在网上，有时候我会引用名人名言来回应起哄者。比方说，如果有人因为某些荒谬的原因在我的社交媒体平台发布恶意的评论，对于这些人，我最喜欢的一个回应（尤其是在喝上一点儿小酒之后）是："那些容易被激怒的人应当更经常地被惹怒。"——梅·韦斯特。

安德鲁·席莫
ANDREW ZIMMERN

　　安德鲁·席莫是三次获得詹姆斯·比尔德美食大奖的电视名人、厨师、作家和教师。作为旅行频道《奇异美食》系列节目（包括《与安德鲁·席莫品尝奇异美食》、《安德鲁·席莫的奇异世界》、《美洲奇异美食》和新节目《奇异美食：甜美目的地》）的创始人、执行制片人和主持人，安德鲁探索了150多个国家的文化，广泛推行了思考、制作和享用美食的新方法。不过，他的生活并非一直充满鲜花与掌声。安德鲁曾经是个无家可归的海洛因成瘾者，到目前为止他已经戒毒20多年了。他在明尼苏达州海瑟顿诊所一位朋友的帮助下改变了自己的人生。

灵兽：聪明的老海龟

最重要的事情是做你自己，而不是内心的那个演员

蒂姆："我正在看我们第一次做'治疗'（帮助我为一个电视节目做准备）时我做的笔记……其中的一个建议是'最重要的事情是做你自己，而不是自己内心的演员'。你说过的真正让我无法忘怀的一句话是'第一集决定了你将成为一个什么样的人……'"

安德鲁："第一集是最重要的，它决定了一切，而你永远不能收回重来……我想我跟你讲过在《奇异美食》节目第一季第一集中发生的故事。实际上那一集是试播集。当时我前往日本东京一家名为'浅立'的饭店，这个名字翻译过来的意思是'晨勃'，千真万确。这是一家午夜酒吧，在生意场中奔波的人们来此达成交易，开怀畅饮……'如果你吃蛇胆，我也吃蛇胆'——就这样，生意谈成了，诸如此类的事情。当时，我内心有种冲动，想要说些俏皮话，拿他们的店名开玩笑……我敢肯定你也会想开他们的玩笑，这很自然。你可以看到人们在电视上一直这样做。但是我心中有一个微弱的声音对我说：'不要这样做，因为假如你这次这么做了，那么以后你就得一直这么做，那你就不再是真实的你了……'坦率地说，我这个人非常尊重文化差异。'不要这样做，不要随波逐流，不要被随意、低俗的做法所诱惑'，尽管我们一直在这样做，因为这样做最简单。于是，我走到酒吧门口，转过身来，对着镜头温文尔雅地说了几句介绍语，然后走进酒吧。这件事的寓意就是：我没有必要非得靠取笑他人、取笑他们的食物和他们的店名来换取关注。事实证明这是我做过的最明智的决定，因为人们一直在谈论我在节目中对其他民族的人表现出来的尊重。这让我很开心，我认为对所有人来说，这一点都是非常重要的，特别是在旅行时。只要做你自己就可以了。"

* 如果明年你只能选择 3 种调料做烹饪，你会选择什么？

"调料的世界非常奇妙，但在我的厨房中，我更喜欢使用其中的三种：辣椒、青葱和柠檬……当然，我还可以选用孜然、香菜或者类似的调料，但这些调料的用处相对有限。利用柠檬、辣椒和洋葱或青葱，我可以制作任何食

物，我可以利用它们做出许多花样……食盐可以充当酸性调料，柑橘本身就是一种酸（作者：因此，有些厨师会说："我使用柑橘，就像其他厨师使用食盐一样"），而在所有种类的葱属植物中都存在着大量的酸，在所有种类的辣椒中也都存在着大量的酸。现在这已经不是什么秘密了，所以人们都会使用这些调料来改善甚至改变食物的口感和味道，以此提高自己的厨艺。在厨房中，这些调料的用途要比罗勒叶、百里香或者其他类似的调料广泛得多。"

为厨房或生活找到合适的菜谱：发现细节和实干家

"假如你上网搜索，你可以找到 20 种制作重油蛋糕的方法。我会选择那种在菜谱中提到平底锅 1 平方厘米大小的地方需要用来做什么等此类细节的做法。为什么选择这种方法呢？因为如果有人能描述得这么详细，那你就该明白此人一定亲自做过。如果有人这样描述烹饪方法：'平底锅过油'，而没有具体说明锅的大小，那你就该明白他们并没有亲自做过——细节决定一切。"

* 你曾经做过的最明智或最有价值的投资是什么？

"除了在 25 年前决定戒毒这件事之外，我做过的最棒的一件事是在 2002 年结束了自己的饭店事业，卖掉了我在饭店的股份，转而免费为当地的电台、杂志社和电视台打工，努力积累自己的媒体工作经验。我的梦想是利用一个大型平台，打造出一种影响范围囊括全世界的产品。假如没有这些 40 岁时的实习经历，没有去学习自己需要的一切知识，没有重新开启自己的事业之路，我是不可能实现现在的一切的。"

"玩世不恭是一种病，它剥夺了人们的天赋和才能。"

雷恩·威尔森
RAINN WILSON

雷恩·威尔森最为人所熟知的身份是在全国广播公司艾美奖获奖电视剧《办公室》中扮演德怀特·施鲁特。他还出演过《超级英雄》、《僵尸小屁孩》、《朱诺》、《怪兽大战外星人》和《摇滚之王》等多部影片。雷恩与人合作创建了传媒公司 SoulPancake，该公司旨在为大众解决生活中的重大问题。他是莫娜基金会的董事，还与人合作创建了利德海地基金会，这是一家建立于海地乡村的教育机构，致力于帮助那些处于生存危机之中的年轻女性通过艺术获得新生。雷恩著有《巴松管之王》（*The Bassoon King*）一书。

灵兽：树懒

幕后故事

对于那些想要踢我脸的人来说，雷恩替大家省去了麻烦。大家只要搜索

"雷恩·威尔逊踢中蒂姆·费里斯的面部"就能知道是怎么回事儿了，说来话长啊。

* 你会给 30 岁的自己什么建议？

"30 岁的时候我是个一贫如洗的戏剧演员，整天四处寻找演出方面的工作机会，每年靠演出赚到的钱不到 17000 美元。我当时打了几份零工。我有一辆厢型车，所以我开了一家搬家公司。我想跟自己说的是：'你必须相信自己的能力。'你必须相信你的能力远远大于你自己的想象。在我看来，这是一个非常棒的问题。上帝赋予了我们天分和才能，我们需要做的是发现它们，把它们发展到极致，利用它们改变世界。30 岁时我有很多能力，比我自己想象的更多。我当时的想法是：'没关系，我可以得到一些演出任务，或许我还可以在《法律与秩序》这部戏中客串一下，我可以赚到足够的钱，能够靠演戏养活自己，我没必要开这辆倒霉的皮卡给别人搬家。'这就是我当时对自己最深刻的认识。因此我想对 30 岁的自己说的是：'你要更加自信，你比自己想象的优秀得多，你一定要拥有更远大的梦想。'"

回归到"正常状态"

从雷恩那里听到这种说法让我感到精神为之一振，因为我也经常这样想。

"我心中的想法太多，有太多执念……所以我必须采用一些让自己从中解脱出来的方法才能够继续走下去。生活告诉我，有些想法必须抛弃，我必须回归到正常状态。我并不是在说要让自己进入某种特别高效的状态，只是回归正常，通过静坐冥想，或者某种其他的练习。如果我能够接触自然，那很好；如果我能去打打网球，那就更好了。表演也是如此。表演、排练、饰演角色这些事情都应当时不时地被抛到脑后，因为纠结于这些事情会让我痛苦不已，做出错误的决定。"

做最好的自己

正如英国作家奥斯卡·王尔德所说："做你自己，因为别人都有人做了。"

"在 29 或 30 岁左右的时候，我参演了百老汇的一场演出。那是我在百老汇的首场演出，结果我表现得很差劲，失败了。对此我一直难以释怀，难以从自己的失败中解脱出来。我已经尽可能地努力了，但我就是表演得非常糟糕。

"那次演出结束后我想：'这都是什么事啊，我再也不这样做了……不能这样做了。人生过于短暂，而我太过痛苦，我必须演好我自己这出戏，必须在我自己的这场表演中展现真实的自我。我本来就是个怪人，和别人不一样。我会在旧货商店淘换衬衣，这就是我，是我本来的面目。'这件事彻底改变了作为演员、作为艺术家的我……假如当初没有经历那次痛苦的考验，我是不可能在洛杉矶、在电视和电影中通过饰演那些古怪的角色而获得成功的。"

* 节目最后有何补充？

"我不想表现得像个自命不凡的讨厌鬼，但我的确想让人们进一步思考：我们可以让世界变得更美好，可以让自己发挥更大的作用，可以为他人做更多的事情。我认为人生就是一场旅行……深入挖掘自己的这场旅行，整个世界都将从中受益。"

"获得幸福最重要的秘诀就是，你要意
识到幸福是你做出的一种选择，是你
培养的一种技能。如果你选择幸福，
那么你就会为此努力。这就像锻炼肌
肉一样。"

纳瓦尔·拉威康特
NAVAL RAVIKANT

　　纳瓦尔·拉威康特是天使汇网站的首席执行官与合伙创始人。之前他还
与人合伙创建了搜索引擎 Vast.com 和消费评价分享网站 Epinions，后者作
为 Shopping.com 网站的一家子公司公开上市。现在，纳瓦尔是一位活跃的
天使投资人，他投资的公司超过 100 家，包括许多获得巨大成功的"传奇公
司"。他的投资交易涉及推特、优步、企业社会化网络 Yammer、快递公司
Postmates、移动电商平台 Wish、共享服务平台 Thumbtack 和提供网络安全服
务的 OpenDNS 公司。他可能是我在咨询创业公司相关信息方面打电话求助最
多次的人。

灵兽：猫头鹰

背景故事

⟫ 纳瓦尔在一个贫穷的移民家庭长大:"在我们刚从印度来到这个国家时,我9岁,我哥哥11岁。当时我们一贫如洗。作为单身母亲,我妈妈在单身公寓把我们养大。她白天做着低贱卑微的工作,晚上去夜校学习,因此我和哥哥不得不自己照顾自己……很多出生环境和我差不多的人在成长过程中都只能隔着窗子远远望着那种理想中的美国生活,指着那些美好的东西说:'我也想要那个,我也想让自己和我的孩子得到那个。'在我的成长过程中,我一直站在穷人区的这一边,我对世界的认识是非常晦暗的。"

⟫ 纳瓦尔的名字在梵文中大致是"新人"的意思。他给他的儿子起名叫"Neo",在希腊语中它的意思是"新的",是"一"的变形词(这是纳瓦尔告诉我的)。

⟫ 很多年前,我跟纳瓦尔第一次认识是因为他看到我正在旧金山一家咖啡厅中搭讪他当时的女朋友(当时我并不知情)。然后,他咧开大嘴笑着走上前来介绍了自己。

⟫ 他哥哥卡迈勒·拉威康特就是说服我从我的投资事业中"退休"的那个人(见前文)。

成功与幸福——属于不同领域?

"如果你想要成功,那就与比你更成功的人交往。但是,如果你想幸福,那么就与不如你成功的人交往。"

处理冲突

"应对冲突的首要原则就是避免与整天陷入冲突的人交往……生活中所有事物的价值,包括人际关系的价值,都源自复利。经常与他人争斗的人最终也会与你争斗。我对任何无法维系或难以维系的事物都不感兴趣，包括难以维系的人际关系。"

你拥有的三种选择

"面对生活中的任何情况，你都只有三种选择，这也是你一直需要面对的三种选择：改变、接受或者离开。最差的做法是坐在那里希望自己做出改变但从来没有去改变，希望自己离开但也没有离开，同时对所有这一切也没能真正接受。正是这种纠结、这种对选择的逃避造成了我们生活中的大部分痛苦。我最常对自己说的一句话只有一个词：接受。"

5 只黑猩猩

"有一种理论被称作'5 只黑猩猩'理论。在动物学领域中，你可以通过考察 1 只黑猩猩与哪 5 只黑猩猩一起玩耍来准确预测这只黑猩猩的心情和行为方式。因此，一定要仔细挑选你的 5 只黑猩猩。"

从物理学和俄罗斯黑帮中得到的启发

"我从几个不同的方面认识到了诚实的重要性。首先，在我的成长过程中，我希望能成为一名物理学家，我把理查德·费曼当作自己的偶像。我阅读了自己能够找到的他的全部作品，包括专业类的和非专业类的。他曾经说过：'首要原则是你一定不要愚弄自己，因为自己最容易被自己愚弄。'

"物理学的基础知识非常重要，因为在物理学中，你必须实事求是，不能妥协让步，不能与人讨价还价，不能试图取悦他人。如果你的公式出现错误，那接下来的推导就一定无法进行下去。共识和名气并不能决定真理——更多的时候，恰恰相反。因此，我认为科学背景很重要。其次，我是在纽约市的一群小混混中长大的，他们中的一些人实际上属于俄罗斯黑帮分子。我曾经碰到过这样一件事：他们中的一个威胁要杀死另一个。

"那个被威胁的人逃跑了，躲了起来。后来，那个威胁者找到了他，并向他保证：'别害怕，我没准备要杀你。'听到这个之后，被威胁者就让那个威胁者进屋了。对于他们而言，诚实也是一种非常重要的品质，即使他们准备杀死对方，他们仍然会接受对方的承诺。诚实是最重要的，即使是黑帮分子之间的诚实。因此，我意识到了在人际关系中诚实是多么重要。"

作为核心基本价值的诚实

下面这则趣事可以让大家放松一下，但请先记住这一点：我俩关系和平友好，都生活在旧金山。

蒂姆："你总是开诚布公，从不避讳自己的真实想法。我可以看到那些习惯于打哈哈、维持表面友好的人会因此而误解你的做法。我记得有一次，有人邀请我俩出席晚宴，当时很多人我俩都不认识。你站在一群人中间一边喝酒一边聊天，而我则穿着奇特，不合时宜。当时我穿的是一件我从没穿过的深绿色长袖衫，我不知道你是否还记得？"

纳瓦尔："不记得了。"

蒂姆："我当时穿的牛仔裤，鞋子是那种像保龄球鞋那样的棕色的、怪模怪样的商务鞋。你当时看了我一眼，问道：'你怎么打扮得像是一个同性恋银行家？'此话一出口，立马有个我俩都不认识的女士开始为我辩解。而我当时的反应是：'我的天啊，好啦，别吵了……'"

纳瓦尔："诚实是最为核心的基本价值。"

蒂姆："说真的，我觉得你说的一点儿没错。"

"逼迫"自己开办了第一家公司

"我当时在一家名叫'@Home Network'的技术公司上班。我跟周围所有人，我的老板、同事和朋友说：'在硅谷，所有人都在开公司，好像他们多有

能力似的。我也要开一家公司，目前的打工只是暂时的，我要做个企业家。'
我对所有人都这样说。我当时并不是想着以此来激励自己这样做，只是单纯
地信口开河而已。

"我逮着谁就跟谁说，毫不隐瞒，但实际上我并没有开公司。当时是 1996
年，开公司对我来说困难重重。结果果不其然，所有人见了我都会说：'你还
在这里做什么？我以为你早就去开自己的公司了。'或者说：'天啊，你还在
这儿！你不是很早以前就说过要离开吗？'我当时感到尴尬至极，于是不得
不开办了自己的公司。"

有意识地采用上述技巧

"对你的朋友说你是个快乐的人，然后你就会遵照你的说法行事，让行动
与你的语言相一致，并且努力坚持下去。你的朋友也会对你有同样的期待。"

90% 的恐惧，10% 的愿望

"我发现自己 90% 的想法都与恐惧有关，剩余的 10% 可能与愿望有关。
我曾经读到过一个著名的论断：'开悟存在于你思绪之间的空隙。'其意思是
说，开悟并非你静坐在山顶某处 30 年就可以达到的，而是一点一点实现的，
你可以每天开悟一点点。"

* 你用不到 100 美元买到的最好商品是什么？

"铁板烧烤架。我买的是一款小型的、可以放到餐桌上的烤架。我认识
到，对于食物来说，直接从烤架进入口中的食物本身的新鲜口感要比食物的
做法更重要。比方说，在大部分食谱中，我们要用酱油腌制，用奶油烹调，
经过多道程序，但我们还是做不好，因为食物在保温灯下搁置 10 分钟就没有
那么新鲜了。"

* 你想在布告板上写点儿什么？

"我不知道自己是否有要与世人分享的信息，但是有些信息我一直在同自己分享。我印象最深的一句话是：'**愿望是你与自己签订的一份让自己不快乐的合同，直到你得偿所愿为止。**'我想我们大多数人都没有理解这句话的意思。我认为我们整天都为愿望所累，然后困惑于自己为什么不快乐。我选择对此保持清醒，因为这样我就可以非常谨慎地选择自己的愿望。在生活中的任何一个时期，我都尽量不让自己拥有 1 个以上的沉重心愿，因为我意识到那也将成为我痛苦的来源，我不快乐的原因。我认为这句话非常重要。"

> **作者：**纳瓦尔第一次见到与上面那句话类似的句子是在一篇名为"妄想伤害"的博文中。现在这篇博文已经找不到了。

纳瓦尔的原则

在被问到"是否有哪些名言指引着你的生活或者让你经常想起"的时候，纳瓦尔给出了下面这些句子，全都是金玉良言，大家有必要拿出时间仔细品味。

"这些不都是别人的话，其中许多是我自己琢磨出来的行为准则。"

- 当下高于一切。
- 欲望是痛苦的根源（释迦牟尼）。
- 愤怒是你拿在手里的燃烧的火炭，随时准备抛给他人（佛教箴言）。
- 道不同不相为谋。
- 阅读（学习）是最重要的元技能，你可以用它换取其他所有事物。
- 生活中所有的现实利益都来自复利。
- 用智慧而不是时间赢得成功。
- 99% 的努力都是白费。

- 坚持 100% 的诚实。人总是能做到诚实和积极的。

- 具体地表扬，泛泛地批评（沃伦·巴菲特）。

- 真理具有预测能力。

- 关注每一个想法。（一定要问问自己："我为什么会有这种想法？"）

- 所有的成就都来自痛苦。

- 爱是付出，而不是接受。

- 开悟存在于你思绪之间的空隙（埃克哈特·托利）。

- 数学是自然的语言。

- 每一时刻都应当被充分利用。

纳瓦尔精彩绝伦的几则推文

- "你选择的工作、选择的同事要比你工作的努力程度重要得多。"

- "网上免费的教育资料应有尽有，缺少的是学习的愿望。"

- "假如你根据'新闻'宣传的内容进食、投资和思考问题，那么最终你会营养不良、一贫如洗、品行不端。"

- "短期思维和忙碌的工作浪费了我们的时间。沃伦·巴菲特会用 1 年的时间做决定，然后用 1 天的时间来执行。而这一天的工作所起的效果将持续几十年。"

- "枪并不新奇，暴力事件也不新奇，但联网摄像头是新生事物，后者改变了一切。"

- "首创成功可以让你得到回报，但要想成为首创者，你不能等待大多数人都同意才去做。"

- "我在生活中经常体会到的一点是：'世界上没有成熟的人。'每个人都在前进过程中弥补自己的过错。你必须要自己弄明白哪里出了问题，然后解决它。"

旋转岩石上的猴子

为什么纳瓦尔不再寻求不朽了呢？他是这样说的：

"哪怕你对科学了解得很少，你也能意识到，就一切实用目的而言，人类都是微不足道的，只是一块儿小岩石上的猴子。这块儿岩石围着广阔的银河系中一颗倒转的小星星在旋转，而银河系又处于一个几乎无穷大的宇宙之中，而这个宇宙也可能只是一个更大的宇宙的一部分而已。

"这个宇宙存在了大约 100 亿年，也将继续运行几百亿年。因此，你的存在，我的存在，都是微乎其微的，就像是在夜间闪烁过一次的萤火虫。我们所做的一切都不会万古长存。最终，你自己会消亡，你的著作会消亡，你的子女会消亡，你的思想会消亡，这个星球会消亡，太阳也会消亡……所有的一切都会消亡。

"对于一些曾经辉煌一时的文明来说，我们现在可能只记得与之相关的一两个词，比如'苏美尔人'或'玛雅人'。你还认识哪个苏美尔人或玛雅人吗？你尊重或尊敬他们中的任何人吗？他们躲过了自然规律，一直生存至今吗？没有。

"如果你不相信有来生，那么你必须意识到生命苦短，且行且珍惜，切记不要庸人自扰。我们没有理由让自己生活在痛苦之中。在宇宙存在的这 500 亿年或更久的时间中，你只有差不多 70 年的时间。"

格伦·贝克
GLENN BECK

格伦·贝克在 30 多岁的时候因为酗酒陷入人生低谷，然后又重启了自己的人生。2014 年，他入选《福布斯》杂志的年度 100 名名人榜单，其当年年收入达到 9000 万美元，这使得其身价排在了马克·伯内特、吉米·法伦、莱昂纳多·迪卡普里奥和威尔·史密斯这些人之前。格伦的各个平台——包括电台、电视台、数字平台（TheBlaze.com）、出版社等——每个月的访问量大约在 3000 万~5000 万之间。

我开办播客节目的初衷是促使听众走出他们的舒适区，迫使他们质疑常规和惯性思维。我经常邀请彼此观点存在分歧的人上节目。之所以会形成这种访谈风格，要感谢一位老友在深夜邀我与他一同进行的一次桑拿浴。他是个混血儿，毕业于布朗大学，是个近乎彻底的自由主义者。当时我漫不经心地问他："如果让你选一个人来参加我的播客节目，你会选谁呢？"他毫不犹豫地说："格伦·贝克，他的故事非常精彩。"这就是这个故事的开始。

格伦从电台广播中得到的最重要的经验

"我是在无意中得到这条对我而言最重要的经验的。有个人给我的电台打电话说:'格伦·贝克,你是完美先生,可能你从没有做过错事,所以你无法接受任何人的错误。'我呆呆地愣在那里好一会儿,整个录音室内静得出奇。然后我说道:'我告诉你一些事情吧,你并不了解我是什么样的人,也不了解我做过的错事,让我告诉你我是怎样一个人吧。'我用了大约15分钟的时间,异常坦诚地向这位听众介绍了我是一个怎样的人,包括我最糟糕的一面,没有任何辩解,没有丝毫隐瞒。然后我说:'你还认为你了解我吗?我一直在对你们说谎,这才是真实的我。'说完之后我关掉话筒,看了一眼我当时的助理——他现在是我的执行制片人,并对他说道:'把这件事记录到你的日历上,今天是格伦·贝克事业终结的一天。'

"但结果恰恰相反。在我成长的世界中,所有的事情都是制造出来的,所有的内容都经过了完美地编织、计时和制作。我在那天明白了一个道理:人们渴望的是真实。如果你展现出来的是真实的你,他们会毫无保留地接受你。一旦你开始对他们说谎,他们就失去了兴趣。人都是一样的。因此我在无意中学到的经验就是:无论是成功还是失败,都要做真实的自己,不要试图伪装成他人。真实的自我足以让你做成任何事情。"

正直并不意味着激进

格伦回忆了他从一位老太太那里得到的收获。这位老人在16岁时施舍了一个犹太人一碗汤。这在当时是死罪,因此她被送到了奥斯威辛集中营。

"她说:'格伦,你要记住,正直的人不是突然变得正直的,他们只是拒绝同其他人一起奔向悬崖。'这就是我们需要做的一切:清楚我们今天应当遵循的原则是什么,而不是我们的利益是什么。即使世人都奔向悬崖,我也不会改变自己的原则。对待人们要充满关爱和尊重,无论他们是否跟我一样,无论他们的信仰是否跟我一样。"

与耶鲁大学教授维恩·米克斯的一次改变人生的对话

在 30 岁刚出头的时候，格伦在耶鲁大学待了一个学期，主修宗教学。当时他感到自己与周围格格不入。

"维恩隔着桌子伸过手来抓住了我的手，说道：'听我说一句话，好不好？你知道你是属于这里的，对吗？你在这里没有任何问题。'这种鼓励，尽管听起来有些老套，但打开了我的整个世界。因为这是第一次有人对我说：'你很聪明，你可以做到的。'……这改变了我的世界。从某种意义上说，我希望它没有对我产生这么大的影响。但是从现在来看，它对我意义重大，而且我现在也会对别人说这样的话，因为我们总是有一些愚蠢的想法，觉得自己不够优秀，不够聪明。"

指引格伦人生的名言

"甚至对上帝是否存在也要大胆地质疑。因为，如果上帝存在的话，他也一定会更赞成对理性的尊重，而不是盲目的恐惧。"

——托马斯·杰斐逊

"一个神秘主义者曾经说过，
真正的好问题只有一个，
那就是：'我不愿意感受到
什么？'"

塔拉·布莱克
TARA BRACH

　　塔拉·布莱克是一位临床心理学博士，她是佛教思想和静思禅修方面的专家。她还是华盛顿特区内观禅修协会的创始人，其教学视频在其官方网站TARABRACH.COM 的下载量高达每个月几十万次。

灵兽：美洲豹

　　是玛利亚·波波娃（见前文）第一个把我介绍给塔拉的。波波娃当时说："塔拉改变了我的生活，在我的生活中，她可能比任何人对我的影响都要大。"之后我阅读了塔拉的第一本著作《全然接受这样的我》(*Radical Acceptance*)，该书是一位同亚当·格萨里（见前文）共事的神经学博士向我推荐的。我每天晚上在泡澡时研读 10 页，其巨大的影响力立马就显现了出来。于是我在读了1/5 之后就停了下来，开始在现实生活中尝试本书教给我的内容。我需要做的工作有很多。

　　或许我最大的收获来自下面这部分节选自这本书的"邀请玛拉喝茶"的

内容。这首诗讨论了正视愤怒以及其他我们认为是"负面"情绪的事物。不要试图压抑或将其赶走，我们应当对这种情绪或者对自己说："我看到你了。"这样做可以有意识地帮助我们清理或解决这一问题。比方说，如果你在静思冥想时心生怒气——可能是因为想到了个人的某件琐事，那么你可以默默地对自己重复说"怒气、怒气"，承认它的存在，这样你就能快速返回自己刚才专注的事情上面去。

我一直处于斗争状态，不大可能心平气和地正视负面情绪，这就使得这种方法对我而言更有意义。

与情绪斗争就像是在流沙中用连枷打谷子——只能让事情变得更糟。有时候，最有效的"防守"就是在心理上承认负面情绪的存在。

邀请玛拉喝茶

> 人就是一个宾馆，
> 每天早晨都有新客光临。
>
> 欢乐，抑郁，卑鄙，
> 某种片刻的意识
> 作为不速之客纷至沓来。
>
> 要欢迎和招待他们的每一位！……
>
> 阴晦的思想，羞辱，恶意，
> 对于它们，你要笑着在门口迎接，
> 并邀请它们进来。
>
> 感谢来到你身边的一切，
> 因为每一个都是从远方
> 差遣来的向导。
>
> ——诗人鲁米

我最喜欢的一个有关释迦牟尼的故事讲述了被唤醒的愉悦心灵的力量。在开悟之前的那个晚上，释迦牟尼同魔神玛拉展开了一场激战，玛拉不择手段、倾其所有攻击了当时的菩萨悉达多·乔达摩，其借助的工具包括色欲、贪婪、怒气、怀疑等。失败之后，玛拉在释迦牟尼开悟的那天上午趁乱逃走。

但是，玛拉似乎只是暂时受挫。即使是在释迦牟尼在印度变得广受尊敬之后，玛拉还是会搞突然袭击。释迦牟尼的忠实信徒阿难陀一直时刻警惕着他人对自己的师傅可能造成的任何伤害，经常惴惴不安地向师傅报告说那个"邪神"又回来了。

释迦牟尼没有忽略玛拉，也没有将其赶走，而是心平气和地承认了他的存在，并说道："我看到你了，玛拉。"

之后他邀请玛拉一起喝茶，把他当作贵宾招待。释迦牟尼递给玛拉一个垫子，让他能坐得舒服些，然后在两个陶杯中倒上茶水，放在他们中间的一张小桌子上。做完这一切之后，他才坐下来。玛拉待了一会儿后就离开了，而在整个过程中，释迦牟尼一直表现得轻松自如、从容不迫。

如果玛拉来拜访我们，以消极情绪或我们所恐惧担忧之事的形式，那我们可以这样说："我看到你了，玛拉。"然后坦然承认内心的欲望以及存在于每个人心中的恐惧。以温和慈悲之心接受现实，我们就可以邀请玛拉喝茶，而无须紧张地将其赶走。在看清问题的本质之后，我们就可以心平气和地对待所见到的事物。每次在我们承认了负面情绪的存在之后，我们都会表现得心情愉悦，欣然接受我们受到的伤害和恐惧。

我们更愿意做自己顺境中的朋友，同时尽量避开或忽略生活中的阴暗面，这种习惯已经根深蒂固了。但就像与好朋友之间的关系是以理解与同情为标志的一样，我们也可以学着将这些品质带入我们自己的内心生活。

佩玛·丘卓说，通过修行，"我们可以学会与自己做朋友，与我们的生活做朋友，并且达到至交的境界"。当我们敞开心扉，准备好邀请玛拉喝茶时，我们就可以成为我们自己的朋友，而不是抗拒我们的体验。

"我认为在饭店，或者在任何高压环境中工作，75%的成功都来源于保持镇定，以及不要失去勇气。你一旦失去了勇气和镇定，那么其他所有事情都会很快失控。"

山姆·卡斯
SAM KASS

山姆·卡斯差一点儿就成了职业棒球运动员。但是，他在芝加哥大学修完历史专业之后摇身一变成为美国前总统奥巴马一家的私人厨师，然后又成了白宫的营养学高级顾问。因为工作出色，他入选 2011 年商业杂志《快公司》发布的 100 名最具创造力的人员名单，并位列第 11 名。他的工作主要是同私人公司建立合作关系，与合作者共同致力于在 2030 年之前将世界儿童肥胖率降低到 5%。山姆是白宫历史上第一个既在总统行政机构任职，又在总统住宅任职的人员。目前他与人合作创办了 Trove 公司，该公司旨在将商业公司、组织机构和政府三方联系起来，为梦想改变世界的创业者提供人员和实现途径。

适用于厨房和生活的两条原则

"第一条原则是：不要做任何你自己不想吃的食物，永远不要做垃圾食品。这是第一条原则，你需要用高标准要求所有的事情。第二条原则：在工作非常忙碌时，不要费力蛮干，一味求快，匆匆忙忙地完成所有的点餐单。

相反，你要做的是：'仔细思考一下，拿出个计划来。'比如说，如果你手里有 5 份某种食材，不要每次只处理一份。把它们全部拿出来，一次性处理好。"

专业厨师喜欢使用酸性食材

"在家里做饭和专业厨师做饭的差别之一是酸性食材的使用比例。在你认为已经完成的时候，再加上一个柠檬。专业厨师喜欢增加酸性调料，这是他们的秘方之一。多加一点儿酸味，味道会更好。"

鸡蛋的做法

"鸡蛋是最难做的食物之一。一些著名大厨测验新厨师的方法就是让他们炒鸡蛋，这是一种非常重要的测试。对我来说，鸡蛋怎么做都可以，但我最喜欢做得半熟的鸡蛋，比如那种软炒蛋。做软炒蛋的秘诀是，在你取出黄油刀之后，把鸡蛋直接打到平底锅里，煎上几秒钟，然后搅拌一下。在你认为它们已经熟了之前，将其从锅中取出，让它们在盘子里自然地凝固。"

> 作者：在过去几年中，我由衷地喜欢上了半熟的煮鸡蛋。如果做法得当，这种鸡蛋会让人着迷。我的做法是这样的:（1）把水煮开;（2）轻轻地把鸡蛋放进去，严格执行 5 分钟的煮蛋时间;（3）控制加热，一定要温火轻煮，不要旺火猛烧;（4）到 5 分钟时把热水倒掉，换上凉自来水;（5）取出煮好的鸡蛋，剥皮之后即可享用。

* 在大学教育方面给年少时的自己的建议

"'兴趣'这个词有些被高估了。我认为兴趣是可以培养的……当年我投身饮食业，尽管我的确对此很感兴趣，但这并非我当时一生的追求，直到我把饮食与营养同健康、可持续发展、政治政策以及我们现在所做的为了确保所有人都能够通过他们所吃的食物过上健康、丰富、精彩的生活等一切结合起来。

"这就是兴趣的发展……许多人会说：'要找到自己的兴趣。'而我认为，你需要把以下几方面结合起来：既要愿意接受新观点、保持求知欲，又要在发现自己感兴趣的事物时全力以赴。"

爱德华·诺顿
EDWARD NORTON

爱德华·诺顿是一位演员、电影工作者兼艺术家,曾因自己的作品《一级恐惧》《美国 X 档案》和《鸟人》三次获得奥斯卡奖提名。他曾主演过多部影片,包括《搏击俱乐部》《魔术师》和《月升王国》。爱德华还是一位经验丰富的创业家(比如创立了社交网络 CrowdRise)、联合国生物多样性大使、非常成功的投资人(比如投资了早期优步公司)和飞行员,同时他还积极投身于野生动物保护事业。

希望别人重视你?那么你首先要重视自己的工作

"托比·奥伦斯坦是位了不起的导演……如果你很走运,那在年轻时你会遇到这样的人:他不会轻视你,而是会很严肃地跟你讲话,劝勉你认真对待生活、认真对待工作。如果有人用正确的方式训导你,你就会感到很振奋。作为一个年轻人,你会觉得对方是在对你说:'喂,年轻人,你希望别人重视你吗?那么请认真对待生活、认真对待工作,明白吗?不要随波逐流,明白吗？'我想说的是，托比·奥伦斯坦就是这样对我说的。"

* 爱德华推荐的文章

《成功的灾难》（*The Catastrophe of Success*），作者是田纳西·威廉姆斯。

> **作者：** 这篇文章中我最喜欢的一句话是："对我来说，合适的工作地点是同陌生人一起在偏远地区工作，而且那里有很好的游泳条件。"

* 爱德华最喜欢的纪录片

贝尼特·米勒的纪录片《曼哈顿导游》以及亚当·柯蒂斯拍摄的纪录片。"柯蒂斯拍摄了四集纪录片《探求自我的世纪》和纪录片《噩梦的力量》。我认为这些纪录片非常精彩，虽说深奥难懂，但令人眼界大开。"

> **作者：** 好几位我的播客节目的嘉宾都向我推荐了纪录片《探求自我的世纪》。

* 爱德华最喜欢的 3 部新影片

"近来，我疯狂地迷恋上了法国导演雅克·欧迪亚的影片。我认为在最近几年中，他的三部新片都非常精彩。"这三部影片是：《我心遗忘的节奏》、《预言者》和《锈与骨》。

> **作者：**《预言者》是我目前最喜欢的电影之一。如果你喜欢警匪片，那么这部影片相当不错，而且这部影片中有许多关于领导力的阐述十分有用。

马龙·白兰度：真天才与伪天才

"有关上表演课的年轻人以及普通人与真天才之间的差异的故事，我听到的最精彩的故事与马龙·白兰度有关。哈里·贝拉方特提到了他同马龙一起上表演课的经历，当时他俩都 19、20 岁左右，住在格林尼治村。表演课组织者说道：'我们现在开始上课。情景是这样的：一个人待在自己的寓所中，另一个人进来了。假设你就是待在自己寓所坐在沙发上的那个人。大家可以开始自由发挥。'然后学员们就开始进行各种各样不自然的对话，或者试图虚构一种场景……按照要求，马龙坐在沙发上，开始看杂志，这时在假想中，有人进门了。马龙做出的反应是：抬起头，跳起身来，一把抓住那个人的前襟，把他扔了出去，然后重重地关上了门。当时所有人都大声喊道：'你这是干什么？'而马龙说：'我不认识这个人是谁，他突然走进我家，可吓死我了。'你明白我的意思吗？我想说的是：'如果思考一下的话，他说的一点儿没错，或许在这个情景中，根本不会发生什么情节，也不会发生什么对话。'"

"葡萄酒是一种饮品，而非奢侈品。"

理查德·贝茨
RICHARD BETTS

理查德·贝茨在 2000~2008 年间在全美最著名的滑雪圣地阿斯彭的小内尔酒店担任葡萄酒品鉴推介总监。他第一次参加侍酒师大师理事会的品酒师考试就通过了，成为历史上有此成绩的第 9 个考生。在撰写本书时，全球只有大约 240 位这样的品酒大师。理查德著有《葡萄酒专家修炼指南》和《威士忌品酒大师修炼指南》两本著作。

灵兽：长吻海豚

葡萄酒生涯的缘起

理查德原本是要当一名律师的……但他讨厌这份职业。多年以前，他曾在意大利生活过一段时间。之后，"我在弗拉格斯塔夫市上大学期间，在一家小环保公司做办事员。我发现无论你是在做环保工作还是在处理破产清算的事务，这些都不重要——这都是同样的大富翁游戏。无论做什么都是换汤不换药，我要处理的事情都是一样的。我发现自己不喜欢这一切。当时，……马上就到论文答辩的日期了。我的论文做得很棒，6周之后我就可以到法学院读研了"。

"但是，我走出工作室，翻过栅栏，穿过弗拉格斯塔夫市的66号公路，跑到一家小饭店，也可能是家小葡萄酒商店。我当时对葡萄酒还一无所知，只知道自己当年在意大利每天都喝，也知道这件事对我有多重要。我走进去随眼缘买了一瓶葡萄酒……我当时还想：'我好像知道这个牌子。'我把酒带回家，打开瓶塞，倒了一杯。扑鼻而来的味道立刻把我带回了将近4年前我还待在意大利的某个时刻。我还清楚地记得在佛罗伦萨野猪餐厅和我一起进餐的那位女士。我记得自己坐在哪里，我的朋友坐在哪里，她吃了什么，穿的什么，我吃的什么，以及当晚的女侍应生的种种表现。所有这一切记忆都被葡萄酒的味道带回来了。"

* 哪些葡萄酒在价格上或等级上被低估了？

罗世登酒庄的歌海娜、特利酒庄的馨芳以及慕斯酒庄的白诗南。不要忘记，"品酒时一定要张大嘴，这样你就能够有更丰富的体验"。

"要做个好人"

"一开始，我只文了'要'这一个字。我是想提醒自己要善良，要体贴，要行善……要做个好人。有时候我会犯浑，而这个文身是个小小的暗示，用来随时提醒我自己。后来我把'要'补充完整，变成了'要做个好人'，简洁明了。"

烹饪学校——土豆与土豆之间的比较

"我曾经前去跟一位厨师长沟通，我说：'我现在有个想法，一是想在您这里谋份工作，二是考虑到烹饪学校学习。'他回答说：'是这样的，你可以今天就来我这里申请一份工作，而我的回答将是"可以，没问题。这里有一堆土豆，把它们全部削皮。"或者，你也可以去烹饪学校，花上两年的时间学习、准备，每年再花上 3 万或 4 万美元的学费，然后再回到我这里申请一份工作。而我仍然会对你说："可以，没问题。这里有一大锅土豆，把它们全部削皮。"结果是一样的。'我当时说：'好吧，我算得过来这笔账，我明白了。土豆在哪里，我们开始吧。'这事儿就这么简单。"

主动进攻——为了取得更好的效果，要刻意避免极为利于发展的环境

"亚利桑那州的图森市有两位我想为其工作的大厨，这两人都很优秀——被公认为属于国家级水平的厨师。但没有人想特意搬到那里仅仅是为了与他们一起工作，因此（如果我去了），我就可以迅速接近他们，强化自己的厨艺，为职业道路打下基础。于是我去了。我前去找到那两位大厨之一，说道：'嘿，你好，我想与你一起工作，所以我来到了亚利桑那州。'他说道：'很好，你之前是做什么工作的？'"

作者：理查德得到了这份工作。这件事与克里斯·萨卡（见前文）提出的"主动进攻"的思想和决策方法非常类似。克里斯是第一个介绍我认识理查德的。人们总是高估竞争的作用（参见前文彼得·蒂尔）。有时候你也可以推着石头下山，而不是推着石头上山（参见前文赛思·高汀）。

不要为了奖励而工作，要让各种奖励辅助你的工作

蒂姆："在经济上取得成功的人通常来说不是很幸福，你认为这些人有哪些共同的特点？"

理查德："目标错位。我认为追逐经济上的成功不是实现其真正目标的正确途径。第一个提供给我一份与葡萄酒相关的工作的那位大厨是个了不起的人。当时，我们所做的一些事情没能引起媒体的重视，因为我是饮食与葡萄酒行业中的新手，但那位大厨对我说：'你要注意，理查德，假如你为了奖励而工作，那你是做不好工作的。但是假如你把工作做好了，各种奖励自然就会到来。'"

* 你会给 25 岁的自己什么建议？

"不要过于腼腆……我现在还能想起在过去 24 个月中发生的一些事情，我想跟自己说的是：'理查德，我希望你更坦率一些，需要什么就直接说出来，不要含含糊糊、吞吞吐吐。'我竭力想表现得委婉、优雅一些，这主要是由于我比较腼腆。但有时候，由于你的表现过于委婉，别人可能领会不到你的意思，转而听取或满足了其他表现得更直白的人的意见或需要。"

* 我认为你是一个非常不错的老师。如果让你来教九年级的学生，你会教给他们什么？

"爱你自己……只有爱你自己，你才能爱别人。如果做不到这一点，那么什么有意义的事情也不会发生，我们只会四处碰壁，撞得头破血流。"

迈克·比尔比利亚
MIKE BIRBIGLIA

迈克·比尔比利亚是世界上最忙碌的喜剧演员之一，无论是幕前还是幕后。他是从一名单口喜剧演员做起的，现在他已经达到了该领域的巅峰——举办全球个人巡演，且在表演中融合了舞台艺术、电影艺术、讲故事的艺术和单口喜剧艺术。他的成就包括座无虚席的巡演、出版作品被评为《纽约时报》畅销书、参演电影，作为常驻嘉宾出现公共电台的节目《美国生活》中。在这个节目中，他同主持人兼制片人艾拉·格拉斯之间的合作非常成功。最近，迈克又担任了影片《别犹豫》的制作人、编剧和主演。

灵兽：灰熊

艺术是社会主义，而生活是资本主义

"我太太认为每个人在舞台上都是平等的，但在舞台之外，他们是完全不平等的。"迈克这样写道:"艺术是社会主义,而生活是资本主义。"这成了他的电影《别犹豫》的主题。

"唯有情感持久"

迈克用软木板装修了自家的墙壁,并在上面挂了一些 8 厘米宽、13 厘米长的卡片。他最喜欢的一张卡片上只有来自艾兹拉·庞德的 3 个单词,迈克认为这是最适合用来引用的一句名言:"唯有情感持久。"

沉默是金

蒂姆:"在同艾拉·格拉斯,或者同其他任何人谈话时,你是否有某种特殊的办法,能让对方尽可能多地给出有效的反馈。"

迈克:"一般来说,我会在电话中同人们开开玩笑,这样他们就可以平静地给出反馈,而不是那么热衷于挑毛病。在与人面对面交谈时,如果你讲了个笑话,他们就会感受到压力,在心里想:'哦,我应当笑一下,或者我应当礼貌地回应一下。'而在电话中,这些心理活动可以轻松略过。如果人们对谈话内容真的感兴趣,我是可以听出来的。我曾看过一篇报道,著名导演昆汀·塔伦蒂诺喜欢频繁地给人打电话,介绍自己正在拍摄的影片。他说自己甚至无须听到对方的笑声,只从他们的沉默中便可以断定他们在多大程度上感兴趣。"

恍恍惚惚地写作,恍恍惚惚地表演

"我尽量让自己在身体产生抑制情绪之前完成一天的写作工作,比如在上午 7 点之前完成。因为我本身还是个演员,我一直对自己这样说:'恍恍惚惚地写作,恍恍惚惚地表演。'我不想有意识地思考我在纸上写的内容。有很多次这样的情况,我在写日记时心里想的是其他人永远不会看到我写了些什么，但之后，经常是我在日记中写的那些秘密变成了我后来的表演素材或出版作品。"

迈克 !!! 你跟自己有个约会!

"说实话，这件事比较奇葩，我极少对任何人谈起，更别说在公开场合谈这件事了。在完成剧本的过程中，我发现自己不断地拖延，于是我就分析了一下自己的习惯，（我意识到）我一直在推迟剧本写作，但并没有推迟与布莱恩·科佩尔曼（我俩共同的朋友，见后文）共进午餐的约定，也没有推迟与我弟弟或者其他人共进午餐的约定……因此我想：'我一直很守时，总能够参加这样那样的活动，那么我为何不对自己守时呢？'于是我手写了一张纸条，贴在床头，并且用了三个惊叹号，上面写着：'迈克 !!! 你在上午 7 点钟跟自己在派德拉咖啡厅（我写作的地点）有个约会。别忘了！'这种做法看起来十分愚蠢，但它的确起到了作用！"

* 迈克推荐的播客节目

《同我一起入睡》（*Sleep with Me*）。迈克听着这个节目睡着了。迈克的睡眠障碍非常出名，他曾在梦游中从二楼窗户跳了下去，差一点儿摔死自己。

《剧本揭秘》（*Scriptnotes*）。这个节目已请了 6 位嘉宾。节目的内容主要是舞台戏剧从业者讨论一些有关正统戏剧的建议。

* 你想在布告板上写点儿什么？

"我要把布告板竖在时代广场，上面写着：'这些公司没有一家在乎你。'"

如何与名人打交道（以及让奥巴马总统亲口说出"便便"这个词）

"两年前我同奥巴马总统见面，当时我太太怀孕了。我跟太太一直是这样做事的——无论什么时候，如果我们知道与我们见面的人不在意同我们的会面，我和我太太就会准备一个捉弄人的问题，让对方不知所措。他们要么必须回答这个问题，要么必须仔细思考。现在我就给大家讲一讲如何去做。假如你在街上遇到吉米·法伦，不要说：'我喜欢您主持的《今夜秀》节目！'而要这样说：'您是怎样看待鸸鹋的？'对于这个问题，他是不可能立即给出回答的。要跟人们谈论一些他们认为自己不会被问到的那些事情。然后接下来你就会发现，你正在跟吉米·法伦谈论鸸鹋。你会为此自豪一生的。

"回到同奥巴马见面的事情，因为我太太已经怀孕4个月，但我们还没有告诉任何人，所以我们决定，'为何不告诉总统你怀孕了呢？'于是，在走向前台的时候，我说道：'总统先生，这是我太太珍，她刚怀孕不久，但还没有告诉任何人。'果然，他变得不知所措起来。这位（前）美国总统只能回应：'恭喜恭喜，我是第一个知道的吗？'我太太说是的，然后问道：'您有何育儿方面的建议吗？'奥巴马说道：'嗯，这样，多睡觉，多休息。'我俩当时的反应是哈哈大笑，因为他是总统啊！他的回答本身没什么有趣的，但他可是我们最大的领导啊！但随后他镇定了一些，接着说道：'也不全是这样，我还有别的建议。当你把孩子带回家的时候，他的便便……'（前）总统竟然亲口说出了'便便'这个词！在他说出'便便'的时候，我想：'这是我一生中最了不起的一天，即便现在就死也值了。'（前）总统接着说：'孩子刚出生的时候，他的便便是没有什么味道的，闻起来跟大人的便便不一样，大人的便便闻起来是很臭的。'说完之后，他盯着我，期待我给出肯定的反应。于是我马上说道：'绝对没错，总统先生。大人的便便的确臭死了。谢谢您邀请我参加2015年便便研讨会。'

"奥巴马继续说道：'在孩子刚出生的时候，他们一般除了吃就是睡，喂养母乳有时候也会出现各种各样的问题，但这些都不需要担心。如果婴儿闹觉，也不用太担心。'停下来想了一会儿之后，他又说道：'这些建议其实还真挺不错的。'总统竟然自己表扬了自己的建议。所以，我想要告诉你的是，最好的办法就是向人们提他们想不到的问题。"

* 你会给 20 岁的自己什么建议？

"我想说的是：'用笔记录下所有的事情，因为它们转瞬即逝。'简而言之，'要记笔记'。我不是没有这样做过，但我希望自己能做得更加细致。

"不要把时间浪费在营销活动上，你只需努力让自己变得更优秀……

"还有一点，不要满足于表现良好，要追求优秀和伟大。因为随着年龄增长，我发现很多人都表现得不错，很多人都很机敏，也很聪明，但是在表演时，很多人并没有在他们的表演中注入灵魂。"

荣誉罐

　　这不是我的主意，它来自我的一位前女友，她真的体贴又可爱。她做了这个荣誉罐，把它作为礼物送给了我。我这个人非常善于实现目标，但从以往的经验来看，我并不擅长感恩自己取得的成就。下面就是荣誉罐发挥作用的方式。

　　我厨房的柜子上有个瓦罐，瓦罐侧面写着"荣誉罐"几个字，闪闪发光。任何时候，只要一天中发生了什么好事，发生了让我感到幸福或高兴的事，我的这位前女友就会让我把这件事写到纸条上，放入瓦罐之中。在发生特大好事的时候，你会觉得自己在 3 个月之后肯定还能记得它，但事实上你很快就忘掉了。荣誉罐可以用于记录实际发生的特大好事。如果你感到心情沮丧，或者正戴着灰色眼镜看世界，这些好事是很容易被忘记的。我这个人几乎不会做出什么庆祝之举，而荣誉罐这种做法在几周、几个月甚至几年之后仍在发挥作用。

　　荣誉罐对我的生活质量产生了巨大影响。这说起来似乎有些荒谬，如果我还是 20 岁的话，我可能会为此呕吐。但是，朋友们，它的确起作用了。

　　我把这个瓦罐放在自己可以经常看到的位置，每当看到瓦罐上的"荣誉罐"这几个字时，我心中就会出现一个微弱的声音："事情并没有那么糟糕，屹耳驴！振作起来！"我慢慢意识到：（1）如果你一直很严肃，那么在完成真正严肃的工作之前你就会累垮；（2）如果你不能经常感恩小的成功，那你就永远不会感恩大的成功。在你一心只想着下周、下一个任务、下一件事的时候，成功的体验就会像沙子一样从你的指缝间滑落。这就使得"成功"变成了一场得不偿失的惨胜。

如果你不想要一个上面写着"荣誉罐"的罐子，那你可以在罐子的侧面贴上一个大的星星符号或者一个感叹号。然而我认为，你在"现实生活"中越是一本正经，你就越应当用荒诞不经的方式来做这件事。如果你有孩子，可以让他们也参与进来。现在我的很多粉丝都开始利用这种简单可行、没有太多技术含量的做法来带动全家人培养感恩之心。

要养成习惯，每天向罐中放点儿什么。想不出任何事情？"我今天没死！"这就是个靠谱的胜利！与其他的成就相比，这可能是最了不起的成就了。要训练自己去寻找这些好事，这样你就可以经常注意到它们。

马尔科姆·格拉德威尔
MALCOLM GLADWELL

马尔科姆·格拉德威尔是《纽约时报》畅销书作家，曾被《时代周刊》评选为 100 名最具影响力的人物之一，也是《外交政策》杂志评出的全球最具影响力的思想家之一。他在《引爆点》一书中探讨了思想传播的方式，在《决断两秒间》一书中探讨了决策问题，在《异类》一书中探讨了成功的要素，在其最新著作《逆转》中又探讨了优势与劣势的辩证法。在其最新的项目——《修正主义历史》的播客节目中，格拉德威尔研究了时光更迭的方式，帮助我们进一步理解了我们生活的世界。

* 你今天早饭吃的什么？

"我喝了一杯卡布奇诺热咖啡，吃了 1/3 个牛角面包。我喜欢牛角面包，但我认为早上应当尽量少吃……这是我的一个原则。"

* 对于正山小种红茶的看法

"有些人完全不喜欢它的味道，甚至认为这不是茶。而我经常在上午前往一家小咖啡店，他们那里有这种茶。我想我是这家店的顾客中少数几个会点这种茶的人。"

> **作者**：正山小种红茶有一股非常浓烈的煤烟味，这种味道让我的一位朋友觉得它跟威士忌的味道很像，于是这位朋友便开始喝它以代替喝酒了。

* 你如何决定怎样开始一章或一本书的写作？

"怎样开始一章或一本书的写作不是那种只有一个标准答案的数学问题。只要你明白了这一点，那么你的压力就会减轻许多。通常来说，我会尝试几种不同的开头。有时候我根本不是从开头开始写的，这样就更简单了。一旦你不是从头开始的，你的生活就变得简单多了。"

> **作者**：大家可以搜索"*in medias res* 的五个例子"。在拉丁语中，*in medias res* 的字面意思是"进入中间部分"，指的是从叙事的中间或结尾处开始讲故事（无论是书的章节、小说、电影、电子游戏还是其他任何内容）。我在写作之前的所有作品时都是这样做的。

马尔科姆是如何学会提问的？

马尔科姆的父亲是个数学家，他教育马尔科姆要据实提问。

"我父亲在学问方面没有任何的不安全感……他从没想过在乎世人会不会觉得他是个白痴之类的事，他根本不吃这一套。也就是说，如果他不理解某个问题，他会直接问你，而不在乎自己这样问会不会听起来很愚蠢。他会不假思索地提最简单的，甚至是'弱智的'问题——在这里，'弱智'这个词是褒义词。他会对人说：'我不理解这个问题，请解释一下。'他会一直追问下去，直至弄明白为止。我在成长过程中经常听到他在各种场合这样提问。如果我父亲遇到伯尼·麦道夫（庞氏骗局的始作俑者——译者注），他是不会向他投资的，因为我父亲会无数次这样说：'我不理解。'他会用傻呆呆的、缓慢的语调说道：'先生，我不理解这到底是怎么回事，我弄不明白。这到底怎么回事呢？'"

* 公共演讲界中马尔科姆心中的榜样

"历史学家尼尔·弗格森。我曾在现场听过他发表的一段生日祝酒词，这是我一生中听到的最棒的祝酒词，比我以往听过的要精彩的多，根本不是同一个档次的。"

* 你曾经听过别人经常给出的最糟糕的建议是什么？

"总的来说，我在美国听到的最糟糕的建议是拿选择大学这件事恐吓高中生们。与大学有关的所有建议都属于糟糕建议之列。这一点你可以在收听我有关大学的一期播客节目中发现。我认为美国的大学教育体制需要推翻重来……我白天学到的知识对我启发很大，我想在凌晨 1 点钟的时候讨论一下，这样做可以吗？是否有人愿意同我讨论，愿意质疑我呢？这才是大学教育的本质，其他的一切都是胡说八道。"

史蒂芬·J.迪布内
STEPHEN J. DUBNER

　　史蒂芬·J.迪布内是一位获奖作家、记者和电台、电视台名人。他最著名的身份是作家，他曾同经济学家史蒂文·D.莱维特一起写过《魔鬼经济学》、《超级魔鬼经济学》、《奇葩式思考》和《打劫银行的最好时机》。这些书已被翻译成 35 种语言，总销量超过 500 万册。目前他正担任具有超高人气的播客节目《魔鬼经济学电台》的主持人。

> 灵兽：非常普通的土狗——中等个头，有些胆小，相对温和，邋里邋遢但也不太狂野，非常忠诚，喜欢睡觉。

鲜为人知的偏好

　　我俩都非常喜欢约翰·麦克菲的著作《比赛层次》（*Levels of the Game*），这本书写的是 1968 年阿瑟·阿什与克拉克·格雷布纳之间的一场单打网球比赛。这本书很短，只有 162 页。《纽约时报》称赞此书"可能是美国体育新闻报道中的巅峰之作"。这是史蒂芬向成年人特别推荐的一部作品。对儿童，他特别推荐的书是德米的《空罐》。

* 指导你的生活或者你经常想起的一句名言是什么？

"知足常乐。"

何时应当收起你的道德指南针

"如果你想解决一个问题——任何你十分重视、想要解决的问题，你几乎肯定会对这一问题产生许多想法，你可能会想这为什么是个重要的问题，是什么东西让你感到棘手，在解决的过程中你会遇到哪些挑战，等等。

"因此，假如你是个环境保护主义者，认为在过去的100年间最严重的问题就是人们对环境的破坏和对资源的掠夺，那么你一听到有关环境的问题，无论是蜂群衰竭还是与空气质量有关的问题，你马上就会站在这样的道德立场上：'我十分清楚问题所在，这是由人们的愚蠢、粗心和贪婪造成的。'诸如此类。

"这种立场可能正确，也可能不正确。我想说的是：假如你试图利用你的道德指南针来解决所有问题，那么首当其冲的一点是，你会犯下许多错误，你可能会把很多可能其实是很好的解决方法排除在外，并且会自认为自己知道得很多，但事实上并非如此。你不可能成为优秀的合作伙伴，无法同与你世界观不同的人联手解决问题。"

* 你经常听到的最糟糕的建议是什么？

"'写你自己了解的事物。'为什么我要去写那仅有的几种我自己了解的事物？为什么我不能利用写作来了解我本来不了解的事物？"

关于头脑风暴的观点

"有些通过头脑风暴产生的想法事实证明不太有趣，其中一些太荒谬，还有一些虽然比较有趣，但缺乏数据或故事能对其加以佐证……因此我对头脑风暴的观点是：搜集到尽可能多的想法，然后对其仔细观察，尝试用各种方式否定它们。如果哪个想法消除不掉，就再将其保留下来。"

* 在过去的一年中你从中有所收获或密切效仿的三种资源

都是网络资源：《边际革命》，来自 Kottke.org（前网页设计师的个人博客网站）和"酷工具"网站（凯文·凯利创立的，见前文）

* 你会给年轻时的自己什么建议？

"我想说的非常简单，'不要胆怯'。我还有很多事情没有做，很多体验没有尝试，很多人还不认识，也没交往，因为我这个人有些腼腆，或者说胆怯……这也证实了心理学家提出的所谓'焦点效应'理论，我以为所有人都很在乎我的行为，而事实却是，没有人在乎我在做什么。"

乔希·维茨金
JOSH WAITZKIN

　　乔希·维茨金是小说和同名电影《寻找小棋王》的主人公的原型。他是公认的国际象棋神童，他所采用的绝佳的学习策略可以被应用到各个领域，包括他自己的一些其他的爱好，比如巴西柔术（他是仅次于优秀运动员马塞洛·加西亚的黑带选手）和太极推手（他曾获得过该项目的世界冠军）。目前，乔希致力于培训世界顶级运动员和投资人，投身教育革命，并发展自己的新爱好——单桨冲浪。我是在读了他的著作《学习的艺术》（*The Art of Learning*）之后第一次认识他的，现在我们是很好的朋友。

灵兽：大猩猩

空白空间

　　乔希没有社交媒体，不参加采访（除了参加我的播客节目，对此他经常对我说："你个浑蛋！"），并且尽可能推掉了几乎所有的会议和电话。他用最小化的输入换来最大化的输出，这一点很像里克·鲁宾。乔希说："我把空白空间当作生活方式来培养，以激发我的创造性。"

从微观中学习宏观

乔希注重深度而不是宽度。他经常使用的一个原则被称作"从微观中学习宏观"。其意思是说，专注于某一领域（无论是国际象棋、武艺还是其他领域）非常细小的某个方面，将其内化为强大的宏观原则，并应用于其他所有的领域。在应用中，这一原则有时会跟"从残局开始"结合起来。比方说，乔希在教我国际象棋入门技法时，没有从开局教起。在开始阶段死记硬背开局是通常的做法，几乎每个人都是这样学的，但是乔希将这种做法比作从老师那里偷取考试答案：这样学，你学到的不是原则或策略，而是几个皮毛招式，只能帮你打败你那些菜鸟朋友而已。因此，乔希在教我的时候反其道而行之，就像他的第一个老师布鲁斯·潘多芬尼当年教他时做的一样。棋盘上空空如也，只有残局中的三个棋子：两个王和一个卒。通过这种微观棋局，也就是简化之后的形式，他让我看到了宏观的棋局和规则：比如空白空间的力量、敌对力量以及让对手"迫移"（在这种情况下，对手无论怎么走都会破坏自己的阵型）等原则。通过这有限的几枚棋子，他希望我能够从中学到百试不爽的宏观策略，并在需要的时刻将其应用到任何人或任何事物之上。我曾见过他把这一点应用在很多事情上，包括传授巴西柔术。在教授巴西柔术的过程中，他能够从着重分析一个简单的一招制敌的动作（通常会在比赛即将结束时采用）——"绞杀"拓展到几乎所有的柔术原则。

如果你在研究我的比赛，那么你就会落入我的比赛节奏

我和乔希用了大量的时间讨论马塞洛·加西亚。他曾 5 次获得巴西柔术世界冠军，乔希同他一道开办了位于纽约市的马塞洛·加西亚搏击学院。

马塞洛可能是过去 100 年里最顶尖的柔道高手，地位相当于其行业内的迈克·泰森、韦恩·格雷茨基和迈克尔·乔丹。虽说大多数竞技运动员对自己的赛前准备程序都讳莫如深，但马塞洛则相反，他经常录制、上传自己的日常训练录像以及为重大赛事进行的赛前准备训练的录像。对此，乔希是这样解释的：

"在比赛前的 2~4 周之前，马塞洛通过发布这些训练视频让他的对手看到自己将如何对付他们，而其真正的用意是：'如果你们研究我的比赛，那么你们就会落入我的比赛节奏，我会比你们做得都好。'"

作者：我经常把自己在后台准备播客节目的全部细节，连同我的一些众筹活动的准备工作等内容与人分享。我之所以这样做，主要是出于两种考虑：第一，这些活动不是零和博弈活动（一方得益引起另一方损失的活动），因而我给人们的帮助越多，我自己得到的帮助也就越多。第二，如果说这里面有竞争成分，那么我提供给人们的也都是我自己的"比赛"细节。我对细节方面的关注会让 50% 想尝试的人望而却步，而 40% 真正去尝试了的人则做得没有我好，还有 10% 去尝试了的人做得要比我好，但是……请注意第一点，这 10% 的人通常会伸出援手，与我交流他们的收获，因为他们对我的公开透明心存感激。

3 个转弯

"我还记得当时与比利·基德一起滑雪的情景。他是 20 世纪 60 年代一位伟大的奥运会高山速降滑雪运动员，是个了不起的家伙，现在他经常戴着一顶牛仔帽在卡罗拉多州滑雪……几年前同他一起滑雪时，他问我：'乔希，你觉得在速降赛道上最重要的 3 个转弯是什么？'打那之后，我问过很多人这个问题。

"大多数人都会说'赛道中间地段的转弯，因为这部分最难'或者说'赛道最开始的部分，因为这是启动阶段'，但是比利认为速降赛道最重要的 3 个转弯是你登上索道吊厢之前做的最后三个转弯。因为对于滑雪者来说，索道前的地势比较平坦，难度不大，大多数人会变得非常懈怠，然后动作姿势就会很难看。关键问题是，在乘坐索道吊厢返回山顶时，你会在无意识中内化这种糟糕的动作姿势。

"正如比利所指出的那样，如果你将登上索道前的最后三个转弯处理得准确无误，那么你在乘坐索道吊厢返回山顶的过程中就会内化这种精准的动作。我把这种方法运用到了我在商务领域的培训上。我会要求我的学员以高质量地完成一项任务来结束一天的工作，这其中的要点就是他们可以用一整晚的时间来内化这种高质量的做法。"

> **作者：**由于乔希给出的建议，我现在总是利用一套完美的"动作"结束训练，无论是飞行瑜伽、健身、射箭还是其他活动。比方说，即使我原本有 60 分钟的锻炼时间，但如果我在 45 分钟的时候达到了个人最佳成绩，或者把某个新动作完成得很好，我就会停下来。在射箭的时候，我也采用"空靶"的练习方法，在每次训练的开始和结束时闭上眼睛，对着只有 3 米远的靶子射出五六支箭。这种做法类似于用武器进行"空弹射击"。乔希最喜欢的作家之一海明威有个习惯，他会在句子或段落写到一半的时候停止一天的写作，如此一来，第二天他就能十分清楚从哪里开始，相当自信地开始和结束他一天的写作。

要想启动起来，先要学会放空（反之亦然）

"马塞洛留给我的最深刻的印象之一是在巴西柔术世界锦标赛期间，就在半决赛开始之前，他在体育馆的廉价座位上睡着了。所有人都在疯狂地呐喊，而他却在角落里睡着了，叫都叫不醒。

"最后他跌跌撞撞地进入摔跤台，你不会看到哪个要参加世界冠军争霸赛的选手能如此放松……他能够如此彻底地放空，而一旦进入比赛场地，没有人能比他启动得更充分。他的这种放空能力同他的启动能力密切相关。因此，我也在训练人们掌握这种技能，让他们在一天的活动中不断经历紧张与放松的起伏。

"通常，在中午或午饭间隙进行心理训练和静坐冥想是非常不错的习惯，有助于培养启动与放空的能力。"

小事就是大事

"我们一直在谈论马塞洛通过这些细节表现出来的对质量的高要求（例如对于场馆卫生的具体要求，对于学员衣着整洁的要求）。你可能会说这些小事无关紧要，但它们综合起来意义重大。"

蒂姆："我认为小事就是大事，因为它们反映出了更深层次的问题。这听起来可能像是老生常谈，但你做任何一件事情的方式就是你做所有事情的方式。"

乔希："这一原则非常务实，也很重要。大多数人都认为自己可以等到大场面来临时再调动自己的积极性，但是如果你在小场面中不培养自己的'启动能力'，而小场面的数量是大场面的几百倍，那在大场面中你是不会有机会取胜的……我认为你如果不在平常培养对高质量的追求，那就等于是在培养懈怠的作风。"

要学会举一反三

"横向思考，或者举一反三——把从一件事情中得到的收获推广到另外一件事情中的能力——是最重要的原则之一，是我们每个人都应该培养的能力。在我的儿子杰克很小的时候，我跟太太就开始围绕'举一反三'这一原则培养他的这种能力。有一次，我们一家三口在玛莎葡萄园的一个小农舍中度假，杰克想要打开一扇门，但他打不开。可是另外一扇门他可以打开。于是我说道：'杰克，再转转看看。'他看了我一眼，便又转到另一扇门前。

"打那之后，'再转转看看'就成了我家的暗语。采用'再转转看看'这一比喻的说法帮助我们打开了思路，我们现在已经习惯于思考如何把从一件事情中学到的原则应用到其他事情上，并且从中得到了许多乐趣。"

"接受自己的与众不同"

"这是我的朋友格雷厄姆·邓肯（一位成功的"基金内基金"经理人）说的一句话。他是我们的一位好朋友，曾参与我们的冲浪冒险活动。此人是个杰出的思想伙伴……你可以想象一下那种天才与疯子的交织、才华与怪癖的结合。理解这种交织与结合的存在是同任何世界级人物合作的前提，因为这些人在本质上就是矛盾的集合体。最终，他们必须接受自己的怪癖，接受自己的不同之处，然后才能以此为基础创造自己的人生。"

当你的自我受到威胁时，你会选择怎样的对手？

话题又回到了竞技运动和巴西柔术。

"观察一下顶级选手在第 5 轮对打时选择的对象非常有趣，此时他们通常已经精疲力竭。那些处于快速提升阶段的选手会寻找最难缠的对手——那些可能会痛殴自己一顿的对手，而其他人则会选择那些容易击败的对手。"

多美的下雨天！

"我在杰克 1 岁时发现，父母最常犯的错误之一是在谈论天气好坏时所用的语言不够讲究。每当下雨时，你就会听到父母说：'天气太糟了，我们不能出门了。'或者如果天没下雨，他们就会说：'天气很好，我们可以出门了。'这就意味着，我们在不知不觉中已形成了对外部环境的依赖——外部环境好了我们才会出门玩耍。我和杰克从来没有错过任何一次在暴雨、大雨或大雪中嬉闹玩耍的机会。或许我们只错过了一次，当时杰克生病了。我们养成了用语言赞美天气之美妙的习惯。现在，每当下雨时，杰克就会说：'看，爸爸，多美的下雨天啊！'于是我们就出门在雨中玩耍。我希望他能有这种内在的心理控制，不要像其他人那样依赖外部环境。"

生活中的"减负"阶段

我每天写日记的时间不仅仅局限于上午。我把写日记当作一种方法，用来理清思路和目标，凯文·凯利也会这么做。对我的思维来说，我的日记本就好像是冲洗底片的暗室。

本篇文章是我在 2015 年 10 月写的一篇真实的日记。

这篇日记写于旧金山的萨摩瓦茶艺室，当时我刚花了两个小时散步，开始重新思考自己生活中的"减负"阶段。"减负"是力量训练和体育锻炼中的一个概念，但它也可以应用到其他许多事情上。我们先看一下运动领域中的"减负"的定义，这个定义来自 T Nation 网站：

> 放松周，也叫减负阶段，指的是有计划地降低运动量或运动强度的阶段。在团体体能训练领域，它一般指的是减负周，通常被安排在几个训练阶段的间隙。借用《体能训练要点》一书中的话说就是："减负周的目的是让身体为下一阶段增加运动量做好准备。"其还可以降低训练过量的风险。

那么，这与生活中的创造活动、生产活动或者生活质量有什么关系呢？

我们先看一下减负对个人的影响：在过去的 12 个月中，我在运动之外的领域采用了减负的方法，结果我的焦虑情绪减少了至少 50%，同时收入增加了 1 倍。

对我来说，工作中的减负可以让我得到修整和放松。我会在一段时间内处理大量类似的工作（录制播客节目、清理邮箱、撰写博文、处理财务问题等），而在另外较长的一段"减负"时间内，我会吊儿郎当地混日子——我实在想不出更好的词语了。

混日子也并不一定等于轻松（大家可以搜索"4 小时现实回顾"寻找例证），但重要的是在这段时间你一定不能从事"与工作有关的事情"。

下面我们就看一下这篇日记，里面讲了很多减负的好处。在日记之后，我又增加了自己的一些想法。

萨摩瓦茶艺室，星期二下午 5 点 40 分

极好的"减负"阶段。

我今天下午就处在这种阶段，这个周二我过得跟慵懒的周日上午一般，我很容易产生灵感。

我需要重新回到这种放松的状态之中。

想要在这种空闲时光实现无限可能，唯一的办法可能就是不接受任何约束，或者至少不去做强迫性的活动——可能只有像库尔特·冯内古特所说的"无所事事"的状态才有可能让我实现这一切。或者用闹着玩的心态做事？毫无理由地去尝试些什么？

我觉得真正重要的想法都来自这些时期，它就像是音乐作品中音符之间的静默一样。

假如你想要思考得更缜密，取得更大的成就，做得更好，或者想要真正与众不同，那你就需要空间去设想"如果我……"。你不能让自己每隔 15 分钟就要参加一个电话会议，一心忙于处理大量的邮件，嘴里不断念叨着"天啊，该死，又忘了……请提醒我……我是不是不应该做这个？……我必须记着去……"，在这种状态下，你是很难产生顿悟的。

处理邮件非常浪费时间，我们都会迷失于这种忙碌之中。

对我来说，这个周二的经历强化了留出大块儿的、不受干扰的时间段的

重要性。在这段时间内，你的思维可以信马由缰，你可以在生活的喧嚣中发现意义。如果你足够幸运，你甚至可能会创造意义，或者把之前从未结合在一起的两种核心概念联系起来。

我采取了以下几种方法规划减负阶段：每天上午大约 8 点到 9 点写日记、喝茶等；每个周三上午 9 点到下午 1 点进行创造性工作（比如为播客节目进行采访，写作）；周六是"无屏日"——不使用笔记本电脑，手机也只用来导航，通过短信（而不使用任何社交软件）与朋友交流。当然，一年当中我依然会根据《每周工作 4 小时》实行几次"短期退休"（工作一段时间，享受一段时间）。

因此，你必须规划好减负阶段，并且，与工作安排相比，你需要更严格地遵守、执行你的规则。减负阶段能够强化、指导你的工作阶段，但反过来不行。

一句话总结，怎样才能从被动的生活解脱出来，遵照自己的计划而非他人的计划去生活呢？

你可以自己制造轻松时刻，因为这一时刻不会有人主动给你。这是克服随波逐流、争取奋勇前进的唯一方法。

布琳 · 布朗
BRENÉ BROWN

布琳 · 布朗博士是休斯敦大学社会工作研究生院的研究员。她 2010 年的 TED 演讲"脆弱的力量"的视频浏览量已超过 3100 万次，是观看次数最多的 5 大演讲视频之一。布琳用了 13 年的时间研究脆弱、勇气、价值感和耻辱。她是《纽约时报》畅销书作家，著有《脆弱的力量》《活出感性》和《成长到死》。

灵兽：鹿角兔

胆怯和勇敢可以共存

"那种认为我们要么勇敢要么胆怯的想法是不对的，因为我们大多数人在同一时刻都是既胆怯又勇敢的，一直是这样。"

作者：这让我想起了迈克·泰森的第一位传奇教练卡斯·达马托。他会在重要比赛开始前告诫自己的队员："英雄和懦夫的感受是一样的，但是英雄会利用自己的恐惧，将其投射到自己对手身上，而懦夫则会逃跑。大家都能感受到同样的恐惧，关键在于对待恐惧的态度。"

善待痛苦

蒂姆："你对我的观众有什么要说的吗？"

布琳："我们要直面痛苦。因为我认为我们在种族、婚恋和环境等方面的那些根深蒂固的问题，包括缺乏关爱的问题，是不能用一种轻松的方式来解决的……因此我想我要说的比较抽象：赋予脆弱以机会，让自己直面痛苦。因为我认为那些愿意直面痛苦的人不但勇敢，而且成长得最快。"

作者：我的《每周工作 4 小时》这本书的电子书中最常被高光加亮的一句话是："一个人在生活中的成功通常是以此人愿意进行的不愉快谈话的数量来衡量的。"这句话可以补充说明上面的观点。

当机会来临时，我是选择勇敢面对还是得过且过？

长期以来布琳一直比较低调，直到她看到西奥多·罗斯福的那句有关"竞技场"的名言。（"荣誉属于真正在竞技场上拼搏的人，属于脸庞沾满灰尘、汗水和鲜血的人，属于顽强奋斗的人，属于屡败屡战但还拥有巨大热情和奉献精神的人，因为没有努力的过程是不包含错误或缺点的……"）从此，她决定进行公开演讲，尽管这么做会给她自己带来无数的恶意诽谤和攻击。

"你知道我当时是怎么想的吗？我决定过一种勇敢的生活，我想要走上竞技场。如果你想要走上竞技场，唯一可以肯定的就是你会遭到攻击……英勇无畏意味着更容易受到攻击。因此，当你问自己'我今天是否表现得很英勇'时，我会问自己这样一个关键问题：'当机会来临时，我是选择了勇敢面对还是选择了得过且过？'"

> **作者：** 这是一个极好的问题，可以用来总结一天的活动。你可以把它作为 5 分钟日记的一部分内容（见前文）。

如何达到 3000 多万的浏览量？

"我前往 TED 发表演讲，整个过程让我体会颇多。我十分尽力，谈到了自己的失败、觉醒，谈到了自己不得不前去接受心理治疗的经历……我现在还记得那天我在开车回家的路上心里想着：'我再也不会做这种演讲了。'"

之后她就眼睁睁看着自己的演讲视频人气爆棚，现在在 TED 网站和 YouTube 网站上的总浏览量已经超过 3100 万次。"现在回想起来，对于此次演讲，我的深刻体会就是：如果我在演讲时没去讲那些自我暴露的、让我在事后后悔的话，我的演讲可能也不会有现在这样的效果了。"

演讲的要求之一：现场灯光

"我需要现场灯光一直保持，这样我就可以看到观众的面部表情。我几乎从来不允许现场录制。如果要进行现场录制，那你就必须站在聚焦于你一人的灯光之下，而观众则只能处于黑暗之中。那样对我来说就只是表演，而非交流了。"

耻辱与内疚的区别

"如果我说'我是个坏人'，这是耻辱；如果我说'我做了错事'，那这就是内疚……耻辱侧重的是自我评价，而内疚侧重的是行为。"

要想得到对方的信任，首先要示弱

"我们从调查数据中得到的结论之一关乎信任以及信任与示弱之间的关系。人们一直认为你要首先得到信任，然后才能暴露弱点。但事实是，若不先示弱，你将无法真正获得人们的信任。"

* **当你听到"成功"这个词的时候，你想到的是谁？**

"我谁也没想到，我想到的是'重新定义'这个词。'成功'这个词在我的研究中一直是个充满危险的词。我的答案是：一定要清楚你的梯子是否靠在了合适的墙上。"

* **你会给 30 岁的自己什么建议？**

"心存恐惧是很正常的。当你感到恐惧时，不要惊慌失措……30 岁到 40 岁这个阶段会搞得你身心俱疲，因为这个年龄段是不断完善自己、证明自己和伪装自己的阶段。"

"当我义无反顾全身心投入工作，做自己想做的艺术时，一切都水到渠成了……打个比方说，当我不再怀疑自己时，整个世界都会向我招手。"

杰森·席尔瓦
JASON SILVA

杰森·席尔瓦被《大西洋月刊》称为"视频时代的蒂莫西·利里"。他是国家地理频道《大脑游戏》节目的主持人。该节目是国家地理频道历史上收视率最高的节目，其前两集的平均收视人数为 150 万人。

灵兽：海鸥

* 你进行过的最明智或最有价值的投资是什么?

"三年前我开始编辑我的视频，这标志着我的事业起步了。2011 年我离开了阿尔·戈尔的时事电视台，基本上处于失业状态。作为一个囊中羞涩的过气电视台主持人，在没有收入来源的情况下，我决定开始编辑我的视频，这也算是一次大胆的冒险吧。最初的两部视频分别是'你是一台接收器'和'无限可能性的开端'，基本上都体现了我在之后的数字媒体作品中一直希望展现的理念和风格：富有思想性的短片。这两部视频都是通过 Vimeo 视频网站发布的，它们立即引起了观众对于我的作品的兴趣。我当时知道自己做对了。在几个月的时间里，我不断受邀去往各地演讲，还有人请我制作一部视频，作为 2012 年 TED 环球大会的开幕作品。从那时起，我的事业便突飞猛进地发展起来。几个月之后，国家地理频道看中了这些视频，邀请我主持电视节目《大脑游戏》。这一节目在全球引起巨大轰动，我也因此获得了艾美奖提名。"

> **作者：**我喜欢研究他人在取得当前成就之前发生的事情。杰森现在看起来已经功成名就了，但通常而言，任何事业的起步阶段都是不尽如人意、举步维艰的。例如，大家可以搜索"拉米特·塞西之前的博客""格雷琴·鲁宾之前的博客""蒂姆·费里斯之前的博客"，或者观看加里·范纳洽拍摄的视频博客"品酒档案"的前几集。

* 在过去几年中对你来说变得越发重要和越发次要的事物是什么？

　　"我希望能在心流状态（'忘我的境界'）中打造自己的生活。"

> **作者：**乔希·维茨金（见前文）经常谈论这一点：利用日记和心律变异性（HRV）测量仪之类的工具甄别能够带来最高忘我境界（或者反面状态）的模式与先决条件。

厌倦腻烦 = 死亡

　　"我认为，厌倦腻烦的心态跟死亡没什么区别。什么事情也激发不了你的兴趣了，因为你觉得自己之前都见识过，你从此带着涂色眼镜生活……生活的窗帘被拉下来了，透不进一丝光明，没有丝毫热情。在我看来这无异于死亡。"

> **作者:** 这一点同我自己的一位人生导师的建议非常接近:"你可以怀疑生活,但不要玩世不恭。"

* 杰森推荐的视频

"莎士比亚创造了爱情吗?"由宅书客 Nerdwriter 创作。

> **作者:** 我最喜欢的播客节目是丹·卡林(见前文)的《专家看历史》。宅书客 Nerdwriter 可以被看作以短视频的形式对"专家看历史"这一节目进行的补充。

* 是否有一句名言指引着你的生活或者让你经常想起?

"我们同时是神和虫。"——亚伯拉罕·马斯洛

* 你会给 25 岁或 30 岁的自己什么建议?

"我会鼓励年轻的自己不要害怕。我希望自己意识到成长过程中的许多事情(我指的不是严重的焦虑)——那些无处不在的恐惧——都是没有必要的。不必要的担忧浪费了大量的时间和精力。"

> **作者:** 在所有的嘉宾中,对这一问题的最常见的回答都类似于"一切都会好起来的"。

乔恩·费儒
JON FAVREAU

乔恩·费儒凭借其在《追梦赤子心》中的表演闯入影坛，又凭借标志性影片《摇摆者》确立了其编剧的身份，他同时也出演了该影片。之后他又执导了自己的首部故事片《制造》，并同时担任该片的编剧和制片人。他导演的其他影片包括《奇幻森林》、《钢铁侠》、《钢铁侠2》、《牛仔和外星人》、《圣诞精灵》和《勇敢者的游戏》等。他是影片《落魄大厨》的编剧、制片人、导演和主演。他的作品数不胜数，可谓影坛多面手。

以追寻真理为目的出发，沿途你会收获快乐

在我们于乔恩的办公室开始录制访谈节目之前，他提到了从自己的老师格伦·克洛斯那里得到的最好建议："不要刻意追求快乐。以追寻真理为目的出发，沿途你会收获快乐。"

要讲真话，这是能够记住（和写出来）的最简单的事情

"尽管《摇摆者》并非严格意义上的自传影片，但我可以从我的经历中借鉴很多东西……《大亨游戏》中的那句台词怎么说的来着？'要讲真话，这是你能够记住的最简单的事情。'……如果你要谈论左邻右舍，那就谈论伴你从小长大的左邻右舍，谈论你认识的街里街坊。这样一来，即使主人公不是你，你也能够准确把握自己描写的世界，这比你把他们放到火星上去写要好得多，因为你不了解火星。"

（注：乔恩用了大约两周的时间就完成了《摇摆者》的编剧工作，最终赚到了 20 多万美元。）

通过一起做饭加深对彼此的了解

我第一次到乔恩家中做客的时候，他马上邀请我同大家一起做面包圈（配料是从新奥尔良特色餐厅买来的）。后来乔恩解释了他这样做的原因。

"是这样的，我们彼此并不十分了解，尽管我读过你的作品，你看过我的影片。但现在你再看，你在那里放了一些热油，我们的关注点就不再是彼此了，而是注意别烫伤你的手指……我与今天在场的大部分人都几乎没有交集，（这就使得一起做饭显得更重要了，）因为这件事让所有人处于同等地位，而每个人都有不同的技巧，做饭变成了一项真实的任务（大家需要分工协作）。我发现我有无尽的耐心同自己并不十分了解的人一起快乐地煎炒烹炸。到最后，我们会一起上菜上饭，发自内心地感觉我们一起战斗过。这可以帮助我们加深对彼此的了解。"

神话的力量

乔恩为编剧工作者推荐了克里斯托弗·沃格勒的著作《作家之路》（*The Writer's Journey*），他参考了这本书来评估《摇摆者》的结构是否正确。乔恩还

非常喜欢比尔·莫耶斯对约瑟夫·坎贝尔的视频采访"神话的力量"。他说："在创作《奇幻森林》时，我的确仔细查阅了各种古老的神话传说。"

> **作者：**《奇幻森林》上映期间，我们在他的工作室录制了我们的播客节目。几个月之后，《奇幻森林》成了全球票房排名第一的影片，在烂番茄网站的好评率达到惊人的95%。

长期效果胜过短期总量

"由于录像机以及后来的数字化光盘和激光盘的普及，几乎所有人都观看了《摇摆者》这部影片，这已经成了我们文化的一部分。此时我才意识到，往往并不是票房最高的那些影片产生了最大的影响力、最大的收益，并给我们的事业带来了最大的帮助。"

进行冥想的另一个原因

"在一次冥想的过程中，我突然产生了有关影片《落魄大厨》的想法，于是我停了下来——通常我不会这样做的，拿出一个笔记本，快速记下了大约8页的想法，然后放在一边。如果现在再回头看这些内容，我在那时实际上完成了相当于这部影片的80%的重要工作，《落魄大厨》的主要人物、角色安排、类似影片、基调、音乐，大厨要做的食物类型、有关流动餐车的想法、古巴三明治、古巴音乐……所有想法都源自于此。"

测试"不可能完成的任务":改变我生活的 17 个问题

"每当你发现自己站在大多数人一边的时候,就应该停下来反思一下了。"

——马克·吐温

大多数情况下,现实问题都是可以通过协商解决的。

如果你对生活中的界限和所谓"不可能完成的任务"进行测试,你很快就会发现大部分限制实际上都是一系列脆弱的经由社会强化的规则,而你可以随时打破这些规则。

下面这 17 个问题极大地改变了我的生活,每个问题都有一个时间标记,因为它们都是在某个特定的时刻发生的。

问题 1:如果我在 48 小时内反其道而行之会怎样?

2000 年,我大学毕业后的第一份工作是向各个公司的首席执行官和首席技术官们推销大容量数据存储技术。当时我还没有开着母亲传给我的小货车往返于家和位于加利福尼亚州圣何塞的办公室,只是在进行电话推销和邮件推销。"面带微笑拨打电话"太折磨人了。在最初的几个月里,我屡"打"屡败。突然有一天,我产生了一个想法:所有销售人员都在上午 9 点至下午 5 点之间拨打销售电话——这理所当然，对不对？但这只是其一。其二，我意识到所有那些把我同决策者——首席执行官和首席技术官——隔离开的秘书们也都在上午 9 点至下午 5 点之间上班。如果我反其道而行之会怎么样呢？哪怕只做 48 小时会怎么样？我决定在周四、周五两天只在上午 7 点至 8 点 30 分之间、下午 6 点至 7 点 30 分之间打电话。在当天剩下的时间里，我专心撰写推销邮件。这种做法效果非常好，大佬们常常直接接起电话。而我又开始尝试更多的"反其道而行之"的做法：只提问题，不进行推销会怎么样？着手讨论技术问题，让自己听起来像个工程师而不是推销员，会怎样？如果我在邮件结尾处这样写："如果您工作繁忙无法回复，我完全可以理解，谢谢您拨冗读完我的邮件。"而不是惯常那种"敬盼回复"之类的废话，又会怎样呢？这些实验得到了回报。在做这份工作的最后一个季度中，我一个人的销售额就超过了我们最大的竞争对手存储系统制造商 EMC 洛杉矶分公司的销售总额。

问题 2：我把钱稀里糊涂地花在了什么地方？如何才能解决自己的问题？

2000 年年底、2001 年年初的时候，我发现了不祥的苗头：我上班的创业公司即将倒闭，已经开始裁员，并且看起来不会停止。我不知道该做什么，但我已经深受创业公司经营失误所害，饱尝硅谷之毒。为了寻求商业机会，我没有深入研究市场，而是开始查看自己的信用卡账单，问自己："我把钱稀里糊涂地花在了什么地方？我把自己的收入都花到哪里去了？我在哪些方面对价格不敏感？"答案是运动营养品。当时，我一年的收入有 40000 多美元，而我每个月花在营养品上的钱有 500 美元，甚至更多。这太不理智了，但我的许多男性朋友都热衷于此。我已经知道了哪些广告会让我花钱购物，知道了自己经常在哪些商店和网站购物，经常会浏览哪些广告，等等。那么，我能否研发一种产品，解决自己的问题呢？我是否能开发出一款我自己在零售商店中不大容易找到的产品呢？结果是，我决定创办一家名为迅思（BrainQUICKEN）的公司，研发并生产认知促进药物。在所有人被解雇前，我请求我的同事每人提前购买了一瓶这种药物，这让我有了足够的资金雇用药剂师和管理咨询顾问，并开始进行小规模的试生产。自此，我踏上了创业的道路。

问题 3：如果我有 1000 万美元，我想做什么？想买什么？想成为什么样的人？我每月的目标收入到底是多少？

2004 年，我的收入与以往相比大有起色，迅思公司已扩张至大约十几个国家。我还有什么问题吗？当时我依赖咖啡因提神，每天工作 15 小时，经常处于崩溃的边缘。由于我一心扑在工作上，准备和我结婚的女友也离我而去。接下来的 6 个月里，我的事业停滞不前，陷入困境。我意识到自己必须重新调整公司的产业结构，或者干脆关门大吉——因为我快累死了。于是，我开始在日记中记录一些问题，包括："如果我在银行有 1000 万美元的存款，我想做什么？想买什么？我想成为什么样的人？""我每月的目标收入到底是多少？"对于后一个问题，换句话说就是：如果按月消费的话，我梦想中的生活——为其推迟了"退休"时间的生活——实际需要多少钱？经过计算之后，我大多数的梦想远比我预期的花费要低，我现在就完全可以支付得起。或许我无须这么努力打拼了？或许我需要更多的时间和自由，而不需要更多的收入了？因此我想，或许（只是或许）我需要的是快乐而不是"成功"。于是，我决定进行一次长时间的海外旅行。

问题 4：可能发生的最糟糕的事情是什么？我能挽回损失吗？

这些问题也来自 2004 年，可能是所有问题中最重要的问题，因此我将其作为独立一章放在本书中（参见前文"你是正在垮掉还是有所突破"）。

问题 5：如果每周只能工作 2 小时，那我应该做什么？

在通过恐惧排练消除了有关旅行的焦虑之后，我下一步的切实做法就是消除我自己在工作中起到的瓶颈作用。"如何避免在工作中充当瓶颈？"这不是个很好的问题。在读了迈克尔·格柏的《突破瓶颈》和理查德·科赫的《发挥你的潜能：二八定律》之后，我认为向自己提出极端问题是我非常需要的一种方法。我发现最有用的问题是："如果每周只能工作 2 小时，那我应该做什么？"坦率地说，这个问题类似于"我知道这种情况不大可能发生，但是，如果有人拿枪顶着你的脑袋，或者如果你身染重病，不得不把每周工作时间限定为 2 小时，那么你应当如何保持工作正常运行呢？"在这种情况下，你的主要办法就是"二八定律"，即"帕雷托法则"。该法则指出，你所期望的结果中的 80%（或者更多）是你 20%（或者更少）的工作和付出的结果。这里还有两个我个人使用的问题："哪 20% 的顾客 / 产品 / 地区创造了 80% 的利润？哪些因素或共性造成了这种现象？"在提出许多类似的问题之后，我开始进行变革："解雇"维持费用最高的客户，通过简单条款和标准程序自动吸纳超过 90% 的零售客户，强化同 3 到 5 个为你带来最多利润、最少麻烦的客户之间的关系（并增加订单数量）。这一切做法引出了下面这个问题……

问题 6：如果我让下属在 100 美元、500 美元或者 1000 美元的范围内自行决断，那会怎么样呢？

这个问题大大减轻了我的客户服务工作量，从每周工作 40~60 小时减少到每周工作不到 2 小时。在 2004 年年中之前，整个公司一直只有我一个决策者。比方说，如果某个身在国外的职业运动员突然需要我们的产品，报关单据非常特殊，我就会从我的某个运营中心那里收到邮件或接到电话："我们应当如何处理这件事？您有何指示？"这些"非常规事例"看起来似乎非常特殊，但其实每天都会出现，每周都会有十几次。后来，我决定改变我的决策方式。我的解决方法是：向自己所有的直接下属发送了一封邮件，里面有这样一句话："从现在起，请不要再向我请示有关 1、2 或 3 这样的问题，我相信你们自己能够处理好。如果涉及金额不到 100 美元，请自行决断，做好记录（内容涉及问题、你的处理方法、成本），形成一个报告文件，我们每周对报告进行一次审核和调整。原则是一定要让我们的客户满意。"原本我以为这样做的效果不会很好，但你猜结果怎么样？一切运行顺畅，给我减少了很多不必要的麻烦。后来我把自主决断额度增加到 500 美元，然后又提高到 1000 美元，审核处理报告的时间从每周一次延长到每月一次、每季度一次。等到我的手下都上道之后，我就再也没有审核过。这件事让我学会了两点：（1）要想完成重要的、有意义的事情，你需要对一些次要的、意义不大的事情放手；（2）一旦你赋予他人以责任并且表明自己信任他们，他们的能力会成倍增加。

问题 7：最不畅通的渠道是什么？

时间很快来到 2006 年 12 月 26 日。当时我已经写完了《每周工作 4 小时》，在过完快乐的圣诞节之后，我坐下来开始思考 4 月的图书宣传推广工作。该怎样做呢？我毫无头绪。于是我联系了大约 10 个畅销书作家，向他们请教了这样一些问题："在您最近出版的作品的宣传推广中，哪些方面您认为是最浪费时间和资金的？哪些事情您永远不会再做了？哪些事情您还会去做？如果您必须要选择一个方面花掉 10000 美元的预算的话，您会选择哪个方面？"

我反复听到的一个词是"博客"。显然，博客的影响力非常强大，但同时也被严重低估了。我的第一反应是："博客有什么用？"我接下来的问题是："当前，作者们是如何同博主取得联系的？"以及"最畅通的渠道是什么？"联系博主的方式通常首先是使用电子邮件，其次是打电话。尽管这些都是我的强项，但我还是决定通过参加会议、在会议上亲自与这些人见面这种方式与他们取得联系。为什么呢？因为我觉得向"信满为患"的邮箱发送 500 封邮件可能只能得到一次回复，但在会议休息室中见到 5 个人就可能得到一个人的回应，这样我达成目的的机会就会更大一些。于是我收拾好行李前往拉斯维加斯，参加 2007 年 1 月的消费者电子产品展。2005 年的那一届，参会人员超过 15 万人，这场会议就好像是技术界的超级碗比赛，所有的极客都在其中把玩各种新产品。这一次，我甚至连会场前门都没进，只是待在希捷科技公司主办的博客会议的休息大厅。博客写手们被邀请到这里休息，给他们的笔记本电脑充电，品尝免费的酒水。我一边喝酒，一边问了很多弱智的问题，但并没有正面推销自己的作品，只是在有人问我为什么来到这里的时候提一下自己的这本书（我是这样回答的："我刚完成自己的第一本书，十分担心宣传推广的问题。我到这里来主要是想学习一下有关博客和技术方面的内容。"）知名技术博主罗伯特·斯考伯后来把我这种精心设计的营销计划称为"与博主共醉"。该计划的效果出人意料的好。

问题 8：如果无法直接推销自己的产品怎么办？

在 2007 的新书发布会上，我很快发现大部分媒体根本不关心新书发布，他们关心的是故事，而不是那些宣传语。于是我问自己："如果无法直接推销自己的产品怎么办？如果必须绕开产品本身进行销售怎么办？"我可以展示书中那些彻底重新规划自己生活的人（人物故事）；可以写一些与这本书无关的疯狂实验，同时促使人们浏览与本书有关的网站（大家可以用谷歌搜索"从极客到疯子"，查看结果，这是我第一篇被疯传的帖子）；我可以创造并普及一个新术语，以将其发展成为一种流行文化为目标（参见前文的"生活方式规划"）；也可以抓住问题的本质，让图书发布活动本身成为一则新闻（我曾利用视频"新书预告"针对《每天健身 4 小时》这样做过，也曾利用同 BitTorrent 网站的合作针对《4 小时变身大厨》这样做过）。人们不喜欢有人向他们推销产品，但喜欢听别人讲故事。那围绕后者做文章就可以了。

问题 9：如果我在现实生活中打造一个 MBA 项目会怎样？

这件事发生在 2007~2008 年间，大家可以翻阅前文"如何在现实生活中打造你的 MBA", 查看详细内容。

问题 10: 我是否必须要怎么损失的就怎么赚回来呢?

2008 年, 我在加利福尼亚州的圣何塞有了自己的房子, 但这其实是一笔亏本买卖。说得更准确些, 银行是房子的主人, 而我则是在未经认真考虑的情况下采用调息按揭的方式购买的。最重要的是, 当时我即将搬到旧金山。如果卖掉房子, 那就意味着我要损失 15 万美元。最后, 我收拾好行李, 义无反顾地搬到了旧金山, 让我在圣何塞的房子就那样空着。

在接下来几个月的时间里, 朋友们敦促我把房子出租出去, 强调说如果我不这样做, 那我就是败家子一个。最终我屈服了, 接受了他们的建议。即使雇用了一家物业公司帮我打理, 各种烦琐的手续还是相当令人头疼, 我很快就感到后悔了。一天晚上, 我开始反思, 我问自己:"我真的需要怎样损失就怎样把钱给赚回来吗?"如果你在赌桌上输了 1000 美元, 你非要再从赌桌上把这笔钱赢回来吗?可能并非如此。如果我因为抵押贷款购买的新房子而"损失"了一笔钱, 那我真的需要通过出租房子的方式把损失的钱赚回来吗?我认为不是这样的。我可以通过更简单的方式从其他方面增加收入(例如举办演讲、现场咨询等活动)。人很容易屈从于一种名为"安全感"的认知偏见, 无论是在房地产、股票还是在其他方面, 都是如此。我也不例外。我研究了一下这个问题, 之后不久就卖掉了我在圣何塞的房子。的确, 我损失了一大笔钱, 但当我的注意力和思维空间得到解放之后, 我很快从其他方面把损失的钱给赚了回来。

问题 11: 如果我只能通过减法来解决问题怎么办?

2008~2009 年, 我开始问自己:"如果我只能通过减法来解决问题怎么办?"当时, 我正担任创业公司的顾问, 我首先琢磨的是"我们应当如何简化", 而不是"我们应当如何做"。举个例子来说, 在为我担任顾问的公司大量增加用户访问量之前,我一直希望能够先提升客户转化率(注册或购买的访问者的占比)。我最初担任顾问的 12 家公司中,有家公司名叫 Gyminee(该公司后来更名为 Daily Burn),当时他们没有足够的人力重新设计网站,而增加新内容会非常浪费时间。但删除内容则不然。我们进行了测试,删除了主页中靠上方位置的大约 70% 可以点击的内容,只留下最重要的点击链接,结果客户转化率马上提升了 21.1%。这一大胆尝试为后期更为重要的发展决策提供了借鉴。在其影响下,公司创始人安迪·史密斯和史蒂芬·布兰肯希普做出了许多重大而正确的发展决策,公司最终在 2010 年被 IAC 以高价收购。从那之后,我把"如果我只能通过减法解决问题……"运用到了自己生活中的许多领域。有时候我会改变说法,问自己:"我应当在'不需要做的待办事项列表'中加上哪些内容?"

问题 12:我怎样才能让自己人间蒸发 4~8 周,没有电话也没有电子邮件?

尽管这句话有些啰唆,但从 2004 年以来我多次问过自己这个问题,问题通常以"让自己可以度假 4~8 周"结束。但现在,仅仅是度假已经不够了。鉴于宽带通信的普及,想要一边在巴西或日本"度假",一边通过手提电脑继续办公是一件相当容易的事。这种微妙的自欺欺人的做法是颗定时炸弹。

在最近的 5 年中,我的问题变成了:"我怎样才能让自己人间蒸发 4~8 周呢?"这也是我最经常问那些感觉自己心力交瘁的企业家的一个问题。2 周的时间是不够的,因为其他人可能会等你回来让你收拾残局。但在 4~8 周(或者再长一点儿时间)之后,你就没有充当救火队员的必要了。前提是,你需要从制度上、政策上安排好工作,抛开电子邮件之类的杂务,赋予其他团队成员以要求和工具,只留下最关键的需要你做决策的工作,其他事务统统交给他人,或者干脆制造一台无须你 24 小时操控的机器。

最重要的一点是:建立制度的效果远比假期的时间要长久,当你度假归来之时,你会意识到自己已经把工作(以及生活)发展到了新的高度。这一点，只有当你超脱于烦琐事务，从更高的视角审视你的事业，才有可能实现，正如迈克尔·格柏所说的那样。

问题 13：我是在捕猎羚羊还是在捕捉田鼠？

这个问题是我在 2012 年左右从美国众议院发言人纽特·金里奇那里"抄袭"过来的。我在《振作起来，重整旗鼓：来自作战室的 12 条制胜秘诀》这篇文章中看到了这个问题，文章作者是詹姆斯·卡维尔和保罗·贝加拉，两人都是比尔·克林顿竞选"作战室"的政治战略家。下面节选的这段内容给我留下了深刻印象：

> 纽特·金里奇是当代最成功的政治领导人之一。不错，我们实际上反对他所做的一切，但本书的内容与战略有关，与意识形态无关，我们应当公正地对待纽特。他的战略能力——为团结众议院不遗余力地为共和党服务——带来了美国历史上最大的一次政治竞选中的压倒性胜利。
>
> 现在纽特为私营企业工作，他运用了一个精彩的比喻解释了专注重要之事、放过次要之事的必要性：羚羊与田鼠的比喻。狮子完全有能力捕捉、杀死和吃掉田鼠，但这样做所需要的能量超过了老鼠本身所能提供的能量。因此，整天捕猎田鼠充饥的狮子会慢慢地饿死。狮子不能靠田鼠为生，它需要捕食羚羊。羚羊是大块头的动物，捕捉、杀死羚羊需要更快的速度和更大的力量，但一旦捕杀成功，狮子就可以享用一顿美餐，同时满足自己的自尊心。凭借羚羊提供的能量，狮子可以活得更久，更幸福。这两者的差别很重要。你是否在花费自己所有的时间和全部的精力捕捉田鼠？从短期来看，迅速捕到田鼠也许能带给你美妙的成就感，但从长远来看，你会饿死的。因此，在每天结束时你要问自己："我这一天是在捕捉田鼠还是在捕猎羚羊？"

对待这一问题我经常采用另外一种方法——看一下自己的待办任务清单，

然后问自己:"这些任务中的哪一项在我完成后可以让完成其他所有事情变得更简单,而哪一项与其他任务完全不相干?"

问题 14: 难道不是一切都非常的美好和完美吗?

自 2013 年,我开始每天加倍努力培养感恩之心和对当下的觉知意识。上面那个问题就是我经常问自己的一个问题,同时辅以类似"5 分钟日记""荣誉罐"等做法,并在上床前按照彼得·戴曼迪斯的方式思考"每日收获"。重复我在本书其他地方所说的话,那就是,有高度进取心和紧迫感的 A 型行为者生来就是有目标、有追求的。这一特性非常有助于这类人获得成功,但同时也容易使其产生焦虑,因为他们一直在关注未来。我个人认为,取得事业上的成功只不过是拿到了生活上的及格分。对于很多更重要、更有意义的成就,当然也包括让自己幸福快乐而言,你需要的是珍惜自己已经拥有的。

问题 15: 如果事情真的很容易办到,那会是什么样的呢?

这个问题和下一个问题都出现在 2015 年。现如今,我最经常提的一个问题是:"如果事情真的很容易办到,那会是什么样的呢?"如果我感到压力重重、精力分散或者疲于应付,那通常是因为我把事情复杂化了,或者没有采取便捷的途径,因为我总是觉得自己应当"再努力一些"(旧习难改啊)。

问题 16: 我怎么能把钱花在这个问题上?我怎么能"浪费"金钱提高生活质量呢?

这个问题无须太多解释。丹·沙利文是一家名为"战略培训"(Strategic Coach)的公司的创始人兼总裁。这家公司帮助我认识的许多连续创业家保持了头脑清醒。丹有一句很著名的话:"钱能解决的问题都不是问题。"在创业之初,你花时间赚钱。当一切走上正轨之后,你必须花钱赚取时间,因为后者是一去不复返的。这种转换是很难进行和维持的，因此我在日记中经常问自己上面这个问题。

问题 17：不慌不忙，不止不休

这不是一个问题，而是一个重要的基本原则。"不慌不忙，不止不休"是珍妮·索尔–克莱因介绍给我的，她和杰森·奈默（见前文）一道发明了飞行瑜伽。这句话是她研究多年的健身活动 Breema 的"9 大和谐原则"之一。我习惯把"不慌不忙，不止不休"写到我的笔记本上端，每天提醒自己。事实上，它与德里克·希维尔斯那个关于 45 分钟和 43 分钟骑行自行车的故事（见前文）所讲述的道理相类似——无须每天都把自己逼迫得气喘吁吁、疲于应付、面红耳赤。心平气和、一步一个脚印就可以实现自己 95% 的目标。我的朋友、一位美国海军海豹突击队的前队员最近给我发短信，告诉我他们在训练时也采用了一个类似的原则："慢即平顺，平顺即快。"

或许只是因为我正在变老，随着时间推移，我对"奢侈"的定义也发生了变化。现在在我看来，"奢侈"与拥有大量高价商品无关，它是一种闲庭信步的感觉：不慌不忙，不止不休。

好了，到此为止。年轻人，这些就是我会问我自己的问题。希望你们能够有所体悟，提出面向你们自己的许多问题。

记住，一定要寻找简单的答案。

如果你的答案不够简单，那可能是因为它并不是正确的答案。

"转瞬之间我们都将死去，同永恒相比，100 年
就是一眨眼。我一直对妹妹这样说……我说：
'你最好从现在开始享受生活，因为我们很快
就会死去的，否则将来回过头来看，你很可能
会说："真遗憾，我本应当开心快乐才对！现
在可好，我马上要死掉了。"'"

杰米·福克斯
JAMIE FOXX

杰米·福克斯是一位奥斯卡获奖演员、格莱美获奖音乐人，还是一位世界
知名的脱口秀喜剧演员。毫无疑问，他是我认识的最棒的演员和笑星。这次
访谈让我两一起在他家中的工作室度过了两个半小时，他让我大开眼界。

引体向上拉杆是最重要的器械

下面是杰米上午的锻炼内容，他基本上每隔一天做一次，其中包括：

- 15 个引体向上，50 个俯卧撑，100 个仰卧起坐
- 15 个引体向上（握杆姿势不同），50 个俯卧撑
- 10 个引体向上（第一种握杆姿势）
- 10 个引体向上（第二种握杆姿势）

"我一直在想在影片《社会威胁》中饰演凯恩的特林·特纳是如何保持

身材的。他对我说：'伙计，我想告诉你的是，引体向上拉杆是最重要的器械。'"

（这种简便实用的方法类似前文斯坦利·麦克克里斯托将军的训练方法。）

艾瑞克·马龙·毕夏普第一天使用"杰米·福克斯"这个名字时的情形

"一次偶然的机会，我参加了在圣莫尼卡市拍摄的电视系列节目《晚间即兴表演秀》，之前我从没有参加过电视节目。我注意到现场有 100 个小伙子和5 个姑娘。这 5 个姑娘会一直出镜，因为需要她们活跃现场气氛。（制片方会从现场名单中随机选取出镜人员。）于是我想：'嗯，很好，我知道该怎样做了。'我在名单上写下了所有这些中性的名字：斯坦西·格林、特雷西·布朗、杰米·福克斯……然后制片方开始从名单中挑人了，他喊道：'杰米·福克斯，她来了吗？她第一个上场。'我说道：'杰米·福克斯是我。''好吧好吧，就你上台吧，你是个新面孔啊。'然后他们开始拍摄当天的《晚间即兴表演秀》这个老牌喜剧节目。他对我说：'让我们看看你能否得到一两次观众的笑声，这个节目的观众是很难取悦的'……我听到观众中有人在说：'这家伙是谁啊？他要上节目吗？喔，原来是个新面孔，菜鸟一个啊！'于是他们开始用起哄的方式高喊我的名字——'嘿，杰米！喂，杰米！'——但我当时因为还不习惯这个名字所以表现得无动于衷，结果他们认为我有点儿傲慢嚣张：'这个家伙，竟然不听我们说话……'"

恐惧的背面是什么？什么也不是

杰米十分自信。他的一位好朋友曾对我说："即使事情变得有些糟糕，他也总能让你觉得一切尽在掌握之中。我看到圈内的很多人都被他的自信所吸引，也包括我在内。"我问杰米是如何向自己的孩子传授自信秘诀的，他说自己是利用下面这个问题来要求女儿们研究她们自己的恐惧心理的："恐惧的背面是什么？"而他的答案一直是"什么也不是"。

　　杰米对此做了详细解释："人们是没有理由感到紧张的，因为没人会真的跳出来给你一巴掌或揍你一顿……我们在谈到恐惧或退缩不前时，我们谈论的只是个人心中的想法而已。并非每个人都必须变得特别有侵略性，但每个人都可以克服内心的恐惧。如果你的孩子比较腼腆，那么你可以早一点儿开始培养，不断给他们灌输这些思想，他们会慢慢变得大方起来。"

> **作者**：思考一下自己恐惧什么，然后问自己："如果我想方设法解决这一问题，那恐惧的另一面是什么？"答案通常也是"什么也不是"。你基本不会得到负面的结果，或者即使有也只是暂时的。这涉及著名导演弗朗西斯·福特·科波拉的教诲："失败不会持久。"我们之后还会再探讨这个问题。

　　"在抚养孩子的过程中，父母是弓，孩子是箭。父母会尽可能瞄准最正确的方向，希望结果不会距离目标太远。这是我祖母教给我的。"

模仿表演

　　在我们的访谈过程中，杰米大概模仿了 12 位演员。他给出了这样一条建议："从模仿青蛙柯密特开始，然后再增加一点儿得意忘形的神态，这样你就成了小塞米·戴维斯。"

要么做得很出色，要么就别来

　　杰米描述了导演基伦·埃弗瑞·韦恩斯在为电视剧《生动的颜色》撰写包袱笑料时是多么的严格："没有进行精心准备的人是不会被允许登台的。他会把你拖到一边对你说：'作为黑人笑星，你不能马马虎虎，要么做得很出色，要么就别来'……他曾为艾迪·墨菲写过剧本，他的朋友都是明星大腕。他曾说过：'我周围都是出类拔萃的人，一直是这样，因此我们的工作也要做到最好。'"

> **作者**：此原则适用的范围远远超出了喜剧表演或种族界限。成为一名"创作者"从来就不是一件简单的事，而出类拔萃则更加艰难。"差不多"是远远不够的。

学会说实话

"1976年，我当时大概10岁左右，在上五年级，当时是卡特总统执政。牧师开始布道，内容是关于同性恋的。我当时还不知道什么是同性恋。牧师说上帝创造了亚当与夏娃，而不是亚当与史蒂夫。那是在南方的得克萨斯州。我奶奶站起来说道：'你不要再说了，停下来。'整个教堂都安静了下来。'怎么了，塔利小姐？'我奶奶接下来所说的话非常有意思：'让我来告诉你吧，我开办这一家托儿所有30年了，我想告诉你们所有人的是，上帝也创造了女子气的男子。'在场的所有人说道：'您说什么？'奶奶说道：'这些小男孩儿从刚学会走路开始就和其他的小男孩儿不同。我不让你讲下去是因为你讲的内容会阻碍他们找到自己生活的方向。'说完她就坐下了。

"教堂里的很多人都是奶奶从小带大的。（她在开学季担任整个社区孩子们的老师，等到了暑假，人们就把自己的孩子送到奶奶家让她照看。）从这个意义上说，奶奶的话还是相当有分量的。"

成名前的艾德·希兰（红发艾德）

"有个名叫艾德·希兰（Ed Sheeran）的年轻人在这块儿地毯上（杰米指着

我们正在录音的房间地板）睡了大约 6 个星期，试图在此开启自己的音乐事业。他来自伦敦，听说了我在洛杉矶办的现场演出。他说：'如果可能的话，我真的希望能参加您的现场演出，因为我有一些自己十分喜爱的音乐。'当时我想：'参加我的现场演出？别开玩笑了。'我的演出观众几乎全是黑人，我的音乐也是黑人音乐。你知道我什么意思吧？这些人都是地地道道的专家级的音乐鉴赏者，他们是非常挑剔的。而我的演出嘉宾有为史提夫·汪达演奏的音乐家，米兰达·兰伯特也曾来演过一晚上，还有歌手"娃娃脸"。于是我说：'你刚才说的没有任何意义，我才不在乎什么伦敦出身、口音高级之类的东西，你先来试试吧。'他说：'我想我一定没问题的。'……于是我把他带到演出现场，当晚那里有 800 人。嘉宾尽情表演，黑人观众们热血沸腾，气氛高涨……突然，艾德·希兰手拿尤克里里琴站起身来，走上舞台。坐在我旁边的哥们儿对我说：'喂，福克斯，这个一头红发、手拿尤克里里琴的花花公子什么来路？'我回答说：'老兄，此人名叫艾德·希兰，我们看看他表现如何吧。'结果，在 12 分钟的时间里，他就赢得了满堂彩。"

扎扎实实练功

杰米在影片《灵魂歌王》中饰演美国第一位灵歌艺人雷·查尔斯，并因此获得奥斯卡金像奖最佳男主角奖。在影片拍摄之前，这两位曾一起演奏钢琴。

"在我们一起演奏时，我兴奋得有些飘飘然。随后他开始弹奏某首复杂的乐曲，好像是钢琴大师塞隆尼斯·孟克的作品。我当时说了一句：'天啊，不好，我可一定要跟上啊。'然后我就弹错了一个音符。他马上停了下来，因为他的耳朵非常敏感。他说：'你到底怎么搞的？你怎么能那样弹奏那个音符？你弹错了，小伙子，该死！'我说道：'对不起，查尔斯先生。'他说：'听我说，小兄弟，那些音符就在你手指下方，你需要做的就是拿出时间好好练功，练习弹奏正确的音符。这就是生活。'"

布莱恩·约翰逊
BRYAN JOHNSON

　　布莱恩·约翰逊是一位企业家与投资人，他创办了 OS 基金会和支付平台 Braintree，后者在 2013 年被亿贝公司以 8 亿美元收购。2014 年，布莱恩自己出资 1 亿美元创办了 OS 基金会，以支持那些旨在通过改革"生活操作系统"以惠及人类的发明家和科学家。换句话说，他出资资助现实世界中那些最疯狂的科学家解决诸如行星采矿、人工智能、延长寿命等许多有关人类存亡的大问题。目前，他是 Kernel 公司的创始人兼首席执行官。该公司致力于研发世界上首套神经假体系统（可以移植到大脑的电脑），用来模拟、修复和改善人的认知功能。

灵兽：非洲狮

幕后故事

➤➤ 为了启发他的孩子，布莱恩委托一位涂鸦艺术家在自家房子的一面墙上画上了灰袍甘道夫和哈利·波特，两人的魔杖都指向天空，上方写着"梦想"两个字。他想教给孩子们的是，就像托尔金和罗琳可以用文字创造世界那样，企业家也可以用公司创造一种更好的生活。

➤➤ 我俩在旧金山经常一起徒步旅行，期间布莱恩数次采用不同的方式问我这样一个问题："你能做哪些在200~400年以后还会有人记得的事情？"

最初的一次创业经历

——上门向零售商推销信用卡支付服务。

"我是这样说的：'蒂姆，占用你3分钟时间，如果你在使用我的服务之后不说"好"，我就给你100美元。'通常人们会说：'这很有趣……'此时我会打开我的项目建议书，带他们熟悉这项业务——这是供应商，这是他们的产品，这是他们的做法，这是我的做法。我同其他人一样，只是在我这里你可以得到诚实、信息透明和巨大的客户支持。就这样，我成了该公司排名第一的推销员。通过这种十分简单的做法——在这个状况不佳的行业中推销自己的诚实与透明——我打破了他们所有的销售纪录。"

只是简单的想法，还是迫切的渴望？

"很多人同我聊天时都说想要开创自己的事业，对此我最常问的一个问题是：'你说的只是简单的想法还是一个迫切的渴望？'如果只是简单的想法，这不足以支撑你开创自己的事业，后者能否达成取决于你的渴望到底有多迫切。对我来说，我会破釜沉舟，因为我只会这样工作，我从来没想过会失败，我必须做成这件事。"

你或许不该再做这种事了

"小时候，有一次我想——如果把盛牛奶的罐子装满汽油点上火，会发生什么？于是我把原本用于草坪机的汽油倒入牛奶罐，把它拿到大街上点着了……跟我想象的一样，火苗立刻串了起来。绿色的奶罐沿着大街滚了出去。我当时心想：'天啊，不好……'于是，我赶忙踢翻了奶罐，汽油喷洒到大街上，流入排水沟，然后顺着排水沟流了下去，而沿街则停放着汽车。我当时想到汽车可能会爆炸，于是我跳到排水沟里，用脚使劲踩里面的汽油，试图把火扑灭了。当然，我失败了，火花四溅，草坪也着火了，情况越来越糟。好在，最终我们把火扑灭了。我妈妈当时跟我说的唯一一句话是：'布莱恩，你或许不该再做这件事了'。我回答说：'好的，妈妈。'这就是我母亲典型的教育方式。"

育儿建议——"你当时是怎么想的？"

"两周前我开始教自己11岁大和9岁大的两个孩子骑四轮车。我对他们说：'现在，我给你们戴上安全头盔，用两分钟的时间教你们如何前进，如何后退，如何刹车。我想让你们记住几点——不要骑到沟里，不要往坡上骑，否则可能会翻车。现在我想给你们5分钟的时间骑车出门，然后安全返回。回来后告诉我你们是怎么做的，怎么想的，是如何保证自己的安全的，遇到过什么危险。但我希望你们自己去做这一切，我不会和你们一起去。'……他们安然无恙地回来了，这对他们来说是一次很好的体验。他们告诉我说：'爸爸，我们是这样看待危险的，我们原以为可能会遇到麻烦……'他们骑得很慢，但还是撞到了树上……但他们能把他们的遭遇和想法讲出来，我认为这对于克服困难非常有帮助。"

沙克尔顿取样测试

　　探险家欧内斯特·沙克尔顿对少年时期的布莱恩产生过巨大的影响。布莱恩说："我一直记得他的勇敢无畏，记得他是如何克服了探险过程中的重重困难的。他给我的生活带来了无数启发，我把我自己命名的'沙克尔顿取样测试'运用到我所做的每一件事情上……我经常这样仔细思考：我这样做是否能通过沙克尔顿取样测试？这是否是我能够想到的最大胆的行为？如果换成沙克尔顿，他会怎么做？"

> **作者：**乔·德·塞纳（见前文）也将沙克尔顿测试作为行动大胆程度的衡量方式。正如我俩一位共同的朋友所说的那样："这都是同道中人啊！"

* 你相信的哪些事物在别人看来是疯狂的？

　　"我们的存在是可以进行程序化设计的。"

* 是否有一句名言指引着你的生活？

　　"人生不是等着暴风雨过去，而是要学会如何在雨中跳舞。"（改写自薇薇安·格林的一句话）

5 只猴子的游戏

　　这个游戏与习得性无助有关。一些人做出的某个出于善意的行为常常强化了他人的习得性无助。

　　"在 Braintree，我一直坚持推行的一个原则是'挑战所有的假设'。与此相关的故事是这样的：一个房间里有 5 只猴子，房内梯子的上方放着一篮子香蕉。这些猴子当然想爬上梯子拿香蕉，但是，每当有猴子想爬上梯子的时候，这只猴子就会遭到凉水冲击。被凉水冲击了几次之后，猴子们明白了不能上梯子拿香蕉……随后，实验者把一只猴子带出房间，又放了一只新猴子进来。新猴子看到香蕉后想：'我要拿一根香蕉。'但当它试图爬上梯子的时候，其他猴子就抓住它把它拖回来……接下来，实验者把猴子一只一只带出房间换新猴子进来，直到屋子内的 5 只猴子都是新猴子。在这之后，每当又有某只新猴子在进来后想要爬上梯子的时候，这些猴子就会抓住它把它拖回来。但是，这 5 只猴子中的哪一只都不曾被凉水冲击过。"

作者： 这让我想起了我经常思考的塔拉·布莱克（见前文）讲的一个故事：

这个故事是关于一只被关在动物园的名叫摩希尼的老虎的。它是被人从动物保护区解救出来的。摩希尼曾被关在一个长 3 米、宽 3 米的笼子里，笼子底部是水泥地面，它被关了 5 年，或者 10 年，没人知道。人们最终将其解救出来，放到现在这个动物园的大牧场中：解救者非常兴奋，满怀希望，认为把这只老虎放到焕然一新、造价不菲的环境中能让它恢复野性。但为时已晚，这只老虎一进牧场就立即在围墙内的角落里找到一处隐蔽的地方，在那里度过了余生。它在那个角落里来回溜达，最后在那里踩出了一块长 3 米、宽 3 米的空地，这块空地几乎寸草不生……我们生活中最大的悲剧可能在于：自由是可能的，而我们却让自己陷入一成不变的陈旧模式中勉强度日。

昔日的哪些条条框框（无论是真实存在的还是你想象出来的）变成了你的精神负担？在生活中，困住你的那块 3 平方米的空地是什么？你在哪些方面担心"遭到冷水冲击"，尽管这种冲击从来没有真正发生过？在很多情况下，你所需要的只是走出自己的舒适区，一步就好。尝试一下吧！

布莱恩·科佩尔曼
BRIAN KOPPELMAN

　　布莱恩·科佩尔曼是一位编剧、小说家、导演和制片人。在推出自己广受欢迎的电视剧《亿万》之前，他最为人们所熟知的作品是与人合作创作的《赌王之王》和《十三罗汉》，他还担任了影片《魔术师》和《幸运之人》的制片人。布莱恩曾在其执导的影片《孤独的人》中饰演迈克尔·道格拉斯。他现在还主持了播客节目《瞬间》，其中我最喜欢的一集嘉宾是导演约翰·汉博格，此人曾创作、导演过《寻找伴郎》，担任过《拜见岳父大人》的编剧，作品很多。那一集节目就像是一次有关电影学院和编剧艺术硕士生培养的专题讨论。

　　　　　　　　　　　　　灵兽：佩恩·吉列特（他的一位好友）

时间不是挤出来的，而是创造出来的

"我那年 30 岁，对自己所过的生活并不满意。当时我加入了纽约市一家扑克俱乐部，整天听那些人谈话，观察他们的表情。我对自己说：'这不就是一部电影吗？！'（这就是《赌王之王》的灵感来源。）于是我找我的妻子埃米和我最好的朋友戴夫合作，制订了一个计划，决定一边继续工作一边利用早上的时间撰写剧本。埃米在我们公寓地下室的储物间清理出一块儿地方。我和戴夫当时还没有和影视圈的大人物搭上关系。我们每天早上在一起工作两小时，现在想来我们当时把周日空出来了，但除此之外我们一天也没有错过。他当时在酒吧当招待，而我也有自己的事情要做（当时布莱恩刚刚通过夜校学完了法学院的课程，正在从事录音方面的工作）。

"再回过头说一下早上的那两个小时……那个狭小的储物间里有个污水槽，剩下的空间只能放一把椅子。大部分时间里我就坐在地上，戴夫坐在打字机前。我们周围放着一堆书，那是我们的参考资料，都是关于扑克以及游戏用语的书。我们就坐在那里写作。到了晚上，我俩就前往那些扑克俱乐部收集资料：人们的说话方式和用词、他们给我们讲的故事、人物性格……当时我们根本就没去想他们告诉我们的到底是他们真实的生活还是他们的幻想。我们没有想得太细，只是在想：'我们怎样能够写出一个剧本，然后据此拍摄一部电影，就像当年我们看的《餐馆》那部电影一样？'拍摄一部能让人们（当时我想象中的观众可能是 20 几岁的年轻人）经常引用、耳熟能详的电影，一部成为他们内部的小秘密的电影，一部专属于他们的电影。如果能做到这一点，那我们就成功了。"

> **作者：** 在成为专职医生之前，卡勒德·胡赛尼利用早晨的时间完成了小说《追风筝的人》；保罗·莱维斯克（见前文）则常常在午夜时分进行拳击练习。如果你要做的事情真的十分重要，那就好好规划时间，就像保罗可能会问你的那样："那是你的梦想还是你的目标？"如果没有为此制定出时间表，那你就无法真正实现它。

对"晨间笔记"的看法

"每天上午，我的工作都是根据朱莉娅·卡梅隆在《创意，是一场灵魂交易》一书中提到的'晨间笔记'进行的：运笔如飞，不要在乎书写，随意写出 3 页内容，什么都可以，无须审查，无须回头再看。这是我知道的效果最神奇的练习。假如你每天都严格按照上面的标准去做，那么在不知不觉中你就会变得极具创造力。我想说的是——我知道你在其他方面有过类似的经历——我向 100 个人赠送了这本书，当时我说：'我想告诉你，你需要这样做……'在这 100 个接受我赠书的人当中，可能有 10 个人真正打开过此书并且进行过这种练习。在这 10 个人当中，7 个人已经推出了自己的著作、电影和电视节目，取得了成功。这本书的效果令人难以置信。这本书改变了我的生活，尽管它里面有一些超自然的灵性内容，而我是个无神论者。"

* 布莱恩推荐的书和播客节目

史蒂文·普莱斯菲尔德所著的《艺术的战争》(*The War of Art*)

巴德·斯楚伯格所著的《什么使萨米逃走》(*What Makes Sammy Ran*)，讲述的是主人公在好莱坞的成名之道。

克雷格·麦辛和约翰·奥古斯特主持的播客节目《编剧笔记》。"他们两人担任过 20 部卖座大片的编剧，是真正的专业人士，他们每天都身处电影制作的第一线。"

关于自杀的一些想法

在这篇文章中，我想谈一下有关自杀的问题以及我至今还活在这个星球上的原因。这个话题讨论起来有些消极，但我的目的是为那些有需要的人们提供希望和方法。有这方面需要的人的数量远远超出你的想象。

多年以来，下面这些故事我一直没有跟我的家人、女友以及最要好的朋友说起过。但最近的一次经历让我很受触动，于是，我决定是时候开诚布公了。

因此，尽管我可能会觉得惭愧，而且在打这些文字的时候心中的恐惧让我手心冒汗，但我还是决定开始行动起来。

下面就开始了……

命运的转折

"能否请您为我弟弟签个名？这对他来说意义重大。"

当时，我周围围着大约 10 个人等着问我问题。其中一位读者很有礼貌，一直在排队等候。他的要求很简单：我的签名。

当时是一个周五的晚上，大约 7 点左右，我刚刚结束了播客节目《转折》的现场录制工作。录制大厅灯火通明。主持人兼采访者贾森·卡拉坎尼斯非常熟悉节目流程，善于调动现场观众的情绪，节目顺利进行了两个多小时，观众向我提了我所能想到的所有问题。录制现场座无虚席。现在，节目录制终于结束了，这200多位观众随意走动起来，或者留在现场喝酒，或者离开现场过周末去了。

还有一些观众围绕在麦克风旁同我聊天。

"你希望我对他说点儿什么特别的吗？我是说对你弟弟？"我问那个很有礼貌的年轻人。他穿着非常得体的西装，名叫塞拉斯。

他愣了几秒钟，我看到他眨了眨眼，露出一种不同寻常的神色。我读不懂其中的含义。

我决定缓解一下他的压力，于是说道："我想我可以想出几句话写上去，你看可以吗？"塞拉斯点了点头。

我在他买的这本书上写了几句话，画了一个笑脸在上面，然后签下名字，把书递给他。他谢过我之后退出了人群。我向他挥了挥手，又开始同其他人聊天。

大约30分钟之后，我必须要赶紧离开了，因为我女友刚刚飞抵机场，我要去接她一起吃晚饭，于是我向电梯走去。

"蒂姆，能打扰你一下吗？"说话的人是塞拉斯，他一直在等我："我可以同您聊一会儿吗？"

"当然可以，"我说道，"但我们边走边说吧。"

我们绕过现场的座椅，来到电梯通道前，我按下了电梯下行键。但当塞拉斯一开始讲述他的故事之后，我很快就忘记了电梯这回事。

他很愧疚地说自己没能早一点儿找到解决问题的方法。他的弟弟（也就是我为其签名的那个人）最近自杀了，他只有22岁。

"他很敬重您，"塞拉斯说道，"喜欢听您和乔·罗根的播客节目。我是为了他找您签名的，我打算把这本书放到他的房间。"说着他扬了扬手中的书。我看到他的眼睛里充满泪水，而我感同身受。他继续说道：

"我知道人们喜欢听您的节目。您是否曾经想过讨论一下有关自杀或抑郁的问题呢？或许您能借此挽救他人的性命。"现在轮到我目光呆滞地盯着他看了，我不知道该说什么。

我也找不出拒绝的借口。他所不知道的是，我有充足的理由谈论有关自杀的话题，因为：

> **我中学时期最要好的朋友中有人自杀了。**
>
> **我大学时期最要好的朋友中有人自杀了。**
>
> **我自己也差一点儿自杀。**

"我很遗憾你失去了你的弟弟。"我对塞拉斯说道。我在想他等了三个多小时是否就是为了跟我谈论这个话题。我想应该是这样的。他真了不起，比我要勇敢。而我在我的作品中表现得像个懦夫，让他弟弟失望了。我曾让多少人失望过呢？这些问题在我脑海中翻腾。

"我会关注这方面的内容的。"我对塞拉斯说道，不安地拍了拍他的肩膀："我保证！"

说完之后我就走进了电梯。

深入黑暗

"他们试图埋葬我们，却不知道我们都是种子。"

——墨西哥谚语

有些秘密我们不想公开是因为这些秘密让人感到尴尬。

比如那次我在咖啡厅无意中搭讪了纳瓦尔·拉威康特的女友那件事，这太丢人了。或者那次一位知名专家借我的手提电脑播放一段无趣的公司视频时，当着现场 400 名观众的面，我的电脑桌面突然弹出了电影《搏击俱乐部》的一段色情片段，这也是一个典型例子。

但是，还有一些黑暗的秘密，我们对谁也不曾讲过。我们把这些阴影隐藏在内心深处，担心它们会毁掉我们的生活。

对我来说，1999 年是充满阴影的一年。

我当时的情况非常糟糕，我真希望自己永远不再提及这段时光。我一直没有在公开场合谈论这一段极其痛苦的时期，直到 2015 年 4 月 29 日的那次"有问必答"活动。

下面的内容就是当时接连发生在我身上的一连串倒霉事。现在看来，其中有些事情似乎根本不值一提，但当时我的感觉是灾难性的。

我使用了一些像"处境绝望"这样的措辞，这反映了我当时的心情，并不代表客观现实。

我现在还清晰地记得这些事情，但我改变了以往的措辞。我们从第一件事开始谈起……

>>> 当时，我在普林斯顿大学的大四学年刚刚开始，按计划，我在 1999 年 6 月就可以毕业了。但在接下来的 6 个月中，在几周时间内接连发生了几件事情。

>>> 第一件事，我没有收到麦肯锡咨询公司、三联软件公司以及其他公司的终面通知，我不知道自己哪些地方做得不对。以往在这场学业游戏中不断"胜出"的我开始失去自信。

>>> 第二件事，在上面那件事发生之后不久，我交往了很长时间（对一个大学生来说是这样的）的女友同我分手了。不是因为工作的原因，而是因为我在那一段时间丧失了安全感，我变得总想要跟她更多地待在一起，但这极大地干扰了她在大学体育代表队的训练。我这是怎么了呢？

>>> 第三件事，我同东亚问题研究所的一位论文导师见了一次面，而会面结果是灾难性的。他在看了我论文的部分初稿后，给了我一大摞日语原版材料，让我把这些材料融合进去。我从他的办公室出来后脑子乱成了一锅粥——在毕业前我该如何完成这篇论文呢？我该如何去做呢？

需要说明的是，在普林斯顿大学，本科毕业论文通常会被视作学生 4 年本科学习生涯的巅峰之作，学生的真实水平会体现在论文等级评定中的。论文成绩的比重通常是你的最终成绩的 25%。在上述事件发生之后，我的大学生活紧接着朝着下面的方向发展……

≫ 我找到了一个"救命"方法。在准备论文的语言学习过程中，有人向我介绍了在伯利兹国际教育机构工作的一位经验丰富的博士，名叫伯尼。一天晚上，我俩在普林斯顿市的威瑟斯彭街一起吃晚饭。他会讲几种语言，跟我一样是个书呆子。这顿饭最后吃了三个小时。最后他说："你看，你还有几个月才能毕业，这太糟糕了。我手里有个项目非常适合你，可这个项目马上就要开始了。"这正是我要寻找的方法！

≫ 我同父母讨论能否休学一年，就从大四这年的中间算起，这样我就有时间完成、修改论文，同时还可以看一下自己到底适合在"现实世界"中做什么样的工作。这看起来像个非常不错的双赢办法，我父母也支持我这样做。

≫ 普林斯顿大学校方同意了我的提议，于是我前去见上面提到的那位论文导师，告诉他我的决定。他没有因为我决定拿出更多的时间修改论文而高兴（我原以为会是这样的），而是气愤不已，冲我大声吼道："那么你要放弃了，是吗？！你想要选择逃避？！那你最好能写出我这辈子看过的最好的论文。"我当时心里十分紧张，恍惚中在接下来的谈话中听到一些不加掩饰的威胁和最后通牒……但没有哪位教授会真的那样做，对不对？这次面谈在他不屑的嘲笑声中结束，最后他很不耐烦地说了一句："祝你好运。"我感到心力交瘁，在心神不宁中离开了。

≫ 冷静下来之后，我的震惊变成了愤怒。一位论文指导教师怎么能仅仅因为学生提出休学申请就威胁要给出差评呢？我明白自己的论文不可能达到他所说的"看过的最好的论文"的水平，这实际上就已经决定了我的论文不会得到高分的，即使我做得再好也没用。这句潜台词谁都能看出来，对不对？

≫ 之后，我同普林斯顿大学的多位校方管理人员就此事沟通，而我得到的答复，简单说来就是——"他不会那样做的"。我真的感到很无语了。难道我是个骗子？我为什么要说谎呢？我有什么那样做的动机吗？看起来，没人愿意为了这一个学生同一位资深教授（或终身教授）把关系搞僵。我实在是无话可说，我感觉自己被背叛了。大学教师之间的人际关系要比我重要得多。

》》我离开了校内的朋友们，搬出校园，前去为伯利兹国际教育机构工作——这是一份孤单的工作。"孤单"的意思是说我要自己一个人在家中工作，而这是新的灾难的起点。这份工作的确值得去做，但在工作之外的所有时间，从醒来一睁眼到上床睡觉，我都在研究数百页的论文资料，它们全部铺在我的卧室地板上，室内一片狼藉。

》》我用了 2~3 个月的时间试图掌握导师提供的日语原版资料，结果论文还是写得一塌糊涂。尽管（也可能是由于）我每天都盯着这些资料看上 8~16 个小时，但（或者说因此）最终我的论文还是像弗兰肯斯坦造出的那个怪物一样，开头错误百出，最后陷入僵局，根本不像是一份研究报告，而且至少有一半的资料根本没有写进去。毫无疑问，状况比刚离开学校时更加糟糕了。

》》我的朋友们都在欢庆毕业，离开了普林斯顿大学，可我还待在校园外的公寓中，陷入绝望境地，论文没有丝毫进展。即使我最终能把论文做得很出彩，我（心中）那个怀恨在心的导师也不会饶了我的。如果他不放过我，那他就毁掉了我从高中以来付出了所有的努力想要达成的目标：高中以优异成绩考入普林斯顿大学，然后用大学期间的优异成绩换取一份理想的工作，等等。我开始睡懒觉，每天都睡到下午两三点钟才起，无法面对身边那一堆堆没有完成的工作。我的应对办法就是把自己包裹在被窝里，尽量减少清醒的时间，等待奇迹的出现。

》》奇迹没有出现。一天下午，我漫无目的地在巴诺书店闲逛，偶然发现一本有关自杀的书，就摆在我面前的展台上。难道这就是那个"奇迹"？我坐下来读完了整本书，在笔记本上做了大量笔记，包括记下列在参考书目中的书名。我长这么大还是第一次对科研如此感兴趣。在忐忑不安、绝望无助的情况下，我感觉自己发现了希望：最终的解脱。

》》我返回普林斯顿大学。这一次，我直接去了费尔斯通图书馆，检索了我列出的所有与自杀有关的书籍。其中一本名字看起来不错的书被借走了，于是我就预订了一下。这样等这本书还回来时，我就是下一个借阅者了。我当时在想哪个可怜虫在读这本书，他是否还能够把书还回来呢。

说到此处，有必要提一下，我当时的确是去意已决，这个决定对我来说再合适不过了。我不知不觉成了一个失败者，陷入目前这种难堪的处境，浪费了学校一大笔钱，而学校也并不关心我的死活。这种情况下再努力挣扎还有什么意义呢？我还要永无休止地重复这些错误吗？我真的想要成为自己、家人和朋友的沉重负担吗？算了吧，少了我这样一个无法解决这些烂事的失败者，世界会变得更美好。我做出过什么贡献吗？没有。因此我就这样决定了，我开启了全面规划模式。

>>> 在这种情况下，我突然变得极具计划性，我制订了 4 到 6 个完整的方案，从开始到结束，包括必要时可能需要的合作者和掩护者。就在这个时候，我接到了那个电话。

>>> 是我妈妈的电话！这不在我的计划之中。

>>> 我忘了费尔斯通图书馆有我的家庭住址记录——我不是实际上还处在一年的休学之中吗？这表明有人给我父母寄去了一张明信片，上面写着几句话："好消息，您需要的那本有关自杀的书已经还回来了，等您来取！"

>>> 我的天啊（谢天谢地）！

>>> 我母亲在我毫无防备的情况下打来电话，紧张地询问有关那本书的事。我的大脑飞快地运转着，我在电话里骗我妈妈说："是这样的妈妈，不要担心，对不起啊！我的一个朋友去了罗格斯大学，无法在费尔斯通图书馆借书，我是替他预订的这本书。他在写有关抑郁症方面的文章。"

>>> 这个发生概率可能在百万分之一的偶然事件把我从自己的妄想中快速解救出来。在那一刻我突然意识到：我的死不仅仅与我自己有关，它可能会彻底毁了我最在乎的那些人的生活。我脑海中出现一幅画面：对我的论文没有丝毫责任的老妈整天以泪洗面，自责不已，直到她离

开人世的那一刻。

≫ 就在接下来的那周,我决定把"休学的这一年"剩下的时间全部用来休息(管他什么论文),集中精力保持身心健康。接下来就是 1999 年我参加中国散打锦标赛的故事了,如果你读过《每周工作 4 小时》,你会明白我在说什么。

≫ 几个月之后,经过体能强化,我不再整天待在那里胡思乱想。事态变得明朗了许多,所有的状况看起来都变得更容易控制了。所谓的"绝望处境"似乎只是阶段性的运气不佳,但我不会永远这么倒霉下去。

≫ 我返回普林斯顿大学,把已经完成的论文交给我那位依旧脾气暴躁的导师。在论文答辩过程中,我的论文被批得体无完肤,但我根本不在乎。这显然不是他曾经读过的最好的论文,也不是我曾经写过的最好的作品,但我已经决定迈出下一步了。

现在是时候向那些在我大学的最后一学期帮助我重获自信的人表示我衷心的感谢了。他们中没人听过这个故事,但我还是想在这里向他们表示感谢,尤其是:我的父母和家人(这是必然的)、埃德·斯查乌教授、约翰·麦克菲教授、Sympoh 舞蹈团以及著名的露台美食俱乐部中我的那些朋友。我同 2000 届的学生一起毕业,告别了这所大学的标志性建筑拿骚楼(Nassau Hall)。我极少重游母校,诸位现在可以想到其中的原因了。

(注:毕业后,我对自己许诺说再也不写任何长度超过一封电子邮件的东西了。而滑稽的是,我现在写的很多书都超过了 500 页,嘿嘿!)

据说普林斯顿大学及其难兄难弟哈佛大学的"自杀趋势"正在快速增长(哈佛大学在校生自杀率是全国平均水平的 2 倍)。鉴于这种情况,我希望校方能够认真对待这件事情。如果学校有将近半数的学生说自己感到抑郁,那可能表明的确存在很多问题需要解决。如果校方置之不理,那你就可能需要对更多学生的死负责。

顺便说一句,一味等着他人提供帮助,或者要求那些有自杀风险的孩子休学一年的做法是不够的。学校可以向所有学生提供经常性的帮助,在他们产生自杀倾向之前就给他们打好预防针。做法其实很简单，通过电子邮件提供帮助、提供对策或者耐心倾听他们的不幸遭遇都是可行的措施。

走出黑暗

"人爱者有力，爱人者勇。"

——老子

接下来，我会先回顾并仔细分析一下自己差一点儿就做了蠢事这件事，然后我会给大家提供一些我现在依然在使用的方法和策略，帮助你们远离黑暗。

可能有人会想："真的假的 ?! 一名普林斯顿大学的学生竟然会成绩那么差？这不是胡说八道吗？别蒙我了……"

但是，关键就在于此。人们很容易小题大做，陷入自己讲述的故事中无法自拔，认为自己的整个人生都取决于一件事情的成功或失败，虽然在 5 年或 10 年后你可能根本不记得发生过这件事情了。这种表面看来生死攸关的事情可能是糟糕的成绩、能否上大学、男女关系、离婚、失业，或者是遭受互联网上的攻击。

那么，我为什么没有自杀呢？

下面这些领悟（以及几个朋友）救了我，它们当然不可能对每一个心情沮丧的人都有效果，但我希望它们至少可以帮到你们中的一些人。

1. 如果你处境危险，请拨打求助热线

当时我并不知道求助热线的号码，如果我知道就好了。我拨打的是美国预防自杀生命热线的号码，此外，在 suicidepreventionlifeline.org 网站上你还可以与专业人员实时聊天，每天 24 小时、每周 7 天都有人在线值班，提供英语和西班牙语服务。

如果你在美国境外，你可以查阅 suicide.org 网站，查找国际热线列表。

有时候，想要阻止一次后果严重、极不理智的行动，只要同一个理智的人

聊聊天就可以了。如果你在考虑结束自己的生命，请同他们联系；如果你对此难以启齿，像我当时那样，那你可以给他们打电话，随便聊上几分钟，假装你是在消磨时间，或者假装是为了测试一下不同的自杀热线。

就我个人而言，我希望看到你为世界做出贡献。从个人经历来说，请相信我：苦难终会过去，无论多么艰难。

2. 我意识到自杀会毁掉其他人的生活，杀死你自己可能意味着在精神上也杀死了其他与你有关的人

你个人的死亡不是完全孤立的事件，它可能会毁掉很多人的生活，包括你的家人（他们会自责）、其他你所爱的人，甚至包括法律援助人员或者验尸官，他们不得不把你戴着面具的尸体从公寓楼或者树林中拖出去。自杀一定无法对你有所帮助，并且更重要的是，它会给他人带来悲痛。即使你想通过自杀进行报复，那其伤害的对象也绝不仅仅限于你要报复的目标。

一位朋友曾对我说，自杀就像是把你的痛苦放大 10 倍，转移到你爱的那些人身上。我同意这种说法，但我想说的是，不仅如此，它还会转移到你的邻居、看到你死亡的无辜旁观者以及那些看到你的死亡消息而"盲目效仿自杀"的人——通常是年轻人身上。自杀的现实影响就是如此之大，它从不是你所幻想的一了百了。

如果你想自杀，那么想象一下自己正穿着自杀式炸弹袭击者会穿的那种装满炸药的衣服，走进无辜者的人群之中。这就是自杀的本质。

虽然你可能"觉得"没人爱你，也没人在乎你，但实际上几乎一定有什么人在爱着你，而你肯定也有可爱之处，值得别人爱你。

3. 没人能保证自杀可以让事情变得更好！

让人哭笑不得的是，我是在考虑是用枪打爆自己的脑袋还是冲到马路中央被车撞死的时候才有了这一令人失望的领悟的。真该死！谁也无法保证。

所谓的"来生"可能比目前最痛苦的生活还要糟糕 1000 倍，没有人知道到底会怎样。我个人认为，肉体死亡之后，意识还会继续存在。我逐渐意识

到自己没有丝毫证据能证明我的死可以让事情变得更好。这是一场可怕的赌博。至少目前，在"现世"生活中，我们已经知道了我们可以调整和改变各种事情，而未知的虚无世界则可能是但丁笔下那种极端恐怖的"炼狱"。如果我们仅仅"想要停止痛苦"，那最好还是忘记自杀这件事，因为我们根本不知道死亡这扇门的后面到底是一副什么景象。

身处绝望时，我们常常无法全面地考虑问题，这就像我最喜欢的一位喜剧演员迪米特利·马丁讲过的一个有关自杀式谋杀的笑话：

"自杀式谋杀者可能没有想过来生。'嘭'的一声，你死了；'嘭'的一声，我死了。想象一下，我们会立即在地狱重新相见……这岂不是很尴尬？"

4. 来自朋友们的建议，与上面第 2 点有关

对我的一些朋友（包括你永远想象不到的一些成功人士）来说，"发誓绝不自杀"的做法非常管用。我的一位朋友是这样讲的：

"我会向自己一生中绝不会背叛的人，比如'兄弟姐妹'发誓，只有在这种情况下发誓才有用。而且如果你这样做了，它的效果会非常好，仿佛突然之间你头脑中萦绕的那种自杀的想法就消失了，因为我永远不会对自己的兄弟违反誓言，永远不会。在对方接受了我的誓言之后，我必须改变自己对待生活的方式，因为我没有其他的选择了。事实证明，向他发誓是我给予自己的最好的礼物。"

尽管这听起来好像有些愚蠢，但是有的时候，信守诺言、避免伤害他人要比保住自己的性命更容易一些。

这种做法完全可行。你可以先采用能起作用的方法，然后再解决其他问题。如果你感到难堪，觉得必须向他人掩饰自己的想法（"我怎么能向朋友坦白这样的事呢？！"），那你可以找一个同样纠结于生死之间的朋友，两人一起"发誓绝不自杀"，让这件事看起来好像是你出于保护对方的目的而做的。这样还是接受不了？那就找一个把自己虐待得体无完肤的朋友"一起发誓绝不伤害自己"。

去关心他们要像关心你自己一样。如果你不在乎自己，那就去在乎别人。

实用的自我保护方法

现在我们谈一下日常生活中的一些方法。

事情是这样的：如果你是个有紧迫感的人，是个实干家，是个目标明确的 A 型性格的人，那么你可能天生就情绪不稳定。这种性格既是祝福也是诅咒。

下面这些我在本书前文中都做过具体阐释的做法对我很有帮助。这些做法可能看起来比较简单，但它们的确能帮助我避免迷失方向，让我远离深渊，我相信它们也可以帮助你找到自己的出路。大家可以尝试一下，保留适合自己的做法，并从那些事开始做起：

- 一日之计在于晨
- 让神经质者、躁郁症患者和像我这样的怪人更高效的方法
- 这就是我如此恐惧的吗？
- 荣誉罐
- 如何成为强壮的体操运动员
- 飞行瑜伽
- 低碳水化合物饮食备忘单

如果你心有疑虑，或者碰到了意外情况，你也可以尝试一下下面这些方法：

1. 前往健身房锻炼至少 30 分钟。对我来说，这就相当于成功了 80%。如果可能的话，我愿意到一家有健身教练的健身房，而不是自己散步或者在家训练，因为我最不想做的事情就是自己一个人胡思乱想。要想办法让自己与其他人交流互动。

2. 每天上午，向你关心的人或者曾经帮助过你的人表达由衷的感激，可以发短信、留言、写信或打电话。想不起这样的人？昔日的老师、同学，先前一起工作的同事、老板等都是合适的人选。

3. 如果无法让自己开心，那么做一些小事让别人开心也可以。这种方法非常有效。要关注他人，而不是你自己。为排在你身后的那个人买杯咖啡（我经常这样做），赞美陌生人，到流动厨房做义工，查看捐助网站为需要帮助的群体提供帮助，为自己经常光顾的饭店中的厨师们和服务员每人购买一杯饮料，等等。这些小事能带来巨大的情感回报。你猜会怎么样？很可能至少有一个你让其开心的人与你处境相同，也正默默地挣扎于几乎与你一样的困境。

小结

我的"灾难性事件"都没有持续太久。

当然，它们中的每一个都绝不是我要面对的最后的灾难，未来还会有许多。关键是要点燃内心的希望之火，一边温暖自己，一边等待暴风雨过去。这些火焰——常规活动、习惯、人际关系以及你自己打造的应对机制——可以帮助你在暴风雨中看到希望，而不是只看到洪水滔天。如果你想要拥有枝繁叶茂的精彩人生（并且也在为之而努力），那么请记住，万物凋敝的灰色阶段也是自然周期中必不可少的一部分。

你没有什么天生的缺陷。

你只不过是人，而每个人都会犯错。

你有改变世界的潜能。

当黑暗来临时，当你在同魔鬼搏斗时，只需记住一点：我在同你一起战斗，你不是一个人在战斗，你正身处一个庞大的群体，他们都在阅读这本书。

我在这场战斗中最大的收获就是：永不放弃。

深爱你们所有人

蒂姆

罗伯特·罗德里格斯
ROBERT RODRIGUEZ

　　罗伯特·罗德里格斯是一名导演、编剧、制片人、电影摄影师、编辑和音乐家，也是王者电视网络（El Rey Network）的创始人兼总裁。该公司打造了一种新兴的超流派有线电视网络。他在该网络平台上主持了我最喜欢的访谈节目之一《导演访谈录》。

　　在奥斯丁市的得克萨斯大学上学期间，罗德里格斯参与了一次由药品研究机构安排的药物临床试验，期间他为自己的第一部故事片撰写了剧本。他从临床试验中得到的报酬刚好可以用作这部电影的拍摄费用。这部影片，也就是《杀手悲歌》，后来在圣丹斯电影节获得最佳剧情片观众奖，成为由大制片公司发行过的成本最低的影片。自此以后，罗德里格斯继续为多部影片担任编剧、制片和导演，其执导的影片包括《杀人三部曲》《杀出个黎明》《特工小子》《墨西哥往事》《罪恶之城》《弯刀》等。

灵兽：大白鲨

前言

这份人物档案非常珍贵，其中涉及的明星和咖啡因一道让这次采访精彩纷呈，罗伯特的表现也相当完美。我的本意是想把这期节目单独写成一本书的。因此请诸位迁就我一下，因为这份人物档案比之前的都要长，但它值得阅读。

你的"罗德里格斯清单"是什么？

"罗德里格斯清单"这个词的意思是，把你手边所有的资源列成一个清单，然后围绕这个清单拍摄一部电影。这个词源自罗伯特拍摄《杀手悲歌》这部影片的经历。他把这部影片作为自己的"试验片"来拍摄。（亿万富翁里德·霍夫曼也曾问过"我们有哪些资源"这一问题。）罗伯特的故事是这样的：

"我仔细掂量手中现有的资源：我的朋友卡洛斯在墨西哥有个农场，好的，那么电影中的那个坏蛋就藏在农场里；卡洛斯的表哥有个酒吧，那么第一场枪战就发生在那里，那儿就是所有坏人经常出没的地方；他的另一位表哥负责运营一条公共汽车线路，好吧，到时候就在公共汽车上安排一个动作镜头，在影片的中间部分拍摄一段发生在公共汽车上的打斗场面；他养了一只斗牛犬，好吧，它也可以参演电影；他的另一位朋友养了一只乌龟，好吧，把乌龟也拍摄进来，这样人们就会认为我们的电影团队有个动物饲养员，这会一下子显得影片的制作水准很高。

"我围绕我们手中的所有资源撰写剧本，这样我就无须到处寻找事物，也无须再在影片素材上花费多余的钱了。事实上这部影片的造价几乎为零。唯一的花费实际上就是胶片，我想用胶片拍摄而不是使用视频录像，而胶片比较昂贵。我们想告诉别人影片拍摄花费了 70000 美元，因此希望它能赚回70000 美元。（实际上罗伯特拍摄《杀手悲歌》只花费了 7000 美元。）

"结果，影片被哥伦比亚公司看中，得以公开发行。当我们在圣丹斯电影节接受最佳剧情片观众奖时，我在发表获奖感言时这样说道：'明年大家会看到更多类似的作品。当人们发现这样的影片（没有经费、没有团队）都能够获奖时，所有人都会拿起摄像机开始拍摄他们自己的影片。'自那之后，的确出现了大量类似的影片，罗伯特彻底改变了电影的拍摄方式。"

把事情当作"试验"来对待的好处

"我没有特别期望有人会观看《杀手悲歌》这部影片，因为这只不过是一部试验片。这也是为什么我将其做成西班牙语影片，因为我是为西班牙语市场准备的……我原来设想的是，需要做两三部这样的影片，然后放到一起剪辑，拿出其中最好的部分作为我的样片，然后利用赚到的钱拍摄出第一部真正意义上的面向美国观众的独立英语影片……

"我当时根本没想太多。假如我曾经想过要向任何人展示这部影片的话，那我一定会采取完全不同的拍摄方法。假如我曾经想过要参加电影节，将其作为参赛作品递交的话，那我一定会花费 10 倍的资金，一定会四处借钱。但事实上，这部电影中的所有镜头都是一次性完成的，都是'一镜到底'，即使效果不佳也就那样了，因为胶片太贵了。拍摄用的机器本身就有噪声，并且不具备录音功能。拍摄现场的噪声很大，同期录音无法实现。于是我只能采用你现在使用的录音方式进行录音。拍完一个镜头之后，把摄像机放到一边，把麦克风拖过来再进行单独的录音……因此影片的声音效果听起来还行，因为你可以掌握说话的节奏。如果我说：'你好，我名叫罗伯特。'然后你把摄像机放到一边，开始进行录音：'你好，我名叫罗伯特。'这样就几乎可以实现同步的效果……如果你观看《杀手悲歌》这一影片，你会感觉它几乎就是同步录音的……在无法同步的地方，我就剪掉狗的镜头，或者剪掉部分特写镜头。就这样，我开创了一种十分简洁明快的剪辑风格，但当时我的目的只是想要做到声画同步，因为我不能容忍声画不同步的现象……

"有限的条件中也有自由。在知道自己只有 3 件东西——乌龟、酒吧和农场——可以利用之后，人就会变得更加释怀，更加自由。在这几样东西的范围内，你几乎可以随心所欲地发挥创造力。"

> **作者：**人很容易找到各种各样的借口。对于创业来说，"我不具备条件"——我没有资金、没有人脉资源等——这一借口经常会导致无所作为。但是，缺乏资源通常是取得伟大成就的关键因素。中国阿里巴巴集团的创始人马云当前的身价在 200 亿~300 亿美元。他是这样解释自己的成功秘诀的："我们的公司之所以存活下来有 3 个原因：我们没钱、没技术、没计划，因此我们的每一分钱都花得十分谨慎。"

化劣势为优势，化缺陷为特色

"我现在还记得，在电影《杀出个黎明》中，由于特效师们在爆炸镜头中把火势造得太大，演员们都从大楼中跑了出来。你可以在片中看到这个镜头，大楼发生了爆炸，一旁的酒吧也着火了……大火吞噬了整个拍摄现场。而这才是这个场景的第一个镜头，我们还需要在此拍摄许多其他的镜头。所有人都惊呆了，制片设计师都哭了，这可是他们的全部心血啊。而我的助理导演走过来对我说：'我猜你的想法跟我一样。'我说：'是的，这一幕看起来效果不错，该烧焦的都烧焦了。我们就这样继续拍吧，下周再把需要重建、修理的东西稍微修一修，到时候再补拍外景。现在就这样继续拍吧。'你必须利用当时既有的条件，因为计划全被打乱了。有时候我听到新入行的电影工作者在拍摄现场发牢骚，说什么'天啊，什么都不过关，太让人失望了'。但他们没有意识到这个工作就是这样，没有什么是十全十美的。所以人们才会说：'假如我有充足的时间和资金，那我如何能够化劣势为优势，制作出更好的作品呢？'我非常喜欢这些经历……在录制《导演访谈录》节目时，我与导演迈克尔·曼谈到了这一点。我们提到了他几年前拍摄的影片《孽欲杀人夜》。当时他缺乏资金，因而不得不解雇了特效团队。

"这部影片使用了一些炫酷的、不连贯的剪辑，目的是掩盖他们没有特效的事实。我原先并不知道这一点，还一直以为影片是特意做成这样的，而迈克尔说：'不是的，是因为我们当时没有资金，也没有时间，所以我不得不亲自动手剪辑，拍摄的时候我还要负责向那个演员身上喷洒番茄酱。’我说道：‘天啊，原来如此，我还以为这是你们特有的剪辑风格呢！从现在开始我也要在自己的影片中采用这种方法。’我要让我所有的影片拍摄都处于没有足够资金，没有足够时间的不利条件下，这样一来我们就必须要更具创造性，因为只有这样，你才能想到你在资源充裕的情况下想不到的创意火花。人们会喜欢上这些电影的，他们会说：‘我不知道自己为什么喜欢这部影片，这部电影有些异乎寻常，但它其中的一些镜头让我想反复观看，因为里面有让人耳目一新之处。’有时候艺术就应当是不完美的。”

不要随大溜——即使这样可能会让你跌跌撞撞

“不随大溜是有好处的。我们要另辟蹊径。如果之前所有人都走了同一条路，那你就要选择另外一条。你可能会走得磕磕绊绊，但你更可能会偶然发现别人想不到的主意……

“你选择的那条路至少是个全新的未知领域。我一直有这样一个观点：成功在于另辟蹊径，因为原来的道路上竞争太过激烈。如果你也去挤每个人都试图挤进的那扇小门，那你就选错了方向。在参加电影节的时候，曾有人问我：‘怎样才能让我们的影片也入选甚至获奖呢？’我回答说：‘问题是你们已经在参加电影节了。参加电影节没有错，但这里的所有人都试图挤进同一扇门，可事实就是不可能所有人都挤得进去，总会有人落选。’……

“因此，你考虑问题的格局要更大一些，有些领域的竞争没有这么激烈。我一直想进军电视领域，但我没有像其他人那样试图挤进全国广播电视网周五晚间 7 点的黄金档，而是决定创办自己的电视网络。你知道有多少人试图拥有自己的电视网络吗？一个也没有。在我的王者电视网络参加竞标时，共同竞标的还有另外 100 个团队。这个数字听起来也不少，但对于全国来说，才100 个？太少了！而且其中又有多少团队真的有切实可行的商业计划书，并且有明确的执行思路呢？可能只有 5 个。这样一来，与你竞争的就只有 5 个团队，而不是那 20000 个试图挤进全国广播电视网周五或周六晚间黄金档的一流竞争对手。因此我总是这样说：'看问题的格局要更大一些……'"

失败不会持久

我最喜欢的"导演访谈录"中的一集是对著名导演弗朗西斯·福特·科波拉的采访（他执导过《教父》《现代启示录》等影片）。后来罗伯特提到了弗朗西斯的这句名言："失败不会持久。请记住：他们在你年轻时为之攻击你的那些事情，正是那些等你老了之后他们会为之向你颁发终生成就奖的事情。"

罗伯特："即使我当初没有把《杀手悲歌》推销出去，我在做这个项目的过程中也收获了很多，也就是说我是在学习，而不是在想如何出人头地。正因为我在学习，所以这部电影最终才会成功……

"你必须正确看待自己的失败，明白每一次失败都蕴含着成功的关键。如果你仔细地研究失败的原因，你总会有所发现。我给你举个例子：昆丁·塔伦蒂诺曾经问我：'你愿意拍摄《疯狂终结者》这个系列主题短片中的一部吗？'（在这个系列短片中，每位导演都可以根据自己的喜好制作一部影片，限制条件是场景只能是宾馆的一个房间，电影还要包括新年前夜这个时间背景和一位旅馆服务员。）我当时脑袋一热就答应了，完全是凭直觉……

"结果，这部影片遭遇了票房惨败。我在失败的废墟中发现了至少两点成功的关键。在片场进行拍摄时，我让安东尼奥·班德拉斯扮演父亲，让一个酷酷的墨西哥少年扮演他儿子。这两人看起来还真有点儿像。然后我找到了自己能找到的最好的女演员——那个娇小的有一半亚洲血统的女孩来扮演女儿。她的表演令人赞叹。我还需要一位亚裔妈妈，我希望他们看起来像是一家人。根据剧本要求，时间是新年前夜，他们都需要穿着礼服。我当时盯着安东尼奥和他的亚裔妻子，心中在想：'太棒了，这两人看起来非常像一对完美的跨国特工组合。如果他们两人是特工，而他们那两个几乎连鞋带都还不会系的孩子不知道他们是特工，这个故事会是怎样的呢？'在拍摄《疯狂终结者》的片场，我产生了这种想法。现在，我已经拍完了"特工小子"系列的 4 部影片，相关的电视连续剧也会马上开始拍摄。

"这就是我发现的第一个成功的关键，还有另外一个。《疯狂终结者》失败之后我想：'我还是喜欢拍短片的。'但系列片不适合我。它不应当拍成 4 个故事，而应当拍成 3 个故事，因为一般来说电影是三幕结构，并且只能由同一个导演执导，不能分别让几个不同的导演执导，因为我们不知道其他人在做什么。但不管怎样，我当初还是会去尝试的。为什么我明明知道系列片不适合我还想着要尝试呢？因为在第一次做的时候我弄明白了这些道理，所以在第二次尝试时我就拍出了《罪恶之城》。"

蒂姆："太了不起了！"

罗伯特："就这样，在拍完《疯狂终结者》之后我拍出了"特工小子"系列的第一部。如果你有着积极的态度，那你就可以回顾并总结以往失败的经验。这就是弗朗西斯·福特·科波拉那句话的精妙之处。失败不会长久持续下去，你可以总结经验，仔细研究，然后对自己说：'哦，那不是失败，只是我成长过程中需要经历的关键时刻，我应当相信自己的直觉，我一定能够成功。'"

开创先例：及早发现"问题"

自影片《杀人三部曲》之后，罗伯特就坚持自己制作所有的电影海报。他是这样做的：

"那天，创意代理商前来拍摄电影海报，但是主演安东尼奥生病了。代理商说：'我们只能在你们这里待一天，因此我们决定让剧组其他人穿上他的服装进行拍摄，后期把他的头像粘贴上就可以了。'我当时心想：'这是绝对不可以的，因为没有人跟他的动作一样。这不是胡来吗！'于是我们在片场拍摄了我们自己的海报，也就是他持枪沉思的那幅著名海报。我有一次曾在片场看到过他做这个动作，当时我就抓拍了一张，我认为用它来做电影海报效果会很好。

"我们前往电影公司展示我们制作的海报。我发现当时其他人制作的海报看起来都像是 DVD 的封面。我把我制作的那张海报也挂在那儿。哥伦比亚电影公司的总裁丽莎·亨森逐个看了一遍，在看完我制作的那张海报后，她说道：'我们喜欢这一张。'我说道：'那是我做的。'她看了看我，说道：'天啊，如果我知道这张是你做的，我可能就不会这样说了。'她接着又说道：'真的假的？天啊，我们不知道这是你做的。'我很高兴自己把那张海报同其他海报挂在一起，且在事前没有透露任何消息。就这样，我们开创了先例。打那之后，我到任何一家电影公司都可以这样说：'我自己也制作电影海报。你们当然也可以试着做一张出来看看，但我们仍然会自己制作的。'

"关键是要及早着手，在拍摄期间就开始制作。第一印象至关重要。在拍摄期间我就会剪一段预告片，送到电影公司。他们也会尝试制作海报，但在反复尝试之后，他们仍然无法消除自己第一次看到影片时头脑中的印象，因而会觉得他们的海报怎么看都不如最先看到的好。"

午夜笔记

罗伯特做了大量的笔记。他在午夜时分定了个闹钟，每天晚上都把一天的笔记整理成文档，把所有事情都记录并保存下来，年复一年，以便将来在需要时随时可以查到。

"我有个小闹钟，一到半夜就会响起，因为午夜时分通常比较合适写作。我发现即使自己只写了几句话，也可以在之后将其丰富起来，因为我依然记得自己写过什么……我之所以能够坚持下来，是因为在回顾这些笔记时，我发现我可以回想起在一个周末的时间内发生的许多重要之事。你认为那些发生在两年前的事情事实上可能只是发生在上周五、上周六、上周日或者上周一。事情发生的密集程度可能会让你非常惊讶，而正是这些事塑造了你……

"作为父母，你更需要做笔记，原因是你的孩子——以及你本人会把一切都忘干净。只需要几年的时间，你就会忘记原本以为自己会一辈子都记住的事情。事实上，这些事情只有经过强化之后才能够被记住。我是个顾家的男人，因此我记得每一个重要的日子。我会告诉孩子们他们在几年前是什么样子的，因为到第二年的时候他们就都不记得自己前一年做过什么了，而我只需要看一下笔记就可以回想起来，这让他们十分惊讶。比如，他们可能会说：'我们再去野营吧！'我就会说：'野营？哦对了，你们还记得我们那次野营的经历吗？当时我在后院支起帐篷，把电源接了进去，我们开着电扇，一边看《乔尼历险记》一边玩耍……我还为此写过日记，拍过视频。'这样一来，年复一年，我只需要搜索'野营'就可以找到那篇日记。'你们看，那是1999年5月4日，录在第25号录像带上。'我找到录像带，放给他们看。他们看完录像带之后，就不一定非得再去野营了，只要在想象中再重温一次就可以了……

"或者，你可以问自己的女朋友或妻子：'去年你过生日那天我们干什么了？'她们通常是不会记得的。一年过去了，你不可能记住所有的细节。此时你回去翻看一下日记，在这一次生日，你就会比上一次做得更好。在反复经历这类事之后，你就会意识到做笔记的重要性。"

信心最重要

罗伯特有许多不同的"工作"，他认为创造性不是专属于哪一种工作的技能，而是一种元技能。他经常在片场弹吉他，也经常邀请著名画家到片场在拍摄间隙教演员绘画。他认为如果能培养出创造力，那么只要有信心，掌握一些入门技能，你就可以在一个新的领域有所成就。

"任何工作中，技术成分只占10%，而其余的90%都与创造力有关。如果你已经知道如何创新，那你就已经成功了一半，因为你不必知道太多。在上台表演独奏时，你不必知道自己具体要弹奏哪个音符。

"每个人都会问：你刚才演奏的是什么？你可能会说：'我不知道。'我曾经询问吉他手吉米·沃恩：'你如何知道自己刚才演奏了什么？'他回答说：'我甚至不知道自己刚才演奏了。'……大家可以去问任何一位大师级的人物这个问题。我曾经拜德国艺术家塞巴斯蒂安·克吕格为师，学习绘画。我诚心实意地前往德国观看他绘画，想要学到他的技巧。因为我也试图像他那样做，结果我画得一塌糊涂。他一定有特殊的画笔、特殊的颜料和特殊的技法。

于是我来到德国，看他作画。他一开始采用中等色调，偶尔加以亮色，画了一点儿下巴，然后开始画眼睛。我问他：'你是怎么知道下一步要在哪里下笔的？'他回答说：'我自己也不知道，每次都不一样。'

"这一回答让我抓狂：'这是什么意思？为什么我就做不到？'我坐在那里思考着，然后突然之间，我也能做到了，这真是让人震惊。因此，我把我的领悟带了回来，传授给我的演员和我的团队：你不必知道太多。"

蒂姆："对不起，打断一下。我觉得这太不可思议了！是什么让你恍然大悟的？你坐在那里，突然之间想到了什么？……"

罗伯特："每个人顿悟的方式都不一样——你可以思考一下自己需要知道的某件事，比如某种技巧或某个方法，想一下自己顺利掌握之前的情形。如果你清除了障碍，事情就会水到渠成。那么，是什么让你感觉事情水到渠成了呢？有时候你用了4年时间，师从某位大师学习，然后，突然之间，你就感觉到事情水到渠成了……

"其实你只是打开了通道，这样一来，创造力就自然涌现了出来。一旦你自己给自己设置了障碍，说什么'我不知道自己是否知道下一步该做什么'，那你就等于是阻碍了问题的解决。如果你说'我成功过一次，但不知道自己能否再次成功'，那你就永远不会成功。最好的办法就是清除自己给自己设置的障碍，这样问题自然就解决了。

"每当有演员找到我跟我说：'我不确定自己是否知道如何演好这个角色'时，我就对他说：'这很好，因为等我们拍摄时你就会显现出你另外的一面。'人们说，知道是成功的一半，但我认为更重要的是另外一面——不知道接下来会发生什么，但是相信自己在画笔触及画板的那一刻一切都会水到渠成。只要我们开始做了，我们就会知道该如何做了。"

蒂姆："也就是说，信心最重要。"

罗伯特："是的，信心最重要。"

画漫画的收获

在得克萨斯大学上学期间，罗伯特绘制了一部卡通漫画，名叫《洛杉矶流氓》。

"当时我每天回家都必须要完成一页漫画，这大约需要 3~4 小时。有时候我不愿意面对空白的稿纸，就躺在床上思考着是否能够想出一种办法，只要盯着天花板漫画就可以自己出现——构图、色彩完全成熟的那种，然后我就可以起身将其画出来。但是我一直没有想到好的办法，我只是在浪费时间。我回到桌子前，意识到唯一的办法就是自己开始动手画。你必须不停地画下去，然后才可能画出一张有趣的或很酷的漫画。'那一张画得比较巧妙，这一张画得与之前的很搭配。'就这样一张一张地画出来，最终完成整部作品。你必须要不断地前进。

"我把这一感悟应用到了拍电影以及其他所有的工作之中。即使我不清楚具体该做什么，我也要让自己开始行动起来。对很多人来说，这正是他们裹足不前的主要原因。他们心中在想：'既然我没有想好，那我就不能开始。'而我想说的是，只有开始之后你才能产生想法。这完全是一种逆向的过程。在产生灵感之前你就必须先行动起来了。你不能一味等待灵感出现然后才行动，这样你可能永远也不会行动起来。"

> **作者：**凯文·凯利（见前文）也说过类似的话。这一观点也让我想起了罗尔夫·波茨（见前文）的一句话："从长远观点来看，愿意做即兴表演的单纯意愿比研究准备工作更重要。"

即使专业人士也不知道

"在'导演访谈录'中，导演罗伯特·泽米吉斯这样说过，他认为《阿甘正传》是他拍得最差的一部影片……此外，他对影片《回到未来》把握得十分不准确，差一点儿就剪掉了影片插曲'Johnny B. Goode'，因为他当时在想：'这首歌不大合适，我应当在试映前把它剪掉。'"

蒂姆："当时他的剪辑师说了一句：'先留着吧，试映后再说。'"

罗伯特："先试映看看吧……他说：'我们无法知道观众的想法。'我们的确不知道。事实也证明了我们真的不知道。我想让人们听到我的这些故事，是因为等下一次你想说'我不知道自己做得是否正确，可能其他人能知道'的时候，你要明白他们也不知道，没有人知道。这就是事情的美妙之处。你无须知道，只需不断努力向前就可以了。"

关于创造力的更多观点

"每当有人对我说：'你做了这么多事情：你是音乐家、画家、作曲家、摄像师、剪辑师，这都是些不同的工作啊！'我就会回答说：'你错了，我只做了一件事情——过着富有创造力的生活。如果你在每件事情中都投入创造力，那么你就可以做好每件事情。'……

"如果我想深入了解某个人物的思想，我可能会首先把他画出来，弄清楚他的外貌，然后去听他说话的声音，这样就可以进行综合考虑。

"你做笔记的方式、将不同领域的素材相互参照的方式、呈现事物的方式、激励团队的方式、激励身边工作人员的方式以及激励自己的方式都属于创造性的工作。如果你说自己不具备创造力，那就去看一下因为你的这种说法你错过了多少机会。我认为创造性是我们生来就具备的最重要的天赋之一，但是一些人没有去培养这种天赋，没有意识到自己可以将其运用到生活中的各个方面。"

获得《罪恶之城》的拍摄权

"我找到弗兰克·米勒，给他看了我制作的《罪恶之城》的试映片（根据他的漫画小说拍摄的）。我对他说：'我清楚创作原创角色的艰难，也清楚人们为什么不信任好莱坞。但是我们不是好莱坞，我们是完全不同的团队。这部试映片是我自己做出来的，我想跟你做笔交易。你看这样行不行：我来编写剧本，当然剧本没什么特别之处，因为我会照搬你的小说。现在是11月，到12月我就可以完成剧本，然后在1月拍摄试映片。我会邀请一些演员朋友前来助阵，拍摄开场镜头。我负责剪辑，到时候你也过来，同我一起担任导演。我负责特效，负责配乐，负责组织我们想用的所有演员，比如布鲁斯·威利斯，米基·洛克……如果你对自己所见到一切感到满意，我们就签署版权协议，然后正式拍摄这部电影。如果你不满意，那你就自己留着这部短片，或是分享给你的朋友们。'"

孩子们说过的一句幽默的话

"在同孩子们做游戏时，我常常会本着对自己有利的原则修改游戏规则。每当我战胜他们的时候，他们就会说：'爸爸这不是在作弊，有创造力的人才这样做。'他们对我改变规则的做法感到很开心，并没有感觉不公平或者固执生气。事实上他们都在翘首以待，想看看我会如何修改游戏规则。"

《从为什么开始》

罗伯特最推崇的一部著作是西蒙·斯涅克所写的《从为什么开始：伟大的领袖如何激励行动》。

"在阅读了这本书之后，我更好地理解了自己的行为。我把此书推荐给他人，希望他们也学会辨别自己哪些行为是正确的，哪些是不正确的。

"这种分辨方法十分简单，人们每天都应当采用。比方说，如果你找到一位演员对他说：'你好，我是个导演，打算拍摄一部低成本的影片，现在我需要把你的名字投射在银幕上帮助我推销这部影片。我不能给你太多报酬，但你需要做的工作可能有很多，不知道你是否愿意参加……'这时，你所考虑的只有你自己，因而对方的回答必然是：'不行，绝对不行。'因为你所说的一切都是有关你要做什么、你要如何做，具体而言就是你在制作一部低预算影片。这是什么意思？这意味着你没钱。

"我不会这样做。相反，我总是从为什么开始。我会找到我想要的演员们，对他们说：'我特别喜欢你拍的电影，是你的超级影迷。现在我手里有个你从没演过的角色。我这个人崇尚创作自由，不同电影公司合作，而是独立工作。我就是这部电影的老板，我们公司只有我跟我的团队，而且是非常有创造力的团队。你可以向你在演艺圈的朋友们打听一下，他们一定会说：尽可以尝试一下。'

"'你现在精力充沛，而我的电影拍摄速度也非常快。罗伯特·德尼罗只用了 4 天时间就拍完了他在《弯刀》里的戏份，我也会在 4 天时间里拍完你饰演的角色的戏份。你可能需要用 6 个月的时间拍你的下一部影片，而我拍摄的电影只需要你工作 4 天，而且这 4 天时间肯定会是你最开心的 4 天，而你也极有可能因为这部电影中的角色而深受好评。'

"'在表演上你有相当大的自由，我会给你这种自由的。这也是我为什么要拍电影的原因。我计划怎样去做呢？是这样的，我的工作非常独立，团队中成员不多，我们每人都身兼数职。我们所用的资金很少，这样就有更多自由发挥的空间。我拍摄的是什么类型的电影呢？我是个独立电影制片人。你想参与拍摄这部影片吗？'此时，他们就可能会说：'是的。'因为所有内容都是围绕他们能做什么以及如何能够达到他们的目的来说的。"

永远不要对任何事情感到沮丧

罗伯特讲述了与自己儿子的一次对话，当时他的儿子非常沮丧。

"我对他说：'我想告诉你一个人生秘诀：永远不要对任何事情感到沮丧。所有事情都是有原因的。你只不过是因为没有通过驾照考试就这样恼火，而我却感到十分高兴。我宁愿你让教练失望，再考 100 次，也不愿意看到你被交警抓住，或者因为犯了在考试时犯过的错误开车撞到某人……我甚至想不出一个负面的理由来说明没有通过驾照考试是件坏事。如果你抱有积极的态度，那你就可以像这样看待问题，对自己说："让我想想我可以从中学到什么？"……为什么要对任何事情感到沮丧呢？'我的儿子回答说：'哇，您说得太有道理了！'不要仅仅因为事情没有按照你的设想发展就感到沮丧，其背后可能存在着某个非常合理的原因。"

"很好"

作者：约克·威林克，美国海军海豹突击队退役指挥官
（完整人物档案参见前文）

我是如何应对挫折、失败、延误、战败或者其他灾难的呢？事实上我应对这些情况的办法非常简单，我只会说一个词，那就是："很好。"

这一点是我的一个直接下属指出来的。他曾经为我工作过，后来成了我最好的朋友之一。有时候他会给我打电话，或者把我拖到一边，向我汇报当时发生的一些重要问题或事件。他总是这样对我说："老板，我们目前有这样、那样的问题，形势不妙。"而我会盯着他说道："很好。"

直到有一天，他又来向我汇报某件棘手的事情。汇报结束时他说："我已经知道您要说什么了。"

我问他："我要说什么呢？"

他说："您想说'很好'。"

他继续说道："您总是这样说。每当发生坏事时您总是盯着我说：'很好。'"

我对他说："不错，这就是我的本意，因为这就是我的解决方式。"接着我向他解释说，当事情朝着不好的方向发展时，总有一些好的迹象会随之出现。

≫ 什么？行动取消了？很好，我们可以专注另外一件事情了。

>>> 没有得到我们想要的新的高速装备？很好，我们可以因陋就简。

>>> 没有得到升职？很好，我们现在有更多的时间来做得更好。

>>> 没有得到投资？很好，我们可以持有公司更多的股份。

>>> 没有得到自己想要的工作？很好，我们可以全力以赴积累更多经验，打造更完美的简历。

>>> 受伤了？很好，我们本来就需要暂停训练休息一下。

>>> 认输了？很好，在训练中认输总比曝尸街头要好。

>>> 被打败了？很好，我们学到了经验教训。

>>> 出现了意料之外的问题？很好，我们有机会想出一个解决问题的方法。

就是这个意思。在形势恶化时，不要感到沮丧、惊讶和灰心，你要做的是正视问题，然后说一句："很好。"

就目前来说，我不想讲一些陈词滥调，不想自己在别人眼里是个永远面带微笑的励志达人。这样的人往往无视艰巨的形势，以为积极的态度就可以解决一切问题。其实这是不可能的。但我也不会老是想着这个问题，难以释怀。不会的。我会接受现实，然后努力找到解决方案，正视问题、挫折和麻烦，将其转变成好事，取得进展。如果你是团队中的一员，那么这种态度会带动整个团队。

最后总结一点：如果你能说出"很好"这个词，你猜怎么着？这意味着你还活着，意味着你还在呼吸。

如果你还在呼吸，这就意味着你依然可以战斗。因此，你必须站起身来，掸掉尘土，更换弹夹，重新瞄准，重新归队，准备战斗。

这样，你的前途就会一片光明。

塞古·安德鲁斯
SEKOU ANDREWS

　　塞古·安德鲁斯是我心目中嗓音最摄人心魄的诗人。我第一次听他的诗朗诵是在一次 TED 演讲中，我深深为之着迷。塞古是名教师，两次获得全国诗歌大赛冠军，曾单独为巴拉克·奥巴马、博诺、奥普拉·温弗瑞、马娅·安杰卢以及许多《财富》500 强公司做过朗诵表演。

作者：由于本书已经接近尾声（或者是刚刚开始？），因此，朋友们，这份人物档案将非常简短，令人感觉惬意而且直奔主题。我们在这里只摘选塞古的一句诗作为本篇文章的总结。

　　君欲破茧出，
　　化蝶翩翩舞。

灵兽：黑豹

结　语

"像专业人士一样学习规则，这样你就可以像艺术家一样打破规则。"

——巴勃罗·毕加索

"享受生活。"

——我经常问好朋友："我应当怎样生活？"
上面这句话是我听到的最好的回答。

在写作本书的过程中，我经常在深夜里在桑拿房中坐上 20~30 分钟以舒缓压力，然后躺在水池中，透过树枝的间隙仰望星空。借助圆桶形状的桑拿房中唯一的一盏灯泡发出的亮光，我会阅读一些诗歌作品来放松大脑，比如《草叶集》，或者欧根·赫里格尔的《学箭悟禅录》，这些都是他人向我推荐过的作品。

我刚开始练习射箭不久，一般每天练习 2~3 次，每次射 18 支箭。在练习中，我有参考教材，也有一名专业教练。但《学箭悟禅录》这本书中大约80% 的内容都像是谜语一般，让人如堕雾中，剩下的 20% 的内容则充满了深邃的哲学思想。无论如何，这本书给我提供了一个很好的休息机会，让我可以用来放松精神，这就足够了。

一天上午，当我准备从冰箱里拿一些食物和冰水的时候，我的助手拦住了我。是我把他从加拿大请来帮助我完成本书的相关工作的。

他对我说："你表现得很悠然自得啊！你身边有一大摊子事情需要处理，你怎么还能表现得如此平静呢？"

我思考了一下他说的话，他说的没错。我需要处理的事情很多：本书到了最后冲刺的阶段；同时，我可能还有十几件意想不到的生意上的棘手问题需要处理；我的狗最近受了很严重的伤；家里的车也坏了；我的家里亲戚朋友来来往往，络绎不绝。这简直就像是三场同时演出的马戏表演，而我则是一整个欢闹场面的主持人。

在过去，面对交稿期限，我会表现得很焦虑，我的脾气会变得更容易失控，并且非常不喜欢有人打扰。但现在怎么变成了这样？

在弄明白之后，我是这样跟他解释的：在阅读和重读本书涉及的经验教训的过程中，我所吸收的内容超过了自己的想象：不知不觉中，我就习惯于使用约克的"很好"，像塔拉·布莱克那样邀请玛拉喝茶，像 B. J. 米勒和埃德·库克那样凝望星空，像卡洛琳·保罗站在金门大桥上那样把恐惧和其他感觉排列出来。

我喜欢把一切事物清清楚楚地列出来，这样我就可以让自己的生活井然有序、有条不紊。在"表现得如此平静"这件事上，最让我感到惊讶的是我竟然没有把事情一件一件列出来，只是每天在头脑中回想一两位大师的箴言或方法——正如卡尔·福斯曼对我说过的那样："有意义的事情是忘不掉的。"每当我有需要的时候，这些事情就会出现在脑海中。我越是重读这些内容，越是思考这些内容，我就越能发现其意义所在。

在冰箱旁的谈话结束后的大约 16 个小时之后，我工作得筋疲力尽，准备好好出出汗放松一下。于是我独自一人进入圆桶形状的桑拿房，坐下来闻着杉木的味道。汗水慢慢地流了出来，一天的工作压力也随之消失殆尽。我翻到《学箭悟禅录》一书的结尾部分。其中一页引起了我的注意，我停下来看了几分钟，其内容写的是那位日本大师的临别赠言。我摘录如下，做了些许删减：

> 我必须提醒你一件事。经过这几年的练习，你已经变成了另外一个人。这也正是箭道的意义所在：成为一个随时随地与自己较量的思想深刻、影响深远的弓箭手。或许你还没有意识到这一点，但等你在你自己的国家中再次遇到你的朋友和熟人时，你就会深刻地体会到这一点：事情不会再像以前那样融洽和谐了。你会以不同的眼光看问题，会以不同

的方法权衡利弊。（这也发生在我自己身上，发生在所有被这种箭道精神打动的人身上。）

临别之时，大师把他最好的一张弓赠送给我。"每当你用这张弓射箭时，你就会感觉到大师的精神伴你左右……"

看到这里，我露出会心的微笑。

对于我们之中的"星战迷"们，这让我想到了《星球大战 6：绝地归来》的结尾部分：义军同盟击败了银河帝国，卢卡天行者仰望恩多的夜空，看到了星光熠熠、面带微笑的英灵们：欧比旺·肯诺比、尤达大师和阿纳金天行者。

前两位一直与他一起战斗，而所有这三位将永远与他同在。

我希望诸位在阅读本书和重读本书时，可以感觉到大师们的精神与你同在。无论你即将面对什么样的艰难险阻、困难挑战，无论你拥有怎样的远大抱负，他们都将一直与你同在。

你不是一个人在战斗，你比你想象的更优秀。正如约克所说的那样：进攻。

致　谢

　　首先，我必须感谢诸位顶级大师，你们的建议、故事和经验教训是本书的精华所在。感谢你们宝贵的时间和慷慨相助的精神，但愿你们与世人分享的美妙事物能够百倍回报于你们自身。各位读者，大家请看"站在巨人的肩膀上"中列出的感谢名单。

　　感谢举世无双的阿诺德·施瓦辛格，感谢您那深思熟虑的精彩序言。对于我这样一个从小看着《独闯龙潭》和《铁血战士》长大的孩子来说，能让您出现在本书中真是梦想成真。感谢丹尼尔·凯契尔及其一流团队中的其他人，感谢你们所做的伟大工作，感谢你们帮助我认识了"终结者"。我与阿诺德及其工作团队交往的时间越长，就越受感动。

　　感谢我的代理人与朋友斯蒂芬·汉泽尔曼。我曾经告诉过你，如果下次我想写一本"权威性的"著作，你就踢我脑袋。好在你忘记了。现在让我们来点儿爵士乐和威士忌好吗？

　　感谢哈考特出版社的整个团队，特别是"超人"斯蒂芬妮·弗莱彻，以及令人惊叹的设计与创作团队：丽贝卡·史宾格、艾米丽·安德鲁凯特斯、蕾切尔·德沙农、杰米·赛尔泽、马丽娜·帕达科思·劳里、特蕾莎·埃尔西、大卫·二户、凯利·迪博·斯梅卓、吉尔·雷泽、蕾切尔·纽伯勒、布雷恩·穆尔、梅利莎·卢特菲和贝姬·赛基亚·威尔逊——你们协助我驯服了这头猛兽，帮助我最终完成了定稿。感谢你们点灯熬油陪我到半夜！感谢出版商布鲁斯·尼克斯及其一流团队，其中包括艾伦·阿切尔社长，我的合作伙伴劳里·布朗、德布·布罗迪、洛丽·格雷泽、斯蒂芬妮·金、黛比·恩格尔，以及不辞辛苦的市场与销售团队中的所有成员，感谢你们对我和本书的信任，并最终让奇迹发生。

　　感谢堂娜·S.和亚当·B.，感谢你们在我下线时一直坚守阵地！如果没有你们，我的播客节目就不会存在，我也实现不了这一切。堂娜，我为莫莉对汉克的恐吓表示歉意，我会承担治疗费用的。亚当，下次如果我再喝醉，请把我手中的酒瓶子摔碎，谢谢。

感谢赫里斯托·瓦西列夫和乔丹·蒂博多，多谢你们对细节的调查、复核，以及对本书的大力支持。赫里斯托，你想再要几百条地中海披肩吗？或者是烤鱿鱼？别忘了每天上午晒 20 分钟的太阳……

感谢艾米利亚，你就是本书的守护天使。你对我的帮助和支持意义重大，语言难以表达我的感激之情。面对所有的艰难险阻，你从来没有动摇过，非常非常感谢！果仁奶油和冰激凌的账单正在处理之中。

感谢卡迈勒·拉维科特，你在校对期间以调侃之语给出的反馈是我们非常需要的一剂良药。感谢你与我一路同行。

感谢那些在开始阶段花大量时间对我进行细节、技术和播客节目技巧方面的培训的好心人，如果把你们漏掉，那我就太失职了。多谢了，先生们！以下感谢名单按名字首字母顺序排列（如果我忘记了哪位，还请告诉我）：

- 《脾气暴躁的怪才们》（*Grumpy Old Geeks*）播客节目的杰森·德菲利普
- 《创业进行时》（*Entrepreneur on Fire*）播客节目的约翰·李·仲马
- 《魅力的艺术》（*The Art of Charm*）播客节目的乔丹·哈比森
- 《名人课堂》（*The School of Greatness*）播客节目的刘易斯·豪斯
- 锐媒体（Gimlet Media）播客公司的马特·利伯和亚历克斯·布隆伯格
- 《聪明的被动收入》（*Smart Passive Income*）播客节目的帕特·弗林
- Libsyn 播客节目服务公司的罗伯·沃尔克

最后，谨以此书献给我的父母。一路走来，他们一直在引导我，鼓励我，关爱我，安慰我。我对你们的爱非语言所能表达。